Die großen Eisenbahn-Routen der Welt

Fritz Stöckl

Die großen Eisenbahn-Routen der Welt

Pawlak

Lizenzausgabe 1990 für
Manfred Pawlak Verlagsgesellschaft mbH,
Herrsching

Printed in Germany
ISBN 3-88199-724-5

Inhalt

Vorwort

»Extra Ferroviam *non est vita --*
*et si est vita, non est ita!«**

Die Eisenbahn ist unbestreitbar das umweltfreundlichste, das sicherste und das bequemste Verkehrsmittel auf festem Boden. Das umweltfreundlichste, weil sie die Landschaft nicht mit zehn Meter breiten Autobahnen durchschneidet und auch die Luft nicht verpestet; das sicherste, denn einem Toten auf der Schiene stehen zwanzig und mehr auf der Straße gegenüber; und nicht zuletzt das bequemste: Wie wurde der Unterschied einmal definiert: »In der Eisenbahn ein aufrechtes Stehen und Gehen, wie es dem Homo sapiens zukommt, im Auto eine Stellung wie die der Leiche im Hockergrab!«

Es mag daher nicht verwundern, daß sich in unseren Tagen aus nüchtern-wirtschaftlichen Erwägungen, gepaart mit dem gesunden Menschenverstand, bereits eine Renaissance der schon totgesagten Eisenbahn ankündigt: neue Schienenwege werden gebaut, neue Hochgeschwindigkeitsstrecken machen über mittlere Distanzen sogar dem Flugverkehr ernsthafte Konkurrenz, und auch die »Nostalgie« trägt zur Wiederherstellung des Schienenverkehrs bei. Alles in allem besehen, kann heute der Railfan mit einigem Optimismus in die Zukunft blicken.

Das vorliegende Buch soll und wird in erster Linie die Gilde der Eisenbahnfreunde ansprechen; aber nicht nur sie, sondern darüber hinaus auch die Menschen, die über weite Entfernungen sicher und komfortabel reisen wollen, statt konservenbüchsenartig über oder in den Wolken befördert zu werden oder stunden- und kilometerlang im Stau auf einer Autobahn zu stehen.

Der Autor hat im letzten halben Jahrhundert die interessantesten Eisenbahnrouten der Erde mit den besten, schnellsten und interessantesten Zügen befahren, und er versucht, die Verhältnisse und Eindrücke dieser Reisen zu schildern. Der Begriff »Beste« ist natürlich relativ und vom subjektiven Geschmack jedes einzelnen abhängig. Aber ich hoffe dennoch, mit diesem Buch »für jeden etwas« zu bringen.

So begeben wir uns denn auf Fahrten zwischen Schottland und Kapstadt, zwischen Alaska und Chile, zwischen Japan und Neuseeland. Gute Reise!

Bad Ischl, Herbst 1985
Dr. Fritz Stöckl

* »Außerhalb der Eisenbahn gibt es kein Leben, und wenn es eines gibt, so ist es kein solches!« Abwandlung eines ungarischen Sprichworts (»Extra *Hungariam*...«)

1

Abbildung 1: »Transmandschurien-Express« mit russischen Schlafwagen, aufgenommen in Charbin im Jahr 1923

Im Mutterland der Eisenbahn

Anders als in anderen Ländern

»Der Kontinent war abgeschnitten« – so betitelte einst eine Londoner Zeitung ihren Bericht über einen dichten Nebel, der die Schiffahrt im Ärmelkanal lahmgelegt hatte. Ähnlich dem chinesischen »Reich der Mitte« betrachtete sich Großbritannien als »Nabel der Welt«, und das Gefühl der »splendid isolation« ließ die Briten geringschätzig auf das Ausland herabblicken. Dieses Bewußtsein, eine Sonderstellung auf der Erde innezuhaben, war in politischer und sozialer Hinsicht nicht so ungerechtfertigt. Vor allem aber trat sie beim Verkehrswesen hervor: England ist das »Mutterland der Eisenbahn«, und es war jahrzehntelang Vorbild für alle anderen Länder: bei der Lokomotivenfabrikation, bei der Einrichtung der Waggons wie bei unzähligen technischen Dingen von Schienen und Schwellen bis zu Signalen oder den Edmonsonschen Fahrkarten – die Briten exportierten ihre technischen Erfindungen und ihre Produkte fast wie auf einer Einbahnstraße.
Aber dennoch gab es mitunter gravierende Unterschiede im Eisenbahnwesen dies- und jenseits des Kanals, die teilweise bis zum heutigen Tag erhalten geblieben sind. Dies beginnt schon mit dem Sexagesimal- anstelle des Dezimalsystems bei den Entfernungen: Meilen statt Kilometern! Oder die Zeitangabe, die nicht von 0 bis 24 Uhr reicht, sondern von 12 bis 12 Uhr mit dem Zusatz »a. m.« (ante meridiem: vormittags) oder »p. m.« (post meridiem: nachmittags). Oder der nicht nur auf der Straße, sondern ebenso auf der Schiene bestehende Linksverkehr, dem bis heute selbst viele kontinentale Bahnen treu geblieben sind (z. B. Frankreich, Italien, Schweiz). Oder das schon viele Jahrzehnte vor der »europäischen« Vereinheitlichung existierende Zwei- anstelle des Dreiklassensystems, wobei wir als Paradoxon registrieren wollen, daß bis 1956 die beiden Klassen in Großbritannien fast ausnahmslos nicht erste und zweite, sondern erste und dritte Klasse hießen! Oder die Fahrpläne, die bis in die jüngste Zeit dem Kontinentaleuropäer recht unübersichtlich erschienen, ganz abgesehen davon, daß es überdies zumeist eigene Fahrpläne für wochentags, samstags und sonntags gab. Hat auf dem Festland jeder Zug im Fahrplan eine *Nummer*, so vermißt man diese bei den britischen Zügen; dort findet man nur etwa einen »7.50-a. m.-ex-Paddington-Passenger-Train« oder bestenfalls den jeweiligen *Namen* des Zugs.
Die Briten, mit ihrem ausgeprägten individualistischen Sinn, haben vermutlich als erste begonnen, Züge, Lokomotiven, sogar einzelne Wagen mit Namen zu versehen. Die Kontinentaleuropäer haben diese Sitte dann im vorigen Jahrhundert bei Lokomotiven nachgeahmt; bei Zügen ist es aber diesseits des Kanals zuerst bei den »Großen Europäischen Expresszügen« und bei Wagen bisher nur in seltenen Einzelfällen dazu gekommen.
Inzwischen ist viel von der britischen Individualität auf der Schiene im Zeichen der »Europäisierung« verschwunden. Aber noch haben die britischen Eisenbahnen ein kleineres Profil als die festländischen, woran sich auch in absehbarer Zeit nichts ändern wird. Demgemäß sind alle ihre Fahrzeuge kürzer, kleiner und schmaler, »hochbeiniger«, was eine vergleichsweise geringere Laufruhe zur Folge hat. Die Entfernungsmessung in Meilen dagegen ist – seit der Einführung des Dezimalsystems sogar in der Währung – zugunsten der in Kilometern aufgegeben worden; die Meilensteine entlang der Strecke werden wir aber sicherlich noch lange Zeit sehen, desgleichen auch das Linksfahren. Letzteres erscheint mir übrigens als die »natürlichere« Fahrweise, denn beim Ein- oder Aussteigen beispielsweise hält man sich mit der *rechten* Hand fest. Mit dem Zweiklassensystem sind die britischen Bahnen den festländischen um viele Jahrzehnte vorausgegangen. Was endlich die individuelle Namensgebung von Zügen, Lokomotiven oder Wagen angeht, so können wir sogar eine umgekehrte Entwicklung feststellen: Gehen die Fahrpläne auf dem Kontinent heutzutage von Namen für »bessere« Züge förmlich über, besonders in der Bundesrepublik Deutschland, taufen die Schweizer und vor allem die Franzosen heute nicht nur ihre schnellfahrenden Elektrolokomotiven, sondern auch die Triebwagen ihrer »Trains à Grande Vitesse« (TGV), so gibt es inzwischen in England überhaupt keine Dampflokomotiven mehr (und benannte schon gar nicht, außer in Museen), aber auch die Elektro- und Dieselloks tragen nur sehr selten eigene Namen. Und daß einzelne luxuriöse Wagen getauft sind, ist in Großbritannien längst Vergangenheit: Im Jahr 1969 wurden sämtliche Namen, die einst die Pullman-Cars der ersten Klasse getragen hatten, aufgegeben. Alle diese schönen, einst so farbenfreudigen Fahrzeuge gingen in der anonymen Masse der heutigen Züge unter, uniform in stupidem Blauweiß gestrichen und mit der Aufschrift »Intercity«.
Im folgenden will ich über zwei Gruppen von Zügen berichten, mit denen ich gefahren bin und die in Großbritannien aus mancherlei Gründen besonders bemerkenswert sind: Zum einen handelt es sich um Züge, welche die bisher längste Nonstopstrecke im fahrplanmäßigen Verkehr zurückgelegt haben, nebst ihren Vor- und Nachfahren, diese mit gesteigertem Komfort. Zum anderen sind es Züge, die, beziehungsweise deren »Typus« oder »Atmosphäre«, heute in Großbritannien wie auf dem Festland längst ausgestorben sind – die Pullman-Züge.

Die längste Nonstopstrecke der Erde

Das ist die »East Coast-Main-Linie«, die Hauptstrecke zwischen London und Edinburgh entlang der englischen und schottischen Ostküste, gewesen. Hier fährt der Zug namens »Flying Scotsman« über Doncaster, York, Darlington, Newcastle und Berwick. Vor allem drei Dinge haben ihn weltberühmt gemacht: Erstens dürfte er einer der ältesten, wenn nicht überhaupt der älteste Schnellzug sein, der einen eigenen Namen bekam; zweitens war sein Fahrplan mehr als ein Jahrhundert lang so eingeteilt, daß er sowohl den Bahnhof King's Cross in London als auch den Waverley-Bahnhof in Edinburgh zur selben Sekunde verließ, und zwar um Punkt zehn Uhr vormittags; und drittens legte er einige Jahrzehnte lang seine Strecke ohne einen einzigen Halt zurück: 632 Kilometer, eine Entfernung, die im fahrplanmäßigen Regelverkehr sonst nirgendwo auf der Erde überboten wurde.

Wann genau der »Flying Scotsman« seinen Namen erhielt, läßt sich heute nicht mehr feststellen. Seine Geschichte begann jedenfalls im Juni 1862, als erstmals eine Schnellverbindung zwischen der englischen und der schottischen Hauptstadt mit einer Fahrzeit von nur zehneinhalb Stunden eingerichtet wurde. Der Zug, der nur Wagen erster Klasse führte, verließ King's Cross um 10 Uhr und erreichte Waverley um 20.30 Uhr. Unterwegs hielt er nur selten; in Retford gab er Kurswagen nach Sheffield und nach Manchester ab, und in York machte er einen halbstündigen »Lunch-Stop«. Zunächst wurde er »Special Scotch-Express« genannt. Nachdem 1876 einige abkürzende Streckenteile fertiggestellt worden waren, sank seine Fahrzeit auf nur mehr neun Stunden. Im Jahr 1887 wurden ihm auch Wagen der dritten Klasse beigegeben. Um diese Zeit wurde der Zug zunächst inoffiziell »Flying Scotsman« genannt, bald aber auch auf diesen Namen getauft.

Von Anfang an konkurrierten die großen Bahngesellschaften der Ostküste, Great Northern (GNR), North-Eastern (NER) und North British (NBR), hart mit denen der Westküste, London-North-Western (LNWR) und Glasgow and South-Western (GSWR). Dies führte bald zu einer Art sportlicher Wettfahrten zwischen beiden Linien, die überwiegend von den Bahnen der East-Coast-Route gewonnen wurden: Im Jahr 1888 wurde die »Race to Edinburgh« ausgetragen, in deren Verlauf sich die Fahrzeit des »Flying Scotsman« auf 7 Stunden und 26 Minuten verringerte, einschließlich des noch immer bestehenden Lunch-Aufenthalts von 26 Minuten in York. Als Lokomotiven dienten vor allem die von Stirling gebauten »Eight Footers« der GNR und die 2-B der NBR. Lokwechsel war in Grantham, York und Newcastle. Nachdem die Konkurrenten ihr Können gezeigt hatten und erschöpft waren, wurde die planmäßige Fahrzeit des »Flying Scotsman« auf genau achteinhalb Stunden festgelegt.

2

Abbildungen 2 und 3: In zwei Minuten verläßt der »Flying Scotsman« den Bahnhof King's Cross – über hundert Jahre lang stets um Punkt 10 Uhr
Abbildung 4: Ein High Speed-Train (IC 125) passiert den »Half Way« zwischen London und Edinburgh

Im Jahr 1895 kam es zu einer erneuten »Race«. Die Wettfahrt ging von London nach Aberdeen und nahm einen ähnlichen Verlauf. Beendet wurde sie durch ein »Gentlemen's Agreement« zwischen den Kampfhähnen, die sich verpflichteten, eine Fahrzeit von achteinviertel Stunden bis Edinburgh nicht zu unterschreiten.

Erst 1900 wurden Speisewagen in den »Flying Scotsman« eingereiht; der Mittagshalt in York war inzwischen auf 15 Minuten verkürzt worden – und dies, obwohl in vielen anderen britischen Zügen schon mehr als zwanzig Jahre lang Speisewagen gelaufen waren. Zugleich stellte die Eisenbahngesellschaft neue Wagengarnituren in Dienst; es handelte sich um Sechsachser mit insgesamt 50 Plätzen der ersten und 211 Plätzen der dritten Klasse. Die Traktion besorgten nun vor allem die von Ivatt gebauten 2-B bei der GNR und die Worsdellschen 2-B bei der NER.

Wiederum neue und im Komfort verbesserte Wagen wurden kurz vor Ausbruch des Ersten Weltkriegs gebaut. Der Speisewagendienst wurde nun wesentlich erweitert. Nicht weniger als drei Wagen dienten dem kulinarischen Betrieb: zwei Speisewagen (je einer für die beiden Klassen), zwischen denen ein Küchenwagen eingereiht war.

3

4

Die Kriegsjahre hinterließen auch bei diesem Zug ihren Niederschlag: Seine Fahrzeit verlängerte sich auf neun Stunden und fünfzig Minuten, im Jahr 1917 wurde der Speisewagendienst eingestellt, freilich schon 1919 wieder aufgenommen.
Abermals neue Wagengarnituren gab es dann ab 1924. Die »triple-unit« der Speise- und Küchenwagen war nun erstmals »articulated«, das heißt mit gemeinsamen Drehgestellen zwischen dem ersten und zweiten sowie zwischen dem zweiten und dritten Wagen versehen; neu war auch die elektrische Kücheneinrichtung.
In den zwanziger Jahren galt das Agreement zwischen den Ost- und den Westküstenbahnen noch immer; es mußten also andere Wege als Fahrzeitverkürzungen gefunden werden, um den Konkurrenten zu übertreffen. Inzwischen war übrigens (1923) das »Grouping« der britischen Eisenbahnen vollzogen: Die East-Coast-Linien hatten sich zur London-North-Eastern (LNER), die West-Coast-Linien zur London, Midland and Scottish (LMS) zusammengeschlossen. Die LNER versuchte nun, den Kontrahenten auf zweierlei Weise auszustechen: einmal durch lange Nonstopfahrten, zum anderen durch erhöhten Komfort.
Aus der erstgenannten Methode ergab sich die erwähnte längste Nonstopstrecke der Erde: Ab Mai 1928 – allerdings nur in den Sommermonaten – wurde der »Flying Scotsman« in zwei Teilen geführt, von denen der eine auf der gesamten Strecke London–Edinburgh nicht ein einziges Mal hielt. Um dies auch personell und betrieblich bewältigen zu können, wurden 22 der von Gresley gebauten weltberühmten Pacific-Loks der Reihe A4 mit sogenannten Korridortendern versehen: Genau nach der Hälfte der Reise, und zwar während der Durchfahrt durch den Bahnhof Tollerton, verließ die erste Mannschaft der Lok durch einen niedrigen und schmalen Korridor des Tenders ihren Stand und machte der zweiten Crew Platz, die auf die gleiche Weise auf die Lok kam. »Watertroughs« gewährleisteten die Wasserversorgung der Maschinen unterwegs. Sie ermöglichten es, daß die Loks ihre Vorräte in voller Fahrt ergänzen konnten. Diese Technik wurde damals in England sehr häufig angewendet. Der nachfolgende zweite Teil des Zugs machte – bei selber Fahrzeit – alle bisherigen fahrplanmäßigen Halte.
Das zweite Mittel, die Konkurrenz zu übertrumpfen, bestand, wie gesagt, darin, den Komfort des »Flying Scotsman« zu verbessern: Wieder wurden neue Wagengarnituren eingeführt, und erstmals gab es nun nebst den Speise- und Küchenwagen einen Buffet-Salon-Bar-Wagen mit einem »Ladies Retiring Room« (also einer Art »Boudoir«) und sogar einen Frisiersalon, meines Wissens den einzigen seiner Art in einem fahrplanmäßigen Zug in Europa, wenn man vom französischen »Mistral« der sechziger Jahre absieht.
Agreement hin, Agreement her: Im Mai 1932 beschleunigte der »Flying Scotsman« seine Fahrt zum erstenmal wieder, und zwar zuerst auf 7 Stunden 50, bald auf 7 Stunden 30 Minuten, 1936 dann auf 7 Stunden. Kurz vor Beginn des Zweiten Weltkriegs betrug die Fahrzeit des Hauptzugs (also einschließlich seiner Aufenthalte) 7 Stunden und 20 Minuten.
Bereits im Jahr 1938 wurde neuerlich eine verbesserte Wagengarnitur eingeführt. Der Hauptzug war in diesem Jahr folgendermaßen zusammengesetzt:

ein Wagen dritter Klasse sowie ein Wagen erster und dritter Klasse nach Glasgow,
ein Wagen erster und dritter Klasse mit Gepäckraum nach Perth,
drei Wagen dritter Klasse, ein Buffetwagen, drei Speise- und Küchenwagen (»articulated«) und ein Wagen erster Klasse nach Edinburgh,
ein Wagen erster und dritter sowie zwei Wagen dritter Klasse nach Aberdeen.

Der Hauptzug war inzwischen voll klimatisiert, und seine Lok wurde nur noch einmal, in Newcastle, gewechselt.
Der Zweite Weltkrieg brachte einschneidende Änderungen mit sich: Ab 1940 gab es keine Nonstopfahrten mehr, immer noch aber wurde der Zug zumeist in zwei Teilen gefahren, jeder von ihnen bestand manchmal aus bis zu 21, 22 oder gar 23 Wagen! Der erste Teil verließ King's Cross um 9.40 Uhr, der zweite folgte zwanzig Minuten später. Die Fahrzeit bis Edinburgh verlängerte sich auf 8 Stunden und 40 Minuten.
Aber schon im Sommer 1949 wurden die Nonstopfahrten wieder aufgenommen. Die beiden Teile fuhren in London um 9.30 Uhr und um 10 Uhr ab; Edinburgh erreichten sie in genau acht Stunden. Der erste Teilzug, der die Strecke ohne Aufenthalt zurücklegte, erhielt in diesem Jahr den Namen »Capitals Limited«. Er bestand aus 13 Wagen; ein Nachteil, den das Publikum übel vermerkte, war die geringe Anzahl von Plätzen erster Klasse: Es gab nur fünf entsprechende Abteile in einem Wagen nach Edinburgh, dazu drei weitere in einem Wagen nach Aberdeen und allenfalls noch Plätze an den drei am Ende des Speisewagens erster Klasse gelegenen Tischen – wahrlich recht wenig für einen »Crack-Train«! Die Fahrzeit hingegen verminderte sich bald weiter: Bis zum Jahr 1952 sank sie auf 7 Stunden und 6 Minuten.
Anläßlich der Krönung von Königin Elisabeth im Jahr 1953 erhielt »Capitals Limited« einen neuen Namen: »The Elizabethan«. Seine Fahrzeit wurde rasch auf 6 Stunden 35 Minuten verkürzt; dagegen dauerte die des Hauptzugs, der King's Cross nach wie vor um zehn Uhr verließ, 7 Stunden und 5 Minuten. Kurswagen nach Aberdeen führte jetzt im Sommer »The Elizabethan«, im Winter der »Flying Scotsman«. Noch immer gab es zwei Speisewagen und in beiden Klassen einen Bar-Buffet-Wagen mit dem »Ladies Retiring Room«.
Nachdem jedoch die prachtvollen A4-Dampflokomotiven abgeschafft und der Dieselbetrieb eingeführt worden war, hatte es mit all dieser Herrlichkeit ein Ende: Nun gab es

5

6

Abbildung 5: »Elizabethan« mit einer A4-Lok startet in King's Cross zur Nonstopfahrt nach Edinburgh
Abbildung 6: »The Capitals Limited« mit der A4-Lok »Union of South Africa« in voller Fahrt in Richtung Norden

keinen nonstop fahrenden »The Elizabethan« mehr, keine Ladies Retiring Rooms, und vorbei war es auch mit den zwei Speisewagen wie mit dem Kurswagen nach Aberdeen. Es fährt seitdem nur noch ein »Flying Scotsman«, sommers wie winters und auch nicht mehr nonstop bis Edinburgh, denn inzwischen hatte sich die Flugkonkurrenz bemerkbar gemacht, so daß man einen Halt in Newcastle nicht mehr auslassen konnte, ohne wertvolle Klientel einzubüßen. Statt zweier Speise- und eines Küchenwagens führt der Zug lediglich einen Speisewagen und ein »Miniatur-Buffet«. Nicht zuletzt sind auch die schönen »Headboards« oberhalb der Fenster, die den Namen des Zugs trugen, längst verschwunden. Die Zusammensetzung des »Flying Scotsman«, wie sie sich am 4. Oktober 1973 bei Abfahrt aus King's Cross präsentierte, mag dies illustrieren:

Diesellok (Typ »Deltic«),
sieben Wagen zweiter Klasse,
ein Speisewagen,
ein Wagen erster Klasse (offen, zur Hälfte aufgedeckt für Bedienung aus dem Speisewagen),
ein Wagen erster Klasse,
ein Wagen erster Klasse mit Gepäckraum.

Und dann kam die große Wende im Eisenbahnverkehr der Britischen Inseln, auch für den »Flying Scotsman«, als die »High Speed Trains« (HST) eingeführt wurden. Diese superschnellen Dieseltriebwagenzüge bestreiten inzwischen den gesamten Städteschnellverkehr entlang der Ostküstenroute und vor allem auch auf der Strecke der einstigen Great Western (Plymouth–Penzance). An ihrer Stirnseite tragen sie als unübersehbares Markenzeichen die Aufschrift »IC 125« (»Intercity 125 mph« = 200 km/h). Mit den High Speed Trains haben sich die British Railways *nach* den japanischen »Hikaris«, aber noch *vor* den französischen »Trains à Grande Vitesse« wieder in die Reihe jener Bahnen begeben, die in der Lage sind, technisch hochentwickelte Schnellzüge mit Reisegeschwindigkeiten von 150 und Höchstgeschwindigkeiten von 200 (und mehr) Stundenkilometern auf die Schienen zu bringen. Dies ermöglicht es ihnen, mit dem nationalen Flugverkehr erfolgreich zu konkurrieren. Daß dabei verschiedene Komponenten der einstigen Dampf- oder sonstigen Züge, verschiedene »Imponderabilien« einstigen Komforts und vor allem vieles der einstigen Tradition und Romantik des Eisenbahnfahrens unwiederbringlich auf der Strecke geblieben sind, mag bedauerlich sein, aber man wird sich damit abfinden müssen. Die übliche Zusammensetzung eines solchen High Speed Train sieht so aus:

ein Triebwagen,
vier Wagen zweiter Klasse,
ein Wagen zweiter Klasse mit Buffet,
ein Speisewagen,
zwei Wagen erster Klasse,
ein Triebwagen.

Abbildung 7: Der »Tees-Tyne-Pullman« mit der A4-Lok »Seagull« auf dem Weg nach Newcastle
Abbildung 8: Die A3-Lok »Flying Scotsman« vor dem privaten »Cider-Express« beim »Tag der offenen Tür« des Eisenbahnmuseums von Tyseley bei Birmingham
Abbildung 9: Die »Diamond Crossings« vor dem Bahnhof Newcastle Central sind aus besonders hartem Stahl (New Manganese Steel) gebaut, weil sie außergewöhnlich stark belastet werden

8

9

AT BINNS

Der heutige, »Flying Scotsman« genannte HST verläßt King's Cross um 10.30 Uhr und erreicht die Waverley Station in Edinburgh um 15.05 Uhr, also nach einer Fahrzeit von 4 Stunden 35 Minuten, und zwar einschließlich des (einzigen) Halts in Newcastle. Er erreicht eine durchschnittliche Reisegeschwindigkeit von 137,9 Stundenkilometern. Bis Newcastle beträgt diese allerdings 150 Stundenkilometer, wobei der Zug auf längeren Abschnitten seine Höchstgeschwindigkeit von 125 Meilen pro Stunde, 200 Stundenkilometern, voll ausfährt. Um 8 Uhr morgens fährt ihm ein »Aberdonian« genannter HST voraus, der bis Edinburgh 4 Stunden und 50 Minuten braucht. In umgekehrter Richtung verläßt der »Flying Scotsman« die schottische Metropole um 10.35 Uhr (von Aberdeen kommend), und um 12.35 Uhr folgt ihm der genannte »Aberdonian«. Es sind also praktisch doch wieder zwei Züge am Vormittag, wenn auch jetzt keiner ohne Halt durchfährt – denn auf Newcastle kann und will man nicht verzichten.

Übrigens sind heute schon alle bei Tag fahrenden Schnellzüge von King's Cross nach Edinburgh, aber auch nach Aberdeen, nach Leeds, Hull und Sheffield, High Speed Trains. Der auf Teilstrecken schnellste ist freilich nicht unser »Flying Scotsman«, sondern der »Talisman«, der die 302 Kilometer zwischen York und London in 1 Stunde und 59 Minuten ohne Halt zurücklegt, also mit einer Durchschnittsgeschwindigkeit von 152,3 Stundenkilometern.

Als Saldo dieser nun schon fast 125 Jahre dauernden Entwicklung des »Flying Scotsman« vom ursprünglichen »Special Scotch Express« zum jetzigen High Speed Train können wir feststellen: Er ist der wohl älteste und berühmteste aller »Namenszüge«, hervorragend durch seine Tradition, durch seine Geschwindigkeit, durch seine Nonstopstrecke. Aber er war niemals ein Luxuszug im eigentlichen Sinn des Wortes, denn er hat fast immer auch Fahrgäste der unteren Wagenklasse befördert, und im Komfort haben ihn in der Zwischenkriegszeit andere Züge übertroffen. Sein traditionelles Image ist längst dahin, er ist eben ein High Speed Train unter anderen: Kein Name, nur das Markenzeichen »IC 125«, ziert die Stirn seines Triebwagens, kein Name steht auf den Headboards seiner Wagen; kein zusätzlicher Komfort hebt ihn aus der Menge der Züge seiner Art heraus.

Ich bin kein Freund des Diesel-, sondern des Elektrobetriebs. Aber mit ihm haben die Briten bei ihren enttäuschenden Versuchen in Gestalt der »Advanced Passenger Trains« (APT) entlang der Westküstenroute offenbar kein Glück. Freuen wir uns also über den »Flying Scotsman«, wie er heute fährt.

10

Abbildung 10: Die Firth of Forth-Bridge bei Edinburgh, eine der imposantesten Eisenbahnbrücken der Erde

Abbildung 11: Der vordere Teil eines Advanced Passenger Train (APT), eines Elektrotriebwagenzugs für den Schnellverkehr zwischen London und Glasgow. Trotz jahrelanger Experimente haben die British Railways noch immer kein Glück mit diesem Zugtyp

Abbildung 12: »Tand, Tand ist das Gebilde aus Menschenhand«, so beginnt das berühmte Gedicht Fontanes über den Einsturz der Brücke über den Firth of Tay am 28. Dezember 1879, mit dem sich auch Cronin in seinem Roman »James Brodie, der Hutmacher und sein Schloß« befaßt hat. Das Photo zeigt die neue Brücke, die 1887 gebaut worden ist

Die Enttäuschung des Chronisten

Ich hatte zwei persönliche Begegnungen, besser gesagt, Fahrten, mit dem »Flying Scotsman«. Die erste fand vor einem Vierteljahrhundert statt, im Jahr 1960. Als wir, meine Frau, mein Sohn und ich, vor zehn Uhr morgens den »Elizabethan« zur Fahrt von King's Cross nach Edinburgh bestiegen, erhofften wir uns eine sensationelle Non-

11

12

stopreise über nicht weniger als 632 Kilometer. Ich weiß heute nicht mehr, ob jemand, und wenn ja, wer, mit uns in einem Abteil erster Klasse saß. Aber ich erinnere mich daran, daß es eine A4-Lok namens »Woodcock« war, die von uns wie von unzähligen »Loc-Spotters« betrachtet und photographiert wurde. Um Punkt zehn Uhr ging's los, und schon nach einer Viertelstunde begaben wir uns in den benachbarten Wagen erster Klasse. Er war für die Bedienung aus dem Speisewagen vorbereitet, um den der Gastronomie gewidmeten Zugteil zu vergrößern. Wir genossen dort den von mir so genannten vormittäglichen »Arbeitskaffee« mit den köstlichen britischen Cakes. Allerdings hielt unsere Hochstimmung auf dieser längsten Nonstopreise der Erde nicht an: Zweimal blieb »The Elizabethan« unterwegs außerplanmäßig stehen: einmal in Retford und ein zweites Mal noch irgendwo weiter nördlich. Ich weiß heute nicht mehr, warum dies geschah. Jedenfalls war der Schaffner, dem gegenüber ich meine Enttäuschung über diese Debakel einer doch weltweit berühmten Nonstopfahrt ungeschminkt ausdrückte, zu Tränen gerührt und beschämt!

Fast zwanzig Jahre später: Ich war pünktlich mit dem »Night Ferry« aus Paris auf der Victoria Station angekommen, und die Zeit schien schon etwas knapp, um den »Flying Scotsman« in King's Cross zu erreichen. Reisende, die auf der Victoria Station ankommen und ein Taxi wünschen, müssen vor der Bahnhofsfront Schlange stehen, daß heißt bis zu zwanzig Minuten warten, bevor sie an der Reihe sind – aber: Man verlasse den Bahnhof rechts heraus und halte das erste hier vorbeifahrende Taxi auf; diesen Tip verdanke ich meinem Gepäckträger.

Wer glaubt, in King's Cross oder auf einem anderen Londoner Bahnhof schon einsteigen zu können, wenn der Zug am Bahnsteig bereitsteht, der irrt sich. Man warte geduldig in der Schlange vor dem Bahnsteig, bis der Zugang zu ihm freigegeben wird. Meine Platzkarte für den vorletzten Wagen stimmte. Das Publikum in der ersten Klasse war nicht sehr zahlreich und, wie sich nach einigen Sprachschwierigkeiten herausstellte, überwiegend bundesdeutscher Herkunft. Pünktliche Abfahrt, eine Stunde später der Aufruf im Lautsprecher zur ersten Serie des Lunch im Speisewagen nebenan. Das Essen war wie stets ausgezeichnet.

Meine drei Tischgenossen wollten in Newcastle aussteigen. Dort, beim einzigen planmäßigen Halt, leerte sich dann nicht nur der Speisewagen auffällig, sondern auch der übrige Zug – ein Beweis dafür, daß es sinnvoll war, die Nonstopfahrt bis Edinburgh aufzugeben. Ansonsten: Bis Waverley geschah nichts Aufregendes, außer einer Unterbrechung hinter Berwick, was uns aber nicht daran hinderte, pünktlich in Edinburgh einzutreffen.

»Speed and Comfort«

Neben dem »Flying Scotsman«, dem Paradepferd der Ostküstenroute, gab es noch andere Züge, die sogar wesentlich schneller und komfortabler zwischen den beiden Metropolen Großbritanniens verkehrten. Um die Mitte der dreißiger Jahre, nachdem die Folgen der Weltwirtschaftskrise weitgehend überwunden waren, trachteten die größten Eisenbahnunternehmen Europas danach, ihre Züge attraktiver zu machen, vor allem schneller und komfortabler – die Konkurrenz durch Auto und Flugzeug machte sich bemerkbar. Die Schnelltriebwagen in Deutschland, der »Fliegende Hamburger« und seine Nachfolger, der »Train Aérodynamique« in Frankreich oder die »Elettrotreni« vom Typ ETR 200 in Italien seien als Beispiele genannt. Auch Großbritannien konnte sich diesem Trend nicht länger entziehen.

Vor allem zwei Züge der britischen Ostküstenroute übertrafen in diesen Jahren den »Flying Scotsman« an Geschwindigkeit und Komfort. Sie leiteten auf britischem Boden das Zeitalter des Städteschnellverkehrs ein, wie es später genannt wurde.

Der eine war der »Silver Jubilee«. Er wurde anläßlich des 25jährigen Regierungsjubiläums von König Georg V. in Dienst gestellt, als damals schnellste Verbindung zwischen London und Newcastle. Es handelte sich um den ersten britischen Stromlinienzug.

Als »Test Run« fuhr am 27. September 1935, am 110. Jahrestag der Eröffnung der Eisenbahn Stockton–Darlington, ein mit der A4-Lok namens »Silver Link« bespannter Vorführungszug von King's Cross nach Grantham. Er erreichte dabei die Rekordgeschwindigkeit von 112 Meilen pro Stunde (181 km/h). Drei Tage später startete der »Silver Jubilee« um 10 Uhr in Newcastle und kam, nach nur einem einzigen Halt in Darlington, um Punkt 14 Uhr in King's Cross an (Durchschnittsgeschwindigkeit: 108 km/h). In umgekehrter Richtung war die Abfahrtszeit 17.30 Uhr und die Ankunftszeit 21.30 Uhr. Bei den Lokomotiven und Wagen dieses Zugs handelte es sich um ein absolutes Novum auf den Schienen der LNER: Die Maschinen entstammten alle der berühmten A4-Klasse, waren silbergrau gestrichen und führten die Namen

»Silver Link«, Nr. 2509,
»Quicksilver«, Nr. 2510,
»Silver King«, Nr. 2511,
»Silver Vox«, Nr. 2512.

Später wurden sie übrigens in »Garter Blue« gestrichen. Nicht nur die Lokomotiven, sondern auch die drei brandneuen Wagengarnituren für den Zug waren in Silber gehalten. Es handelte sich um folgende miteinander verbundene Wagengruppen:

dritte Klasse und Brake (Bremsabteil) – dritte Klasse (Abteile),
dritte Klasse (offen) – Küchenwagen – erste Klasse (offen),
erste Klasse (teils Abteile, teils offen) – erste Klasse und Brake.

13

14

Abbildung 13: Die schnellste und die letzte Dampflok auf britischen Schienen stehen im Eisenbahnmuseum in York – die Lok namens »Mallard« erreichte 1938 eine Geschwindigkeit von 203 Stundenkilometern, der »Evening Star« ist 1960 gebaut worden

Abbildung 14: »Locomotion Number 1« der Stockton & Darlington Railway ist die erste Lokomotive, die George Stephenson in seiner Fabrik gebaut hat (1825). Die »Derwent« (im Bildhintergrund) stammt aus dem Jahr 1945. 1960, als dieses Photo gemacht wurde, standen beide noch im Bahnhof von Darlington, heute befinden sie sich im dortigen Museum

15

Als später die Nachfrage stieg, wurde in die am Zuganfang befindliche »unit« noch ein Wagen dritter Klasse eingereiht. Lunch oder Dinner wurde am Platz der Reisenden serviert. Wegen der hohen Reisegeschwindigkeit war aus Sicherheitsgründen vorgeschrieben, daß die Blockabstände zum nächsten Signal doppelt so lang sein mußten wie zuvor.

»Silver Jubilee« war vom ersten Tag an ein voller Erfolg. Schon nach zwei Jahren hatte er die Baukosten für die neuen Wagengarnituren eingefahren. »It had proved«, so schreibt Cecil Allen in seinem Buch »Titled Trains of Great Britain«, »that the British people wanted speed and was prepared to pay for it.« Der Zuschlag betrug fünf Shilling in der ersten und drei Shilling in der dritten Klasse.

Bei Kriegsausbruch im Sommer 1939 wurde dieser Zug endgültig eingestellt. Seine Wagen setzte man jedoch noch jahrelang anderweitig ein: Die mittlere »triple unit« (erste Klasse, Küchenwagen, dritte Klasse) fuhr lange in gewöhnlichen Schnellzügen zwischen London und Newcastle, die übrigen Wagen meist im »Fife-Coast-Express« zwischen Glasgow und St. Andrews, dem Mekka der britischen Golfspieler.

Die positiven Erfahrungen mit dem »Silver Jubilee« zeitigten bald Folgen. Anläßlich der Krönung König Georgs VI. im Juli 1937 wurde der zweite britische Stromlinienzug auf die Schienen der Ostküstenroute gestellt: Der »Coronation« war so schnell wie sein Vorläufer, aber noch komfortabler. Er stellte die damalige Fahrzeit beider Teile des »Flying Scotsman« deutlich in den Schatten: Mit ihm dauerte die Reise zwischen London und Edinburgh gerade noch sechs Stunden (Reisedurchschnittsgeschwindigkeit: 105 km/h). Der Zug hielt anfangs nur in York, später auch in Newcastle. In beiden Richtungen war es eine reine Nachmittagsverbindung: London ab 16 Uhr, Edinburgh an 22 Uhr, umgekehrt lagen die Zeiten eine halbe Stunde später.

Abbildung 15: Die A4-Lok »Mallard« hatte einen Korridortender, durch den die Crew etwa nach der Hälfte der Fahrzeit zwischen London und Edinburgh abgelöst wurde, wenn die »Mallard« sich auf einer Nonstopfahrt mit dem »Flying Scotsman«, dem »Capitals Limited« oder dem »Elizabethan« befand

Abbildung 16: Die A4-Lok »Silver Link«, die wie ihre drei Schwesterloks mit dem »Silver Jubilee« die Strecke London–Edinburgh erstmals fahrplanmäßig in nur vier Stunden zurücklegte

16

Auch für diesen Zug wurden einige Lokomotiven der Baureihe A4 ausgesucht, es waren dies die

»Union of South Africa«, Nr. 4488,
»Dominion of Canada«, Nr. 4489,
»Empress of India«, Nr. 4490,
»Commonwealth of Australia«, Nr. 4491,
»Dominion of New Zealand«, Nr. 4492.

»Coronation« war der erste elektrisch vollklimatisierte Zug der britischen Eisenbahnen. Seine beiden Garnituren waren in zweierlei Blau gestrichen (Lichtblau und »Garter Blue«) und bestanden aus je neun Wagen, von denen viermal zwei Wagen zu »twin units« vereinigt waren:

dritte Klasse und Brake – dritte Klasse und Küche,
erste Klasse – erste Klasse,
dritte Klasse – dritte Klasse und Küche,
dritte Klasse – dritte Klasse und Brake.

Nicht »articulated« war der am Schluß eingereihte, abgerundete »Observation-Car«, in dem sich Passagiere beider Klassen gegen eine Gebühr von einem Shilling eine Stunde lang aufhalten durften. Er wurde allerdings nur im Sommer angehängt, weil die Nachmittagsstunden sonst zu dunkel waren. Der überdies gebotene Komfort, besonders in der ersten Klasse, stand dem in einem Pullman-Car nicht nach: Hier waren drehbare Sessel jeweils gegenüber und 1:1 beiderseits des offenen Mittelgangs angeordnet, und zwar in erkerartigen Fensternischen. Der Zuschlag betrug sechs Shilling in der ersten und vier Shilling in der dritten Klasse. Selbstverständlich wurden die Fahrgäste an ihren Plätzen von den beiden Küchenwagen aus bedient. Auch für den »Coronation« bedeutete der Kriegsausbruch das Ende. Seine Wagen blieben zuerst abgestellt; nach 1945 wurden sie dann in verschiedenen Zügen verwendet. Der Aussichtswagen lief noch eine Zeitlang im schottischen Hochland, und zwar von Glasgow nach Oban und nach Fort William-Mallaig.
Mit diesem »Observation-Car« hatte ich in den sechziger Jahren einmal die Gelegenheit, in die Highlands zu fahren. »Coronation« oder »Silver Jubilee« aber habe ich nie gesehen. Um beide Züge ist es sehr schade, denn nie haben britische Schnellzüge – von den reinen »Pullman-Trains« abgesehen – einen vergleichbaren Komfort geboten, mögen auch die Geschwindigkeiten seither noch weiter gestiegen sein.

Pullman in Großbritannien

Kaum ein Name oder Begriff ist in seiner Bedeutung so vieldeutig, so falsch, so mißverständlich und sogar mißbräuchlich ausgelegt worden wie »Pullman«. Wer oder was ist das eigentlich?
Der Begriff stammt vom Namen des George Mortimer Pullman, der seine Laufbahn als Möbeltischler begann. »Er war zu zehn Prozent Erfinder und zu neunzig Prozent

Abbildung 17: Die »Coronation«, nach der eine Lok-Klasse benannt wurde, vor dem »Coronation Scot«, der im Krönungsjahr König Eduards VI. eingeführt wurde als Konkurrenzzug auf der Westküstenroute zum »Coronation« an der Ostküste. Er fuhr zwischen London und Glasgow und brauchte für diese Strecke sechseinhalb Stunden

Abbildung 18: Observation-Car des »Coronation«, der nach dem Zweiten Weltkrieg zwischen Glasgow, Fort William und Mallaig eingesetzt wurde

18

Abbildung 19: Der Observation-Car des »Coronation« von 1937

Abbildungen 20, 21 und 22: Drei typische Pullmans der Zeit vor dem Ersten Weltkrieg. Der [illegible]venor« (20) war noch 1957 im Dienst zwischen London und der Südküste

Geschäftsmann«, sagte man einmal über ihn. Ihm sind die primitiven Anfänge des Komforts auf den Bahnen der Vereinigten Staaten zu verdanken. Er hat die einfachste Form des Schlafwagens erfunden, in dem die Liegestätten übereinander an den Längsseiten des Wagens angebracht und zum Korridor hin durch Vorhänge abgeschlossen waren – die ersten sogenannten »Pullman-Cars«. Noch heute, hundert Jahre später, gibt es diese einfache Form nächtlichen Komforts auf der Schiene in den USA. Im weiteren Verlauf wurden in die Wagen auch abgeschlossene »Compartments« oder »Drawing-Rooms« eingebaut, die gegen höhere Gebühren eine gewisse private Atmosphäre schufen. Pullman baute dann auch bequeme Waggons für Reisen am Tag, »Parlour-Cars« mit Fauteuils, daneben Speisewagen, Aussichtswagen und ähnliches.

Am Ende seines Lebens war Pullman Millionär, und seinen Namen trugen nicht nur die Eisenbahnwagen der gehobenen Kategorie in den Staaten, sondern auch ein Unternehmen und eine ganze Fabrikstadt bei Chicago. In dieser baute und von dieser aus lieferte er komfortable Fahrzeuge für Amerika und auch nach Übersee, vor allem auf die Britischen Inseln. Pullmanscher Herkunft waren vor einem Jahrhundert die meisten Speise- und Salon-, aber auch viele Schlafwagen englischer Eisenbahnen, vor allem im Süden, in den Midlands und in den Highlands.

Aus einer, ebenfalls nach Pullman benannten Zweigfirma in England ging dann eine britische Gesellschaft dieses Namens hervor, die erst nach dem Zweiten Weltkrieg in den British Railways aufging. Sie betrieb Pullman-Salonwagen. Bei den britischen Pullmans handelte es sich, im Gegensatz zur ursprünglichen Bedeutung des Worts (gehobene Wagenklasse oder primitiver Schlafwagen), um Fahrzeuge, welche die Amerikaner als »Parlor-Cars« bezeichneten. In ihnen saß der Reisende auf einem bequemen Fauteuil, an dem er – und das war das Wesentliche – kulinarisch bedient wurde.

Finanzielle, später überdies verwandtschaftliche Beziehungen zwischen den Managern der britischen Pullman-Gesellschaft und der Internationalen Schlafwagengesellschaft führten dazu, daß diese Salonwagen in der Zwischenkriegszeit auch auf dem europäischen Kontinent anzutreffen waren: Einige Dutzend Tagesluxuszüge und viele einzelne Wagen in normalen Schnellzügen boten jahrzehntelang komfortable Dienste bei Tag, mit derselben Benennung wie in England und mit der gleichen Bequemlichkeit – bis im Jahr 1970 auch auf dem Festland dieser Zug- und Wagentyp ausstarb. Salon- *und* Speisewagen, das war dies- und jenseits des Kanals das Charakteristische an einem Pullman-Wagen oder -Zug.

Unklar blieb mir stets, wieso George Mortimer Pullman, der doch wahrlich ein guter Geschäftsmann war, die Verwendung seines Namens nicht hatte markenrechtlich registrieren und schützen lassen. So konnte es kommen, daß der Begriff »Pullman« für jeden mit Drehgestellen ausgestatteten Wagen verwendet wurde oder für Wagen der Polsterklasse mit Einzelsitzen (wie heute in der Türkei) oder gar für Autos oder Autobusse: »Reise im Pullman-Luxus-Bus!«

In England betrieben zunächst nur die Privatgesellschaften südlich der Themse Pullman-Wagen. Dies änderte sich

20

21

22

im Jahr 1914, als ein gewisser Henry Thornton zum Generalmanager der Great Eastern Railway bestellt wurde. Er war lange in den USA gewesen und daher an Pullmanschen Komfort gewöhnt. Thornton beschloß, diesen auch bei seiner Bahn einzuführen, und unterzeichnete einen entsprechenden Vertrag mit der Pullman-Gesellschaft. Erstmals liefen nun Pullman-Salonwagen von der Londoner Liverpool Street Station in den »Boat-Trains« nach Harwich. Nach dem bereits erwähnten »Grouping« von 1923 übernahm die London and North Eastern die Vereinbarung, womit nun auch auf den Strecken nach Nordengland und Schottland Pullman-Züge den Betrieb aufnahmen.

Ab 1923 fuhr der »Harrogate-Pullman« von King's Cross aus einerseits nach Leeds, andererseits über den Badeort Harrogate nach Newcastle; London–Leeds war zu dieser Zeit mit 312 Kilometern die längste Nonstopstrecke in England. Ihm folgte 1925 der »West Riding-Pullman« über Leeds nach Bradford. Gleichzeitig wurde die Route des »Harrogate« über Newcastle hinaus bis Edinburgh verlängert.

Diese beiden Züge wurden im Sommmer 1928 von der »Queen of Scots« abgelöst, die über Leeds, Harrogate und Newcastle ebenfalls bis Edinburgh, aber von dort weiter nach Glasgow fuhr. Mit ihren Ivattschen Lokomotiven vom Typ »Atlantic« beförderte sie normalerweise nicht weniger als zehn Pullman-Cars, von denen zwei in Leeds abgehängt wurden. Da der Zug nur wochentags verkehrte, blieb ein sogenannter »Harrogate Sunday-Pullman« weiterhin im Fahrplan. Während des Zweiten Weltkriegs wurde die »Queen of Scots« nicht gefahren und erst 1950 wieder in Betrieb genommen, bis man sie 1964 endgültig einstellte. An ihre Stelle trat ein Pullman-Zug namens »White Rose«, der sich in Leeds einerseits nach Bradford, andererseits nach Harrogate teilte. Sein Leben war wesentlich kürzer: Schon 1967 wurde er in einen gewöhnlichen Schnellzug umgewandelt. Er behielt zwar seinen Namen, verkehrte aber ohne Pullmans. Damit war die Zeit, in der Pullman-Züge bis nach Schottland fuhren, endgültig vorbei.

Noch zwei weitere Pullman-Züge, die von King's Cross aus auf die Reise gingen, seien hier erwähnt: Der eine ist der »Tees-Tyne-Pullman«, der am 27. September 1948 seinen Dienst aufnahm – auch er also am Jahrestag von Stockton–Darlington! Er stellte eine Art Fortsetzung oder Ersatz des Vorkriegs-»Silver Jubilee« dar, verband also London und Newcastle. Hatte der Vorgänger allerdings die Strecke in genau 4 Stunden zurückgelegt, so brauchte der Pullman-Zug erheblich länger, nämlich 5 Stunden und 16 Minuten (später 4 Stunden 55 Minuten). Der Zug hatte in der Regel acht Wagen, drei der ersten und fünf der zweiten Klasse. Zuletzt besaß er zwar noch seinen Namen, jedoch nicht mehr die ihn auszeichnende Exklusivität. Überdies war inzwischen auch auf der LNER das Dieselzeitalter angebrochen. Neben wenigen Pullmans erster Klasse sah man nun auch gewöhnliche Sitzwagen der zweiten Klasse und einen Speisewagen; im Jahr 1975 beendete er ersatzlos seinen Dienst.

Abbildungen 23 und 25: »Queen of Scots-Pullman« mit Lok der A3-Klasse in King's Cross (1961)
Abbildung 24: Observation-Car des »Devon Belle-Pullman« hier zwischen Inverness und Kyle of Lochalsh (1963)
Abbildung 26: Victoria Station, Englands Tor zum Kontinent

Der »Yorkshire-Pullman« schließlich hatte schon im Jahr 1935 den Betrieb aufgenommen. Er war der Nachfolger des »West Riding« und brachte Pullmans nach Bradford, Harrogate sowie nach Hull. Im Jahr 1946 ging er wieder auf die Strecke, fuhr aber nur mehr nach Bradford und Harrogate, da ein neuer »Hull-Pullman« eingeführt worden war. Auch dem »Yorkshire-Pullman« blieb das Schicksal des »Tees-Tyne«, die Degradierung, nicht erspart: Nebst Pullmans erster Klasse erhielt auch er Wagen zweiter Klasse und einen Speisewagen. 1977 ist er ebenfalls aus dem Fahrplan verschwunden. Soweit das Schicksal der britischen Pullman-Trains, die ganz oder teilweise auf der East-Coast-Route verkehrten.

Neben ihnen seien hier noch zwei weitere Züge dieser Art genannt, die südlich der Themse gefahren sind und mit denen ich nach dem Krieg selbst gereist bin. Der eine ist der »Bournemouth Belle«, welcher eine komfortable Verbindung zwischen der Londoner Waterloo Station und dem fashionablen Seebad Bournemouth bildete; mit seinem einzigen Zwischenhalt in Southampton Central bediente er gleichzeitig auch diesen Welthafen.

Seine Vorgänger waren die »Pullman-Drawing-Room-Cars«. Sie wurden schon in der Zeit vor dem »Grouping«

24

25

DIRECT ROUTES TO PARIS AND ALL PARTS OF THE
CONTINENT VIA DOVE
GILBEY'S GIN
76
38
16

26

GROSVENOR HOTEL
RAILWAYS
ORIA
S. DOVER-OSTEND.FOLKESTONE
BOULOGNE AND NEWHAVEN-DIEPPE DE LUXE SERVICES
schweppervescence
BECONTREE HTH
25
52

gefahren und waren in die Schnellzüge der London and South-Western (LSWR) eingereiht, die täglich in Bournemouth einliefen. Doch erst die Nachfolgegesellschaft, die Southern Railway (SR), führte dann im Jahr 1936 einen reinen Pullman-Zug ein, der je nach Saison sieben bis zehn Wagen hatte. Die Traktion besorgte meist eine 2-C-Lok der »Lord Nelson«-Klasse. Als der Zug 1946 wieder in Betrieb genommen wurde, traten »Pacific«-Loks der »Merchant Navy«-Klasse an deren Stelle. Jetzt führte er zumeist sogar zwölf Wagen, und die Fahrzeit nach Bournemouth (174 km) betrug zwei Stunden. Die am 7. Juli 1967 abgeschlossene Elektrifizierung der gesamten Strecke brachte dann das Ende. »Bournemouth Belle« war übrigens einer der letzten großen Schnellzüge mit Dampfbetrieb, und auf der Strecke Waterloo–Southampton–Bournemouth gibt es seither überhaupt nur mehr Triebwagenzüge.

Auf den später der SR gehörigen Schienen gab es schließlich auch den »Brighton Belle«, der eine bis zum Ende des vorigen Jahrhunderts zurückreichende Vorgeschichte hat: Man schrieb das Jahr 1896, als von der Victoria Station zum Seebad Brighton, mit einer Fahrzeit von genau einer Stunde (80 km), erstmals ein nur aus Wagen erster Klasse zusammengesetzter »Brighton Sunday-Pullman« eingeführt wurde. Da er, seinem Namen entsprechend, nur sonntags verkehrte, war er frömmelnden Puritanern ein wahrer Dorn im Auge – schließlich konnte man um die Jahrhundertwende einen Sonntag höchstens mit Bibellektüre verbringen, aber um Himmels willen doch nicht auf einer Eisenbahnfahrt! Kein Wunder, daß der Zug rasch den inoffiziellen Namen »Sabbath Breaker« erhielt. Gleichwohl setzte er sich durch, und als im Jahr 1908 neue, sechsachsige Wagengarnituren angeschafft waren, fuhr der nun »Southern Belle« genannte Zug sogar dreimal an Sonntagen und zweimal an den Wochentagen zwischen London und Brighton hin und zurück; der wachsende Publikumsverkehr bewirkte, daß bald auch Pullmans dritter Klasse eingereiht wurden.

Mit dem Jahresende 1932 war auf dieser Strecke die Zeit des Dampfbetriebs bereits zu Ende. Für den Zug, der ab Neujahr 1933 endgültig »Brighton Belle« hieß, wurden nochmals neue, und zwar Pullman-Elektrotriebwagen-Garnituren angeschafft, mit beiden Wagenklassen, je fünfteilig, die sehr häufig auch in Doppeltraktion fuhren, und dies dreimal an jedem Wochen- und Sonntag.

Nach der kriegsbedingten Unterbrechung fuhr der Zug erstmals wieder im Oktober 1946, und meist nicht nur drei-, sondern sogar viermal täglich. Mehr als ein Vierteljahrhundert lang änderte sich daran nichts. Am 1. Mai 1972 ereilte aber auch den »Brighton Belle« das Schicksal. Angeblich waren seine Wagen überaltert. Der Zug wurde ein für allemal eingestellt; auf seiner Route verkehren nur noch gewöhnliche Triebwagenzüge.

Wie schon angedeutet, gab es in Großbritannien Pullmans der ersten wie der dritten Klasse, wohingegen die Amerikaner den Begriff »Pullman« ja nur für die höhere Wagenklasse verwendeten. In beiden Klassen wurden die Reisenden nicht in einem Speisewagen, sondern am Platz versorgt. Alle Wagen erster Klasse besaßen eigene Namen, zumeist weibliche Vornamen, Namen von Sternen oder aus der Antike; mitunter entstammten sie auch der Phantasie. Ihr Alphabet reichte von »Adrian« bis »Zenobia«, und die wenigen Parlour-Bar-Wagen hießen »Aurora«, »Isle of Thanet«, »Minerva« oder »Niobe«. Diese Praxis wurde in der zweiten Jahreshälfte 1969 aufgegeben, schon bevor 1972 das britische »Pullman-Zeitalter« zu Ende ging. Die Wagen dritter, später zweiter Klasse hingegen führten keine individuelle Bezeichnung, sondern nur eine groß aufgemalte Nummer. Sie waren in einem sehr effektvollen Schokoladebraun und Creme gehalten, bis sie in den letzten Jahren vor der Einstellung der Pullman-Dienste auf Blau umgestrichen wurden – im Verlauf der uniformen Blauweiß-Lackierung aller britischen Intercity-Fahrzeuge. In Pullmans der ersten Klasse saß man grundsätzlich in der Verteilung 1 : 1 beiderseits des Mittelgangs, wozu an einem oder auch an beiden Wagenenden noch ein oder zwei abgeschlossene »Coupés« mit vier Plätzen kamen; in der dritten oder zweiten Klasse war die Sitzteilung 2 : 1, also Vierer- und Zweiertische. An einzelnen Wagengattungen gab es:

Parlour erster Klasse – 18 Plätze im Saal, 2 mal 4 in Coupés	= 26
ab der Neubauserie von 1960 nur noch 16 Plätze im Saal	= 24
Parlour-Kitchen erster Klasse – 18 Plätze im Saal, 4 im Coupé	= 22
ab der Neubauserie von 1960 nur noch 16 Plätze im Saal	= 20
Parlour-Bar erster Klasse – 10 Plätze im Saal, 4 im Coupé	= 14
Parlour-Brake erster Klasse – 18 Plätze im Saal, 4 im Coupé	= 22
Parlour zweiter Klasse – 42 Plätze im Saal	= 42
Parlour-Kitchen zweiter Klasse – 30 Plätze im Saal	= 30
Parlour-Bar zweiter Klasse – (Neubauserie von 1960) 24 Plätze im Saal	= 24
Parlour-Brake zweiter Klasse – 30 Plätze im Saal	= 30

Normalerweise kamen in einem Pullman-Zug etwa je dieselbe Anzahl von Parlour- und Parlour-Kitchen-Cars zum Einsatz, also immer zwei bis drei Wagen »en couplage«, wie wir es auch bei der kontinentalen Wagons-Lits-Gesellschaft kennenlernen werden. Die Neubauserie von 1960 unterschied sich von den älteren Wagen äußerlich vor allem dadurch, daß sie nicht mehr die charakteristischen ovalen Fenster an den Einstiegstüren hatte.

Von Victoria aus fuhren nach verschiedenen Zielen an der englischen Südküste in gewöhnlichen Schnellzügen auch einige gemischtklassige Pullmans mit einer Küche in der Wagenmitte – eine wohl einzigartige Variante. Ihr Namensalphabet begann mit »Alice« und endete mit »Violet«.

Abbildung 27: Einer der sechs- oder achtteiligen Diesel-Pullmans, wie sie ab 1960 nach Manchester, Birmingham sowie nach Bristol und Südwales fuhren; hier der »Bristol-Pullman« (1961)

Abbildung 28: Einer der mit Elektrolok bespannten Pullman-Züge, wie sie ab 1966 von London nach Liverpool und Manchester fuhren und auf diesen Strecken, besonders nach Manchester, die Dieselzüge ablösten. Beide Zugtypen brachten gegenüber den früheren Pullman-Zügen, die von Dampfloks angetrieben wurden, einen Rückschritt im Komfort (1966)

Daß der im Jahr 1933 eingesetzte »Brighton Belle« eine Triebwagengarnitur war, wissen wir bereits. Seine drei Wagensätze waren je fünfteilig in der Reihenfolge: Motorwagen/zweite Klasse, zwei Parlour-Kitchen-Cars erster Klasse, Parlour zweiter Klasse und Motorwagen/zweite Klasse. Die Namen der sechs Küchen-Salon-Wagen der ersten Klasse waren ebenfalls feminin: »Audrey«, »Doris«, »Gwen«, »Hazel«, »Mona«, »Vera«. Der Zug fuhr sehr häufig in Doppeltraktion, also mit zwei Fünfergarnituren hintereinander.

Am Rande seien schließlich noch zwei Zug- beziehungsweise Wagentypen erwähnt, die mit dem Qualitätsbegriff »Pullman« nur dem Namen nach zu tun haben. Auf dem Kontinent, wie heute auch in Großbritannien, würden sie eher als Intercity-Züge bezeichnet werden. Dies waren einerseits einige Diesel-Pullman-Züge, die ab 1960 von London aus in sechsteiligen Wagengarnituren erster Klasse nach Manchester oder mit acht Wagen beider Klassen nach Birmingham, ab 1966 auch nach Cardiff und Swansea, fuhren. Andererseits handelt es sich um E-Lok-bespannte Pullman-Züge: Bis vor einigen Jahren gab es einen »Liverpool-Pullman«, und noch heute verkehrt ein »Manchester-Pullman«. Beide wurden 1966 in Dienst gestellt, und Wagen beider Klassen waren für sie gebaut worden. Nachdem die Elektrifizierung der Strecken nach Manchester und Liverpool abgeschlossen worden war, repräsentierten sie die Schnellverbindung gehobenen Stils. Bei den Diesel- und bei den Elektrozügen gab es zwar auch reine Parlour- wie Parlour-Kitchen-Cars und die Pullmansche Bedienung am Platz – was aber beide Zugtypen von Anfang an von der Pullman-Qualität unterschied, war dies. Wohl saß man in der zweiten Klasse nun in der Sitzteilung 2:1 (was auf dem Kontinent um diese Zeit schon bald alltäglich war), aber man saß (und sitzt heute im »Manchester-Pullman«) auch in der ersten Klasse keineswegs 1:1 beiderseits des Mittelgangs, sondern am Zweiertisch hüben und am Vierertisch drüben! Welcher Unterschied besteht da noch zu einem Intercity-Zug dies- oder jenseits des Kanals?

Keiner, mit Ausnahme des erwähnten Speiseservices am Platz, der freilich an einem Vierertisch mit fremden Leuten zusammen kaum einen größeren Komfort darstellt, als man in einem normalen Speisewagen allerorten findet.

Das Ende der Pullman-Ära in Großbritannien

Mit der »Queen of Scots« sind wir erstmals im Jahr 1960 die gesamte Strecke von London nach Glasgow gefahren. Hinter der Lok Nr. 60105 namens »William Wild« (A3-Klasse) liefen nicht weniger als zehn Pullmans, damals natürlich noch in der schönen braungelben Lackierung. Wir saßen im Parlour-Car »Agatha« in einem Coupé, wo wir aus der Küche des benachbarten »Sheila« bestens versorgt wurden. Eine ähnlich angenehme Erinnerung verbindet sich mit einer Fahrt drei Jahre später, als wir den Zug zwischen Edinburgh und York benutzten. Leider habe ich es beide Male unterlassen, die genaue Wagenreihung zu notieren.

Ich habe dies jedoch am 21. Oktober 1960 getan, als ich die »Queen« vor ihrer Abfahrt von Glasgow lediglich »inspizierte« und folgende, der »toten Saison« halber relativ kurze Zusammensetzung aufschrieb:

Dampflok, Nr. 60074 »Harvester« (A3-Klasse),
Parlour-Brake zweiter Klasse, Nr. 65,
Parlour-Kitchen zweiter Klasse, Nr. 303,
Parlour erster Klasse, »Juana«,
Parlour-Kitchen erster Klasse, »Phyllis«,
Parlour-Kitchen erster Klasse, »Ibis«,
Parlour-Kitchen zweiter Klasse, Nr. 66,
Parlour-Brake zweiter Klasse, Nr. 70.

Von all diesen schönen Wagen sollte ich 24 Jahre später einen einzigen in unverändertem, besser gesagt, in geradezu vorbildlich restauriertem Zustand wiedersehen und zusammen mit ihm in ebenso unveränderter »Atmosphäre« von Folkestone nach London Victoria Station reisen: Es war »Ibis«, ein Pullman, den zusammen mit sieben anderen die bekannte Sea-Container-Gesellschaft erworben sowie restauriert hatte und der seit Sommer 1982 im britischen Teil des nostalgischen »Venice-Simplon-Orient-Express« eingesetzt wird. Doch davon später . . .

Nicht ganz so erfreulich war meine Fahrt mit der »White Rose« im November 1965, die damals schon die »Queen« ersetzt hatte, freilich nur auf der kürzeren Strecke von King's Cross bis Bradford. Die Pullmans entstammten der Neubauserie von 1960, als Maschine diente bereits eine Diesellok. Vor der Abfahrt verpestete sie eine halbe Stunde lang die Bahnhofshalle mit gesundheitsschädlichen Gerüchen und Rauchschwaden, so daß die Reisenden sich eiligst in die Wagen begaben – der meinige nannte sich »Ruby«. Auch das erwies sich als wenig vergnüglich, denn es war hundekalt im Zug, und erst zwischen Grantham und Doncaster bequemten sich die Heizkörper, etwas wohlige Wärme zu spenden; bis dahin mußten einige Miniatur-Whiskys aushelfen.

Den »Tees-Tyne-Pullman« lernte ich ebenfalls zu »besseren Zeiten« persönlich kennen: Anno 1967 fuhren wir mit ihm von York nach London im Kitchen-Car »Hawk«, und das in einer für damalige Pullman-Züge freilich unkonventionellen Zusammensetzung, denn er hatte keinen einzigen Brake-Wagen, dagegen einen roten, den British Railways gehörigen Gepäckwagen. Der Zug sah so aus:

29

Abbildung 29: Die Neubauserie der Pullmans von 1960 unterschied sich von den älteren Wagen nur durch das Fehlen der charakteristischen ovalen Türfenster. Hier der »Tees-Tyne-Pullman« um 1970 in Newcastle

Gepäckwagen,
Parlour-Kitchen zweiter Klasse, Nr. 333,
Parlour-Kitchen zweiter Klasse, Nr. 334,
Parlour-Kitchen erster Klasse, »Snipe«,
Parlour-Kitchen erster Klasse, »Topaz«,
Parlour-Kitchen erster Klasse, »Heron«,
Parlour-Bar zweiter Klasse, (»Hadrian-Bar«),
Parlour-Kitchen erster Klasse, »Hawk«,
Parlour erster Klasse, »Amber«,
Parlour-Kitchen zweiter Klasse, Nr. 339.

Unkonventionell war in diesem Zug auch die Zahl von sechs Küchenwagen – es müssen bei dieser Fahrt einige Klubs von Hungrigen mitgereist sein! Der Parlour namens »Topaz« steht übrigens seit Jahren im Railway Museum in York.
Bei meiner zweiten Reise mit »Tees-Tyne« im Jahr 1972 hatte er leider bereits ein recht neuzeitliches Gesicht: Vor einem, ab London am Schluß gereihten Gepäckwagen der British Railways liefen fünf schon blau gestrichene Pullmans, davon zwei mit und drei ohne Küche, alle längst ihrer Namen beraubt; dann folgten ein Speisewagen (»Griddle«/Buffet) und vier Wagen zweiter Klasse (blauweiß) mit der Aufschrift »Intercity«.

Ähnlich neuzeitlich waren meine Fahrten mit dem »Yorkshire-Pullman«. Beide Male reiste ich mit Zügen, die man nur mehr zur Hälfte als »Pullman« bezeichnen konnte, weil sie auch schon mit British-Railways-Sitzwagen der zweiten Klasse kombiniert waren. Im Jahr 1973 fuhr ich mit diesem Zug von London bis Leeds in der Zusammensetzung

Diesellok »Meld«, Class 55, Nr. 9003,
vier BR-Sitzwagen zweiter Klasse,
ein BR-Buffet-Kitchen-Car,
ein BR-Sitzwagen zweiter Klasse (zur Hälfte als Speiseraum gedeckt),
vier Pullmans erster Klasse (davon je zwei mit und ohne Küche),
ein BR-Gepäckwagen.

Wenig verändert präsentierte sich der »Yorkshire« im Herbst 1975 auf unserer Fahrt von London nach Harrogate. Wieder gab es auch Wagen zweiter Klasse, und die Pullmans hatte man blau gestrichen. Doch nicht genug damit: Diese namenlosen Pullmans erster Klasse führten bereits die neue Sitzteilung 1:2, und prompt hatten wir unsere Plätze an einem Vierertisch. Unsere beiden Tischgefährten begannen bereits vor Abfahrt in King's Cross, lange, dicke und mehr oder weniger duftende Zigarren zu schmauchen! Da ich selbst zwar viele Zigaretten rauche, aber Zigarrenrauchern aus dem Weg gehe, und da meine Frau gegen Rauch allergisch ist, klagte ich noch vor dem Start dem Zugführer unser Leid – mit dem Erfolg, daß er uns in ein leeres Coupé dirigierte, wo die Luft dann bis zum Ende der Fahrt erträglicher war.
Mit den beiden früher beschriebenen Pullman-Zügen im Süden Englands bin ich ebenfalls gereist. Sie trugen sogar noch ihr altes Gewand. »Bournemouth Belle« lernte ich im Jahr 1963 kennen, und zwar auf der Rückfahrt von Southampton nach London im Kitchen-Car »Evadne«; vorher konnte ich noch die im Hafen liegende »Windsor Castle« besichtigen, das größte Schiff der Union Castle Line, mit der ich nur allzu gerne einmal nach Südafrika gereist wäre. Der im Bahnhof Southampton Central nur zwei Minuten haltende Zug sah so aus:

Parlour-Brake zweiter Klasse, Nr. 65,
Parlour-Kitchen zweiter Klasse, Nr. 166,
Parlour zweiter Klasse, Nr. 64,
Parlour-Kitchen zweiter Klasse, Nr. 60,
Parlour erster Klasse, »Lucille«,
Parlour-Kitchen erster Klasse, »Jean«,
Parlour erster Klasse, »Ursula«,
Parlour-Kitchen erster Klasse, »Evadne«,
Parlour zweiter Klasse, Nr. 83,
Parlour-Brake zweiter Klasse, Nr. 62.

Wahrlich ein echter Pullman-Zug in »klassischer« Formation. Während der kurzen Fahrt nach Waterloo, die landschaftlich nicht allzuviel bietet, und während des stets unvergleichlichen englischen Nachmittagstees mit Sandwiches und Cakes erblickte ich eine riesige Reklametafel in einer Wiese, die den Whisky der Marke »Soundso« anpries: »This is the *strong* Country!«
Und dann vier Jahre später, im Sommer 1967, machte ich noch eine Fahrt von der Waterloo Station bis Bournemouth und zurück – ich hatte gerade noch die richtige Zeit dafür gewählt, denn bald war es mit dem »Bournemouth Belle« zu Ende.
Ich war vor Abfahrt im Büro des Public Relations-Officer im Bahnhofsgebäude gewesen und konnte von dessen Fenster aus den Gegensatz »England zwischen gestern und morgen« beobachten: auf den Bahnsteigen eine Fülle junger und älterer Leute, in zeitgemäße Kleidung, Blue jeans und T-Shirts, gehüllt. Auf dem äußersten rechten Bahnsteig stand ein Sonderzug zu den Rennen von Ascot: An der Bahnsteigsperre bewegten sich Damen in entsprechenden Roben und mit großen Hüten, Herren im grauen Cut und mit ebensolchen Zylindern, von denen jeder am Blumenkiosk eine Gardenie, oder was es war, kaufte und in das Knopfloch steckte – »Merry Old England« wie vor zwanzig Jahren!
Im »Bournemouth Belle« hatte mir der besagte Officer vorsorglich ein Coupé für den Lunch besorgt, in dem ich diesen genußvoll würdigen konnte; in ebenso gepflegtem Rahmen spielte sich auch die Rückfahrt am Nachmittag ab. Mich hat an diesem prächtigen, sonnigen Tag nicht gewundert, daß damals ein von Manchester nach Bournemouth verkehrender Schnellzug den Namen »Pines-Express« geführt hatte: Die Umgebung und der Strand von Bournemouth erinnern mit ihren Pinien, dem von ihnen ausströmenden Duft, dem wahrlich mediterranen Blau der See an die pinien- und sonnengesegnete Küste des Mittelmeers. Unter diesen Eindrücken beschloß ich die wohl letzte Fahrt mit einem echten und lokbespannten Pullman-Zug alten Stils auf britischen Schienen.
Wenige Tage später befuhr ich eine andere Pullman-Strekke, die freilich danach noch rund fünf weitere Jahre in einigermaßen unveränderter Form weiterleben sollte; es war eine Fahrt mit dem »Brighton Belle« zu dem weltberühmten Seebad dieses Namens.
Im Gegensatz zur Reise nach dem an die Riviera erinnernden Bournemouth war es ein kühler, frostiger und regnerischer Nachmittag, an dem ich in der Victoria Station den »Brighton Belle« bestieg. Auch er war noch nicht blau gestrichen. Wie zumeist um diese Jahreszeit war es eine Doppelgarnitur, und zwar in folgender Reihung:

Motorwagen zweiter Klasse, Nr. 88,
Parlour-Kitchen erster Klasse, »Hazel«,
Parlour-Kitchen erster Klasse, »Doris«,
Parlour zweiter Klasse, Nr. 86,
Motorwagen zweiter Klasse, Nr. 89,
Motorwagen zweiter Klasse, Nr. 92,
Parlour-Kitchen erster Klasse, »Owen«,
Parlour-Kitchen erster Klasse, »Mona«,
Parlour zweiter Klasse, Nr. 85,
Motorwagen zweiter Klasse, Nr. 93.

Die kurze Fahrt von einer Stunde im Kitchen-Car »Hazel« brachte freilich keine besonderen Eindrücke, außer dem wie stets gepflegten Service. Einen unangenehmen Eindruck bereitete mir jedoch die Wetterlage, die sich immer weiter verschlechterte und die sich beim Aussteigen in Brighton zu einem wolkenbruchartigen Regen auswuchs, der auch während meines Aufenthalts in der Stadt nicht nachließ. Unter einem schützenden Dach genoß ich kurz den Anblick der ziemlich aufgewühlten, düsteren See und der beinahe an die Skyline von Miami oder Marbella erinnernden protzigen Hoch- und sonstigen Häuser an der Uferpromenade, die dem Hotelbetrieb gewidmet sind. Nur zu gerne kletterte ich dann bald in den Gegenzug nach Victoria, immerhin mußte »man« ja wenigstens einmal mit dem »Brighton Belle« gefahren sein.
In späteren Jahren habe ich ihn noch mehrmals, zuletzt schon im neuen blauen Gewand, gesehen, aber nicht mehr benutzt. Und nachdem er außer Betrieb gestellt worden war, sind mir dann noch dreimal einzelne Wagen begegnet: Im Herbst 1973 standen in irgendeinem Bahnhof zwischen London Liverpool Street und Harwich auf einem Abstellgleis zwei blau gestrichene Wagen mit der leuchtendweißen Aufschrift »Brighton Belle« – es war nur ein kurzer Anblick im raschen Vorbeifahren. Zwei Jahre später sah ich einen anderen Wagen im inzwischen längst geschlossenen Eisenbahnmuseum in Ashford; was mit ihm geschehen ist, entzieht sich meiner Kenntnis. Und schließlich entdeckte ich den Parlour-Kitchen-Car erster Klasse namens »Audrey«, peinlich restauriert und mit der alten Lackierung versehen, im schon erwähnten »Venice-Simplon-Orient-Express« zwischen Folkestone und London. Ich freute mich, daß wenigstens dieser Wagen in seiner historischen Form im aktiven Betrieb erhalten geblieben ist. Das britische Pullman-Zeitalter ist zu Ende; es ist erfreulich, daß davon einiges »nostalgisch« oder in Museen erhalten blieb.
Ein sozusagen neues »Quasi-Pullman-Zeitalter« begann im Mai 1985, als nicht weniger als fünf »Manchester-«, vier »Merseyside-« und ein »Yorkshire-Pullman« von London nach Manchester, Liverpool und Leeds–Bradford wiedereingeführt wurden. »Quasi« deshalb, weil diese neuesten Wagen erster Klasse zwar das Pullman-Signet führen und man darin auch am Platz bedient wird, aber: Bei ihnen handelt es sich nur um eine verbesserte erste (= Executiv-) Klasse mit der Sitzverteilung 1:2, also auch nicht besser als in einem »normalen« Wagen erster Klasse bei den BR oder in einem Intercity auf dem Kontinent. Mit der einstigen Behaglichkeit in 1:1 verteilten Einzelfauteuils und mit der ganzen »Atmosphäre« eines einstigen Pullman-Train haben diese Züge – die daneben auch gewöhnliche zweite Klasse führen – nur mehr den Namen gemeinsam; doch »Name ist Schall und Rauch«.

Abbildung 30: »Bournemouth Belle« mit der Lok »Blue Star« der Merchant Navy-Klasse bei Basingstoke
Abbildung 31: Der »Tees-Tyne-Pullman« mit Diesellok verläßt King's Cross (1965)

32

33

Abbildungen 32 und 35: »Brighton Belle«-Wagen in Victoria und im Museum von Ashford (1975)
Abbildung 33: Pullman als »Holiday-Coach« in Marazion, Cornwall (1936)
Abbildung 34: Der »Abendstern« beendete 1960 das britische Dampflokzeitalter

34

35

060-EA-001

CFR

38

Abbildung 36: Eisenbahnbrücke über den Kanal von Korinth, den nur kleinere Schiffe durchfahren können, an der schmalspurigen Strecke Athen–Korinth–Patras (1965)
Abbildung 37: Prototyp der rumänischen Schnellzuglok der Reihe 060-EA, gebaut von ASEA
Abbildung 38: Bahnhof in Skopje, noch mit den Schäden des Erdbebens von 1965; heute ist die Strecke von Belgrad her längst elektrifiziert
Abbildung 39: »Akropolis« im Bergland von Thessalien

39

41

42

41

42

43

Abbildung 40: Schwedische Elektrolok vom Typ »Ra« (Rapid), eines der form- und farbschönsten Beispiele dieser Traktionsart in Europa
Abbildung 41: Die von I. K. Brunel erbaute »Royal Albert-Bridge« westlich von Plymouth auf der Hauptstrecke von London nach Cornwall
Abbildung 42: Jüngste Schnellfahrlok der französischen Staatsbahn, Reihe CC 6500; sie befördert einen Großteil der französischen TEE und Rapides
Abbildung 43: Prototyp der FA-Elektrolok Reihe 646 vor dem »Treno Azzurro« in Florenz

TCDD

45

46

Abbildung 44: In der anatolischen Salzsteppe südlich von Ankara
Abbildung 45: Begegnung auf der sibirischen Bahn mit einer alten russischen Güterzuglokomotive (1966)
Abbildung 46: Russische Fernzüge sind meist in einem charakteristischen Grün gestrichen
Abbildung 47: Bahnhof der »FC Cuzco-Sta. Ana«, wo die Touristenzüge nach Machu Picchu ihren Ausgang nehmen (1975)

Dies- und jenseits des Kanals

Es ist erstaunlich, daß es ausgerechnet zwischen den beiden größten Hauptstädten Europas, Paris und London, so wenige, so langsame und zudem noch relativ unkomfortable Schienenverbindungen gibt. Auf der »Vogelfluglinie« besteht tagtäglich ein nicht abreißender Fährverkehr in beiden Richtungen zwischen Hamburg und Kopenhagen, und selbst zwischen Rom, Neapel und dem entlegenen Sizilien überqueren heute nicht weniger als 14 Schnellzüge den Stretto. Aber zwischen Boulogne oder Calais auf der einen und Folkestone oder Dover auf der anderen Seite des Kanals gibt es im Sommerfahrplan 1985 gerade fünf Schiffsverbindungen zwischen den französischen und den britischen Eisenbahnen. Und dann erst der Fährverkehr: Ein einziger Zug wurde bis vor wenigen Jahren von Dünkirchen nach Dover trajektiert. Er gehört heute schon der Vergangenheit an. Die Reisedauer zwischen den beiden Metropolen hat sich seit über einem halben Jahrhundert nicht nur nicht verbessert, sondern verschlechtert. Und der Komfort auf der Schiene: Gab es hier einst mehrmals am Tag Salonwagen auf beiden Seiten des Ärmelkanals und direkte Schlafwagen in der Nacht, so gehören auch diese »gehobenen« Komfortstufen längst zur Geschichte. Auch die Verpflegung ist von einem kultivierten Speisewagenbetrieb zu »Self-Service«, »Gril-Express« oder noch Bescheidenerem abgesunken.

Erstaunlich ist aber nicht nur die geringe Quantität und Qualität der Zugverbindungen zwischen Paris und London, sondern ebenso, daß es hier eine echte Luxuszugverbindung im Lauf der letzten hundert Jahre nur zweimal gegeben hat, und das mit einer Unterbrechung von mehr als einem Dritteljahrhundert: In den neunziger Jahren war es der »Club Train« und in der Zwischenkriegszeit der »Goldene Pfeil«.

»Club Train Français« – »Club Train Anglais«

Die Compagnie Internationale des Wagons-Lits (CIWL) hatte schon in den achtziger Jahren des 19. Jahrhunderts nicht nur Schlaf- und Speisewagen, sondern auch Salonwagen besessen und komplette, aus Salonwagen zusammengesetzte Luxuszüge für Tagesreisen betrieben. Die Pariser Weltausstellung des Jahres 1889 war der Anlaß, einen weiteren Luxuszug einzuführen, mit dem die CIWL erstmals auf britischem Boden Fuß faßte: Aufgrund eines Vertrags von zwölf Jahren Laufzeit mit der London, Chatham & Dover Railway (LCDR) wurden ein »Club Train Français« zwischen Paris und Calais und ein »Club Train Anglais« zwischen Dover und London eingeführt, die eine luxuriöse Tagesverbindung zwischen beiden Hauptstädten schaffen sollten. Gleichzeitig wurde eigens für die Passagiere dieser beiden Züge ein Kanalschiff in Betrieb genommen. Es trug den wenig originellen Namen »Calais-Douvres«. Obwohl man meinen sollte, daß dieser Luxuszug ein absoluter Erfolg wurde, wurde die neue Verbindung ein wirtschaftliches Fiasko. Die LCDR kündigte den Vertrag schon nach vier Jahren, und am 1. Oktober 1893 wurde der Verkehr eingestellt – um erst nach 34 beziehungsweise sogar 37 Jahren in ähnlicher Form wiederaufgenommen zu werden.

Um diese Zeit gab es bei der CIWL zwar längst Salonwagen für Passagiere, die auf Tagesreisen einen gegenüber der normalen ersten Klasse größeren Komfort suchten und auch bereit waren, dafür zu bezahlen. Aber die Compagnie hatte noch längst keine Pullman-Salonwagen. Es mußten also Speisewagen mitgeführt werden, in die sich die Insassen zu den Mahlzeiten begaben, anstatt daß sie an ihren Plätzen versorgt wurden.

Die Zusammensetzung der beiden »Club Trains« dies- und jenseits des Kanals war zwar ähnlich, aber nicht gleich: Der »Club Train Français« führte normalerweise drei bis vier Salonwagen, einen Speisewagen (ohne Küche), einen Gepäckwagen, in dem die Küche untergebracht war, und einen Wagen, der als »Fourgon-Fumoir« bezeichnet wurde und in dem sich ein kleiner Rauchsalon befand. Im Speisewagen waren 48 Plätze an Tischen für je zwei oder vier Personen; die Salonwagen hatten 26 Plätze in zwei großen, offenen Salons oder 32 Plätze, verteilt auf einen großen Salon mit 20 Plätzen und vier Abteile zu je 3 Plätzen.

Wenn das Schiff in Dover ankam, stand der »Club Train Anglais« bereit: zwei bis drei Salonwagen derselben Bauart und Einteilung wie der französische Zug; es gab auch einen Fourgon-Fumoir, jedoch keinen Speisewagen, da dieser angesichts der Fahr- und Tageszeit nicht benötigt wurde.

Der französische Zug nahm ab dem 15. November 1890 auch den Schlafwagen Calais–Rom des »Rom-Express« zwischen Calais und Paris mit. Nachdem der »Club Train« eingestellt worden war, wurden drei seiner Salonwagen zu Speise- und zwei zu Schlafwagen umgebaut. Einer dieser Salonwagen war übrigens der erste elektrisch beleuchtete Wagen auf Frankreichs Schienen. Ein anderer wurde später unter der Bezeichnung »PR II« eines der für den französischen Staatspräsidenten bestimmten Fahrzeuge. Die in England eingesetzten Salonwagen wurden nach 1893 gleichfalls überwiegend zu Speisewagen umgebaut; einige

48

liefen dann auf dem Kontinent noch in den Sonderzügen zu den Transozeandampfern der Cie. Générale Transatlantique von Paris nach Cherbourg und Le Havre.
Diese Verbindung zwischen den größten Metropolen Europas bot »Grand Comfort«. Und so ist es unverständlich, warum sie erfolglos war und nur kurze Zeit bestand. Dies gilt besonders, wenn man berücksichtigt, daß sie in das relative »Wohlstandszeitalter«, in die Friedensperiode zwischen 1871 und 1914, fiel, als Frankreich und England überdies durch die »Entente cordiale« verbunden waren.

Der »Goldene Pfeil«...

...setzte erst nach langer Zeit und nach einem Weltkrieg die Luxuszugtradition zwischen Paris und London fort. Erst 1926 wurde, wenigstens auf der kontinentalen Seite des Kanals, wieder ein Zug ähnlicher Art eingeführt, der im Komfort dem einstigen »Club Train« sogar überlegen war. Um diese Zeit hatte es sich auch bei der Compagnie eingebürgert, Salonwagen als »Pullman« zu bezeichnen und zu betreiben wie in England. Dabei haben nicht nur die geschäftlichen Beziehungen zwischen der CIWL und der britischen Pullman Car Company Pate gestanden:

Abbildung 48: Lord Daziel, der Präsident der British Pullman Car-Company, bei Einführung des Pullman-Luxuszugs »Flèche d'Or« im Jahr 1926
Abbildung 49: Interieur im (kurzlebigen) »Club-Train« um 1890 mit Reklame für Mittel gegen Seekrankheit

PYRETIC SALINE
THE NEVER FAILING
OR
SEA SICKNESS
PRINCIPAL DEPOT
LONDON

49

Der, wie man heute sagen würde, Generalmanager der britischen Pullman-Gesellschaft, Sir Davison Dalziel (nachmals Lord Whooler), war auch Vizepräsident der CIWL, und die Kinder dieses Protagonisten des Luxusverkehrs auf der Schiene und des Gründers der CIWL, Georges Nagelmackers, hatten einander geheiratet. Es wurde eine sehr »gute Ménage«.
Im Jahr 1925 führte die CIWL den Begriff und den Betrieb eines Pullman-Car nach englischem Muster auch auf dem Festland ein: Eigene Pullmans besaß die Gesellschaft zuerst noch nicht, daher erwarb sie aus England zehn Pullman-Cars, die sie wenige Jahre später zurückverkaufte. In diesen Zügen wurde der Salonwagen-Reisende also nicht nur komfortabler als in der ersten Klasse befördert, sondern auch verpflegt, ohne einen Speisewagen aufsuchen zu müssen. Pullmans britischer Abstammung wurden im »Mailand-Cannes-Pullman« eingesetzt, nachdem sie den etwas anders gelagerten technischen Bedingungen des Kontinents angepaßt worden waren. Später liefen sie noch in verschiedenen inneritalienischen Zügen dieser Art wie auch in einigen »Pullman-Express« zwischen Paris und Deauville sowie den belgischen Badeorten.
Und endlich gab es wieder einen Tagesluxuszug zwischen Paris und London. Die CIWL wollte ihn mit Beginn des Sommerfahrplans 1926 via Calais–Dover in Dienst stellen. Um diesem Unternehmen die nötige »publicity« zu verschaffen, startete sie etwas voreilig schon am 12. November 1925 eine Pressefahrt von Paris nach Calais. Allerdings machte sie sich dabei einer kleinen Geschichtsfälschung schuldig – ihre ersten Pullmans für den künftig »Flèche d'Or« genannten Zug sollten erst im Juli 1926 aus der Fabrik kommen. Aus diesem Dilemma befreite man sich mit einem Trick: Der für die Presse bestimmte Zug bestand aus zwei Schlafwagen (!) des Typs »S«, zwei Speisewagen und zwei Gepäckwagen; die Speisewagen wurden mit den Fauteuils britischer Pullmans versehen, die sich gerade in Paris auf der Durchfahrt nach Mailand befanden – und fertig war die Illusion! Was verstehen denn Zeitungsleute auch von der Eisenbahn! Die gesamte Pariser Presse begeisterte sich ob der schnellen Fahrt und der »neuen« Wagen, der Werberummel war gesichert.
Die Auslieferung der neuen CIWL-eigenen Pullmans verzögerte sich dann sogar noch bis zum Herbst 1926, so daß der erste Pullman-Luxuszug namens »Flèche d'Or« von Paris nach Calais erst am 11. September 1926 starten konnte. Dies ist das Geburtsdatum der zweiten »Grand Comfort«-Verbindung zwischen Paris und London, wenigstens diesseits des Kanals. Der »Goldene Pfeil« bewegte sich zunächst in beiden Richtungen auf der gewissermaßen klassischen Route Amiens–Calais. 1932 nahm er dann auf der Hinfahrt den Weg über Boulogne und weiter nach Folkestone, um den Hafen beziehungsweise Bahnhof von Dover zu entlasten, der während der betreffenden Tageszeit überfüllt war.
Bei Kriegsausbruch im September 1939 wurde der »Flèche d'Or« stillgelegt, wie auch fast alle anderen Luxuszüge der CIWL.
Schon am 15. September 1946 aber wurde er wieder in Betrieb genommen. Die Fahrzeit vom Pariser Nordbahnhof bis Calais-Maritime betrug von Anfang an drei Stunden und zehn Minuten; die Traktion besorgten fast ausschließlich die »Rennpferde« der Nordbahn, nämlich die schnellen »Pacific« der Reihe 231-E. Nachdem die Strecke Paris–Amiens elektrifiziert worden war, wurden auf diesem Teilstück Elektrolokomotiven, meist der Baureihe BB 16 000, eingesetzt, bei jeweiligem Lokwechsel in Amiens.
Die Zusammensetzung des Zugs war anfangs ausgesprochen exklusiv: Er führte nicht weniger als fünf »Couplagen«, also insgesamt zehn Pullmans, die sich freilich schon bald auf acht und noch weniger verringerten. Die Exklusivität litt erstmals, als 1932 auch Pullmans zweiter Klasse eingereiht wurden. Ab September 1946 gab es zwar wieder nur Pullmans erster Klasse, jetzt aber kamen auch normale Kurswagen der ersten und zweiten Klasse samt einem Speisewagen hinzu. Überdies wurde von der Gare de Lyon aus ein Schlafwagen von Mailand nach Calais mitgenommen. Eine Fahrplanperiode später, im Sommer 1947, fuhren die Kurswagen jedoch in einem eigenen Zug, und bis 1950 war der »Flèche d'Or« wieder ein reiner Pullman-Zug, ab 1949 allerdings mit Pullmans auch zweiter Klasse. Ab Sommer 1950 bis zu seinem Ende fuhr er dann als »gemischter« Zug. Er setzte sich aus Pullmans, deren Zahl immer weiter abnahm, sowie aus gewöhnlichen Wagen zusammen; zeitweise waren auch noch Schlafwagen eingereiht. Die Einführung des Zweiklassensystems in Europa änderte daran nur insofern etwas, als die Pullmans der zweiten Klasse ausgesondert wurden, wie denn die Compagnie von da an nur noch Pullmans der ersten Klasse laufen ließ. Die der zweiten Klasse wurden größtenteils zu Speisewagen umgebaut. Als Beispiel sei hier die Komposition des »Flèche d'Or« vom Jahr 1956 in beiden Richtungen angegeben:

Abbildung 50: »Flèche d'Or« vor Abfahrt in Paris-Nord, Sommer 1954
Abbildung 51: Ausfahrt des »Flèche d'Or«, noch mit reiner Pullman-Garnitur, aus Paris

50

51

Richtung Nord
ein Gepäckwagen Paris–Calais,
ein Schlafwagen Ventimiglia–Calais (vom »Train Bleu«),
ein Schlafwagen San Remo–Calais (vom »Train Bleu«),
drei Pullmans erster Klasse Paris–Calais,
ein Speisewagen Paris–Calais,
vier Kurswagen erster Klasse Paris–Calais;

Richtung Süd
ein Gepäckwagen Calais–Paris,
vier Kurswagen erster Klasse Calais–Paris,
ein Kurswagen zweiter Klasse Calais–Paris,
drei Pullmans erster Klasse Calais–Paris,
ein Schlafwagen erster Klasse Calais–Mailand,
ein Liegewagen zweiter Klasse Calais–Brig,
ein Gepäckwagen Calais–Paris-Gare de Lyon.

In den zwanziger und dreißiger Jahren verkehrten übrigens außer im »Flèche d'Or« Pullmans erster Klasse (»en couplage« mit Speisewagen) in gewöhnlichen Schnellzügen zweimal täglich nach Boulogne und einmal nach Calais. Am Ende seiner Laufbahn führte der »Flèche d'Or« nur noch einen einzigen Pullman, und mit dem Sommerfahrplan 1969 beschloß er dann sein Leben. Die Ära der luxuriösen Schienenverbindung zwischen Paris und Calais war vorbei. Auch sein britisches Gegenstück existierte nur noch wenige weitere Jahre.
Die dreißig Pullmans des »Flèche d'Or« waren die ersten, welche die Compagnie für sich hatte bauen lassen. Die Hälfte der Wagen besaß eine Küche, zwei Saalräume mit 8 und 12 Plätzen und ein Coupé mit deren 4; insgesamt waren es also 24 Plätze. Die anderen Wagen hatten 32 Plätze, verteilt auf zwei große Salons mit je 12 und zwei Coupés mit je 4 Fauteuils. Diese Wagen, die als »Typ Flèche d'Or« bezeichnet wurden, waren zunächst wie ihre britischen Pendants in Schokoladebraun und Creme gestrichen. Erst im Jahr 1932 erhielten sie ihre Lackierung in Blau und Creme, wie es fortan für alle CIWL-Pullmans charakteristisch war. In der ursprünglichen Farbe Brauncreme ist lediglich ein einziger Wagen dieser Serie erhalten geblieben. Er ist heute eines der Glanzstücke des Eisenbahnmuseums in Mülhausen. Die anderen aber sind zu Speise- oder Barwagen umgebaut oder verkauft worden. Zwei von ihnen versehen noch heute den Speisewagendienst zwischen Athen und Saloniki in Regie der griechischen Staatsbahn.
Die ab 1932 in den »Flèche d'Or« eingereihten Pullmans zweiter Klasse waren vom sogenannten »Typ Etoile du Nord«; die Bezeichnung stammte von dem so benannten Pullman-Zug Paris–Amsterdam, der schon ab 1927 auch die zweite Klasse geführt hatte. Es waren insgesamt vierzig Wagen, auch sie je zur Hälfte mit und ohne Küche. Im Gegensatz zur Sitzteilung 1:1 auf Fauteuils, wie sie in der ersten Klasse bestand, gab es hier Tische für zwei oder vier Personen beiderseits des Mittelgangs, und zwar mit insgesamt 38 Plätzen in den Küchenwagen und mit 51 Plätzen in den Salonwagen. Coupés gab es in der zweiten Klasse nicht. Dieser Typ ist inzwischen ausgestorben. Die meisten Wagen funktionierte man zu Speisewagen um. Drei Stück wurden ebenfalls von der griechischen Staatsbahn erworben.
Charakteristisch für alle Pullmans des »Flèche d'Or« waren die zu beiden Seiten der Wagenwand angebrachten goldenen Pfeile, die den Namen des Zugs symbolisierten. Mit dessen fortschreitender »Degradierung« verschwanden sie allmählich. Auf dem letzten Wagen, der noch bis 1969 seinen Dienst versah, waren sie nicht mehr vorhanden.
Heute, 15 Jahre nach dem Ende des kontinentalen Pullman-Zeitalters, erinnert nichts mehr an den Glanz des einstigen »Flèche d'Or«.
Auf der anderen Seite des Kanals hatte es drei Jahre gedauert, bis ein Gegenstück zum »Flèche d'Or« eingeführt wurde: der »Golden Arrow«. Zwar waren vorher schon einzelne Pullman-Wagen in normalen Schnellzügen zwischen London und Dover beziehungsweise Folkestone in Betrieb, aber erst 1929 kam ein Pullman-Zug auf die Schienen. Zu Anfang bestand er aus nicht weniger als zehn Pullmans erster Klasse, je zur Hälfte Kitchen- und Parlour-Cars. Bald jedoch mußte auch er der wirtschaftlichen Tristesse der dreißiger Jahre seinen Tribut zollen: Bereits 1931 wurden auch Pullmans (damaliger) dritter Klasse eingereiht, im Jahr darauf sogar normale Sitzwagen beider Klassen, und am 3. September 1939 war es auch mit dem »Golden Arrow« vorläufig zu Ende.
Schon im Jahr 1938 hatte die britische Pullman-Gesellschaft für den »Golden Arrow« neue Wagen bestellt. Jedoch wurden sie erst nach dem Krieg abgeliefert und in Betrieb genommen. Einige Monate früher als in Frankreich, schon am 15. April 1946, startete wieder ein »Goldener Pfeil« von der Victoria Station in London zur Fahrt nach Dover mit Anschluß an das Kanalboot nach Calais. Es war ein reiner Pullman-Zug, der ab 1951 mit den erwähnten neuen Wagen ausgerüstet wurde und in einer Zusammensetzung fuhr, wie ich sie für die zweite Nach-

Abbildungen 52 und 53: Pullman-Wagen zweiter Klasse vom Typ »Etoile du Nord« (oben) und erster Klasse vom Typ »Flèche d'Or« im »Flèche d'Or«, letzterer »en couplage« mit Speisewagen in Paris-Nord (1967)

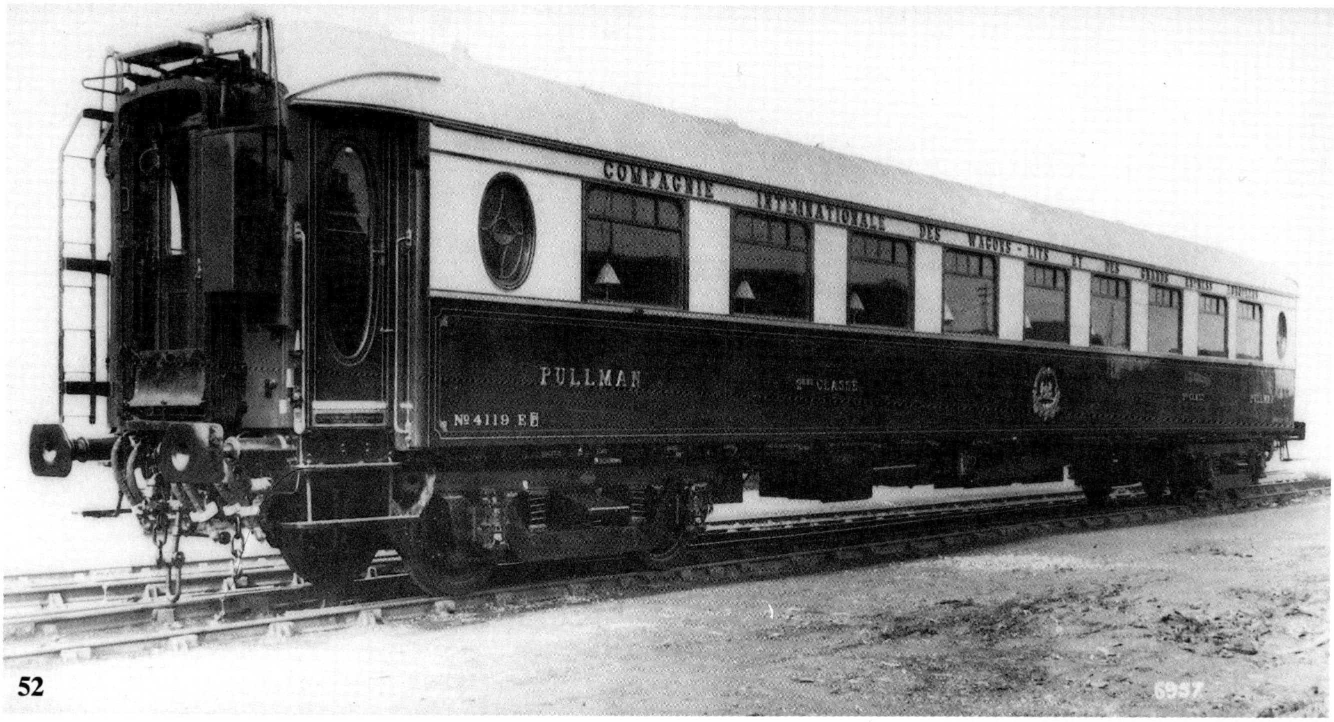
COMPAGNIE INTERNATIONALE DES WAGONS-LITS
PULLMAN
Nº4119 E
6957

52

EXPRESS EUROPEENS
PULLMAN
4029

53

kriegszeit als klassisch ansehe. Den Grundstock bildeten brandneue Pullmans erster Klasse mit oder ohne Küche, und alle trugen sie individuelle Namen wie in England üblich; es waren diese

die Kitchen-Cars »Aquila«, »Aries«, »Carina«, »Orion«,
die Parlour-Cars »Cycnus«, »Hercules«, »Perseus«, »Phoenix«,
der Parlour-Bar-Car »Pegasus«.

In dem letztgenannten Wagen befand sich die »Trianon-Bar«. Neu war die Lautsprecheranlage in allen Wagen, über die während der Fahrt nach Dover beruhigende Mitteilungen über das Wetter über dem Kanal verbreitet wurden.
Die normale Zusammensetzung des »Golden Arrow« dieser fünfziger und sechziger Jahre bestand aus bis zu sieben Wagen der ersten und zwei Wagen der neuen zweiten Klasse; dazu kamen ein oder zwei Gepäckwagen der British Railways. Die Pullmans der ersten Klasse trugen einen goldenen Pfeil und ihre romantischen Namen, die Wagen zweiter Klasse waren nur durch eine Nummer gekennzeichnet. Die Inneneinrichtung der Wagen entsprach der britischen Pullman-Tradition. Wie die kontinentalen Pullmans der CIWL hatten die Wagen ovale Türfenster an den Einstiegstüren. Sie waren Schokoladebraun und Creme gestrichen, bis diese Farben durch das einförmige Blau aller britischen Wagen ersetzt wurden. 1972 ging schließlich auch die Laufbahn des »Goldenen Pfeils« zu Ende.
Wie sich die Exklusivität des »Golden Arrow« zunehmend verringerte, wird deutlich, wenn man seine Zusammensetzung zwischen den Jahren 1955 und 1972 betrachtet:

1955
»Minerva« (PB), »Aquila« (K), »Cycnus« (P), »Pegasus« (PB), »Hercules« (P), »Orion« (K), »Perseus« (P), »Carina« (K), Nr. 35 (zweite Klasse, P), Nr. 208 (zweite Klasse, PB);

1967
»Carina« (K), »Cycnus« (P), »Orion« (K), sechs BR-Sitzwagen zweiter Klasse (blau-weiß);

1972
vier BR-Sitzwagen zweiter Klasse, ein BR-Sitzwagen erster und zweiter Klasse mit Gepäckabteil,
ein BR-Sitzwagen zweiter Klasse (zur Hälfte aufgedeckt), drei Pullmans erster Klasse (blau), Nr. 307 (K), 301 (P), 306 (K).
(P: Parlour, K: Kitchen, PB: Parlour-Bar, PB: Parlour-Brake)

Abbildung 54: »Gateway to the Continent« nannte sich jahrzehntelang der Bahnsteig Nr. 8 der Victoria Station, wo der »Golden Arrow« abfuhr
Abbildung 55: Das vierplätzige Coupé in einem britischen Pullman
Abbildung 56: Lok der Merchant Navy-Klasse vor dem »Golden Arrow« in Dover (1954)

55

56

57

Die Traktion besorgten in den Jahren nach dem Zweiten Weltkrieg zuerst 2-C-Dampfloks der Klassen »Lord Nelson« oder »King Arthur«, dann »Pacific«-Maschinen (2-C-1) der »Merchant Navy-« und der »Britannia-Class«, nach der Elektrifizierung schließlich Elektroloks der Baureihe 5000. Die Dampfmaschinen trugen wie in Frankreich die goldenen Pfeile auch an ihren Stirnseiten.

Und was gibt es heute auf den Schienen, die einst der »Golden Arrow« befuhr? Nichts als Triebwagen mit beiden Klassen und bescheidenen Buffetdiensten!

Es seien hier die Kanalschiffe nicht vergessen, welche die Verbindung zwischen den Zügen dies- und jenseits des Kanals herstellten. In der »klassischen« Zeit des »Goldenen Pfeils« nach 1945 war es vor allem die britische »Canterbury«, die hier Dienst tat: Sie hatte eine Wasserverdrängung von 3071 Bruttoregistertonnen und war das erste mit Radar ausgerüstete Kanalschiff. Ab Herbst 1946 wurde zusätzlich die 1939 gebaute »Invicta« eingesetzt, eine Fähre mit 4191 Bruttoregistertonnen. Die »klassische« Abfahrtszeit des »Goldenen Pfeils« war in Paris Schlag zwölf und in London Victoria Station elf Uhr.

Während langer Jahre war die elfte Stunde in der Victoria Station ein Höhepunkt für Eisenbahnfreunde: Zur selben Sekunde nämlich fuhren vom Bahnsteig Nummer 2, später Nummer 8, der »Golden Arrow« und von einem der letzten Bahnsteige der »Brighton Belle« hinaus, so daß man von dem einen Zug aus den anderen nicht nur sehen, sondern auch fotografieren konnte.

Abbildung 57: Pullman (mit Küche) des »Golden Arrow« in der letzten, blauweißen Lackierung
Abbildung 58: Ankunft des »Flèche d'Or« in Calais-Maritime
Abbildung 59: Ausfahrt des »Golden Arrow« aus London-Victoria

58

59

Zwischen zwei Städten

Während mehr als dreißig Jahren bin ich dutzendmal mit dem »Goldenen Pfeil« gereist, erstmals zu Anfang der fünfziger Jahre. Als ich unser großes, damals noch von einem Träger befördertes Gepäck in Dover in den Baggage-Van des »Golden Arrow« stellen ließ und einen Gepäckschein dafür erwartete, erwiderte der Gepäckschaffner: »No ticket, reclaim it at Victoria.« An diesen Brauch und an die noch heute übliche Ehrlichkeit der britischen Eisenbahner hatte ich mich noch nicht gewöhnt.
Ich habe nicht nur die Pullmans »Aries«, »Carina« (diesen häufiger) und »Cycnus« benutzt, sondern auch noch den, seines goldenen Pfeils wie seines einstigen Namens schon damals längst beraubten, blauen Pullman erster Klasse des Jahres 1972. Ebensooft fuhr ich auch auf der französischen Seite. Nach der appetitanregenden Kanalüberfahrt harrte ich in Calais-Maritime ungeduldig auf das Déjeuner (Abfahrt um 14.30 Uhr). In Paris stieg ich schon in der Gare de Lyon zu – statt in der Gare du Nord –, um die Fahrt zu verlängern.
Ob in Großbritannien oder Frankreich, es waren jedesmal schöne Reisen gewesen. Heute, da die Reisekultur nachgelassen hat, möchte ich keine Fahrt in meiner Erinnerung missen. Inzwischen gibt es das nicht mehr: den fast zeremoniellen Empfang durch den »Chef« oder den »Waiter« des Pullman, die zum Déjeuner traditionell gedeckten Tische des »Flèche d'Or«, die zur Vormittagsstunde zwischen Victoria Station und Dover servierten Chicken- oder Ham-Sandwiches samt Drink an der »Trianon-Bar« oder das reibungslose und rasche Umsteigen auf das Kanalboot; und als die Gepäckträger schon rar geworden waren, schleppten britische »Mariners« freiwillig unsere oft zahlreichen und schweren Koffer von der »Invicta« in den französischen Pullman.
Dazu auch die landschaftlichen und historischen Lichtpunkte einer Fahrt zwischen den »zwei Städten«. Erst die flache nordfranzösische Ebene, dann die Kathedrale von Amiens, die ersten kurzen Ausblicke hinaus aufs Meer beim Cap Gris Nez, der erste frische Salzhauch. Später die meist etwas bewegte Überfahrt, die Kreidefelsen von Dover – »The white cliffs of Old England« – und drüben dann die prächtige und an sonnigen Tagen fast an die Riviera erinnernde Steilküste bei Folkestone. Schließlich die Fahrt durch Kent, den »Garten Englands«, der erst kurz vor den Toren der Achtmillionenstadt aufhört. Den ganzen Reichtum, in dem das »British Empire« einst gelebt hat, kann man gerade aus dieser Fahrtstunde herauslesen: Man sieht nur Villen, Gärten, Parks, dazwischen die charakteristischen Hopfendepots, die an Taubenschläge erinnern, aber man sieht kaum Äcker, kaum Getreidefelder, und man erinnert sich, daß das hochindustrialisierte England seine Nahrungsmittel einstmals fast immer aus dem Ausland und aus seinen überseeischen Besitzungen bezogen hat, es sich also leisten konnte, seine Grünflächen für Sportplätze und andere vergnügliche Seiten des Lebens freizuhalten! Diese Zeiten sind vorbei . . .

Von geschichtlichen Ereignissen ist der ganze Boden – und auch das Wasser – zwischen Paris und London förmlich getränkt: Amiens war 1802 die Stadt des Friedensschlusses zwischen England, Frankreich, Spanien und der damaligen Batavischen Republik; bei Abbeville stieß Rommel 1940 mit seinen Panzern an die Sommemündung vor; unweit davon Crecy, wo die Franzosen 1346 eine große Schlacht gegen die Engländer und damit für zwei Jahrhunderte auch die Stadt Calais verloren hatten. Der Kanal selbst war in beiden Weltkriegen Schauplatz größerer Schlachten und kleinerer Gefechte, nicht zuletzt das Aufmarschgebiet der Alliierten vor der Invasion 1944. In der Nähe von Dover ist Julius Cäsar anno 55 v. Chr. gelandet, und etwas westlich von Folkestone, bei Hastings, landeten im Jahr 1066 die aus Frankreich gekommenen Normannen, vernichteten die Herrschaft der Sachsenkönige und brachten die französische Sprache mit, aus deren Vermischung mit der angelsächsischen dann das Englisch entstand. (Nach den Sachsenkönigen Hengist und Horsa sind heute übrigens zwei britische Sealink-Schiffe benannt.) Östlich von Ashford liegt Canterbury, in dessen fast tausendjähriger Kathedrale der »Schwarze Prinz« begraben ist, und bei Maidstone endlich harren Steindenkmäler aus römischer Zeit teilweise noch der historischen Deutung. Solcherart war die Reise mit dem »Goldenen Pfeil« dies- und jenseits des Kanals stets auch ein landschaftliches und geschichtliches Erlebnis.
Im Jahr 1929, zu seiner besten Zeit, dauerte die Fahrt mit unserem Zug vom Pariser Nordbahnhof bis zur Victoria Station in London 6 Stunden und 35 Minuten. 1932, während der Weltwirtschaftskrise, erhöhte sie sich auf 7 Stunden, und kurz nach dem Zweiten Weltkrieg betrug sie 9 Stunden. Die Zeit von 6 Stunden 35 Minuten ist auch ein halbes Jahrhundert später nicht übertroffen worden, teilweise dauerte die Reise sogar länger: Die derzeit fünf täglichen Verbindungen über Calais–Dover oder über Boulogne–Folkestone benötigen durchschnittlich sieben Stunden – und dies trotz der Elektrifizierung der Strecken und allen sonstigen technischen Fortschritts! Selbst wenn man die sogenannte Hovercraft-Verbindung zwischen Boulogne und Dover benutzt (35 Minuten), beträgt die Fahrzeit zwischen den beiden Metropolen noch immer rund fünfeinhalb Stunden, wobei man übrigens nicht zwei-, sondern viermal umsteigen muß, denn in beiden Kanalhäfen legt das Schiff nicht direkt neben den Bahnhöfen an. Der Passagier wird sowohl vom Hafen Le Portel in Boulogne wie auch vom Hoverport in Dover mit einem Autobus zu den Bahnhöfen befördert.

Im Schlafwagen über den Kanal

Nur einen einzigen Zug hat es während dieses Jahrhunderts gegeben, der mittels einer Fähre über den Ärmelkanal befördert wurde, wohingegen über die »Vogelfluglinie«, über die Ostsee, über Belt und Øresund und über den Stretto tagtäglich ein fast nie abreißender Strom von Fährschiffen Eisenbahnwagen transportiert! Dieser Zug

60

hieß »Night Ferry« (in Frankreich »Ferry de Nuit«). Er existierte nur 44 Jahre, und dies mit einer kriegsbedingten Unterbrechung von 8 Jahren.

Die Idee, eine direkte Zugverbindung zwischen Paris und London zu schaffen, ist freilich 120 Jahre alt: Schon 1865 schlug ein Sir John Fowler der britischen Regierung vor, einen Kanaltunnel zu bauen. Der Widerstand militärischer Kreise jedoch war energisch, und das Projekt wurde schon im Keim erstickt. Im Jahr 1905 arbeitete dann Sir Douglas Fox Pläne für eine Eisenbahnfährverbindung zum Kontinent aus, aber auch dieses Mal erwiesen sich die Nachfolger Lord Nelsons als einflußreich genug, das Projekt zu verhindern! Die CIWL hatte im Zusammenhang damit sogar schon eine eigene »Société d'Etudes des Ponts sur La Manche« gegründet und Entwürfe für einen Schlafwagentyp im (kleineren) englischen Profil ausgearbeitet.

Bescheidene Anfänge eines Fährverkehrs entwickelten sich im Ersten Weltkrieg, allerdings nur für Truppentransporte und Materialzüge von Dünkirchen nach Richborough und von Le Havre nach Southampton. Im Jahr 1924 nahm dann die erste reguläre Güterfähre zwischen Harwich und Zeebrugge den Betrieb auf. Aber noch ein weiteres Jahrzehnt sollte vergehen, bis es gelang, die erste und einzige Personenzugfährverbindung zwischen beiden Kanalufern zustande zu bringen. Es waren besonders Engländer, die sich dafür eingesetzt hatten, in erster Linie der SR-Direktor Sir Herbert Walker.

Abbildung 60: Zu später Abend- oder zu früher Morgenstunde wurden die Schlafwagen des »Night Ferry« in Dünkirchen und Dover auf die oder von den Fährschiffen rangiert; der schlafende Passagier merkte von der Überfahrt meist nichts, höchstens hörte er das Rasseln der Ketten in den Häfen

Die technischen Schwierigkeiten dieses Unternehmens waren freilich größer als bei den Fähren nach Skandinavien und Sizilien: Es gab Lade- und Entladeprobleme in Dover wegen des durch den Nordostwind stark wechselnden Wasserspiegels. Sie wurden durch eine Vorrichtung behoben, die bei Ebbe den Wasserstand so weit hob, daß sich die Gleise auf dem Wagendeck der Fähren auf demselben Niveau wie die Gleise an Land befanden. In Dünkirchen wurde eine Landungsbrücke gebaut, die je nach Wasserstand auf verschiedene Höhen eingestellt werden konnte. In den siebziger Jahren wurden diese Anlagen technisch verbessert, was die Manöver und damit die Überfahrtszeit nach Dover verkürzte.

Als Schwierigkeit kam hinzu, daß, wie gesagt, das Profil der Bahnen in Großbritannien schmaler ist als auf dem Kontinent. Wie schon 1905 vorgesehen, ließ die CIWL daher einen speziellen Schlafwagentyp konstruieren: Es war dies der Typ »F« (»Ferry«), von dem in Frankreich in den Jahren 1936 bis 1940 18 Stück und nach dem Krieg weitere 7 Stück gebaut wurden. Sie waren ausschließlich für den »Night Ferry« bestimmt. Die »F«-Schlafwagen sind kürzer, schmaler und niedriger als die anderen Wagentypen der Compagnie; haben diese meist zehn, elf oder zwölf Abteile, so sind es im »F« nur deren neun; die Einstiege sind an einem Wagenende »blind«, und dort ist die Office untergebracht. Charakteristisch für diesen Typ sind auch die Schwimmwesten, von denen sich je zwei in den Abteilen befinden, wie auch die ausklappbaren Seitenborde neben den Betten, die verhindern sollen, daß die Reisenden bei hohem Seegang herausfallen.

Der erste mit diesen Schlafwagen ausgerüstete »Night Ferry« verließ in der Nacht des 15. Oktober 1936 den Pariser Nordbahnhof und traf anderntags um 8.30 Uhr in London Victoria Station ein; in der Gegenrichtung fuhr er um 22 Uhr ab und kam um 8.55 Uhr im Zielbahnhof an. Die reine Fahrzeit über den Kanal von Dünkirchen nach Dover betrug damals 4 Stunden 15 Minuten in der einen und 3 Stunden 55 Minuten in der anderen Richtung. (Diese Zeiten hatten sich im letzten Lebensjahr des Zugs, im Herbst 1980, auf 2 Stunden 20 Minuten und 2 Stunden 30 Minuten reduziert.) Auch der »Night Ferry« wurde mit Kriegsbeginn im Jahr 1939 eingestellt. Erst am 1. Dezember 1947 nahm er die Fahrt wieder auf. Freilich dauerte die Reise infolge der vielen Kriegsschäden nun länger: Die Abfahrt in Paris war schon um 20.30 Uhr, die Ankunft in London um 8.10 Uhr, umgekehrt waren die Zeiten 19.30 Uhr und 8.30 Uhr.

Aber bald normalisierten sich die Verhältnisse wieder. Die Fahrzeit verringerte sich im Lauf der folgenden dreißig Jahre auf durchschnittlich rund elf Stunden. Nachdem die Landstrecke elektrifiziert und der Schiffsverkehr beschleunigt worden waren, glich man die so gewonnene Zeit aus, indem die Aufenthalte in den Häfen verlängert wurden: Dies sollte den Reisenden eine ausreichende Nachtruhe gewährleisten. Im Jahr 1980 zum Beispiel stand der in südlicher Richtung fahrende Zug in Dünkirchen (Maritime und Ville) mehr als zweieinhalb Stunden, in der Nordrichtung war die Wartezeit in Dover (Western Docks) sogar noch etwas länger. In Frankreich machte der »Night Ferry« in seinen letzten Jahren einen Umweg über Lille, wo die Schlafwagen von oder nach Brüssel eingereiht oder abgekoppelt wurden. In England ging die Route meist über Folkestone–Ashford, hin und wieder auch über Canterbury–Chatham.

Solange der Dampfbetrieb herrschte, leisteten in Frankreich »Pacifics« der Reihe 231-E die Arbeit, in England waren es Loks der »Battle of Britain«-, der »West Country«- oder der »Merchant Navy«-Klasse. Nachdem die Strecke London–Dover elektrifiziert worden war, fuhren, besonders in der letzten Zeit, neben Elektroloks auch Dieselmaschinen. Fast stets war auf der Lokomotive ein attraktives rundes Schild »Night Ferry – London–Paris/Brussels« angebracht; auf den Laufschildern der Schlafwagen stand dagegen immer nur »Paris–London«, niemals jedoch der Name des Zugs.

Die Fährschiffe, die den Zug transportierten, gehörten zu ziemlich gleichen Teilen der SNCF und den BR. Vor einigen Jahren sind sie, zusammen mit belgischen und niederländischen Schiffen, in einem Pool vereinigt worden, der sich »Sea-Link« nennt.

Ab 1960 gesellten sich zu dem aus Paris kommenden Stamm des Zugs ein oder mehrere Wagen aus Brüssel. In den sechziger Jahren führte er auch einen Wagen von Basel nach London, freilich nur einen Winterfahrplan lang, weil er sich nicht rentierte. In der reichlich verworrenen Nachkriegszeit bis 1948 war ein »F«-Schlafwagen im sogenannten »Blauen Express« zwischen Berlin (wohin ihn der Krieg verschlagen hatte) und Moskau zu sehen, die MITROPA der DDR baute ihn später zu einem Speisewagen um. In den fünfziger Jahren liefen »F«-Schlafwagen auf der Strecke Paris–Hannover im »Nord-Express« und kurzfristig auch zwischen Paris und Interlaken.

Abbildung 61: Fabrikneuer Schlafwagen vom Typ »F« (Ferry) vor den Werkstätten der Compagnie Générale de Construction (CGC)

Abbildung 62: Abteil in einem »F«-Schlafwagen; oben in der Ecke ist die Schwimmweste zu sehen, mit der jedes Abteil versehen war

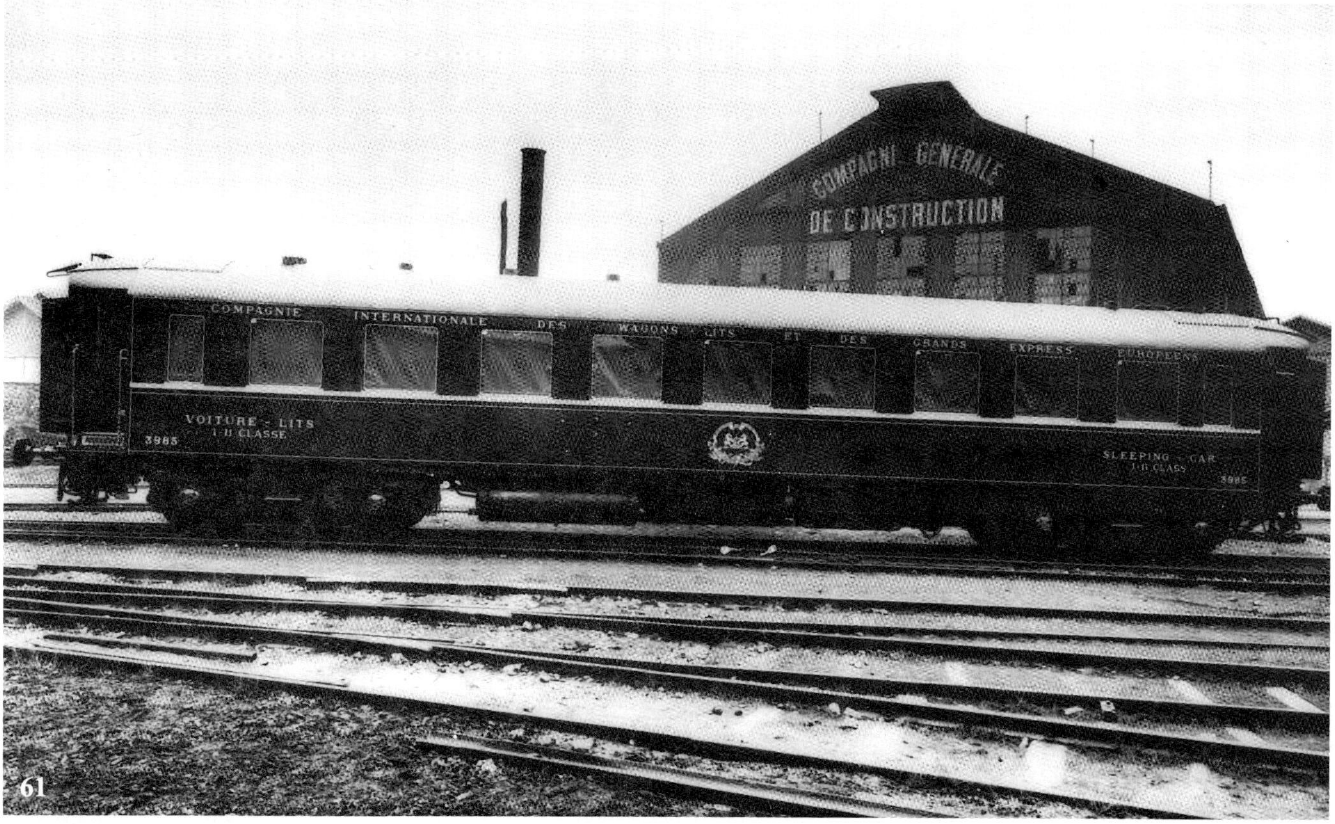
COMPAGNI GENERALE
DE CONSTRUCTION
COMPAGNIE INTERNATIONALE DES WAGONS LITS ET DES GRANDS EXPRESS EUROPEENS
VOITURE - LITS
I-II CLASSE
3985
SLEEPING - CAR
I-II CLASS
3985
61

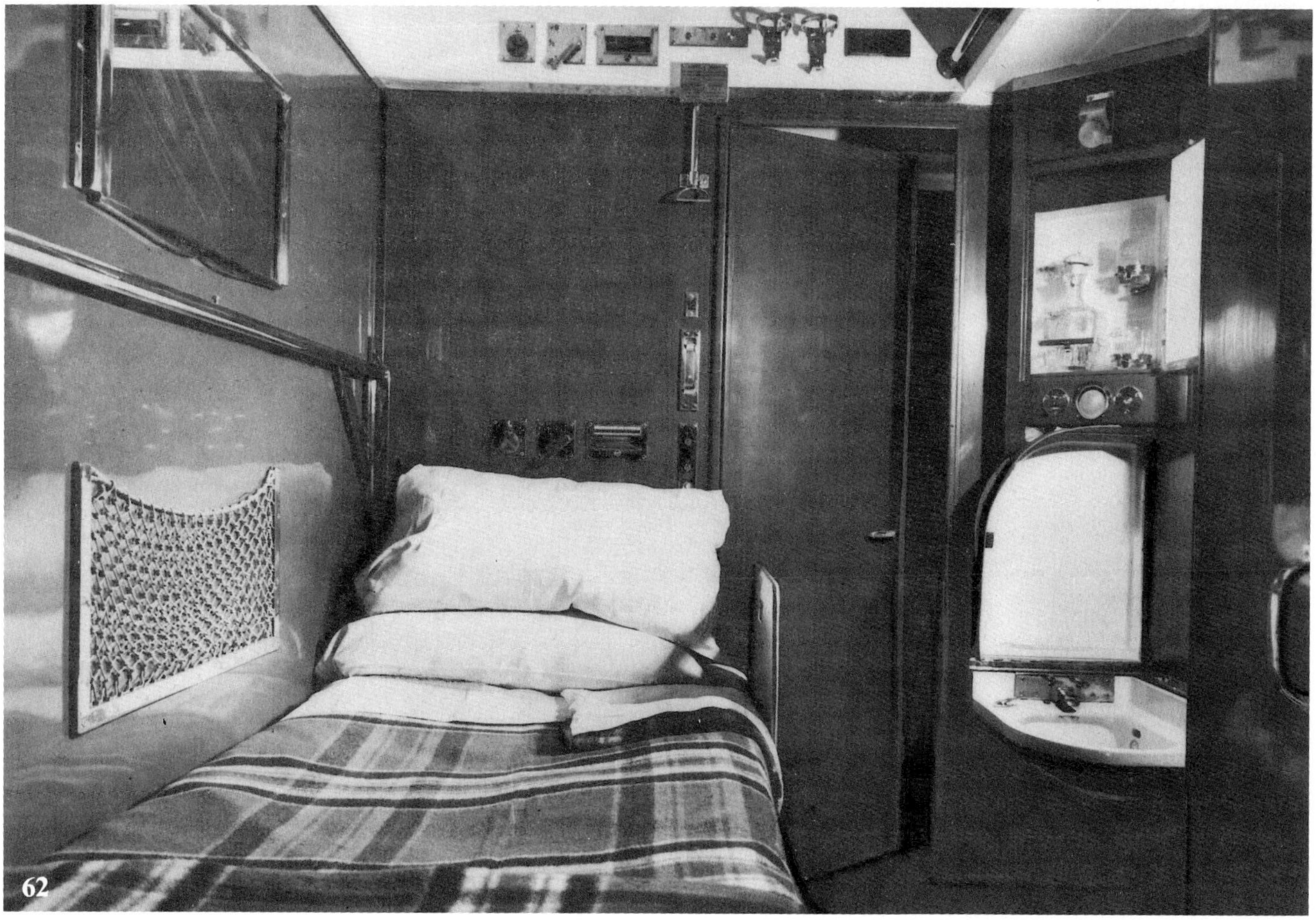
62

63

Der »Night Ferry« war anfangs exklusiv zusammengesetzt. Es handelte sich um einen reinen Schlafwagenzug. Nach dem Krieg sind jedoch beiderseits des Kanals gewöhnliche Sitzwagen hinzugekommen. Allerdings wurden sie nicht über den Ärmelkanal trajektiert, sondern befuhren nur die Strecken Paris–Dünkirchen und Dover–London. Daher mußten ihre Passagiere mitten in der Nacht auf das Schiff umsteigen oder dieses verlassen. In den letzten Jahren des Zugs wurden die Insassen der Sitzwagen von Dover nach London und umgekehrt mit einem Vor- oder Nachzug befördert, so daß der »Night Ferry« wenigstens auf britischem Boden wieder ein reiner Schlafwagenzug war.

Am Anfang, im Jahr 1936, führte er vier Schlafwagen ab Paris, dann bald fünf oder sechs. Nach dem Krieg stieg deren Anzahl zeitweilig auf sieben oder acht, zu denen noch ein bis drei Schlafwagen aus Brüssel kamen. In den späten siebziger Jahren hatte sich dies freilich radikal geändert: Es gibt Berichte und Photos von nur einem einzigen Schlafwagen Paris–London! Planmäßig waren es zuletzt drei Wagen aus Paris und einer aus Brüssel.

Der Niedergang zeigte sich auch auf kulinarischem Gebiet: In England fuhren zunächst morgens und abends Speisewagen für Breakfast und Dinner; in Frankreich wurden die Reisenden zwischen Dünkirchen und Paris am Morgen in den Abteilen bedient. Ab etwa 1970 ging es

Abbildung 63: Stephensons Lok Nr. 24 namens »Invicta« aus dem Jahr 1830 steht heute in der Nähe der Kathedrale von Canterbury

Abbildung 64: Die »St. Germain« gehört der französischen Staatsbahn, die abwechselnd mit englischen Schiffen den »Night Ferry« trajektierte

Abbildung 65: Die »Shepperton Ferry« war eine der ersten britischen Fähren, die den »Night Ferry« schon 1936 über den Kanal brachten

64

65

dann rapide bergab: In England gab es einige Zeit noch einen Buffetwagen. Zuletzt aber brachte der Schlafwagenschaffner ein kleines Frühstück auf einem Plastiktablett – Plastikgeschirr, Plastikbesteck – ins Abteil. In Frankreich fuhr um diese Zeit morgens ab Dünkirchen noch ein Wagen mit, der »Gril-Express« genannt wurde – und dann nur mehr eine den Zug durchwandernde »Minibar«. Die Tage waren vorbei, als man morgens in Dover den Speisewagen betrat mit weiß gedeckten Tischen, Kellnern im weißen Jacket, der »Times« auf dem Tisch, an Wedgewood erinnerndem Teegeschirr, dem Duft gebratenen Specks.

Aber bei aller Kritik wollen wir dem »Night Ferry« doch eines bescheinigen: Er war die beste Verbindung zwischen Paris und London: ohne Zug- oder Wagenwechsel, ohne Umsteigen, ohne die manchmal problematische Überfahrt auf Deck – man legte sich am Abend ins Bett und stieg nach ausreichender Nachtruhe morgens am Ziel aus. Der »Night Ferry« hat mit dem 31. Oktober 1980 seine Fahrten ein für allemal beendet. In den Jahren nach dem Krieg bin ich mit ihm etwa ein dutzendmal von Paris oder Brüssel nach London oder in der Gegenrichtung gereist. Von zwei Fahrten will ich berichten.

Mitte der siebziger Jahre: Endlich fährt die Wagengarnitur von den Abstellgleisen in den Bahnhof Brüssel-Schaerbeek ein, von dem aus der Zug startet. Es sind einige Wagen erster und zweiter Klasse nach Dünkirchen sowie der einzige Schlafwagen, der nach London fährt. Der flämische Schaffner begrüßt die Passagiere freundlich, das Abteil ist schon zur Nachtruhe vorbereitet. Wenige Minuten später geht der Zug auf die Strecke. Doch schon während der kurzen Aufenthalte auf den Bahnhöfen Nord und Midi macht der Schaffner die betrübliche Mitteilung, daß wir möglicherweise nach Calais und nicht nach Dünkirchen fahren werden: Dort streiken nämlich die Hafenarbeiter, weshalb der Fährbetrieb wahrscheinlich stilliegt. Meine Hoffnung, ausschlafen zu können, sinkt, denn nach Calais dauert es von Brüssel bestenfalls vier Stunden! Dennoch gehe ich ruhig zu Bett und lasse die Dinge auf mich zukommen. Der Kondukteur hatte richtig prophezeit: Aus bestem Schlaf weckten mich sein Klopfen und seine muntere Botschaft, daß wir in Calais-Maritime angekommen seien und daß etwas Eile am Platz sei, da das nächste Schiff bald abgehe – die Uhr zeigt 2.30 Uhr morgens!

Und dann habe ich die drittletzte Nachtfahrt des »Night Ferry« erlebt, und zwar die vom 28. auf den 29. Oktober 1980. Paris, Gare du Nord, 20.30 Uhr: Vom »Night Ferry« (Abfahrt um 21.20 Uhr) ist noch nichts zu sehen, auch nicht auf der Anzeigetafel. Die Bahnsteige liegen, wie in vielen französischen Bahnhöfen, in diskretem Halbdunkel. Endlich wird um etwa 21 Uhr am Bahnsteig 4 die Tafel aufgezogen: »Rapide 491: Dunkerque–Londres«, und dann zieht eine kleine Diesellok den Zug herein. Das wartende Publikum ist gering an Zahl, meist Jugendliche mit Rucksäcken für die Sitzwagen und wenige Schlafwagengäste. Die Garnitur präsentiert sich wie folgt:

Elektrolok der Baureihe 16000,
sechs Wagen zweiter Klasse Paris–Dünkirchen,
ein Wagen zweiter Klasse/Gepäck Paris–Dünkirchen,
zwei Wagen erster Klasse Paris–Dünkirchen,
ein Wagen zweiter Klasse Paris–Dünkirchen,
drei Schlafwagen Typ »F«, Nr. 83, 82, 81, Paris–London,
zwei SNCF-Gepäckwagen (Typ »Dd2«) Paris–London.

Die Schlafwagen Nr. 83 und 82 sind vorerst noch stockfinster, mein Wagen Nr. 81 ist zwar bereits beleuchtet, aber schon von außen ist zu sehen, daß dieser Kurs seit Jahren im Absterben begriffen ist: Die Schlafwagen tragen nicht mehr das prächtige Messingwappen der CIWL, keinerlei Wagenlaufschild ist vorhanden, lediglich ein winziges Täfelchen mit der Inschrift »81«. Alle drei Schlafwagen sind offensichtlich seit langer Zeit nicht mehr frisch lackiert und im Inneren nicht mehr renoviert worden; die Fensterkurbel klemmt, die Heizrohre am Korridor sind verbogen, so daß meine Abteiltür beim Öffnen an ihnen schleift; die Schwimmwesten sind zwar noch da, aber nur ein einziger Kleiderbügel, keinerlei Armpolster, kein Schuhputzläppchen; alles scheint abgeblättert, verstaubt und etwas muffig – dafür erstmals im Waschabteil ein Speisäckchen gegen »sea-sickness«!

Mein Schlafwagen Nr. 81 ist gut belegt. In den benachbarten Wagen Nr. 82 und 83 befinden sich weniger Insassen, und der Schlafwagen aus Brüssel, den ich morgens in London besichtige, zeigt sich fast leer. Auch in den Sitzwagen nach Dünkirchen reisen nicht viele Leute. Der Besichtigungsgang bis zur Lok (auch das Pflaster des Perrons ist ausbesserungsbedürftig!) bringt die Begegnung mit einer munteren Bisamratte, die den Bahnsteig überquert ...

Nach der Abfahrt wirkt der schöne und vertraute Zweitaktrhythmus der französischen Schienen bald einschläfernd. Die Fährenmanöver in Dünkirchen höre ich nicht, wohl aber scheint es morgens in Dover, als ob die Mannschaften, die unsere Wagen aus dem Bauch der Fähre »St. Eloi« herausziehen, einen Lärmrekord beim Kettenund Schiffsgeschirrgerassel aufstellen wollten – Zeit zum Aufstehen! (In früheren Jahren hat mich hier in Dover manchmal der diensttuende Bobby am Perron höflichst aufgefordert, im Wagen zu bleiben, als ich meine morgendliche Promenade den Zug entlang machen wollte.) Wir stehen noch bis sechs Uhr morgens herum. Der Vorzug mit den Sitzwagen nach London fährt etwas früher ab. Es herrscht eine prächtige Morgenstimmung, als wir entlang der Küste bis Folkestone fahren. Dann geht es auf ebenso schöner wie kalter Route durch die schon herbstbunten Wälder und Wiesen von Kent. Der nette englische Conductor (seit einigen Jahren war die Crew des »Night Ferry« englisch statt französisch/belgisch) bringt das schon beschriebene Frühstück ins Abteil. Pünktlich um 7.45 Uhr laufen wir in die Victoria Station ein, und zwar am Bahnsteig 1, über dessen Eingang die alte, nachts beleuchtete Tafel »The Night Ferry Paris–Brussels« nur noch zwei Tage lang hängen wird. Soweit aber herrschen noch altenglische Bräuche: Zum nächsten Bahnsteig hin versperrt eine

Abbildung 66: Ankunft des »Night Ferry« auf der Gare du Nord in Paris. Damals gab es hier noch ausreichend Gepäckträger

Wand aus Holzplanken den Blick, denn erst muß man durch den Schafspferch der »Customs«, bevor man sich auf britischem Boden frei bewegen darf. Doch scheinen auch diese ehrwürdigen Sitten allmählich abzubröckeln, denn angesichts meines Passes begrüßt mich der Zöllner auf deutsch!

Vorher aber noch eine allerletzte Promenade den Zug entlang, wo nach altem Brauch ein Bobby und eine Politesse den Weg versperren, mir freilich als kamerabewaffnetem Railfan gern den Weg freigeben. Unser Zug war wie folgt zusammengesetzt:

Diesellok, Nr. 23 056, BoBo, Dover–London,
zwei Gepäckwagen Paris–London, SNCF,
Schlafwagen, Nr. 81, 82, 83 Paris–London,
Schlafwagen, Nr. 89, Brüssel–London,
BR-Wagen erster Klasse/Gepäck (die erste Klasse als Dienstabteil).

67

Besagte Diesellok, vor der sich noch einige andere Photographen scharen, trägt nicht nur das Namensschild des Zugs, sondern seitlich auch ihren Namen: »Burma Star«. Dieser war ihr, wie auch einer Schwesterlok namens »Lord Mountbatten of Burma«, erst kürzlich im Rahmen einer kleinen Feier durch die Witwe des ermordeten Admirals Lord Mountbatten gegeben worden.

Einen Nachfolger hat der »Night Ferry« nicht gefunden. Unter der Zugnummer »Rapide 491« verläßt heute ein normaler Schnellzug mit Sitzwagen beider Klassen die Gare du Nord nach Dünkirchen. Alle Passagiere müssen zu nachtschlafender Zeit auf das Schiff umsteigen und sodann während der »small hours« in Dover nochmals in einen ganz gewöhnlichen Zug nach London wechseln. Damit gehört nun auch der »Night Ferry« der Vergangenheit an. Nur radikale Optimisten können hoffen, daß dereinst wieder eine direkte Schienenverbindung zwischen den beiden größten Metropolen Europas möglich sein wird – durch einen »Kanaltunnel«.

68

Abbildungen 67 und 68: Wenige Tage später war das Zeitalter der nächtlichen Direktverbindung Paris–London endgültig zu Ende: Ankunft eines der letzten »Night Ferry« in London-Victoria, Oktober 1980

Mit 200 Stundenkilometern durch Südwestfrankreich

Der Südwesten Frankreichs ist dünner bevölkert als die anderen Teile des Landes. Als Ludwig XI. begann, aus dem Landadel einen Hofadel zu machen und ihn in der Hauptstadt anzusiedeln, verkümmerten und entvölkerten sich weite Gebiete – und Paris wurde zum »Wasserkopf«. Geblieben aber sind die parkartige, an England erinnernde reizvolle Landschaft sowie die vielen Schlösser und einstigen Herrensitze zwischen Paris und der spanischen Grenze.
Trotzdem gelangte das südwestliche Frankreich im Eisenbahnzeitalter zu besonderer Bedeutung, und dies in zweierlei Hinsicht: Einmal ist der Schienenweg von Paris über Orléans, Tours, Poitiers, Angoulême und Bordeaux zum spanischen Nachbarstaat ein Teil der großen transeuropäischen Route vom Nordosten zum Südwesten Europas, wie sie schon im vergangenen Jahrhundert konzipiert worden war. Und zum anderen bietet sich die fast schnurgerade und brettebene Strecke förmlich an, um einen schnellen Schienenverkehr zu entwickeln. Diese Möglichkeit ist in unserem Jahrhundert voll genutzt worden.

Der Traum vom »Nord-Süd-Express«

Georges Nagelmackers, der Gründer der CIWL, hatte unter der Fülle seiner Projekte drei besonders wichtige und großräumige Pläne: erstens die Verbindung zwischen Okzident und Orient, die er mit dem »Orient-Express« Paris–Wien–Konstantinopel verwirklichte; zweitens den Anschluß an den englischen Post- und Passagierverkehr nach Indien, was ihm in Form der »Bombay«- und »Peninsular-Express«-Züge von Calais nach Marseille und Brindisi gelang, und drittens einen ganz Europa durchquerenden »Nord-Süd-Express«, um nicht weniger als sieben europäische Hauptstädte ohne Fahrzeugwechsel miteinander zu verbinden: St. Petersburg, Berlin, Brüssel, London, Paris, Madrid und Lissabon. Der Zug sollte von der russischen Metropole aus über Berlin nach Lüttich fahren, der Heimatstadt Nagelmackers', die dadurch zu einem europäischen Verkehrsknoten geworden wäre. Er hatte geplant, daß von dort aus ein Zweig über Brüssel–Calais den Anschluß nach London herstellen würde, wohingegen der Stamm des Zugs weiter über Paris und Madrid nach Lissabon liefe. Der Zug hätte an der Grenze zwischen russischer Breit- und europäischer Normalspur (Virbalen/Eydtkuhnen) wie auch an der zwischen Normal- und iberischer Breitspur (Hendaye/Irun) umgesetzt werden müssen. Der Fahrplanentwurf sah für die 4834 Kilometer lange Strecke von St. Petersburg nach Lissabon eine Zeit von rund 92 Stunden vor, was eine Reisedurchschnittsgeschwindigkeit von etwa 52 Stundenkilometern bedeutete und gegenüber den Zügen der damaligen achtziger Jahre einen Zeitgewinn von etwa 30 Stunden gebracht hätte. Doch dieser Traum blieb unerfüllt: Zwar wäre ein zweimaliger Spurwechsel schon damals technisch möglich gewesen, aber das Projekt scheiterte aus finanziellen Gründen. Inzwischen gibt es an der sowjetisch-mitteleuropäischen wie an der französisch-iberischen Grenze Umspuranlagen und sowjetische, tschechoslowakische, polnische, französische und spanische Fahrzeuge mit den entsprechenden Einrichtungen. Aber heute sind die großen europäischen Expresszüge längst vom Flugreiseverkehr verdrängt worden. Aus Georges Nagelmackers' Plan wurde ein doppelter Torso: einerseits ein »Nord-Express« von St. Petersburg über Berlin nach Paris und Ostende mit Wagenwechsel in Virbalen/Eydtkuhnen, andererseits ein »Süd-Express« von Paris über Madrid nach Lissabon mit Wagenwechsel in Irun.

Die »Süd-Express-Story«

Der »Süd-Express« wurde im Jahr 1887 aus der Taufe gehoben, als dritter großer Luxuszug der CIWL nach dem »Orient-« und dem »Calais-Nice-Rom-Express«.
Ende Oktober 1887 fand eine feierliche Eröffnungsfahrt des neuen Luxuszugs für geladene Gäste statt. Ein Zug lief von Calais, mit Anschluß aus London–Dover, über Paris nach Irun; dort mußte man umsteigen, und eine andere Garnitur brachte die Gäste nach Madrid. Der Eröffnungszug fuhr sogar weiter nach Andalusien, wo die Städte Córdoba, Sevilla und Granada besucht wurden.
Die erste fahrplanmäßige Reise des »Süd-Express« begann dann am 4. November 1887 in Calais und Paris. Beide Teile des Zugs, also sowohl auf der französischen als auch auf der iberischen Seite, bestanden ausschließlich aus Schlaf- und Speisewagen der CIWL; der eine fuhr von Calais nach Irun, der andere von dort über Madrid bis Lissabon. Auf der Rückfahrt geschah der Spur- und Wagenwechsel schon damals in Hendaye. Daß einmal hier, dann wieder in Irun, Spur und Zug gewechselt werden (wie dies bis heute auch in Cerbere/Port Bou der Fall ist), hat seinen Grund in einem schon damals existierenden Vertrag, nach dem Paß- und Zollkontrollen immer nur in der Grenzstation des Ziellandes stattfinden sollen. Zwischen den Grenzstationen laufen also Gleise beider Spurweiten. Diese Regelung bietet einen zusätzlichen Vorteil, weil sie verhindert, daß sich zu viele Züge in einem Bahnhof stauen.

Die damalige Fahrtzeit zwischen Paris und Madrid betrug rund 29 Stunden, die Reisedurchschnittsgeschwindigkeit von etwa 50 Stundenkilometern war für damals beachtlich.
Der »Süd-Express« fuhr zunächst nur einmal, dann zweimal und ab 1890 dreimal in der Woche. Er erwies sich als ein sehr erfolgreiches Unternehmen. Dies zeigt sich auch daran, daß einige große Schiffahrtslinien die Fahrpläne ihrer Dampfer abänderten, die von England und den anderen Nordseehäfen nach Madeira, den Kanarischen Inseln, Südafrika und Südamerika fuhren: Sie fanden nun in Lissabon Anschluß an den neuen Zug. Auf diese Weise sollte der Reisende nicht nur Zeit gewinnen, sondern ihm überdies die im Herbst und Winter oft unangenehme Fahrt durch die Biskaya erspart werden. Auch eine Postbeförderung wurde eingerichtet.
Wer übrigens damals, oder selbst noch einige Zeit nach dem Zweiten Weltkrieg, von Lissabon zu den Azoren fuhr, kam in den Genuß einer Sehenswürdigkeit: Auf der Hauptinsel São Miguel, und zwar im Hafen der Hauptstadt Ponta Delgada, gab es die letzte europäische Eisenbahn mit der Mammutspurweite von sieben englischen Fuß (2,14 m), derselben, auf der sich die berühmte »Great Western Railway« bis 1892 bewegt hatte. Es handelte sich um die dortige Hafenbahn, die der »Junta Autonoma dos Portos de Ponta Delgada« gehörte. Ihre drei Lokomotiven stammten aus den Jahren 1861 und 1888; sie waren seinerzeit von Holyhead »second hand« auf die Azoren gekommen. Ich sah sie 1959 – ob sie noch heute am Leben sind, weiß ich nicht.
1895 veränderte sich die Route des »Süd-Express«, was bewirkte, daß der Zug schneller wurde. Er erreichte Lissabon nun nicht mehr via Madrid, sondern ein Teil bog in Medina del Campo westwärts ab, um den direkten Weg über Salamanca und Pampilhosa zu nehmen. Dies sparte rund 200 Kilometer oder fünf Fahrtstunden.
Wie schon aus der Eröffnungsfahrt des Zugs geschlossen werden konnte, hatte man erwogen, seine Strecke bis nach Andalusien zu verlängern. Dies geschah tatsächlich dreimal mit dem Madrider Zweig, aber immer nur kurzfristig. Im Jahr 1897 fuhr er erstmals über Córdoba bis Algeciras. Offenbar hatte man mit britischen Offizieren und Beamten gerechnet, die nach Gibraltar reisten; diese blieben jedoch aus.
Mit dem Beginn unseres Jahrhunderts wurde die Verbindung wesentlich und dauerhaft verbessert: Zum einen startete der Zug von nun an in Paris und nicht mehr in Calais mit Anschluß aus London. Zum anderen befuhr er die französische Strecke bei Tag, und bis Madrid brauchte er jetzt nicht mehr zwei, sondern nur noch eine Nacht; die Gesamtfahrzeit reduzierte sich um drei Stunden.
Bis zum Ausbruch des Ersten Weltkriegs blieben die Verhältnisse im großen und ganzen unverändert. Im Winter 1902/03 lief ein Salonwagen Paris–Pau im Zugverband; von 1910 bis 1912 fuhr der Zug von La Negresse hinaus nach Biarritz-Ville und wieder zurück auf die Hauptstrecke, was eine Viertelstunde Zeitverlust brachte; und 1910 machte man für wenige Monate erneut das Experiment, den Madrider Teil bis nach Algeciras zu führen, doch auch dieses Mal ohne Erfolg.
Nach der kriegsbedingten Unterbrechung fuhr der »Süd-Express« erst verhältnismäßig spät, nämlich ab Oktober 1921, wieder. Jetzt machte man zum drittenmal den Versuch einer Verlängerung: Auf der iberischen Seite bekam der Zug verschiedene Namen: »Sud-Atlantique-Express« hieß der Zweig nach Lissabon, und »Sud-Maroc-Express« nannte man den Teil nach Madrid–Algeciras; beide verkehrten dreimal wöchentlich. Dies währte allerdings nur ein Jahr, denn nach wie vor wollten zuwenig Reisende die

69

Abbildung 69: Die »gotischen« Masten der elektrischen Oberleitung prägen das »Gesicht« der Rennstrecke Bordeaux–Dax
Abbildung 70: Die letzte Eisenbahn in Sieben-Fuß-Spur (2,14 m) – Hafenbahn in Ponta Delgada auf der Azoreninsel São Miguel
Abbildung 71: Der »Castellano-Express« für die Passagiere der Schiffe »Indepence« und »Constitution« zwischen Algeciras und Bobadilla (1958)

70

71

Verbindung nach Algeciras benutzen, zumal die Wagen in der Südrichtung acht und in der Nordrichtung sogar zwölf Stunden in Madrid standen.
Apropos Algeciras: In den Jahren 1948 bis 1951 geisterte ein »Maroc-Express« genannter Rapide durch die Fahrpläne. Er fuhr nur zwei- bis viermal pro Jahr und war als Spezialzug von Paris nach Casablanca gedacht. Er startete mit Wagen erster und zweiter Klasse vormittags in Paris, lief nonstop bis Bordeaux, und ab Irun reiste man in einem spanischen Rapido direkt nach Algeciras. Dort bestiegen die Reisenden das Schiff nach Tanger, wo sie schließlich einen Schnellzug nach Casablanca nahmen. Ab Paris dauerte die Fahrt rund sechzig Stunden. Dabei gab es spezielle Benutzungsbestimmungen: So wurden nur Passagiere nach Marokko aufgenommen, die Gepäckmitnahme war beschränkt, die Kontrollen an der spanischen Grenze erleichtert usw. Der Zug war das Versuchsobjekt einer Verbindung Paris–Marokko, und über dieses Stadium kam er nie hinaus.
Dasselbe Ziel, aber einen anderen Zweck, hatte der »Castellano-Express«, der in der zweiten Hälfte der fünfziger Jahre gefahren wurde. Er bestand nur aus Schlaf- und Speisewagen der CIWL und verkehrte zwischen Madrid und Algeciras. Er kam nur an den Tagen dort an beziehungsweise fuhr dort ab, an denen die amerikanischen Schiffe »Independence« und »Constitution« auf ihrer Route zwischen New York und der Levante den Hafen von Algeciras besuchten; er war nur für Amerikareisende gedacht.
Zurück zum »Süd-Express«: In der Zwischenkriegszeit erfuhr er einige wesentliche Änderungen, weil die französische Strecke elektrifiziert wurde. 1927 waren die Arbeiten an der Route Hendaye–Bordeaux abgeschlossen. Von Paris aus konnten schon 1926 Elektroloks Orléans erreichen, 1933 Tours und 1938 Angoulême. 1939 schließlich wurden die aus Nord und Süd kommenden Drähte in Bordeaux vereinigt: Die Fahrtzeit zwischen Paris und Bordeaux verkürzte sich dadurch von 8 Stunden 5 Minuten im Jahr 1921 auf 5 Stunden 44 Minuten im Jahr 1939.
Zwei Einzelheiten dieser Zwischenkriegszeit seien noch erwähnt: Von 1936 bis 1939 fuhr der »Süd-Express« zum zweitenmal nach Biarritz-Ville hinein (und wieder zurück nach La Negresse) – in Irun wartete in diesen Jahren des Spanischen Bürgerkriegs kein Anschlußzug, und so kam es auf die Viertelstunde Zeitverlust kaum an. Und aus demselben Grund gönnte sich der Zug damals, auf Wunsch aus- oder einsteigender Reisender, auch einige »Arrêts facultatives« in Les Aubrais (für Orléans), Lamothe (für Arcachon), Labenne, Guethary und Hendaye-Plage.
Nach den Wirren und Schrecknissen des Spanischen Bürger- und des Zweiten Weltkriegs wurde der »Süd-Express« im Jahr 1946 relativ früh reaktiviert. Allerdings teilte er das Schicksal der meisten »Grands Express Européens«: Die sozialen, wirtschaftlichen und technischen Verhältnisse hatten sich geändert, und aus einem exklusiven Luxuszug wurde ein mehr oder weniger gewöhnlicher Schnellzug. Die Salon- und Schlafwagen der Vorkriegszeit gerieten in die Minderheit, normale Sitzwagen der ersten, zweiten und sogar der dritten Klasse fuhren mit. Die Fahrzeit nahm in den ersten Nachkriegsjahren erheblich zu. Gegenüber 1939 hatte sie sich von Paris nach Madrid um zweieinhalb Stunden verschlechtert; man brauchte sogar eine Stunde länger als um die Jahrhundertwende. Außer dem Stamm Paris–Irun nahm der »Süd-Express« nun jahrelang auch Wagen mit, die von Paris nach Tarbes fuhren, und auf der spanischen Seite wurden Wagen von Bilbao nach Madrid eingereiht.
Trotz aller Widrigkeiten der Nachkriegszeit: Am 17. Mai 1953 begann für einige Jahre die vielleicht beste Zeit des »Süd-Express«. Zwar verbesserte sich der Komfort nicht, aber der Zug hatte nun wieder einen »zielreinen« Lauf, weil der Teil nach Tarbes ebenso wegfiel wie die Wagen dritter Klasse. Wichtiger jedoch war etwas anderes, was ihn zu einem der besten damaligen Züge Europas machte. Die Aufenthalte zwischen Paris und Irun wurden auf zwei verringert: Bordeaux und Bayonne. So entstand die bis dahin längste fahrplanmäßige Nonstopstrecke auf dem europäischen Festland: 581 Kilometer von Paris nach Bordeaux! Dafür benötigte er knapp fünf Stunden, erreichte also eine Durchschnittsgeschwindigkeit von rund 117 Stundenkilometern – noch heute würde dies zu den Spitzenleistungen des europäischen Zugverkehrs zählen! Und selbst der Anschlußzug in Spanien war einigermaßen exklusiv.

Abbildung 72: Weltrekordfahrt (331 km/h!) der französischen Elektrolok BB 9004 im März 1954
Abbildung 73: Der »Süd-Express«, hier noch als reiner Pullman-Luxuszug, kurz vor dem Zweiten Weltkrieg

72

73

74

75

76

77

79

80

Abbildungen 74 und 75: Nach 1945 war der »Süd-Express« kein reiner Luxuszug mehr, sondern führte auch normale Sitzwagen erster Klasse (neben Pullman- und Speisewagen). Oben mit noch »konventionellen« Wagen in den »Landes«, unten schon mit INOX-Wagen im Baskenland

Abbildungen 76, 77, 78, 79 und 80: Schon seit Jahren ist der »Süd-Express« zu einem gewöhnlichen Schnellzug geworden, der heute in der Hauptsache Liegewagen zweiter Klasse (!) nach Lissabon, Porto und Vigo führt, die umgespurt werden. Ähnlich degradiert wurde die »Puerta de Sol«

Der Hauptplatz von Madrid . . .

. . . nämlich die »Puerta del Sol«, gab gegen Ende der sechziger Jahre jenem Zug den Namen, der den »Süd-Express« als besten Zug zwischen den beiden Hauptstädten verdrängen sollte. Um diese Zeit waren nicht nur bereits die Güterwagen der »Transfesa« umspurbar, sondern auch die ersten für den Personenverkehr bestimmten Fahrzeuge. Wer mit ihnen reiste, mußte auf den Bahnhöfen von Hendaye oder Irun nicht mehr umsteigen. Unter dem Namen »Puerta del Sol« lief nun ein neuer Schnellzug. Er führte zwar beiderseits der Spurwechselgrenze noch Sitzwagen der Polsterklasse, die sich nur auf Normal- oder auf Breitspurgleisen bewegen konnten, aber erstmals gab es jetzt Schlafwagen, die von Paris nach Madrid durchfuhren. Sie waren vom Typ »U« und stammten aus einer Reparationslieferung deutscher Fabriken. Ihre Drehgestelle wurden an der Grenze einfach ausgewechselt, ohne daß die Passagiere den Wagen verließen oder im Schlaf gestört wurden.
Darin bestand der entscheidende Vorteil der »Puerta del Sol« gegenüber dem »Süd-Express«. Sonst waren die Unterschiede gering: Er fuhr mit hoher Geschwindigkeit nonstop von Paris nach Bordeaux, und die Fahrzeit reduzierte sich sogar noch, weil er die wesentlich kürzere Strecke Burgos–Madrid über Aranda nahm. Die Abfahrt in beiden Hauptstädten war um etwa sechs Uhr abends, und den Zielbahnhof erreichten sie gegen neun Uhr früh – auch zeitlich eine ideale Verbindung für den Geschäfts- wie den Vergnügungsreisenden.

»TALGO Pendular« . . .

. . . heißt der Zugtyp, der ein Jahrzehnt später auch die »Puerta del Sol« von ihrer führenden Stellung im frankospanischen Verkehr verdrängte und damit den altehrwürdigen und immer »gewöhnlicher« werdenden »Süd-Express« in der Qualifikationstabelle noch weiter herunterdrückte: Nachdem schon im Jahr 1974 ein »Paris-Barcelona-TALGO« eingeführt worden war (dessen Wagen in Cerbere/Port Bou auf noch raschere Art umgespurt wurden, als es in Hendaye/Irun der Fall ist), hat 1980 die Geburtsstunde der sechsten Generation der TALGO-Züge in Gestalt des »Paris-Madrid-TALGO« geschlagen. Er führt nur Schlafwagen und fährt ausschließlich nachts; mit seiner hohen Geschwindigkeit und wenigen Aufenthalten stellt er die beste Verbindung zwischen den beiden Hauptstädten dar.
Die Typenbezeichnung »TALGO Pendular« ist eine Abkürzung des Begriffs »Gleisbogenabhängige Wagenkastensteuerung«, wie es in der Fachsprache heißt. Auf gut deutsch: In den Kurven »pendeln« die Wagenkästen, um die zentrifugale beziehungsweise zentripetale Neigung auszugleichen. Der »Paris-Madrid-TALGO« führt in der ersten Klasse Schlafwagenabteile für eine oder zwei Personen und in der zweiten Klasse für vier Personen, ebenso einen Speise- und einen Barwagen. Den Antrieb leisten die heute üblichen Elektro- oder Diesellokomotiven. Er startet um acht Uhr abends und erreicht den Zielbahnhof um neun Uhr morgens. Die Fahrzeit hat sich mit ihm von 15 auf rund 13 Stunden verringert.
Der TALGO-Schlafwagenzug hat die »Puerta del Sol« auf den zweiten Platz verwiesen. Seitdem er läuft, führt sie keine durchfahrenden Schlafwagen mehr, sondern nur noch Sitzwagen erster und zweiter Klasse Paris–Hendaye und Hendaye–Madrid. Umgespurt werden nur (französische) Couchettes zweiter Klasse Paris–Madrid, die meistens die Initialen des belgischen Reisebüros Wasteels tragen, an das sie oft »verchartert« sind. Im übrigen führt die »Puerta del Sol« durchgehende Autotransportwagen mit.
Der alte »Süd-Express« schließlich hat seine Rolle als Hauptverbindung zwischen Paris und Madrid inzwischen völlig eingebüßt: Er befördert Reisende nur noch von Paris nach Portugal beziehungsweise in die spanische Provinz Galicia, von wo bekanntlich Tausende von Menschen als ausländische Arbeiter nach Frankreich oder in andere Länder gehen. Nur eines ist ihm von der einstigen Exklusivität verblieben: Nach wie vor fährt er die Strecke zwischen Paris und Bordeaux, ohne anzuhalten. Allerdings erreicht er wegen seiner Länge und Schwere nur noch eine Geschwindigkeit, die von anderen Zügen überboten wird.
Dauerte die Reise von Paris nach Madrid mit dem »Süd-Express« des Jahres 1887 noch 28 Stunden und 42 Minuten, so braucht der »Paris-Madrid-TALGO« heute 12 Stunden und 55 Minuten, wenn auch auf der kürzeren Strecke via Aranda. Die Atmosphäre jedoch ist weitgehend auf der Strecke geblieben.

Abbildung 81: Der in spanischen Fabriken gebaute Schlafwagen des Typs »YF«, der mit Klimaanlage ausgestattet ist
Abbildung 82: Ankunft des »TALGO-Pendular« als Schlafwagenzug aus Madrid im Bahnhof Paris-Austerlitz
Abbildung 83: Der letzte Pullman im »Süd-Express«, hier in Paris-Austerlitz (1970)
Abbildung 84: »Butacas« (Fauteuils), eine besonders komfortable erste Klasse
Abbildung 85: Gemischter Wagen erste Klasse/Schlafabteile der RENFE
Abbildung 86: Prototyp des spanischen Schlafwagens des Typs »YF«

COMPAGNIE INTERNATIONALE DES WAGONS - LITS ET DES GRANDS EXPRESS EUROPEENS
SLEEPING - CAR
4581

81

TALGO PENDULAR

82

COMPAGNIE INTERNATIONALE DES WAGONS-LITS ET DES GRANDS EXPRESS EUROPEENS
PULLMAN
4150
83

COCHE - BUTACAS
AAX-1605
84

III
AAC-335
COCHE-CAMAS
RENFE
85

EUROPEOS
EXPRESOS
GRANDES
DE LOS
CAMAS
4641
86

Blech und Plastik statt Teakholz und Messing

Der erste »Süd-Express« bestand auf der französischen Seite aus vierachsigen Schlafwagen, auf der spanischen Seite aus dreiachsigen, beide Wagentypen mit Zwei- und Vierbettabteilen und offenen Plattformen, dazu je ein Speisewagen und an der Zugspitze sowie am Ende je ein zwei- oder dreiachsiger Gepäckwagen. Alles war aus Teakholz mit den charakteristischen Rippchen und den aus schwerem Messing gefertigten Initialen der CIWL versehen, im Inneren reichlich mit Edelhölzern furniert, mit Plüsch gepolstert und mit gepreßtem Leder tapeziert. Bereits um die Jahrhundertwende allerdings schloß man in Spanien die Plattform der Schlaf- und Speisewagen, reduzierte die Vierbettabteile auf ein einziges, und die Zweibettabteile wurden untereinander durch gemeinsame Toilettenräume verbunden.

Mitte der zwanziger Jahre verschwanden die alten Salonwagen. In Frankreich wurden statt dessen die neuen Pullman-Salonwagen eingesetzt, welche man zunächst »Voitures-Salon« nannte. Es handelte sich um Ganzstahlwagen, die anfangs braun-creme, später dann blau-creme gestrichen waren, so, wie wir sie bereits ausführlich beschrieben haben. Je ein solcher Wagen mit und einer ohne Küche liefen »en couplage« von Paris bis Irun.

Die für den »Süd-Express« gebauten Pullmans waren die geräumigsten ihrer Art: Die Küchenwagen hatten einen Saal mit 12 Plätzen 1:1 beiderseits des Mittelgangs und zwei geschlossene Coupés, das eine mit 4 und das andere mit 2 Plätzen, Sitzgelegenheiten also für 18 Passagiere. In den reinen Salonwagen fand man einen Salon mit 12 Plätzen, hinzu kamen ein Abteil mit 4 und vier Abteile mit 2 Plätzen, insgesamt waren es demnach 24 Plätze. Ein Speisewagen hatte sich erübrigt.

In Spanien kamen um diese Zeit die Schlafwagen der Typen »S3« und »S4« zum Einsatz, die teilweise noch teakbraun, teilweise schon blau lackiert waren. Ihre Länge betrug 23,45 Meter. Sie besaßen vier oder acht Einzel- und vier oder sechs Doppelabteile, selbstverständlich mit Speisewagen kombiniert. Diese Schlafwagen werden wir noch näher kennenlernen.

Nach dem Zweiten Weltkrieg hatte der »Süd-Express«, wie erwähnt, erstmals eine Degradierung erlebt: Auf beiden Seiten der Grenze hatte er nun auch normale Sitzwagen erhalten, in Frankreich sogar dritter, aber seit 1956 nur mehr der neuen ersten Klasse, jenseits der Grenze erster und zweiter Klasse. In Frankreich waren es Wagen vom Typ »INOX« (acier inoxydable), neben denen anfangs noch zwei Pullmans (darunter einer zweiter Klasse) fuhren, dann ab 1955 nur noch einer »en couplage« mit dem Speisewagen. In Spanien und Portugal hingegen war der Zug nun, nebst Schlafwagen der Typen »S3« und »S4« (nach Lissabon) sowie »Lj« (dieser nach Madrid), aus spanischen Sitzwagen erster und zweiter Klasse sowie aus »Butacas« zusammengesetzt.

Beim Schlafwagentyp »Lj«, der nach dem damaligen CIWL-Direktor in Madrid, Louis Jamar, benannt worden war, handelte es sich um ein kurzfristiges Experiment: Statt wie üblich 8, 10 oder 11 Abteile besaß er 14 Abteile erster Klasse. Er war ähnlich gebaut wie die »Kleinen Einbett-Schlafwagen« der DSG und die »Duplex-Roomettes« in den USA. Um den Raum besser auszunutzen, hatte man die Abteile ineinander verschachtelt. Beim Schlafwagen des Typs »Lj« waren sie zwar herkömmlich angeordnet, also quer zur Längsachse des Wagens. Aber in jedem zweiten Abteil sprang die obere Hälfte der Seitenwand etwas zurück, was dort den Luft- und Bewegungsraum vergrößerte, im Nachbarabteil freilich verringerte. Immer lagen ein Ein- und ein Zweibettabteil nebeneinander. In diesem ist die obere Wandhälfte etwas nach hinten gerückt, wodurch man bei aufgeschlagenem Oberbett mehr Platz hat. Allerdings stellte die etwas vorspringende Wand für den Benutzer des benachbarten Einbettabteils keine starke Beeinträchtigung dar, da er ja über dem Bett genug freien Raum hatte. Die »Lj«-Schlafwagen waren zeitweise weiß lackiert, wodurch man sie äußerlich leicht erkannte. Obwohl sie, verglichen mit den heutigen Schlafwagen des Typs »T2S«, guten Komfort boten, hielten sie sich in Spanien nur wenige Jahre, wo sie nicht nur im »Süd-Express« sondern auch in anderen Schnellzügen fuhren.

»Butaca« heißt Fauteuil, Sessel. Als »Coches Butacas« bezeichnete man besonders komfortable Wagen erster Klasse. Sie waren teils vor, teils nach dem Bürgerkrieg gebaut worden und enthielten lediglich sechs Abteile mit je sechs Plätzen. Gegenüber normalen spanischen Schnellzugwagen waren sie also wesentlich geräumiger. Wer sie benutzen wollte, mußte einen Zuschlag zum Fahrpreis erster Klasse zahlen. Ab den sechziger Jahren wurden sie nach und nach aus dem Verkehr gezogen.

Seit 1963 laufen im spanischen Teil des »Süd-Express« neue Schlafwagen: Der Typ nennt sich »YF« und ähnelt äußerlich dem Typ »U« (mit dem »gotischen« Dach). Er hat elf Abteile zu je zwei Plätzen und ist klimatisiert, wofür ein etwas höherer Schlafwagenzuschlag entrichtet werden muß. In den letzten Jahren sind einige dieser Wagen so abgeändert worden, daß sie nun auch zwei Abteile zu je drei Betten besitzen (»YFT«); heute fahren solche Schlafwagen auf mehreren innerspanischen Strecken.

Wie erwähnt, führte die »Puerta del Sol«, die den »Süd-Express« ablöste, den ersten umspurbaren Schlafwagentyp der CIWL zwischen Paris und Madrid. Es war dies der Typ »U« (U = universal) mit 25,10 Metern Länge und elf Abteilen, die je nach Bedarf für ein-, zwei- oder dreibettige Benutzung eingerichtet sind. Normalerweise wurden drei Schlafwagen dieser Art an der Grenze umgespurt, während die Reisenden der Sitzwagen nach wie vor umsteigen mußten.

Als der »Paris-Madrid-TALGO« eingeführt wurde, war es mit Schlafwagen nach Madrid in beiden Vorgängerzügen zu Ende: »Puerta del Sol« fährt heute nebst Sitzwagen bis und ab Grenze nur mit den erwähnten umspurbaren Couchettes und einigen Autotransportwagen. Der »Süd-Express« bedient heute Madrid nicht mehr, sondern nur noch Lissabon, Porto und Vigo mit Couchettes zweiter Klasse.

87

In Irun erhält er einen Ex-CIWL-Schlafwagen vom Typ »S3«, der den Portugiesen gehört und mit ihren Initialen »CP« versehen ist. Mit seinen acht Einzel- und vier Doppelabteilen läuft dieser Wagen bis Lissabon durch, wie auch ein »INOX«-Speisewagen der CP.
Gewiß, die heutigen Fahrzeuge, ob Schlaf- oder Sitzwagen, sind in technischer Hinsicht fortschrittlicher als ihre Vorgänger. Aber die Atmosphäre hat sich geändert, sie ist nüchtern geworden: An die Stelle von Mahagoni, verzierten Lampenschirmen und Messing sind Kunststoffe, Neonröhren und Blech getreten.

»La table traditionelle«

Der Chronist ist im Lauf von mehr als dreißig Jahren etwa dreißigmal mit dem »Süd-Express« wie mit seinen beiden moderneren Nachfolgern gefahren, sei es von Paris nach San Sebastian oder Lissabon, sei es in umgekehrter Richtung. Und jedesmal hat sich der Eindruck verstärkt, daß eine Fahrt auf dieser Strecke zu den wertvollsten Erinnerungen und Erlebnissen eines Eisenbahnfans zählt. Sicher, die Landschaft ist, besonders auf der französischen Seite, recht eintönig, und mögen auch hier die großen »Akzente« fehlen. Fast stets jedoch rast der Zug mit Höchstgeschwindigkeit durch die Provinzen der Touraine mit ihren Parks und Schlössern, durch Poitou und Angoumois; bei Les Aubrais grüßt die gotische Kathedrale von Orléans herüber, bei Blois entzückt der Anblick des Schlosses, die Loire begleitet uns nun eine Zeitlang, vorbei am Château d'Amboise, in dem Leonardo da Vinci gestorben und begraben ist; bei Saint-Pierre-des-Corps können wir einen kurzen Blick hinüber nach Tours werfen; bei Poitiers donnert der Zug in einigen Tunnels durch das Felsmassiv, auf dem sich die Stadt erhebt. Fast nie verringert er seine Geschwindigkeit, der regelmäßige Zweivierteltakt der Vierachser klingt wie eine Begleitmusik zur Landschaft. Bei der Einfahrt in Bordeaux ahnen wir die Nähe des Meeres, ehe der Zug die breite Garonne überquert, auf der flußabwärts Dutzende großer Schiffe, Kräne und

88

Abbildung 87: Der »Süd-Express« bei Ausfahrt aus Hendaye in Richtung Paris (1955)
Abbildung 88: Der »Süd-Express« beim Abstieg durch die Sierra de Guadarama nach Madrid

Werften zu sehen sind. Hinter Bordeaux denken wir an die Weltrekordfahrten des Jahres 1955, von denen noch die Rede sein soll, und durch die beginnende Dämmerung geht es der Grenze entgegen; rechts schimmert der Atlantik herein, links erblicken wir hin und wieder einen beschneiten Pyrenäengipfel. Nach kurzem Halt in Hendaye geht es über die Bidassoa-Brücke hinüber nach Irun. Auf der kleinen Fasaneninsel mitten im Fluß schlossen Frankreich und Spanien im Jahr 1659 den sogenannten Pyrenäenfrieden. Nach dem Spur- (und früher auch Zug-) wechsel geht man zu Bett.

In den Morgenstunden grüßt uns der kühle Hauch der altkastilischen Hochebene, die düsteren Mauern von Ávila liegen im harten Licht der Morgensonne, in Kehren steigt der Zug durch eine Landschaft, die nur Steine, aber kaum Brot bringt, zur Wasserscheide auf die Sierra de Guadarrama hinauf. Nach dem sechsten Tunnel hat er sie in der Puerta de Ávila durchbrochen, und mit erhöhter Geschwindigkeit geht es abwärts. Links auf der Höhe thront majestätisch der Escorial. Wir fahren auf die Meseta hinunter, der Hauptstadt entgegen, deren über dem Nordbahnhof gelegenes Königsschloß uns schon von weitem grüßt.

Mit der fast noch taufrischen »Puerta del Sol« fuhr ich 1969 erstmals auf der neuen Strecke via Aranda de Duero. Im damals kaum halbfertigen Bahnhof Chamartin bezog ich abends mein Single in einem der drei umspurbaren »U«-Schlafwagen. Der Weg des Zugs mit seiner Diesellok führte schon zu dieser Zeit über die neue »Direttissima« von Madrid nach Burgos, die man noch während des Bürgerkriegs zu bauen begonnen hatte. Es regnete, und ich hatte wenig Lust zu einer Abendpromenade vor der Abfahrt. Vielmehr suchte ich bald den Speisewagen auf, um eine Cena zu genießen.

In der Nacht schlief ich ausgezeichnet. Ich wachte auch nicht auf, als unsere Wagen in Hendaye umgespurt wurden. Morgens hatten wir Bordeaux bereits hinter uns gelassen und befanden uns auf der Nonstopstrecke nach Paris. Ich ging in den Speisewagen, der an der Grenze angehängt worden war. Dort erfreute ich mich an der südfranzösischen Landschaft und verzehrte das opulente Frühstück. Als ich bezahlen wollte, entdeckte ich, daß meine Brieftasche verschwunden war! Ich hatte sie in dem kleinen Netz, das sich seitlich der Schlafwagenbetten befand und wo ich sie am Abend immer zu deponieren pflegte, liegengelassen. Keine Panik – ich ging zurück, und der getreue Schlafwagenschaffner hatte inzwischen nicht nur mein Single auf Tagesstellung umgebaut, sondern auch die Brieftasche auf meinen Diwan gelegt.

Im »Paris-Madrid-TALGO« nach Burgos

Gegen sieben Uhr abends kam ich aus Dijon auf dem Pariser Nebenbahnhof Bercy mit einem Rapide an. Ich suchte ein Taxi, um den TALGO zu erreichen, der um acht Uhr im Austerlitz-Bahnhof startete, aber ich fand keines. Schließlich nahm ich einen zum Nulltarif fahrenden SNCF-Autobus zum Lyoner Bahnhof. Von dort, wo hundert wartende Taxianwärter vor mir standen, war es allerdings noch ein schweißtreibender Fußmarsch zum Austerlitz-Bahnhof, wo ich erschöpft ankam ...

Am TALGO-Schlafwagen sind zwei Dinge zu kritisieren: Da ist zum einen die Architektur der Raumteilung, die durch ihre Raffinesse beeindrucken soll. In den Abteilen sitzt man stets etwas schräg zum Fenster, überdies sind neben den Fenstern die Kleideraufhänger angebracht, was den Ausblick beeinträchtigt. Die Verwinkelung des Korridors soll es den Passagieren erleichtern, aneinander vorbeizugehen – genau das Gegenteil trifft zu! Zum anderen pendelt der Zug wirklich. Allerdings gleicht die aufwendige Technik nicht nur die Seitenlage in den Kurven nicht aus, sondern man wird auch hin und her geschaukelt wie auf hoher See.

Die Verwandten des »Süd-Express«

Hier handelt es sich um zwei Züge, die ich nie benutzt habe. Sie dienten der raschen Verbindung zwischen Paris und Madrid. Da gab es einmal den »Pyrénées-Côte d'Argent-Express«. Wie der ursprüngliche »Süd-Express«, war es ein nur aus Schlaf- und Speisewagen der CIWL zusammengesetzter Luxuszug. Sein Vorläufer, den man schon 1894 eingeführt hatte, nannte sich »Pyrénées-Express«. Er fuhr von Paris nach Biarritz und Luchon. Im Jahr 1908 wurde aus ihm der »Côte-Basque-Express« mit den Zielbahnhöfen Biarritz und Irun. Von der letztgenannten Stadt aus schloß sich ein Zug nach Madrid an.

Ab 1921 schließlich hieß er »Pyrénées-Côte d'Argent-Express«. Seine Schlafwagen verzweigten sich nach Irun, nach Biarritz und nach Tarbes. In Irun bot ein spanischer Rapido mit erster und zweiter Klasse sowie mit Pullman- und Speisewagen den Anschluß nach Madrid. Im »Pyrénées-Côte d'Argent« setzte die CIWL stets ihre neuesten und komfortabelsten Schlafwagentypen ein. Als einer der ersten Züge bekam er schon Anfang der zwanziger Jahre den Typ »S« (acht Ein- und vier Zweibettabteile) und 1929 die »Voitures-Lits à Grand Luxe« (»Lx« genannt) mit nur zehn Abteilen pro Wagen, die ursprünglich jeweils nur ein Bett besaßen. Nach 1945 blieb zwar der Name des Zugs noch einige Zeit erhalten, aber er war zu einem gewöhnlichen, dreiklassigen Rapide mit wenigen Schlafwagen geworden, und auch der spanische Anschlußzug »demokratisierte« sich.

Abbildung 89: Schlafwagentyp »Lits-Salon« der CIWL, mit Salon-, Schlaf- und Couchettes-Abteilen
Abbildung 90: Die eindrucksvolle Ansicht eines »TALGO II«

COMPAGNIE GÉNÉRALE
DE CONSTRUCTION
COMPAGNIE INTERNATIONALE DES WAGONS-LITS ET DES GRANDS EXPRESS EUROPÉENS
Nº 1892 B
LITS-SALONS
SLEEPING-CAR
COUCHETTES

89

Talgo

90

Doch nicht allein diese Wagentypen verliehen dem »Pyrénées-Côte d'Argent-Express« eine besonders noble Atmosphäre. Dazu trug auch ein Schlafwagentyp der CIWL bei, der »Lits-Salon« genannt wurde. Von ihm gab es nur wenige Exemplare, die, außer im »Pyrénées-Côte d'Argent-Express«, auf einigen Strecken zwischen Paris und Südwestfrankreich verkehrten. Teilweise übertraf ihr Komfort den des Typs »Lx«: Der Wagen enthielt vier normale Zweibettabteile mit anschließenden Toilettenräumen auf der einen Seite, auf der anderen zwei Couchettes für je zwei Personen; in der Wagenmitte aber lagen zwei sogenannte Lits-Salons, jeder doppelt so groß wie ein normales Abteil, mit drei Fenstern und drei Betten, von denen eines quer, zwei weitere aber übereinander an der Fensterseite angeordnet waren; dazu kamen ein beweglicher Fauteuil und ein separater Waschraum. Zwischen beiden Salons lag ein WC – eine ebensolche Rarität bei der CIWL wie die bescheideneren Couchettes. Es war ein einmaliger Wagentyp, der verschiedene Komfortstufen bot und den man sich auch für die Gegenwart wünscht.
Nach der spanisch-französischen Fahrplankonferenz von Málaga im Jahr 1957 wurde diese Verbindung umgestaltet: Der Zug hieß fortan »Iberia«. Er führte Sitz-, Liege- und einige Schlafwagen von Paris nach Irun und Tarbes. In Irun schloß sich dreimal wöchentlich ein TALGO-Zug, viermal ein gewöhnlicher Schnellzug nach Madrid an. Letzterer hatte auch Kurswagen Irun–Lissabon und bot somit, neben dem »Süd-Express«, eine zweite Verbindung zur portugiesischen Hauptstadt, was allerdings zwei Nachtfahrten erforderte.
Seit 1960 trägt der Zug nur noch auf der spanischen Seite den Namen »Iberia«, in Frankreich ist er namenlos geworden. Er besitzt auch keinen Schlafwagen mehr, wohl aber durchgehende und umspurbare Couchettes zweiter Klasse von Paris nach Algeciras.
Nur aus Schlafwagen und aus den neuen blauen Couchettes der SNCF zusammengesetzt ist dagegen der Nachtzug »La Palombe Bleu«. Er startet in Paris und fährt in zwei Teilen: der eine nach Tarbes, der andere nach Irun, wo er Anschluß an den spanischen »Iberia« hat. Gegenüber dem »Paris-Madrid-TALGO«, der von Paris bis Madrid, wenigstens nach dem Fahrplan, nur 12 Stunden und 55 Minuten braucht, ist die Verbindung »Blaue Taube«/»Iberia« wesentlich langsamer: 18 Stunden und 57 Minuten.

Rekorde

Von der längsten Nonstopstrecke auf dem europäischen Kontinent, Paris–Bordeaux (581 km), war schon die Rede. Gegenwärtig bieten nicht nur der »Süd-Express«, die »Puerta del Sol« und der »Paris-Madrid-TALGO« diese Verbindung ohne Aufenthalt, sondern auch zwei namenlose Rapides (einer nur freitags). »La Palombe Bleu« fährt, zumindest nach dem Fahrplan, sogar bis Bayonne (780 km) durch; sie dürfte aber vermutlich irgendwo einen Betriebshalt machen.
Noch spektakulärer sind die Geschwindigkeitsrekorde, die auf den Schienen des südwestlichen Frankreich erzielt worden sind. Im Jahr 1903 war auf der ehemaligen Militärbahn zwischen Marienfelde und Zossen (Brandenburg) mit zwei Elektrotriebwagen von AEG und Siemens ein Geschwindigkeitsrekord von 210 Stundenkilometern aufgestellt worden. Mehr als ein halbes Jahrhundert lang konnte diese Marke von keinem elektrisch betriebenen Schienenfahrzeug erreicht werden. Es mußten erst zwei Weltkriege vergehen und die Eisenbahn gegenüber Flugzeug und Auto ins Hintertreffen geraten, bis dieser Rekord gebrochen wurde. Dies geschah bei den Schnellfahrversuchen, welche die SNCF mit zwei Elektroloks anstellte.
Die ersten Versuchsfahrten hatten bereits 1954 stattgefunden: Mit der Elektrolok CC 7121 wurde am 21. Februar jenes Jahres eine Geschwindigkeit von 243 Stundenkilometern zwischen Dijon und Beaune erreicht, und im Herbst kam die BB 9001 sogar auf 276 Kilometer pro Stunde. Damit war aber der Ehrgeiz der SNCF noch nicht befriedigt, denn sie wollte die Traumgrenze von 300 Stundenkilometern erreichen und womöglich überspringen. Dafür wurden die Elektroloks CC 7107 und BB 9004 bestimmt und im Winter zuvor präpariert. Dasselbe geschah mit einer Dreiwagengarnitur: neue Räder aus Monobloc-Stahl, abgerundete Enden, Entfernung aller Ventilklappen, um den Luftwiderstand zu verringern, Einrichtung eines Beobachterpostens im ersten Wagen mit Telefonverbindung zur Lok usw. Als Versuchsstrecke wählte man den Abschnitt zwischen Bordeaux und Dax (148 km), wo es auf dem 66 Kilometer langen Teilstück zwischen Lamothe und Morceux nur eine einzige flache Kurve gibt; drei neue Unterwerke wurden eigens für die geplanten Fahrten errichtet. Flugzeuge begleiteten die Versuchsfahrten, Rettungsmannschaften und Hilfszüge standen in den Stationen bereit.
Am 28. März 1955 vormittags fuhr der Zug mit der CC 7107, am 29. März nachmittags mit der BB 9004. Beide Maschinen kamen schon nach einer Fahrt von zwanzig Kilometern auf 300 Stundenkilometer, acht Kilometer lang hielten sie dann das Tempo von mehr als 320 Stundenkilometern. Die Spitzengeschwindigkeit betrug beide Male 331 Stundenkilometer.
Die Fahrten waren weniger von praktischer als von propagandistischer Bedeutung: Im normalen Verkehr konnten solche Geschwindigkeiten damals nicht erreicht werden. Es wurde jedoch der Beweis erbracht, daß Schienenfahrzeuge nicht nur entwicklungsfähig, sondern auch geeignet sind, dem Flugverkehr zumindest auf mittleren Entfernungen Paroli zu bieten, ganz abgesehen davon, daß sie wesentlich sicherer sind.
Seither sind dreißig Jahre vergangen und die Rekorde längst Geschichte. In jüngster Zeit haben französische Züge neue Höchstleistungen erzielt. Die Rekordfahrten von 1955 haben allerdings dazu beigetragen, daß die besten Züge Südwestfrankreichs schneller geworden sind: Auf einigen Teilstrecken von Paris aus in Richtung Bordeaux–Irun wie auch nach Toulouse fahren schon seit Jahren viele

91

92

Abbildungen 91 und 92: Die Weltrekord-Elektrolokomotiven der SNCF, die CC 7107 (91), die BB 9004 (92), die im März 1954 auf der Strecke Bordeaux–Dax, zwischen den Bahnhöfen Lamothe und Morceux, Höchstgeschwindigkeiten von jeweils 331 Stundenkilometern erreicht haben. Seit den Rekordfahrten von Elektrotriebwagen auf der Militärbahn Zossen–Marienfelde mit »nur« 200 Stundenkilometern war inzwischen ein halbes Jahrhundert vergangen!

Schnellzüge mit fahrplanmäßigen Geschwindigkeiten von 200 Stundenkilometern.

»Capitole« am Morgen, »Capitole« am Abend

Ein »Capitol« gibt es nicht nur in Rom oder Washington: Auch das Rathaus der Stadt Toulouse führt diesen Namen. Nach ihm wurden die beiden besten Züge genannt, welche die südfranzösische Großstadt am Morgen und am Abend mit Paris verbinden. Sie sind die ersten Schnellzüge der Südwestregion, die auf der mehr als achtzig Kilometer langen Teilstrecke zwischen Les Aubrais und Vierzon im planmäßigen Dienst eine Höchstgeschwindigkeit von 200 Stundenkilometern fahren durften. Sie verlassen und erreichen ihren jeweiligen Zielbahnhof am frühen Morgen und am späten Abend, dienen also vor allem dem Berufs- und Geschäftsverkehr. Von Anfang an besaßen sie eigene Wagengarnituren, die 1970 dann durch bessere ersetzt worden sind und den Zügen die Aufwertung zum »Trans-Europ-Express« (TEE) eingebracht haben.

Die für den ursprünglichen »Capitole« verwendeten Zuggarnituren waren von der Lok bis zum letzten Wagen einheitlich in hellem Rot mit weißen Zierstreifen lackiert. Die Wagen hatten je neun Abteile erster Klasse, und in der Zugmitte lief ein Speisewagen. Dessen besondere Attraktion war ein Geschwindigkeitsmesser – auch in Japan werden wir eine solche Einrichtung finden. Trotz der hohen Geschwindigkeit, mit der sie fuhren, besaßen die Wagen keine Klimaanlage, so daß man selbst bei 200 Stundenkilometern durch halboffene Fenster frische Luft atmen konnte. Die Elektroloks entstammten der Baureihe BB 9200. Sechs von ihnen sind für 200, zwei weitere sogar für 250 Stundenkilometer ausgelegt worden. Mit einer Fahrtzeit von knapp sechs Stunden fuhren je ein »Capitole du Matin« am Vormittag und ein »Capitole du Soir« in den Abendstunden. Die beschriebenen Wagen wurden nach 1970 dann in verschiedenen anderen großen Schnellzügen verwendet und sind, zum Teil noch immer in der ursprünglichen Rotweiß-Lackierung, heute hin und wieder zu sehen.

Als die »Capitoles« zu »Trans-Europ-Express«-Zügen aufgewertet worden sind, hat man sie neu eingekleidet. Sie haben die neueste Variante der für TEE bestimmten Wagen erhalten, den Typ »Grand Comfort«: teils offene Saalwagen, teils Abteilwagen (nur acht statt neun Abteile), Klimaanlage, automatische Glastüren an den inneren Durchgängen, Speisewagen mit Tischen für zwei oder vier Personen, Barwagen mit zusätzlichen Plätzen im Großraum, in dem serviert wird, wie auch in einigen der offenen Saalwagen. Außen sind sie in Rot-Grau-Orange gestrichen. Anstelle der Elektrolok vom Typ BB 9200 tun die sechsachsigen CC 6500 Dienst, die eine Spitzengeschwindigkeit von 220 Kilometern pro Stunde erreichen können.

Der »Zahn der Zeit« hat allerdings auch an den beiden »Capitoles« genagt: Stieg die Gesamtzahl der in Europa verkehrenden TEE zunächst von 7 auf 55, so hat sie sich heute auf bescheidene 13 verringert. Einige TEE sind aus den Fahrplänen verschwunden, die meisten aber hat die SNCF zu normalen Rapides degradiert und mit Wagen ebenso der zweiten Klasse ausgestattet, wozu auch Exemplare des Typs »Grand Comfort« umgebaut worden sind.

Was die »Capitoles« angeht, so haben der Morgenzug aus Paris und der Abendzug aus Toulouse diese Abwertung schon 1983 erlebt. Die beiden korrespondierenden Züge sind dieser Entwicklung dann im Winter 1984/85 zum Opfer gefallen. Offensichtlich rentieren sich reine Erste-Klasse-Züge (mit Zuschlag) nicht mehr. Im übrigen sind die Elektrolokomotiven heute stark genug, um neben acht oder zehn Wagen erster Klasse ebenso viele Wagen zweiter Klasse zu ziehen, ohne langsamer zu sein.

Und noch eine Rekordleistung

Die »Capitoles« wurden jedoch bald von zwei Rapides im Südwesten des Landes übertroffen, und zwar auf der schon erwähnten Hochgeschwindigkeitsstrecke Paris–Bordeaux. Die beiden Züge haben zwischen Paris und Bordeaux ungefähr dieselbe Aufgabe wie die »Capitoles« zwischen Paris und Toulouse: Sie dienen dem schnellen Geschäftsverkehr am Morgen und am Abend. Auch sie sind mit Wagen vom Typ »Grand Comfort« ausgestattet und werden von Elektroloks der Reihe CC 6500 gezogen. Der Zug, der Paris am Nachmittag und Bordeaux am Morgen verläßt, heißt »L'Aquitaine«, dagegen fährt »L'Etendard« am Morgen in der Hauptstadt und in Bordeaux gegen Abend ab. Beide verkehren nur montags bis freitags, im Hochsommer überhaupt nicht.

»L'Aquitaine« hat bei seiner Einführung im Jahr 1970 – und das schon als TEE – im Fahrplan mit Recht die Nummer 1/2 erhalten, denn er war damals, und blieb es viele Jahre, der schnellste französische Zug: Die von ihm mit 200 Stundenkilometern durchrasten Teilstrecken sind wesentlich länger als die der »Capitoles«, die er auch hinsichtlich der Durchschnittsgeschwindigkeit (145 km/h) wesentlich übertrifft. Die beiden Toulouser TEE erreichen eine durchschnittliche Reisegeschwindigkeit von nur 120 Kilometern pro Stunde, weil das Gelände südlich von Vierzon recht schwierig ist. Überdies brauchte er für die gesamte Strecke von Paris nach Bordeaux (582 km) vier Stunden, wobei er keinen Zwischenaufenthalt einlegte. In der Richtung nach Norden machte er kurze Aufenthalte, unter anderem in Angoulême und Poitiers, was die Fahrtdauer um wenige Minuten verlängerte. Einige Jahre später hatte sich seine Reisezeit von Paris nach Bordeaux um zehn Minuten verringert. Er brauchte nur noch 3 Stunden 50 Minuten, was einer Durchschnittsgeschwindigkeit von nicht weniger als 151 Stundenkilometern entspricht – ein im Europa der siebziger Jahre sonst nirgendwo erreichtes Tempo!

Abbildungen 93 und 94: Die beiden Weltrekordloks BB 9004 (93) und CC 7107 (94) wurden vor und nach ihren spektakulären Höchstleistungen auch im fahrplanmäßigen Zugverkehr eingesetzt. Sie selbst, wie überhaupt diese beiden Baureihen, sind inzwischen aus dem Regelverkehr fast völlig ausgeschieden und versehen höchstens noch Dienste im Lokal- oder Güterzugverkehr; wenigstens eine der beiden Maschinen soll museal erhalten werden

Sein Gegenstück, »L'Etendard«, fährt auf denselben Streckenabschnitten ebenfalls mit 200 Kilometern pro Stunde. Er hält jedoch in beiden Richtungen in Saint-Pierre-des-Corps (für Tours), in Poitiers und Angoulême, ist also etwas langsamer als »L'Aquitaine«, wenn man das Wort »langsam« in diesem Zusammenhang verwenden will. Obwohl er von Anfang an mit den Wagen des Typs »Grand Comfort« ausgestattet war, wurde er erst nach einem Jahr zum TEE aufgewertet.

Auch diesen beiden Zügen hat das Jahr 1983 sozusagen das Genick gebrochen. Sie fahren heute als zweiklassige Rapides. Die Nonstopfahrt des »Aquitaine« ist inzwischen ebenfalls aufgegeben worden; die Züge benötigen für die Strecke Paris–Bordeaux oder umgekehrt gegenwärtig einige Minuten mehr als vier Stunden. Sie halten in St.-Pierre-des-Corps, Poitiers und Angoulême.

Von den anderen Zügen, die in dieser Region Frankreichs mit 200 Stundenkilometern fahren, sei noch der nach dem berühmten Bordeauxer Bürgermeister und Dichter benannte »Montaigne« erwähnt, ein ganzjähriger Rapide Bordeaux–Paris, der vorwiegend aus »Corail«-Wagen besteht und morgens von Bordeaux und nachmittags von Paris aus rund eine Stunde vor »L'Etendard« und »L'Aquitaine« abfährt.

In einigen Jahren wird es von Paris aus nach dem Südwesten Züge geben, welche die heutigen Geschwindigkeiten noch weit übertreffen. Die »TGV-Aquitaine« werden mit dem früher für unwahrscheinlich gehaltenen Tempo von 260, 270 oder gar 300 Stundenkilometern durch die Gegend rasen, wie es die Züge der »TGV-Midi« schon jetzt tun – doch darüber sprechen wir später.

Abbildungen 95 und 96: »Le Capitol«, der erste französische Zug, für den auf Teilstrecken zwischen Paris und Toulouse eine fahrplanmäßige Geschwindigkeit von 200 Stundenkilometern zugelassen war

Abbildungen 97, 98, 99, 100 und 101: Dem »Capitol« folgten weitere Züge (auf der Magistrale Paris–Bordeaux–Irun) mit Geschwindigkeiten von 200 Stundenkilometern: »Aquitaine«, »Etendard« und »Montaigne«. Der »Iberia« führt seit einigen Jahren Couchettes von Algeciras (auf der Tafel fehlerhaft »Algesiras« geschrieben) über Madrid nach Paris

97

98

99

100

101

Mit 270 Stundenkilometern durch Südostfrankreich

La »Route Impériale«

So nennt sich mit Recht die Hauptstrecke, die von Paris südwärts über Dijon, Lyon, Valence und Avignon nach Marseille führt. Mit ihrer Verlängerung nach Osten, die Côte d'Azur entlang, ist sie eine der schönsten, wichtigsten und am dichtesten befahrenen französischen Linien. Schon um die Mitte des vergangenen Jahrhunderts entstand an der »Blauen Küste« eine Art Ferienparadies, dem zahlreiche komfortable Züge nicht nur aus Frankreich, sondern auch aus anderen europäischen Ländern zustrebten. Damals war die Saison im Winter. Vornehme und reiche Leute aus ganz Europa flohen vor der Kälte in ihren Heimatländern an die Côte d'Azur. Im Sommer aber war dieser gesegnete Küstenstrich so gut wie leer. Niemand dachte in der Zeit vor dem Ersten Weltkrieg daran, zu baden.
Ab Mitte der zwanziger Jahre begann sich eine (billigere) Sommersaison anzubahnen, von der besonders kleinere Orte mit schönen Sandstränden profitierten. Radikal hat sich das Bild dann 1945 gewandelt, und heute ist die Hochsaison an der Côte d'Azur längst nicht mehr im Winter, sondern im Sommer. Im Gegensatz zu früheren Tagen verkehren hierher nun die meisten Züge während der heißen Jahreszeit.

Der »Méditerranée-Express«

Welche Bedeutung dem gehobenen Eisenbahnverkehr an die Côte d'Azur schon im vergangenen Jahrhundert beigemessen wurde, zeigt sich daran, daß der zweite »Grand Express Européen« nach dem »Orient-Express« ein nur aus Schlaf- und Speisewagen zusammengesetzter »Calais-Nice-Rome-Express« war. Schon am 8. Dezember 1883 trat er seine erste Fahrt an.
Warum ». . . -Rome-Express?« Nagelmackers plante eine Luxusverbindung einerseits an die Riviera, andererseits aber auch nach Rom. Dorthin aber war der kürzeste Weg, über Turin und Bologna, noch versperrt. Der Mont-Cenis-Tunnel, der älteste große Alpentunnel, war zwar schon 1871 fertiggestellt worden. Die italienischen Bahngesellschaften verweigerten der CIWL jedoch die Erlaubnis, ihre Strecken weiter als bis nach Bologna zu befahren. Der Weg wurde erst frei, nachdem sich Nagelmackers' Konkurrent, George M. Pullman, zurückgezogen hatte. Dieser hatte die »Schlafwagen-Szene« bis hinunter nach Rom, Sizilien und Brindisi beherrscht.
Bis dahin war die CIWL gezwungen, einen Luxuszug von Paris über die Côte d'Azur nach Rom zu betreiben. So kam es zum »Calais-Nice-Rome-Express«. Er bot anspruchsvollen Reisenden erstmals die Möglichkeit, sowohl zu den Winterkurorten Cannes, Nizza, Monte Carlo usw. zu reisen als auch zur italienischen Hauptstadt, wenngleich dies mit einem erheblichen Umweg verbunden war. Der Zug fuhr zwei Nächte, die erste von Paris nach Marseille und die zweite von dort über Genua nach Rom. Der Express erwies sich als ein voller Erfolg.
Das Intermezzo dauerte nur sechs Jahre: 1889 waren die bis dahin mit Pullman verbundenen italienischen Bahnen endlich bereit, mit der CIWL zusammenzuarbeiten. So entstanden aus dem »Calais-Nice-Rome-Express« zwei neue, selbständige Luxuszüge: Der »Rom-Express« über Mont-Cenis–Turin–Genua und der »Méditerranée-Express« von Calais über Paris, Marseille nach Nizza und Ventimiglia. Dieser war nun ausschließlich für den Verkehr von (London über Dover–Calais und) Paris zur Riviera bestimmt. Der Luxuszug wurde viel benutzt. Damals fuhr er ausschließlich während des Winters in zwei Teilen, als »Calais-Méditerranée-Express« und als »Paris-Méditerranée-Express«. Daran änderte sich ein Vierteljahrhundert lang nichts, bis der Erste Weltkrieg ausbrach.

»Le Train Bleu«

Der Weltkrieg bewirkte, daß die internationalen Luxuszugverbindungen für einige Jahre unterbrochen wurden. Nach dem Friedensschluß aber feierte der »Méditerranée-Express« seine Wiedergeburt. Und bald erhielt er eine völlig neue Gestalt: 1922 importierte die CIWL aus Leeds, wo viele ihrer Wagen gebaut wurden, die ersten vierzig Exemplare des neuen Schlafwagentyps »S«. Er stellte eine Revolution im Schlafwagenbau dar. Die Wagenkästen waren durchweg aus Stahl statt aus Teakholz. Dies vergrößerte die Sicherheit bei Unfällen, erhöhte aber auch das Gewicht. Mit diesem Typ wurden ferner erstmals auf dem Kontinent einbettige Abteile (Singles) eingesetzt. Die neuen Wagen waren überdies länger (23,45 m) als ihre Vorläufer und nicht mehr in Teakbraun, mit den typischen Holzrippchen, sondern in Blau gestrichen.
Anläßlich der Einführung der neuen, besonders komfortablen Fahrzeuge für den »Calais-Méditerranée-Express« organisierte die CIWL eine »Pressefahrt«, die mit aus Paris und London geladenen Gästen vom 9. bis zum 12. Dezember 1922 stattfand. Am Samstag, dem 9. Dezember, reisten die englischen Gäste mit dem fahrplanmäßigen »Boat-Train« um 10.50 Uhr von der Victoria Station in

102

reservierten Pullman-Cars ab. Sie verließen Dover um 12.33 Uhr, um nach Calais überzusetzen. Dort hielten die Repräsentanten der französischen Nord- und der Paris-Lyon-Mittelmeerbahn (NORD bzw. PLM) sowie die CIWL eine Pressekonferenz für die britischen Journalisten ab. Danach bestiegen die Gäste von der Insel die bereitstehende Sondergarnitur, die Calais um 14.45 Uhr verließ; die Ankunft in Paris war um 18.49 Uhr. In Paris gab es in einem der Wartesalons eine zweite Pressekonferenz, diesmal für die Vertreter der »Presse parisienne«. Sodann setzten sich der aus Calais gekommene und ein zweiter, für die Pariser Gäste bestimmter Sonderzug in Bewegung. Der Pariser Zug fuhr um 19.25 Uhr ab, der aus Calais im Blockabstand dahinter um 19.30 Uhr. Nachdem die Gäste das Abendessen in den Speisewagen eingenommen und die Nacht in den neuen Schlafwagen verbracht hatten, stiegen sie am Sonntag, dem 10. Dezember, um 11 und um 11.10 Uhr in Nizza aus, wo sie mit Privatautos in ihre vorbestellten Quartiere im Hotel »Ruhl« (heute »Méridien«) oder im »Hotel de France« gebracht wurden. Um 12.45 Uhr fand ein »Déjeuner à petites tables« im Restaurant »Savoy« statt. Nachmittags unternahmen alle Geladenen, wieder in Privatautos, einen Ausflug über die »Corniche«, die herrliche Küsten- und Höhenstraße entlang der Côte d'Azur: über den Col de Caire, Eze, Monaco, mit Besuch des weltberühmten Observatoriums, und über Monte Carlo, wo im »Café de Paris« der Tee gereicht wurde, nach Menton. Dann fuhren sie über die »Corniche du Litoral« wieder nach Nizza zurück. Abends um acht Uhr fanden im Casino Municipal ein Bankett und anschließend um zehn Uhr eine Soirée statt.

Montag, 11. Dezember: Alle Gäste reisen vormittags nach Cannes. Dort werden beide Zuggarnituren abgestellt, während die Passagiere die Stadt besichtigen. Um 12.30 Uhr nehmen sie im Casino ein Déjeuner zu sich. Wer noch Lust

Abbildung 102: Der »Calais-Méditerranée-Express« nördlich von Paris, um 1905

Abbildung 103: Erster Ganzstahltyp (»S«) der CIWL-Schlafwagen von 1922, der zuerst im »Méditerranée-Express« eingesetzt wurde

Abbildung 104: »Calais-Méditerranée-Express« nördlich von Paris, vor 1914

Abbildung 105: Ankunft König Leopolds II. in Beaulieu mit einem Luxuszug der CIWL (1908)

COMPAGNIE INTERNATIONALE DES WAGONS
VOITURE-LITS
N° 2644 A P

103

104

TS ET DES GRANDS EXPRESS EUROPEENS
SLEEPING-CAR
N° 2644 A F
979

105

hat, kann nachmittags an einem Autoausflug teilnehmen, der entlang der Corniche d'Or und am roten Esterelgebirge vorbei nach St. Raphael führt. Die Ausflügler besteigen dann in St. Raphael am Nachmittag die aus Cannes nachgekommenen Garnituren. Der Zug mit den Pariser Gästen fährt um 15.45 Uhr, der mit den Engländern um 15.56 Uhr in Cannes ab. Wieder geht es in den neuen Schlafwagen durch die Nacht mit Abendessen und Frühstück nach Paris, wo die Züge um 9.50 Uhr und 10 Uhr am letzten und schönsten Tag der Reise eintreffen. Die Engländer fahren mit der Calaiser Garnitur um 10.45 Uhr weiter und erreichen über Dover, ab dort wieder in reservierten Pullmans, die Victoria Station um 19.30 Uhr.

Die neuen blauen Ganzstahlwagen, die neuen Lokomotiven und die rasche Behebung der letzten Kriegsfolgen ermöglichten es bald, die Fahrt des Zugs zu beschleunigen. Bevor die Garnituren eingeführt worden waren, hatte er Paris um 17.45 Uhr verlassen. Schon im Winter 1924/25 fuhr er zwar erst um 19.40 Uhr ab, erreichte Ventimiglia aber nur eine Dreiviertelstunde später als vorher.

Der Volksmund gab dem »Calais-Méditerranée-Express« schon bald, nachdem die neuen Garnituren eingeführt worden waren, den Namen »Train Bleu«. Dieser Name fand schnell Eingang in Presse und Literatur und wurde zum Inbegriff für modernes, schönes und elegantes Reisen.

Einen weiteren Schritt zum Noch-Schöneren und Noch-Besseren tat die CIWL im Jahr 1929: Ein neuer und natürlich blau lackierter Schlafwagentyp verließ die Fabriken in England, um den Gästen des »Train Bleu« noch mehr Komfort zu bieten: Es war der Typ »Lx« (Luxe). Seine Besonderheit bestand darin, daß er, bei gleicher Wagenlänge wie der »S«-Typ, nur zehn Abteile besaß, und diese ausschließlich für einbettige Benutzung. Zu Recht nannte ihn die CIWL »Voiture-Lits à Grand Luxe«.

Der »Train Bleu« wurde selbstverständlich als erster Zug mit diesen Wagen ausgestattet; andere wie der »Pyrénées-Côte d'Argent-«, der »Rom-« und der »Nord-Express« folgten. Einzelne Wagen wurden auch in einigen innerfranzösischen Verbindungen verwendet. Vorweggenommen sei schon hier, daß diese Wagen heute nur noch in »nostalgischen« Luxuszügen zu finden sind, die von Privatleuten betrieben werden.

Die schwere Weltwirtschaftskrise, die 1929 ausbrach, ging auch am »Train Bleu« nicht spurlos vorbei. So wurden in Frankreich erstmals auch Fahrgäste der zweiten Klasse in Schlafwagen zugelassen. Sie waren in Zweibettabteilen untergebracht, wogegen ein Passagier mit Fahrschein erster Klasse Anspruch auf ein Einzelabteil hatte. Die Voitures-Lits à Grand Luxe mußten umgebaut werden. Allein vier Abteile in der Wagenmitte blieben als Singles erhalten, in die sechs anderen installierte man je zwei Betten. Der so veränderte Wagen erhielt die Typenbezeichnung »Lx 16«. Bei einigen Fahrzeugen richtete man sogar alle zehn Abteile zweibettig ein.

Die Reisegeschwindigkeit allerdings erhöhte sich bis zu Beginn des Zweiten Weltkriegs weiter. Im Jahr 1939 verließ der »Train Bleu« Paris zwar erst um 20 Uhr, er kam jedoch in Ventimiglia am folgenden Tag bereits um 11.30 Uhr an; seit 1925 war der Zug also um rund zwei Stunden schneller geworden.

In der Nachkriegszeit, als die Konkurrenz durch Auto und Flugzeug immer stärker wurde, waren die Eisenbahngesellschaften gezwungen, Maßnahmen zu ergreifen, wenn sie ihre Stellung behaupten wollten: Sie erhöhten die Geschwindigkeit ihrer Züge und machten finanziell attraktive Angebote. Dazu gehörte auch, daß einstmals luxuriöse Züge und Wagen für Reisende der unteren Klassen geöffnet, Luxus- in gewöhnliche Schnellzüge verwandelt und vermehrt Schlafwagen mit etwas geringerem Komfort eingeführt wurden. »Le Wagon-Lits n'est pas un Luxe« lautete ein Werbespruch der CIWL.

Auch der »Train Bleu« wurde schneller, vor allem nachdem 1952 die »Route Impériale« vollständig elektrifiziert worden war. Dauerte die Reise von Paris nach Ventimiglia 1939 noch 15 Stunden 30 Minuten und betrug sie 1955 noch 14 Stunden, so ist sie heute auf rund 11 Stunden gesunken.

Der »Grand Luxe« jedoch hat allmählich abgenommen. Um die Mitte der fünfziger Jahre war der inzwischen auch offiziell »Train Bleu« genannte Zug wie folgt zusammengesetzt:

ein Schlafwagen »Lx 16«, Calais–San Remo,
ein Schlafwagen »Lx 16«, Calais–Ventimiglia,
zwei Schlafwagen »Lx 16«, Paris–Ventimiglia,
ein Salon-Bar (Ex-Pullman), Paris–Ventimiglia,
ein Speisewagen Paris–Ventimiglia,
zwei Schlafwagen »Lx 16«, Paris–Ventimiglia,
fünf Schlafwagen »Lx 20«, Paris–Ventimiglia.

Der Komfort wurde noch einmal etwas gehoben, als die CIWL um diese Zeit einen »Voiture Salon-Bar« einreihte. Dazu hatte man einen Pullman der Serie »Côte d'Azur« umgebaut. Die 24 Plätze in der einen Hälfte des Wagens wurden dem benachbarten Speisewagen zugeordnet, in der anderen befand sich eine gut bestückte Bar mit einigen lose herumstehenden Fauteuils.

Doch im Jahr 1959 hatte der Zug das Recht, seinen Namen zu führen, eigentlich schon verloren: Erstmals wurden auch Schlafwagen des Typs »P« in ihn eingereiht. Sie waren nach ihrem Konstrukteur benannt worden, dem damaligen Chefingenieur der CIWL namens Pillepich. Sie trugen Aluminiumfarbe (»acier inoxydable«: INOX) und durchbrachen so den einheitlichen optischen Eindruck des Zugs.

Die »P«-Schlafwagen hatten zwanzig kleine Einbettabteile. Sie waren untereinander eineinhalbstöckig verschachtelt, boten also wesentlich weniger Platz als ein normales Single. Für diese Abteile hatte der Fahrgast einen geringeren Zuschlag zu entrichten; sie gelten als sogenannte »Special-Klasse«.

Der »Train Bleu« aber blieb nicht lange blausilber. Inzwischen ist er wieder durchgehend blau. An die Stelle der »P«-Schlafwagen sind die heute üblichen Schlafwagen der

Abbildung 106: Der »Train Bleu« bestand ehemals aus den besten Schlafwagentypen der CIWL, er besteht heute nur mehr aus dem »Universal«-Typ »MU« und dem Typ »T2« (mit recht kleinen Ein- oder Zweibettabteilen) und in der Mehrzahl aus Couchettes der zweiten (!) Klasse. Hier aufgenommen in Ventimiglia im Mai 1980

CIWL getreten. Das ist der 26,40 Meter lange Typ »MU« mit zwölf »universalen« Abteilen, das heißt für ein-, zwei- oder dreibettige Benutzung eingerichtet. Im vergangenen Jahrzehnt bekam der »Train Bleu« überdies Schlafwagen des Typs »T2«, der 18 kleine Abteile führt, die ähnlich wie im »P« unter- und übereinander verschachtelt sind. Die unteren Abteile können ein- oder zweibettig besetzt werden, in den oberen Abteilen liegen zwei Betten einander gegenüber, und zwar über den Plafonds der unteren. Das Platzangebot ist also nicht gerade großzügig. Bei zweibettiger Besetzung braucht man hier nur eine Fahrkarte zweiter Klasse wie auch in den »MU«-Dreibettabteilen. Vom einstigen »Grand Luxe« ist wenig geblieben.

Die letzte Stufe des Abstiegs hat der »Train Bleu« im Jahr 1980 beschritten: Seit damals besitzt er nur mehr, je nach Bedarf, drei bis sechs Schlafwagen der Typen »MU« und »T2« und dazu etwa ebenso viele Couchettes, also Liegewagen zweiter Klasse der SNCF.

Der Salon-Bar-Wagen ist natürlich längst aus dem Zug verschwunden, ebenso der Speisewagen, der sich bei der Abfahrtszeit in Paris um 21.45 Uhr auch kaum lohnen würde. Wer im heutigen »Train Bleu« Hunger oder Durst hat, der ist entweder auf das vom Schlafwagenschaffner auf einem Plastiktablett servierte und vorgepackte erste Frühstück oder auf einen »Snack« angewiesen. Nur auf der Rückfahrt zwischen Dijon und Paris gibt es zusätzlich noch einen Minibar-Buffetdienst.

»Cow-sheds« und »Lits-Salon«

Neben dem »Train Bleu« gab es noch einige wenige Rapides, die nachts zahlungskräftiges Publikum von Paris zur Côte d'Azur beförderten, wobei sie hinsichtlich des Komforts beinahe ebenbürtig waren.
Da fuhr schon vor 1914 ein »Côte d'Azur-Rapide de Nuit« zwischen Paris und Ventimiglia, der nur aus Sitzwagen erster Klasse, Couchettes, Lits-Salons und Schlafwagen bestand. Und dann gab es zwischen den Kriegen drei Rapides auf der »Route Impériale«, die teils der CIWL und teils der einstigen PLM gehörten. In diese Züge waren Fahrzeuge der Compagnie eingereiht, die eine reine Erste-Klasse-Nachtverbindung zum Süden Frankreichs gewährleisteten. Auch sie verkehrten damals nur in den Wintermonaten, und ihre Existenz beschränkte sich auf wenige Jahre vor und nach dem Ausbruch der Weltwirtschaftskrise. Sie wurden »Rapide de Luxe« genannt. Zwischen 19 und 20 Uhr verließen sie die Gare de Lyon in Paris, eine Abfahrtszeit, die ein genüßliches Diner und eine ausreichende Nachtruhe zuließ.
Der »Rapide de Luxe Nr. 5« bestand aus Sitzwagen erster Klasse, Couchettes erster Klasse sowie aus Schlafwagen (Typ »S«) und Speisewagen der CIWL von Paris nach Marseille. Der »Rapide de Luxe Nr. 7« war ebenso zusammengesetzt, fuhr jedoch über Marseille hinaus über Nizza bis Ventimiglia. Der »Rapide, Places de Luxe Nr. 3« schließlich hatte als Zielbahnhof Menton. Er führte keine Sitzwagen, sondern nur die erwähnten Couchettes, Lits-Salons sowie Schlaf- und Speisewagen.
Diese drei Züge erfüllten zwar nicht die Kriterien der CIWL für »Trains de Luxe«. Dennoch hatte die Eisenbahn (PLM) recht, sie als Luxuszüge zu bezeichnen. Zu einigen ihrer Wagen seien einige wenige Erläuterungen gestattet:
»Couchette« (Liegewagen) ist sozusagen der »Schlafwagen des kleinen Mannes«: Schon vor der Jahrhundertwende ist er im Westen Frankreichs eingesetzt worden. Es handelt sich um normale Sitzwagen erster, zweiter oder dritter Klasse, deren acht oder sechs Sitzplätze pro Abteil zu sechs- oder vierplätzigen Liegestätten umgewandelt werden können. Couchettes der (heutigen) zweiten Klasse haben bei Nacht je drei Liegeplätze – oder »Schlafstellen« – auf beiden Seiten des Abteils. Sie laden allerdings nicht gerade zur Nachtruhe ein: Man stelle sich vor, daß sich sechs Personen in dem wenig geräumigen Abteil aufhalten. Sie schnarchen und schwitzen; im Winter ist es heiß, weil geheizt wird, im Sommer ist es heiß, bedingt durch die Jahreszeit. Wohin mit vier oder fünf Leuten, wenn sich einer oder zwei aus- oder anziehen wollen? Wohin mit dem oft umfangreichen Gepäck? Wohin mit den Kleidern und Mänteln? Der frühere CIWL-Direktor für England, Mathieu, hat die Couchettes einmal geistreich als »cowsheds« bezeichnet.
Bequemer sind die Couchettes erster Klasse. Sie haben größere Abteile, und beiderseits liegen nur zwei, insgesamt also vier, Personen beisammen. In älteren Wagen der SNCF gab es auch Halbabteile erster Klasse für nur zwei

107

Abbildung 107: »Voiture de Luxe« der ehemaligen PLM, wahrlich die luxuriöseste Type, die es je in Frankreich gab: sechs Einzelabteile – je zwei mit gemeinsamer Toilette/WC – und zwei »Lits-Salons« für je zwei Personen (nur untere Betten) ebenfalls mit Toilette/WC in einem Annex
Abbildung 108: »Train Bleu«, noch ausschließlich aus Schlafwagen des Typs »Lx« zusammengesetzt, in St. Raphaël (1967)

LITS-SALON
P.L.M
EXPRESS

CARROZZA CON LETTI
3542
VOITURE - LITS

108

Personen: Abgesehen von der fehlenden Wascheinrichtung, unterschieden sie sich kaum von einem richtigen Schlafwagen; sie sind freilich heute so gut wie ausgestorben.
Das gilt leider auch für die nächsthöhere Komfortstufe in Couchettes der SNCF, die »Couchettes-Toilettes«: Es waren Wagen mit zehn oder zwölf Halbabteilen erster Klasse, in denen jedes Abteil einen Waschtisch hatte; eine Anzahl dieser Wagen (sie stammten von der PLM) wurden nach dem Krieg von der CIWL erworben und zu Schlafwagen umgewandelt.
Die Lits-Salons gibt es nur noch in wenigen Exemplaren, die freilich längst zu Dienstwagen umgebaut worden sind. Die PLM und andere französische Privatbahnen hatten sie eingesetzt. Meistens waren Salonabteile mit Couchettes oder Sitzabteilen kombiniert. Die PLM besaß aber auch Lits-Salon-Wagen – mit dem Maximum an Komfort, den diese Gesellschaft zu bieten hatte. Mit der Bezeichnung »L2 S6« handelte es sich um richtige Schlafwagen, die nicht unter der Regie der CIWL liefen. An den Wagenenden lagen je ein Zweibettabteil, in denen die beiden Schlafstätten neben- und nicht übereinander in Längsrichtung des Wagens angeordnet waren, und in einem Annexe gab es Wascheinrichtung und WC! Die Mitte des Wagens füllten sechs Einzelabteile, von denen je zwei ein gemeinsames Toilettenabteil mit Waschtisch und WC hatten. Mit diesen Einrichtungen übertrafen sie den Komfort sämtlicher CIWL-Schlafwagen.
Wie sieht es heute auf der »Route Impériale« aus? Da fahren neben dem im Komfort stark abgesunkenen »Train Bleu« täglich noch zwei Nachtzüge: Das ist zum einen der »Phocéen« nach Marseille (die ersten Ansiedler im Gebiet von »Massilia« sollen aus der griechischen Landschaft Phokis gekommen sein, daher der Name des Zugs). Er führt wenige Schlafwagen der Typen »MU« und »T2« sowie Couchettes erster und zweiter Klasse. Dann läuft seit einigen Jahren ein nach dem porphyrroten Gebirge zwischen St. Raphael und Cannes »L'Esterel« genannter Zug in ähnlicher Zusammensetzung wie der »Train Bleu« (»MU«, »T2« und Couchettes zweiter Klasse) nach Nizza. Schließlich gibt es noch einen »Paris-Côte d'Azur« mit Sitzwagen und Couchettes beider Klassen nach Ventimiglia. Daß in diesen Zügen von einem Speisewagen keine Rede ist, versteht sich fast von selbst.
Wie sich ein Musikliebhaber seinen schönsten Anzug anzieht, um eine Oper zu genießen, so konnte man sich früher einem der schönsten Gebiete Europas, der Côte d'Azur, noch in festlichem Rahmen nähern – und zwar im »Train Bleu«: am Abend der Abschied von der im Sonnenuntergang hinter uns glänzenden Lichterstadt Paris, der Empfang durch den Schlafwagenschaffner im »Lx 16«. Nach der Abfahrt eine kurze Promenade in den »Salon-Bar« zum Aperitif, dann das Diner an den blumengeschmückten Tischen des Speisewagens. Und schließlich ging man angenehm ermüdet zu Bett, während der Zug mit gleichbleibender Geschwindigkeit durch die Nacht raste. Am Morgen erwachte der Reisende zwischen Marseille und Toulon, die Sonne glitzerte schon auf dem Mittelmeer, der scharfe Schnabel des Bec d'Aigle grüßte bei La Ciotat ins Abteil. »Gut rasiert, gut gelaunt« gab es das erste Frühstück im Speisewagen, danach vielleicht noch einen Café-Express im Barwagen. Man erblickte die Bucht von St. Raphael, und dann ging es entlang des schönsten Teils dieses Küstenstrichs, vorbei an der Ile d'Or, am Cap Dramont, an den Rochers du Trayas, am wunderbaren Panorama des Esterel-Gebirges, brandroter Porphyr, dunkelgrüne Pinien, die bis in den Wagen hinein ihren aromatischen Duft verbreiteten. Und schließlich begann sich der Zug allmählich zu leeren: Die Croisette in Cannes, die Promenade des Anglais in Nizza, die Halbinsel des Cap Ferrat bei Beaulieu, der Felsen von Monaco und die »Sky-line« von Monte Carlo oder auch eine der vielen kleineren Buchten und Bäder waren die Ziele der Reisenden in diesem vielleicht schönsten Zug Europas.
Diese Zeiten sind längst vorbei, und nur ausgesprochene Eisenbahnnarren werden es verstehen, daß wir in diesen Jahren und bei Fahrten mit diesen oder auch mit anderen Zügen zwischen Marseille und Ventimiglia noch aus einem weiteren Grund romantische Gefühle hatten. Vor der Elektrifizierung fuhren dort nämlich Dampflokomotiven der Baureihe 141-R: Sie stammten aus Nachkriegslieferungen amerikanischer Fabriken und bildeten nicht nur hier, sondern auch in anderen Teilen Frankreichs, das Rückgrat des Dampfbetriebs. Es handelte sich bei ihnen um Allzweckmaschinen, die alles, vom primitivsten Güterzug bis zum »Train Bleu«, beförderten. Trotzdem gaben sie dem Verkehr an der Côte d'Azur eine charakteristische Note: optisch, obwohl sie robust aussahen und von imposanter Gestalt waren; akustisch durch ihr etwas hart klingendes Keuchen; und auch nasal, weil ihre Ölfeuerung einen für Nicht-Railfans fast unerträglichen Qualm verbreitete, der sich beim Durchqueren der unzähligen Tunnels zwischen Nizza und der italienischen Grenze besonders intensiv bemerkbar machte.
Aber auch bei Tag gab es auf der »Route Impériale« einige Züge, die einen dieser schönen Strecke entsprechenden Komfort boten. Freilich hat er in der Gegenwart stark gelitten, wogegen die hier erzielten Geschwindigkeiten diese Strecke zu einer der berühmtesten der Erde gemacht haben.

Abbildung 109: SNCF-Dampflok der Reihe 141-R, die nach 1945 in zahlreichen Exemplaren aus den USA geliefert und in Frankreich vielseitig eingesetzt wurde – vom Güterzug bis zum »Train Bleu«
Abbildung 110: SNCF-Dampflok der Reihe 241-P, die vor der Elektrifizierung zwischen Lyon und Marseille den Schnellzugdienst versah

»Côte d'Azur-Rapide« und »Côte d'Azur-Pullman«

Schon zu Anfang unseres Jahrhunderts gab es einen »Rapide Nr. 1/2« (schon die Nummer kennzeichnete ihn als damaligen Spitzenreiter) von Paris nach Marseille, der nur Wagen der beiden Polsterklassen und Speisewagen führte. Seine Fahrtzeit betrug damals rund 13 Stunden, was uns angesichts des heutigen Tempos etwas antiquiert anmuten mag. Über Marseille hinaus, und zwar bis Ventimiglia, lief überdies ab dem Jahr 1907 ein »Côte d'Azur-Rapide« in gleicher Ausstattung wie der R 1/2 und mit einer Fahrzeit von etwa 15 Stunden; es war dies erstmals eine Nobelverbindung von Paris an die gesamte Riviera in einer zwar langen, aber doch reinen Tagesfahrt.

Durch den Ersten Weltkrieg wurden diese beiden schnellsten und komfortabelsten Zugläufe nach Südfrankreich unterbrochen. In der Zwischenkriegszeit lebte zuerst die Marseiller Rapide-Verbindung wieder auf; auch dieser Zug führte nur erste und zweite Klasse samt Speisewagen, und er benötigte noch immer rund 13 Stunden.

Eine Tagesschnellverbindung an die Côte d'Azur aber kam erst 1929 wieder zustande, und zwar in Gestalt des »Côte d'Azur-Pullman-Express«. Er verließ erstmals am 9. Dezember die Gare de Lyon in Paris und kam um Mitternacht in Ventimiglia an, nach einer Fahrzeit von genau 15 Stunden, womit er nicht schneller als die Vorkriegszüge war. Der Zug bestand normalerweise nebst einem Gepäckwagen der CIWL aus mindestens zwei »Couplagen«, also zweimal je ein reiner Salon- und ein Küchenwagen nacheinander gereiht. Diese Pullmans waren vom sogenannten Typ »Côte d'Azur«, der heute nur noch in »nostalgischen« Zügen existiert. Die Küchenwagen besaßen 20, die Salonwagen 28 Plätze, die Innenausstattung besorgten die angesehenen Designer namens Lalique und Prou. Diese Wagen waren nach denen des »Süd-Express« die besten und schönsten des Pullman-Wagenparks der CIWL.

Zu Anfang seines Laufs führte der Zug kurze Zeit einen »Wagon-Dancing« mit, ein höchst überflüssiges Vehikel, das auch bald wieder aus dem Verkehr gezogen wurde, denn wer außer neureichen Snobs und näselnden Lebejünglingen hatte das Bedürfnis, während einer Fahrt in einem komfortablen Eisenbahnzug und auf einer landschaftlich schönen Strecke das Tanzbein zu schwingen? Da ja damals die Saison an der Riviera im Winter war, verkehrte dieser Pullman-Luxuszug nur von Mitte Dezember bis Anfang Mai. Im Winter 1932/33 wurden dann auch Pullmans zweiter Klasse eingereiht, und er fuhr nur noch bis Menton. Im Winter 1936/37 hatte sich die Fahrzeit von Paris bis Menton auf rund 13 Stunden vermindert. Mit dem Kriegsausbruch verschwand der Zug aus dem Fahrplan. Er wurde nie wieder eingesetzt.

Der Tages-Rapide Paris–Marseille war auch in den Jahren, als der Pullman-Zug fuhr, am Leben geblieben. Er nahm in den Monaten, in denen der Luxuszug nicht fuhr, im Sommer und Herbst, auch Pullmans erster und zweiter Klasse mit. Seine Abfahrt in Paris war nun mittags, und die Fahrtzeit bis Marseille sank zwischen 1929 und 1939 von zwölf auf neun Stunden.

Ein Intermezzo fand 1937 statt: In diesem Jahr fuhr eine Spezialgarnitur, die unter der Bezeichnung »Train Aérodynamique« im Fahrplan stand. Dabei handelte es sich um eine Dampflok der »Pacific«-Baureihe (2-C-1) aus dem Jahr 1906. Sie war stromlinienförmig verkleidet wie auch die drei Wagen erster und zweiter Klasse. Diese Garnitur erreichte bei einer Probefahrt zwischen Paris und Lyon (mit zwei Halten, einer in Laroche und einer in Dijon) eine Reisedurchschnittsgeschwindigkeit von 107 und eine Höchstgeschwindigkeit von 140 Stundenkilometern. Mit ihr war beabsichtigt, eine rasche Städteschnellverbindung zu schaffen, eine Entwicklung, die durch den Zweiten Weltkrieg unterbrochen wurde. Nach 1945 haben neuartige technische Faktoren (Elektrifizierung, Leichtstahlwagen) sie in eine andere Richtung gelenkt.

»Le Mistral«

Nach 1945 dauerte es zwei Jahre, bis wieder eine komfortable Tagesverbindung nach Marseille und zur Riviera hergestellt war: ein Rapide mit nur erster und zweiter Klasse sowie mit Speise- und Pullman-Wagen von Paris nach Marseille. Er führte neue Wagen und benötigte für die Strecke zwischen Paris und Marseille nur noch zehneinhalb Stunden. Er war der direkte Vorgänger eines der berühmtesten Züge Europas, wenn nicht der Welt.

Dieser Zug trägt den Namen »Le Mistral«, nach dem kalten Wind, der aus den Savoyischen Alpen kommt und das Rhonetal hinunterfegt.

Am 8. Oktober 1950 war die Strecke Paris–Dijon als erster Teil der »Route Impériale« elektrifiziert worden, und der »Mistral« hat die Nachfolge des erwähnten Rapides Paris–Marseille angetreten. Anfangs unterschied er sich äußerlich kaum von seinem Vorgänger: nur erste und zweite Klasse, Pullman- und Speisewagen. Neu waren lediglich der Name und die hohe Geschwindigkeit von 124 Stundenkilometern auf der unter Draht befindlichen Teilstrecke Paris–Dijon.

Einen Sprung nach vorne brachte der 24. Juni 1952: An diesem Tag war auch die Strecke Dijon–Lyon fertigelektrifiziert, so daß »Le Mistral« von jetzt an seine Gesamtfahrtzeit weiter verringern konnte. Durch das erhöhte Tempo war es bei Abfahrt am späten Mittag nun auch möglich geworden, die Verbindung über Marseille hinaus bis Nizza auszudehnen, das noch zu einigermaßen zumutbarer Zeit erreicht wurde.

Die Eröffnung der Strecke wurde festlich begangen: Am 24. Juni fuhr ein Sonderzug mit den offiziellen Festgästen von Paris bis Lyon. Er bestand aus 14 Pullmans, einem Aussichts- und (auf der Hinfahrt) einem Meßwagen. Den Antrieb besorgte auf der Hinfahrt eine Elektrolok der Reihe 9100 (2-D-2), auf der Rückfahrt die CC 7101, eine »Verwandte« der Weltrekordlok CC 7107. Vier Tage vor der Eröffnungsfahrt hatte übrigens ein Versuchszug mit nicht weniger als zwanzig Vierachsern und einem Gewicht

111

von rund tausend Tonnen die gesamte Strecke abgefahren. Er war ebenfalls von der CC 7101 gezogen worden.
Die folgenden Jahre brachten weitere Geschwindigkeitserhöhungen: 1953 betrug die Fahrtzeit von Paris nach Nizza (1088 km) genau elf Stunden, 1956 südwärts noch eine Viertelstunde weniger.
Im selben Jahr ist in Europa die dritte Klasse abgeschafft worden, und »Le Mistral« führte nur noch Wagen der ersten Klasse samt Pullman- und Speisewagen. Die durchschnittliche Reisegeschwindigkeit, ohne Berücksichtigung der Halte, betrug damals in Richtung Côte d'Azur bereits 106 Stundenkilometer, obwohl südlich von Lyon ja noch immer »Seine Majestät, der Dampf« herrschte (Lyon–Marseille: 241-P, Marseille–Nizza: 141-R). Auf freier Strecke lag damals die Höchstgeschwindigkeit schon bei 140 Stundenkilometern. Alle Lokomotiven trugen an der Stirnfront den Namen »Mistral«. Die Zusammensetzung des Zugs sah 1956 normalerweise so aus:

vier Wagen erster Klasse Paris–Lyon,
ein Speisewagen Paris–Lyon,
drei Wagen erster Klasse Paris–Marseille,
ein Wagen erster Klasse Paris–Nizza,
ein Wagen erster Klasse/Bar Paris–Nizza,
drei Wagen erster Klasse Paris–Nizza,
ein Speisewagen Paris–Nizza,
ein Pullman erster Klasse Paris–Nizza,
ein Gepäckwagen Paris–Nizza.

Abbildung 111: »Côte d'Azur-Pullman-Express« um 1929 bei Durchfahrt in Laroche-Migennes
Abbildungen 112, 113, 114 und 115: »Le Mistral« mit verschiedener Traktion und in verschiedenen Gegenden Frankreichs: mit Dampflok 141-R in Marseille (112); mit Dampflok 141-R bei Anthéor vor den roten Felsen des Esterel (113); mit Dampflok 241-P (114); schon mit neuer INOX-Garnitur in Lyon (115)

112

113

114

115

Die Wagen erster Klasse waren von der schon erwähnten INOX-Bauart, mit acht Abteilen zu je sechs Plätzen. Der nach Nizza durchlaufende Wagen erster Klasse/Bar hatte nur fünf Abteile, den restlichen Raum nahm die Bar ein. Ursprünglich war allein dieser Wagen mit einer Klimaanlage versehen. Ab Juni 1956 jedoch wurde der gesamte Zug klimatisiert, und zwar durch eine im Gepäckwagen befindliche Anlage. Den Pullman hatte man, wie wir es schon bei anderen Zügen erlebt haben, »en couplage« an den Speisewagen gehängt. Die Speisewagen besaßen nur einen einzigen Einstieg, was bei der CIWL selten vorkam. Dadurch wurde im Inneren mehr Nutzraum gewonnen: Bei 52 statt 42 oder 48 Plätzen konnten mehr Reisende gleichzeitig bedient werden. Da der Zug 16 Wagen führte, war es notwendig, zwei Speisewagen bis Lyon mitzunehmen.
In der zweiten Hälfte der fünfziger Jahre war »Le Mistral« der schnellste Zug Europas, wenn nicht der Welt. Auf seinen Teilstrecken erreichte er damals folgende Durchschnittsgeschwindigkeiten (einschließlich der Halte):

Paris–Dijon: 132,2 km/h,
Dijon–Lyon: 124,4 km/h,
Paris–Lyon: 128 km/h,
Lyon–Valence: 108,6 km/h,
Valence–Avignon: 121 km/h,
Paris–Nizza: 103,6 km/h.

Zu berücksichtigen ist dabei, daß es damals eine Geschwindigkeitsbeschränkung von 150 Stundenkilometern gab, die Lok zweimal gewechselt werden mußte und der Zug auf dem Marseiller Kopfbahnhof aufgehalten wurde. Pedanten könnten mir vielleicht nachweisen, daß meine Behauptung, der »Mistral« sei in dieser Zeit der schnellste Zug der Erde gewesen, nicht stimmt: »Le Mistral« hielt damals zwischen Paris und Dijon (315 km) einen Durchschnitt von 132,2 Stundenkilometern. Doch jenseits des »großen Teichs« gab es in dieser Zeit den »Morning-« und den »Afternoon-Zephyr« zwischen Chicago und den »Twin Cities« (St. Paul und Minneapolis), und diese Züge erreichten auf der 85 Kilometer langen Teilstrecke zwischen Prairie du Chien und La Crosse in der brettebenen Landschaft des oberen Mississippi einen Durchschnitt von 132,9 Stundenkilometern – sie waren also um 0,7 Stundenkilometer schneller! Was aber sind 85 Kilometer gegen die 315 Kilometer auf der Strecke von Paris nach Dijon, wo den »Zephyrs« bald der Atem ausgegangen wäre?
Hier sei noch ein anderer Zug erwähnt, der ab 1959 einige Jahre lang dem »Mistral« an Geschwindigkeit nur um wenige Stundenkilometer nachstand: Der inzwischen längst entschlafene »Aquilon« war ebenfalls nach einem Wind benannt worden. Er stellte eine Städteschnellverbindung zwischen Paris und Lyon in den Abendstunden her. In der Regel bestand er aus sechs INOX-Wagen erster Klasse, einem Pullmann und einem Speisewagen und war als »Train d'Affaires« gedacht, also hauptsächlich für Beamte und Geschäftsleute bestimmt. »L'Aquilon« verkehrte nur an Wochentagen und im Hochsommer nicht.

Europas schnellster Zug wird TEE

Im Jahr 1955 regte der damalige Präsident der Niederländischen Staatseisenbahn, Dr. van Hollander, an, erstklassige Schnellverbindungen zwischen europäischen Großstädten zu schaffen, mit gehobenem Komfort, mit großer Geschwindigkeit, in einheitlicher Ausführung und bestimmt vor allem für den Geschäftsreiseverkehr. Die Idee ist verwirklicht worden: Seit dem Sommer 1957 fahren die ersten Züge dieser Art. An der Organisation haben sich die Staatsbahnen der BRD, der Schweiz, der Niederlande, Belgiens, Frankreichs und Italiens, später dann auch Spaniens, beteiligt. Entgegen der ursprünglichen Vorstellung haben sich jedoch einige abweichende Varianten entwickelt: Es sollten nur Triebwagenzüge sein, aber bald wurden auch lokbespannte Garnituren eingesetzt, da sie sich leichter dem jeweiligen Bedarf anpassen lassen; die Züge sollten nach einem einheitlichen Typ von allen beteiligten Bahnen hergestellt werden, aber jedes Land hat seinen oder sogar mehrere Typen gebaut; es sollten »Trans-Europ-Züge« sein, es hat jedoch nicht lange gedauert, bis auch rein inländische Züge, vor allem in Frankreich und in der Bundesrepublik Deutschland, später auch in Italien, zu TEE »ernannt« worden sind, wenn ihre Ausstattung, Geschwindigkeit usw. dieses Epithetons wert waren.
Begonnen hat man Anno 1957 mit 7 solcher TEE-Züge. Im Lauf der Jahre stieg ihre Zahl auf 55. Heute, im Jahr 1985, gibt es von ihnen gerade noch 13. Warum? Es hat sich herausgestellt, daß ein Zug, der mindestens zwei und höchstens acht Wagen der ersten Klasse führt, nicht »rationell« genug ist: Eine moderne Elektrolok kann die doppelte oder dreifache Anzahl von Wagen ziehen, ohne an Tempo einzubüßen. Wenn man dem Zug neben den TEE-Wagen auch Wagen der zweiten Klasse beigibt, bringt er wesentlich mehr Ertrag. Die Züge sind also nicht aus dem Fahrplan verschwunden, sie verloren nur die Exklusivität als reine Erste-Klasse-Verbindungen und die Einstufung als TEE. Heute fahren sie als »Intercity«, »Intercité« oder »Rapide«.

Abbildungen 116 und 117: »Le Mistral«, einst der schnellste Zug Europas; hier südlich von Paris (116) und bei der Einfahrt in Lyon (117)

116

117

Man schrieb 1965, als die Franzosen ihren Paradezug, den »Mistral«, in den Rang eines »Trans-Europ-Express« erhoben haben, obwohl auch er sein Stammland nicht verläßt. Sein »Gesicht« hat sich nur insofern verändert, als die silbergrauen INOX-Wagen oberhalb der Fenster einen breiten roten Streifen mit der Aufschrift »Trans-Europ-Express« bekamen, wie er bei den anderen Zügen dieser Art von Anfang an üblich war. Farblich gesehen, war »Le Mistral« in den ersten Jahren freilich nicht einheitlich: Neben den INOX-Wagen verblieben noch einige Jahre der blaue Speisewagen, der blau-creme gestrichene Pullman und ein blauer »Fourgon-Générateur«, der die Klimaanlage und sonstige technische Dinge enthielt. Die Zusammensetzung sah im Sommer 1965 so aus:

ein Fourgon-Générateur Paris–Nizza,
ein Pullman-Salonwagen Paris–Nizza,
ein Speisewagen Paris–Nizza,
drei Wagen erster Klasse Paris–Nizza,
ein Wagen erster Klasse/Bar Paris–Nizza,
ein Wagen erster Klasse Paris–Nizza,
drei Wagen erster Klasse Paris–Marseille,
ein Speisewagen Paris–Lyon,
vier Wagen erster Klasse Paris–Lyon.

Und den Antrieb besorgten damals: auf der schon elektrifizierten Strecke Paris–Marseille Elektroloks der Baureihen BB 9200 oder CC 7100, ab Marseille die beschriebenen Dampfloks 141-R, nach kurzer Übergangszeit mit Dieselbetrieb während der Elektrifizierung schrittweise und schließlich bis Nizza Zweifrequenzloks der Reihe BB 25 000.

». . . habillées par Balmain«

Am 9. Februar 1969 begann eine neue Ära auf den Schienen entlang der Côte d'Azur: An diesem Tag hatte der Fahrdraht von Marseille her – die vorherigen Etappen waren Les Arcs, St. Raphael, Cannes und Nizza gewesen – die italienische Grenze in Ventimiglia erreicht. Damit verkürzte sich nicht nur die Fahrt der Züge, sondern es begann auch ein neues Zeitalter für den »Mistral«, der am genannten Tag eine neue Wagengarnitur erhielt.
Äußerlich unterschied sie sich nicht wesentlich von der bisherigen: Der schwungvolle Namenszug über die Wagenwände war zwar verschwunden, aber geblieben waren der rote Streifen mit der »TEE«-Aufschrift über den Fenstern und die silberne INOX-Farbe der Wagen. Der blaucremefarbene Pullman war ausgeschieden, desgleichen die beiden blauen Speisewagen, die durch INOX-farbene der SNCF ersetzt wurden, und auch der blaue Fourgon-Générateur war nicht mehr da. Im Inneren unterschieden sich diese Wagen freilich erheblich von ihren Vorläufern. Damit das »Image« des Zugs aufgewertet wurde, hatte die SNCF keine Mittel gescheut, ihm die modernsten und raffiniertesten Einrichtungen zu geben. Offenkundig sollten sogar snobistische Bedürfnisse des modernen Menschen angesprochen werden. Ich bin zwar ein leidenschaftlicher Freund komfortablen Reisens mit hoher Geschwindigkeit, aber: Muß ich mir beispielsweise zwischen Avignon und Marseille im Zug die Haare schneiden und wellen lassen oder zwischen Toulon und St. Raphael in der »Boutique« des Zugs eine Krawatte kaufen, zumal sie dreimal teurer ist als auf festem Boden?
Die Wagentypen des »Mistral« stellten sich 1969 wie folgt dar:

1. Der Fourgon-Générateur enthielt die Energieanlage für Licht, Heizung, Klimatisierung, den Gepäckraum, das Dienstabteil für den Zugführer (mit Telefon) und einen offenen Großraum mit 21 Plätzen für Passagiere.
2. Die Abteilwagen hatten, wie beim alten »Mistral« und bei gleicher Länge von 25,50 Metern, 8 Abteile mit 6 Sitzen, also insgesamt 48 Plätze neben dem Seiteneingang.
3. In den Großraumwagen gab es je einen nicht unterteilten Saal mit 46 Plätzen (2:1 beiderseits des Mittelgangs, also ähnlich den früheren Pullmans zweiter Klasse).
4. Die Speisewagen hatten, entgegen den meisten sonst in Frankreich eingesetzten Fahrzeugen der CIWL, nicht ausschließlich Vierertische, sondern hüben und drüben je einen Tisch für zwei oder vier Personen, insgesamt 39 Plätze, und eine große Küche.
5. Der Barwagen war der »Clou« des Zugs. Hier gab es nicht nur eine Bar, sondern auch verschiedene andere Einrichtungen, die man anderswo in Europa kaum fand: zunächst der Bar die sogenannte »Boutique«, an der man sein überflüssiges Reisegeld für Krawatten, Parfums, Bücher und sonstige Dinge loswerden konnte; daß die Preise denen in der Rue de Rivoli kaum nachstanden, habe ich schon erwähnt. Hinter der »Boutique« verbarg sich das Zugsekretariat, in dem der gehetzte Manager seine dringendsten Geschäftsbriefe tippen oder netten und adretten Mädchen diktieren beziehungsweise auf ein Diktaphon sprechen konnte. Und den Schluß des Wagens bildete ein Friseursalon, nahezu einmalig in Europa und selbst in den USA nur in früheren Zeiten in wenigen Zügen anzutreffen.

Daß die Wagengarnitur hypermodern war, versteht sich fast von selbst: automatische Türen an den Übergängen, bis zum Boden reichende Glastüren in den Abteilen, äußerste Geräuschdämpfung, vorzügliche Klimatisierung, eineinhalb Meter breite Fenster, Doppelscheiben mit Jalousien, verstellbare Sitze, weicher Teppichbelag, Neonbeleuchtung usw. Verantwortlich für die Ausstattung des Friseursalons zeichnete Madame Soussan, für die Einrichtung der Boutique Monsieur Quinet und für die Gestaltung der Bar Monsieur Arzens. Überrascht es zu hören, daß der neue »Mistral« nun auch von freundlichen und attraktiven Hostessen begleitet wurde, die den Passagier umschwärmten? Sie waren von einem der »Unsterblichen« eingekleidet worden, vom berühmten Meister Balmain!
Die Reihung des Zugs (ab Paris) sah nun so aus:

ein Wagen Gepäck/Generator/Passagiere Paris–Nizza,
ein Wagen (Großraum) Paris–Nizza,
drei Wagen (Abteile) Paris–Nizza,
ein Wagen (Bar/Boutique usw.) Paris–Nizza,
ein Speisewagen Paris–Nizza,
ein Speisewagen Paris–Marseille,
ein Wagen (Großraum) Paris–Marseille,
zwei Wagen (Abteile) Paris–Marseille,
ein Wagen (Großraum) Paris–Marseille,
ein Wagen (Gepäck/Passagiere) Paris–Marseille.

Diese neuen Wagen vom Typ »Mistral nouveau« liefen einige Jahre später noch in zwei weiteren TEE auf der »Route Impériale«, nämlich im »Lyonnais« (Paris–Lyon) und im »Rhodanien« (Paris–Marseille). Im »Paris-Ruhr« (Paris–Dortmund) wurden sie ebenfalls eingesetzt. Auch diese drei Züge, soweit sie unter ihren Namen noch existieren, sind übrigens längst keine TEE mehr. Die alten »Mistral«-Wagen aber (Typ »Mistral ancien«) wurden damals in den TEE »Goethe« (Paris–Frankfurt) und »Arbalete« (Paris–Zürich) verwendet, die das Schicksal der eben erwähnten Züge teilten.
Die Traktion des neuen »Mistral« übernahmen bis Marseille hauptsächlich die uns schon aus Südwestfrankreich bekannten sechsachsigen Elektroloks der Reihe CC 6500. Die durchschnittliche Reisegeschwindigkeit (ohne Einrechnung der Halte) betrug 1970 in nördlicher Richtung 125,1 Stundenkilometer; die schnellste Teilstrecke, nämlich Dijon–Paris, legte der Zug damals mit durchschnittlich 137,4 Kilometern pro Stunde zurück – er war immer noch der schnellste in Europa.
Ich bin oft und gerne mit dem »Mistral« gereist, am liebsten mit dem »Mistral ancien«: Er führte die für reine Tagesreisen komfortabelste Wagengattung des Namens »Pullman«. Erstmals genoß ich dieses Reisegefühl vor rund dreißig Jahren, als wir, von Spanien kommend, den Pullman in Avignon bestiegen, um nach Dijon zu fahren. Es war meine erste Begegnung mit dem Typ »Côte d'Azur«, von dem es nur noch wenige Exemplare im Besitz »nostalgischer« Privatunternehmer gibt. Und auch in den nächsten Jahren waren diese Fahrten stets ein reiner Genuß: um die Mittagszeit Abfahrt in Paris, dann das ausgezeichnete Déjeuner in gepflegtem Rahmen, während der Zug mit gleichmäßiger Geschwindigkeit von 120 bis 140 Stundenkilometern durch die Landschaft raste. Nach der Steigung durch den Scheiteltunnel bei Blaisy-le-Bas kurzer Halt in Dijon, nach dem Mittagsschlaf Stopp in Lyon; weiter die Rhone entlang über Valence nach Avignon, im Osten der charakteristische lange Rücken des Mont Ventou, bei Tarascon der Blick über die Rhone zur Residenz des »Guten Königs René« in Beaucaire, durch die steppenartige Crau, rechts zieht sich der Etang de Berre hin, flankiert von Ölraffinerien, und nach dem Nerthe-Tunnel der überraschende Ausblick auf den Golf von Marseille mit dem Château d'If und bald auch auf die hochragende Sainte Marie de la Mer, bis der Zug durch das Gleisgewirr des Bahnhofs St. Charles sein erstes Hauptziel, Marseille, erreicht hat. Inzwischen ist es Zeit zum Diner geworden, das wir zu uns nehmen, während die Dämmerung in Finsternis übergeht. Die weiteren Etappen der Fahrt, Toulon, St. Raphael, Cannes und Antibes, entlang des Mittelmeeres, sehen wir im Mondschein, und dann hat »Le Mistral« endlich Nizza erreicht.

»Trains à grande vitesse«

Auch nach dem Zweiten Weltkrieg waren die französischen Bahnen oben in der Rangliste zu finden. Aber 1964 hatten die Japaner sie übertroffen. Anläßlich der Olympischen Sommerspiele in Tokio führten sie neue Züge ein, die in ihrer Schnelligkeit alles Bisherige im fahrplanmäßigen Verkehr in den Schatten stellten. »Hikaris« und »Kodamas« fahren seither mit Geschwindigkeiten von bis zu 210 und 230 Stundenkilometern durch die Hauptinsel des japanischen Archipels.
Doch inzwischen haben die Franzosen den Rückstand mehr als wettgemacht und ein neues Zeitalter des Eisenbahnverkehrs eingeleitet: Die SNCF hat nahezu die gesamte Strecke von Paris bis Lyon neu trassiert. Im Gegensatz zu früher ist sie vollständig kreuzungsfrei, ohne Straßen- oder sonstige Übergänge, mit Ausnahme weniger flacher Kurven fast kerzengerade und mißt daher nur noch 427 statt 512 Kilometer. In Lyon münden die Gleise nun nicht mehr direkt in den Bahnhof Perrache, sondern, von Nordosten kommend, in den neuen Bahnhof Part Dieu. Zwischen Paris und Lyon hat der Zug nur wenige Aufenthalte, so in Mâcon, Montbard und Le Creusot. Dort wie an den anderen Zwischenstationen liegen die Bahnhöfe weitab von den Städten; die Verkürzung der Strecke hatte Vorrang, und der Zug ist ohnehin fast ausschließlich für den direkten Schnellverkehr zwischen Paris und Lyon gedacht, und darüber hinaus auf »konventionellen« Gleisen weiter nach Süden und Südosten.
Auf der neuen Linie verkehren in der Regel zehnteilige Triebwagenzüge eines völlig neuen Typs mit hypermodernen technischen Raffinessen, deren Einzelheiten wohl nur der elektronisch vorgebildete Reisende versteht. Er ist für bisher nicht gekannte Geschwindigkeiten bestimmt. Benötigten früher die schnellsten Züge auf der alten Strecke Paris–Lyon eine Fahrzeit von etwas weniger als vier Stunden, so erreichen die Trains à grande vitesse (TGV) ihr Ziel in zwei Stunden. Am 25. September 1983 ist das letzte Teilstück der Trasse vollendet und dem Verkehr übergeben worden; die beiden Jahre zuvor hatten die TGV auf Teilstrecken noch die alte Linie benutzt und daher etwas länger gebraucht.
Die TGV fahren mit einer Durchschnittsgeschwindigkeit von 213,5 Kilometern pro Stunde, wobei sie teilweise ihre zugelassene Höchstgeschwindigkeit von zunächst 260, heute 270 Stundenkilometern erreichen. Sie sind damit die schnellsten Züge der Welt.

Und nochmals ein französischer Weltrekord auf der Schiene

Auf einer der vielen Probefahrten mit den neuen Garnituren erreichte ein TGV am 26. Februar 1981 eine Höchstgeschwindigkeit von sogar 380 Stundenkilometern, was beträchtlich über dem erwähnten Rekord der Elektroloks CC 7101 und BB 9004 vom Jahr 1955 mit 331 Stundenkilometern liegt!

Zwischen Paris und Lyon verkehren vom frühen Morgen bis etwa zehn Uhr abends rund zwanzig TGV zu »runden« Abfahrtszeiten im Einstunden-, zu Stoßzeiten sogar im Halbstundentakt. Inzwischen fahren sie auch zu anderen Zielen im Süden und Südosten Frankreichs, ja sogar in der Schweiz: Marseille, Toulon, Montpellier, nach Annecy, St. Gervais, Chambéry, Besançon, Genf und Lausanne. Diese Städte laufen die TGV zwar nicht so oft an wie Lyon, aber immerhin mehrmals am Tag. Und obwohl sie sich nach Verlassen der Neubaustrecke auf »konventionellen« Trassen bewegen, wo die Höchstgeschwindigkeit auf 140 oder 160 Stundenkilometer beschränkt ist, verkürzen sie auch dort die Fahrtzeiten erheblich. Nur auf Teilstrekken der »Route Impériale« zwischen Lyon und Marseille ist Ende 1984 die zulässige Höchstgeschwindigkeit von 160 auf 200 Stundenkilometer erhöht worden.

Die TGV erfreuen sich einer starken Nachfrage. In der Tat: Wer würde es auch schaffen, die Strecke Paris–Lyon in zwei Stunden mit dem Auto zu bewältigen? Selbst mit dem Flugzeug reist man länger – aus der Stadt hinaus nach Orly, dort »Check-in« und von Lyon-Bron wieder hinein in die Stadt. Das gilt zum Beispiel auch für die Fahrt nach Genf: Brauchte man dorthin von Paris aus früher durchschnittlich sechs bis sieben Stunden, so sind es heute mit einem der viermal täglich verkehrenden TGV kaum mehr als dreieinhalb Stunden! Inzwischen wird darüber verhandelt, einen neuen Bahnsteig in Genf einzurichten und dort die Paß- und Zollformalitäten zu vereinfachen – die Zahl der aus Paris kommenden Reisenden ist meist so groß, daß sie bei knappen Übergangszeiten die gewünschten Anschlüsse in die innere Schweiz nicht erreichen können! Heute wird erwogen, direkte TGV-Verbindungen von Paris auch nach Bern herzustellen, was gewiß bald verwirklicht werden wird.

Die Züge führen beide Wagenklassen; zwischen Paris und Lyon gibt es jedoch auch zwei reine Erste-Klasse-Verbindungen. Grundsätzlich herrscht Platzreservierungszwang, allerdings werden »Supplements« gewöhnlich nur freitags bis montags verlangt. Auch ohne etwas von den verwaltungsinternen Kalkulationen zu verstehen, kann man sich vorstellen, daß sich die neue Einrichtung bald amortisiert haben dürfte, wie es in Japan schon wenige Jahre nach 1964 der Fall war.

Platzkarten aus dem Automaten, Speisen vom Mikrowellenherd

Daß die TGV mit den modernsten technischen Raffinessen versehen sind, versteht sich von selbst, angefangen von der Klimatisierung und automatischen Türen bis zu den Sicherheitseinrichtungen in den »Cockpits«, wie man sie nennen möchte, und auf der Strecke.

Doch wie sieht es *in* den Zügen aus? Wie schon erwähnt, handelt es sich um Zehnwagengarnituren: vorne und hinten je ein Triebwagen und dazwischen acht Wagen für die Passagiere, darunter zwei bis drei Wagen erster Klasse, die in Paris am Zugende angehängt sind, damit die mehr zahlenden Passagiere nicht einen Fußmarsch von einem Drittelkilometer machen müssen. Die übrigen sind Wagen zweiter Klasse, von denen der in der Mitte zur Hälfte von einer Bar eingenommen wird. Alle Wagen besitzen nur offene Großräume, also keine Abteile: in der ersten Klasse mit der Verteilung 1:2, in der zweiten Klasse mit je zwei Plätzen beiderseits des Mittelgangs. Die Anordnung der Sitze ähnelt der in Flugzeugen, fast alle Passagiere blicken in Fahrtrichtung. Allerdings gibt es in jedem Wagen ein oder zwei Reihen, wo zwei beziehungsweise vier Personen einander gegenübersitzen und wo sich zwischen den Plätzen ein Tisch befindet. Die übrigen haben, wie in manchem Flugzeug, in den Rückenlehnen der vorderen Sitze ein Klapptischchen.

In Paris, Gare de Lyon, wie auch in Lyon-Part Dieu und wohl bald auch in allen anderen TGV-Zielbahnhöfen gibt es nicht nur vor dem Abfahrtsbahnsteig, sondern auch schon in der Vorhalle, Platzkartenautomaten. Aus ihnen kann man sich, soweit man dafür nicht schon vorher an der Kasse oder in einem Reisebüro gesorgt hat, mit Knopfdruck eine Platzkarte herausholen. Vor allem Reisende, die erst in den letzten Minuten auf den Bahnhof kommen, wissen diese Einrichtung zu schätzen. Im schlimmsten Fall muß der Nachzügler darauf hoffen, im Zug einen Platz zu finden, wenngleich es kaum möglich ist, ohne Vorweis einer Reservierung einzusteigen, und »Stehplätze« untersagt sind.

Die Züge führen keine Speisewagen, was zwischen Paris und Lyon auch nicht nötig ist. Auf längeren Fahrten aber, etwa nach Marseille, Toulon oder Montpellier, stellt sich doch hin und wieder Hunger oder Durst ein. Für die Reisenden der ersten Klasse wird daher (bei normaler Zusammensetzung) in zwei der drei vorhandenen Wagen aus einer am Wagenende befindlichen »Galley« ein vorgekochtes Essen am Platz serviert, mit Stoffservietten und auf Porzellangeschirr. Es empfiehlt sich also, schon bei der Platzreservierung zu sagen, ob man essen will oder nicht, um nicht in jenem Wagen erster Klasse zu landen, wo man unversorgt bleibt. Dort und in der zweiten Klasse ist man darauf angewiesen, Speise und Trank im mittleren Wagen, der die Bar beherbergt, zu sich zu nehmen oder abzuholen. Jedoch werden hier nicht nur Snacks und Drinks, sondern auch warme Speisen angeboten, zum Beispiel Pizza oder ähnliches.

Der Passagier fühlt sich wie in einer »Concorde« und nicht wie in einem Zug. Gewiß, die Sitze sind bequem und ausziehbar, aber die Armlehnen zum Nachbarn lassen sich nicht in die Höhe klappen. Will man essen oder arbeiten, so ersetzt das Klappbrettchen aus der Rückenlehne des Vordermannes bei weitem nicht einen normalen Tisch. Die erwähnten Tische, die sich in der ersten Klasse zwischen zwei oder vier Leuten befinden, sind unbeweglich. Der Innenarchitekt, der sie entworfen hat, muß ein fanatischer Tischler gewesen sein, denn sowohl das Material als auch das Aussehen dieser Möbel erinnern an eine Hobelbank!

Und in der zweiten Klasse? Hier sitzen die Fahrgäste nicht bequemer nebeneinander als in einem gewöhnlichen Omnibus oder Nahverkehrszug. Die Sitze bieten nur geringe Beinfreiheit. Die Toiletten sind zwar sauber, aber extrem klein und eng. Im Barwagen herrscht ein fürchterliches Gedränge, da er, wie erwähnt, für die Passagiere der zweiten Klasse die einzige Möglichkeit bietet, irgend etwas Eß- oder Trinkbares zu bekommen. Sitzplätze gibt es dort nicht. An wenigen Wandborden ißt man stehend, was einem über die Köpfe der an der Theke stehenden Leute herübergereicht wird; man hat Angst, dem Nebenmann Kaffee über den Anzug zu schütten – wäre der Bahnkörper nicht so gut und die Laufruhe nicht so groß, es wäre längst passiert! Daß es nicht einmal jemanden gibt, der mit einer Minibar durch den Zug geht, sei erwähnt, um die Beschreibung des gastronomischen Milieus in einem TGV abzurunden.

Noch eine weitere Sache ist kritikwürdig: Zwar bieten die TGV die schnellste Verbindung, die es je auf der »Route Impériale« und ihren Abzweigungen gegeben hat, aber: Mit ihnen ist das gesamte Fahrplangefüge in Südostfrankreich zerstört worden. Fast alle Tagesverbindungen von Paris an die Côte d'Azur sind bis auf einen einzigen langsamen Rapide verschwunden. Auch der früher ausgezeichnete direkte Schnellzugverkehr über die Schweizer Grenze (Vallorbe) nach Simplon–Mailand und weiter nach Rom, Venedig usw. ist zum völligen Erliegen gebracht worden.

Über Marseille hinaus an die Côte d'Azur kann man heute ohne jedwede Komplikation nur mehr mit den wenigen, wesentlich bescheidener gewordenen Nachtzügen reisen. Den »Mistral« und die Rapides zur Côte d'Azur gibt es nicht mehr. In den Tagesstunden ist eine solche Fahrt ohne Umsteigen einzig mit dem schon erwähnten Rapide möglich (Abfahrt in Paris 9.40 Uhr, Ankunft in Ventimiglia 21.10 Uhr). Zu allen anderen Tageszeiten bleibt es dem Reisenden nicht erspart, den Zug zu wechseln: Was nützt mir der TGV, wenn ich zur Riviera auf schnellste Art kommen will, aber mit dem TGV nicht bis ans Ziel fahren kann? Zwei TGV fahren wenigstens bis Toulon, der eine am späten Vormittag, der andere am späten Nachmittag. Ihre Fahrzeit ist phantastisch kurz: Sie beträgt nur etwas mehr als fünfeinhalb Stunden. Aber in Toulon muß ich dann entweder in einen nachkommenden und schon vollen Express aus Reims und Metz umsteigen – womöglich mit viel Gepäck, wo gibt's denn heute noch »Porteurs«? – Oder ich muß in Toulon übernachten, da es nach der Ankunft des Nachmittags-TGV um 23.19 Uhr keinen Anschluß mehr gibt. Und nehme ich einen anderen TGV der »Route Impériale«, so blüht mir das Schicksal schon in Lyon, Avignon oder Marseille, wo man in einen schon besetzten anderen Schnellzug umsteigen muß.

Will man also ohne Zug- und Wagenwechsel über Toulon hinausfahren und ist einem der erwähnte Rapide zu langsam und zu unkomfortabel, so bleibt nur eine Nachtfahrt mit einem der ebenfalls wenig bequemen Nachtzüge, die, wie etwa der »Train Bleu«, auch schon bessere Tage gesehen haben.

Auch der große internationale Verkehr über die Simplon-Route nach Mailand und darüber hinaus ist heute nur noch zur Nachtzeit ohne Umsteigen möglich. Früher gab es bei Tag mehrere Rapides, darunter auch einen TEE namens »Cisalpin« von Paris nach Mailand und Venedig. An die Stelle der direkten Verbindungen Paris–Mailand sind heute drei Züge getreten, und zwar je ein TGV von Paris bis Lausanne, wo sich ein schon halbvoller Schnellzug aus Genf anschließt, der bis Mailand fährt. Nur geringen Trost bietet die Tatsache, daß die korrespondierenden Züge nördlich und südlich von Lausanne dieselben Namen bekommen haben: So gibt es einen TGV »Lutetia« von Paris nach Lausanne und einen »Lutetia« Genf–Lausanne–Mailand, obwohl dieser Anschlußzweig mit dem alten Lutetia (Paris) nichts zu tun hat; so gibt es einen TGV »Cisalpin« Paris–Lausanne und einen gleichnamigen von Genf–Lausanne nach Mailand, obwohl nur der eine durch das ehemalige »Gallia Cisalpina« fährt; und es gibt einen TGV Paris–Lausanne wie einen Schnellzug Genf–Lausanne–Mailand mit den Namen »Lemano«. Fährt man um 6 Uhr abends mit dem TGV »Champs-Élysées« von Paris ab, so ist bei Ankunft in Lausanne um 21.55 Uhr die Welt mit Brettern vernagelt, denn erst nach Mitternacht kommt ein sogenannter »Simplon-Express« aus Paris nach, der um die ungemütliche Zeit von 4 Uhr früh auf einem Vorortbahnhof von Mailand hält.

Kurz und bündig: Wer von Paris an die Côte d'Azur oder über den Simplon nach Mailand reisen will und das Umsteigen, Gepäckschleppen und Platzsuchen in einem überfüllten zweiten Zug scheut, dem bleibt kaum eine andere Möglichkeit, als sich für eine Nachtreise zu entscheiden.

Impressionen eines Chronisten

Ich habe bisher zwei Reisen mit einem TGV unternommen. Die eine ging von Paris um die Mittagszeit nach Lyon und mit dem nächsten Zug wieder zurück: korrekte Platzreservierung, pünktlich die Abfahrt wie die Ankunft in beiden Richtungen. Die freundliche Stewardeß deckte mein Klapptischchen (aus der Rückseite des vor mir befindlichen Einzelsitzes) mit einem blendendweißen Tischtuch, servierte den gewünschten Aperitif und dann auf weißem Porzellangeschirr das Déjeuner – über die Qualität des Menus sei der Mantel der christlichen Nächstenliebe gebreitet. Überraschenderweise war die hohe Geschwindigkeit kaum wahrzunehmen. Ich bin schon auf einer deutschen Elektrolok mit 205 Stundenkilometern und auf dem Führerstand eines japanischen »Hikari« mit 230 Stundenkilometern gefahren, die 260 (oder 270) Stundenkilometer des TGV machten sich demgegenüber nicht bemerkbar: Fast überall konnte ich die Ziffern auf den Kilometersteinen erkennen, und beim Durchwandern des Zugs in voller Fahrt war es kaum nötig, sich festzuhalten.

Die zweite Reise machte ich zwei Jahre später, nachdem ich aus Mailand mit dem (Ex-TEE) »Ligure« angekommen war, nachmittags von Marseille nach Paris: Fahrzeit fünf Stunden! Wegen des nahenden Wochenendes wurde eine Doppelgarnitur eingesetzt, was nicht selten geschieht, wobei sich die TGV übrigens in Avignon manchmal in Zehnwagenzüge teilen, von denen der eine nach Marseille und der andere nach Montpellier fährt.

Ich genieße das Bewußtsein, von Valence aus nicht weniger als 532 Kilometer ohne Halt bis Paris durchzufahren – nach den 581 Kilometern zwischen Bordeaux und Paris ist es die längste Nonstopstrecke des Kontinents. Wir durchrauschen mit etwas gedrosselter Geschwindigkeit den Bahnhof Lyon-Part Dieu, aber dann passiert es: Der Zug hält an, wo, weiß ich nicht. Ein paar Wagen hinter uns ist eine Art Stations- oder sonstiges Gebäude zu sehen, neben uns noch zwei Gleise, auf denen zwei gewöhnliche Züge stehen. Nichts rührt sich, zehn Minuten, zwanzig Minuten vergehen, eine halbe Stunde, wir fahren noch immer nicht, aber keiner der wenigen Mitreisenden in unserem Wagen zeigt Unruhe oder Ungeduld. Ein Gespräch mit einem jüngeren Passagier klärt die Lage: Es handelt sich um einen alle paar Wochen vorkommenden Bummelstreik des SNCF-Personals. Nach etwa vierzig Minuten setzen sich dann die beiden neben uns stehenden Züge und auch unser TGV wieder in Bewegung, und mit Höchstgeschwindigkeit geht es weiter. Bald darauf die zweite Überraschung auf dieser Fahrt: Es erscheint der Zugführer und überreicht jedem Passagier ein Formular mit dem Ersuchen, Name, Adresse und Bankverbindung einzutragen und ihm dieses Papier wieder auszuhändigen. Bei einer Verspätung von mehr als einer halben Stunde erhält nämlich jeder Fahrgast den TGV-Zuschlag zurück! Auch dabei haben die Franzosen die Japaner überholt: In Japan bekommt man den Zuschlag für den »Hikari« zwar ebenfalls bei einer Verspätung zurück, aber erst, wenn diese zwei Stunden übersteigt! Und zwei Monate später, ich hatte den Vorfall längst vergessen, bekam ich tatsächlich 350 Schilling mit der Post zugeschickt, Absender: SNCF-Vertretung Wien!

Das Land der schnellen Züge

Sehen wir ab von den geschilderten Schattenseiten des TGV-Betriebs und freuen wir uns, daß es im Zeitalter der »Concorde« noch immer genug Unternehmungsgeist gibt, um dem Schienenverkehr die ihm gebührende Stellung zu erhalten oder wieder zu verschaffen. Die TGV haben ein neues Zeitalter auf der Schiene eingeleitet. Und die Pläne der SNCF gehen in der eingeschlagenen Richtung weiter: Es gibt schon einen »POST-TGV« von Paris nach Süden und auch einen TGV von Lille nach Lyon. Die Pläne für weitere Höchstgeschwindigkeitsstrecken sind bereits fertigkonzipiert: TGV »Atlantique« von Paris nach Le Mans und Nantes, TGV »Aquitaine« nach Tours und Bordeaux. Auch wenn immer mehr Elektronik, Plastik und Neon an die Stelle von Teakholz, Mahagoni und Plüsch treten – die Zeit bleibt nicht stehen, und jederzeit ist Frankreich eine Reise wert!

Abbildungen 118 und 119: TGV, »Trains à Grande Vitesse«, so nennen sich mit Recht die zehnteiligen Elektrotriebwagenzüge, die auf der ihnen vorbehaltenen Neubaustrecke Paris–Lyon mit einer Höchstgeschwindigkeit von 270 Stundenkilometern und danach immer noch mit 160 bis 200 Stundenkilometern zu Zielstädten in Südfrankreich und in der Schweiz fahren. Damit hat Frankreich die japanischen »Hikaris« überholt und besitzt die schnellsten Züge der Welt. Start von der Gare de Lyon in Paris (118); Ausfahrt aus Marseille (119)

TGV
1
118

SNCF
119

Der italienische Stiefel

Die Apenninen-Halbinsel wird oft mit einem riesigen Stiefel verglichen. Ähnlich wie auf der skandinavischen Halbinsel ist auch in Italien der große Schienenverkehr im wesentlichen nordsüdlich ausgerichtet. Drei Linien heben sich hier deutlich heraus: die Bahn entlang der Küste des Tyrrhenischen Meeres zwischen Genua und Reggio-Calabria, die Mittellinie von Mailand über Florenz und Rom nach Neapel und die Strecke längs der Adriaküste von (Venedig–)Bologna hinunter nach Brindisi.

Von den Alpen zum Stretto

Zuerst sei die sehr exponierte und daher (maritimen) Angriffen gegenüber recht empfindliche Linie vorgestellt, die auf italienischem Boden beim Südausgang des Mont-Cenis-Tunnels beginnt, fast stets unmittelbar entlang oder unweit des Meeres verläuft und über Turin, Genua, Pisa, Rom und Neapel schließlich an der Straße von Messina endet. Besonders auf der südlichen Hälfte der Strecke hat seit dem Ende des Zweiten Weltkriegs die Dichte des Personenverkehrs gewaltig zugenommen. Dies ist in erster Linie auf den Fremdenverkehrs-Boom zurückzuführen.
Vor 1914 gab es zwischen Rom und Sizilien nicht mehr als zwei oder höchstens drei bis nach Sizilien durchlaufende Schnellzüge, von denen nur einer an drei Wochentagen aus dem nördlichen Ausland kam, und dies auch nur im Winter. In der Zwischenkriegszeit hatte sich an diesem Zustand nichts geändert. Heute jedoch verzeichnen wir nicht weniger als 14 Schnellzüge, die von Rom aus über den Stretto nach Sizilien fahren. Von ihnen haben 6 ihren Ausgangsbahnhof nördlich von Rom; sie durchfahren also den gesamten italienischen Stiefel.

Von Paris nach Palermo

Auf dieser Route fuhren die ersten durchgehenden Wagen bald nach der Jahrhundertwende. Ihr legitimer Vorfahre war der am 8. Dezember 1883 eingeführte »Calais-Nice-Rome-Express«, der Calais und Paris auf dem Umweg über Marseille, die Côte d'Azur und Genua mit Rom verband; dieser Umweg war deshalb nötig, weil die mit Pullman bestehenden Verträge der italienischen Bahnen die CIWL noch hinderten, den kürzeren Weg via Mont Cenis und Bologna zu nehmen. Nach dem Ende dieser Verträge wurden aus dem »Calais-Nice-Rome-Express« im Jahr 1890 zwei Luxuszüge: der bereits genannte »Méditerranée-Express« und der neue »Rom-Express«. Dauerte die Fahrt 1890 zwei Nächte, die erste zwischen Paris und Marseille, die zweite zwischen Genua und Rom, so genügte fortan eine einzige Nacht für den rund 1450 Kilometer langen Weg, der sich überdies um mehr als 300 Kilometer verkürzt hatte.
Schon in den Jahren bis zum Ersten Weltkrieg verlängerte sich die Strecke des Zugs über Rom hinaus. Zunächst fuhr ein Schlafwagen bis nach Neapel, und bald darauf wurde, je nach Wochentag, ein Wagen entweder nach Palermo (ab 1903) oder nach Taormina (ab 1912) geführt. Dieser Ort war damals der bedeutendste Anziehungspunkt für sonnen- und wärmehungrige West- und Mitteleuropäer.
Südlich von Neapel wurden diese Wagen dann in den »Neapel-Palermo-Taormina-Express« eingereiht, wie ihn der CIWL-Guide nennt. Neben den aus Paris kommenden, führte er auch einen Schlafwagen aus Berlin (über München–Brenner mit dem »Berlin-Neapel-Express«) und einen aus Wien (über Venedig mit dem »Wien-Rom-Express«). So war eine luxuriöse Verbindung entstanden, mit der man von den Hauptstädten Frankreichs, Deutschlands und Österreichs ohne Zug- oder Wagenwechsel Sizilien erreichen konnte. Natürlich war hier wie an der Côte d'Azur die Saison im Winter und im Frühjahr
Zu Anfang hatte der »Rom-Express« übrigens nicht die kürzeste Strecke nach Rom genommen, sondern war von Pisa ins Landesinnere gefahren, um Florenz anzuschließen. Erst ab 1903 verkehrte er auf der Strecke von Pisa über Livorno und Grosseto nach Rom. In Pisa oder in Viareggio zweigte ein Schlafwagen nach Florenz ab.
Der Erste Weltkrieg unterbrach auch diese Verbindung. Aber schon im Jahr 1919 wurde der Betrieb wiederaufgenommen. Allerdings liefen keine Wagen mehr nach Sizilien. In Rom jedoch, am Endpunkt der Strecke, gab der Zug einen Schlafwagen von Paris zur Hafenstadt Taranto ab. Dies hatte folgenden Grund: In der ersten Nachkriegszeit hatten weder der »Orient-Express« noch der bis Konstantinopel durchgehende »Simplon-Orient-Express« ihre Fahrt wiederaufgenommen. Daher wurde eine rasche, komfortable, für begüterte oder beamtete Passagiere annehmbare Verbindung in die Türkei geschaffen. Von Taranto aus schloß sich ein italienisches Schiff an, das die Passagiere über Korinth nach Konstantinopel beförderte. Nachdem sich die Balkanländer von den Kriegsfolgen erholt hatten, verlor diese Verbindung rasch ihren Sinn, und man gab sie auf.
Im Jahr 1922 wurde mit dem Stammzug (Calais–)Paris–Rom auch der Zweig nach Florenz wieder in Betrieb genommen. Im selben Jahr verkehrte im »Rom-Express« zusätzlich in den Tagesstunden ein Salonwagen zwischen Paris und Aix-les-Bains. Ab 1924 kam ein Schlafwagen von (London–)Boulogne nach Rom in den Zugverband.

Zunächst führte der »Rom-Express« teakholzfarbene Schlafwagen des Typs »R«. 1924 traten an ihre Stelle neue Ganzstahlwagen der Bauart »S«, und in den Gepäckwagen gab es eine »Salle de Douche«, wie wir sie später noch in anderen Luxuszügen finden werden. Im Jahr 1936 wurden die »S«-Schlafwagen dann durch den uns schon bekannten Typ »Lx« ersetzt, wodurch der Zug zu einem der elegantesten der CIWL wurde.

Die Zeit der Weltwirtschaftskrise ging auch am »Rom-Express« nicht spurlos vorüber: Im Winter 1931/32 wurde der Verkehr zwischen Paris und Neapel eingestellt und im Jahr darauf sogar für kurze Zeit der gesamte Zug. Aber der Pessimismus erwies sich als verfrüht, denn schon 1933 erschien er wieder in vollem Glanz im Fahrplan mit den Schlafwagen Paris–Rom, Calais–Rom und Paris–Florenz. Es wäre in der Tat verwunderlich gewesen, wenn sich selbst in diesen Zeiten ein richtiger Luxuszug zwischen Paris und Rom nicht bezahlt gemacht hätte. Im Jahr 1936 änderte der Zug nochmals seinen Weg zwischen Pisa und Rom: Er fuhr wieder über Florenz, da die Strecke Florenz–Rom damals schon elektrifiziert war, die über Livorno aber noch nicht.

Nach dem Zweiten Weltkrieg gab es dann fürs erste keinen »Rom-Express«, sondern nur Schlafwagen zwischen Paris und Rom, die mit dem »Simplon-Orient« via Lausanne nach Mailand und von dort in einem gewöhnlichen Schnellzug weiterfuhren. Die Fahrzeit betrug 1946 rund 43 Stunden in der einen und 49 Stunden in der anderen Rich-

Abbildung 120: Auch in Italien ist der Dampf schon längst im Aussterben. Diese Lok der Baureihe 741 – mit Franco-Crosti-Vorwärmer, der ihr ein ungewöhnliches Gesicht verleiht – tat 1975 in der sizilianischen Hauptstadt nur mehr Rangier- und Güterzugdienste

tung, mit sechsstündigem Aufenthalt in Mailand! Zehn Jahre zuvor war man 22 Stunden unterwegs gewesen.
Erst 1949, also nach einem Jahrzehnt der Unterbrechung, schälte sich das, was einmal der »Rom-Express« gewesen war, wieder aus den Fragmenten des Nachkriegsverkehrs heraus: Vorerst noch unter der unpersönlichen Bezeichnung »Relation Calais–Paris–Rom«, kehrte der Zug wieder auf seine Strecke zurück. Von Paris nach Rom fuhr er durch den Mont Cenis in nur noch 25 Stunden und 30 Minuten. Allerdings nahm er nun außer den Schlaf- auch gewöhnliche Kurswagen erster und zweiter Klasse von Calais und Paris nach Rom mit; auch ein Schlafwagen Paris–Florenz wurde wiedereingeführt. Im »Anno Santo« 1950 war der Zug dauernd überbesetzt. Im Sommer dieses Jahres sah ich ihn mehrfach mit nicht weniger als 17 Wagen: drei bis vier Schlafwagen Paris–Rom, je einer Calais–Rom und Paris–Florenz und dazu (neben Gepäck- und Speisewagen) Kurswagen erster und zweiter Klasse von Calais, Paris und Turin nach Rom.
Wenn in den Jahren nach 1945 einem Luxuszug der CIWL gewöhnliche Wagen beigegeben wurden, so ging es dann mit ihm fast immer weiter bergab. Selten wurde er wieder in einen exklusiven Luxusschlafwagenzug zurückverwandelt. Wie wir gesehen haben, ging es so dem »Night Ferry«, dem »Golden Arrow/Flèche d'Or«, dem »Train Bleu« und vielen anderen. Der »Rom-Express« aber machte eine Ausnahme: Ab 1951 fuhr er für ein halbes Jahrzehnt noch einmal als Luxuszug. Die Kurswagen schieden wieder aus; sie wurden in einen namenlosen Schnellzug eingereiht. Der »Rom-Express« führte nun zwei bis drei Schlafwagen von Paris, einen von Calais nach Rom und einen von Calais nach Florenz, alle vom Typ »Lx«; dazu waren ein blauer Speise- und ein Gepäckwagen der CIWL angehängt. 1953 wurde der Schlafwagen von Paris nach Neapel wiedereingeführt.
In diesen Jahren war die Fahrtzeit von Paris nach Rom auf knapp 19 Stunden zurückgegangen, die durchschnittliche Reisegeschwindigkeit betrug 85 Stundenkilometer. Unter den wenigen Stopps, die der Zug machte, waren einige »Arrêts facultatives« bemerkenswert: In den Bahnhöfen von Santa Margherita Ligure und Rapallo hielt der Zug nur an, wenn man spätestens in Genua oder Spezia dem Schaffner mitgeteilt hatte, daß man dort aussteigen, oder wenn man in diesen Stationen dem Capostazione gesagt hatte, daß man zusteigen wollte. Ein Zufall war es übrigens, daß ausgerechnet der erste und der letzte Teil der Strecke Paris–Rom, nämlich Paris–Dijon und Livorno–Rom, gleich lang waren, nämlich je 316 Kilometer.
Die beiden »lateinischen Schwestern«, Frankreich und Italien, sind wohl nie durch einen besseren Zug verbunden worden als durch den »Rom-Express«. Die Fahrt auf dieser Strecke war nicht nur komfortabel, man konnte überdies am Tag den Ausblick auf die italienische Landschaft genießen: die Voralpen des Piemont, Genua mit seinem Welthafen, von dem fast immer irgendein Ozeanriese herübergrüßte; die Riviera di Levante mit ihren unzähligen Buchten, Tunnels und Kaps bis hinunter nach Spezia; die

121

Abbildung 121: Der »Rom-Express« führte vor 1914 von Paris in den Tagesstunden bis Aix-les-Bains einen Salonwagen der CIWL
Abbildung 122: Eine der ehemals sehr häufigen Dampfloks der Reihe 740 in dem schon damals längst elektrifizierten Bahnhof von Salerno; auch diese Lok tat nur mehr untergeordnete Dienste (1975)

NIE INTERNATIONALE DES WAGONS-LITS ET DES GRANDS EXPRESS EUROPEENS
WAGON-SALON
PARIS AIX-LES-BAINS
SALOON-CAR
N° 965 E

31
122

Marmorberge von Carrara; Pisa mit seinem Dom, dem Campanile und dem Baptisterium; dann die Insel Elba, die eigenartig reizvolle Landschaft der Maremmen, das Tyrrhenische Meer um Civitavecchia und Santa Marinella – bis der Zug schließlich in weitem Bogen in die Ewige Stadt einfuhr, wo den Reisenden das moderne Wunderwerk der glas- und marmorglitzernden Stazione Termini empfing.
Leider hatte ich nur einmal Gelegenheit, mit dem »Rom-Express« in seiner damaligen Luxusausstattung zu fahren, und das nur auf einer kurzen Tagesstrecke von Rom nach Spezia. Es war im Sommer 1955 an einem sonnenbeschienenen Nachmittag. Wir hatten zwei Abteile in einem »Lx«-Schlafwagen, in denen ich, wie in Schlafwagen überhaupt, fast lieber bei Tag als in der Nacht reise. Schlafend sieht man nichts und kann den Komfort eines Zugs kaum genießen. Der Zug war damals ab Rom geradezu »klassisch« zusammengesetzt:

Gepäckwagen Rom–Paris, CIWL,
Schlafwagen »Lx« Neapel–Paris,
Schlafwagen »Lx« Rom–Paris,
Schlafwagen »Lx« Rom–Paris,
Schlafwagen »Lx« Rom–Calais,
Speisewagen Rom–Turin,
Schlafwagen »Lx« Florenz–Paris (ab Pisa).

Der Maître des benachbarten Speisewagens servierte zwischen Civitavecchia und den Maremmen in unseren Abteilen einen »Afternoon-Tea«, wie man ihn damals selbst in England nicht besser bereitete, zusammen mit einer im (kohlegefeuerten) Speisewagen frischgebackenen Torte – was will man mehr auf einer Vergnügungsreise?
Aber in den sechziger Jahren wurde dann auch der »Rom-Express« zu einem gewöhnlichen internationalen Schnellzug. Zuerst büßte er die Exklusivität eines reinen Schlafwagenzugs ein: Es wurden ihm erneut Sitz- und Liegewagen eingegliedert, die Schlafwagen von Paris nach Rom blieben zwar, aber die von Paris nach Florenz und Neapel wie auch jener von Calais nach Rom verschwanden nach und nach.
Zuletzt ist dann doch wieder eine Verbindung von Frankreich nach Neapel entstanden, wenn sie auch nicht als luxuriös bezeichnet werden kann. Seit Sommer 1979 fährt anstelle des »Rom-Express« der »Napoli-Express«. Der Zug besteht aus Schlaf-, Liege- (der zweiten) und Sitzwagen der ersten und zweiten Klasse. Er verkehrt von Boulogne und Paris über Italiens Hauptstadt hinaus nach Neapel.
Der Zeit entsprechend, kann von einem kultivierten Speisewagendienst in diesem Zug keine Rede sein. Die kulinarische Versorgung beschränkt sich auf Halb-Speisewagen oder bloße Buffetdienste zwischen Paris und Dijon und zwischen Turin und Neapel.
Als legitimer Nachfolger des einstigen »Rom-Express« kann bestenfalls der »Palatino« gelten, der seit 1969 Paris und Rom verbindet. Er fährt zwar nicht so weit wie seine Vorgänger, aber der Zusammensetzung, Ausstattung und Geschwindigkeit nach ist er der beste Zug zwischen Paris und Rom. Er führt ausschließlich Schlafwagen beider Klassen und Liegewagen der zweiten Klasse, mit einer kleinen Ausnahme: In der Richtung nach Norden nimmt er zwischen Rom und Turin auch Sitzwagen erster Klasse mit. Überdies legt er so wenig Stopps ein, wie sie zwischen Paris und Rom nur denkbar sind: Dijon, Chambéry, Modane, Turin, Genua und Pisa. Die Fahrzeit von Paris nach Rom beträgt heute rund 15 und eine Viertelstunde. Seine Schlafwagen sind von unterschiedlicher Bauart: Zum einen handelt es sich um den Typ »M«. Das ist eine in nur wenigen Exemplaren und nur auf italienischen Strecken vorkommende Variante des Typs »MU«. Er besitzt zwölf Abteile, die aber nicht »universal«, sondern nur für Single- oder Double-Verwendung eingerichtet sind. Zum anderen läuft der Typ »T2« mit, der uns vom »Train Bleu« schon bekannt und für Reisende beider Klassen bestimmt ist. Die Liegewagen ausschließlich zweiter Klasse werden von den Italienischen Staatsbahnen (FS) beigestellt. Der »Palatino« ist seit 1984 sozusagen »zielrein«, das heißt, daß alle Wagen von Paris bis Rom fahren. Vorher gab es noch Schlaf- und Liegewagen der beschriebenen Typen von Paris nach Florenz, die in Turin abgehängt wurden. Dies änderte sich, als ein neuer Schlaf- und Liegewagenzug namens »Galilei« eingeführt wurde, der sich in Mailand nach Florenz und nach Venedig teilt.
Die kulinarische Versorgung leistet im »Palatino« zwischen Paris und Chambéry ein »Gril-Express« der SNCF und zwischen Genua und Rom ein italienischer »Self-Service«-Speisewagen. In den Schlafwagen serviert natürlich ein Schaffner das Frühstück.
Mit dem »Palatino« bin ich schon im zweiten Jahr seiner Existenz gefahren. Es war eine schöne Reise, die ich dank der Generosität der CIWL mit einem »Permis« in einem Single des »M«-Schlafwagens Paris–Rom gemacht habe. Er unterschied sich von den »MU«-Schlafwagen dadurch, daß das dritte Bett fehlte und die Polsterung wie die Teppiche überwiegend in Rot gehalten waren. Um die Abendessenszeit eingestiegen, begnügte ich mich mit den vom Schlafwagenschaffner servierten Snacks und Drinks. Gespannt war ich nur, ob die im damaligen Fahrplan angegebene Nonstopstrecke von Paris bis Chambéry (596 Kilometer!) der Wahrheit entsprach. In Europa wäre nur die Route des einstigen »Elizabethan« zwischen London und Edinburgh länger gewesen. Natürlich traf es nicht zu, denn in Dijon machte der Zug einen Betriebshalt, um Elektrolok und Mannschaft zu wechseln. Dieser Aufenthalt in Dijon ist heute auch im Fahrplan zum Zu- oder Aussteigen von Passagieren vorgesehen.
Nach dem ersten Teil der Nachtruhe erwachte ich an der französisch-italienischen Grenze in Modane: Ich bin kein Freund von Bergen oder von Kälte und Schnee. Und es war immerhin erst Ende Oktober. Doch bot der kurze Blick hinaus auf die sternenglitzernde Umgebung dieses Bahnhofs, der fast am Scheitelpunkt der Durchquerung der Westalpen liegt, einen imposanten Eindruck – wenn

123

auch die eisige Luft, die in das zigarettenverräucherte Abteil eindrang, es angenehmer erscheinen ließ, den Schlaf im warmen Bett fortzusetzen. Ich beendete ihn im milden Klima der ligurischen Küste um Genua. Das im Abteil servierte Frühstück gab es bei Pisa, wo sich in den Dünsten des Morgennebels die Silhouette des Doms gegen den Himmel abhob, und schließlich kam der Zug in der »Ewigen Stadt« an, die immer ein Erlebnis eigener Art ist.

Abbildung 123: Für »Self-Service« eingerichtete und auch entsprechend beschriftete Speisewagen sind heute auf den italienischen Strecken schon in der Überzahl gegenüber dem konventionellen Voll-Speisewagen von früher, deren Rolle sie auch in vielen internationalen Schnellzügen übernommen haben. Mancher Reisende wird diese Entwicklung bedauern, aber es ist eben der »Zug der Zeit«

Zwischen Skylla und Charybdis

Nach dem Ersten Weltkrieg gab es jahrzehntelang keine direkte Verbindung nach Sizilien von Städten aus, die nördlich Roms liegen. Diese ist erst nach 1945 entstanden, als der Verkehr auch zwischen Norditalien und Sizilien zunahm. Heute fahren ein halbes Dutzend Schnellzüge über den Stretto nach Messina, Palermo, Catania, Syrakus, Trapani oder Agrigento. Die Metropole Rom berühren sie nur am Rand, in den Vorortbahnhöfen Ostiense und Tiburtina (und das meist mitten in der Nacht). In der Gegenwart kommt allerdings keiner dieser sechs Züge mehr aus dem Ausland. Sie seien hier kurz beschrieben:

Treno del Sole: Jahrzehnte nach den einstigen Verbindungen zwischen Paris und Sizilien wurde in den fünfziger Jahren ein »Sonnenzug« eingeführt, der von Turin aus direkte Schlaf- und Kurswagen nach Palermo und Syrakus hatte. In Turin übernahm er anfangs Kurswagen erster und zweiter Klasse von Paris zu den sizilianischen Städten, und ihm waren auch Schlafwagen von Turin nach Palermo, Syrakus und Reggio angehängt. Die Pariser Kurswagen fuhren am frühen Morgen ab und gelangten am späten Abend – Rom wurde in den »small hours« umfahren – des nächsten Tages ans Ziel.

Treno del Etna: Aus dem »Treno del Sole« wurden dann bald zwei selbständige Züge. Während der Zweig nach Palermo diesen Namen behielt, teilte sich der »Treno del Etna« in Messina ab, mit Schlaf- und Kurswagen nach Catania und nach Syrakus.

Freccia del Sud: Nicht nur von Turin, sondern auch von Mailand aus wurden nach dem Zweiten Weltkrieg direkte Zugverbindungen eingerichtet. Die erste war der 1958 durch den gesamten italienischen Stiefel laufende »Südpfeil« mit Schlaf- und Kurswagen nach Syrakus, Palermo und Reggio.

Conca d'Oro: Die »Goldene Muschel« nennt sich mit allem Recht die Bucht von Palermo. Dorthin zweigte die »Freccia del Sud« bald ihre Schlaf- und sonstigen Wagen ab. So entstand im Jahr 1958 die erste Direktverbindung von Mailand nach Palermo, die Rom nur an der Peripherie berührt.

Triveneto: Venezien besteht aus drei Teilen: dem eigentlichen »Veneto«, der »Venezia Giulia«, also Julisch-Venezien (die Gegend um Görz), und der »Venezia Tridentina«, dem südlichsten Teil des ehemaligen Südtirol. Der seit einigen Jahren unter dem Namen »Triveneto« laufende Zug verbindet diese drei Landschaften mit dem äußersten Ende Italiens. Er führt Kurs- und Liegewagen erster und zweiter Klasse von Triest und auch von Bozen nach Reggio, nach Catania–Syrakus und nach Palermo, dazu je einen Schlafwagen von Venedig nach Palermo (Typ »MU«) und nach Syrakus (Typ »T2«). Seine Fahrtzeit von Triest nach Palermo (etwa 1430 km) beträgt in Richtung Süden rund 24 Stunden, nordwärts fast zwei Stunden mehr.

Trinacria: Im Jahr 1981 wurde im italienischen Fahrplan eine Art »Flurbereinigung« vorgenommen. Die »Freccia del Sud« und die »Conca d'Oro« haben ihre Schlafwagen verloren und führen seitdem nur Sitzwagen erster und zweiter Klasse von Mailand nach Reggio, Messina, Palermo, Catania und Syrakus, die »Conca d'Oro« darüber hinaus noch Sitz- und Liegewagen nach Catanzaro. Dagegen ist die junge »Trinacria« ein reiner Schlaf- und Liegewagenzug. Wagen beider Kategorien laufen von Mailand nach Reggio, Catania und Syrakus sowie nach Palermo. Mit einer Fahrzeit von rund 21 Stunden und 30 Minuten ist sie der schnellste Zug zwischen Mailand und Palermo.

Allein die »Trinacria« genügt heute den anspruchsvollen Reisenden, die nach Sizilien fahren wollen, denn man hat hier einen gesicherten Schlafplatz. Wer aber je an einem düsteren Abend auf dem Mailänder Hauptbahnhof die abfahrtbereiten Züge »Freccia del Sud« oder »Conca d'Oro« gesehen hat, wird ihnen kaum einen besonderen Reiz zugestehen können: In veralteten Wagentypen herrscht größtes Gedränge um die Plätze, und die Überfülle des Handgepäcks ist eine Art Alptraum ...
Von Rom aus laufen heute drei Züge nach Sizilien, im Gegensatz zur Vorkriegszeit aber nur bei Tageslicht. »Aurora« (»Morgenröte«) und »Archimedes« fahren mit erster und zweiter Klasse am Vormittag in Rom ab nach Reggio, Catania, Syrakus und Palermo. »Peloritano« hingegen, der erst mittags Rom verläßt und der der schnellste dieser drei Tageszüge ist, führt nur die erste Klasse und besteht aus den komfortablen Elektrotriebwagen der Baureihe ALe 601 mit Vollspeisewagendienst am Platz. Er benötigt für die 889 Kilometer bis Palermo nur elfeinhalb Stunden. Die Reize einer Tagesfahrt von Rom nach Sizilien zu beschreiben hieße wohl den Rahmen dieser Darstellung sprengen; die markantesten Punkte: Nach der »Galleria Vivola« (mit über sieben Kilometern einer der ganz großen Tunnels in Italien) und nach dem Bahnhof Formia der überraschende Ausblick auf den Golf von Gaeta. Die dortige Festung wurde seinerzeit von der Schwester der unglücklichen österreichischen Kaiserin Elisabeth gegen die Garibaldianer verteidigt; vor und nach Neapel dann der Anblick des fast stets ein wenig Rauch ausstoßenden Vesuvs und der Blick über den Golf gegen Sorrento und Capri; weiter unten, schon fast in Kalabrien, unzählige Meeresbuchten – leider ist hier die Strecke stellenweise durch Verlegung ins Landesinnere ihres Reizes beraubt worden; dann nach Gioia Tauro der erste Anblick Siziliens; die kaum eine halbe Stunde dauernde Überfahrt über den »Stretto di Messina«; zwischen Skylla und Charybdis, den antiken Taufpaten der heutigen Fährschiffe, nach Messina sodann die Vorbeifahrt an Taormina und der riesige Kegel des Ätna, der bis hinter Catania noch den Blick nach Westen hin beherrscht; die sich entlang der Bahn hinziehenden Orangenhaine, deren Früchte man beim Vorbeifahren beinahe pflücken kann, und zum Schluß die Ankunft in Syrakus, von wo die Gedanken und Pläne schon wieder weiterschweifen – hinüber nach Malta, nach Afrika und zu noch entlegeneren Regionen ...

Dreimal »Direttissima« Mailand–Rom–Neapel

»Als in Italien die Züge wieder pünktlich fuhren«, also in den zwanziger und dreißiger Jahren, da waren die Eisenbahnen der Apenninen-Halbinsel wahrlich um einen großen Schritt weiter in die Zukunft vorgedrungen: Nicht nur, daß die Züge pünktlicher fuhren, nicht nur, daß sie

124

125

Abbildung 124: »Treno del Sole« vor der Abfahrt in Syrakus nach Turin
Abbildung 125: Der kleinste und verkehrsärmste Bahnhof Italiens – der Bahnhof der »Città del Vaticano«, von dem ein Anschlußgleis an die FS führt, gesehen von der Kuppel der Peterskirche
Abbildung 126: ETR 300, »Settebello«, bei Pontassieve in der Toskana (1952)

126

bequemer, moderner und sauberer wurden; auch neue Strecken wurden gebaut, neuartige Fahrzeuge wurden in Betrieb genommen und die alten Strecken modernisiert und elektrifiziert und zum Teil auch wesentlich verkürzt, und sie wurden dadurch attraktiver. Zu diesen gehört vor allem auch die »Arterie« zwischen Mailand und Rom–Neapel:

Die eine »Direttissima« war die Strecke über – oder besser gesagt: durch – den Hauptkamm des Apennin zwischen Bologna und Florenz: Zu dieser Strecke benötigte ehedem ein Schnellzug bis zu drei Stunden, bergauf und bergab, über viele Höhen, durch viele Kurven und durch nur wenige Tunnels; es war dies die sogenannte »Porrettana« über den Kur- und Badeort Bagni della Porretta. In den dreißiger Jahren wurde die Linie radikal verkürzt, sie steigt seither nur mehr halb so hoch und durchquert den Gebirgskamm nicht mehr mit Dampf, sondern elektrisch und überdies auch fast kerzengerade durch unzählige Tunnels, von denen der Apenninen-Tunnel mit über 18 Kilometern einer der längsten Tunnels der Erde (und der zweitlängste Europas) ist.

Die zweite »Direttissima« entstand als geradlinige, elektrifizierte Verbindung zwischen Rom und Neapel: Fuhr man auf der alten Strecke über Cassino, Capua und Caserta und fährt man auf ihr selbst heute noch mit den wenigen Schnellzügen mehr als drei Stunden, so benötigt man seit den dreißiger Jahren kaum zwei Stunden auf der neuen, die unzählige Tunnels aufweist, über Latina, Formia und Aversa geht und mehr als dreißig Kilometer kürzer ist.

Die dritte »Direttissima« war bereits vor Beginn des Zweiten Weltkriegs entworfen worden, wird aber erst in unseren Tagen vollendet: Es handelt sich um eine wesentliche Verkürzung der Strecke zwischen Florenz und Rom, die sich geländebedingt in unzähligen Kurven und mit beträchtlichen Umwegen durch die Toskana und das nördliche Latium windet. Eine geradlinige Trassierung und zahlreiche Tunnels haben die Entfernung um rund achtzig Kilometer verringert. Dies und die erhöhte Geschwindigkeit der modernen Elektrolokomotiven reduzieren die Fahrzeit um fast eine Stunde.

Dauerte vor dem zweiten Krieg eine Fahrt von Mailand nach Rom kaum weniger als zehn Stunden, so benötigen die besten Züge heute nur noch sechs. Und bis Neapel, das ehedem eine sehr lange Tagesreise verlangt hatte, fährt man heute schon in etwa acht Stunden.

Auf dieser Strecke, welche die drei größten Städte Italiens miteinander verbindet, war der Verkehr schon immer dicht, und heute ist er es mehr denn je. Werfen wir einen Blick auf die besten und schnellsten Züge, die sie befahren:

Vorläufer dieser Schnellverbindung waren in den dreißiger Jahren die dreiteiligen Elektrotriebwagen der Baureihe ETR 200. Im Jahr 1938 hatte eine dieser Garnituren auf Versuchsfahrten zwischen Mailand und Florenz eine Höchstgeschwindigkeit von 203 Stundenkilometern erreicht, damals Weltrekord für Elektrotriebwagen. Es waren reine Erste-Klasse-Züge, in denen die beiden vorderen Wagen in offenen Saalräumen rund 100 Passagieren Platz boten, mit der Sitzverteilung von 1:2 beiderseits des Mittelgangs. In den Endwagen war, neben Führerstand, Gepäck- und Dienstabteilen, auch eine geräumige Küche untergebracht, von der aus die Reisenden am Platz bedient wurden. Diese Züge hatten eine fahrplanmäßige Höchstgeschwindigkeit von 160 Stundenkilometern, und ihr Dienstgewicht betrug 125 Tonnen.

Nach dem Krieg wurden sie zeitweise noch unter den Namen »Freccia del Vesuvio« und »Freccia della Laguna« in Städteschnellverbindungen von Mailand nach Neapel und von Rom nach Venedig verwendet. Bald aber baute man die meisten um. Unter den Bezeichnungen ETR 220 und ETR 250 wurden sie dann als vierteilige Einheiten, vor allem auf den norditalienischen Streckenteilen der Magistrale Triest–Venedig–Mailand–Genua, eingesetzt.

»Il Settebello«

Mit dem Sommerfahrplan 1953 aber wurden sie auf der Route Mailand–Rom vom ETR 300 verdrängt. Es war ein noch komfortablerer und schnellerer Elektrotriebwagenzug, der anfangs zwischen Mailand und Neapel, ab 1955 jedoch nur noch zwischen Mailand und Rom verkehrte, bis er schließlich eingestellt wurde. Am Anfang noch namenlos, wurde er bald »Settebello« genannt, nach einer italienischen Kartenspielfigur, die auch auf den Wagenwänden aufgemalt war. Es gibt drei solcher Garnituren. Sie sind siebenteilig und können mit einem Dienstgewicht von etwa 330 Tonnen bis zu 200 Stundenkilometer erreichen. Sie setzen sich wie folgt zusammen:

Im ersten und siebenten Wagen befinden sich erhöhte Führerstände und darunter je ein Aussichtssalon (»Belvedere«) sowie jeweils vier Großabteile mit Seitengang und je zehn Plätzen, von denen sechs auf Diwans und vier in der Mitte um einen Tisch gruppiert sind. Im zweiten und sechsten Wagen sind je vier Großabteile, dazu jeweils zwei Toiletten- und Waschräume.

Dritter Wagen: Speisesaal mit 52 Plätzen an Vierertischen (also nicht allzu bequem) und eine mit futuristischen Motiven geschmückte Bar.

Vierter Wagen: Dienstwagen, enthaltend Küche, Vorratsräume, Dienstabteil, Post und Duschanlage.

Fünfter Wagen: Gepäck- und Garderoberaum, Radio- und Telefonanlage, Verkaufsstand für Zeitungen und dergleichen (also etwa der »Boutique« im einstigen »Mistral nouveau« entsprechend). Durch Auflassung von Garderobe und Kiosk wurden später drei weitere Großabteile geschaffen.

Alles in allem bietet diese Garnitur also in den Wagen eins, zwei, sechs und sieben insgesamt 160 beziehungsweise 190 Personen einen recht bequemen Platz, mag auch die Bewegungsfreiheit im Speisesaal nicht sehr groß sein; fast

nicht erwähnenswert, daß der ganze Zug klimatisiert ist, daß die Türen der Abteile zum Gang aus Glas sind, daß sich die Übergänge von einem Wagen zum anderen automatisch öffnen und daß schließlich neckisch gekleidete Stewardessen in den beiden »Belvederes« den Passagieren die durchfahrene Gegend zu erklären bereit sind, falls sie diese nicht ohnehin schon kennen.
Meine einzige Fahrt mit diesem »Settebello« fand schon im Jahr 1953 statt, zwischen Bologna und Mailand, und das als einziger Gast eines riesigen Anteils zu zehn Plätzen, in dem es sich, angesichts der bald hereinbrechenden Abenddämmerung, immerhin ganz luxuriös fahren ließ...
Doch, wie schon gesagt, ist »das Bessere der Feind des Guten«, und demgemäß muß man es der Kurzlebigkeit des Atomzeitalters zugute halten, daß diese drei ETR 300-Garnituren nach immerhin schon gut dreißig Jahren nicht nur ihre Dienste getan haben, sondern daß sie auch schon etwas »überaltert« sind. Und aus diesen Erwägungen heraus wurden sie mit dem Sommerfahrplan des Jahres 1984 aus dem Dienst des »Settebello« zurückgezogen, und sie werden künftig in den norditalienischen Relationen zwischen Triest–Venedig und Mailand–Genua eingesetzt.

»Gran Conforto«...

...heißt der Wagen- und Zugtyp, der gegenwärtig die besten, komfortabelsten und schnellsten Verbindungen zwischen Mailand, Rom und Neapel bedient. Die Bezeichnung ist ganz offenkundig den Voitures à Grand Comfort der Franzosen nachempfunden, und diese Wagen dienen auch hier vorwiegend dem Einsatz in »Trans-Europ-Express«-Zügen, deren es in Italien immerhin noch vier gibt.
Als die TEE im Jahr 1957 eingeführt wurden, haben die FS auch ihrerseits eine Type beigestellt, die wohl die bescheidenste unter allen war: Es waren dies die zweiteiligen Dieseltriebwagenzüge vom Typ »Aln 448« beziehungsweise »Aln 442«; der eine Wagen enthielt 48 Plätze (2:1 beiderseits des Mittelganges), der andere nur 42, jedoch überdies eine Küche, von der aus man am Platz bedient wurde. Ihr relativ geringer Komfort (Abteillänge nur 1,90 m!) brachte ihrer Verwendung in den TEE ein baldiges Ende; heute sind sie in entlegenen Provinzen eingesetzt.
Dann aber bauten die FS richtige TEE-Wagen, und zwar in vier Ausführungen: Maschinenwagen für Klimaanlage, Beleuchtung, Heizung usw., Abteilwagen mit neun Abteilen zu je sechs Sitzen, Saalwagen mit Mittelgang, Speisewagen mit Tischen für zwei oder vier Pesonen. Diese Wagen wurden vornehmlich in den TEE verwendet, die ins Ausland fuhren, so im »Mediolanum« Mailand–München, »Ligure« Mailand–Avignon oder im »Lemano« Mailand–Genf. Sie bieten nun einen Komfort, wie man ihn auch in den TEE-Garnituren der anderen Länder gewohnt ist. Ihr Anstrich ist in den TEE-Farben, also Rot mit Creme, gehalten.
Für den inneritalienischen TEE-Verkehr haben die FS einen zweiten Typ konstruiert, den »Gran Conforto«-Wagen. Er unterscheidet sich in Ausführung und Einrichtung für den Nichttechniker nur farblich: Er ist rot und grau gestrichen. Die Technik weist nur geringe Abweichungen vom Typ »TEE« auf. Solche Wagen werden vor allem in inneritalienischen TEE eingesetzt, vereinzelt aber auch in einigen gewöhnlichen Rapidos der großen Hauptstrecken wie Turin–Neapel oder Mailand–Neapel.
Die Gran Conforto-Wagen fahren in den drei besten und schnellsten Zügen zwischen Mailand, Rom und Neapel, die alle als TEE eingestuft sind:
Der TEE »Vesuvio« verläßt Mailand mittags und erreicht Neapel am Abend; in umgekehrter Richtung verschieben sich die Zeiten um rund 3 Stunden. Für die Hinfahrt benötigt er 8 Stunden, für die Rückfahrt 22 Minuten mehr. Er erreicht also eine ansehnliche Geschwindigkeit auf seiner 842 Kilometer langen Strecke, auf welcher er in Bologna, Florenz und Rom insgesamt eine halbe Stunde Aufenthalt hat. Zwischen Mailand und Rom führt er in beiden Richtungen zwei Speisewagen. In Neapel ist sein Ankunfts- und Abfahrtsbahnhof nicht die Stazione Centrale, sondern die in der westlichen Villenvorstadt gelegene Stazione Mergellina.
Der TEE »Ambrosiano« trägt seinen Namen nach der berühmten Mailänder Bibliothek. Er verläßt Rom um 12.10 Uhr, Mailand um 17 Uhr. Seine Fahrtdauer beträgt nach Norden 5 Stunden und 45 Minuten, nach Süden 3 Minuten mehr.
Der TEE »Colosseum« startet in Rom und in Mailand am Morgen um 7.40 Uhr und um 8.40 Uhr. Für seine Fahrt braucht er weniger als sechs Stunden.
Der »Colosseum« hat zwischen Rom und Mailand seit dem Sommerfahrplan 1984 den »Settebello« als TEE abgelöst. Ein pikantes Detail am Rand: »Settebello« fuhr jahrelang nicht als »Trans-Europ-Express«, sondern mit der Bezeichnung »Rapido di Lusso«. Dies lag daran, daß der Zuschlag, den man für ihn zahlen mußte, wesentlich höher war als der international festgelegte TEE-Zuschlag! Erst bei irgendeiner Tarifänderung ist er dann zum TEE avanciert.
Aber nicht nur die beschriebenen Züge auf der Route Mailand–Rom–Neapel sind es wert, genannt zu werden. Noch drei weitere seien hier vorgestellt:
Der sogenannte »Super-Rapido« stellte zu Anfang der sechziger Jahre für kurze Zeit die beste Verbindung zwischen Mailand und Rom dar. Er war ein zweiteiliger Elektrotriebwagenzug der erwähnten Baureihe Al 661. Zum Super-Schnellzug wurde er erklärt, weil er nach Fahrplan die gesamte, 632 Kilometer lange Strecke zwischen dem monumentalen Bau des Mailänder Zentralbahnhofs und der Stazione Termini in Rom ohne einen Zwischenhalt zurücklegte. Bei meiner Fahrt, die ich 1962 mit ihm unternahm, stellte sich jedoch heraus, daß er ja doch einmal stehenblieb. Es handelte sich um einen planmäßigen Betriebshalt, und zwar im Florenzer Vorortbahnhof Firenze-Rifredi: In Minutenschnelle wechselten das Lokpersonal, die Schaffner usw.

Dann gab es bis vor eineinhalb Jahrzehnten den »Treno Azzurro«, einen Rapido von Mailand nach Neapel. Er führte ausschließlich erste Klasse, einen Pullman-Salonwagen und Speisewagen der CIWL. Seine Fahrtzeit war nicht wesentlich geringer als die der drei besten TEE. Seinen Namen hatte er erhalten, weil die Sitzwagen erster Klasse speziell für diesen Zug in Blau lackiert worden waren. Aber auch ihm blieb es nicht erspart, degradiert zu werden: Es verschwanden der Name, die blaue Farbe, die Exklusivität eines reinen Erste-Klasse-Zugs, und es verschwand schließlich auch der Pullman-Salonwagen, der zuletzt ohnehin nur noch zwischen Mailand und Rom gelaufen war. Heute ist er längst ein schlichter und anonymer »Rapido Nr. 905/904«. Allerdings braucht er auch heute nur neun Stunden von Mailand nach Neapel. Überdies besitzt er einen Voll-Speisewagen und in beiden Klassen die neuesten, teilweise klimatisierten Wagen der FS. Sie haben die UIC-Länge von 26,40 Metern und dieselbe Abteilbreite und Fußfreiheit wie die neuesten Schnellzugwagen im übrigen Westeuropa.

Schließlich sei der »Tutto Letti« beschrieben: Nur im Volksmund führt er diesen Namen, weil er ein reiner Schlafwagenzug ist, der in den tiefen Nachtstunden Rom mit Mailand verbindet. In den zwanziger Jahren hatte es für kurze Zeit zwei Schlafwagenzüge auf dieser Strecke gegeben; der eine fuhr über Bologna und Florenz, der andere über die etwas kürzere Strecke via Florenz–Sarzana–Pisa. Der heutige »Tutto Letti« heißt amtlich »Rapido Nr. 643/642« und hatte in den letzten Jahren kurzzeitig seine Route von Mailand aus über Genua und weiter über Pisa genommen. Heute hält er sich an die klassische Strecke über Bologna und Florenz. Zwischen Mailand und Bologna am späten Abend und umgekehrt am frühen Morgen hält er in allen nur möglichen Städten: Piacenza, Fidenza, Parma, Reggio nell'Emilia und Modena. Er hat es nicht eilig, die Fahrgäste sollen ausschlafen. Seine Gesamtfahrzeit von Mailand nach Rom beträgt etwas mehr als neun Stunden.

Seiner Bestimmung als wichtigste Schlafwagenverbindung zwischen den beiden größten Städten Italiens entspricht er in Länge wie Zusammensetzung. Nicht weniger als elf Schlafwagen sind es: vier vom Typ »M« (nur Singles und Doubles), einer vom Typ »YC« (Singles und Doubles mit Klimaanlage, von Fiat gebaut), drei vom Typ »P« (kleine Einbettabteile) und einer vom Typ »T2S«. Der letztgenannte ist der unbequemste CIWL-Typ. Er hat nicht weniger als 17 Abteile für ein- oder zweibettige Benutzung. Sie sind so eng, daß man Klaustrophobie bekommen kann.

Die Magistrale an der Adria

Verglichen mit der beschriebenen westlichen und mittleren italienischen Strecke, ist jene entlang der adriatischen Küste weniger bedeutend, zumindest, was den internationalen Verkehr betrifft. Es kommen zwar, besonders in der Sommersaison, viele Schnellzüge aus dem Ausland, doch handelt es sich dabei um billige »Bäderzüge«. Sie fahren auch nicht zum südlichen Italien durch, sondern enden alle schon etwa in der Mitte: Rimini, Ancona und Pescara sind die Endstationen dieser Züge, die aus Österreich, Holland, Belgien, Frankreich, der Bundesrepublik Deutschland und aus der Schweiz kommen. Im Winter jedoch ist die gesamte Strecke ab Bologna rein italienisch. Die Schnellzüge aus Turin, Mailand, Bozen, Triest wie jene, die vom Westen, aus Rom und Neapel, kommen, haben vor allem Bari, einige aber auch Brindisi, Lecce oder Taranto zum Ziel. Nur ein Kurswagen nach Lecce fährt von München über den Brenner bis ans Ende der Halbinsel. Drei mit eigenen Namen versehene Züge, die ganzjährig verkehren, seien hier ausführlicher beschrieben:

Abbildung 127: TEE »Vesuvio« mit Wagengarnitur vom Typ »Gran Conforto« im Bahnhof Neapel-Mergellina vor Abfahrt nach Mailand; in der Nähe dieses in einer Villenvorstadt gelegenen Bahnhofs befindet sich auch das berühmte ozeanographische Museum

Abbildung 128: »Super-Rapide« Mailand–Rom mit einer zweiteiligen Garnitur der Baureihe ALe 661, die damals (Anfang der sechziger Jahre) die 632 Kilometer lange Strecke ohne fahrplanmäßigen Stopp in fünfeinhalb Stunden zurücklegte, freilich mit einem »Betriebshalt« in Florenz

127

128

»Espresso del Levante« nennt sich ein Nachtschnellzug, der nur Sitzwagen von Mailand nach Bari und Lecce führt. Er läuft schon seit einem Vierteljahrhundert. Damals endete er in Brindisi und hatte auch Schlafwagen, die aber vor Jahren ausgeschieden worden sind. Er stellte die beste Nachtverbindung zwischen Oberitalien und Apulien dar, bis 1982 der »Salentino« eingesetzt worden ist. In diesem fahren keine Sitzwagen, sondern nur »Cuccette« und Schlafwagen beider Klassen von Mailand nach Bari und Lecce. Übrigens sind Italien und Frankreich die einzigen Länder Europas, in denen es auch Couchettes erster Klasse gibt. Im »Salentino« sind sie bei Tag für sechs, in der Nacht für vier Personen eingerichtet. Der Zug besitzt normalerweise fünf Schlafwagen: zwei nach Bari (Typ »MU« und »YC«) und drei nach Lecce (je ein »MU«, »YC« und »T2S«). Für die 1014 Kilometer seiner Route benötigt er rund elf Stunden. Nachts hält er selten: auf den 864 Kilometern zwischen Mailand und Bari nur in Bologna, Ancona, Pescara und Foggia.
Der »Star« unter den Zügen an der Adriaküste ist der »Adriatico«, der einzige reine Erste-Klasse-Zug dieser Gegend, der sogar als »TEE« klassifiziert worden ist. Den Titel trägt er zu Recht, da er nur aus Gran Conforto-Wagen besteht. Seine Endstation ist Bari, wohin er von Mailand aus rund neuneinhalb Stunden braucht.
Lediglich in den Sommermonaten fährt ein internationaler Schnellzug die gesamte Ostküste hinunter bis nach Brindisi. Er trägt den romantischen Namen »Parthenon«, woraus zu ersehen ist, daß die meisten seiner Passagiere Griechenland zum Ziel haben. Daher endet er in Brindisi auch nicht in der Stazione Centrale, sondern wird bis zum Hafenbahnhof Brindisi-Marittima weitergeführt. Dort findet man bei großem Gedränge unmittelbaren Anschluß an die in einem »Joint-Service« verbundenen Schiffe der »Adriatica« und der »Hellenic Mediterranean Lines« nach Korfu, Igoumenitsa und Patras. Von Patras aus geht es dann mit dem Autobus oder der schmalspurigen Peloponnes-Bahn weiter nach Athen. Beide Transportmittel brauchen hierfür rund dreieinhalb Stunden, und mag der Autobus auch etwas billiger sein, so ist es doch nicht verständlich, warum sich ein Reisender lieber in ein solches, meist bis zum Dachfirst vollgestopftes Vehikel hineinzwängt statt in die flinken, sauberen und sogar kulinarische Versorgung bietenden Wagen der Bahn.
»Parthenon« ist, trotz seines hochgestochenen Namens, kein besonders vornehmer Zug: Obwohl die Reise lange dauert, führt er keine Schlafwagen, sondern nur Sitzwagen erster und zweiter sowie Liegewagen zweiter Klasse von Paris bis Brindisi, zusätzlich noch einige Wagen, die schon in Rimini enden.

»Malle des Indes« und »Peninsular-Express«

Zum Schluß des Italien-Kapitels will ich noch vom »Peninsular-Express« berichten, der nun schon seit siebzig Jahren nicht mehr existiert, der damals aber der Route entlang der Adriaküste eine interkontinentale »Aura« verlieh.
Das schätzereiche Indien war im 18. und mehr noch im 19. Jahrhundert der wertvollste Bestandteil des britischen Weltreichs. Um ihn zu sichern, wurde ein erdumspannendes Netz von Stützpunkten und Verbindungslinien aufgebaut. Eine der wichtigsten dieser Linien war der Weg vom britischen Mutterland nach Indien. Seit der Erfindung der Eisenbahn und des Dampfschiffs verklammerten diese beiden Verkehrsmittel Großbritannien immer mehr mit seinen überseeischen Besitzungen. Eminent wichtig war es, Beamte und Offiziere (samt deren Familien) und vor allem die Post rasch und sicher zu befördern.
Diesem Zweck dienten zwei eng miteinander »verwandte« Züge, die ihren Weg entlang der italienischen Ostküste nahmen: der »Malle des Indes« für die Post, der »Peninsular-Express« für die Passagiere.
Bis 1835 war die für Britisch-Indien bestimmte Post von England auf dem Seeweg über Gibraltar, Malta, Alexandria und Aden geleitet worden. Um dies zu beschleunigen, schloß London 1836 einen Vertrag mit Paris: Nun wurde die Post über den Kanal nach Calais, von hier auf dem Landweg nach Marseille transportiert und erst dort auf britische Schiffe verladen. Die Zeit verkürzte sich noch, als immer größere Strecken der »Route Impériale« fertiggestellt wurden.
Aber noch bevor diese vollendet war, konnte eine andere transeuropäische Strecke benutzt werden: Sie führte vom Hafen Antwerpen durch Belgien, Deutschland und Österreich nach Triest. Daher verlegte man die Postbeförderung zwischen 1850 und 1856 vorübergehend auf diesen rascheren Weg und lud die Post in Triest in die Dampfer der »Peninsular & Oriental« ein. Diese Gesellschaft war bis in die jüngste Vergangenheit die wichtigste britische Schifffahrtslinie nach Indien, Ostasien und Australien. Nach Fertigstellung der Schienenwege bis Marseille lief der Transport wieder durch Frankreich. Es wurden dafür spezielle Postwagen (»Allèges«) gebaut, die Abteile für die Begleitung enthielten.
Im Jahr 1869 zeichnete sich ab, daß eine noch kürzere Route bald fertig werden würde: Der Mont-Cenis-Tunnel sah dem letzten Durchstich entgegen, aber die ungeduldigen Engländer verlegten schon vorher den Weg ihrer Postzüge auf die neue Strecke, und zwar mittels einer Kleinbahn mit 1,10 Meter Spurweite. Ihre Gleise wurden von Modane aus auf der Straße hinüber nach Italien verlegt; drüben ging es dann mit der Bahn weiter über Turin–Bologna–Ancona–Bari nach Brindisi, wo der P. O.-Dampfer die Post übernahm.
Der Deutsch-Französische Krieg von 1870/71 zwang die Briten nochmals, die französischen Strecken zu verlassen, und die Post ging kurzfristig wieder über Belgien und

Deutschland sowie Österreich, aber nicht mehr nach Triest, sondern nach Brindisi. Der Mont-Cenis-Tunnel war am 16. Oktober 1871 fertig, der Krieg inzwischen beendet, und am 9. Januar 1872 fuhr der erste indische Postzug über die neue Route.

Fast wäre den Franzosen der Zug entgangen. Es häuften sich englische Beschwerden über Verzögerungen, mangelnde Heizung, schlechtes Wagenmaterial, Belästigung von Indienreisenden, die in gewöhnlichen Zügen fuhren. Dazu kam 1882 die Eröffnung der Gotthardstrecke, auf der der Weg noch kürzer geworden wäre. Frankreich mußte also Maßnahmen ergreifen. Nun wurden zwei Schlafwagen im Postzug mitgeführt, die vorläufig allerdings noch in Bologna stehenblieben, weil es keine Verträge zwischen der CIWL und der privaten »Rete Adriatica« gab. Erst ab 1888 konnten sie bis Brindisi durchfahren. Und am 13. Mai 1890 wurde in Paris eine Konvention aller am Britisch-Indien-Verkehr beteiligten Bahnverwaltungen unterzeichnet, die folgenden Inhalt hatte: Anstelle des bisherigen Postzugs, der auch Passagiere mitnahm, gab es fortan zwei selbständige Züge – einen Postzug (»Malle des Indes«) und einen Passagierzug, und zwar den von der CIWL eingerichteten Luxuszug »Peninsular-Express«. Dieser besaß normalerweise zwei Gepäck-, einen Speise- und zwei bis drei Schlafwagen, die alle von Calais über Paris–Modane–Turin–Bologna bis Brindisi fuhren. Die britische Post im »Malle des Indes« lief plombiert durch Frankreich und Italien, die Passagiere im »Peninsular-Express« wurden an der Grenze, soweit sie über Italien hinaus reisten, nicht kontrolliert. Passagiere von England oder Frankreich zu italienischen Reisezielen wurden nur zugelassen, soweit noch Plätze im Zug frei waren. Sie durften allerdings mit Reisenden nach Indien nicht in gemeinsamen Abteilen untergebracht werden.

Beide Züge, die wöchentlich nur einmal verkehrten, erreichten in ihrer ursprünglichen Form nur ein Alter von knapp 24 Jahren: Der Ausbruch des Ersten Weltkriegs brachte sie zum Stillstand. Der »Malle des Indes« fuhr ab 1919 noch bis 1945 weiter, freilich nicht mehr nach Brindisi, sondern wieder nach Marseille. Als der Flugverkehr aufkam und die Briten 1948 Indien verloren, war er überflüssig geworden.

Für den »Peninsular-Express« dagegen brachte das Jahr 1914 das Ende – es sei denn, man will einen Schlafwagen Paris–Brindisi, der in den dreißiger Jahren im nachmaligen »Direct-Orient« lief und über Simplon–Mailand fuhr, als einen entfernt verwandten »Nachfahren« ansehen.

Ein Kuriosum der beiden Züge sei nicht vergessen: Sie verkehrten stets nur auf dem Hinweg getrennt voneinander. In der umgekehrten Richtung aber, von Brindisi nach Calais, gab es immer nur einen Zug, und zwar unter dem Namen »Malle des Indes«. Ihm wurden aber ein Gepäck-, ein Speise- und ein Schlafwagen angehängt. Damit war der »Peninsular-Express« der einzige CIWL-Luxuszug, der nur in einer Fahrtrichtung »getauft«, in der anderen aber nur Mitläufer in einem »gemischten Zug« war. Der zweite Gepäck- und der zweite oder dritte Schlafwagen fuhren leer – »à vide« – nach Calais zurück. Übrigens waren die fahrplanmäßigen Zeiten des heimkehrenden »Malle des Indes« wie auch seine Zugnummern stets nur mehr oder weniger fakultativ festgelegt: Die offiziellen Bezeichnungen auf der Heimfahrt waren keine Zugnummern, sondern Buchstaben zwischen Q und Z; man hatte verschiedene Fahrpläne aufgestellt, die je nach der Ankunft der P. O.-Schiffe in Brindisi von Woche zu Woche wechseln konnten.

Nur der Vollständigkeit halber sei noch kurz erwähnt, daß im Jahr 1890 nicht nur der »Peninsular-Express«, sondern noch ein zweiter Luxuszug der CIWL eingeführt wurde, der ebenfalls dem Verkehr nach Indien diente: Der sogenannte »Bombay-Express« verkehrte zwischen Calais und Marseille, und zwar bis hinaus zur Mole »C«, wo man ebenfalls auf einen P. O.-Dampfer nach Indien umsteigen konnte. Da die Brindisi anlaufenden Schiffe angeblich schlechter waren als jene, die in Marseille anlegten, wurde er stets besser genutzt als der »Peninsular-Express«. Der »Bombay-Express« war einer der elegantesten Luxuszüge der CIWL: Er bekam als einer der ersten die »S«- wie später die »Lx«-Schlafwagen. Nach dem Ersten Weltkrieg wurde er wiedereingeführt, zuerst mit der schlichten Bezeichnung »P. O.-Express« und ab 1936 als »P. O.-Overland-Express«.

Mit dem »Peninsular-Express« war die Route entlang der Adriaküste längere Zeit ein Teil einer großen interkontinentalen Verbindung gewesen, die heute durch den Luftverkehr gegenstandslos geworden ist.

Zwischen Øresund und Arktis

Das Profil der schwedischen Eisenbahnen wird in Europa nur von dem der sowjetischen übertroffen. Dementsprechend sind die Fahrzeuge breiter und bequemer als bei uns.
Der Standard der Eisenbahnen in Schweden wie auch in Norwegen ist höher als in anderen Ländern des Kontinents, was auf den größeren Wohlstand zurückgeführt werden kann, der in diesen beiden Ländern herrscht. Zur Zeit des alten Dreiklassensystems zum Beispiel wurde die erste Klasse kaum benutzt, da der Komfort in der zweiten den der ersten Klasse anderer europäischer Bahnen überstieg. Und noch heute reist man als Passagier zweiter Klasse in schwedischen oder norwegischen Zügen besser als in gleichklassigen Wagen anderer europäischer Eisenbahnen. Empfahl seinerzeit der »Baedeker«, in Südeuropa eine Klasse höher zu reisen als zu Hause, so kann man diesen Rat dahin erweitern, daß man in skandinavischen Ländern ruhig eine Klasse niedriger fahren kann als daheim.
Englische Ingenieure und Fabriken haben beim Bau der ersten skandinavischen Bahnen maßgeblich mitgewirkt. Die Spuren davon sind bis heute sichtbar: So befinden sich in größeren Bahnhöfen Bahnsteig und Wageneinstieg auf derselben Höhe. Vor allem in Schweden gibt es zahlreiche bahneigene Werkstätten. Sie sind nicht nur mit Reparaturarbeiten beschäftigt, sondern sie stellen auch Wagen und Lokomotiven her. Der Reisende kann überdies von Tafeln die Namen oder sonstigen Einzelheiten von landschaftlichen und technischen Sehenswürdigkeiten sowie von Flüssen entnehmen. Aber diese Verwandtschaft mit britischen Verhältnissen beschränkt sich nicht nur auf Details, sie zeigt sich überdies in der Atmosphäre des Betriebs und der Einrichtungen: Es handelt sich um eine vernünftige, äußerlich gefällige und behaglich anmutende Mischung aus hochmodernen technischen Dingen mit einer etwas altmodisch erscheinenden Aufmachung.
Die Verhältnisse in Norwegen ähneln denen in Schweden. Auch hier hat die (alte) erste Klasse kaum jemals eine Rolle gespielt, und noch heute finden wir in vielen Überlandschnellzügen häufig nur Sitzwagen zweiter Klasse. In der Zeit des Dreiklassensystems wurden Wagen erster Klasse ausschließlich in Zügen eingesetzt, die ins Ausland fuhren. Ich erinnere mich an ein Pappschild, das in den fünfziger Jahren in einem Kurswagen Oslo–Kopenhagen anzeigte, daß sich hier das einzige Abteil erster Klasse befand!

Viele Wege führen in den Hohen Norden

Außer mit reinen Autofähren bin ich auf den meisten Strecken nach Skandinavien schon gereist: von der DDR nach Schweden mit der Fähre von Saßnitz nach Trelleborg oder über Warnemünde nach Gjedser; von der BRD aus Großenbrode nach Gjedser; dies war eine kurzlebige Übergangslösung, bevor der Weg über die »Vogelfluglinie« führte; über Puttgarden–Rødby oder über den Kleinen und Großen Belt; von Dänemark aus entweder von Kopenhagen nach Malmö oder von Helsingør nach Helsingborg und über den Skagerrak von Hirtshals nach Kristiansand.
Ist man in Schweden, so bietet sich als erstes eine Fahrt von Malmö nach Stockholm an: Zwischen der größten und der drittgrößten schwedischen Stadt fahren Schnellzüge im Stundentakt. Der beste unter ihnen ist der »Skåningen«. Er legt die Strecke mit einer Reisegeschwindigkeit von 100 Stundenkilometern zurück, wobei er nur dreimal hält.
Die Strecke ist landschaftlich und historisch gleichermaßen interessant: Zwischen Malmö und Lund fahren wir auf dem ältesten Teil der schwedischen Staatsbahn. Lund war im 15. Jahrhundert die größte Stadt Skandinaviens, der bedeutendste Bischofssitz, und noch heute besitzt sie eine berühmte Universität; ihr Dom ist bereits im Jahr 1145 eingeweiht worden. Vorbei an Älmhult und Hässleholm, wo die Strecke aus Helsingborg, und weiter aus Kopenhagen–Helsingør, einmündet, geht es dann stundenlang durch Småland: In der Eiszeit abgeschliffene Felsen wechseln mit Wäldern, Seen, Sümpfen und Hügeln. Steinerne Mauern grenzen die Besitzungen voneinander ab. Dann erreichen wir Linköping, die Hauptstadt Östergötlands.

Abbildung 129: »Malmöhus«, eines der älteren Trajektschiffe für die Route Kopenhagen–Malmö
Abbildung 130: Schloß Kronborg, der stärkste landschaftliche Eindruck zwischen Helsingør und Helsingborg

129

130

Auf einer langen Brücke überqueren wir zuerst die Stånga, danach den Götakanal, der Schweden durchzieht und auf dem man mit komfortablen Schiffen von Stockholm aus durch den Mälarsee, den Vänernsee und den Vättersee nach Göteborg fahren kann, soweit man drei Tage Zeit hat. Über Norrköping kommen wir in die Provinz Södermanland, wo das Zusammenspiel zwischen Seen und Wäldern so vollkommen ist, daß der alte Spruch verständlich wird: »Als Gott Erde und Wasser schied, hat er Södermanland vergessen.« Nach dem Villenvorort Södertälje-Södra kündigt sich schon die Hauptstadt an; vor der Einfahrt in den Hauptbahnhof nimmt der Anblick der »Mälarkönigin«, wie sie genannt wird, unweigerlich gefangen, ein Anblick, der besonders an einem klaren Sommerabend kaum überboten werden kann.

Die Sørlandsbahn

Auch in Norwegen wollen wir unsere Reise im Süden beginnen, und zwar mit der sogenannten Sørlandsbahn, die von Oslo aus über Kristiansand zum fischreichen Stavanger führt. Noch starten ihre Züge auf dem Westbahnhof der Hauptstadt, sie werden aber wohl bald vom neuen Zentralbahnhof abfahren, den ein neuer Tunnel mit der Sørlandsbahn verbindet. Die Strecke führt entlang des prächtigen Villenviertels am Westrand der Stadt; zum Greifen nahe erscheint hier die Halbinsel Bygdøy, auf der man historische Schätze wie Amundsens »Fram« und Heyerdahls »Kon-Tiki« bewundern kann.

Schon bald nach der ersten Station, Drammen, entfernt sich die Sørlandsbahn vom Meer und fährt durch das Berg-

Abbildung 131: In atemberaubenden Serpentinen führen Eisenbahn und Straße von der Bergenbahn tausend Meter hinunter nach Flam im innersten Sognefjord
Abbildung 132: Tunnels und Galerien
Abbildung 133: Die alte Dampflok »Hugin« steht als Denkmal in der Vorhalle des Bahnhofs Stavanger
Abbildung 134: Schon fast am Höhepunkt der Bergenbahn liegt Ustaoset an einem romantischen Bergsee

132

133

134

land von Telemark. Vom Bahnhof Hjuksebø aus zweigt eine Bahn ins Landesinnere ab, nach Tinnoset, von wo eine Privatbahn weiter nach Rjukan führt, wo es das in der Atomindustrie wichtige »Schwere Wasser« gibt. In Kristiansand hat die Bahn ihren südlichsten Punkt erreicht und biegt nun nach Nordwesten ab.
Nach Kristiansand erreicht der Zug bald eine kahle Stein- und Felsenlandschaft, die nach einem alten Sprichwort »Gott im Zorn erschaffen hat«. Hier durchfahren wir drei der größten norwegischen Tunnels: den Gyland- (5,7 km), den Haegebostad- (8,5 km) und den Kvineshei-Tunnel (9 km). Die beiden letztgenannten sind übrigens erst während des Zweiten Weltkriegs vollendet worden. Bevor wir schließlich die Endstation erreichen, passieren wir die faszinierende Landschaft des Stavangerfjords.
Zwischen Oslo und Stavanger fahren heute normalerweise am Tag zwei und in der Nacht ein Schnellzug. Von den erstgenannten führt nur einer auch die erste Klasse. Der Nachtzug besitzt zusätzlich Schlafwagen nach Stavanger und nach Kristiansand sowie, in Nelaug abzweigend, nach Arendal. Bei allen Verbindungen kann man bis zum Morgen schlafen, ohne gestört zu werden. Die Sørlandsbahn ist längst elektrifiziert. Der wichtigere Tageszug, der »Stavanger Expreß«, benötigt für die 586 Kilometer lange Strecke auf nichtoptimaler Trasse rund acht Stunden.

Die Bergenbahn . . .

. . . ist eine weitere wichtige Verbindung, die im südlichen Norwegen beginnt. Ihr Bau war ein äußerst kostspieliges und schwieriges Unternehmen. Bis auf eine Höhe von 1301 Metern mußte der Schienenstrang verlegt werden, um die größte mit der zweitgrößten norwegischen Stadt zu verbinden – die beide auf Meeresniveau liegen!
Hier fesseln zwei Dinge den Reisenden besonders: einmal die Schönheit der Landschaft, wenn die Trasse allmählich vom wasserdurchrauschten Hallingdal zur einsamen und sturmdurchtobten Hochebene zwischen Hallingskarvet und Hardangervidda hinaufsteigt. Und überdies die unzähligen Kunstbauten, die einander stundenlang folgen, um den Schienenstrang vor den Unbilden der halbarktischen Witterung zu schützen: Die Tunnels und Schneegalerien sind zusammen nicht weniger als 74 Kilometer lang! Trotzdem müssen jeden Winter noch mächtige Schneepflüge ihre Arbeit tun, um die Gleise von Lawinen und Schneeverwehungen freizuhalten.
Finse befindet sich 1222 Meter über dem Meeresspiegel. Es besitzt den höchstgelegenen Bahnhof Norwegens. Zwischen ihm und der nächsten Station in Hallingskeid erreicht die Bahn mit 1301 Metern ihren höchsten Punkt. Von dort geht es allmählich wieder bergab, und nach der an Grönland erinnernden Schnee-, Eis- und Gletscherlandschaft erwartet uns eine weitere Attraktion: Knapp vor dem Bahnhof Myrdal öffnet sich auf der rechten Seite durch eine tiefeingerissene Schlucht ein kurzer Blick in das fast tausend Meter tiefer gelegene Flåmsdal, wohin die spitzen Kehren der Straße und der von Myrdal abzweigenden Bahn mit dem unglaubhaft erscheinenden Gefälle von 55 Promille hinabführen. In einer knappen halben Stunde kommt man aus dem rauhen Hochgebirge zur geschützten Küste des Aurlandsfjords mit ihrem milden Klima. Er ist ein Seitenzweig des Sognefjords, der eine 180 Kilometer tiefe Bresche in das norwegische Küstengebirge schneidet. Sein mehr als tausend Meter tiefes Gewässer bietet im Kontrast zu den dunklen Felswänden an den Ufern eine der prächtigsten Sehenswürdigkeiten dieses an Naturschönheiten wahrlich nicht armen Landes.
Doch zurück zur Bergenbahn: Hinter dem Bahnhof Myrdal geht es in den 5,3 Kilometer langen »Gravehals-Tunnel« und von nun an ständig abwärts der Westküste entgegen, deren Klima bereits vom Golfstrom begünstigt wird. Die Strecke von Bergen bis Voss, auf das wir dann zufahren, war seinerzeit das erste Teilstück der Bergenbahn. Dort bietet es sich an, einen Abstecher zu dem von der Folgefonni und ihrem Gletscher überragten Hardangerfjord zu unternehmen, wenngleich moderne Kraftwerksbauten das Fjordende etwas verunstalten. Später, schon fast auf Meeresniveau, umfährt die Bahn in romantischen Kehren den Sørfjord, von dem man nie weiß, ob es ein Fjord, ein See oder ein Fluß ist, so eng sind Land und Meer verflochten. Es folgen die Bahnhöfe von Trengereid und Arna. Von Arna aus verlief die Bahn noch bis in die siebziger Jahre weiter über Nesttun, einem romantischen, villen- und gartenreichen Ort, in dessen Nähe Edvard Griegs Villa »Troldhaugen« liegt, und über die Villenvorstädte hinein nach Bergen.
Inzwischen ist die Strecke zwischen Arna und Bergen um rund dreißig Kilometer verkürzt worden. Etwa zehn Kilometer verlaufen in Tunnels, bevor man fast unvermittelt in den Bahnhof von Bergen einfährt. Die alte Strecke hatte mehr Reiz geboten, wenn sie auch längere Zeit in Anspruch nahm.
Auch die Bergenbahn ist längst elektrifiziert. In Oslo fahren die Züge im neuen Zentralbahnhof (früher Ostbahnhof genannt) ab, wobei sie in der Nacht den Weg über Drammen und am Tag den über Roa nehmen. In Hønefoss vereinigen sich die Strecken wieder. Derzeit gibt es drei Tagesschnellzüge, die sechseinhalb bis achteinhalb Stunden unterwegs sind. Angesichts der schwierigen Trasse sind diese Fahrzeiten auf der 470 Kilometer langen Strecke beachtlich. In Oslo fährt am Morgen ein Schnellzug namens »Pernille« ab. Der Gegenzug nennt sich »Henrik«; beides sind Namen aus der norwegischen Literatur. Am späteren Vormittag folgt ein namenloser Zug. Der dritte Zug verläßt Norwegens Hauptstadt nachmittags. Er ist der schnellste und heißt »Bergen-Express«. Als einziger führt er einen Voll-Speisewagen. Bei Nacht fahren zwei Schnellzüge mit Schlafwagen, der eine ganzjährig und täglich nicht nur nach Bergen, sondern auch hinunter nach Flåm, wohin er in Myrdal abzweigt. Der andere verkehrt nur in den Saisonzeiten und an bestimmten Wochentagen. Ihre Sitzwagen bieten nur die zweite Klasse, was, wie erwähnt, ausreicht. Wer es noch bequemer haben will, nimmt sich ein Schlafwagenbett, das recht billig ist. Der einzige Nach-

135

teil der norwegischen Schlafwagen mögen die schmalen Fenster sein, die den Ausblick auf die Landschaft behindern. Alle Abteile, auch in der dreibettigen zweiten (Touristen-)Klasse, besitzen einen kleinen Klappsitz, der nützlich ist, wenn sich zwei oder gar drei Personen am Abend oder am Morgen aus- und ankleiden. Schlafwagenschaffner gibt es in Norwegen und Schweden nicht. Die Betten sind vor Abfahrt schon hergerichtet, und wenn man nach der Fahrkartenkontrolle noch einen Wunsch hat, hängt man ein Pappschildchen außen an die Abteiltür.
Ich bin oft und gerne mit der Bergenbahn gereist. So fuhr ich 1942 auf der damals noch unverkürzten Strecke von Bergen über Nesttun entlang des Sørfjord über Arna und Trengereid im letzten Schein der herbstlichen Abendsonne nach Oslo, das wir morgens erreichten. Es war eine sehr angenehme Reise, wenn sie sich auch in einem fast leeren »holzgepolsterten« Abteil der dritten Klasse eines alten Teakholzwagens abspielte.
Mehr als zwanzig Jahre später fuhr ich mit meiner Frau wieder von Bergen nach Oslo, dieses Mal in einem schon moderneren Tagesschnellzug.
Und zum (bisher) letztenmal fuhren wir im Hochsommer 1983 in der Gegenrichtung nachmittags mit dem »Bergen-Express«. Und wiederum waren die Seen auf der Hardanger-Vidda noch voller Eisschollen.

Abbildung 135: Noch in den sechziger Jahren fuhr der »Dovre-Express« als Dieseltriebwagen zwischen Oslo und der alten Krönungsstadt Trondheim; seine Wagen trugen die Wappenschilder der beiden Städte. Inzwischen ist die Strecke längst vollständig elektrifiziert

Der »Königsweg«

Die sogenannte Dovrebahn verbindet Oslo mit Trondheim, der drittgrößten norwegischen Stadt, in der früher die Könige gekrönt wurden. Jahrhundertelang zogen sie von Oslo aus dorthin zur Inthronisation – auf dem »Kongsvei«, dem die Trasse der Dovrebahn weitgehend folgt. Anfangs war die Eisenbahn in Schmalspur angelegt worden, und zwar über Hamar, Røros und Støren. Der spätere Umbau auf Normalspur hat angeblich doppelt soviel gekostet wie die ursprüngliche Anlage!

Neben dieser Trasse ist aber bald eine zweite normalspurige Linie angelegt worden. Sie ist inzwischen elektrifiziert und verläuft über Hamar, Lillehammer und Dombås, also über den Dovrefjell. In Støren vereinigt sie sich mit der anderen Strecke. Diese »Dovrebahn« ist seither die Hauptverbindung. Wie die Bergenbahn führt sie größtenteils durch hochgebirgsartige Gegenden.

Vom Zentralbahnhof in Oslo läuft die Strecke bis Lillestrøm genau ostwärts. Dort trennt sie sich von der Kongsvingerbahn, die nach Stockholm führt. Danach wendet sich die Route nach Norden. Die Bahn durchquert stille Wälder unfern der schwedischen Grenze und läuft dann lange Zeit auf Sichtweite entlang der Mjøsa, des größten norwegischen Sees, den ein norwegischer Dichter das »Innere Meer Norwegens« genannt hat. In Hamar zweigt die über Rorøs nach Nordosten führende Linie ab; hier liegen die Trümmer des alten Doms und das norwegische Eisenbahnmuseum, das viele Raritäten aus der Geschichte der norwegischen Eisenbahnen beherbergt. Am Nordende der Mjøsa liegt der berühmte Wintersportort Lillehammer, von wo die Bahn dann allmählich im Gudbrandsdal aufwärts steigt. In der Nähe von Otta steht der sogenannte »Sinclair-Støtten«, der an den Sieg über eine schottische Söldnertruppe in schwedischen Diensten erinnert, die unter dem Kommando eines Hauptmanns Sinclair stand. Dann wird rechts die Rondane sichtbar, ein kahles Felsplateau, auf dem man sich den Helden aus Ibsens »Peer Gynt« herumstreifend vorstellen mag.

In Dombås, auf 659 Metern Seehöhe, zweigt die sogenannte Raumabahn nach links ab. Sie fährt durch fast erdrückend enge und finstere Schluchten und über schwindelnde Abgründe, bis sie unten im Romsdal anlangt. Vorbei am »norwegischen Matterhorn«, dem Romsdalshorn, trifft sie schließlich in Åndalsnes ein, das schon im Schärengürtel der Westküste liegt.

Der Hauptstrang der Dovrebahn steigt ab Dombås weiter an und erreicht in der Station Hjerkinn auf 1017 Metern Seehöhe die Wasserscheide zwischen Oslofjord und Atlantik. Durch unzählige Tunnels, Schneeschutzbauten und halboffene Galerien geht es nun abwärts nach Støren, wo von rechts die Rørosbahn einmündet, und endlich nach Trondheim.

Die Trasse der Rørosbahn verläuft nicht durch das Hochgebirge des Dovrefjell, sondern wesentlich niedriger, weswegen sie als erste gebaut worden ist. Ihr Scheitelpunkt liegt bei nur 670 Metern. Eine Reise mit diesem Zug bietet keine bedeutenden Sehenswürdigkeiten, aber auch die stundenlange Fahrt durch einsame Wälder hat ihren Reiz. Die Landschaft erinnert hier an das nahe Schweden oder an Finnland. Eine Zeitlang fährt man am Ufer der Glomma, auf der viel Holz geflößt wird. Nach Røros, etwa 400 Kilometer von Oslo entfernt, kommen manchmal noch heute wandernde Lappen aus dem Norden herunter. Das Klima ist in diesem östlichen Teil Norwegens, wo die feuchtmilden atlantischen Winde der Westküste keinen Einfluß haben, extrem rauh – im Winter sinkt das Thermometer oft auf bis zu minus fünfzig Grad!

Auf der 553 Kilometer langen Dovre-Route verkehren in der Hauptsache zwei Tagesschnellzüge, die etwas mehr als sechseinhalb Stunden Fahrzeit benötigen. Der eine heißt »Dovre-Sprinten«, der andere »Dovre-Express«; beide führen einen Buffetdienst. Daneben gibt es noch einen Tageszug mit Wagen zweiter Klasse nach Åndalsnes. In der Nacht fährt ein Schnellzug mit Sitzwagen zweiter Klasse und Schlafwagen nach Trondheim und nach Åndalsnes, der mehr als acht Stunden braucht. Auf der Røros-Strecke fahren ein Tages- und ein Nachtschnellzug mit Sitzwagen zweiter Klasse; der Nachtzug führt auch Schlafwagen.

Meine bisher letzte Fahrt auf dem »Königsweg« liegt wenige Jahre zurück: Sie begann in Trondheim, wo wir nachmittags aus Nordnorwegen angekommen waren, um mit dem »Dovre-Sprinten« weiterzufahren. Die Garnitur aus Oslo war verspätet. Binnen eineinhalb Stunden nach ihrer Ankunft sollte sie in der Gegenrichtung eingesetzt werden. Allerdings bestand sie aus dem Modernsten, was die norwegischen Staatsbahnen heute zu bieten haben, und zwar aus einer Elektrolok der Baureihe 17 sowie aus Wagen der Baureihe B 7. Es waren dies ein Wagen mit erster und zweiter Klasse, ein gemischter Wagen mit einem Saal zweiter und Abteilen erster Klasse für je zwei oder vier Personen und mehrere Saalwagen zweiter Klasse. Schließlich war ein Wagen eingereiht, der verschiedenen Funktionen diente: Er enthielt Zugführer- und Dienstabteile, einen Raum für Behinderte mit entsprechendem Einstieg, was es meines Wissens sonst nur noch in den USA und Japan gibt, einen Gepäckraum sowie ein Buffetabteil.

Im Buffetabteil konnte man sich selbst versorgen; als Passagier der ersten Klasse wurde man sogar am Platz bedient. Und natürlich hat ein solch moderner Zug chemische Toiletten.

Doch hypermoderne Einrichtungen haben ihre »Kinderkrankheiten«. So eignen sich die erwähnten Loks für eine Geschwindigkeit von bis zu 150 Stundenkilometern. Aber keine der kurvigen norwegischen Strecken ist für dieses Tempo geeignet. Auf dem Teilstück von Trondheim bis nach Støren, wo die Lok sehr schnell fuhr, mußte ich mich an beiden Seiten abstützen, um nicht das Gleichgewicht zu verlieren. Die offenen Passagierräume entsprechen in der zweiten Klasse zwar dem heutigen europäischen Standard. Dies gilt aber nicht für die erste Klasse. In ihr findet man zwischen Sitzen, seien sie 1:1 oder 2:2 angeordet, feststehende Tische, die sich nicht bewegen lassen. Sitzt

136

man am Fenster, dann muß man sich zwischen Mitreisenden und dem Tuch durchquetschen, um den Zwischengang zu erreichen. Die Tische sind sehr stabil, sie erinnern allerdings an eine roh gezimmerte Hobelbank. Es sei empfohlen, Getränke sofort zu sich zu nehmen oder das Glas fest zu umklammern. Nicht zuletzt bereiten die chemischen Toiletten Schwierigkeiten: Das WC in unserem Wagen war schon nach einer halben Stunde verstopft, und der Schaffner konnte nichts tun, als es zu versperren und durch ein Schild als unbenutzbar zu kennzeichnen.
Übrigens fällt auf, daß die beschriebenen Wagen außen wie innen den französischen TGV stark ähneln – von den Einstiegen bis zu den »Hobelbänken«.

»Lokket givet Signalen . . .«

In Trondheim schließt die Nordlandsbahn an die Dovrebahn an. Noch jahrelang nach 1945 war sie ein Bruchstück. Vor dem Krieg hatte sie erst Mo-i-Rana erreicht, danach bildeten Lønsdal, Saltdal und Fauske die einzelnen Etappen. Erst im Dezember 1961 waren die Schienen bis Bodø, dem vorgesehenen Endpunkt, verlegt. Im Juni 1962 schließlich wurde die ganze, 729 Kilometer lange Strecke Trondheim–Bodø vom norwegischen König Olav feierlich eröffnet.
Seither wird darüber gestritten, ob die Nordlandsbahn bis Narvik verlängert werden soll. Jüngst war sogar die Rede von einer Ausdehnung des Schienenstrangs über Narvik

Abbildung 136: Die Dampflok Nr. 271 aus dem Jahr 1914 wird im Eisenbahnmuseum von Hamar aufbewahrt
Abbildung 137: In Hamar steht auch der letzte »Dovregubben« (Dovre-Riese), der einst auf der Dovrebahn zwischen Oslo und Trondheim fuhr
Abbildung 138: Die jüngsten E-17-Elektroloks der NSB sind zwar für 150 Stundenkilometer zugelassen, können diese Geschwindigkeit aber auf den steigungs- und kurvenreichen Strecken der Dovrebahn kaum ausfahren
Abbildung 139: Abfahrt des Nachtschnellzugs nach Trondheim in Stavanger
Abbildung 140: Die neuesten Wagen der NSB vom Typ B7 erinnern in ihrer Gestalt an die französischen TGV

137

138

139

140

hinaus bis Tromsø. Finanzielle Gründe haben die Realisierung dieser Pläne bisher verhindert: Eine solche Trasse müßte unter anderem mehrere Fjorde überqueren oder umgehen. Und die dünne Besiedlung der Region spricht ebenfalls nicht für die Annahme, daß sich diese Verbindung rentieren würde. Aber wahrscheinlich würde sie den Tourismus fördern. Überdies wäre Narvik, das per Bahn heute lediglich auf dem Umweg über Schweden erreicht werden kann, direkt mit der Hauptstadt verbunden. Gleiches würde für Tromsø gelten, der größten Siedlung in der norwegischen Arktis, die gegenwärtig ausschließlich auf den See- und Luftverkehr angewiesen ist.

Von Trondheim aus fährt die Nordlandsbahn zuerst um den Trondheimsfjord und dann ins Landesinnere. Im Bahnhof Hell zweigt eine Linie ostwärts nach Schweden ab. Sie überschreitet in Storlien die Grenze, passiert den Sommer- und Winterkurort Åre und setzt sich über Östersund bis Stockholm fort, wo sie an die schwedische Hauptstrecke von Stockholm nach Lappland anschließt. In Grong biegt eine Nebenlinie zur Küste bis nach Namsos ab. Weiter im Inland wird der Svartisen sichtbar, einer der größten Gletscher Europas, der auch vom Meer aus einen imponierenden Eindruck macht. Zwischen den menschenarmen Orten Bolna und Stødi (579 km von Trondheim) macht ein durchdringendes Pfeifsignal – »Lokket givet Signalen« – darauf aufmerksam, daß man den Polarkreis überquert. Er ist hier durch einen Globus und durch hölzerne Säulen markiert. Bald darauf erreicht die Strecke mit 680 Metern über dem Meeresspiegel ihren höchsten Punkt, und nun geht es bergab in das Saltdal. In Fauske, wo die eventuelle Verlängerung nach Narvik abzweigen soll, umrundet die Bahn den weiten Fjord, um an dessen Ende in Bodø ihr Ziel zu erreichen. Wer, ohne sich dem Flugzeug anzuvertrauen, von hier aus weiter nach Norden will, kann die täglich verkehrenden Schiffe der norwegischen »Hurtigrute« (Eil-Linie) benutzen, die von Bergen bis Kirkenes fahren, oder schon in Fauske einen »Nord-Norge-Bus« besteigen, der ihn in sechsstündiger Fahrt nach Narvik und von dort nach zwei weiteren Tagen nach Kirkenes bringt.

Auf der Nordlandsbahn verkehren im Sommer wie im Winter in beiden Richtungen je ein Tages- und ein Nachtschnellzug zwischen Trondheim und Bodø, welche die 729 Kilometer lange Strecke in rund elf Stunden zurücklegen. Der Tageszug führt beide Klassen und Speisewagen, der Nachtzug nur die zweite Klasse, aber Schlafwagen der ersten und der Touristenklasse – diese nicht nur nach Trondheim, sondern auch zu den Zwischenstationen Mosjoen und Mo-i-Rana, wo sie sehr früh am Morgen abgehängt werden. Dennoch kann der Reisende aber bis etwa sieben Uhr im Bett bleiben. Der Nachtzug hat ab Mo-i-Rana auch einen Buffetdienst, in früheren Jahren war es sogar ein Voll-Speisewagen. Von Trondheim aus startet zusätzlich am späten Nachmittag ein Zug zur schwedischen Grenzstation Storlien, der einen Kurswagen für den dortigen Nachtschnellzug nach Stockholm mitnimmt.

Auf allen Reisen zu dem europäischen »Ultima Thule«, also in den äußersten Norden, muß man natürlich immer etwas Glück mit dem Wetter haben. Meine in Jahrzehnten zahlreicher Reisen in diese Regionen erworbene Erfahrung ist die: Wenn es im hohen Norden schön ist, so ist es sehr schön, und zwar noch schöner als im Süden Europas, und überdies: Kommt man im Hochsommer in eine Schönwetterperiode, so wird es, je nördlicher, desto schöner. Allein schon die langen Tage, an denen die Sonne kaum mehr untergeht oder um die Mitternachtszeit überhaupt nicht mehr verschwindet; die reine und klare Luft; die intensiven Farben – all das verleiht diesem Norden einen Reiz, dem die mittel- und südeuropäischen Länder nichts Gleichwertiges entgegenzustellen haben. Die fast 24 Stunden dauernde Einwirkung der Sonne bewirkt ja auch eine wesentlich größere Wärme, als sie dem Breitengrad entsprechen würde, freilich zusätzlich begünstigt durch den warmen Golfstrom, der sich bis hinauf gegen Spitzbergen noch auswirkt; als Musterbeispiel dafür sei nur erwähnt, daß ich einst um zwei Uhr nachts (!) lediglich im Schlafanzug (!) auf Deck eines Küstenschiffes zwischen Tromsø und Hammerfest eine Plauderstunde mit einem Reisegefährten verbrachte – ich glaube, selbst zwischen Athen und Rhodos hätte uns ein eiskalter »Meltemi« bald in die Kabinen getrieben . . .

Abbildung 141: Die norwegischen Schlafwagen sind zwar äußerst komfortabel, allerdings sind ihre Fenster wohl aus klimatischen Gründen recht schmal. Hier der Schlafwagen von Bodø nach Oslo

Abbildung 142: Ankunft des Eröffnungszugs zur Vollendung der Nordlandsbahn am 7. Juni 1862 durch König Olav auf dem Bahnhof Bodø. Über eine Verlängerung dieser Bahn nach Narvik wird seit Jahren, vor allem aus finanziellen Gründen, immer wieder debattiert

141

142

Mit der Erzbahn nach Narvik

Die Erschließung des schwedischen Nordens durch die Schiene hatte vor allem wirtschaftliche Ursachen. Im vergangenen Jahrhundert sind die riesigen Erzlager erst des Malmberg bei Gellivare, dann des Kirunavaara entdeckt worden, deren Ausbeutung die britische The Northern of Europe Railway Company Ltd. übernahm. Um das weltweit an Qualität kaum zu übertreffende Erz zu transportieren, verschaffte sich das Unternehmen die Konzession, die Malmbahn (Erzbahn) zu bauen.
Bis heute gibt es nur zwei Beförderungswege zu einem Hafen: Der eine führt nach Luleå an der Ostsee, dessen Hafen aber im Winter monatelang durch Eis blockiert ist. Der andere hat Narvik zum Ziel, das damals ein unbedeutendes Fischernest namens Victoriahavn war. Die Stadt ist dank des nahen Golfstroms das gesamte Jahr eisfrei. Es kann daher nicht verwundern, daß sich die Railway Company für Narvik entschied, welches in Folge einen kolossalen Aufstieg erlebte – bis sich die Stahlkrise auch hier bemerkbar gemacht hat.
1891 war die Teilstrecke Narvik–Kiruna fertiggestellt, 1895 die von Luleå nach Gellivare und 1903 die Verbindung von dort nach Kiruna. 1915 begann die Company, die Malmbahn zu elektrifizieren, was schon 1922 abgeschlossen war. Einschließlich des bereits auf norwegischem Boden liegenden kurzen Endstücks zwischen Riksgränsen und Narvik stellt die Linie von Trelleborg entlang der Ostsee bis zum Hafen von Narvik mit einer Länge von mehr als 2100 Kilometern die längste durchgehend elektrisch betriebene Strecke unter ein und derselben Verwaltung in Europa dar.
Die elektrisch getriebenen Doppel- und Dreifachlokomotiven der beiden Typen Dm (1-D + D-1) und Dm 3 (1D + D + D1) mit einer Leistung von 6000 und 9000 PS gehören zu den stärksten und eindrucksvollsten dieser Art. Die Stahlkrise hat in den letzten Jahren allerdings dazu geführt, daß sie kaum mehr zum Erztransport eingesetzt werden. Heute werden sie auch im Güter- oder im Personenverkehr auf weiter südlich gelegenen Strecken verwendet.

Der »Nordpfeil«

Auf lappländischem Boden zweigt von der Malmbahn in Richtung Süden die Strecke nach Stockholm ab. Auf ihr verkehrt ein Zug, der eine ähnliche Tradition besitzt wie etwa in Großbritannien der uns schon bekannte »Flying Scotsman«: Es ist der »Nordpilen«, der seit einem halben Jahrhundert die wichtigste und beste Eisenbahnverbindung zwischen Stockholm und Narvik darstellt. Jahr für Jahr und Tag für Tag verläßt er pünktlich um 17 Uhr in beachtlicher Länge den Zentralbahnhof von Stockholm, um nach einer Fahrzeit von rund 21 Stunden das 1541 Kilometer entfernte Narvik zu erreichen. Er hat derzeit Kurswagen erster und zweiter Klasse von Stockholm nach Kiruna, ab Boden auch von Luleå nach Narvik, ferner Schlafwagen von Stockholm nach Kiruna und Luleå, schließlich Liegewagen nach Luleå und Speisewagen Stockholm–Kiruna.
Obwohl der Touristenverkehr nach Lappland in den letzten Jahrzehnten nicht unwesentlich zugenommen hat, waren vor etwa dreißig Jahren die Schnellzugverbindungen in dieser Richtung zahlreicher: Neben dem »Nordpilen« gab es damals noch zwei weitere Schnellzüge mit Kurs- und Schlafwagen von Stockholm nach Narvik. Um 1960 lief wenige Jahre sogar ein Schlafwagen Oslo–Narvik, der von Oslo zuerst nach Osten über die schwedische Grenze fahren mußte, bevor er dann in Karlstad oder Hallsberg in einen der genannten Züge eingegliedert werden konnte. Nach einer Gesamtfahrtzeit von nicht weniger als zwei Nächten und einem dazwischenliegenden Tag kam er endlich in Narvik an. Da aber heute der Satz »Time is money« gilt, ist diese Umwegverbindung nach kurzer Zeit aufgegeben worden. Hoffen wir also auf die Verlängerung der Nordlandsbahn von Bodø nach Narvik.
Vor rund drei Jahrzehnten bin ich erstmals mit dem »Nordpilen« die gesamte Strecke von Stockholm bis Narvik gefahren. Darüber habe ich damals einen Bericht zu Papier gebracht, der zur Illustration wiedergegeben sei:
»Pünktliche Abfahrt um 17 Uhr vom Zentralbahnhof Stockholm. In früheren Jahren stand der Zug meist auf einem der (kürzeren) Außenperrons, seine jetzige Länge erfordert jedoch die ganze Ausdehnung der Durchgangsgleise. Wir sind zu dritt in zwei benachbarten Doubles des mit echt schwedischer Breite und ebensolchem Komfort eingerichteten Schlafwagens; ich selbst teile das Abteil mit einem Schweden in mittleren Jahren, der nicht nur touristisch gekleidet ist, sondern als einziges Gepäckstück auch einen überdimensionalen Rucksack mitführt, da er längere Wanderungen in Lappland beabsichtigt. Unsere El-Lok ist eine vom Typ ›Ma‹ (Achsfolge Co-Co im Gewicht von 104 Tonnen und mit einer Leistung von 5000 PS). Sie wird bis Boden am Zug bleiben.
Nach einer knappen Stunde sind wir in Uppsala, dessen Dom zu den schönsten in Europa zählt. Dieser Stadt muß man natürlich mehr Zeit widmen als die wenigen Minuten des Aufenthaltes. Ihre Universität ist eine der ältesten Europas; die Schätze ihrer Bibliothek zählen zu den Sternen allererster Größe unter den abendländischen Kulturgütern: der ›Codex argenteus‹, die berühmte Wulfila-Bibelübersetzung, Briefe der Marie Antoinette an ihre kaiserlichen und königlichen ›Kollegen‹ in Europa, chinesische Weltkarten aus dem 15. Jahrhundert – das alles ist in einem gar nicht besonders großen Raum im Erdgeschoß untergebracht, bewacht von ein paar Studenten, die im Vorraum Mäntel und Schirme abnehmen.
Weiter geht es nach Gävle, der lebhaften Handelsstadt an der Ostsee (die man aber von der Bahn aus nicht zu sehen bekommt); hier ist das reichhaltige schwedische Eisenbahnmuseum. Die Strecke biegt nun in das Landesinnere, und wir unternehmen die Promenade zu dem recht weit entfernten Speisewagen, aus dem wir später reichlich befriedigt zurückkehren. Inzwischen haben ›Heinzelmänn-

143

chen‹ schon die Betten hergerichtet, doch an Schlaf ist in dieser herrlichen Hochsommernacht noch lange nicht zu denken, denn wenn es nie finster, ja nicht einmal dämmerig wird, fallen die Augen nicht von selbst zu. Stundenlang fahren wir nun durch die schweigende, helle Nacht; Wasser und Wald, grüne Heiden und stille Seen; die berühmte Forsmo-Brücke mit ihren weiten Spannungen bildet einen scharfen Akzent in den Stunden zwischen zwei und drei Uhr früh; in Vännäs, um fünf Uhr morgens, brennt die Sonne schon wieder warm und hoch vom Himmel.
Poesie und Prosa: Eingedenk des langen Weges zum und vom Speisewagen, den wir am Abend zurückgelegt hatten, beschließen wir, uns diesen halben Kilometer Fußmarsch zu ersparen und uns beim nächsten Halt etwas vom Bahnsteig zu erwerben. Gegen sieben Uhr halten wir in Bastuträsk – richtig, es steht ein dampfender Kessel einige Wagenlängen weiter am Perron. Ich suche mein schönstes Schwedisch zusammen und haste hinaus, um rasch Kaffee und einiges Kompaktes zu bekommen. Was steht auf dem Kessel – ›Varm Korv‹ (Heiße Würstchen), doch Kaffee oder irgend etwas sonstiges zu essen hat der Mann nicht zu bieten. Nun, auch diese Würstchen stillen den ersten Morgenhunger, aber den Mitteleuropäer befremdet es doch, wenn er zum ersten Frühstück nur diese ›Varm Korv‹ und nur mit einem Klacks Senf, dazu aber nicht das geringste Stück Brot bekommt, aber so sind eben die Sitten in Bastuträsk (oder sollten die Bäcker heute gestreikt haben?).

Abbildung 143: Das Innere eines norwegischen Schnellzugs zweiter (!) Klasse in den fünfziger Jahren – im Komfort einem Pullman ebenbürtig!
Abbildung 144: Die riesige Vorhalle des Hauptbahnhofs von Stockholm, zum größten Teil ein Durchgangs-, teilweise, für kürzere Züge, auch ein Kopfbahnhof. Das Restaurant, das von der Gesellschaft »Trafik-Restauranger« geführt wird, gehört zu den besten Europas

144

STCNKU
TOALETTER OALETT

Am späten Vormittag laufen wir in Boden ein; wir sind nach 1105 Kilometern Fahrt schon recht weit im Norden: Hier endet auch die ehemalige Norra Stammbanan (Nördliche Hauptbahn), die sich nun nach Nordwesten in die Malmbahn fortsetzt. Nach Osten führt von hier eine Linie hinunter nach Luleå, eine andere (nur von Triebwagen befahrene) nach Haparanda und Tornio an der finnischen Grenze. Zwischen diesen beiden Orten überqueren sowohl Normal- wie Breitspurgleise den Torne älv.

Auf dem Bahnsteig in Boden brennt die Sonne fast wärmer als im mediterranen Süden, aber bei der Weiterfahrt merken wir doch schon die nahe Arktis: Anstelle der Tannen und Fichten treten Birken, später sind es nur mehr Latschen, Flechten und Moose, hin und wieder sehen wir ein Rentier neben der Bahn. Beim Kilometerstein 1242 (von Stockholm aus) verlangsamt der Zug die Fahrt, die Lokomotive stößt drei schrille Pfiffe aus, alle Passagiere eilen zu den Fenstern: ›Polcirkel‹ steht in Schwedisch, Deutsch und Englisch auf zwei großen weißen Tafeln beiderseits des Bahndammes, eine Linie aus weißen Steinen deutet den Meridian an, eine zweite Aufschrift gibt die Kilometerentfernung von hier zum Nord- und zum Südpol an – es gibt wenige Stellen auf der Erde, wo man aus dem Schlafwagenfenster heraus eine so bedeutende Markierungslinie unserer alten Mutter Erde sehen kann.

Nun sind wir in der Arktis. Schon seit Boden ist der Personenverkehr auf der Strecke magerer geworden, wenn überhaupt noch vorhanden. Die Erzzüge mit 71 Wagen (ich habe sie oft gezählt!) beherrschen den Schienenstrang; die bullenstarken El-Loks der Reihen Dm und Dm 3 bringen das wertvolle Erz uns entgegen auf der Fahrt nach Luleå oder fahren leer zurück. Dann sind wir in Gellivare, wo das eine Zentrum (der Malmberg) dieser Gegend liegt und wo die ersten Lappen auf dem Bahnsteig zu sehen sind. Freilich sind sie recht ›zahm‹ und mehr auf Handel mit ihren Rentiergeweihen, Messern oder bunten Textilien aus als auf Jagd oder sonstige urtümliche Beschäftigung.

Genau einhundert Kilometer nach Gellivare (Fahrtzeit rund eineinhalb Stunden) erreichen wir Kiruna. Die Silhouette des Kirunavaara (Kiruna heißt auf lappisch ›Schneehuhn‹) ist, wie mit dem Messer abgeschnitten, von der Bahn aus zu sehen; seit Jahrzehnten wird hier im Tagbau die Form des Berges dauernd verändert, der Vorrat dürfte wohl noch weitere Jahrzehnte reichen. Kiruna ist übrigens die an Ausdehnung größte Stadt der Erde: Ihr (verwaltungsmäßiges) Areal übertrifft sogar Chicago! Nach längerem Aufenthalt – einige Schlaf- und Sitzwagen werden hier abgehängt, auch der Speisewagen verläßt uns – geht es weiter. Lappen sind nun auf jeder Station; Zwergföhren, Birken und Rentiere beherrschen das Landschaftsbild. Der Bahnkörper ist hier, wie fast überall im schwedischen Norden, auf Sandboden verlegt, daher ist die Geschwindigkeit auch nie sehr hoch. Bald fahren wir oberhalb des Torneträsk, eines Sees, größer als der Gardasee, voll der herrlichsten Lachsforellen. In Abisko, das im Süden von der scharf eingerissenen Scharte der

Abbildung 145: Die Dampflok »Prins August«, gebaut schon 1856 in Manchester, ist eines der wertvollsten Stücke des Eisenbahnmuseums in Gävle. Sie war bis 1906 im Dienst; ihre Höchstgeschwindigkeit betrug 75 Stundenkilometer

Abbildung 146: Die Grenzen zwischen den skandinavischen Staaten sind überall offen; hier die für finnische Breit- und schwedische Normalspur angelegte Brücke über den Tornea-Älv zwischen Tornio und Haparanda

146

Lapporten beherrscht wird, haben wir eine paradiesische Gegend erreicht, ähnlich dem schweizerischen Zermatt: Es gibt hier keine Straße, es gibt hier keine Autos, also weder Lärm noch Gestank; es gibt nur das komfortable ›Abisko Tourist-Hotel‹, zwar mit Selbstbedienung, zwar ohne Alkohol, aber ohne Musikautomaten und ohne lärmende Gäste. Hier gibt es nur Spaziergänge durch die stillen und hellen Nächte, mit traumschönen Tagen am rauschenden Abisko-Jokk, der sich in einem schäumenden Canyon zum Torneträsk ergießt, und mit idyllischen Abenden am Ufer des Sees, an dessen Nordrand die Sonne nicht untergehen will. Wir fahren weiter durch den nur einen Kilometer langen Nuolja-Tunnel, den längsten in ganz Schweden. Einige Stationen weiter oben, in Vassijaure, dann in Riksgränsen, soll manchmal noch im Hochsommer der Schnee neben den Geleisen liegen. Grüne Wasser stürzen von den Bergwänden herunter. Die norwegische Paßkontrolle ist mehr eine freundliche Begrüßung denn eine Amtshandlung – schon beim Anblick unserer Reisepässe begrüßt uns der nette, junge Mann auf deutsch. Dann sind wir über die Grenze, und es geht auf norwegischem Gebiet die letzten 39 Kilometer in kühnen Kehren hinunter zum Rombakenfjord, mit Ausblick schon auf den Atlantik hinaus, zur fernen Lofoten-Kette und nach Vesteraalen, bis wir dann ganz unten den Ofotfjord erreichen und damit Narvik, das Ende dieser heutigen Fahrt, die eine Symphonie von immer mehr steigenden Eindrücken war.«

Inzwischen hat sich einiges geändert: Es gibt keine Paßkontrolle mehr, wie diese ja innerhalb der skandinavischen Staaten untereinander längst aufgehoben ist. Es gibt zwischen Stockholm und Narvik nur noch einen Schnellzug, den »Nordpilen«. Und schließlich verkehren viel weniger beladene oder leere Erzzüge. Schon im Jahr 1978, als ich letztmals in Kiruna übernachtete, waren nicht nur die Abstellgleise des Bahnhofs kaum benutzt, auch auf der vorangegangenen Fahrt von Gellivare begegnete mir nicht ein einziger Erzzug. 1982 war es zwischen Boden und Narvik kaum anders.

Und noch etwas ist inzwischen anders geworden: Das von mir einst als »Paradies der Ruhe« gepriesene Abisko hat inzwischen dem »Zug der Zeit« seinen Tribut zollen müssen. Die Station Abisko ist auf die andere Seite des Bahnkörpers verlegt worden – weil der Platz für eine Straße gebraucht wurde. Heute hat sie längst vom Süden her Abisko erreicht, und Berichten zufolge ist sie im Sommer 1984 bereits bis nach Narvik fertiggestellt worden.

Zwar nicht ab Stockholm, aber von anderen Städten im Süden aus gibt es neben dem »Nordpilen« einen weiteren Zug, der direkt bis nach Narvik fährt: Es ist der »Lapplandspilen«, der verschiedene Verbindungen von Südschweden zu den nördlichen Regionen vereinigt. Seine Ausgangspunkte sind Malmö, Göteborg und im Hochsommer auch Kopenhagen über Helsingør–Helsingborg. Seine Zielbahnhöfe sind Östersund, Storlien, Umeå an der Ostsee, Luleå und schließlich Narvik. Der Zug besteht aus einer nur für Fahrplanexperten entwirrbaren Kombination von Sitz-, Liege- und Schlafwagen, die auf verschiedenen Bahnhöfen – Helsingborg, Hallsberg, Ånge, Vännäs – vereinigt, zusammengeschlossen oder getrennt werden. Bis hinauf nach Narvik fahren derzeit Liegewagen von Kopenhagen – aber nur im Sommer, und während der anderen Jahreszeiten muß man in Boden in die von Luleå kommenden Wagen nach Narvik umsteigen. Die Route des »Lapplandspilen« umgeht Stockholm auf der kürzeren Strecke über Hallsberg und Alvesta und mündet dann in die Norra Stammbanan ein.

»Tåghem« und »Dollar-Zug«

Es sei schließlich an zwei Züge erinnert, die nie in einem Fahrplan standen:

Der »Tåghem« (Zug-Heim) war eine Art »Hotel auf Rädern«. Mit ihm konnte man zu guten Preisen einige der schönsten Regionen Schwedens durchfahren. Bereits in den fünfziger Jahren wurde er außer Dienst gestellt.

Im Jahr 1924 hatte die schwedische Staatsbahn dem schwedischen Verkehrsverein den Auftrag erteilt, eine Zughotelreise für Schüler zu organisieren. Die erste Fahrt dieser Art, die durch die schönsten Teile Jämtlands führte, erwies sich als ein voller Erfolg. Daher wurde das Unternehmen in den folgenden Sommern wiederholt, und ab 1927 konnten auch Erwachsene teilnehmen. Die Züge fuhren nicht mehr nur nach Jämtland, sondern auch nach Lappland, im Winter für Sportbegeisterte auch nach Östersund und Storlien sowie zu Orten an der »Erzbahn«.

Abbildung 147: Die schwedische Dreifachlok der Reihe Dm3 ist eine der stärksten Elektrolokomotiven der Erde; mit ihren 7500 Pferdestärken zog sie die längsten Erzzüge zwischen Kiruna und Narvik

Abbildung 148: Ein Erzzug in der schwedisch-norwegischen Grenzstation Riksgränsen

Abbildung 149: Lapporten (Lappenpforte), der eindrucksvolle Gebirgszug südlich von Ahisko

147

148

149

147

148

149

Nach der kriegsbedingten Unterbrechung fuhren sie ab 1947 bis in die fünfziger Jahre weiter. Der günstige Pauschalpreis umfaßte die Fahrkarte, ein Schlafwagenbett, die volle Verpflegung im Zug oder während der Ausflüge und die Dienste eines Reiseleiters. Neue Varianten des Programms führten auch zu den Badeorten an der Westküste, und 1952 lief ein Zughotel zur Winterolympiade nach Oslo, wo es eine Woche lang auf dem Vorortbahnhof Grefsen stand.
Die Zughotels waren natürlich keine Luxuszüge. Aber man hatte sie mit allen Bequemlichkeiten ausgestattet, die auf einer Vergnügungsreise vonnöten sind. Nicht gefragt war allerdings überflüssiger »Pflanz«, wie man in Wien sagen würde, also Abendkleidung zum Dinner und dergleichen. Das einzige, was die Passagiere selbst zu besorgen hatten, war das Bettenmachen. Wenn man wollte, konnte man sogar in einem Wasch- und Duschwagen die eigene Wäsche reinigen. Die Zusammensetzung des Zugs sah normalerweise so aus:

ein Skiwagen (nur bei Winterreisen),
ein Dusch- und Waschwagen,
fünf Schlafwagen mit zweibettigen Abteilen,
ein Gesellschaftswagen,
ein Speisewagen,
ein Küchenwagen,
ein Vorrats- und Kühlwagen,
ein Personalwagen.

Nach dem Zweiten Weltkrieg erfand die schwedische Staatsbahn noch eine zweite Art, »Kreuzfahrten auf der Schiene« zu machen – diese allerdings auf ausgesprochen luxuriöse Weise mit entsprechenden Preisen und dem dazugehörigen Drum und Dran.
»Dollar-Zug« wurde er im Volksmund genannt, weil seine Kundschaft zumeist von jenseits des großen Teichs stammte. Offiziell trug er den Namen »Sunlit Nights Land Cruises Train« (Mitternachtssonnen-Zug). Auch er ist längst wieder von den Schienen verschwunden, aber in den fünfziger und bis in die sechziger Jahre hinein bildete er einen festen Bestandteil des schwedischen Sommerfahrplans fur Sonderzüge. Im Durchschnitt sechsmal im Juli und August fuhr dieser Zug eine Woche lang von Stockholm aus durch die schönsten Gegenden von Jämtland und Lappland, und dies zu einem für damalige Verhältnisse recht hohen Pauschalpreis von 1780 Schwedenkronen oder 345 Dollar.
Das Reiseprogramm sah den Besuch von Uppsala, Rättvik, des Siljansees, von Mora, Åre und Östersund vor. Dann ging es auf die »Erzbahn«. Bei Überschreiten des Polarkreises gab es, wie auf Kreuzfahrtschiffen, eine »Polartaufe«, und in Abisko bot sich die Gelegenheit, auf dem nördlichsten Golfplatz der Erde zu spielen. Nach einem kurzen Besuch von Narvik mit Bootsfahrt auf dem Fjord folgten nochmals ein kurzer Aufenthalt in Abisko und eine Besichtigung des Bergwerks von Kiruna. Schließlich fuhr man über Sundsvall wieder nach Stockholm zurück.

Für den genannten Preis wurden geboten: ein Einzelbettabteil im Schlafwagen neuester Bauart, volle und schwedisch-üppige Verpflegung samt allen Getränken, Duschräume, ein Bar- und Gesellschaftswagen mit einem Schreibzimmer und Gelegenheit zum Selbstschreiben oder Diktieren, die Dienste eines Bordphotographen, der die eindrucksvollen Aufnahmen von der Polartaufe, von der Mitternachtssonne und vom Lachsfischen in Torneträsk gleich entwickelte und vervielfältigte. Bei einer Stewardeß konnte man Mückenöl kaufen, und ein Bordarzt sorgte für das Wohlbefinden der Gäste.
Der »Sunlit Nights Land Cruises Train« setzte sich wie folgt zusammen:

ein Schlafwagen für das Personal,
ein Gepäckwagen mit Duschabteil,
fünf Schlafwagen mit Einzelabteilen,
ein Speisewagen mit Klimaanlage,
ein Gesellschafts- und Barwagen (Umbau aus einem offenen Wagen erster Klasse),
ein Schlafwagen mit einigen Lits-Salon-artigen Großabteilen, zur Hälfte als Salon eingerichtet und mit einem Aussichtsraum am Ende. Dieser Wagen war der Dienstwagen des Generaldirektors der schwedischen Staatsbahn, der im Sommer für den genannten Zweck eingesetzt wurde.

Extrazug nach Jokkmokk

Neben der schwedischen Hauptstrecke nach Lappland gibt es dorthin noch eine zweite Bahnlinie, die wirtschaftlich allerdings wesentlich weniger bedeutsam ist: Die Inlandsbahn führt in einer Länge von 1067 Kilometern von Mora am Siljansee über Östersund, Vilhelmina, Storuman, Arvidsjaur und Jokkmokk durch halb- und zuletzt schon durch rein arktische Gebiete und endet in Gellivare an der Erzbahn. Die Strecke läuft durch weithin fast menschenleere Gebiete. Nahezu dreißig Jahre hatte ihr Bau in Anspruch genommen, der überwiegend aus bevölkerungspolitischen Gründen erfolgte. Den Menschen, die in diesen Regionen lebten, sollte der wirtschaftliche Anschluß an die dichter besiedelten Gebiete ermöglicht werden. Die Inlandsbahn fährt durch eine einförmige Landschaft. Reisenden, die den Norden schätzen, bieten sich jedoch mancherlei Eindrücke, vor allem von einer Natur, die fast unbeschädigt geblieben ist. Die Strecke ist eingleisig und nicht elektrifiziert. Als Personenzüge fahren ausschließlich Dieseltriebwagen (»Rälbuss«) des Typs Yoa 6 im Einmannbetrieb: Der Fahrer ist auch Schaffner und Fremdenführer. Die meisten Halte sind im Fahrplan mit einem »X« gekennzeichnet, sind also Bedarfshalte, an denen außerhalb der Sommersaison der Zug kaum stoppt. Die durchschnittliche Geschwindigkeit der Triebwagen beträgt etwa sechzig bis achtzig Stundenkilometer. Es gibt fast nur elektrische Lichtsignale, vereinzelt sieht man auch noch alte Formsignale mit senkrecht abwärts zeigenden Armen für »freie Fahrt«.
Es gibt Narren, die dem Schnee im Frühling nachfahren,

um Wintersport zu betreiben, es gibt aber auch Besessene, die dem Schnee im Spätherbst schon entgegenfahren; leider muß ich mich selbst unfreiwillig dazurechnen: Nach einem richtig blaugoldenen Sonntag zwischen Kopenhagen und Stockholm verließ ich dann den anschließenden »Bottenviken« am frühen Morgen in Jörn, 962 Kilometer nördlich der Hauptstadt. Da mir die Zeit fehlte, die ganze Inlandsbahn abzufahren, wollte ich von hier aus nach Arvidsjaur, um von dort dann wenigstens den nördlichen Teil der Strecke kennenzulernen. Nach dem erwähnten sonnigen Tag in Südschweden war der Schock am Morgen groß: Schnee rechts, Schnee links, darüber der bleigraue Himmel der Arktis!
Nach Entschwinden des »Bottenviken« wartet in dem kleinen Stationsgebäude von Jörn neben mir kaum eine Handvoll Passagiere auf den »Rälbuss« hinüber nach Arvidsjaur; das Thermometer zeigt drei Grad unter Null, der Schnee ist nicht hoch, aber der Luftzug eisig. Endlich zokkelt der orangefarbene Triebwagen heran, die wenigen Fahrgäste räkeln sich behaglich in der Wärme. In einer Stunde und zwölf Minuten sind wir dann an der Inlandsbahn. Der Bahnhof von Arvidsjaur ist ein ganz stattliches Gebäude; auf den sechs Gleisen steht neben unserem Triebwagen (der nun südwärts weiterfährt) ein langer Güterzug (bespannt mit einer imposanten Diesellok der Reihe T 45) und dahinter der Triebwagen, der uns weiter nach

Abbildung 150: Gesellschaftswagen im »Taghem« (Zugheim), ein populärer schwedischer Hotelzug, der in den fünfziger Jahren zu wohlfeilen Preisen jeweils eine Woche lang durch die schönsten Gegenden des Landes fuhr. Dieser Zug hatte Schlaf-, Speise-, Küchen-, Vorrats-, Kühl-, Dusch- und Waschwagen (in dem die Passagiere auch ihre Wäsche reinigen konnten) und im Winter auch einen Gepäckwagen für Ski

Jokkmokk bringen soll – »uns« zu sagen ist falsch, ich meine »mich«, denn außer mir besteigt ihn niemand! Die fahrplanmäßige Abfahrt wird überschritten, denn es fehlt noch die Post, die endlich in Form von zwei mageren Säckchen von einem attraktiven Mädchen in einem eleganten Volvo gebracht wird.

Der Triebwagen hat je eine Abteilung für Raucher und Nichtraucher. Der Fahrer (und Schaffner) knippst meine Fahrkarte und braust mit hoher Geschwindigkeit los, um die Verspätung wettzumachen, was ihm mangels Stopps an den Bedarfshalten auch gelingt.

Rund zweieinhalb Stunden brauchen wir bis Jokkmokk, dem Endpunkt dieser Privatfahrt, auf welcher der Zug nur einmal hält. Das Nest heißt Kabdalis, wo ein Postsack ausgeladen wird, was dem Fahrer Gelegenheit zu einem Schwätzchen im Bahnhof gibt. Die Vegetation unterwegs besteht zunehmend aus mageren Fichten, Föhren, Krüppelbirken und ähnlichen halbarktischen Gewächsen. Die Flüsse, die wir überqueren, führen teilweise schon Eis, die zahlreichen kleinen Seen sind zumeist zugefroren und von Neuschnee bedeckt. Die Kurven der Strecke sind oft so scharf (der Bahnkörper ist teilweise auf den bloßen Sandboden verlegt), daß man den Mut des Fahrers zur hohen Geschwindigkeit bewundern muß. Bei einer Schnellbremsung denke ich, daß wir schon den Polarkreis erreicht haben, aber es sind nur drei Rentiere, die gemächlich den Bahnkörper überqueren und die zu schonen der Fahrer verpflichtet ist. Im Kursbuch ist angegeben, daß der Zug zwischen Mai und September ein Signal gibt, wenn er den Polarkreis erreicht. Wir schreiben zwar schon den 27. Oktober, aber der Fahrer meines »Extrazugs« tutet trotzdem nicht nur unmißverständlich, sondern hält auch an, als beiderseits der Strecke die großen Tafeln im Schnee auftauchen: »Polcirkeln«, »Polarkreis«, »Arctic Circle«. Er wartet überdies geduldig, bis die pflichtgemäßen Aufnahmen in der mittäglich-arktisch bewölkten Halbdämmerung gemacht sind. Rasch bringen wir dann die wenigen noch fehlenden Kilometer bis zur »Metropole« dieser schon in der Provinz Lappmark gelegenen Region hinter uns: In Jokkmokk endet der Zug.

Am Bahnhof steht ein eindrucksvoller Gedenkstein, der an die Vollendung dieses mittleren Teils der Inlandsbahn im Jahr 1937 erinnert. Als ich gegen vier Uhr wieder hierherkomme und meinen Platz in dem nach Gellivare bereitstehenden Triebwagen belege, ist von einem »Extrazug« keine Rede mehr: Jokkmokk besitzt nämlich eine Mittelschule, und die Kinder aus den Orten ringsum fahren nachmittags heim, und sie toben durch den Wagen, daß es eine reine Freude ist.

Eineinhalb Stunden dauert die letzte Etappe der heutigen arktischen Tagesreise. Auf den Haltestellen leert sich der Triebwagen, die Schüler steigen aus und werden von wartenden Autos abgeholt. Vor dem einzigen größeren Ort, den wir in allmählich heraufkommender Finsternis erreichen, Porjus, liegt ein großer eisfreier See. Und dann sind wir am Endpunkt der Inlandsbahn, im Bahnhof von Gellivare an der Malmbahn.

Die nördlichste Eisenbahn der Erde . . .

. . . existiert zwar heute schon längst nicht mehr, aber ich hatte das Glück, sie vor bald drei Jahrzehnten, 1958, noch im aktiven Betrieb zu sehen. Es war die »Kohlenbahn« auf Spitzbergen, das von den Norwegern »Svalbard« (Kalte Küste) genannt wird.

Um diese Eisenbahn in Augenschein zu nehmen, mußten wir das europäische Festland verlassen und uns einem der Kreuzfahrtschiffe anvertrauen, die allsommerlich nach Spitzbergen und weiter bis zur Packeisgrenze fahren.

In der sogenannten Königsbucht (Kongsfjorden) liegen die drei letzten von Norwegern in dieser Region betriebenen Kohlengruben, genau gesagt: in der Nähe des Hafens von Ny-Aalesund, auf fast 79 Grad nördlicher Breite. Und ebendort lag auch die damals nördlichste Eisenbahn der Erde.

Sie war Eigentum der »Kings-Bay-Kull-Kompani« und diente ausschließlich zur Beförderung der Kohle aus den Gruben zu den Schiffen. Mit einer Länge von 2,2 Kilometern brachte sie den schwarzen Reichtum von den landeinwärts liegenden Bergwerken direkt zu der Verladebrücke am Kai von Ny-Aalesund. Die Wagen waren einfache Holzkästen auf zweiachsige fahrbare Untergestelle gesetzt. Am Kai wurde ihr Inhalt in die Ladeluken der wartenden Kohlendampfer gekippt. Die Spurweite der Bahn betrug neunzig Zentimeter. Die ganze Anlage war im Jahr 1917 gebaut worden und zunächst bis 1929 in Betrieb; nach dem Zweiten Weltkrieg wurde sie wieder in Gang gesetzt und arbeitete dann bis etwa Mitte der sechziger Jahre.

Abbildung 151: In Arvidsjaur an der schwedischen Inlandsbahn liegt schon im Oktober Schnee
Abbildung 152: Zwischen Arvidsjaur und Jokkmokk überschreitet die Inlandsbahn den Polarkreis

151

152

153

Interessant waren die fünf Lokomotiven, die wir besichtigen konnten: Es waren alles Zweikuppler ohne Laufachsen, die zwischen 13 und 17 Tonnen wogen. Zwischen 1909 und 1942 waren sie bei Borsig, Orenstein & Koppel in Babelsberg, Henschel und bei der Böhmisch-Mährischen Maschinenfabrik hergestellt worden.
Obwohl klein, schmalspurig und kurz, war diese Bahn doch angesichts der Umgebung ein großer Eindruck: Während mein Sohn und ich knapp vor Mitternacht das Heizhaus durchstöberten – alles war offen, und kein Mensch hinderte uns daran, zu besichtigen und zu photographieren –, während meine Frau neben dem Bahnkörper Versteinerungen aus der Karbonzeit sammelte, lag unser Schiff draußen in der Königsbucht, beschienen von der Mitternachtssonne; im Wasser trieben kleine bläuliche Eisschollen; der Lovén-Gletscher und die majestätischen Häupter der »Drei Kronen« (Nora, Svea und Dana) grüßten über den Fjord herüber; unweit von uns der einfache, aber um so eindrucksvollere Gedenkstein für Roald Amundsen, den größten der Polarfahrer – und über all dem der unvergleichliche und unbeschreibliche Zauber der arktischen Sommernacht...
Als wir ein Jahrzehnt später wieder nach Spitzbergen kommen, ist alles anders: Die Kohlengruben sind geschlossen, die Bahn existiert nicht mehr, vom Schienenstrang ist kaum noch etwas zu entdecken. Keine Lokomotive ist zu sehen, ebensowenig wie die Kohlenwagen. Auf dem Weg vom Landeplatz hinauf stehen wenige Baracken, vor denen wütende Polarhunde, die glücklicherweise angekettet sind, den einsamen Fußgänger ankläffen.
Der Schuppen, in dem einst die Loks untergebracht worden sind, ist halb zerfallen. Der Blick durch ein paar Spalten in der holzwurmzerfressenen Wand bietet ein Chaos von Gerümpel. Als letzte Erinnerung an diese damals nördlichste Eisenbahn der Erde stecke ich mir einen rostigen Schienennagel ein, der unbeachtet in der Gegend herumliegt.

Abbildung 153: Denkmal für die Spitzbergenfahrer und Walfänger in der Magdalenenbucht; im Bildhintergrund der HAPAG-Dampfer »Ariadne« (1958)
Abbildungen 154, 155, 156 und 157: Die (damals) nördlichste Eisenbahn der Erde, die Kohlenbahn auf Spitzbergen, 1958 noch in Betrieb, und 1969 ihre Überreste

155

154

156

157

Kreuz und quer durch Europa

Kreuz und quer, so fahren die Züge in Europa herum, doch nicht nur in den einzelnen Ländern, von denen wir Großbritannien, Frankreich, Spanien, Italien und Skandinavien bisher schon bereist haben, sondern auch über mehrere Grenzen hinaus, von Westen nach Osten und Norden, von Norden nach Süden und Südosten, kurz gesagt: kreuz und quer über den ganzen Erdteil. Und einige dieser Verbindungen auf der Schiene wollen wir uns nun näher ansehen, da sie von besonderem historischen Interesse oder von transkontinentaler Bedeutung sind oder waren.*

Der »Nord-Express«

Nagelmackers' Traum von einem »Nord-Süd-Express« war dereinst nur in seinem südlichen Teil verwirklicht worden, in Gestalt des schon erwähnten »Süd-Express«. Erst ein rundes Jahrzehnt später sollte es der CIWL gelingen, die andere Traumhälfte auf die Schienen zu bringen. Man schrieb das Jahr 1896, als zwischen Paris und Ostende einerseits sowie St. Petersburg andererseits ein »Nord-Express« als neuer Luxuszug eingeführt wurde, mit Spur- und Zugwechsel in Eydtkuhnen/Virbalen. Freilich schloß er sich an den »Süd-Express« in Paris nicht unmittelbar an. Drei Jahre später fuhr dann an wechselnden Wochentagen ein solcher Luxuszug nicht nur von Paris und Ostende, mit Vereinigung in Lüttich, über Köln und Berlin nach Eydtkuhnen, sondern auch einer über Berlin nach Warschau. Da die Bahnen im westlichen und südwestlichen Russisch-Polen, soweit sie der Warschau-Wiener-Bahn gehörten, damals als einzige im Zarenreich die europäische Normalspur hatten, konnte der Warschauer Zweig bis zum Ziel auf russischem Boden durchfahren. Die Fahrzeit des »Nord-Express« zwischen Paris und St. Petersburg betrug im Jahr 1905 genau 48 Stunden. Heute, achtzig Jahre später, ist man fast auf die Minute genausolange auf der Reise, wenn auch auf dem Umweg über Warschau. Die Zusammensetzung des Zugs sah vor dem Ersten Weltkrieg folgendermaßen aus:

Abfahrt von Paris
ein Gepäckwagen nach Eydtkuhnen/Warschau,
zwei Schlafwagen nach Eydtkuhnen/Warschau,
ein Speisewagen von Jeumont nach Lüttich,

Abfahrt von Ostende
ein Gepäckwagen nach Brüssel (als sogenannter »Schutzwagen«),
zwei Schlafwagen nach Eydtkuhnen/Warschau,
ein Speisewagen nach Eydtkuhnen/Warschau,
ein Gepäck-/Postwagen nach Eydtkuhnen/Warschau,

Abfahrt von Eydtkuhnen
ein Gepäckwagen,
ein Speisewagen,
drei Schlafwagen,
alle nach St. Petersburg.

In Warschau schloß sich dann ein breitspuriger Luxuszug namens »Warschau-Moskau-Express« nach Moskau an, womit also ein (indirekter) Übergang zur »Sibirischen Bahn« hergestellt war. Er war ebenso zusammengesetzt wie der Zug zwischen Eydtkuhnen und St. Petersburg.
Im »Nord-Express« wurden vor 1914 Schlafwagen des bereits geschilderten Typs »R« eingesetzt. Sie waren auf der russischen Seite noch etwas komfortabler, weil sie dort ein breiteres Profil besaßen. Überdies waren sie moderner als die hauptsächlich in Frankreich gebauten Wagen: Sie hatten bereits elektrische Beleuchtung (der Dynamo befand sich im Gepäckwagen), wogegen die Fahrzeuge im Westen noch mit Gasbeleuchtung ausgestattet waren. Die russischen Wagen stammten aus der russisch-baltischen Waggonfabrik in Riga, die noch heute besteht, und aus den Werken Ober-Wolga in Twer, das jetzt Kalinin heißt.
Zwei Kuriositäten am Rande: Nach allen erreichbaren Unterlagen führte der Pariser Zweig des »Nord-Express« zwischen Paris und Lüttich in den ersten Jahren auch gewöhnliche Sitzwagen erster und zweiter Klasse, er verdiente also auf dieser Teilstrecke die Bezeichnung »Luxuszug« keineswegs!
Bemerkenswert war überdies das Reglement für Passagiere dieses Zugs: Es bestimmte unter anderem, daß Geschäftsreisende ihre Musterkoffer an den Grenzstationen zu öffnen oder in die Zollhalle zu bringen hätten. Dann, daß die Paß- und Zollorgane berechtigt seien, bei ihren Kontrollen die Reisenden zum Verlassen ihrer Betten aufzufordern – »dies gilt auch für Damen«, heißt es ausdrücklich! Und schließlich sei die Aufforderung erwähnt, »sich

* Zum besseren Verständnis sowohl für die jüngere wie aber auch für die ältere Generation der Leser sind bei allen Ländern des von den Geopolitikern so genannten »Zwischen-Europa« sowohl die der Landessprache gemäßen wie auch die im allgemeinen deutschen Sprachgebrauch teilweise noch heute üblichen Städtenamen angegeben, so hauptsächlich in Jugoslawien, Polen, Rumänien und der Sowjetunion.

Abbildung 158: »Nord-Express« im Jahr 1903 zwischen Virbalen und St. Petersburg

beim Zu-Bett-Gehen der Fußbekleidung zu entledigen«! Das Publikum scheint also manchmal etwas »gemischt« gewesen zu sein!

Neue Staaten, neue Grenzen

Der Erste Weltkrieg machte dem »Nord-Express« zunächst einmal den Garaus. Neue Staaten waren entstanden: Litauen, Lettland und Estland hatten sich als selbständige Länder etabliert, und Polen hatte seine Souveränität wiedererlangt.
In der ersten Hälfte der »tollen zwanziger Jahre« gab es auf der ehemaligen Route des »Nord-Express« vorerst nur einen gewöhnlichen D-Zug von Paris, Calais und Ostende über Berlin nach Warschau und Riga. Er führte Schlaf-, aber auch normale Wagen beider Polsterklassen. Eine direkte Verbindung von der deutschen Grenzstation Eydtkuhnen nach St. Petersburg (seit 1923 Leningrad genannt) gab es nicht mehr, zumal die Bahnen der drei baltischen Staaten bis hinauf nach Reval inzwischen die europäische Normalspur eingeführt hatten und St. Petersburg zugunsten Moskaus an Bedeutung verloren hatte.
Erst im Mai 1926 wurde ein Luxuszug unter dem Namen »Nord-Express« aufgrund der Beschlüsse der Europäischen Fahrplankonferenz wiedereingeführt. Sein Hauptziel war aber nicht mehr die frühere Zarenresidenz, sondern Warschau, wohin der Stamm des Zugs von Paris, Calais und Ostende fuhr. Die Strecke ging allerdings noch ein

Stück weiter nach Osten, und zwar bis zur polnisch-sowjetischen Grenze in Stolpce/Niegoreloje, wo man dann Anschluß an einen sowjetischen Zug zur neuen Metropole Moskau fand. Er besaß keine erste und zweite Klasse, sondern »weiche« und »harte« sowie »internationale« Wagen, ehemalige Schlafwagen der CIWL. Diese Verlängerung bis zur neuen sowjetischen Grenze war möglich geworden, weil man nach 1918 alle polnischen Hauptstrecken auf europäische Normalspur umgenagelt hatte. Dasselbe war mit den wichtigsten Strecken in den baltischen Staaten geschehen, so daß der »Nord-Express« nun auch Schlafwagen von Paris, Calais und Ostende nach Riga bekam. Allerdings wurden diese östlich von Berlin in einen gewöhnlichen Schnellzug eingereiht, boten jedoch den Vorteil, daß die Fahrgäste in Eydtkuhnen nicht mehr umsteigen mußten. Östlich von Riga schloß ein Schnellzug mit Schlafwagen nach Reval an, und erst dort war die Normalspur zu Ende. In Hannover gab der Zug einen Schlafwagen nach Hamburg ab, der dorthin in einem gewöhnlichen Schnellzug lief. Ab 1929 wurde diese Route bis Kopenhagen ausgedehnt, womit sich die heutige Hauptstrecke schon andeutete. Ein Schlafwagen aus Ostende wurde in Berlin abgehängt, von wo er über Breslau, Krakau, Lemberg und Czernowitz nach Bukarest lief.

Die Wagen des Nachkriegs-»Nord-Express« bestanden nicht mehr aus Teakholz. Es handelte sich bereits um Ganzstahlwagen der Typen »S« und »Y«. Die Fahrzeuge nach Warschau und Riga wurden ab 1929 durch Exemplare des schon beschriebenen Typs »Lx« ersetzt, womit der »Nord-Express« in dieser Zwischenkriegszeit zu einem der elegantesten »Grands Express Européens« wurde.

Die Schlafwagen, die auf der Strecke durch die baltischen Staaten verwendet wurden, waren freilich weniger exklusiv. In ihnen gab es nicht nur die zweite, sondern teilweise sogar die dritte Klasse: Abgesehen vom Kurs Paris–Riga liefen in Schnellzügen zwischen Eydtkuhnen und Riga sowie von dort nach Reval entweder auf dreibettige Benutzung umgebaute Schlafwagen der Typen »R«, »Y« und »Z« oder ab 1923 Neubauten dritter Klasse. Diese trugen die Typenbezeichnung »WL 3« und hatten neun Vierbettabteile; Wascheinrichtungen gab es nur an den Wagenenden. Ab 1927 wurde zusätzlich der Typ »P« (P = Polen) eingesetzt, der die gleiche Einrichtung besaß, aber später teilweise auf Zweibettabteile umgebaut wurde. Solche Wagen fuhren auch auf Strecken zwischen den baltischen Ländern und in Polen.

Aus den damaligen Prospekten des amtlichen sowjetischen Reise- und Fremdenverkehrsbüros INTOURIST ist zu ersehen, daß ab 1930 der in Stolpce/Niegoreloje endende Stamm des Zugs nicht nur einen unmittelbaren Anschluß nach Moskau bot, sondern daß an bestimmten Tagen in Niegoreloje direkte Schlafwagen über Moskau hinaus nach Mandjurija eingereiht wurden. Diese wurden in der sowjetischen Hauptstadt vom Bjelorussischen Bahnhof an den nach Sibirien fahrenden Zug überstellt. Auf diese Weise mußte der Fahrgast zwischen Paris und dem Fernen Osten nur einmal umsteigen. Schon damals also wurde um den devisenträchtigen westlichen Touristen geworben.

Berlin Bahnhof Zoo – einst und jetzt

Berlin war seit jeher der Dreh- und Angelpunkt des »Nord-Express«. Vor 1914 trennten sich hier die Wege der an wechselnden Wochentagen verkehrenden Züge nach Eydtkuhnen–St. Petersburg und nach Warschau. Nach 1926 zweigten hier die Wagen nach Riga und nach Bukarest vom Stamm des Zugs ab. Die Züge wurden stets auf dem Schlesischen (heute Ost-)Bahnhof geteilt oder ergänzt. Aber es war der Bahnhof Zoo, in dem die sogenannte Crème der Gesellschaft in einen Luxuszug einoder ausstieg. Dort erlebte ich kurz vor Ausbruch des Zweiten Weltkriegs die Atmosphäre des »Nord-Express«. Schon damals war ich »Railfan«, und an einem warmen Sommerabend hatte ich nicht weniger als zwei volle Stunden damit verbracht, 17 internationale Schnellzüge zu besichtigen. Und dann änderte sich auf einem der Zwischenbahnsteige plötzlich das Bild: Statt des Gedränges der Einund Aussteigenden, des Durcheinanders von Menschen, Koffern, Trägern im Bahnhof trat auf einmal würdevolle Stille ein. Der Bahnsteig war fast leer, als das Schild aufgezogen wurde: »Luxuszug Nord-Express, nach Paris, Calais, Ostende (–London)«. Träger schoben Karren mit Schweinslederkoffern vor sich her, Damen und Herren, gekleidet nach neuester Mode, kamen die Stiege zum Bahnsteig herauf, man hörte nicht nur Deutsch, sondern meist Französisch, Englisch oder andere Sprachen. Auch eine Gruppe Japaner, nach westlicher Art gekleidet und mit womöglich noch teurerem Gepäck, schlenderte über den Bahnsteig. Es herrschte eine luxuriöse, kosmopolitische und friedliche Atmosphäre. Und dann kam würdevoll der »Nord-Express«, der von einer mit schwungvollem Rauchlenkblech versehenen Reichsbahn-Dampflok der Baureihe 01 (2-C-1) gezogen wurde. Ebenso würdevoll bestiegen ihn die höchstens zwei oder drei Dutzend Reisenden. Diensteifrige Schlafwagenschaffner verstauten deren Gepäckstücke in den Abteilen. Es versteht sich von selbst, daß alle Wagen der CIWL gehörten. Im einzelnen sah die Zusammensetzung des Zugs wie folgt aus:

Gepäckwagen Berlin–Paris,
Speisewagen Berlin–Paris,
Schlafwagen »Lx 16« Berlin–Paris,
Schlafwagen »Lx 16« Riga–Paris,
Schlafwagen »Lx 16« Niegoreloje–Paris,
Schlafwagen »Lx 16« Niegoreloje–Calais,
Schlafwagen »S« Bukarest–Ostende,
Gepäckwagen Niegoreloje–Paris.

Und dann sah ich den Zoo-Bahnhof in Berlin fast vierzig Jahre später wieder. Ich war von Warschau mit dem hauptsächlich aus polnischen Wagen bestehenden »Inter-Express« namens »Berolina« hierhergekommen, hatte auch eine Photoerlaubnis der (neuen) Deutschen Reichsbahn, konnte daher überall ungestört photographieren und stieg aus dem Kurswagen Warschau–Aachen auf dem Zoo-Bahnhof aus, um von dort dann nach Hamburg weiterzufahren. Mein Zug nach Hamburg war damals (1975) mit einer DR-Dampflok der Baureihe 01 bespannt, aber als ich diese frontal aufnehmen wollte, warnte mich der alte und gemütliche Lokführer diskret vor dem Bahnpolizisten am Bahnsteig gegenüber. Abgesehen von der Photoerlaubnis, die ich hatte, wunderte mich dieses, da wir uns doch auf westdeutschem Gebiet befanden, worauf mich der gute Mann belehrte, daß ungeachtet der territorialen Zugehörigkeit des Zoo-Bahnhofs zum westdeutschen Territorium doch die Bahnstrecke zur ostdeutschen Reichsbahn gehöre und ich also auch auf westdeutschem Gebiet ohne weiteres von der ostdeutschen Bahnpolizei beanstandet oder sogar verhaftet werden könne. Nun, ich konnte ihn mit meinem Ausweis beruhigen, aber »Berlin ist schon eine tolle Stadt«!

Bis zur Abfahrt meines Hamburger Zugs war ich eine Viertelstunde aus dem Bahnhof hinausgegangen und hatte etwas Berliner Luft schnuppern wollen. Es war zwar alles noch da: Gedächtniskirche, Ku'damm und so weiter, aber die Atmosphäre hatte sich sehr geändert: Schon auf den Treppen von den Bahnsteigen hinunter fand ich anstelle der mir einige Jahrzehnte vorher entgegenkommenden eleganten Reisenden mit fünf Schweinslederkoffern nur Halb- oder Ganzbetrunkene, Hippies mit oder ohne Mädchen, Marihuana-Rauchende, Taschendiebe oder ähnlich verdächtige Zeitgenossen. Und erst auf den Straßen draußen: eine Aneinanderreihung von Pornoläden, Imbißstuben und billigen Pizza-Restaurants.

Die »Achse« dreht sich von Ost nach Nord

1939 war es mit dem »Nord-Express« in der früheren Form ein für allemal zu Ende; nach dem Zweiten Weltkrieg hatten sich die Länder, die Grenzen und die Verkehrsrichtungen geändert. Die Achse zeigt seither nicht mehr nach Osten, sondern nach Norden. Was sich einst »Nord-Express« nannte, fährt heute nicht mehr über Berlin nach Leningrad oder Moskau, sondern auf der sogenannten »Vogelfluglinie« nach Dänemark und Schweden, nachdem der Zug zunächst den Weg über Jütland genommen hatte. Der neue »Nord-Express« führte schon 1946 Schlafwagen von Paris, Calais und Ostende nach Hannover (wobei die beiden letztgenannten nur britischen Besatzungsangehörigen zugänglich waren) und erstmals auch nach Stockholm. Nur zwei Jahre später war er ausschließlich für den zivilen Reiseverkehr bestimmt und hatte Schlafwagen von Paris nach Stockholm und Oslo wie auch von Ostende nach Kopenhagen. Der Schlafwagen Paris–Hannover war in diesem Jahr vom Typ »F«, wie wir ihn vom »Night Ferry« kennen. Überdies führte der Zug Kurswagen von Paris und Ostende nach Kopenhagen wie auch von Paris nach Berlin. Bis Berlin lief kein Schlafwagen mehr, sondern nur mehr einer bis Hannover.

In östlicher Richtung sind in den Nachkriegsjahren drei gewöhnliche Schnellzüge in Betrieb genommen worden, die alle Kurs- und Schlafwagen führen. Das ist einmal ein D-Zug, der in der BRD nicht einmal den Rang eines Intercity hat, mit Schlafwagen Paris–Hannover und Kurswagen nach Berlin und Warschau. 1955 wurde der »Paris-Skandinavien-Express« eingeführt, der zum erstenmal einen der schwedischen Staatsbahn gehörigen Kurswagen Paris–Stockholm auf das Festland brachte und einen umspurbaren russischen Schlafwagen Paris–Moskau führte. Diesen Zug gibt es heute nicht mehr, aber aus ihm ging einige Jahre später die heutige Hauptverbindung zwischen West- und Osteuropa hervor, die den wenig originellen, aber zutreffenden Namen »West-Ost-Express« trägt. Es handelt sich dabei um ein Konglomerat aus drei verschiedenen Zügen aus Paris, Ostende und Hoek van Holland, die sich in Lüttich, Aachen, Berlin, Warschau oder in Brest, an der heutigen sowjetisch-polnischen Grenze, vereinigen, überschneiden, trennen oder miteinander Wagen austauschen. Hier fahren russische Schlafwagen von Paris, Ostende und Hoek van Holland, zeitweise auch von Aachen nach Moskau, sowie Kurswagen beider Klassen bis Warschau; russische Schlafwagen aus Bern, Hamburg, Kopenhagen, Oslo und Stockholm werden in Berlin an verschiedenen Wochentagen an- oder abgehängt.

Zum ehemaligen St. Petersburg gibt es auf der historischen und auch kürzesten Route des alten »Nord-Express«, über Berlin, Königsberg und die baltischen Länder, heute keine direkte Zugverbindung mehr. Allerdings fährt seit einigen Jahren ein als D-Zug eingestufter »Leningrad-Express«, das ist ein einziger umspurbarer Schlafwagen, mit dem man ohne Umsteigen von Paris nach Leningrad reisen kann. Seine Route verläuft via Berlin, Warschau, Bialystok, Grodno und Dünaburg (Daugavpils); er braucht zwei volle Nächte und Tage – wie seinerzeit vor achtzig Jahren! Seit Sommer 1985 fährt dieser Wagen erst ab Köln; im vergangenen Sommer war er westlich von Köln in den Intercity »Parsifal« eingereiht. Auf östlichem Gebiet laufen Schlafwagen von Leningrad nach Warschau, Dresden und Berlin sowie von Riga nach Berlin.

Die sowjetischen Staatsbahnen setzen in der geschilderten Verbindung im wesentlichen zwei Schlafwagentypen ein: Der eine, dem alten Typ »R« oder »S« der CIWL nachempfundene Wagen hat zweibettige Abteile erster Klasse (»Weicher Wagen, erste Kategorie« = »Spalnij Wagon«) mit Toilettenräumen zwischen je zwei Abteilen. Er verkehrt innerhalb der Sowjetunion sowie nach Warschau und Berlin. Und dann gibt es den sogenannten »RIC«-Typ (RIC: »Regolamento Internazionale delle Carozze«, wie der diesbezügliche Vertrag heißt), der den technischen Bedingungen im Westen entspricht: Er besitzt sogenannte Universalabteile, die je nach Bedarf auf ein-, zwei- oder auch dreibettige Benutzung eingerichtet sind. Solche

159

160

Wagen verkehren auf allen Strecken, die Moskau mit mittel- und westeuropäischen Zielstädten verbinden. Derzeit sind es neben Paris auch Ostende, Hoek van Holland, die skandinavischen Hauptstädte, Hamburg, Bern, Wien (über Warschau wie auch via Lemberg, Kaschau, Preßburg), Rom (über Lemberg, Budapest, Agram, Triest) und Turin (über Triest, Mailand). Die letztgenannte Strekke begann bis vor einem Jahrzehnt einmal in der Woche sogar in Togliattigrad, in jener neuen Industriestadt an der Wolga, wo die Fiat-Werke eine riesige Zweigfabrik eingerichtet haben. Dies hatte offenbar eine starke Frequenz dieser Verbindung erhoffen lassen, wenn auch mit vier Nächten Fahrzeit. Heute ist der Ausgangspunkt Moskau. Der »RIC«-Typ fährt überdies von Moskau nach Istanbul (über Bukarest, Sofia) und nach Athen (über Budapest, Belgrad).
Die beiden erwähnten Wagentypen sind für längere Reisen sehr gut eingerichtet, wenn man davon absieht, daß Spitzenvorhänge die Aussicht behindern und die Fenster meist nur höchstens zu einem Drittel aufgehen – in einem vollklimatisierten Wagen der westlichen Staaten lassen sie sich allerdings gar nicht öffnen!
Das einzige, was ich in diesem Zusammenhang nicht verstehe, ist dies: Warum hat weder die CIWL noch der europäische »Schlafwagen-Pool« (der aus den Wagen der DSG und der CIWL besteht) einen umspurbaren Schlafwagentyp auf die Schienen gebracht, der die östlichen Breitspurgleise befahren kann? Kurios ist auch, daß in den ersten

Abbildung 159: Die Schlafwagen von Paris nach Stockholm und Oslo wurden in den fünfziger Jahren nicht über Helsingør-Helsingborg übergesetzt, sondern von Kopenhagen nach Malmö; hier auf dem schwedischen Fährschiff »Malmöhus«
Abbildung 160: Die dänische »Dronning Ingrid«, eine der zahlreichen Fähren über den Großen Belt zwischen Nyborg und Korsør

Jahren stets westlich von Berlin oder südlich von Wien das Service im Wagen durch einen Schaffner der CIWL versehen werden mußte – es blieben aber zwei sowjetische Schaffner »außer Dienst« bis zur Zielstation dabei! Als ich selbst Anfang der sechziger Jahre einmal auf einer Tagesfahrt von Aachen nach Paris den Schlafwagen Moskau–Paris benutzte, war ich zwar der einzige Passagier im Wagen, aber es bedienten mich alle drei Kondukteure! Heutzutage fährt längst nur noch ein einziger sowjetischer Schaffner bis Paris, Ostende, Rom usw.

Schienen über das Wasser

Die Wege des heutigen »Nord-Express« haben sich gewandelt: Zuerst fuhr er, wie auch der Kopenhagener Wagen vor 1939, von Hamburg über Flensburg, Fredericia, Nyborg, über den Großen Belt nach Korsør und weiter zur dänischen Hauptstadt; die nach Stockholm und Oslo laufenden Wagen wurden vom Kopenhagener Freihafen nach Malmö übergesetzt. Bald nach Eröffnung der »Vogelfluglinie« hat er diese Route jedoch verlassen: Schon Jahrzehnte verkehrt er vom Hamburger Hauptbahnhof über Lübeck und die Fehmarnbrücke nach Puttgarden, von wo er nach Rødby übersetzt, um in Roskilde mit der vom Belt herkommenden Linie zusammenzutreffen. Der Zug fährt von Kopenhagen weiter durch Seeland bis Helsingør, von wo die Fähre hinüber zum schwedischen Helsingborg nur knapp eine halbe Stunde braucht.

Türme, Brücken, Fähren

Beide Strecken des »Nord-Express« sind ausgesprochen reizvoll: Zwischen Hamburg, Flensburg und Jütland hinterläßt die große Rendsburger Schleife den nachhaltigsten Eindruck. Auf ihr überquert der Zug den Nord-Ostsee-Kanal in ansehnlicher Höhe, die Raum für große Schiffe bietet, und drüben in Rendsburg führt die Strecke dann in einem weiten Bogen unter sich selbst hindurch. Die Überfahrt zwischen Nyborg und Korsør dauert eine Stunde, während der man nicht nur in Ruhe das vorzügliche Restaurant, sondern bei schönem Wetter auch das Meer genießen kann. Und die Möwen sind so sehr an die dauernd hin und her fahrenden Schiffe gewöhnt, daß sie einem an der Reling im Flug buchstäblich aus der Hand fressen.
Großartig ist der Anblick der Krönungsstadt Roskilde mit ihren grünpatinierten prächtigen Kirchtürmen. Hier ist in der Krönungskirche der liebenswürdige König Frederik IX. begraben. Er war ein leidenschaftlicher Eisenbahnfreund gewesen, dessen Leichenzug von Kopenhagen nach Roskilde man auf seinen Wunsch mit zwei Dampflokomotiven des »Pacific«-Typs (2-C-1) bespannt hatte, ähnlich Churchills »Funeral Train«.

Brücken, Fähren und Kirchtürme sind es auch, die einer Fahrt auf der »Vogelfluglinie« eine besondere Attraktivität verleihen: Nachdem man die berühmten Türme der alten Hansestadt Lübeck bewundert hat, verläuft die Route einige Zeit fast parallel zur Ostsee, bis man schon von weitem die imposante Fehmarnbrücke erblickt. Zum Leidwesen des Photographen ist die Trasse fast kerzengerade, so daß man sie vom fahrenden Zug aus kaum aufnehmen kann. Die Überfahrt von Puttgarden nach Rødby dauert nur fünfzig Minuten, zu kurz, um ein ausgiebiges Mittag- oder Abendessen an Bord zu genießen. Auf einer der ausgezeichneten dänischen Fähren allerdings reicht die Zeit, um sich am Oberdeck, wenn man an einem Vormittag unterwegs ist, des typisch skandinavischen Frühstücksbuffets zu erfreuen. Und drüben auf dänischem Boden erwartet uns dann die lange und weitgeschwungene Storstrøm-Brücke kurz nach Nykøbing, die seit 1937 die Inseln Falster und Seeland mit Vordingborg verbindet.
Reist man weiter nach Schweden, so ist die Fahrt von Kopenhagen bis Helsingør am schönsten im Herbst: Dann schwelgen die Buchenwälder, für die Seeland berühmt ist, in den phantastischsten roten, braunen und gelben Farbtönen. Zuletzt setzt man über den schmalen Øresund, auf dem sich das Schloß Kronborg mit der aus »Hamlet« bekannten »Flaggenbatterie« in voller Pracht präsentiert; vielleicht ist dieser Anblick der Höhepunkt der Sehenswürdigkeiten. Anders, aber nicht weniger eindrucksvoll, mag diese Überfahrt im dichten Spätherbst-Morgennebel sein: Ich habe einmal vom Heck aus kaum den Bug des Schiffs sehen können. Ununterbrochen hörte man die Sirenen der Schiffe, die hier im Zehnminutentakt kreuzen. Und trotzdem steuerte der Rudergänger sicher durch den Dunst.

»Le Train des Grand-Ducs«

Es gab noch einen zweiten Luxuszug, der von Rußland aus seinen Weg quer durch Europa nahm: Er wurde zuerst »Wien-Nice-Cannes-«, dann »St.-Petersburg-Wien-Nice-Cannes-« und schließlich in Österreich einfach »Nizza-Express« genannt.
Im Jahr 1896 stellte die CIWL einen neuen »Train de Luxe« auf die Schienen zwischen Wien und den Kur-, aber noch nicht Badeorten an der italienischen und französischen Riviera. Die ersten Jahre startete er vom Wiener Westbahnhof und fuhr auf den Strecken der K. K. Staatsbahn über Amstetten, durch das landschaftlich faszinierende »Gesäuse« über Selzthal, St. Michael, St. Veit a. d. Glan, Villach und Tarvis. Er passierte die damalige österreichisch-italienische Grenze in Pontafel/Pontebba, um dann Venedig, Mailand, Genua, Ventimiglia, Nizza und Cannes anzulaufen.
Der Zug scheint ab Wien stark benutzt worden zu sein, und er fand sogar Zuspruch bei sonnenhungrigen Reisenden aus Rußland. Daher wurde sein Ausgangspunkt schon 1898 an zwei Wochentagen nach St. Petersburg verlegt. Auch Strecke und Fahrzeit auf österreichischem Gebiet

161

Abbildung 161: Die eindrucksvolle Storstrøm-Brücke, die die Insel Falster mit Seeland verbindet. Schiene und Straße laufen hier nebeneinander

verkürzten sich wesentlich, weil er von nun an vom Wiener Südbahnhof über die K. K. privilegierte Südbahn, also über den Semmering, geführt wurde. An den besagten beiden Verkehrstagen hieß er nun »St.-Petersburg-Wien-Nice-Cannes-Express«. An der winterlichen »Côte d'Azur« spielten russische Aristokraten eine ebenso große Rolle wie Mitglieder der britischen »High-society« und wie Adlige und sonstige reiche Leute aus Österreich und Deutschland – die Stadt Cannes hat seit jener Zeit nicht zu Unrecht eine russisch-orthodoxe Kirche! Das Epitheton »Le Train des Grand-Ducs«, das dieser Zug bald erhielt, spricht für sich, womit sowohl russische Großfürsten wie auch österreichische Erzherzöge gemeint sein konnten!
Dieser Luxuszug mußte wie der damalige »Nord-Express« an der breit-/normalspurigen Grenze die Wagen wechseln, das heißt hier: in Warschau. Von St. Petersburg bis zur polnischen Hauptstadt bestand er aus einem Gepäck-, einem Speise- und drei Schlafwagen. In Warschau stieg man in einen normalspurigen Zug um, der einen Gepäck- und zwei Schlafwagen bis Cannes und einen Speisewagen bis zur österreichischen Grenzstation Granica (Granica = Grenze) führte. In Wien kamen dann ein zweiter Gepäck-, ein neuer Speisewagen und ein oder zwei weitere Schlafwagen bis Cannes hinzu. Am nächsten Morgen wurde in Genua noch ein Salonwagen nach Cannes angehängt.
An zwei Tagen der Woche wurde im Wiener Südbahnhof ein weiterer Schlafwagen eingereiht, der von Podwoloczyska in einem gewöhnlichen Schnellzug gelaufen war und

Cannes zum Ziel hatte. Podwoloczyska war die österreichisch-russische Grenzstation am östlichen Ende des damaligen Galizien, von wo aus die alte österreichische K. K. Ferdinands-Nordbahn über dessen Hauptstadt Lemberg und die altpolnische Krönungsstadt Krakau nach Wien führte. In Podwoloczyska fand der Spur- und Wagenwechsel nach Rußland statt. Die Passagiere dieses Schlafwagens kamen allerdings ausschließlich aus dem Süden des Zarenreichs, aus Kiew und Odessa, wohin damals gute Schnellzuganschlüsse bestanden.
Diese Luxusverbindung zwischen Wien und der Riviera muß äußerst gut gewesen sein, denn sie hielt sich bis 1914, und nicht nur das: Im Winter 1913/14 fuhr sogar noch ein zweiter Luxuszug von Wien an die Côte d'Azur, der »Tyrol-Riviera-Express«. Er bestand gleichfalls nur aus Schlaf- und Speisewagen der CIWL von Wien nach Cannes, zu denen im österreichischen Marburg noch ein Schlafwagen aus Budapest kam.
Soweit dieser kurzlebige Luxuszug österreichisches Gebiet berührte, war er sozusagen ein Monopol der schon erwähnten österreichischen Südbahn, die nach dem Ersten Weltkrieg von den Österreichischen Bundesbahnen übernommen wurde. Ihre Aktien waren noch jahrelang, ab 1918 unter dem Namen »Donau-Save-Adria-Bahn«, ein gutes Wertpapier an den europäischen Börsen. Die Südbahn besaß in der alten k. k. Monarchie die beiden Hauptstrecken Wien–Graz–Triest und Kufstein–Ala über Innsbruck–Brenner–Bozen; diese waren durch die Querverbindung Marburg–Franzensfeste (Fortezza) in Form eines »H« verbunden, wobei die Brennerbahn die westliche, die Linie Wien–Triest die östliche Senkrechte und die Linie von Marburg nach Franzensfeste den Querbalken darstellte.
Der »Tyrol-Riviera-Express« fuhr von Wien zur Riviera keineswegs den kürzesten Weg, also nicht über Semmering–Villach–Tarvis–Venedig, sondern über Marburg–Villach–Franzensfeste–Bozen–Verona und Mailand. Demgemäß war seine Fahrzeit auch wesentlich länger als die des »Nizza-Express«, denn er benötigte für seine Reise nicht eine, sondern zwei Nächte. Er wurde übrigens in Verona mit dem über den Brenner kommenden »Nord-Süd-Express« der CIWL (Berlin–Cannes) vereinigt. Dafür aber hat er das schon damals vom Fremdenverkehr stark berührte Südtirol mit dem Verkehr von der österreichischen Hauptstadt zur Riviera verbunden. Es war schon vor 1914 Mode, nach oder vor dem Winteraufenthalt an der Riviera einige Zeit in Bozen, Meran oder sonstwo am Rand der Alpen eine klimatische Zwischenstation einzulegen.
Der Rangier- und Abstellbahnhof Cannes-La Bocca war in diesen Jahren ein Treffpunkt der sogenannten guten Gesellschaft – von Zügen nämlich, die sich hier am Ende ihrer Reise »ausruhten« und für die Rückfahrt wieder auf Glanz gebracht wurden. Luxuszüge aus ganz Ost- und Mitteleuropa standen hier, aus St. Petersburg, Warschau und Wien, aus Wien über Tirol, aus Berlin über den Brenner, aus Rom und Florenz. Für die aus dem Westen kommenden »Trains de Luxe« war die Grenzstation Ventimiglia End- und Ruhepunkt: für den »Calais-« und den »Paris-Méditerranée-Express«, den »Côte d'Azur-Rapide« und den aus Berlin und Amsterdam über Straßburg–Lyon kommenden »Riviera-Express«. Es ist charakteristisch für diese Zeit, in der das Auto noch keine große Rolle spielte, daß zwischen Menton und St. Raphael nicht weniger als sechs Personenzüge fuhren, die nur die erste Klasse führten. Sie waren für den Verkehr der Wintergäste zwischen den Fremdenverkehrsorten bestimmt.

Die zweite sogenannte »belle époque«

Nach dem Krieg gab es keine russischen Großfürsten und keine österreichischen Erzherzöge mehr, die den Winter an der Riviera verbrachten, und es gab daher weder einen von St. Petersburg noch einen von Wien über Südtirol fahrenden Luxuszug mehr. Erst im Winter 1921/22 wurde wieder wenigstens ein einzelner Schlafkurswagen in einem gewöhnlichen Schnellzug zwischen Wien und Nizza auf die Reise geschickt. Er fuhr von Wien über die Südbahn bis Villach, aber dann, dem erwähnten Querbalken des Südbahn-»H« folgend, über Lienz zur Brennerbahn und diese abwärts über Verona nach Mailand–Genua–Nizza. Er benötigte annähernd soviel Fahrzeit wie der »Tyrol-Riviera«: zwei Nächte und einen Tag dazwischen.
Aber schon im Winterfahrplan 1923/24 finden wir einen »Wien-San-Remo-Nice-Cannes-Express«. Dabei handelte es sich um einen richtigen Luxuszug der CIWL, freilich ohne Anschluß aus dem einstigen Zarenreich. Und ab Sommer 1925 fuhr ein zweiter Luxuszug auf einem Teil der Route, der »Mailand-Cannes-Pullman-Express«, der in den Tagesstunden eine komfortable Verbindung von Oberitalien zur Riviera herstellte.
Dieser Pullman-Zug setzte sich bis 1929 aus Wagen zusammen, welche die CIWL von der britischen Pullman Car Company gekauft hatte. Sie waren flaschengrün lackiert und mußten vor ihrem Einsatz auf dem Kontinent einige technische Änderungen über sich ergehen lassen. Ihre Namen wurden durch Wagenlaufschilder überdeckt. Es handelte sich um die folgenden zehn Wagen:

Küchenwagen: »Adrian«, »Ibis«, »Hermione«, »Lydia« und »Rainbow«.
Salonwagen: »Leona«, »Niobe«, »Octavia«, »Plato« und »Minerva«.

Diese britischen Pullmans, die im Winter zwischen Mailand und Cannes verkehrten, wurden in den Sommermonaten von 1926 bis 1929 auch zwischen Mailand und Venedig sowie in den reinen Pullman-Zügen »Deauville-Express« (Paris–Trouville–Deauville) und »Côte-Belge-Pullman« (Paris–Ostende–Blankenberge–Knokke) verwendet. 1929 verkaufte die CIWL sie zurück, und an ihre Stelle traten im »Mailand-Cannes-Pullman« neue blaucreme lackierte Pullmans.

Der »Wien-San-Remo-Nice-Cannes-Express« nahm 1930 seine Vorkriegstradition teilweise und für wenige Jahre wieder auf, und zwar in Gestalt eines Schlafwagens von Warschau nach Cannes, der in Wien von einem gewöhnlichen Schnellzug ab- und an den »Wien-San-Remo-Nice-Cannes-Express« angehängt wurde; dies geschah auch mit einem aus Bukarest über Budapest nach Cannes weiterfahrenden Schlafwagen. Zudem nahm der »Wien-Cannes« in Verona einen Schlafwagen aus München mit, so, wie er einige Jahre bis Venedig einen Schlafwagen Wien–Rom eingereiht hatte, der in Venedig einem Rapido angehängt wurde. Das Wagenmaterial des Zugs hatte sich gegenüber der Vorkriegszeit natürlich verändert: Waren es vor 1914 die teakbraunen Wagen des Typs »R«, die auch in den ersten Jahren des Nachkriegs-»Wien-Cannes-Express« eingesetzt wurden, so verwendete man in den zwanziger Jahren die neuen Ganzstahlwagen der Typen »Z« (Wien–Cannes) und »S« (Wien–Rom und München–Cannes).

Blumen für die Ballsäle

Eine Besonderheit der CIWL-Luxuszüge sei hier erwähnt: Immer war mindestens ein Gepäckwagen eingereiht, zumeist handelte es sich um zwei, einer am Anfang und einer am Ende. Seinerzeit herrschte die Vorschrift, daß vor den Personenwagen ein solcher Wagen als »Schutzwagen« zu laufen hatte, wie es noch heute teilweise in Polen der Fall ist. Auch nahmen Passagiere damals, besonders in Luxuszügen, wesentlich mehr Gepäck mit als die heutigen »Aktentaschenreisenden«. Man war ja meist länger unterwegs und mußte zu jeder Tageszeit korrekt gekleidet im Casino oder auf der Promenade erscheinen können. Ferner waren in jedem der CIWL gehörigen Gepäckwagen nicht nur Vorratsschränke für Lebensmittel und Getränke, sondern auch kleine Schlafräume für das Schlaf- und Speisewagenpersonal untergebracht. Und schließlich konnte man auch als Nicht-Passagier »Méssageries« befördern lassen, kleine Frachtstücke, die man heute als »Eil-« oder »Expressgut« bezeichnen würde und bei denen es sich meist um rasch verderbliche Dinge handelte: frisches Obst aus dem Süden, Fische und Meerestiere (Austern aus Ostende!) oder auch Blumen. Die von der Riviera kommenden Luxuszüge brachten im Winter aus den Gärtnereien und Gewächshäusern von Bordighera oder San Remo massenhaft Rosen, Nelken und Tuberosen in die Ballsäle nach Wien, Berlin oder St. Petersburg.

Chopin – nicht vierhändig, aber vierachsig

Inzwischen hat sich das alles grundlegend geändert: Im südlichen Teil der Verbindung Wien–Cannes fuhr um 1960 für wenige Jahre wenigstens ein einziger Pullman-Salonwagen von Mailand nach Nizza in einem langsamen Schnellzug. Von Wien an die Côte d'Azur gab es nach 1945 lediglich Kurswagen beider Klassen von Wien nach Marseille, wobei deren Strecke aus fahrplantechnischen Grün-

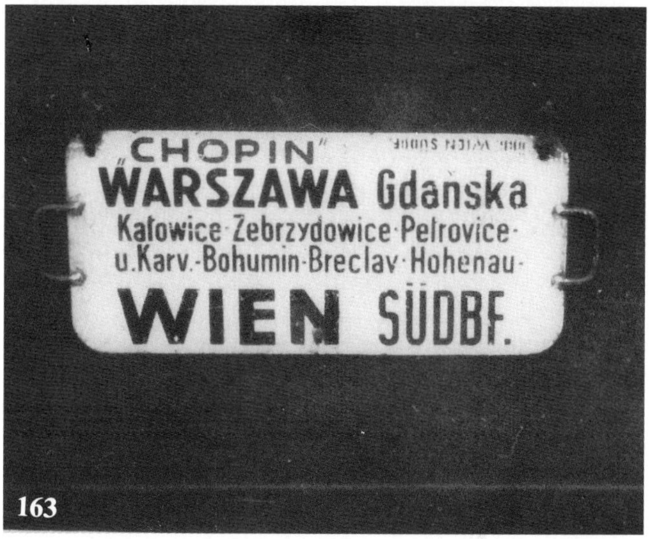

Abbildung 162: Pullman Mailand–Nizza (1953)
Abbildung 163: Der »Chopin« verkehrte zwischen Warchau und Wien
Abbildung 164: Ankunft des »Chopin« auf dem Danziger Bahnhof in Warschau
Abbildung 165: Schnellzuglok P 36 im Freilicht-Eisenbahnmuseum von Warschau
Abbildung 166: Der Bjelorussische Bahnhof in Moskau
Abbildung 167: Der Leningrader Bahnhof in Moskau

164

165

СЧАСТЛИВОГО ПУТИ!

166

ЛЕНИНГРАДСКИЙ
ВОКЗАЛ ОКТ. Ж.Д.
PAZ
FRIEDEN
PEACE

167

den seit Sommer 1985 nur noch bis Ventimiglia führt. Mehr ist im Süden nicht geblieben.
In der nördlichen Hälfte dieser einstigen »Kreuz-und-quer-durch-Europa-Verbindung« gibt es zwar auch keinen legitimen Nachfolger des einstigen »St.-Petersburg-Wien-Cannes-Express«, aber immerhin schon seit mehr als dreißig Jahren wenigstens eine einigermaßen befriedigende Verbindung zwischen Wien und Moskau: Der Schnellzug mit dem Namen »Chopin« befördert täglich Kurswagen beider Klassen durch die ČSSR nach Warschau; zeitweise nahm er auch abzweigende Wagen nach Prag und Berlin mit. Ab Warschau führt er ein, zwei oder auch drei Schlafwagen der sowjetischen Eisenbahn, die an der polnischen Grenze, in Brest, umgespurt werden. Sie stellen eine komfortable Verbindung ohne Umsteigen zwischen Wien und Moskau her. Zunächst fuhren Wagen der »weichen« Kategorie, also mit Vierbettabteilen, bald aber die schon beschriebenen »RIC«-Schlafwagen. Neuerdings fährt dieser Schlafwagen, der jahrelang an manchen Wochentagen über Wien hinaus bis Rom verlängert wurde, nur noch während einiger Monate im Jahr. In der anderen Zeit verkehrt ein »RIC«-Schlafwagen vom Wiener Südostbahnhof aus über Preßburg (Bratislava), wo er dem Schlafwagenzug »Slovakija« angehängt wird, über die sowjetisch-tschechoslowakische Grenzstation Čop, Lemberg und Kiew nach Moskau. Bei der Abfahrt in Wien ist dieser Wagen gewissermaßen der »Aristokrat« im Zug, der sonst nur aus Personenwagen zweiter Klasse besteht, die in Marchegg oder Preßburg enden.
Erst nach dem Zweiten Weltkrieg war ich in der Lage, auf der Magistrale Wien–Cannes zu fahren, genauer gesagt, auf ihren Bruchstücken. So in den fünfziger Jahren, als ich ab Genua den erwähnten Pullman Mailand–Cannes zur Fahrt an die Côte d'Azur benutzte. Dieser Wagen lief beiderseits der Grenze in einem gewöhnlichen Schnellzug. Von der Reise ist nichts Besonderes zu vermerken.

Moskau ist eine Reise wert

Im Jahr 1966 bin ich mit dem sowjetischen Schlafwagen von Wien über Warschau nach Moskau gereist. Die Fahrt begann bei drückender Hochsommerhitze um 22 Uhr auf dem Wiener Ostbahnhof – und die Fenster in unseren beiden Abteilen waren fest verschraubt! Ich ließ aber nicht locker, bis sich die beiden Schaffner endlich bequemten, die Schrauben zu lösen. Sie waren leicht verärgert, da sie in ihrem Dienstabteil gerade damit beschäftigt waren, eine Fußballübertragung zu verfolgen. Dagegen ließ sich nichts einwenden, nur daß der Lautsprecher in meinem Abteil nicht abgestellt werden konnte, erboste mich neuerlich. Ich beschwerte mich so lange, bis einer der beiden endlich die Membrane herausschraubte. Dann herrschten zwei Nächte und einen Tag Ruhe und Frieden.
Der im Fahrplan ab Warschau vorgesehene Buffetwagen entpuppte sich leider als bescheidener »Bauchladen«, der noch dazu acht Wagen weiter vorn untergebracht war, weshalb ich mich am guten Buffet des Bahnhofs Warszawa-Gdanska mit Proviant bis zur Grenze versorgte. Während des Halts gab es freilich wieder eine kleine Reiberei mit einem der Schaffner: Er bestand darauf, daß die Fenster geschlossen blieben, weil die mächtig qualmende Dampflok (Pt 47-147; die Strecke war noch nicht elektrifiziert) sonst die Polster und die weißen Schutzdeckchen verschmutzte.
Vom Umspurvorgang in Brest sah ich nichts, da ich mit dem Geldwechseln anderweitig in der Vorhalle beschäftigt war. Nach etwa zwei Stunden ging es dann flott weiter; uns nahe benachbart war nun, nebst den Schlafwagen aus Wien, Rom, Prag und Warschau, auch der russische Speisewagen, der sich rasch zum Abendessen füllte und dessen Leistung absolut befriedigte. Wir bezahlten mit den bei INTOURIST in Wien erhaltenen Verpflegungsgutscheinen, die man für so viele Tage und Mahlzeiten im voraus kaufen muß, wie man unterwegs ist. An die Stelle der polnischen Dampflok war nun eine russische Diesellok (TBL 360001) getreten.
Da die Moskauer Zeit der unseren um zwei Stunden vorauseilt, war es schon lange vor Minsk Nacht geworden, und die Schaffner richteten zum zweitenmal die Betten her. Im Unterschied zur polnischen Strecke erwies sich die nächtliche Fahrt nach Moskau als derart ruhig, daß ich bei mehrmaligem Aufwachen nicht wußte: Fahren wir, oder stehen wir?
In Moshaisk begann damals die elektrifizierte Strecke, und statt der Diesel- erhielten wir hier die Elektrolok WL (WL = Wladimir Lenin) Nr. 168. Auf die Minute pünktlich liefen wir in den Bjelorussischen Bahnhof von Moskau ein, wo uns der INTOURIST-Agent erwartete, um uns mit dem reservierten Taxi ins Hotel zu bringen.
Moskau ist eine Reise wert – das gilt auch für den Eisenbahnfreund, der sich natürlich immer auf den Bahnhöfen herumtreibt. Auf dem Oktober-Bahnhof sah ich die imponierende Einfahrt des aus Leningrad kommenden »Krasnaja Strela« (»Roter Pfeil«), der nur Schlafwagen und »weiche« Wagen führte, die durchgehend rot lackiert waren. Noch heute ist er der Nobel-Nachtzug auf dieser Strecke. Damals wurde er von einer roten Elektrolok gezogen, ČS Nr. 611, gebaut von Skoda in Pilsen. Im Kursker Bahnhof, wo die meisten Schnellzüge nach Süden abfahren, besichtigten wir den »Dnjepr«, dessen Name durch einige Wellenlinien an den Wagenwänden unterstrichen wird; er fährt nach Dnjepropetrowsk (früher: Jekate-

rinoslaw). Ich registrierte hier auch den »Krim« nach Sewastopol; seine Wagen tragen eine Möve als Symbol des Schwarzen Meeres und sind blau gestrichen. Ein weiterer Schnellzug namens »Burewestnik« hatte Gorki, das alte Nishnij Nowgorod, zum Zielbahnhof. Als reiner Tageszug führte er nur Wagen der Einheitsklasse, offene Saalwagen mit verstellbaren Sitzen. Auf dem Bjelorussischen Bahnhof, auf dem wir angekommen waren, sah ich noch den in Blau und Weiß lackierten »Bjelorussija« nach Minsk, und schließlich beobachtete ich auf der Verbindungsbahn zwischen Oktober- und Kursker Bahnhof noch den »Drushba« (Freundschaft) mit rotgelben Wagen nach Tiflis und mit einem Schlafwagen, der über Eriwan bis Teheran durchlief.

Zu diesen ersten Impressionen des russischen Eisenbahnwesens noch folgendes: Die Schlaf-, »weichen« oder auch »harten« Wagen haben jeder einen eigenen Schaffner (oder Schaffnerin); bei Ausfahrt stehen sie mit zusammengerollter Signalflagge in den noch offenen Wagentüren, bis der Zug den Bahnsteigbereich verlassen hat, und dies tut er immer sehr langsam, so daß Unfälle beim Aufspringen in letzter Sekunde kaum vorkommen.

Ein Monstrum auf Schienen

So konnte man über ein Jahrzehnt lang einen Zug nennen, der nach dem Zweiten Weltkrieg den Betrieb aufnahm. Er bot erstmals eine Verbindung zwischen den Verkehrszentren des östlichen Mitteleuropa mit Zweigen auch in den Westen und Süden des Kontinents. Es ist dies der »Balt-Orient-Express«, der freilich schon längst seinem Namen nicht mehr gerecht wird. Zwischen dem östlichen Mitteleuropa und den Balkanstaaten gab es vor 1945 nur wenige Verbindungen: Es liefen lediglich Schlafwagen von Berlin über Prag und Breslau nach Istanbul im »Simplon-Orient-Express« und zeitweise Kurswagen von Berlin, Prag und Warschau nach Budapest, Belgrad, Bukarest und Istanbul. Als sich nach dem Krieg eine Reihe von sozialistischen Ländern herausbildete, wuchs das Bedürfnis, direkte Eisenbahnverbindungen zwischen diesen Staaten zu schaffen, besonders zwischen den an der Ostsee (»Baltisches Meer«) gelegenen Gebieten und Südosteuropa.

Vom Baltikum zum Bosporus

Den Anfang machten auf der Europäischen Fahrplankonferenz (EFK) des Jahres 1947 die tschechoslowakischen Staatsbahnen (ČSD) mit dem Antrag, eine große Durchgangsverbindung von Skandinavien in den Südosten zu schaffen. Als Stamm des neuen Zugs mit dem Namen »Balt-Orient-Express« war die Strecke Malmö–Belgrad geplant, mit Zweigen von Oslo, Stockholm, Kopenhagen, Berlin, Gdingen und Warschau sowie nach Bukarest. Der Antrag der ČSD kam im wesentlichen durch, und im Sommer 1948 wurde der Zug in Dienst gestellt. Seine Stammstrecke war nun Stockholm–Sofia, sein Weg führte über Malmö, Trelleborg, Odra, Stettin, Posen, Breslau (jetzt Wroclaw genannt), Oderberg, Galanta, Budapest und Belgrad nach Bulgarien; Zweigzüge gingen von Gdingen nach Posen, von Posen nach Warschau, von Warschau nach Prag und nach Wien–Triest und Rom, von Prag nach Galanta und von Budapest nach Bukarest. In seinem ersten Jahr war der Zug wie folgt zusammengesetzt:

Schlafwagen
Oslo–Prag,
Stockholm–Belgrad,
Stockholm–Warschau,
Warschau–Prag,
Warschau–Rom.

Kurswagen
Stettin–Wien und –Prag,
Gdingen–Prag und –Wien–Triest,
Warschau–Sofia, –Bukarest, –Wien–Rom,
Lodz–Prag,
Odra–Sofia, –Bukarest und –Wien,
Prag–Budapest und –Sofia.

Die Federführung hatte anfangs die polnische Staatsbahn (PKP), später dann die MAV. Die polnische Schlafwagengesellschaft ORBIS betrieb die Kurse Oslo–Prag und Stockholm–Belgrad. Wenn die CIWL auch wegen ihrer Verträge gegen die Fahrt polnischer Schlafwagen nach Prag und Belgrad ohne Erfolg protestiert hatte, so konnte sie, gestützt auf diese Vereinbarungen, doch verhindern, daß die Strecke der ORBIS-Schlafwagen über Belgrad hinaus bis nach Istanbul verlängert wurde – die Reise ab Stockholm endete damals an der bulgarisch-türkischen Grenze in Svilengrad. Auch der Einsatz polnischer Schlafwagen von Brest über Warschau und Wien bis Rom blieb noch jahrelang ein polnischer Wunschtraum. Erst viel später ließen die Sowjets ihre Umspurwagen von Moskau nach Rom fahren.

Eine tabellarische Übersicht zeigt, welche Schlaf- und Kurswagen liefen. Die meisten von ihnen wurden mehr oder weniger kurzfristig eingesetzt. Es waren dies die folgenden Wagen:

Schlafwagen
von Oslo nach Prag,
von Stockholm nach Belgrad, Svilengrad und nach Bukarest–Sofia,
von Odra nach Prag,
von Moskau nach Sofia, Wien und Belgrad,
von Gdingen nach Prag,
von Warnemünde nach Bukarest,
von Warschau nach Berlin, nach Prag–Budapest–Bukarest–Varna; nach Wien–Rom und nach Zürich,
von Prag nach Sofia,
von Budapest nach Belgrad und nach Bukarest.

Kurswagen
von Odra nach Wien, Budapest, Bukarest und nach Wien,
von Stettin nach Prag und Wien,
von Gdingen nach Prag, Budapest und nach Triest,
von Warschau nach Preßburg, Belgrad, Budapest, Bukarest, Sofia, Istanbul, Prag, Wien, Berlin und nach Paris (!),
von Lodz nach Prag,
von Warnemünde nach Prag und Budapest,
von Berlin nach Budapest, Bukarest, Sofia, Prag und nach Wien,
von Belgrad nach Istanbul,
von Prag nach Budapest, Bukarest, Sofia und nach Triest.

Das Monstrum schrumpft

Als die Folgen des Kriegs weitgehend überwunden waren und der Reiseverkehr zunahm, erwies sich der »Balt-Orient-Express« als zu verästelt. Ab etwa 1960 fielen seine Zweige immer rascher ab, und im Lauf der Jahre hatte sich die Richtung seines Stamms gedreht: Schon einige Jahre nach der Einführung des Zugs war der Fährhafen von und nach Skandinavien gewechselt worden – Saßnitz statt Odra (früher Ost-Swine genannt). Auf diese Weise konnte das natürliche Verkehrszentrum des östlichen Mitteleuropa, Berlin, in den Express eingeschaltet werden, und allmählich nahm die Verbindung zwischen der DDR und Rumänien an Bedeutung zu, auf Kosten der Routen von Skandinavien und Polen nach Bulgarien und in die Türkei. Im Jahr 1962 gab es nur noch die Strecke Berlin–Bukarest. Aus dem »Balt-Orient-Express« haben sich im Lauf von 15 Jahren nicht weniger als zehn selbständige Züge innerhalb des östlichen Mitteleuropas abgespalten:

»Pannonia«, Berlin–Sofia,
»Polonia«, Warschau–Sofia,
»Nord-Orient-Express«, Warschau/Prag–Varna/Constanza,
»Saxonia«, Leipzig–Budapest,
»Chopin«, Moskau–Warschau–Wien,
»Saßnitz-Express«, Stockholm–Berlin/München,
»Bohemia«, Warschau/Gdingen/Stettin–Prag,
»Danubius«, Moskau–Sofia,
»Moskwa-Express«, Moskau–Berlin,
»Puschkin«, Moskau–Belgrad(–Athen).

Bis zum heutigen Tage ist der »Balt-Orient-Express« ein völlig »zielreiner« Zug geblieben. Er führt nur noch Kurs- und Schlafwagen von Berlin nach Bukarest, zeitweise (in der schwachen Saison) auch von Leipzig nach Bukarest, wobei diese Route im Sommer von einem besonderen Zug, »Trakia«, befahren wird, der bis nach Varna läuft.
Der Name des Express hat längst seinen Sinn verloren: Sein Ausgangspunkt (Berlin) hat nichts mit dem »Baltischen Meer« oder den einstigen baltischen Staaten zu tun, und sein Ziel (Bukarest) liegt nicht im Orient. Gegen diese Klassifizierung hatten sich übrigens die Rumänen schon anläßlich einer Fahrplankonferenz im Jahr 1932, wenn auch erfolglos, gewehrt, wobei es sich damals um den Namen des »Orient-Express« handelte. Mir sei die Anregung erlaubt, auch den »Balt-Orient-Express« auf einen der in den östlichen Staaten sehr häufig gebrauchten lateinischen Namen umzutaufen, und zwar auf den seines Ziellandes Rumänien, das die alten Römer »Dacia« nannten.

Unterwegs im »Balt-Orient-Express«

Mit dem »Balt-Orient-Express« habe ich nur zwei kurze Reisen absolviert, beide erst, als aus dem Monstrum bereits die »zielreine« Verbindung Berlin–Bukarest geworden war. Die eine Fahrt fand im Frühjahr 1965 statt, als ich zur Eröffnung des Verkehrsmuseums in Budapest eingeladen war. Zuvor hatte ich noch Prag besucht. Die UTASELLATO, die ungarische Schlaf- und Speisewagengesellschaft, hatte uns für diese Reise ein Schlafwagenabteil zur Verfügung gestellt, obwohl es sich um eine reine Tagesstrecke handelte.
Der »Balt-Orient-Express« fährt gegen Mitternacht in Berlin ab, läuft während der Tagesstunden zwischen Prag und Budapest und in der zweiten Nacht von dort bis zum Ziel. Die Schlaf- und Speisewagen werden, wie bei vielen osteuropäischen Zügen üblich, an wechselnden Wochentagen von verschiedenen Unternehmen gestellt, auf der Strecke Berlin–Bukarest sind es die MITROPA der DDR, die tschechoslowakische JLV, die ungarische UTASELLATO und die rumänische ROMVARED. Der Speisewagen läuft von Prag im Winter nur bis Budapest, im Sommer bis zu dem weiter östlich gelegenen Biharkeresztes; anderntags dann von Klausenburg bis Bukarest. Der Schlafwagen ist, wie alle von ungarischen Fabriken gebauten Fahrzeuge dieser Art, tadellos, ebenso das Service im Speisewagen.
Wer in Budapest mit einem internationalen Schnellzug ankommt, der sei auf den etwa eine halbe Stunde vor Ankunft den Zug durchwandernden Mann aufmerksam gemacht, der fragt, ob man am Bahnhof ein Taxi wünsche: Für zehn Forint erhält man einen Coupon, der gewährleistet, daß man eines der »reservierten« Taxen bekommt.

»Presentaţi Passportul!«

Bereits ein Jahr zuvor hatte ich eine Fahrt in Budapest angetreten, um nach Bukarest zu kommen. In der ungarischen Hauptstadt wurden zwei Wagen erster Klasse in den Zug eingereiht, der mit zwei stromlinienförmig verkleideten Dampflokomotiven der berühmten Baureihe 242 (2-B-1) bespannt war. Der Schlafwagen, in dem ich unterkam, stammte von der tschechoslowakischen JLV und war in Preßburg beheimatet. Daher waren seine Aufschriften überwiegend in Slowakisch gehalten: »Lozkovy Vozen« statt »Luzkovy Vuz« zum Beispiel.
Und hier die erste kleine und angenehme Überraschung dieser Fahrt: Als überall gesetzestreuer Reisender habe ich natürlich keine östlichen Währungen bei mir, will daher meine Bettkarte in irgendeiner »freien« Valuta bezah-

168

169

Abbildung 168: Der formschönste rumänische Dampfloktyp, in den Jahren ab 1922 von Henschel und Maffei in Deutschland gebaut, heute schon im »Aussterben« begriffen. Hier 1967 vor einem Schnellzug bei Ausfahrt aus Bukarest

Abbildung 169: Ankunft des »Schwarz-Meer-Express« (Marea Neagra) aus Moskau in Bukarest zur Weiterfahrt nach Varna

len und bin neugierig, welchen Wucherkurs man mir jetzt anrechnen wird. Wieviel verlangt der nette, kaum einige Worte deutsch, aber ganz gut französisch sprechende slowakische Schaffner für ein Single? Sage und schreibe 11 (in Worten: elf) Dollar, in meiner heimatlichen Währung damals weniger als dreihundert Schilling, für die ich etwa zwischen Wien und Innsbruck nicht einmal einen Platz in einem Dreibettabteil bekommen hätte! Freilich fehlt in meinem Reisearchiv das Schlafwagenbillett dieser Fahrt, vielleicht hat er mir gar keines ausgestellt und meine Dollars dann auf dem schwarzen Markt verkauft – es sei ihm gegönnt, denn nach der durch Paß- und Zollrevision zweimal gestörten Nachtruhe baut er morgens nicht nur blitzartig mein Abteil auf Tagesstellung um, sondern kehrt sogar auch, so was habe ich sonst nie erlebt, mit Besen und Schaufel das kleinste Stäubchen aus!
Und sodann beim Frühstück im rumänischen Speisewagen noch ein heiteres Intermezzo: Nach Konsumation des ganzen Inhalts der Speisekarte – die Menge reicht noch für ein Mittagessen aus, nur das angebotene Wasserglas Schnaps lasse ich der allzufrühen Tageszeit halber stehen – will ich zahlen: Der Ober verlangt soundsoviel Lei, aber ich habe ja keine. Ich biete ihm Dollar, Schweizer Franken, Deutsche Mark, Schillinge – umsonst, er beharrt auf Lei, er darf nichts anderes annehmen! Was tun? Ein freundlicher Reisender aus Leipzig am Nebentisch verhindert dann doch, daß ich zum Zechpreller werde, er zahlt für mich, und als wir in Bukarest ankommen, kann ich endlich bei der Wechselstube Valuta wechseln und meine Schuld an ihn zurückzahlen! Apropos Leipzig: Die sehr alten geschäftlichen Beziehungen zwischen Leipzig und Bukarest erkennt man nicht nur aus der Tatsache direkter Kurs- und Schlafwagen sowie ganzer Zugläufe (»Trakia«) zwischen beiden Städten, sondern auch aus dem heute wie früher bestehenden Namen der belebtesten Geschäftsstraße von Bukarest, der »Lipscani«, wo ehemals Kaufleute aus eben diesem Leipzig ihre Kontors und Lager hatten.
Doch geht es in Rumänien nicht immer so freundlich zu: Als ich im Anschluß an eine Reise mit dem »Balt-Orient-Express« einst von Bukarest nach Constanza mit einem Tagesschnellzug weiterfuhr, hatte ein einheimischer Coupé-Genosse nichts Besseres zu tun, als sofort bei der Ankunft einen Milizionär auf mich zu hetzen, weil ich die berühmte große Donaubrücke bei Cernavodă (»Podul Saligny« genannt nach ihrem Erbauer) photographiert hatte – nach einstündigem Verhör und Vorweis meiner Korrespondenz mit der Direktion der Staatsbahn wurde ich aus dem Polizeilokal gnädig entlassen und konnte sogar meine Filme behalten. Und auf meiner letzten Fahrt nach Rumänien erwartete mich mitten in der Nacht in der Grenzstation Curtici das obligate »Presentaţi Passportul«, aber nach dem Paß-Revisor wurde ich noch weitere dreimal, darunter sogar von einem weiblichen »Organ« – Paß, Zoll, Devisen usw. –, geweckt und mußte selbst meinen Kofferinhalt den gestrengen Kontrolleuren vorweisen – wahrlich keine Fremdenverkehrswerbung!

»Meridian«

Dieser Zug wird so genannt, weil seine Strecke, mit einiger Nachsicht, ungefähr mit dem Verlauf des 15. und 20. Längengrads von Schweden bis zur Adria übereinstimmt. Ebenso wie dem »Balt-Orient-Express« lag ihm die Idee zugrunde, den Balkan und Skandinavien miteinander zu verbinden. Seine Einführung steht im Zusammenhang mit einer der vielen Streckenneubauten, die das relativ arme Jugoslawien nach dem Zweiten Weltkrieg geplant und allen Schwierigkeiten finanzieller und geographischer Natur zum Trotz auch vollendet hat.
Vor 1945 hatte Jugoslawien nur zwei leistungsfähige Häfen an der Adriaküste: Rijeka (Fiume) und Split (Spalato). Beim Wiederaufbau nach dem Krieg wurden auch andere Häfen großzügig erweitert und neue Trassen dorthin verlegt. Eine zweite Hauptstrecke von Agram nach Split wurde gebaut, einschließlich eines Zweigs zu dem bisher schienenlosen Zadar (Zara). Auch die Verbindung Bosnien–Herzegowina wurde von Schmal- auf Normalspur umgestellt und die Strecke von Sarajevo zur Adria fast völlig neu trassiert und zum geschützten Hafen Ploče geführt. Und schließlich ist in langer, mühevoller Arbeit ein Projekt verwirklicht worden, das man schon in der Zwischenkriegszeit geplant hatte: die »Belgrad-Adria-Bahn«. Das Unternehmen ist um so beachtlicher, als es in eine Zeit der »Gesundschrumpfung« der Schienenwege in anderen Ländern fiel.
Die Strecke führt durch die bevölkerungsärmsten Regionen Jugoslawiens. Von der Hauptstadt aus passiert sie die wildzerklüfteten Gebirgsgegenden des einst von Österreich besetzten Sandschak (= Bezirk) von Novi Pazar, das Gebiet der »Prokletje Gore« (»Verfluchte Berge«) im westlichen Montenegro und endet südlich von Kotor (Cattaro) in der Hafenstadt Bar (Antivari). Die »Belgrad-Adria-Bahn«, die auch »Beograd-Bar-Linie« (»B-B«) genannt wird, ist in der Literatur oft und ausgiebig beschrieben worden, weshalb hier lediglich die Tatsache erwähnt sei, daß die insgesamt 476 Kilometer messende Strecke nicht weniger als 234 Brücken und 254 Tunnels zählt, darunter als größten den Zlatibor-Tunnel.
Jahrelang hatten finanzielle Schwierigkeiten den Bau verhindert, bevor die Strecke endlich vollendet werden konnte. Anfangs war sie noch mit Dieselloks betrieben worden, heute ist sie längst elektrifiziert. Unter anderem auf dieser Route ist eine transosteuropäische Verbindung von Skandinavien zum Balkan hergestellt worden, in Gestalt des »Meridian«, dessen Einführung die Europäische Fahrplankonferenz für das Jahr 1971 beschlossen hatte. Die Hauptstrecke dieses Zugs lief zunächst von Malmö über Berlin, Prag und Budapest bis Belgrad. 1973 ist sie bis nach Bar verlängert worden. Der Zug führte zunächst Kurswagen von Malmö, Berlin und Prag nach Belgrad und Bar, in den Jahren 1976 bis 1980 sogar Schlafwagen und ab 1973 Liegewagen von Malmö bis Bar.
Freilich ist diese zwei Nächte und Tage währende Verbindung bald beschnitten worden, und zwar aus zwei Grün-

den: Einmal weigerten sich die Schweden, die mit der Saßnitz-Trelleborger Fähre übergesetzten Kurs- und Schlafwagen weiterhin zu übernehmen, da sie immer verschmutzt, teilweise auch beschädigt oder wertvoller Bestandteile beraubt, auf schwedischem Boden ankamen. Zum anderen hatte sich herausgestellt, daß der direkte Personenverkehr zwischen Skandinavien nach Belgrad und darüber hinaus zu gering ist, als daß sich durchgehende Wagen von Malmö nach Bar oder auch nur nach Belgrad gelohnt hätten.
Seit dem Sommerfahrplan 1981 hat der »Meridian« daher nur noch Schlaf-, Liege- und Kurswagen von Berlin nach Budapest und Belgrad (mit Verstärkungswagen ab Prag). Der Zug verläßt Berlin am späten Abend und durchfährt die Strecke Prag–Belgrad am Tag. In der jugoslawischen Hauptstadt schließt sich einer der beiden Nachtschnellzüge nach Bar an. Von Belgrad aus verkehren dorthin überdies zwei, im Hochsommer drei, Tagesschnellzüge, darunter der nur erste Klasse führende »Titograd-Express«, benannt nach der eine Stunde oberhalb von Bar gelegenen größten Stadt des westlichen Montenegro.

Das Sorgenkind »Akropolis«

Neben dem »Meridian« und dem »Balt-Orient-Express« gibt es noch einen dritten Zug, der allerdings nicht nur in der östlichen Hälfte Mitteleuropas verkehrt, sondern darüber hinaus auch Süddeutschland mit Griechenland verbindet. Es ist der »Akropolis«, der seit 1967 auf der Route zwischen München und Athen fährt.
Aus zwei Gründen habe ich ihm den Beinamen »Sorgenkind« gegeben: Einmal verspätet er sich seit Jahrzehnten regelmäßig, besonders in der Süd-Nord-Richtung, in der er zumeist mit ein bis drei Stunden »plus«, wie es in der Fahrdienstleitersprache heißt, in der österreichischen Grenzstation Rosenbach ankommt. Warum das passiert, weiß ich nicht. Der zweite Grund ist dieser: Der Zug wurde seinerzeit mit der auf der Europäischen Fahrplankonferenz offen ausgesprochenen Absicht geschaffen, den »gehobenen Touristen-« vom »Gastarbeiterverkehr« zu trennen, um dem anspruchsvollen Hellas-Fahrer eine komfortable Reisemöglichkeit zu bieten. Zu diesem Zweck wollten die griechischen, österreichischen und bundesdeutschen Bahnen besonders qualifiziertes Wagenmaterial einsetzen. Offenbar aber haben die beteiligten Finanzminister die nötigen Gelder verweigert. Seit Beginn setzte sich der »Akropolis« aus gewöhnlichen Sitzwagen der Deutschen Bundesbahn (26,40 m lang) und einem CIWL-Schlafwagen des Typs »YU« zusammen, in dem von »gehobenem Komfort« auch keine Rede sein kann. Geplant waren ursprünglich Liegesitzwagen mit Klimaanlage und Schlafwagen des neuesten Typs.
Die Jugoslawen hatten bald angekündigt, daß sie den »Akropolis« von dem bisher verlangten Extrazuschlag und diversen Benutzungsbeschränkungen befreien wollten, wenn das neue Wagenmaterial nicht eintreffe. Aufgrund dieses »Ultimatums« wurde im Sommer 1970 dann ein (!) Wagen erster Klasse der DB in den Zug eingereiht, ein offener Saalwagen mit verstellbaren Sitzen, wie man ihn in den TEE- und Intercity-Zügen findet. Ob dies angesichts einer zwei Tage und eine Nacht dauernden Reise eine wesentliche Komfortsteigerung brachte, mag dahingestellt bleiben – jedenfalls verschwand der Wagen schon bald wieder sang- und klanglos. Bis zur Einführung dieses Wagens verkehrte täglich ein Schlafwagen München–Athen; danach fuhr er zunächst nur noch dreimal in der Woche, und nach einigen Jahren wurde er schließlich aufgegeben – statt aufwärts ging es abwärts!
Seit einiger Zeit führt »Akropolis« gewöhnliche Kurswagen beider Klassen sowie Liegewagen zweiter Klasse der Deutschen Bundesbahn und der griechischen Staatsbahn, die keineswegs den jüngsten Bauserien entstammen. Die meisten fahren zwischen München und Athen, einige überdies von München nach Saloniki, und im Sommer gibt es zusätzlich einen Kurswagen nach Rijeka.
Bergab ging es auch mit der gastronomischen Versorgung im Zug: Zwischen Athen und der griechischen Grenzstation Idomeni läuft seit jeher ein ehemaliger CIWL-(Ex-Pullman-)Speisewagen mit absolut befriedigender Leistung von Küche und Service. Auf jugoslawischem Gebiet, zwischen Belgrad und Jesenice (Assling), fuhr jahrelang ein von der dortigen KSR (Kola Spavanje i Ruzavanje) bewirtschafteter Speisewagen, dessen Qualität ebenfalls nichts zu wünschen übrigließ. Heute jedoch gibt es nur noch einen bescheidenen Buffetdienst zwischen Belgrad und Agram. Und ab der österreichischen Grenze in Rosenbach bis München fuhr jahrelang ein bundesdeutscher Buffetwagen, der vor einigen Jahren ebenfalls verschwunden und durch eine noch bescheidenere Minibar ersetzt worden ist – von einem geruhsamen und gepflegten Abendessen auf der Tauernstrecke kann keine Rede mehr sein.

Die jüngste Eisenbahn Europas

Wie schon erzählt, hat Jugoslawien trotz aller kriegsbedingten Zerstörungen den Schienenverkehr beachtlich ausgebaut, wobei besonders die Verbindungen vom Hinterland zur Adria hervorzuheben sind. Dazu zählt auch die bereits erwähnte Neutrassierung der Strecke von Sarajevo zum Meer. Vor dem Zweiten Weltkrieg hatte es hier lediglich eine 76-Zentimeter-Schmalspurbahn gegeben, die sich vierfach verzweigte: nach Metković an der Narenta-(Neretva-)Mündung, nach Gruz (Gravosa), dem Hafenvorort von Dubrovnik (Ragusa), nach Zelenika an der Bucht von Kotor und nach Nikšić. An die Stelle dieser Verbindung ist nach 1945 eine fast völlig neutrassierte Normalspurbahn von Sarajevo zum Hafen von Ploče getreten, das seit wenigen Jahren nach einem Freund Titos Kardeljevo heißt.
Eine gastfreundliche Einladung der JŽ hat es uns ermöglicht, an der Geburtsstunde der neuen Linie teilzunehmen; das Ereignis sei hier kurz geschildert: Wir schreiben den 25. November 1966. Mit dem sogenannten »Balkan-

170

171

172

173

Abbildung 170: Der Bahnhof von Skopje nach dem katastrophalen Erdbeben von 1965
Abbildung 171: Gemütliche Fahrtpause eines Personenzugs auf freier Strecke zwischen Knin und Split
Abbildung 172: Die imposante Donaubrücke bei Cernavoda, nach ihrem Erbauer »Podul Saligny« genannt
Abbildung 173: Aufenthalt des »Hellas« mit Schlafwagen München–Athen in Nisch

Express« morgens in Agram angekommen, wechseln wir dort auf den »HB« (»Hrvatska-Bosna«), den eine mächtige Diesellok der bekannten Baureihe 661 anführt. Der Zug ist, auch in der ersten Klasse, sehr gut besetzt, und im Buffetwagen treten die Fahrgäste einander fast auf die Füße. Das Wetter ist mild, ein idealer Reisetag mit viel Sonnenschein, und man kann sogar bei offenem Fenster fahren. Schade, daß der Bahnhof von Banja Luka weit außerhalb der Stadt liegt, weshalb wir von der Hauptmoschee nur die Kuppel sehen. Kurz vor Doboj erreichen wir dann die neutrassierte normalspurige Strecke von Belgrad über Vrpolje nach Sarajevo. Von hier an ist die alte Schmalspurbahn teilweise noch zu erkennen; erst ab Zenica fährt sie noch, allerdings nur bis kurz vor Sarajevo. Wir passieren schon in der Dämmerung die neue Industriestadt Zenica, deren Hüttenwerke an das Ruhrgebiet oder an die Midlands erinnern. Als wir Sarajevo erreichen, ist es finster geworden; trotzdem sind auf dem neuen Bahnhof und in seinem Vorgelände schon die Zeichen des morgigen Ereignisses zu erkennen.

Sarajevo, 26. November 1966: Der Morgen ist trüb, aber mild, die Sonne scheint durchbrechen zu wollen. Viele Häuser in der Stadt sind festlich beflaggt, der weite Bahnhofsvorplatz hat sein schönstes Kleid angelegt – Fahnen, Blumen, Spruchbänder.

Das »rauschende Fest« beginnt um neun Uhr vormittags. Erster Schauplatz sind die eleganten Empfangsräume im Seitentrakt des Bahnhofgebäudes. Wir lernen höhere Funktionäre der JŽ kennen, auch einige ausländische Journalisten; Technikprofessoren widmen uns ihre Sprachkenntnisse. In einem Salon ist ein großes Modell der neuen Linie aufgestellt. Dauernd kreisen Kellner herum, beladen mit Tabletts voll Raki, Cognac, Whisky, Slibowitz, köstlichen Törtchen, Pasteten und Kaffee.

Um zehn Uhr schiebt sich auf den ersten Bahnsteig, unmittelbar vor den Türen der Festräume, die lange Garnitur des Eröffnungszugs herein. Gewissenhaft notiere ich die Reihenfolge der Fahrzeuge:

Diesellok, Nr. 661-148,
Gepäckwagen,
Salonwagen Nr. 417,
Inspektions-(Salon-)Wagen Nr. 405,
Schlafwagen Nr. 4047,
Speisewagen Nr. 4373,
Salonwagen Nr. 402,
zwei Wagen erster Klasse (9 Abteile, 54 Plätze),
Speisewagen Nr. 4375,
zwei Wagen erster Klasse (wie oben),
Salontriebwagen mot 410 (Mitfahrt nur bis Mostar).

Um elf Uhr machen allmählich die (vorläufig) letzten Tabletts die Runde, alles strömt auf den Bahnsteig hinaus. Wir holen das Gepäck, unser Abteil in einem der Wagen erster Klasse haben wir längst gefunden. Die Sonne blinzelt durch den Dunst, eine Musikkapelle nimmt Aufstellung, flotte Märsche klingen über die Gleise, die Estrade füllt sich.

Als die Musik schweigt, schlägt die offizielle Geburtsstunde der neuen Bahn: Da wir die serbokroatische Sprache nicht verstehen, ist es uns leider verwehrt, den lobenswerterweise nicht allzulangen Reden des Transportministers und des Direktors der JŽ in Sarajevo zu folgen. Danach setzt die Musik wieder ein, die Festgäste besteigen den Zug, die heitere Menge der Zaungäste flaniert auf dem Bahnsteig.

Als um Schlag zwölf Uhr die Lok langsam anzieht und sich damit der erste durchgehende Zug auf die neue Strecke begibt, als die Zurückbleibenden winken und die Musik uns ein letztes Fortissimo nachschickt, da bricht wie bestellt die Sonne hervor. Während wir langsam das Vorgelände des Bahnhofs passieren, erklingt, wie beim Stapellauf eines Ozeandampfers, das unisono Geheule aller Lokomotiven im Bahnhofsbereich – ein wirklich festlicher Augenblick, auf den die JŽ stolz sein kann und über den sich alle Teilnehmer dieser historischen Fahrt aufrichtig freuen.

Gleich nachher öffnen sich die Türen der beiden Speisewagen, auf deren festlich gedeckten und geschmückten Tischen Batterien von Flaschen warten und Kellner mit weißen Jacken kleine Gläser auf Tabletts präsentieren.

Langsam geht es im warmen Sonnenschein durch den weiten Talkessel von Sarajevo, dann steigen wir die Höhe des Ivan-Sattels hinauf. Bald folgt Tunnel auf Tunnel, mit gutmütigem Brummen bewältigt die 661er die Steigung. In dieser Richtung, also von Sarajevo her, ist die Höhendifferenz geringer als von Süden, die Steigung ist kürzer und flacher. Nach dem Scheiteltunnel, durch den auch die alte Schmalspurbahn fuhr, folgt der Bahnhof Bradina. Der Scheiteltunnel ist als einziger von der alten Linie übriggeblieben, denn er war schon seinerzeit im Normalspurprofil angelegt worden.

Der nun folgende Abstieg nach Konjice und weiter nach Jablanica gehört zu den eindruckvollsten Strecken, die man im Südosten finden kann: Die alte Schmalspurbahn hatte Zahnstangen und konnte daher die Steigung von Süden her schneller, geradliniger angehen. Die neue Bahn aber hat nur die Adhäsion des »eisernen Wegs«, ihr Neigungswinkel ist geringer, und sie muß auf Umwegen fahren: Kurven, Spiralen, Tunnels, Seitentäler, Viadukte, wieder zurück in das Haupttal, wieder seitlich ausweichen, wieder zurück – eine verwirrende, aber höchst eindrucksvolle Menge von Kunstbauten, die hier in imponierender Weise die Natur bewältigen: Berge, Felsen, Schluchten, tiefeingerissene Täler, Wände, Abstürze, Galerien. In zwei, drei und vier Etagen übereinander zieht sich die Strecke durch die wilde Landschaft.

Nach dem Bahnhof Konjice – auch hier fröhliche Menschen, Blumen, Musik, Spruchbänder – fahren wir noch immer bei offenen Fenstern. Der Nachmittag ist warm. Als wir in Mostar, der Hauptstadt der Herzegowina und unserem heutigen Tagesziel, einfahren, ist es schon finster, aber auf dem Bahnsteig drängen sich Hunderte von Menschen. Wir und die anderen Festgäste des Zugs werden von der Menge fast erdrückt. Es folgen ein Festakt auf dem illuminierten Hauptplatz und ein rauschendes Festmahl des Bürgermeisters im größten Hotel der Stadt, deren uralte Römerbrücke auch heute noch zu den Sehenswürdigkeiten gehört.

Mostar, 27. November: Auch heute scheint die Sonne, grell leuchten die Kalkfelsen der Berge im weiten Talgrund, als wir unseren Zug nach dem Frühstück besteigen. Um neun Uhr geht es wieder los. Von der Stadt ist jetzt nicht viel zu sehen, denn die neue Bahntrasse verschwindet gleich nach der Ausfahrt in einem langen Tunnel. Vorsichtshalber hatten wir schon vor dem Start den Relikten der alten Schmalspurbahn unseren Besuch abgestattet, der Verkehr ist hier natürlich schon tot, und nur einige Hühner sonnen sich friedlich auf den Gleisen.

Je weiter wir nach Süden kommen, desto wärmer wird es. Schade, daß es später Herbst ist, daher gibt es kein Grün, keine Blumen, dafür glitzert der Schnee auf den hohen Bergen im Norden gegen den strahlendblauen Himmel. In Čapljina, damals noch Abzweigpunkt nach Gravosa, ist der Bahnsteig wieder überfüllt: Schulkinder unter dem Kommando ihrer Lehrerin singen fröhliche Lieder, der Minister hält eine kurze Ansprache aus seinem Wagen heraus, dann geht es weiter. Wir halten kurz in Metković, wo noch die schmalspurigen Gleise liegen. Eine blitzblanke Lok der Baureihe 83 dampft fröhlich aus allen Knopflöchern und begrüßt uns mit munterem (oder melancholischem?) Pfeifen.

Dann verbreitert sich die Neretva, in deren Tal wir bisher gefahren sind, zum Meeresarm, die Gegend wird zur Küstenlandschaft, und wir erreichen Ploče: Die Dimensionen des Bahnhofs und seines Geländes lassen die Bedeutung erkennen, die diesem Hafenplatz zukommen soll (und es auch getan hat) – war doch gerade dieser Hafen mit seinem tiefen Becken in einer fjordartigen Bucht der wirtschaftliche Grund, die Bahn zu bauen. Die natürlichen Voraussetzungen für einen geschützten Umschlagplatz zwischen Land und Meer sind hier günstig, und nun verbindet eine leistungsfähige Vollbahn den Hafen mit dem Hinterland und entlastet gleichzeitig auch die Häfen von Rijeka und Split.

Sonnige Mittagsstunden vergehen im Spaziergang rund um den Hafen, in dem eine Zerstörerflottille über die Toppen geflaggt hat. Große Frachtschiffe und riesige Ladungen roten Erzes lassen die künftige Prosperität des Hafens ahnen. Es folgt ein üppiges Mittagsmahl im Gästehaus beim Bahnhof, zu dem der Hafendirektor eingeladen hat. Wie völkerverbindend die Eisenbahn und alles Drum und Dran auch hier ist: An unserem Tisch sitzen ein amerikanischer und ein sowjetischer Journalist, befreunden sich bei Wodka und Raki und verständigen sich auf deutsch!

Zurück zum Zug, neben dem inzwischen eine zweite Sondergarnitur eingefahren ist. In Wagen erster und zweiter Klasse brachte er weniger prominente Ehrengäste, Vertreter großer Fabriken und Reisebüros.

Rascher als auf der Hinfahrt geht es nun nach Sarajevo zurück. Die neuen Bahnhöfe sind jetzt verlassen, die offiziellen Begrüßungen vorbei und die Aufenthalte kürzer. Der klare Abend beschert uns noch unvergleichliche Szenerien in der Neretva-Enge, deren Felsen himmelhoch emporragen, während der Vollmond sein silbernes Licht in die Schluchten wirft. Ebenso prachtvoll ist die Landschaft, als wir von Bradina die vierstöckigen Galerien zum Ivan-Sattel hinaufsteigen. Die Heimfahrt vergeht wieder bei festlichem Schmaus und Trank im Speisewagen, bei interessanten Gesprächen mit anderen Festgästen, mit aufrichtigen Worten der Anerkennung und des Dankes an Presse und Rundfunk. Als spät am Abend der Vollmond den weiten Talkessel von Sarajevo überstrahlt, sind wir wieder zurück, und die Reise ist zu Ende. Es waren zwei festliche Tage, auf die und auf deren Anlaß die JŽ stolz sein kann – und uns war es eine Freude, dabeigewesen zu sein.

Heute ist die Strecke natürlich längst vollständig elektrifiziert, und das damalige Ploče, das inzwischen Kardeljevo heißt, hat seinen und der Eisenbahn Ausbau längst gerechtfertigt und amortisiert. Neben dem beachtlichen Umschlagvolumen des Hafens ist Kardeljevo Endpunkt einiger großer Schnellzüge, die nicht nur von Agram und Belgrad, sondern (»Mostar-Dalmacija-Express«) auch aus der Bundesrepublik Deutschland und Österreich hierherkommen und ihre Fahrgäste zum Anschluß (auf der Straße) nach Dubrovnik bringen.

Abbildung 174: Die 1966 vollendete neue Normalspurstrecke von Sarajevo nach Ploce bietet hier im Bosnischen Bergland ein verwirrendes – beinahe an die Gotthardbahn erinnerndes – Durch- und Übereinander von Kurven, Tunnels, Brücken und Viadukten in drei und vier Stockwerken übereinander. Ansicht aus dem Eröffnungszug am 26. November 1966

174

Okzident–Orient

Der Verkehr in Europa ist seit jeher weitgehend den großen Flüssen gefolgt. Sie verlaufen fast alle von Nord nach Süd oder umgekehrt: Saône/Rhone, Rhein, Weser, Elbe, Oder/March, Weichsel, Dnjepr, Don oder Wolga, mit einer einzigen Ausnahme, der Donau, die mit ihren Nebenflüssen wie mit ihrem Einzugsgebiet – die Ebenen Süddeutschlands und Ostfrankreichs auf der einen, die Morava-, Vardar- und die Morava-Maritza-Furchen auf der anderen Seite – dem Ost-West-Verkehr eine breite Bresche schlägt. Entlang dieses »Leitstrahls« hat sich der zivile, aber auch der kriegerische Verkehr zwischen dem Westen und dem Osten unseres Erdteils entwickelt.

Die Kristallisationspunkte dieser Ost-West-Verbindung sind im Zeitalter des Schienenverkehrs die drei großen historischen Metropolen Paris, Wien und Konstantinopel. Zwischen ihnen hat sich ein weitverzweigtes System von Eisenbahnverbindungen herausgebildet, das zu den bedeutendsten Europas zählt.

Auf der beschriebenen Route verkehrt als ältester und wichtigster neben anderen auch der »Orient-Express«, Europas berühmtester Zug. Sein Ruf beruht auf zwei Tatsachen: Zum einen hat er den *trans*kontinentalen Verkehr eingeleitet, und zum anderen hat er als erster europäischer Zug ein wirklich komfortables Reisen ermöglicht.

Die Vorgeschichte des »Orient-Express«

Vor mir liegt das »Eisenbahn-, Post- und Dampfschiff-Coursbuch« (»bearbeitet nach den Materialien der Postverwaltung des Norddeutschen Bundes in Berlin«) aus dem Jahr 1868. Wer damals von Paris zum Bosporus wollte, mußte den Weg über Wien nehmen und danach weite Strecken per Schiff auf der Donau zurücklegen.

Von Paris über Straßburg, München und Salzburg verkehrten zwei Züge nach Wien, die für die Strecke rund 36 Stunden brauchten und unterschiedlich bezeichnet wurden: Expresszug, Courierzug, Postzug oder Schnellzug. In Wien gab es eine fahrplanbedingte Unterbrechung, und danach fuhr man über Budapest zu einer damals ungarischen, heute rumänischen Kleinstadt namens Basiasch. Dort stieg man auf den Dampfer der »K. K. Privilegierten Ersten Donau-Dampfschiffahrtsgesellschaft«, um diesen erst in Ruse, das damals zur Türkei gehörte und Rustschuk hieß, wieder zu verlassen. Weiter ging es mit einem Zug der privaten »Rustschuk-Varna-Eisenbahn« zur heutigen Badestadt Varna und von dort wieder zu Schiff (es war damals die »Espero« des Österreichischen Lloyd) zum Goldenen Horn. Die Reise ab Paris dauerte auf diese Weise viereinhalb Tage.

Im Jahr 1877, so verrät uns das »Kursbuch der Deutschen Reichspostverwaltung«, gab es zwar zwischen Paris und Wien bereits einen Schlafwagen, östlich von Wien sah es aber noch immer recht ungünstig aus: eine zusätzliche Übernachtung in Budapest, Weiterfahrt bis Basiasch mit einem langsamen Personenzug, und dort war die Reise zu Ende: »Verkehr derzeit eingestellt«, vermerkt das Kursbuch. Warum? Es war die Zeit des russisch-türkischen Kriegs, die Russen hatten im Herbst 1877 die Donau überschritten, und es wurde um die Festung Plewna und um den Schipka-Paß gekämpft.

Der Krieg wurde auf dem Berliner Kongreß im Sommer 1878 beigelegt. Ein Unterausschuß dieses Kongresses beschloß am 9. Mai 1883, also eine gute Zeit später, in Wien die sogenannte »Convention à Quatre«, eine Vereinbarung der vier hauptbeteiligten Staaten, Österreich-Ungarns, Serbiens, Bulgariens und des »Ottomanischen Kaiserreichs«, über den künftigen Verkehr in die Balkanländer. Wesentlicher Inhalt der Konvention war: Den Balkanstaaten wurde aufgetragen, die Schienenverbindung mit Mitteleuropa beschleunigt auszubauen – in Serbien und Bulgarien gab es noch immer Lücken. Außerdem sollte täglich mindestens ein durchgehender Schnellzug zwischen Wien und Konstantinopel in Betrieb genommen werden. Fünf Jahre später, im Sommer 1888, wurde zwischen Caribrod (heute Dimitrovgrad) und Bellova endlich die letzte Schiene in Bulgarien verlegt. Nun konnte nicht nur der in Teilen bereits existierende »Orient-Express«, der bis dahin auf einer anderen Route lief, direkt nach Konstantinopel durchfahren, sondern es wurde auch möglich, den mit der »Convention à Quatre« vereinbarten Zug in Dienst zu stellen: Es war der noch Jahrzehnte lang so genannte »Konventions-« oder »Konventionalzug«.

Im Gegensatz zum »Orient-Express«, der als Luxusverbindung konzipiert war, handelte es sich bei ihm um einen gewöhnlichen Schnellzug, der den Hauptverkehr zwischen Wien und Konstantinopel bewältigte, außerdem auch nach Saloniki. Der Zug war jahrzehntelang ungefähr wie folgt zusammengesetzt: ein Wagen der beiden Polsterklassen von Wien nach Konstantinopel und von Budapest nach Saloniki, ein Wagen dritter Klasse von Budapest nach Osten, ein Schlafwagen zwischen Budapest und Konstantinopel, Speisewagen zwischen Wien, Budapest und Belgrad sowie ab dort ein wahrscheinlich serbischer Buffetwagen.

Später gab es ab Wien zwei »Konventionalzüge«, und in Budapest fand ein Zug aus Berlin Anschluß, der auch Schlafwagen führte. Diese Verbindungen blieben bis zum Beginn des Zweiten Weltkriegs im wesentlichen erhalten.

Seit 1945 läuft die Verbindung zwischen Wien und dem nunmehr Istanbul genannten Zielort über Graz und Agram, und die letzte Erinnerung an den »Konventionalzug« mag heute ein schon vor Jahrzehnten abgebrochenes Gleis der Wiener Verbindungsbahn sein, das einst auf die Schienen der Ostbahn führte, wo bis 1939 die Züge oder Kurswagen von Westen nach Osten verkehrten und wo die vom Wiener Westbahnhof kommenden Wagen des »Konventionalzugs« gefahren sind.

Das erste Ziel – ein kleiner Donauhafen

Nun jedoch zur Geschichte des »Orient-Express«: Auf Initiative Nagelmackers' fährt im Oktober 1882 ein Versuchszug, der nur aus Schlaf- und Speisewagen bestehende »Train Eclair« (»Blitzzug«), von Paris nach Wien und zurück. Mit ihm soll demonstriert werden, daß auf dieser Route eine Verbindung möglich ist, die sich nicht nur durch Schnelligkeit auszeichnet, sondern im Komfort alles bis dahin Bekannte übertrifft. Die positiven Erfahrungen dieses Experiments führen im Juni 1883 zum fahrplanmäßigen »Express d'Orient«. Anfangs setzt er sich noch aus älterem und recht einfachem Wagenmaterial zusammen, allerdings bereits aus Schlafwagen erster Klasse sowie Salon-, Speise- und Gepäckwagen von Paris über Wien, Budapest und Bukarest zum rumänischen Donauhafen Giurgiu. Da die Bahnen auf der Balkanhalbinsel noch unvoll-

Abbildung 175: Der »Orient-Express« mit einer Lok der Reihe 310 vor 1914 bei Melk in Niederösterreich
Abbildung 176: Der »Orient-Express« mit einer Lok der Reihe 310, hier 1924 bei Wien
Abbildung 177: »Colonel« Mann (links) und Georges Nagelmackers, die vor 1876 zusammenarbeiteten
Abbildung 178: Der »Orient-Express« um 1903 in der Vorstadt von Konstantinopel
Abbildung 179: Die Brücke von Bia-Torbagy (westlich von Budapest), die 1931 von dem verrückten Sylvester Matuschka in die Luft gesprengt wurde, wobei der Nachtzug Konstantinopel–Wien mit mehreren Wagen in die Tiefe stürzte und zahlreiche Tote zu beklagen waren

176

177

178

179

endet sind, geht es von Giurgiu nach Überquerung der Donau noch immer von Rustschuk aus nach Varna und dann weiter mit der »Espero« nach Konstantinopel.

Im Oktober 1883 wird das neue, für diesen Zug bestimmte Wagenmaterial geliefert, und erst jetzt findet die offizielle und feierliche Eröffnungsfahrt statt. Als zwei Jahre später die serbische Strecke wenigstens bis Nisch fertiggestellt ist, fährt der Zug an wechselnden Wochentagen entweder nach Giurgiu oder nach Nisch; von hier aus geht es für einige Zeit per »Diligence« bis zum bulgarischen Tatar-Pasardschik, wo sich ein gewöhnlicher Zug der »Orientbahn« bis nach Konstantinopel anschließt.

August 1888: Der Schienenweg durchquert nun auch Bulgarien, und von jetzt an fährt der »Orient-Express«, ebenso wie auch der »Konventionalzug«, direkt bis Konstantinopel durch. Der Zweig nach Giurgiu wird zunächst aufgegeben, bald darauf für wenige Jahre wieder im Wechselbetrieb benutzt und schließlich endgültig fallengelassen, als im Jahr 1895 die große Donaubrücke bei Cernavoda fertig ist und der rumänische Zugteil nicht mehr nach Giurgiu, sondern zur Hafenstadt Constanza am Schwarzen Meer fährt, um dort den Anschluß an ein Schiff nach Konstantinopel zu finden. Beide Wege bleiben von jetzt an bis zum Ersten Weltkrieg im Fahrplan des Zugs bestehen, mit kurzfristigen Unterbrechungen in Serbien und Bulgarien während der beiden Balkankriege in den Jahren 1912/13.

Inzwischen hat sich die Verbindung verzweigt: Schon 1894 ist zwischen Ostende (mit Anschluß von London) und Wien der »Ostende-Wien-Express« eingeführt worden, der sich bald zum »Ostende-Wien-*Orient*-Express« entwickelt und ebenfalls abwechselnd nach Konstantinopel oder nach Constanza Schlafwagen führt, die sich in Wels oder in Wien mit dem Stamm des »Orient-Express« vereinigen.

Der »Ostende-Express«, wie er kurz genannt wird, führt zwischen 1895 und 1900 auch einen Schlafwagen von Ostende nach Triest mit, der ab Wien in einem gewöhnlichen Schnellzug läuft. Er soll an die Schiffsverbindung nach Ägypten anschließen. Und in der Fahrplanperiode 1900/01 gibt es einen »Berlin-Budapest-Orient-Express«, der in der ungarischen Hauptstadt einen Schlafwagen von Berlin nach Konstantinopel an den Stammzug abgibt. Als dritter Zweig schließlich ist 1900 ein »Karlsbad-Express« in Betrieb genommen worden, der Schlafwagen aus Paris in das böhmische Weltbad befördert, die ab Stuttgart als eigenständiger Zug weiterfahren. In Nürnberg vereinigen sie sich mit einem weiteren Zweig,und zwar mit dem »Ostende-Karlsbad-Express«, in dem Schlafwagen von Ostende nach Karlsbad und nach Marienbad, zeitweise auch nach Bad Kissingen und München laufen. Bis 1914 hat sich der ursprüngliche »Express d'Orient«, der bald auch offiziell »Orient-Express« heißt, zu einem weitgespannten Netz internationaler Luxuszüge entwickelt.

Der Weltkrieg unterbricht ab Sommer 1914 die friedliche Entfaltung des komfortablen Orientverkehrs. Und bald macht sich die Politik auch in den Fahrplänen bemerkbar: Nachdem Serbien besiegt und Bulgarien an der Seite der Mittelmächte in den Krieg eingetreten ist, schlägt sich die deutsche »Berlin-Bagdad-Politik« in den Fahrplänen nieder: An die Stelle des »Orient-Express« tritt 1917/18 ein »Balkanzug«, der die Verbindung zwischen den Verbündeten herstellt. Es handelt sich nicht um einen »Train de Luxe«, sondern um einen Schnellzug mit Wagen der beiden Polsterklassen und Schlafwagen. Seine Route führt von Berlin über Dresden nach Wien, wo er sich mit einem Zweig aus Straßburg–München vereinigt, und weiter über Preßburg und Galanta, wo ein weiterer Zweig aus Berlin über Breslau einmündet, über Budapest und Belgrad nach Sofia und Konstantinopel. Im Herbst 1918 war es mit der »Berlin-Bagdad-Politik«, und damit auch mit diesem Zug, vorbei.

Im CIWL-Kursbuch des Jahres 1919 erscheint ein Zug namens »Orient-Express«, der die Zusatzbezeichnung »Train de Luxe Militaire« trägt: Mit dem Orient hatte er allerdings nichts zu tun, denn er fuhr von Paris über Linz, wo ein Teil nach Prag abzweigte, und über Wien nach Warschau. Zu tun hatte dieser Zug, der im damaligen Österreich unter dem Namen »Entente-Zug« bekannt war, jedoch mit der Politik. Davon zeugt die erwähnte Zusatzbezeichnung wie die Tatsache, daß er allein dem Transport von Offizieren, Diplomaten und Beamten der Alliierten diente. Sein Weg führte zu zwei Hauptstädten der »Kleinen Entente«. Überdies nahm er seinen Weg nach und durch Österreich nicht auf der kürzesten Route, also über Süddeutschland, sondern er machte einen Umweg über Basel, Zürich und Arlberg. Es wurde so vermieden, daß der Zug deutsches Gebiet berührte, ja, sogar das Elsaß wurde umfahren: Die Strecke zwischen Belfort und Basel ging nicht über Mülhausen, sondern über Delle. Die Wagenschilder dieses Zugs trugen, umrahmt von den französischen Trikolorefarben, die Aufschrift »Paris-Vienne-Varsovie-Express«.

Abbildung 180: Ein Schnellzug Bukarest–Constanza in Anfahrt auf die große Donaubrücke bei Cernavoda. Weil er die Aufnahme machte, verbrachte der Autor eine Stunde in einem Polizeirevier
Abbildung 181: »Ostende-Wien-und-Karlsbad-Express« in Ostende (1910)

180

181

182

Ab 1920 normalisierten sich dann die Verhältnisse allmählich. Der Vorkriegs-»Orient-« beziehungsweise »Ostende-Wien-Orient-Express« erschien wieder im Fahrplan, zunächst allerdings noch nicht unter dem angestammten Namen, vielmehr unter der einfallslosen Bezeichnung »Boulogne/Paris-Ostende-Wien-Express«. Vorerst blieb er auf Wien beschränkt, wurde jedoch für den zivilen Verkehr freigegeben. Immerhin fuhr er auf der historischen Route des »Orient-Express« über Straßburg und München. Diese Verbindung stützte sich übrigens auf den Artikel 367 des Friedensvertrags von Versailles, der die Deutsche Reichsbahn verpflichtete, »internationale Transitzüge zu übernehmen und diese mindestens ebenso rasch zu befördern wie die schnellsten innerdeutschen Züge«.

Ein Jahr später, 1921, hieß der Zug dann wieder »Orient-Express«, und er nahm, wenn auch nur teilweise, seinen alten Weg wieder auf. Sein Ziel hatte sich im Zeichen der Nachkriegspolitik allerdings geändert: Endstation war nicht mehr Konstantinopel, sondern das zur »Petite Entente« gehörige Bukarest. Zum »Goldenen Horn« lief lediglich ein kurzlebiger Schlafwagen aus München (1922/23). Erstmals aber wurden nun Schlafwagen aus Calais eingeführt, die sich im Lauf der Zwischenkriegszeit mit dem Pariser Stammzug zeitweise in dem Vorortbahnhof Gagny, zeitweise in Paris selbst und schließlich in Chalons-sur-Marne vereinigten.

Und neuerlich mischte sich die Politik in die Geschichte unseres Zugs: Als zu Anfang des Jahres 1923 französische und alliierte Truppen in das Ruhrgebiet und andere Teile Westdeutschlands einmarschierten, nützte der Artikel 367 nichts mehr: In seltener Einmütigkeit sabotierten die deutschen Eisenbahner diesen »französischen« Luxuszug. Einmal war keine Lok verfügbar, dann fehlten die Kohlen, dann funktionierte die Heizung nicht – kurzum, die Route des »Orient-Express« wurde zum zweitenmal über Delle–Basel–Zürich–Arlberg geführt. Erst im November 1924 hatten sich die Verhältnisse so weit stabilisiert, daß er wieder über Süddeutschland fahren konnte.

Bis zum Ausbruch des Zweiten Weltkriegs änderte sich nichts Wesentliches mehr: Die Verbindung beruhte auf dem Stamm Calais– und Paris–Bukarest, in den dreißiger Jahren gab es dann auch wieder Schlafwagen von Paris nach Konstantinopel, das nun zuerst als »Stambul« und schließlich als »Istanbul« auf den Laufschildern erschien.

Im Jahr 1925 wurde auch der »Ostende-Express« wieder eingeführt; die Vereinigung mit dem »Orient-Express« fand zunächst in Wels, dann in Linz statt. Erstmals lief auch ein Schlafwagen von Amsterdam nach Bukarest, der in Köln in unseren Zug eingereiht wurde. Der »Ostende-Express« änderte später sein Ziel: Statt nach Bukarest fuhr er nach Istanbul, wohin es dann wieder zwei direkte Wagenkurse über Wien gab.

War der »Ostende-Express« im Jahr 1914 täglich gefahren (viermal pro Woche nach Konstantinopel, dreimal nach Constanza), so verkehrte er nach 1918 nur noch an drei Tagen; ein Versuch zu Anfang der dreißiger Jahre, den

183

»Ostende-Express« von Budapest aus täglich nach Ostende und Amsterdam auf die Reise zu schicken, endete mangels ausreichender Nachfrage schon nach wenigen Monaten.

Am 1. September 1939, als der Zweite Weltkrieg begann, war es mit dem »Orient-Express« ein für allemal zu Ende. Zwar wurde auf deutsche Initiative im Mai und Juni 1940 ein Luxuszug mit Schlafwagen von München nach Istanbul sowie von München und Zürich nach Bukarest in Betrieb genommen, aber nach sechs Wochen gab die Reichsbahn dieses Unternehmen bereits auf.

Als »Train de Luxe« hatte der »Orient-Express« ein Alter von knapp 57 Jahren erreicht. Was nach 1945 an seine Stelle trat, führte zwar den *Namen*, der bis heute durch die SNCF geschützt ist. Aber dieser bezeichnete nun einen gewöhnlichen internationalen Schnellzug, in dem die ebenso gewöhnlichen Sitzwagen, bald auch der unteren Wagenklasse, gegenüber den ein bis zwei blauen Schlafwagen überwogen. Zu Anfang fuhr dieser Express lediglich zwischen Paris und Linz, da es mit einigen Komplikationen verbunden war, die Grenze der russischen Besatzungszone zu überschreiten; 1946 wurde die Strecke dann bis Wien verlängert. Zwischen Linz und Wien war der »Orient-Express« übrigens monatelang mit einem Personenzug vereinigt, der für die 189 Kilometer eine volle Nachtfahrt benötigte! Doch diese Beeinträchtigungen gingen vorbei. Vorbei war es freilich ebenso mit den ursprünglichen, charakteristischen Eigenschaften unseres Zugs: Er wurde nie

Abbildung 182: Die vor 1914 im »Orient-Express« eingesetzten Schlafwagen (Typ »R«) trugen nicht nur den Firmennamen, sondern teilweise auch den Namen des Zugs in schweren Messinglettern

Abbildung 183: »Train de Luxe militaire«, der 1919 anstelle des »Orient-Express« zwischen Paris und Warschau fuhr, allerdings nur für alliierte Militärs und Beamte, hier am Wiener Nordbahnhof mit französischen Soldaten und einem Vertreter der damaligen österreichischen Volkswehr

wieder ein »Grand Express Européen«, eine Luxusverbindung von Paris über Wien nach Istanbul gibt es nicht mehr, und der Name ist heute nur irreführend. In den letzten Jahrzehnten verkehrte lediglich ein Schlafwagen, zeitweise nur bis Wien, zeitweise bis Budapest und gegenwärtig bis Bukarest. Dorthin fahren ebenfalls die gewöhnlichen Sitzwagen. Kurzfristig lief einmal ein Kurswagen Paris–Belgrad.

Nach 1945 ist auch der »Ostende-Express« zu einem gewöhnlichen Schnellzug degradiert worden, der mit dem »Orient-Express« nichts mehr zu tun hat. Kein Wagen des heute »Ostende-Wien-Express« genannten Zugs ist jemals über Budapest hinaus nach Osten gefahren. Wie erwähnt, haben die SNCF und die CIWL trotz allem immer verbissen um die Beibehaltung des Zugnamens gerungen – selbst als seine Strecke im Jahr 1961 wieder einmal in Wien endete. Einen Anschluß nach Budapest bot damals übrigens ein ungarischer Triebwagenzug mit der wenig originellen Bezeichnung »Wien-Budapest-Express«.

Sowohl der »Train d'Essai« vom Oktober 1882 wie auch der erste »Express d'Orient« vom Juni 1883 setzten sich fast nur aus zwei- und dreiachsigen Wagen zusammen: Lediglich der Schlafwagen Nr. 75, der erste Drehgestellwagen der CIWL, war vierachsig. Die Plattformen und Übergänge waren bei allen Wagen noch offen und damit Wind und Wetter ausgesetzt. Der Wagon-Lits Nr. 75 enthielt zwei Vierbett- und vier Zweibettabteile, die Dreiachser besaßen ein Zweibettabteil weniger. Waschgelegenheit und WC gab es nur an den Wagenenden, der Komfort kann also mit dem heutiger Liegewagen erster Klasse verglichen werden. Im Speisewagen befanden sich zwei Salons, getrennt durch die in der Mitte liegende Küche. Die Gepäckwagen, kleine Zweiachser, stammten von der Französischen Ostbahn.

Zur offiziellen Eröffnungsfahrt im Oktober 1883 war dann schon neues Wagenmaterial vorhanden: Die Schlafwagen waren ausnahmslos vierachsige Drehgestellfahrzeuge vom beschriebenen Typ. Auch der Speisewagen war nun vierachsig. Die Küche lag hier, wie seitdem stets, an einem Wagenende, und von den beiden, nun benachbarten Speiseräumen war der eine, mit Korb- oder Polsterfauteuils ausgestattet, als »Fumoir« eingerichtet, wo der Kaffee serviert und bei größerem Andrang wohl auch die Mahlzeiten gereicht wurden. Eineinhalb Jahrzehnte mußten vergehen, bis 1898 ein neuer, komfortablerer Wagentyp angeschafft wurde: Jetzt gab es endlich geschlossene Plattformen sowie (»Harmonika«-)Übergänge, und auch in den Schlafabteilen hatte sich der Komfort erhöht: nur noch ein einziges Vierbettabteil, aber sieben Zweibettabteile, darunter sechs, von denen je zwei durch einen gemeinsamen Waschraum miteinander verbunden waren – und erst diese Einrichtung macht nach Meinung des Chronisten den Komfort eines richtigen Schlafwagens aus. Auch die Gepäckwagen fuhren nun auf vier Achsen.

Wieder ein Jahrzehnt später, 1908, wurden noch bessere Schlafwagen eingesetzt: Sie waren vom Typ »R« (Regel), in dem man das Vierbettabteil durch zwei zusätzliche Zweibettabteile ersetzt hatte, zwischen denen ein gemeinsamer Waschraum lag.

Nach dem Ersten Weltkrieg kam man von der Praxis ab, im »Orient-Express« stets das beste Wagenmaterial zu verwenden. Der »Entente-Zug« und der »Orient-Express« führten zu Beginn der zwanziger Jahre nach wie vor den Schlafwagentyp »R«. Diese Wagen repräsentierten aber inzwischen nicht mehr den höchsten Standard. Wie wir wissen, waren schon 1922 für den nachmaligen »Train Bleu« neue Schlafwagen vom Typ »S« eingesetzt worden. Es handelte sich um Ganzstahl- statt Teakholzkästen, die nicht mehr braun, sondern blau gestrichen waren. Und vor allem enthielten sie neben vier Zweibettabteilen nicht weniger als acht Einzelabteile (Singles). Erst 1926 wurde dieser Typ im »Orient-Express« eingesetzt und dann auch im »Ostende-Express«. Der noch viel luxuriösere Typ »Lx« von 1929 aber ist niemals im »Orient-Express« gefahren.

Der Schlafwagentyp »S« ist später in verschiedenen Variationen um- und nachgebaut worden. Nach 1945 liefen Wagen dieser Bauarten auch im »Orient-Express«, zeitweise abwechselnd mit den Typen »Y« oder »Z« (je elf Zweibettabteile). Seit rund zwanzig Jahren verkehren im »Orient-Express« nun fast ausschließlich Schlafwagen des Typs »MU« mit zwölf Abteilen, die je nach Klasse des Fahrscheins für ein-, zwei- oder dreibettige Benutzung hergerichtet werden können. So bequem diese Wagen sind, wenn man ein Abteil für sich allein hat, so »menschenunwürdig« finde ich es, drei Menschen übereinander in einem Abteil unterzubringen.

Hier sei noch ein kleiner Rückblick gestattet auf die Wagen, die einst in den Vorläufern und Konkurrenten des »Orient-Express« gelaufen sind: Wie die Züge zwischen Paris und Wien, zwischen Wien, Budapest und Basiasch sowie zwischen Rustschuk und Varna in den sechziger und siebziger Jahren des vergangenen Jahrhunderts ausgesehen haben, läßt sich heute kaum exakt feststellen: Es waren wohl einerseits Wagen der Französischen Ostbahn und der österreichischen und ungarischen Staatsbahnen, andererseits Zwei- oder Dreiachser der damaligen Rustschuk-Varna-Eisenbahn, deren Relikte heute noch im Museum auf dem alten Bahnhof von Rustschuk (Ruse) zu sehen sind.

Über den »Konventionalzug« dagegen ist folgendes bekannt: Jede der vier beteiligten Staatsbahnen (Österreich-Ungarn, Serbien, Bulgarien und die Türkei, diese in Gestalt der »Chemins de Fer Orientaux«, CO) ließ damals für diesen Zug bei Ringhoffer (heute Tatra-Smichov) in Prag eigene Wagen bauen, alle in gleicher Ausführung: vierachsig, mit erster, zweiter und dritter Klasse. Die Wagen der Holzklasse waren, an heutigen Ansprüchen gemessen, wenig komfortabel: Es gab zwar – ein seltener Fall im Wagenbau – *drei* WC/Toiletten-Räume, aber in den sieben Abteilen mußten sich nicht weniger als je zehn Passagiere (also fünf pro Seite) neben- und aneinanderdrängen – wohlgemerkt, eine Reise zum Beispiel zwischen Budapest und Stambul währte zwei Nächte! Die Wagen der Polsterklassen waren besser: In ihnen fand man drei ganze und zwei halbe Abteile der zweiten Klasse für je acht Personen im Abteil, was in dieser Zeit üblich war. Die erste Klasse umfaßte vier Halbabteile mit je drei Personen bei Tag, die sich bei Nacht auf zwei reduzieren ließen, da die Rückenlehnen zu sogenannten »Schlafstellen« aufklappbar waren, und jedes Halbabteil besaß einen eigenen Waschtisch, wie er in einem anderen Nicht-Schlafwagen um diese Zeit wohl kaum zu finden war!

Der »Orient-Express« war ursprünglich nur für die erste Klasse zugänglich; der Schlafwagenzuschlag betrug vor dem Ersten Weltkrieg ungefähr zwanzig Prozent. Wegen der Weltwirtschaftskrise wurden dann auch Passagiere der zweiten Klasse zugelassen. Nach 1945 sind Schlafwagentypen mit dreibettigen Abteilen (»YU«, »YT« und »MU«) eingeführt worden, die von Fahrgästen der (alten dritten = der heutigen) zweiten Klasse benutzt werden.

Den »Orient-Express« habe ich, in alter brauner und neuerer blauer Adjustierung, unzählige Male gesehen und bewundert, mit ihm gefahren bin ich jedoch erst in der Zeit seines Niedergangs. Wenige persönliche Eindrücke seien kurz erwähnt:

Einmal die Stimmung auf dem Wiener Westbahnhof, als am letzten Augusttag des Jahres 1939 der Zug auf dem »Sommerperron« (so nannte man die kürzeren Bahnsteige außerhalb der Halle) zur Abfahrt nach Paris, Calais, Ostende und Amsterdam bereitstand: Es war ein brütend heißer Nachmittag, nicht nur der »Orient-Express«, auch der kurz vorher abfahrende D-Zug nach Paris waren bis zum letzten Platz besetzt; man sah alle Typen, man hörte alle Sprachen, die Luft flimmerte und flirrte vor Hitze, vor Gerüchten, vor Spannung und Ängsten, es war eine vor Nervosität förmlich knisternde Atmosphäre – und es war der letzte »echte« »Orient-Express«, der an diesem Tag Wien verließ, denn wenige Tage später war der Krieg da, dem an diesem fiebrigen Nachmittag noch viele Menschen zu entfliehen suchten ...

Im Herbst 1946 begleitete ich meine Mutter von Salzburg nach Wien. Wir hatten ein Zweibettabteil im Schlafwagen Paris–Wien (Typ »S«) und schaukelten die ganze Nacht mit mäßiger Geschwindigkeit. Von ungestörter Nachtruhe war allerdings keine Rede: An der sowjetischen Zonengrenze gab es, und für noch beinahe ein weiteres Jahrzehnt, die immer etwas ungemütliche Kontrolle der Identitätskarten, nach deren Beendigung nicht allzuselten ein Reisender mitten in der Nacht zum hastigen Aussteigen gezwungen wurde.

In den Jahren danach – die Verhältnisse waren inzwischen besser und der Verkehr war rascher geworden – bin ich ungezählte Male mit dem »Orient-Express« auf die komfortabelste, aber keineswegs teuerste Art zwischen Wien und Salzburg gereist. Es war meine Erfindung: Der Zug fuhr damals am hellen Tag diese Strecke, und statt in der ersten Klasse unter Umständen mit fünf Mitreisenden in einem normalen Wagen zu sitzen, löste ich eine Fahrkarte dritter, später der heutigen zweiten Klasse. Fast immer fand ich im Schlafwagen ein leeres Abteil der »Touristenklasse«, was einschließlich Zuschlag billiger und bequemer war, denn ich konnte mich zur Siesta hinlegen und den Komfort des Schlafwagens genießen.

Trotz seines Niedergangs ist der »Orient Express« noch heute die günstigste Möglichkeit, von Wien zwar nicht nach Istanbul, wohl aber nach Paris zu reisen: Mag der Speisewagen auch acht Wagenlängen entfernt sein, aber das Single ist »my home, my castle«. Zum Abendessen lasse ich mich vom Schlafwagenschaffner mit dem Nötigsten im Abteil versorgen, und zwischen München und etwa Chalons-sur-Marne schläft es sich ebensogut wie seinerzeit. Während der Dämmerung ein »Morning Tea«, die Hochhäuser der Pariser Vorstädte werden immer dichter, und dann wartet in dem Bahnsteigrestaurant der Gare de l'Est das richtige Frühstück in Gestalt eines Café au Lait und der noch warmen, frischen Croissants.

Ein Kind der »hohen Politik«

Der engste Verwandte des soeben beschriebenen Zugs ist der »Simplon-Orient-Express«. Er war ein Produkt des Kriegs und der Politik. Die Politik stand nicht nur bei seiner Geburt Pate, sondern beeinflußte die Entwicklung schon von Anfang an: 1906 hatte die CIWL als Nachfolger eines vorher nach Interlaken und St. Maurice im schweizerischen Rhonetal fahrenden Luxuszugs namens »Oberland-Leman-Express« einen nun »Simplon-Express« genannten Zug eingeführt, der von Calais und Paris über Lausanne und durch den in diesem Jahr eröffneten Simplon-Tunnel nach Mailand ging. Ein Jahr später wurde die Strecke dieses Luxuszugs bis Venedig verlängert, und im Jahr 1912 dann, wenn auch kombiniert mit Sitzwagen, bis Triest.

Schon im ersten Jahr des Zugbetriebs hatten die Vertreter Frankreichs auf der Europäischen Fahrplankonferenz in Bremen den Antrag gestellt, den »Simplon-Express« bis in die Balkanländer zu verlängern. Initiatoren und Wortführer dieses Bestrebens waren der damalige Direktor der PLM und der sich als »Verkehrsexperte« bezeichnende Präsident der Pariser Advokatenkammer namens Charles Loiseau. Hintergrund ihrer Bemühungen war die Abneigung der »Entente cordiale« gegenüber den beiden mitteleuropäischen Kaiserreichen und der Wunsch, sie allmählich aus dem großen Verkehr in den Orient zu verdrängen, sie also zu umgehen. Der massive Widerstand Österreichs und Deutschlands, die an den bestehenden Verträgen festhielten, bewirkte vorerst, daß die »Orient-Express«-Magistrale weiterhin durch ihre Gebiete lief und der »Simplon-Express« auch nicht nach Osten verlängert wurde.

Nach 1918 aber war der Weg dafür frei, den besiegten Staaten den »Orient-Express« wegzunehmen und ihn über alliiertes, italienisches und das Gebiet der »Kleinen Entente« zu leiten. »Jetzt oder nie«, schrieb später Charles Loiseau im »Correspondant«, »mußte das Projekt verwirklicht werden. Das Werk läuft nicht mehr Gefahr, auf Hindernisse oder auch nur auf Einwände durch die entwaffneten Staaten Deutschland und Österreich zu stoßen . . . Die Ausführenden sind versammelt. Man muß sie nur bitten, von Zeit zu Zeit von einem Saal in den anderen innerhalb des Ministeriums am Boulevard St. Germain zu kommen, aus demjenigen Saal, in welchem sie die Abfassung des Artikels XII des Vertrages von Versailles (Häfen, Wasser, Eisenbahnen) vorbereiten, in denjenigen Saal, der für eine Spezialkonferenz hergerichtet worden ist, die Konferenz des ›Simplon-*Orient*-Express‹ . . . Wir befinden uns noch in der glücklichen Zeit, in welcher der Geist der Verbündeten herrscht . . . Die Aussicht, Deutschland von der großen Orient-Route auszuschließen, bringt doppelten Nutzen, nämlich Revanche und Sicherheit . . . Die Schweiz ist sehr interessiert daran. Selbst Holland verlangt, nicht außer acht gelassen zu werden . . . Bulgarien und die Türkei allerdings sind abwesend. Sie werden sich wie Deutschland und Österreich-Ungarn den Entscheidungen der Sieger beugen.«

Der schließlich im August 1919 geschlossenen Konvention über den »Simplon-Orient-Express« sind Bulgarien und die Orientalischen Eisenbahnen in der Türkei dann auch beigetreten.

Schon im April 1919 hat der neue Zug seinen Lauf begonnen, wenn er auch in den ersten Monaten nur bis Triest fuhr, wo freilich direkte Anschlüsse nach Osten bestanden, einer nach Bukarest, der andere vorläufig bis Belgrad. Wer in die jugoslawische Hauptstadt reiste, mußte allerdings noch kurze Zeit den Zug schon im gegenüberliegenden Semlin verlassen, weil die Savebrücke noch nicht wiederhergestellt war.

Doch schon im Januar 1920 erreichte der Express Belgrad, und im Sommer desselben Jahres verkehrte er viermal in der Woche nach Bukarest und Belgrad, dreimal nach Konstantinopel und nach Athen, ab Anfang 1921 täglich bis zur rumänischen und zur türkischen Hauptstadt.

Zunächst hatte es einige Schwierigkeiten gegeben: Es mangelte an Schlafwagen – ganz zu Beginn gab es östlich von Triest nur Sitzwagen – und an Kohle, verschiedene Streckenteile waren zerstört, Streitereien mit dem (noch) ungarischen Bahnpersonal in Kroatien behinderten den Betrieb usw. Rasch ging allerdings der französische Wunsch in Erfüllung, Deutschland und Österreich vom Orientverkehr auszuschließen: Die große Magistrale Okzident–Orient hatte sich von dem Weg über Straßburg–München–Wien–Budapest auf die Route über Lausanne–Mailand–Triest–Agram–Belgrad verschoben.

Wie sein Verwandter »Orient« hatte sich auch der »Simplon-Orient« bald verzweigt: So wurde eine von Charles Loiseau konzipierte und propagierte »Ligne du 45me parallele« eingerichtet, die von Bordeaux aus über Lyon und Turin in Mailand die Route des »Simplon-Orient-Express« erreichen sollte. Man erhoffte sich, daß in Bordeaux aus Übersee ankommende Reisende diese Verbindung in den Balkan benutzten. Dieses erwies sich als Trugschluß: Der Erfolg war gleich Null, und nach nur einem Verkehrsjahr eines einzigen Schlafwagens, der zwischen Lyon und Triest fuhr (von Bordeaux bis Lyon war es ein normaler Schnellzug), ist dieser Zweig sang- und klanglos eingegangen. Überdies gab es Schlafwagen nach Bukarest und Konstantinopel, die von Ostende über Brüssel, Luxemburg, Straßburg, Basel und den Gotthard fuhren und sich in Mailand in den »Simplon-Orient-Express« eingliederten.

Der Bukarester Zweig hielt sich nur sehr kurze Zeit, der nach Konstantinopel aber bis 1925, als der »Ostende-Express« wieder verkehrte.

Man kann es geradezu als eine Art »Cordon sanitaire« bezeichnen, den der »Simplon-Orient-Express« damals um die ehemaligen Feindstaaten gezogen hat. Dazu noch eine Kleinigkeit am Rande: Der Bukarester Teil des »Simplon-Orient-Express«, der in Vinkovci vom Stamm abzweigte, war anfangs aus betrieblichen Gründen über Szeged–Temesvar–Orşova nach Bukarest gefahren. Aber sobald es ging, ließ er Szeged links liegen und benutzte zwischen Vinkovci und Temesvar eine kürzere und ausschließlich jugoslawisch-rumänische Strecke, um ja nicht ungarischen Boden (Szeged) zu berühren!

Wie der »Boulogne/Paris-Wien-Express« des Jahres 1920 auf seiner Tagesstrecke zwischen Straßburg und München führte auch der »Simplon-Orient-Express« zunächst Salonwagen zwischen Mailand und Triest sowie zwischen Temesvar (später Agram) und Bukarest. Sie hielten sich allerdings lediglich zwei Jahre. Von der Mitte der zwanziger Jahre an bis zum Kriegsausbruch änderte sich dann an der Zusammensetzung des Zugs wenig: Jeden Tag fuhren Schlafwagen von Calais nach Triest und Stambul, von Paris nach Stambul und Bukarest und dreimal wöchentlich von Paris nach Athen. Der Speisewagen lief anfangs von Paris bis Stambul durch, wobei die Crew in Triest wechselte. Er wurde aber schließlich schon in Svilengrad abgehängt, und für das letzte Frühstück, das in den Abteilen serviert wurde, sorgte statt dessen ein »Fourgon-Cuisine«. Apropos Fourgon: Ende der dreißiger Jahre war der Gepäckwagen im Sommer ein »Fourgon avec Salle de Douche«, wie ihn in diesen Jahren auch der »Orient-Express« zwischen Paris und Bukarest führte.

Als weitere Verästelungen des »Simplon-Orient-Express« seien noch einige Schlafwagenverbindungen genannt, die in Belgrad in den Stammzug einmündeten und mit einem gewöhnlichen Schnellzug aus Budapest zugeführt wurden: Es gab, abwechselnd an verschiedenen Wochentagen, Schlafwagen von Berlin über Prag nach Athen sowie über Breslau nach Stambul, die des »Orient-Express« von Paris und Ostende über Wien nach Stambul und von Paris über den Arlberg sowie von Wien nach Athen. Ein reiner Schlafwagenluxuszug war der »Simplon-Orient-Express« nur auf seiner Stammstrecke von Paris nach Stambul, wohingegen die Wagen nach Bukarest (ab Vinkovci) und nach Athen (ab Nisch, zeitweise schon ab Belgrad) an gewöhnliche Schnellzüge angehängt wurden.

Bis zu den dreißiger Jahren stellte der »Simplon-Orient-Express« die Hauptverbindung zwischen Paris und dem Bosporus dar. Erst als der »Orient-Express« wieder Schlafwagen aus Westeuropa führte, trat eine Art Gleichgewicht zwichen beiden Zügen ein. Der Krieg beendete den Lauf des »Simplon-Orient-Express« als Luxuszug.

Zwar wurde er Ende Mai 1940 von Lausanne aus nochmals nach Osten geschickt, aber dann wurden auch Italien und die Balkanländer in den Krieg einbezogen.
Nach 1945 erlebte auch dieser Zug seine Degradierung: Aus einem »Train de Luxe« entstand er als gewöhnlicher internationaler Schnellzug mit allen Wagenklassen wieder: Obwohl er zunächst sinnlos war, wurde sein Name beibehalten, als er 1946 von Paris über Mailand nach Rom und Venedig erneut auf die Gleise ging. Erst zwölf Monate später fuhr er täglich wenigstens wieder nach Belgrad und dreimal wöchentlich nach Istanbul. Im Jahr 1951 konnte der Athener Metropolit in einer feierlichen Zeremonie auf dem Larissa-Bahnhof der griechischen Hauptstadt den Pariser Schlafwagen auf die erste Nachkriegsreise schicken; bis dahin war die griechische Strecke durch eingestürzte Brücken und den griechischen Bürgerkrieg unpassierbar gewesen.
Zwischen 1953 und 1957 machte der türkische Zweig des »Simplon-Orient-Express« dann, wegen der unerfreulichen Verhältnisse bei der Durchquerung bulgarischen Territoriums, meist den zeitverschwendenden Umweg über Saloniki und Alexandroupolis, was insgesamt bis zu fünf Tage in Anspruch nahm, einschließlich einer Nacht Stillstand in Saloniki. Aber auch die Fahrt über Sofia hatte 1947, ein dortiger Aufenthalt von sieben Stunden inbegriffen, nicht weniger als 104 Stunden gedauert – die längste Reisezeit, die je eine Direktverbindung zwischen Paris und Istanbul benötigt hat.
Als Luxuszug hat der »Simplon-Orient-Express« nicht lange verkehrt, und sein Name ist seit 1962 ausgestorben. Heute nennt er sich »Simplon-Express«, der als gewöhnlicher Schnellzug, ohne Schlafwagen, zwischen Paris und Belgrad fährt; seit 1983 hat er einen jugoslawischen Schlafwagen Paris–Agram.

»Direct-Orient«

In den zwanziger und dreißiger Jahren verkehrte ein Schnellzug von Paris aus, der alle drei Wagenklassen führte und zunächst nur inoffiziell »Direct-Orient« genannt wurde. Er fuhr durch den Simplon und über Mailand nach Italien sowie über Triest in den Balkan. Zwischen den Weltkriegen führte er Kurswagen erster, zweiter und dritter Klasse von Paris nach Triest, Istanbul und Bukarest, Schlafwagen von Paris nach Triest und nach Brindisi, wobei letzterer auf der Rückfahrt einen halben Tag in Mailand stehenblieb und es so auf eine Gesamtfahrzeit von zwei Nächten brachte. Eine Zeitlang liefen Kurswagen erster und zweiter Klasse von Dieppe nach Triest und solche aller drei Klassen von Ventimiglia nach Bukarest. Die Wagen nach Istanbul trafen in Belgrad mit dem aus Wien kommenden Schnellzug zusammen.
Nach 1945 wurde der Zug auf Wunsch der schweizerischen Bundesbahnen auch amtlich bald »Direct-Orient« genannt. Und dann baute man ihn aus: Während der »Simplon-Orient-Express« allmählich immer bedeutungsloser wurde, führte der »Direct-Orient« nun Wagen von Calais nach Mailand, von Paris nach Brig, Bern, Interlaken, Mailand, Venedig, Triest, Agram, Belgrad, Istanbul und Athen, und in Mailand, Verona und Belgrad übernahm er verschiedene Kurswagen aus anderen Richtungen und Zügen, zum Beispiel Genua–Triest, Kopenhagen–Venedig, Dortmund–Athen und Warschau–Sofia.
Als 1962 die Strecke des »Simplon-Orient-Express« auf Belgrad verkürzt wurde, übernahm der »Direct-Orient« von ihm die Schlafwagen nach Istanbul und Athen. Schon ab Paris wurde er häufig in zwei oder mehr Teilen gefahren, und so war er stets lang, schwer und langsam.
Nachdem schon vorher die dreimal wöchentlich laufende Verbindung Paris–Athen aufgegeben worden war, stellte der Zug, der bis zuletzt einen Schlafwagen nach Istanbul geführt hatte, im Mai 1977 seinen Lauf ein. Heute verkehrt ein namenloser Schnellzug zu den Fahrplanzeiten des »Direct-Orient« zwischen Paris und Mailand, der Kurswagen nach Brig, Interlaken, Mailand und Venedig sowie Schlafwagen lediglich bis Mailand führt.
Einen richtigen Ersatz für diesen Nachfolger des einstigen »Simplon-Orient-Express« gibt es nicht.

»Venezia-Express«

Ursprünglich war der Name »Marco Polo« für ihn vorgesehen, aber offenbar erschien das dann doch zu hochstaplerisch für einen Zug, der weder nach China fährt, noch etwas mit dem Kontinente umspannenden »Ambiente« dieses berühmten Reisenden zu tun hat. (Den Namen »Marco Polo« führt seit 1983 der frühere »Freccia Laguna«, ein erstklassiger Rapido von Rom nach Venedig.) So einigte man sich auf den ungemein einfallsreichen Namen »Venezia-Express«, da der Zug in Venedig beheimatet ist.
Wer heute auf der Route Paris–Venedig–Istanbul fahren will, kann ab Paris einen Nachtschnellzug benutzen (Schlafwagen gibt es lediglich bis Mailand), um dann dort den »Venezia-Express« zu nehmen. Wer allerdings keine Platzkarten hat, für den sehe ich schwarz! Der Zug führt als Stamm eine Wagengruppe Venedig–Belgrad und Couchettes (mit einem sehr guten jugoslawischen Schlafwagen), ferner Sitzwagen nach Skopje und Athen und im Sommer auch Sitzwagen zweiter Klasse nach Istanbul. Kurswagen erster und zweiter Klasse in die türkische Hauptstadt kommen erst in Belgrad hinzu, wo sich der Zug mit den aus München kommenden Wagen des sogenannten »Istanbul-Express« vereinigt. Einen Schlafwagen für die restlichen eineinhalb Tage der Reise führt dieser Zug nicht mit sich, wogegen in der Hochsaison ab Belgrad ein griechischer Ex-CIWL-Schlafwagen wenigstens nach Athen eingesetzt wird. Wer auf der Dreitagereise zum Bosporus eine Nacht im Bett verbringen will, dem steht ab Sofia einmal pro Woche ein aus Moskau kommender sowjetischer Schlafwagen zur Verfügung. Der Fahrgast sollte sich auf dieser Strecke übrigens mit einem Picknickkoffer samt diverser Getränke versorgen, denn zwischen Paris und Venedig gibt es nichts, weiter östlich auch nichts, und erst am letzten Morgen wird in der türkischen Grenz-

station Kapikule ein Speisewagen angehängt, der ein einigermaßen befriedigendes Frühstück an einem bequemen Tisch bietet.

Drei Nächte als Gratis-Passagier im Schlafwagen

Den alten und »echten«, also den luxuriösen »Simplon-Orient-Express« habe ich lediglich vor mehr als einem halben Jahrhundert in Triest gesehen. Er führte damals die schönen blauen Schlafwagen (Calais–Triest, Calais–Istanbul, Paris–Istanbul, Paris–Athen und Paris–Bukarest), zwei Gepäck- und einen Speisewagen Paris–Istanbul. Den zwar auch noch recht alten, aber nicht mehr ganz »echten« Express habe ich dann in den fünfziger Jahren zwischen Athen und Belgrad benutzt. Der (einzige) Schlafwagen Athen–Paris war natürlich in den Verband des Nachtschnellzugs eingereiht, der überdies auch Schlafwagen bis Saloniki sowie Kurswagen dorthin, nach Belgrad und nach Paris hatte. Ausgezeichnet, der Atmosphäre eines großen internationalen Zugs entsprechend, war das Abendessen im Speisewagen, der direkt an die Pariser Schlafwagen gereiht war. Anderntags stieß in Nisch der aus Istanbul kommende Zugteil hinzu.

Mit dem »Direct-Orient«, der an die Stelle des »Simplon Orient-Express« trat, bin ich im Herbst 1975 von einem Ende Europas bis zum anderen gefahren. Als eifriger Schlafwagenbenutzer war ich schon längst im Besitz der sogenannten »Oftfahrerkarte«, die bekanntlich den Vorteil bietet, daß man nach zehn Schlafwagenreisen eine elfte umsonst erhält. Und selbstverständlich habe ich mir als elfte Fahrt die teuerste und längste ausgesucht, und das war zu dieser Zeit die von Paris nach Istanbul im »Direct-Orient«!

Bei Abfahrt kurz vor Mitternacht präsentierte sich der Zug auf dem mangelhaft beleuchteten Quai der Gare de Lyon in Paris (viele französische Bahnhöfe sind recht sparsam beleuchtet) in der respektablen Länge von 16 Wagen: Nebst dem Schlaf- und dem Kurswagen nach Istanbul gab es Wagen und Couchettes nach Belgrad und Interlaken, Kurswagen nach Athen, Kurswagen und Couchettes sowie Schlafwagen von Paris nach Brig und von Calais nach Mailand und nach Triest. Von den insgesamt drei Post- und Gepäckwagen lief einer nach Pontarlier – eine recht bunte Zusammensetzung.

Ich hatte ein Single im Istanbuler Schlafwagen (Typ »YU«) reserviert. Wer nach der ersten Nacht auf ein rollendes Frühstück hoffte, wurde bitter enttäuscht – kein Speisewagen, keine Minibar; der Schlafwagenschaffner hatte aber natürlich ein bescheidenes vorgepacktes Frühstück auf Lager. Seine Bestände reichten für die vollen drei Reisetage und bildeten meine hauptsächliche Verpflegung. Um es vorwegzunehmen: Nur zwischen Mailand und Venedig wurde mittags ein Speisewagen angehängt – sonst gab es bis zur türkischen Grenze im Zug absolut nichts.

Da dieser Speisewagen in Mailand mindestens acht Wagen, alle mit vollbesetzten Korridoren, von mir entfernt war, deckte ich meinen Lunch-Bedarf mit einem »Cestino« am Perron und ließ mir im weiteren Verlauf des Tages nochmals das beschriebene Frühstück vom Schaffner bringen. Bis Triest am späten Abend mußte es reichen, und eben dort verließ mich der freundliche Pariser Conducteur, um Amt und Frühstücksvorräte dem ablösenden Kollegen zu übergeben. Es war ein Serbe. Friedlich verging die zweite Nacht bis Belgrad, wo der zweite Schaffnerwechsel stattfand: Anstelle des Serben, der sich von mir, wohl mit Rücksicht auf das erhaltene »Pourboire«, mit einem Handkuß verabschiedete, übernahm nun ein Bulgare den Dienst. Es wurde nicht allzu anstrengend für ihn, da die Betten schon in Tagesstellung gebracht waren und er sich darauf beschränken konnte, Frühstückspakete sowie Tee und Kaffee zu verteilen. Am Spätnachmittag war in Sofia auch sein Dienst zu Ende, und für die dritte Nacht löste ihn ein türkischer Kollege ab. Nebenbei bemerkt: Gerade dieser Personalaufwand machte die Schlafwagenläufe in den Balkan so unrentabel. Für eine dreitägige Fahrt werden vier Schlafwagenschaffner eingesetzt, davon einer lediglich für eine Tagesstrecke – wie soll sich das rentieren? In der Sowjetunion zum Beispiel bleibt dagegen eine Schaffnerin eine ganze Woche lang im »Rossija« von Moskau bis zum Stillen Ozean im Dienst!

Nach langem Rangieren in Belgrad – am Bahnhofsbuffet gibt es hier einen ausgezeichneten Slibowitz – mit den über die Tauern aus München und den über Budapest aus Warschau kommenden Kurswagen fährt der Zug an einem wolkenverhangenen Tag durch die Felder Serbiens nach Nisch, dann durch die romantischen Schluchten der Nischawa und über den Dragoman-Paß bis Sofia ohne besondere Ereignisse. Der Schlafwagen ist nur noch mäßig besetzt, die Sitzwagen sind es um so stärker, von einer internationalen »Aura« des Zugs ist nichts mehr zu spüren. Jugoslawen und Bulgaren stellen das Gros der Reisenden. Am späten Nachmittag in Sofia (der inzwischen längst großzügig vollendete Neubau des Bahnhofs ist noch in den ersten Stadien) erstehe ich im Bahnhofsrestaurant wieder einige bescheidene Verpflegungsartikel, zusätzlich zu den Frühstücks-Rosinenkuchen, die heute mein Mittagessen waren. Auch hier wieder eine Nebenbemerkung: Die wenigsten westeuropäischen Fahrgäste waren mit bulgarischem Geld versehen, das nicht eingeführt werden durfte, und konnten sich daher auch in Sofia nicht versorgen – heute sind die Verhältnisse großzügiger und liberaler.

Nachdem ich den verbliebenen Rosinenkuchen vertilgt habe, deckt der türkische Schaffner das Bett zur letzten Reisenacht auf. Allerdings komme ich erst spät zum Schlafen, weil Polizisten und Zollbeamte die Passagiere kontrollieren. Aber immerhin ist die neue griechische Umgehungsstrecke über Kapikule schon fertig. Am Morgen kommt dann die große Enttäuschung: Der Blick auf die Bahnhofsuhr von Çerkesköy und in das Kursbuch zeigt, daß wir schon mindestens zwei Stunden Verspätung haben! Wie das passieren kann, wird mir immer ein Rätsel

184

bleiben: Die Nachtfahrt zwischen Plovdiv bis hierher ist keine zweihundert Kilometer lang, und dennoch habe ich es auch bei früheren Reisen nie erlebt, daß wir, trotz sehr langer fahrplanmäßiger Aufenthalte, einigermaßen pünktlich angekommen sind. Bis heute hat sich daran nichts geändert: Wenn ich im Sommer einen der von Osten über die Tauernbahn kommenden Balkanschnellzüge (»Istanbul«, »Hellas«) erwarte, kann ich schon vorher wetten, daß er mindestens zwei Stunden zu spät ist.

Nun, auf dieser Fahrt mit dem »Direct-Orient« hätte es mir nichts ausmachen sollen, denn ich hatte den Schlafwagen gratis und genieße ohnehin eine Eisenbahnreise um so mehr, je länger sie dauert. Aber dieses Mal beabsichtigte ich, etwa zwei Stunden nach Ankunft in Istanbul von dort nach Izmir zu *fliegen*!

Während sich bei der Weiterfahrt durch die thrakische Steppenlandschaft die Verspätung allmählich vergrößert, habe ich mich mit meinem Schicksal abgefunden. Der Aufenthalt in dem seit Kapikule angehängten türkischen Halb-Speisewagen (mit süßem Tee, noch süßerer Erdbeerkonfitüre samt Toasts und prächtigem Schafskäse – die erste Speisewagenmahlzeit dieser Reise) bringt die grauen Gehirnzellen in Tätigkeit, und ich gehe daran, meine weitere Reise umzudisponieren. Noch bevor wir den Strandsee bei Kučükčekmeče umrundet haben, sehe ich oben, gegen die inzwischen durchgebrochene Sonne, ein Flugzeug. »Sehen Sie«, sage ich zum Schaffner, »das ist mein Flugzeug nach Izmir!« Statt ihm werde ich am Abend

Abbildung 184: Von Baron Hirsch, dem Konzessionär der späteren »Orientbahn« in der europäischen Türkei, wird behauptet, er habe möglichst viele Kurven in seine Strekken eingebaut, da er für jeden Kilometer eine garantierte Summe vom Staat erhielt – ob wahr oder nicht, jedenfalls sind seit einigen Jahren im türkischen Thrakien zahlreiche Begradigungen der Trasse zu verzeichnen

einen Schlafwagen von Istanbul nach Ankara besteigen. Gegen Mittag laufen wir dann um die Serailspitze in den Sirkeci-Bahnhof ein, und die dreitägige Reise von Paris aus hat ihr befriedigendes Ende gefunden.

Abschließend seien die Schlafwagen geschildert, die im »Simplon-Orient-Express« und im »Direct-Orient« von Paris zum Goldenen Horn führten. Hatte der über Wien laufende »Orient-Express« schon im Jahr 1926 seine ehemals teakbraunen Schlafwagen des Typs »R« gegen die neuen blauen Ganzstahlwagen vom Typ »S« vertauscht, so dauerte es beim »Simplon-Orient-Express« bis zum Jahr 1929. Um 1920 liefen in letzterem sogar noch Wagen des Typs von 1898, also teilweise mit Viererabteilen, die erst nach und nach durch den Typ »R« ersetzt wurden. Nach dem Zweiten Weltkrieg gab es dann auf der Simplon-Route keine »S«-Wagen mehr. An ihre Stelle traten zeitweise die Typen »Z« und »Y« (mit je elf Zweierabteilen) und im »Direct-Orient« schließlich der Umbau-Typ »YU« mit Universalabteilen für eine, zwei oder drei Personen, je nachdem, ob sie Fahrscheine erster oder zweiter Klasse hatten. Nahezu alle Schlafwagen der CIWL gingen im Jahr 1971, nach Gründung des Europäischen Schlafwagen-Pools, in das Eigentum der beteiligten Bahnverwaltungen über, wonach allmählich die herrlichen Messingwappen der CIWL und deren Firmenaufschrift oberhalb der Fenster verschwanden. Nüchterne Buchstaben der Eigentumsverwaltung lösten sie ab.
Einer meiner Eisenbahnfreunde hat im Mai 1977 den letzten Schlafwagenlauf Paris–Istanbul in der Schweiz gesehen. Der Eindruck, der ihn erwartete, war deprimierend: ein reichlich verstaubter Schlafwagen des Typs »YU«, bar jedes Kennzeichens seiner einstigen Zugehörigkeit, ohne CIWL-Wappen, ohne CIWL-Aufschrift, lediglich mit den unauffälligen Buchstaben »SNCF« unterhalb der Fensterleiste und mit einem Täfelchen mit der mehr als bescheidenen Aussage »Istanbul« versehen – das war alles! Zeitungsberichten zufolge hat bei der Abfahrt dieses letzten »Direct-Orient« auf der Gare de Lyon in Paris eine Art Feier stattgefunden. Ich war nicht dabei, aber sie scheint dem Anlaß nicht gerecht geworden zu sein.

Ein Pastor als »Vater des ›Tauern-Express‹«

Es gab schließlich noch eine dritte wichtige Verbindung zwischen Okzident und Orient. Wenn auch nur für relativ kurze Zeit, stellte sie eine Art Ersatz dar für den großen Eisenbahnverkehr zwischen West- und Südosteuropa, und zwar ungefähr in der geographischen Mitte zwischen beiden bisher beschriebenen Routen über Wien und Triest. Dieser Zug war die Idee eines deutschen Oberstudienrats. Seine Schöpfung ging in die Fahrplangeschichte ein unter dem Namen »Tauern-Express«. »Der Vater des ›Tauern-Express‹«, wie er in der Presse einmal genannt wurde, war ein persönlich ungemein sympathischer und liebenswerter Mann namens Richard Ottmar. Er lebte in Stuttgart und betätigte sich nicht nur als Lehrer, sondern er war überdies geweihter Pastor und Regens chori, wegen seiner umfassenden Kenntnisse auf dem Gebiet der Schienenwelt auch Mitglied des Großen Fahrplanausschusses des Deutschen Industrie- und Handelskammertags. Der Pastor besorgte den Verkehr mit dem Himmel, der Fahrplanexperte kümmerte sich um den auf der Erde!
Er wollte, daß Deutschland und Österreich ihre frühere Stellung im Balkanverkehr wiedererlangten: Der »Simplon-Orient-Express« beruhte auf der Umgehung beider Staaten, und der »Orient-Express« hatte nach 1945 keine große Aussicht mehr, viel weiter als bis Wien laufen zu können: Ein Teil Österreichs war sowjetisch besetzt, Ungarn hatte eine kommunistische Regierung – das war kein Anreiz für das internationale Reisepublikum, auf dieser Route in den Balkan zu fahren. Was tat Richard Ottmar? Er drehte die »Orient-Express«-Route zwischen Salzburg und Belgrad einfach um 45 Grad: Statt über Wien–Budapest ging es jetzt über Tauern–Villach–Laibach, und als Ausgangspunkt wählte er nicht Paris, sondern (England–) Belgien und Westdeutschland. Der Weg von London über Belgrad war auf diese Art sogar etwas kürzer als auf der Simplon-Route. Schon vor 1914 hatte es auf dieser Strecke einen Zug gegeben, der inoffiziell »Tauern-Express« genannt wurde. Er fuhr aber keineswegs in die Balkanstaaten, sondern nach Triest, und zwar mit Wagen aus Stuttgart, (London–)Vlissingen, Hamburg und Berlin. In der Zwischenkriegszeit geriet der Name in Vergessenheit, und es liefen auf besagter Route lediglich Kurswagen von Berlin nach Belgrad und von München nach Sofia.
Im Jahr 1951 trat der »Tauern-Express« ins Leben. Im ersten Jahr führte er Kurswagen von Ostende und von Dortmund nach Belgrad, wo man Anschluß an den »Simplon-Orient-Express« hatte. Doch schon ein Jahr später fuhren Kurs- und Schlafwagen von Ostende nach Athen durch, bald darauf auch von München nach Istanbul, und jahrelang liefen dann Schlafwagen von Ostende an alternierenden Wochentagen nach Istanbul oder nach Athen. So wurde der »Tauern-Express« rasch zu *der* Verbindung von England, Belgien, den Niederlanden und Westdeutschland in den Südosten. Sein Name war zu einem Begriff geworden: Auf der jugoslawischen Teilstrecke wurde sogar die amtliche Zugnummer »TB« (»Tauern-Beograd«) von ihm abgeleitet.
Aufgrund der steigenden Nachfrage vermehrten sich die Wagen und die Zweige des Zugs, aus denen dann bald neue, selbständige Zugläufe wurden: So gab es einen Entlastungszug von Ostende nach Salzburg, es entstand der »Kärnten-Express«, der den Verkehr von Norddeutschland, und der »Austria-Express«, der den Verkehr von den Niederlanden nach Österreich übernahm. Selbst die heutigen Tauernschnellzüge wie »Akropolis«, »Hellas«, »Jugoslavija«, »Istanbul-Express«, »Mostar-Dalmatija« usw. könnte man, historisch gesehen, noch als Nachkommen des »Tauern-Express« bezeichnen. Während der ersten zehn Jahre erweiterte sich sein Einzugs- wie sein Zielgebiet erheblich: Seine Wagen kamen aus Ostende, Amsterdam, Hoek van Holland, Dortmund und Hamburg; ihre

Ziele im Süden und Osten wurden Klagenfurt, Graz, Triest, Venedig, Agram, Sarajevo, Belgrad, Athen und Istanbul. Obwohl Richard Ottmar viel zu früh im Jahr 1956 starb, hatte er den Erfolg seiner Idee erleben dürfen. Im Jahr 1962 jedoch ist dann nicht nur der »Simplon-Orient-«, sondern auch der »Tauern-Express« reduziert worden. Dies hatte folgenden Grund: Als die jugoslawischen Staatsbahnen schnellere Dieselloks anschafften und so ihre Züge beschleunigten, reichten bloße Fahrplankorrekturen nicht mehr aus, weil der gesamte Verkehr in die Balkanstaaten aus den Fugen geriet und neu geordnet werden mußte. Seitdem beschränkt sich der »Tauern-Express« auf die Zielbahnhöfe Klagenfurt, Graz, Agram und (seit 1967) Split mit Kurswagen von Ostende und Schlafwagen nur nördlich Münchens. 1966 wurde neben ihm ein »Tauern-Orient-Express« eingeführt, der aber gegenüber früheren Zeiten nur »eine halbe Sache« war: Kurs- und Schlafwagen von München nach Athen und Istanbul (östlich von Belgrad fuhr er als »Marmara« beziehungsweise »Athen-Express«). Des weiteren sind ein »Istanbul-Express« und ein »Hellas« von Dortmund aus in Dienst gestellt worden, dieser nach Athen, jener nach Istanbul. Auch sie besitzen keine durchgehenden Schlafwagen von Westeuropa in den Balkan: Der »Istanbul« führt heute Schlafwagen von München nach Belgrad, der »Hellas« solche von München nach Athen. Die nach 1962 eingesetzten Tauernschnellzüge wie »Jugoslavija« und »Mostar-Dalmatija« verkehren von Westdeutschland aus lediglich zu Zielen in Jugoslawien (Belgrad, Sarajevo, Kardeljevo, Split, Rijeka), sind also in diesem Zusammenhang uninteressant.

Nachdem nun vor vielen Jahren auch der »Tauern-Orient-Express« eingestellt worden ist, sei ein bedauerliches Fazit festgehalten: Die Idee, eine durchgehende, komfortable Verbindung von England und Westeuropa nach Istanbul, in Konkurrenz zur Simplon-Route und als Ersatz für den Vorkriegs-»Orient-Express«, zu schaffen, ist schon nach etwas mehr als einem Jahrzehnt aufgegeben worden. Der anspruchsvolle Reisende muß auf dieser Route mindestens einmal Zug und Wagen wechseln und findet einen Schlafwagen nur zwischen Frankfurt und Belgrad. Der »Istanbul-Express« bietet darüber hinaus nach Bulgarien und in die Türkei nur gewöhnliches Wagenmaterial. Zusammen mit dem »Venezia«, mit dessen ebenso bescheidenen Wagen er in Belgrad vereinigt wird, ist er seit Jahren die einzige Schnellzugverbindung, die es östlich von Sofia noch gibt.

Abenteuerliche Fahrten mit dem »Tauern-Express«

Zu diesem Zug zwei persönliche Erlebnisse: Das eine hatte ich im Frühjahr 1956, als der »Tauern-Express« noch in voller Blüte stand. Meine Frau und ich fuhren von Madrid nach Österreich. Da ich den Grundsatz »Der geradeste Weg ist nicht immer der kürzeste« (oder: »der beste«) vertrete, hatte ich nicht den kürzesten Reiseweg über Paris–Schweiz oder über Paris–München gewählt. Überdies wollte ich einen neuen Zug kennenlernen, und so bestiegen wir in Paris den Rapide »Paris-Ruhr«, um in Köln in den fahrplanmäßig anschließenden »Ostende-Wien-Express« zu wechseln. Das Schicksal aber wollte es anders: Am Nachmittag hatte es zwischen Aachen und Köln wegen sintflutartiger Regengüsse einen Erdrutsch am Bahndamm gegeben, weshalb der »Paris-Ruhr« über Zülpich und Euskirchen, über eine teilweise eingleisige Nebenstrecke, umgeleitet wurde. Da er nur im Zockeltempo fahren konnte, hatte er in Köln riesige Verspätung, der »Ostende-Express« samt Schlafwagen war längst weg, und so harrten und bangten wir im Bahnhofsrestaurant bis gegen zwei Uhr nachts (ein wenig ansprechendes Milieu um diese Tageszeit), ob wenigstens im »Tauern-Express« noch zwei Betten nach Salzburg frei sein würden. Sie waren es und damit »Ende gut – alles gut!«.

Dies ereignete sich im nördlichen Streckenbereich des »Tauern-Express«. Den südlichen Teil hatten wir schon zwei Jahre früher, 1954, kennengelernt, als wir in einem grimmigen Winter in Salzburg den Schlafwagen von Ostende bestiegen, um mit ihm nach Athen (und von dort weiter nach Ägypten) zu gelangen. In Jesenice fand damals noch eine bürokratisch-strenge Kontrolle durch die jugoslawischen Zöllner statt. Sogar die Nummern der Photoapparate mußte man in eine Deklaration eintragen, offenbar, um Schwarzhandelsgeschäfte zu unterbinden. Am Morgen fuhren wir dann in der slawonischen Ebene entlang der Save schon durch eine weiße Wüste. Belgrad erreichten wir statt um sechs erst um acht Uhr, und statt um sieben ging es erst nach zehn Uhr weiter, der Bahnsteig war halb verweht. Der Anstieg zum Ralja-Tunnel hinauf ging noch einigermaßen, in Stalac hatten wir einen halbstündigen Aufenthalt, es schneite und schneite munter weiter. Mittags sollten wir in Nisch sein, aber es wurde zwei, als wir auf halbem Weg in Čuprija hielten, und dort war die Reise zu Ende: Es hatte zwar zu schneien aufgehört, der Schnee lag auch nicht sehr hoch, aber nach dem Bahnhof lief die Strecke durch eine kleine Senke, und die war zugeweht.

Die Versuche der braven Dampflok, diese Stelle zu überwinden, waren bewundernswert, aber erfolglos, denn weiter als ein paar Meter ging's nicht. Schließlich versuchte man es mit List: Der Zug wurde auseinandergerissen, und mit jedem Wagen einzeln probierte die Maschine ihr Glück – umsonst! Einen Schneepflug konnte man nicht auftreiben, und so wurde die Sache am Abend aufgegeben. Wir gingen schlafen – es begann die »Nacht von Čuprija«. Dabei hatten wir es noch gut: Da der Zug auseinandergerissen worden war, konnten die meisten Wagen nicht geheizt werden. Dick vermummt saßen die Passagiere in ihren Abteilen, im Speisewagen drängten sie sich um den halberloschenen Herd. Unser Schlafwagen jedoch hatte (Lob den altmodischen Einrichtungen!) eine eigene Heizung. Dank ihrer verbrachten wir die Nacht nicht nur im Bett, sondern auch angenehm warm. Ich habe selten eine so ruhige Schlafwagennacht erlebt, ohne Schienenstoß, ohne sonstige Geräusche, ohne Schlingern.

185

VOITURE-LITS
KOLA ZA SPAVANJE
КОЛА ЗА СПАВАЊЕ
51 72 70-89 604-9
RIC JŽ WLagh
1
186

187

188

Abbildung 185: Eine JŽ-Lok der Reihe 01 wird in Titov Veles mit Kohlen versehen
Abbildung 186: JŽ-Schlafwagen Belgrad–München im »Jugoslavija-Express«
Abbildung 187: »Arlberg-Express« der zwanziger Jahre mit einer Lok der Reihe 310 in Wien-West
Abbildung 188: »Direct-Orient« mit Kurs- und Schlafwagen Paris–Istanbul in Nisch

Am Morgen: heller Sonnenschein, eine Kompanie Soldaten schaufelte den Schnee von den Gleisen, und dann ging es endlich weiter. Ohne außerplanmäßigen Aufenthalt fuhren wir über Nisch, die Morava hinauf zur Wasserscheide, dann den Vardar abwärts, bis der Zug nach der Klisura vor Gevgelija die mazedonische Küstenebene erreichte: Der Schnee war wie weggeblasen. In Saloniki, das wir um drei Uhr nachts passierten, wehte ein lauer Frühlingswind. Diese »Nacht von Čuprija« war nicht nur geruhsam, sie war auch die dritte »gratis« genossene Schlafwagennacht auf dieser Fahrt, die ja eigentlich nur zwei Nächte hätte dauern sollen.

Mit rund 28 Stunden Verspätung fuhren wir endlich am Nachmittag in den Larissa-Bahnhof in Athen ein. Das Schiff nach Ägypten, das schon seit zwei Stunden unterwegs sein sollte, hatte sogar aufgrund eines Telegramms aus Saloniki auf uns gewartet.

»Arlberg-Express« – einst der Spitzenzug Österreichs

Auch diesen Zug gibt es heute nicht mehr. Er war zwar kein Kind des Kriegs, aber indirekt doch eines der Politik, als er sechs Jahre nach dem Ende des Ersten Weltkriegs in Dienst gestellt wurde: Weil Frankreich 1923 das Ruhrgebiet besetzte, boykottierten, wie erwähnt, die deutschen Eisenbahner den »Orient-Express«, weshalb er in den Jahren 1923/24 von seiner angestammten Route, die Süddeutschland durchquerte, auf die Schweiz-Arlberg-Route verlegt wurde. Angeblich hatten sich die Schweizer anfangs gegen diese Umleitung gesträubt. Als der Zug jedoch ab dem 3. November 1924 wieder auf seinem alten Weg verkehrte, bedauerten sie es, daß er ihnen »entkommen« war. (»La Suisse ne voit pas sans regrêt l'Orient-Express lui échapper«, schrieb damals der Chefingenieur der Französischen Ostbahn.) Die Schweizer hatten sich in diesen knapp zwei Jahren offenbar an die exklusive Zugverbindung zwischen Zürich und Wien so sehr gewöhnt, daß sie diese fortan nicht mehr missen wollten. Und so wurde an diesem 3. November 1924 ein neuer Luxuszug aus der Taufe gehoben, der unter dem Namen »Suisse-Arlberg-Vienne-Express« von Calais und Paris über Basel, Zürich und Arlberg nach Wien fuhr.

Übrigens las man in dieser Zeit und noch jahrelang später auf den Laufschildern der aus dem Westen kommenden Züge die französische Schreibweise der Zielstädte, also nicht nur »Vienne«, sondern ebenso auch »Bâle«, »Cologne«, »Prague«, »Varsovie«, »Constantinople« und dergleichen mehr. Erst nach dem Zweiten Weltkrieg hat es sich in Europa durchgesetzt, Städtenamen in der der jeweiligen Landessprache gemäßen Weise zu verwenden. Das letzte Relikt dieser französisierenden Unsitte war noch bis vor etwa einem Jahrzehnt »Athènes«, bis sich endlich das griechische »Athine« durchsetzen konnte.

Der »Suisse-Arlberg-Vienne-Express« führte anfangs Gepäck-, Speise- und zwei Schlafwagen von Paris und einen Schlafwagen von Calais nach Wien. Zwischen Wien und Salzburg war er der schnellste Zug mit einer Fahrzeit von erstmals unter fünf Stunden, die sich bald auf viereinhalb reduzierten. Sein Fahrplan war so erstellt, daß er zwischen Zürich und Wien bei Tageslicht fuhr, also eine günstige Verbindung zwischen diesen beiden Metropolen herstellte. Trotzdem scheint der Zug nicht stark benutzt worden zu sein – an einem Tag zählte man ganze sieben Reisende. Die CIWL zog die Konsequenz, indem sie ab 1926 aus dem Luxus- einen Schlafwagenzug machte, in dem, gegen geringeren Zuschlag natürlich, auch Reisende der zweiten Klasse zugelassen wurden. In Österreich hieß er »Expresszug«. Das Ergebnis: Bei der nächsten Zählung waren es ab Wien schon 17 Passagiere!

Ist der nun bald »Arlberg-Express« titulierte Zug auch niemals zu einem Träger der wirklich großen Verbindung zwischen West- und Südosteuropa geworden, so erweiterten sich seine Route und sein Einzugsgebiet doch bald: Schon im Jahr 1927 wurde die Fahrt des zweiten Paris–Wiener Schlafwagens bis Bukarest verlängert (östlich von Wien in einem Schnellzug), und ein zusätzlicher Schlafwagen von Lyon nach Wien kam hinzu, der sich freilich nur ein Jahr lang halten konnte. Der Zug erhielt dann statt der braunen Wagen vom Typ »R« die neuen Ganzstahlschlafwagen der Typen »S« und »Z«. 1929 wurde zudem ein Pullman-Salonwagen zweiter Klasse auf der Tagesstrecke zwischen Basel und Wien eingeführt.

Eine wesentliche Änderung brachte der Fahrplan ab 1931: Nunmehr lief der Stamm von Calais und Paris bis Budapest als reiner Schlafwagenzug durch (die Fortsetzung nach Bukarest hieß in Rumänien »Rapid Ardeal«, ungarisch »Erdely«, deutsch »Siebenbürgen«), und in Budapest wurde ein Schlafwagen von Paris nach Athen abgezweigt, der dann in Belgrad auf den »Simplon-Orient-Express« traf. Zugleich änderten sich seine Fahrplanzeiten: Am frühen Morgen startete er nicht mehr in Wien, sondern schon in Budapest, und der Pullman lief jetzt zwischen Budapest und Innsbruck, wobei er sich jedoch kaum rentierte und daher bald aufgegeben wurde.

Zugleich taufte man den Zug auf »Arlberg-Orient-Express« um. Dies drückte aus, daß er teilweise ein Glied der großen West-Ost-Verbindung, wenn schon nicht nach Istanbul, so doch nach Athen, geworden war. Zwischen Wien und Salzburg, auf der österreichischen Hauptstrekke, hatte sich der Zug inzwischen immer mehr zum »Crack-Train«, zum »Star«, der Westbahn entwickelt. Seine Fahrzeit betrug hier, mit einem einzigen Halt in Linz, nur noch wenige Minuten über vier Stunden. (Zum Vergleich: Nach völliger Elektrifizierung fahren die »Taktzüge« hier heute immerhin auch noch drei Stunden und fünfzehn Minuten!)

So blieben die Verhältnisse im wesentlichen unverändert bis zum Zweiten Weltkrieg. Aber nach diesem Krieg: Da war der »Arlberg-Express«, um mit Goethe zu reden, eine wahre »Spottgeburt aus Dreck und Feuer«. Jedoch nimmt er in der europäischen Expresszuggeschichte insofern einen historischen Platz ein, als er der erste der Vorkriegs-»Grands Express Européens« war, der unter diesem Namen, wenn auch nicht mit deren Qualität, wieder den Verkehr aufnahm, und zwar von der Pariser Gare de Lyon, weil der Ostbahnhof in der ersten Zeit noch beschädigt war. Der Stamm verkehrte über Innsbruck nach Wien, und die Fahrzeit hatte sich gegenüber dem Jahr 1939 von 21 und einer halben Stunde auf einen Tag und zwei Nächte verlängert.

Die Zeit nach 1945 sei kurz zusammengefaßt: Zum Stamm Paris–Wien kamen 1946 Kurs- und Schlafwagen Paris–Prag hinzu (über Linz–Summerau, dort wurden zeitweise auch Schlafwagen Basel–Warschau eingereiht, eine Reminiszenz an den »Train de Luxe Militaire« von 1919). Ab 1947 liefen auch Schlafwagen Paris–Bukarest und Calais–Wien, ab 1949 überdies kurzfristig wieder ein Pullman zweiter Klasse Basel–Wien. Von diesem Jahr an dauerte die Fahrt Paris–Wien nicht mehr zwei, sondern nur noch eine Nacht. Sofort mit der Wiedereinführung im Spätherbst 1945 waren gewöhnliche Sitzwagen der Polsterklassen in den Zug eingereiht worden, und im Sommer 1954 liefen auch Kurswagen der alten dritten Klasse mit.

Und so ging es mit dem »Arlberg-Orient-Express« bergab: Im Jahr 1962 verlor er die Kurs- und Schlafwagen Paris–Bukarest und gleichzeitig den Begriff »Orient« in seinem Namen; 1965 wurde der Schlafwagenlauf nach Wien eingestellt und auf Innsbruck beschränkt. Über eineinhalb Jahrzehnte schleppte er sich noch als recht mittelmäßiger Schnellzug weiter, sein Stamm Paris–Wien bestand nur mehr aus einem Wagen erster und zweiter Klasse, das Gros waren Kurswagen Basel–Wien, Paris–Innsbruck und Calais–Innsbruck, und mit dem Sommerfahrplan 1983 war es auch mit Wien als Ziel des Zugs zu Ende. Seither gibt es nur mehr Kurs-, Liege- und Schlafwagen Calais–Innsbruck und Paris–Innsbruck und einen Kurswagen Basel–Wien, der östlich von Innsbruck mit einem der Stundentakt-Schnellzüge (»Pongau«) vereinigt wird.

Wer heute mit dem »Arlberg-Express« von Paris nach Wien fahren will, muß entweder schon in Basel in den Wiener Wagen umsteigen oder spätestens in Innsbruck, falls er im Schlafwagen reisen will, und wenn er es eilig hat, so kann er in Feldkirch schon in den »Bodensee« umsteigen, der ihm vorausfährt und über die deutsche Korridorstrecke drei Stunden früher in Wien ankommt.

»Ja wissen Sie nicht, daß das ein Luxuszug ist?«

Es war im Herbst 1937, als ich den »Arlberg-Orient-Express« erstmals, und zwar während seiner Tagesfahrt zwischen Innsbruck und Wien, benutzte. Er führte Schlafwagen des Typs »S« (dies war unser Wagen) Paris–Athen und des Typs »Z« Paris–Bukarest und Calais–Bukarest; der Speisewagen lief von Buchs bis Budapest. Charakteristisch für diese Fahrt und vor allem für die Zeit, in der die Reise stattfand – ein Jahr der allerschlimmsten wirtschaftlichen Depression in Österreich –, war folgendes: Als wir dem Sperrenschaffner auf dem Innsbrucker Bahnsteig unsere Fahrscheine vorwiesen, meinte er, daß nach Wien erst in zwei Stunden wieder ein Schnellzug gehe. Mein bescheidener Einwand, daß in zehn Minuten der »Arlberg-Express« einlaufe, mit dem wir fahren wollten, veränderte seinen Gesichtsausdruck zum ungläubigen Staunen: »Ja wissen Sie denn nicht, daß das ein *Luxuszug* ist?« fragte er – so unglaubhaft erschien es ihm, daß man sich als normaler Mitteleuropäer einen solchen Zug leisten konnte! Übrigens erinnere ich mich an höchstens zehn oder zwölf Passagiere, die beim Mittagessen im Speisewagen waren.

Traurig war der Anblick des Zugs, als ich ihn im Oktober 1945 in Salzburg erstmals wiedersah: Es war einer der ersten »Arlberg-Express«-Züge nach dem Krieg: ein finsterer Gepäck-, ein halbdüsterer Speisewagen, ein SNCF-Wagen erster und zweiter Klasse aus Paris, finster und frostig, sowie ein ÖBB-Wagen erster und zweiter Klasse von Innsbruck nach Wien. Dieser trug die breite Aufschrift »Allied Forces«; stockfinster; nahezu kein Fenster war ganz, und nur der Schlafwagen aus Paris hatte Licht und Heizung! Menschentrauben quetschten sich hinein und hinaus. Wer mitfahren wollte, mußte im Besitz einer »Zulassungskarte« sein, die man in diesen Tagen nur über »Beziehungen« bekam.

In den folgenden Jahren bin ich dann oft mit dem »Arlberg-Express« von Wien und Salzburg oder umgekehrt gefahren. Ein reserviertes Schlafwagenbett war die nahezu einzige Möglichkeit, mit einem sicheren Platz rechnen zu können: Noch im Jahr 1948 gab es nur zwei Tagesschnellzüge und einen Personenzug (mit Umsteigen in Linz)! Bei Abfahrt des Zugs in Salzburg um etwa 23 Uhr war der Speisewagen stets voll besetzt, das Diner kostete zwar zehn (damals teure) Schillinge, aber man erhielt es ohne Marken! An der Ennsbrücke, der sowjetischen Zonengrenze, ging der Praportschik von Abteil zu Abteil, und selbst im Bett hatte man ein etwas unsicheres Gefühl, denn nur zu oft hieß es: »Papier nix gutt, du aussteigen!« Jahrelang schlich der »Arlberg-Express« eine ganze Nacht durch bis Wien, im Schrittempo über zerfetzte Brücken in Niederösterreich. Oft befürchtete man, daß diese Zahnstocher den schweren Zug nicht aushalten würden. Und wenn man morgens aus dem Abteil kam, mußte man meist über ein paar sowjetische Soldaten steigen, die auf dem Korridor schnarchten – so weit ging die Freundschaft mit den Verbündeten denn doch nicht, daß die CIWL ihnen Schlafwagenbetten gegeben hätte.

Die Zusammensetzung der wichtigsten in diesem Kapitel beschriebenen ehemaligen Luxuszüge zu einigen Zeitabschnitten mag interessant sein:

»Orient-Ostende-Express«, 1914, bei Ankunft in Wien
Gepäckwagen Paris–Konstantinopel/Constanza,
Speisewagen Paris–Konstantinopel/Constanza,
Schlafwagen Paris–Konstantinopel/Constanza,
Schlafwagen Paris–Wien,
Schlafwagen Ostende–Wien,
Schlafwagen Ostende–Konstantinopel/Constanza,
Gepäck-Postwagen Ostende–Konstantinopel/Constanza,
Gepäckwagen Paris–Wien.

»Orient-Ostende-Express«, 1939, bei Ankunft in Wien
Gepäckwagen Ostende–Bukarest,
Speisewagen Ostende–Lököshaza,
Schlafwagen Amsterdam–Bukarest,
Schlafwagen Ostende–Istanbul,
Schlafwagen Paris–Istanbul,
Schlafwagen Paris–Bukarest,
Schlafwagen Calais–Bukarest,
Gepäckwagen Paris–Bukarest.

»Simplon-Orient-Express«, 1921, ab Paris/Mailand
Gepäckwagen Paris–Bukarest/Stambul (4×/3×),
Speisewagen Paris–Bukarest/Stambul (4×/3×),
Schlafwagen Paris–Bukarest/Stambul (4×/3×),
Schlafwagen Boulogne–Bukarest/Stambul (4×/3×),
Schlafwagen Paris–Belgrad (4×),
Schlafwagen Ostende–Bukarest/Stambul (4×/3×),
Schlafwagen Lyon–Triest (7×),
Schlafwagen Paris–Athen (3×),
Salonwagen Mailand–Triest (7×),
Salonwagen Temesvar–Bukarest (4×),
Speisewagen Vinkovci–Belgrad (4×).

»Simplon-Orient-Express«, 1939, ab Paris/Belgrad
Gepäckwagen Paris–Istanbul,
Speisewagen Lausanne–Triest/Triest–Svilengrad,
Schlafwagen Calais–Triest,
Schlafwagen Calais–Istanbul,
Schlafwagen Paris–Istanbul,
Schlafwagen Paris–Athen.
Schlafwagen Paris–Bukarest,
Schlafwagen Berlin–Athen/Paris– und Ostende–Wien–Istanbul (3×),
Schlafwagen Berlin– und Prag–Istanbul (3×),
Schlafwagen Paris–Wien–Athen (3×),
Schlafwagen Wien–Athen (1×).

»Arlberg-Express«, 1927, ab Wien
Gepäckwagen Wien–Paris,
Schlafwagen Bukarest–Paris,
Schlafwagen Wien–Paris,
Schlafwagen Wien–Calais,
Schlafwagen Wien–Lyon,
Speisewagen Wien–Paris.

»Arlberg-Orient-Express«, 1939, ab Wien
Gepäckwagen Bukarest–Paris,
Speisewagen Budapest–Buchs,
Schlafwagen Bukarest–Paris,
Schlafwagen Bukarest–Calais,
Schlafwagen Athen–Paris,
Gepäckwagen Wien–Paris.

189

190

Abbildungen 189 und 190: Die Aufschriften auf den Wagenlaufschildern werden immer sparsamer: Während die untere Tafel noch die Zugnamen und alle wichtigen Zwischenstationen nennt, begnügt sich der Schlafwagen des heutigen »Orient-Express« mit der Angabe von Ausgangs- und Endstation

Nostalgie auf Europas Bahnen

»Der ›Orient-Express‹ ist tot – es lebe der ›Nostalgie-Istanbul-Orient-Express‹.«
Das Modewort »Nostalgie«, das erst im letzten Jahrzehnt aufgekommen ist und sich inzwischen in allen europäischen Sprachen eingebürgert hat, heißt etwa: Sehnsucht nach der »guten alten Zeit«, die unwiederbringlich dahin und vorbei ist, die man aber dennoch wenigstens teilweise wiederbeleben möchte. Diese »nostalgische Welle« reicht längst von Oldtimerautos bis zu Zinnsoldaten, und glücklicherweise hat sie auch die Eisenbahn erfaßt – trotz oder gerade wegen größerer Geschwindigkeiten, modernerer Fahrzeuge oder der elektronischen Betriebsabwicklung.
Bei der Einführung nostalgischer Luxus- und sonstiger Züge haben verschiedene Faktoren eine Rolle gespielt. Da ist zunächst die Tatsache, daß der europäische Fernverkehr in den letzten Jahrzehnten einen erschreckenden Abstieg genommen hat. Offenbar haben die Bahnverwaltungen hier vor der Flugkonkurrenz kapituliert. In dieser Situation ist die Idee entstanden, daß es gerade wegen des schlechten Zustands der europäischen Fernverbindungen lohnend sein müßte, Züge besonderen Charakters einzuführen, und zwar vor allem transeuropäische Fernzüge mit allem nötigen Komfort. Sie bedienen ein Publikum, dem drei Tage Eisenbahnfahrt in ansprechendem Rahmen mehr bedeuten als der Zeitgewinn durch drei Stunden Flug. Daß es sich hier um private Initiative handelt, versteht sich geradezu von selbst.
Zwei Schweizer sind es, denen das Verdienst gebührt, nostalgische Fernzüge in Europa eingeführt zu haben, mit einem Wagenmaterial, dessen Qualität, »Atmosphäre« und Komfort zu »neuzeitlichen« Intercity- oder TEE-Zügen in einem ähnlichen Verhältnis steht wie eine Gala-Hofkutsche zu einem Blechwagen.
Der eine dieser beiden Eidgenossen ist Walter Finkbohner, der ehemals Repräsentant der Schweizerischen Bundesbahnen in Mailand war. Dank seiner Initiative ist mit aus Italien stammenden Fahrzeugen der CIWL der Grundstock des heutigen Wagenparks der »Nostalgie-Orient-Express«-Züge geschaffen worden. Der andere ist Albert Glatt, kurioserweise Präsident eines vor allem mit Charterflügen beschäftigten Reisebüros mit dem Namen »INTRAFLUG« in Zürich. Aber dieser Umstand hat ihn nicht daran gehindert, seiner persönlichen Vorliebe für die Eisenbahn, besonders für Züge mit gehobenem Niveau, nachzugehen. Und er besitzt das erforderliche Organisationstalent, das es ihm ermöglicht hat, die Idee zu realisieren.

Heute fahren Nostalgiezüge mit wachsendem Erfolg in nahezu ganz Europa. Neben dem »Nostalgie-Istanbul-Orient-Express« hat Glatt im letzten Jahrzehnt viele andere Luxuszüge geschaffen, die in Stil und Niveau den einstigen »Grands Express Européens« entsprechen oder zum Teil sogar weit übertreffen: so etwa einen »Gotthard-Pullman«, einen »Tenda-Pullman« oder einen »Train Bleu«. Die europäischen Grenzen überschreitet Glatts INTRAFLUG alljährlich mit dem »Trans-Sibirian-Special«, einmal auch mit einem »Kaukasus-Krim-Express«, die beide aus sowjetischem Wagenmaterial bestehen. Aber nicht nur das, auch die USA, wo INTRAFLUG bereits einige »Oldtimerwagen« erworben hat, oder Indien, mit den Wagen eines Radschputen-Fürsten, stehen auf dem Programm. Daneben befriedigt INTRAFLUG mit Sonderfahrten, vor allem nach Osteuropa und Skandinavien, auch die nostalgischen Sehnsüchte der europäischen Dampflokfans.
Waren Freund Glatts Schlafwagen, Speisewagen, Pullman-Salons, Salon-Bar und Gepäckwagen am Anfang noch überwiegend von der CIWL, vereinzelt auch von der FS oder SBB geliehen oder gemietet, so verfügt heute INTRAFLUG allein für die Orientzüge schon über rund eineinhalb Dutzend eigener solcher Wagen. Übrigens besitzt sie auch ehemalige »Rheingold«- und weitere deutsche Fahrzeuge für andere Unternehmungen.
Zuerst kam ein »Simplon-Orient-Express« genannter Zug, der im März 1976 von Mailand über Venedig, Triest, Agram, Belgrad und Sofia nach Istanbul und zurück fuhr, also zumindest auf zwei Dritteln der Strecke verkehrte, die der echte, alte Zug dieses Namens einst befahren hatte. Noch im selben Jahr ist von Zürich aus ein »Arlberg-Orient-Express« auf die Reise gegangen, und zwar über Innsbruck und die »Tauernbahn«, um in Laibach dann in die Route des »Simplon-Orient-Express« einzumünden. (Diesen Zug hatte übrigens mein Sohn sozusagen inoffiziell über die nächtliche Tauernstrecke geführt.)
In den folgenden Jahren fuhren weitere Züge dieser Art, die bald als »Nostalgie-Orient-Express«-Züge betafelt worden sind. Zunächst starteten sie in Zürich oder Stuttgart, später auch in Paris. Über die verschiedenen Routen (Simplon, Arlberg, Süddeutschland) verkehrten sie nach Istanbul und hin und wieder auch nach Athen, und zwar nicht nur über Belgrad und Sofia, sondern auch über München, Wien, Budapest und Bukarest. Hier folgten sie also ungefähr der Route des alten »Orient-Express«.
Eine für 1978 geplante Verlängerung über Istanbul hinaus, mit Trajektschiff nach Haydarpascha und von dort via Ankara bis Bagdad, ist leider wegen des damals gespannten

424.140

191

COMPAG
INTERNATIONALE SCHLAFWAGEN GESELLSCHAFT
VOITURE - LITS
SCHLAFWAGEN

192

193

194

Abbildung 191: »Nostalgie-Istanbul-Orient-Express« mit Dampfloks der bekannten GYSEV in Ebenfurth (1985)
Abbildung 192: »Nostalgie-Arlberg-Orient-Express« in Innsbruck (1976)
Abbildung 193: Nostalgischer »Tenda-Pullman« mit FS-Dampflok auf der Rundfahrt Nizza–Breil–San Remo (1980)
Abbildung 194: Derselbe »Tenda-Pullman«, am Tag zuvor auf der Fahrt von Zürich nach Nizza in Brig mit einer Elektrolok der BLS. Bei solchen »nostalgischen« Fahrten wird stets getrachtet, zumindest streckenweise mit älteren beziehungsweise historisch passenden Lokomotiven zu fahren

Verhältnisses zwischen Syrien und dem Irak nicht zustande gekommen.
Bisheriger Höhepunkt all dieser nostalgischen Fahrten war die des »Nostalgie-Istanbul-Orient-Express« anläßlich des »Centenaire 1883–1983«, des hundertjährigen Jubiläums des »Orient-Express«. Sie ging im Oktober 1983 von Paris über Wien und Bukarest nach Istanbul. Diese Tour, wie auch die Istanbulfahrten des Jahres 1984, war überwiegend von amerikanischen Reisebüros ausgebucht. Dazu kamen noch kürzere Fahrten zwischen Paris und Wien, also auf der »Urstrecke« des »Train d'Essai« des Jahres 1882.
Die Nostalgiezüge bestehen derzeit nahezu ausschließlich aus INTRAFLUG-eigenen Fahrzeugen, die ehemals in Luxuszügen der CIWL gefahren sind: Gepäckwagen, Schlafwagen der Typen »Lx« (für die Passagiere) und »Y« (für das Personal), Speisewagen (einer lief in den zwanziger Jahren als Salonwagen im französischen Teil des »Süd-Express«, ein anderer machte Dienst als »Voiture Restaurant Présidentielle« in den Staatszügen Frankreichs), ein Salon-Bar-Wagen (der einst im »Train Bleu« verkehrte); dazu kommt ein weiterer, ehemals als »Pullman« verwendeter Wagen, der mit Duschkabinen versehen worden ist, jetzt als »Voiture-Service-Croisière« eingesetzt wird und im Augenblick noch Eigentum der CIWL ist.
Apropos »Croisière«: Die »Nostalgie-Istanbul-Orient-Express«-Züge machen tatsächlich eine Kreuzfahrt. Zum Teil verlassen sie die historische Route des »Orient-Express«, und in interessanten Stadten unterbrechen sie ihren Lauf für Empfänge und Besichtigungen. Eine Reise dieser Art ist ein gesellschaftliches Ereignis wie das Bordleben auf Passagierschiffen: Dort treffen einander gleichgesinnte Reisegefährten, die eine drei- oder auch fünftägige Reise vom Okzident zum Orient nicht nur hinter sich bringen, sondern sie auch in jeder Hinsicht, landschaftlich, kulturhistorisch wie menschlich, genießen und sich dazu die erforderliche Zeit nehmen wollen.
Fast unnötig zu erwähnen, daß alle Wagen des »Nostalgie-Istanbul-Orient-Express«, soweit irgend möglich, auf dem heutigen technischen Niveau sind, sich also für größere Geschwindigkeiten eignen. Im Inneren wie im Äußeren aber hat man sie dem Aussehen ihrer Vorgänger angeglichen. In den Schlafwagen gibt es Single- oder Double-Abteile. Die Pullmans tragen die von den damaligen Innenarchitekten Lalique und Prou geschaffenen Dekorationen (soweit sie nicht, was leider vereinzelt vorgekommen ist, gestohlen worden sind!); diese Wagen sind blaucreme gestrichen, während der Speise- und der Gepäckwagen in »Marron«-Creme und die Schlafwagen in Blau gehalten sind. Kurzum, es ist alles wie »damals« – mit einem einzigen Unterschied: Der Komfort, den wir in diesen Zügen finden, übersteigt den im echten »Orient-Express« erheblich: Dieser führte niemals Schlafwagen des Typs »Lx«, niemals Pullman-Salonwagen, nie einen Salon-Bar (samt einem europabekannten Pianisten), und für kurze Zeit besaß er nur eine einzige Duschkabine im Gepäckwagen, und das im Sommer! Der heutige Zug besitzt deren sieben.
Aus meinen Erfahrungen mit diesen Zügen seien drei Fahrten herausgegriffen: Anno 1976 nahm ich an der ersten Rückfahrt des damaligen »Simplon-Orient-Express« von Istanbul nach Mailand teil. Ich war erst knapp vor der Abfahrt aus Ankara angekommen, am Bahnsteig Nummer 1 wartete schon der Zug, in den gerade die Koffer eingeladen wurden. Die TCDD-Dampflok der Baureihe 45 stand (mit dem Tender voraus!) zur Fahrt nach Halkali bereit, wenige Schnappschüsse gelangen in letzter Minute. Und dann ging es zunächst auf die immer wieder atemberaubende Rundfahrt um die Stadt, vorbei an den Wassern des Bosporus, an den mit Menschentrauben besetzten Vorstadthäusern und ihren Balkons und durch die Vorstadtbahnhöfe, welche die Lok mit ohrenbetäubendem Pfeifen passierte. Nach unzähligen Kurvenaufnahmen hatte ich endlich Zeit zu einem ersten Erkundungsgang durch den Zug. Damals war erst ein einziger Schlafwagen des Typs »Lx« vorhanden, alle anderen waren noch vom Typ »Y«. Es gab zwei Pullmans, und der Speisewagen entstammte noch einer gewöhnlichen Serie, die nur mit Vierertischen ausgestattet war. All diese Fahrzeuge gehörten größtenteils noch der CIWL oder den italienischen Staatsbahnen, von denen auch der Gepäckwagen entliehen war. Bald nach Halkali wurde zum »Welcome-Drink« aufgerufen, der im Speise- und im Pullman-Wagen serviert wurde und an den sich gleich das Diner anschloß. Damals versorgte noch die in Mailand beheimatete Brigade der CIWL mit ihrem phantastischen Chefkoch Falciola die Gäste.
Es war ein lauer Vorfrühlingsabend am Bosporus gewesen. In Sofia dagegen, das wir am nächsten Tag um die Mittagszeit erreichten, lag noch Schnee. Wie es sich auf einer »Kreuzfahrt« geziemt, machten wir dort eine Stadtrundfahrt. Am zweiten Abend folgte nach dem Aufenthalt in Belgrad das seit damals zum unerläßlichen Programmpunkt gehörige Galadiner. Dazu fanden sich viele Gäste in Abendkleidung ein – die Sitte hat sich bis heute erhalten. Frühmorgens am folgenden Tag darauf weckte mich ein schrilles Pfeifen aus dem Schlaf. Ein Blick aus dem Fenster nach vorne: Wir fuhren bereits an der Save entlang, westlich von Steinbrück (Zidani Most), und hatten inzwischen eine mächtig qualmende Dampflok der Baureihe 52 (JŽ-Reihe 33) erhalten, die uns bis Laibach zog, wo sie wieder von einer Elektrolok abgelöst wurde. Auf dem dortigen Bahnsteig schmetterte die Musik, und eine Folkloregruppe tanzte. Danach begleitete sie uns im Speisewagen, mit weiteren Darbietungen und Kostproben des besten Slibowitz, bis zur Grenzstation Sežana. Nach mehrstündigem Aufenthalt in Triest ging es hinter einer Elektrolok des damals noch brandneuen Typs 656 (»Caimano«) weiter bis Venedig.

Abbildung 195: Der älteste nostalgische »Simplon-Orient-Express« (Mailand–Istanbul) wurde schon im März 1976 auf der elektrifizierten Vorortstrecke von Halkali nach Istanbul und umgekehrt – wie auch seine Nachfolger – stets mit einer TCDD-Dampflok der Reihe 45 gefahren. Mangels einer Drehscheibe im Sirkeci-Bahnhof muß die Lok auf der Rückfahrt mit dem Tender voraus fahren

Ich folgte einer Einladung, im Führerstand mitzufahren, zusammen mit zwei anderen Passagieren. Es war dort freilich etwas eng, da das Lokpersonal aus nicht weniger als drei Mann bestand – weniger als zwei dürfen es in Italien bekanntlich auch heute noch nicht sein – »Sicherung der Arbeitsplätze«! Nach dem letzten Mittagessen – Venedig hatten wir nur in Mestre berührt – folgte das lästige Kofferpacken, und ich mußte Abschied nehmen von neugewonnenen Freunden. In später Abenddämmerung liefen wir dann in die riesige Halle des Mailänder Bahnhofs ein.

Dies war, wie gesagt, die erste Fahrt des »Nostalgie-Express«. In einem solchen Zug, der allerdings einen wesentlich höheren Komfort bot, sah ich Istanbul erst 1981 wieder, und zwar in einem »Nostalgie-Arlberg-Orient-Express«. An einem sonnig-föhnigen Oktobermorgen ging es in Zürich los. Diesmal waren es schon ausschließlich Schlafwagen des Typs »Lx«, aus der Familie derer von Pullman waren es wieder zwei Stück, und überdies war inzwischen der Salon-Bar-Wagen vom ehemaligen »Train Bleu« dazugekommen, ebenso ein Speisewagen aus dem einstigen »Süd-Express«. Ihn hatte die INTRAFLUG auf einer Auktion in Monte Carlo erworben; allerdings wurde er nur als eine Art Anrichteraum und Getränkedepot verwendet. Der Gepäckwagen war von den SBB entliehen, die überdies einen Liegewagen zweiter Klasse als Reserve beigestellt hatten, denn es hätte ja eine Panne geben können, durch die das Pesonal gezwungen worden wäre, sei-

196

197

198

Abbildung 195: Der älteste nostalgische »Simplon-Orient-Express« (Mailand–Istanbul) wurde schon im März 1976 auf der elektrifizierten Vorortstrecke von Halkali nach Istanbul und umgekehrt – wie auch seine Nachfolger – stets mit einer TCDD-Dampflok der Reihe 45 gefahren. Mangels einer Drehscheibe im Sirkeci-Bahnhof muß die Lok auf der Rückfahrt mit dem Tender voraus fahren

Ich folgte einer Einladung, im Führerstand mitzufahren, zusammen mit zwei anderen Passagieren. Es war dort freilich etwas eng, da das Lokpersonal aus nicht weniger als drei Mann bestand – weniger als zwei dürfen es in Italien bekanntlich auch heute noch nicht sein – »Sicherung der Arbeitsplätze«! Nach dem letzten Mittagessen – Venedig hatten wir nur in Mestre berührt – folgte das lästige Kofferpacken, und ich mußte Abschied nehmen von neugewonnenen Freunden. In später Abenddämmerung liefen wir dann in die riesige Halle des Mailänder Bahnhofs ein.

Dies war, wie gesagt, die erste Fahrt des »Nostalgie-Express«. In einem solchen Zug, der allerdings einen wesentlich höheren Komfort bot, sah ich Istanbul erst 1981 wieder, und zwar in einem »Nostalgie-Arlberg-Orient-Express«. An einem sonnig-föhnigen Oktobermorgen ging es in Zürich los. Diesmal waren es schon ausschließlich Schlafwagen des Typs »Lx«, aus der Familie derer von Pullman waren es wieder zwei Stück, und überdies war inzwischen der Salon-Bar-Wagen vom ehemaligen »Train Bleu« dazugekommen, ebenso ein Speisewagen aus dem einstigen »Süd-Express«. Ihn hatte die INTRAFLUG auf einer Auktion in Monte Carlo erworben; allerdings wurde er nur als eine Art Anrichteraum und Getränkedepot verwendet. Der Gepäckwagen war von den SBB entliehen, die überdies einen Liegewagen zweiter Klasse als Reserve beigestellt hatten, denn es hätte ja eine Panne geben können, durch die das Pesonal gezwungen worden wäre, sei-

196

197

198

199

200

Abbildungen 196, 197, 198 und 199: Etappen der ersten »Simplon-Orient-Express«-Fahrt im März 1976: Die JŽ stellte zuerst eine Dampflok ihrer Reihe 33 zur Verfügung; ein Schlafwagenfan im Bann des ovalen Türfensters des »Lx«-Schlafwagens (197); folkloristischer Empfang durch die »Lustigen Oberkrainer« in Laibach (198); von Steinbrück bis Laibach war die JŽ-Dampflok der Reihe 33 (Ex-DR 52) im Dienst (199)

Abbildung 200: Die Selimje-Moschee in Edirne (Adrianopel) beherrscht schon von weitem die Stadt

nen »Y«-Schlafwagen zugunsten von Passagieren zu räumen. Die Betreuung besorgte die beste Brigade der Schweizerischen Speisewagengesellschaft unter Leitung von Herrn Stainhauser, und als Zugführer fungierte Herr Daniel von den SBB mit roter Tasche, Signaltrompete, die er »inoffiziell« bei jeder Abfahrt ertönen ließ, und mit seinen genau zwei Metern Lebensgröße!

Über die im prachtvollen Herbstsonnenschein liegende Arlbergstrecke und Innsbruck folgte dann auf der »Tauernbahn« das abendliche Galadiner bei Kerzenschein. Am nächsten Morgen gab es eine ausgiebige Rundfahrt durch und um Belgrad, dessen riesige Ausdehnung in den letzten Jahrzehnten man am besten von den schönen Anlagen um die alte Türkenfestung des Kalimegdan überblicken kann. Nach dem Lunch hielten wir einige Zeit in Nisch, wo eine Dampflok (52er) vorgespannt wurde, die uns mit unausgesetztem schrillen Pfeifen, samt dazugehörigem Echo von den Felswänden, durch die Schluchten und Tunnels des Nischawa-Durchbruchs zur bulgarischen Grenze brachte. Am Abend war in Sofia wieder eine Rundfahrt im Programm, die wegen der Dunkelheit nichts Neues brachte, außer einem verspäteten Abendessen um zehn Uhr (die Mägen hatten schon vernehmlich geknurrt!) und einem recht kurzen Nachtschlaf.

Am Morgen des letzten Tags blieb der Zug für eine Weile in Edirne (Adrianopel), wo wir die imponierende Selimje-Moschee besichtigten. Nach dem Abschiedslunch wurde uns die Crew präsentiert, und mehrere Male hielten wir in der Thrakischen Steppe, wo uns wegen der Zuckerrüben-Kampagne immer wieder Güterzüge kreuzten. In der beginnenden Dämmerung erreichten wir Halkali, wo die Diesellok durch die uns schon bekannte Dampflok (Reihe 46, also 2-D) ersetzt wurde. Sie zog uns dann, vorbei an den überall in Trauben aus den Fenstern hängenden und winkenden Bewohnern der Vorstädte (»Der Zug der Millionäre kommt!« hatte eine Istanbuler Zeitung tags zuvor geschrieben!) in den Sirkeci-Bahnhof, wo Janitscharenmusik, Folkloregruppen und ein freundlich-neugieriges Spalier von applaudierenden Zuschauern den üblichen Willkommensgruß entboten. Der »Nostalgie-Express« war schon längst zu einer Art ständiger Einrichtung im Fremdenverkehr von Istanbul geworden: Im Hilton-Hotel, wo die Gäste während ihres Aufenthalts untergebracht werden, gibt es einen speziellen »Orient-Express-Desk«, der nicht nur für die Zimmerverteilung sorgt, sondern an dem die Teilnehmer dieser Fahrten in allen Dingen betreut werden. Sie waren auch diesmal mit INTRAFLUG zufrieden.

»Le Centenaire 1883–1983«

Meine dritte und bisher letzte Reise mit dem nun endgültig »Nostalgie-Istanbul-Orient-Express« genannten Zug fand zum hundertjährigen Jubiläum seines historischen Vorläufers statt. Diese Fahrt dauerte vom 1. bis zum 5. Oktober 1983 und hatte allerdings nur inoffiziellen Charakter. Allein der Chef de la Publicité der CIWL erschien am Bahnsteig, um den Zug zu verabschieden. Für etwa hundert Gäste aus vieler Herren Länder, vor allem Amerikaner, und mit einer dreißig Mann starken Crew stand auf der Gare de l'Est ein Luxuszug bereit, der nicht nur das »Ambiente« des Vorläufers in den Schatten stellte, sondern auf seiner Fahrt auch überall gebührend bewundert wurde – hatte doch höchstens die ältere Generation je einen solchen Zug gesehen! Unter Führung von Freund »Alby« Glatt machten wir uns am 1. Oktober um 9.45 Uhr auf den Weg. In den Bahnhöfen fertigte uns jeweils der schon erwähnte Zwei-Meter-Zugführer der SBB ab. Die besten Schlafwagenschaffner der CIWL waren zusammengerufen worden, um uns zu betreuen. Die »Brigade présidentielle« versorgte uns kulinarisch, und die musikalischen Bedürfnisse befriedigte »Otto«, der bekannte Pianist aus dem Züricher Dolder-Grand-Hotel.

In der respektablen Länge von 15 Wagen, die ehemals in CIWL-Diensten standen, heute mit Ausnahme des Duschwagens aber der INTRAFLUG gehören, verließ der Zug den Pariser Ostbahnhof. Seine Zusammensetzung sah so aus:

ein Gepäckwagen,
zwei Schlafwagen »Y« für Personal,
sieben Schlafwagen »Lx« für die Passagiere,
ein »Voiture-Service-Croisière« (Ex-Pullman),
ein Speisewagen (Ex-Pullman-Speisewagen des »Süd-Express«),
ein Salon-Bar (Ex-Pullman-Wagen des »Train Bleu«),
zwei Pullman-Salon »Côte d'Azur«.

Da auch diese Jubiläumsreise eine Art »Kreuzfahrt« sein sollte, folgte sie nicht ganz der historischen Route des ersten »Orient-Express« (zumal dieser ja auch anno 1883 noch gar nicht direkt bis Konstantinopel fahren konnte!). Er machte mehrere Umwege und Abstecher. Im Telegrammstil sei der Verlauf dieser Reise geschildert.

1. Tag:
Abfahrt Paris-Est um 9.45 Uhr Richtung Straßburg, aber von Epernay aus Abstecher nach Reims. Dort Besichtigung und Bewirtung in den an riesige Katakomben erinnernden Kellereien der weltbekannten Champagner-Firma Mumm und Besuch der Kathedrale. Spätnachmittags Weiterfahrt.

2. Tag:
Einen Vormittag lang Aufenthalt in Salzburg: Stadtbesichtigung und morgendliche Stärkung im Café »Glockenspiel«. Nachmittags Abstecher von St. Valentin durch die Wachau (mit Dampftraktion, Baureihe 52). Ab St. Pölten wieder auf der Hauptstrecke. Ankunft und Begrüßung durch Bürgermeister und sonstige Offizielle in Wien-Westbahnhof, anschließend festliches Diner und Tanz im Palais Pallaviccini. Weiterfahrt um ein Uhr nachts.

3. Tag:
Nach nächtlicher Fahrt mit Dampflok über die Strecke der GYSEV – die bekannte Raab-Ödenburg-Ebenfurter Eisenbahn, ein Pilgerziel für Dampflokfans – Ankunft morgens in Budapest. »Großer Bahnhof« mit Musik, Bewirtung, Ansprachen, Treffen mit Teilnehmern des gerade hier tagenden Kongresses der europäischen Modellbahner (MOROP). Nachmittags Weiterfahrt und Abstecher in die Hortobagy-Puszta, dort Begrüßung, Folklore, Bewirtung und Fahrt mit Pferdewagen hinaus in die Steppe, wo verschiedene Reiterkunststücke geboten werden. Am Abend weiter über Debrecen und die rumänische Grenze nach Siebenbürgen.

4. Tag:
Morgens Ankunft in Schässburg (Sighişoara, Segesvar). Begrüßung, Bewirtung, Besichtigung der sehenswerten Altstadt und des Hauses des berühmt-berüchtigten Grafen Dracula. Weiter nach Kronstadt (Brasov) und Fahrt in ein Sommerfrischengebiet in den Karpaten. Dort wieder Bewirtung, Tanz, Musik e tutti quanti. Gegen Abend über den Predeal-Paß nach Ploieşti, wo die Elektro- durch eine Dampflok (Baureihe 150) ersetzt wird. Weiter nach Bukarest. Zwar kein rauschender Empfang, aber kurze Stadtrundfahrt, anschließend Galadiner und Fahrt über die »Freundschaftsbrücke« vom rumänischen Giurgiu (wo bekanntlich der erste »Orient-Express« von 1883 endete) zum bulgarischen Rustschuk (Ruse).

5. Tag:
Vormittags Ankunft in der türkischen Grenzstation Kapikule. Begrüßung hier diesmal nicht mit Janitscharenmusik, sondern durch Militärkapelle. Danach ohne Aufenthalt in Adrianopel durch die Thrakische Steppe (wo wiederum die Zuckerrüben-Kampagne im Gang ist) und nach sonniger Fahrt in der Dämmerung Ankunft in Halkali, wo die altgewohnte 46er Dampflok schon bereitsteht, um uns wieder einmal unter altgewohntem Pfeifen und mit ebenso altgewohnter Teilnahme der aus Gärten, Fenstern, Balkonen winkenden Bewohner ans Ziel bringt: Bahnhof Sirkeci, ein »ganz großer Bahnhof«! Offizielle und Nicht-Offizielle, Musikkapellen, Fahnen, Transparente; herumgereichte Tabletts mit Wein, Raki, Torten; Folkloregruppen, Tanz auch der Passagiere auf dem Bahnsteig; Scheinwerfer, Fernsehen, Ansprachen in allen gängigen Idiomen. Augen und Ohren schmerzen allmählich ob dieses wirklich herzlichen Empfangs anläßlich der von uns nachvollzogenen Fahrt des ersten der großen transeuropäischen Luxuszüge. Der zu sehr später Abendstunde dann vergönnte Ausblick vom Balkon des »Hilton-Hotels« auf den lichterglänzenden und noch immer von Schiffen aller Art belebten Bosporus bildet den befriedigenden Abschluß dieser »Centenaire«-Reise.
Es gibt viele Menschen, die sich die Zeit nehmen, mit einem komfortablen Zug zu reisen, anstatt in drei Stunden über ganz Europa zu fliegen. Sie wollen die Länder und Städte, die sie durchfahren, auch sehen. Dank INTRAFLUG, besonders dank der unermüdlichen Tätigkeit ihres Präsidenten, werden sie noch oft Gelegenheit dazu haben. Weitere »Nostalgie-Istanbul-Orient-Express«-Reisen sind geplant, ebenso zahlreiche kürzere Fahrten zwischen Paris und Wien.
Zum Schluß dieses Berichts sei noch die exakte Zusammensetzung des Jubiläumszugs angegeben:

Reihung der Wagen ab Paris
ein WL »Y«, Nr. 3909 (Personal)
ein D, Nr. 1283 (Vorräte, Hilfsküche),
ein WR, Nr. 2741 (Ex-WSP »Süd-Express«),
zwei WSP, Nr. 4158/4161 (Typ »Côte d'Azur«),
ein AR, Nr. 4164 (Ex-Salon-Bar »Train Bleu«),
drei WL »Lx«, Nr. 3551, 3487, 3542,
ein »Voiture-Service-Croisière« (Ex-WSP 4013),
vier WL »Lx«, Nr. 3475, 3480, 3472, 3537,
ein WL »Y«, Nr. 3851 (Personal).

Lokomotiven
Elektrolok Reihe 16000, Paris–Reims–? (SNCF),
Elektrolok Reihe 111, ?–Salzburg (DB),
Elektrolok 1044.14, Salzburg–St. Valentin (ÖBB),
Dampflok 52.7612, St. Valentin–St. Pölten (ÖBB),
Elektrolok 1042.659, St. Pölten–Wien (ÖBB),
?, Wien–?,
Dampflok 424.305, ?–Budapest (MAV),
Elektrolok V 43.1046, Budapest–Füzosabony (MAV),
Dampflok 424.345-?, Füzosabony–? (MAV),
Diesellok ?, ?–Braşov (CFR),
Elektrolok Reihe 060-DA, Braşov–Ploieşti (CFR),
Dampflok 150.025, Ploieşti–Bukarest (CFR),
Diesellok ?, Bukarest–? (CFR),
Diesellok 04-37, ?–Svilengrad (BDŽ),
Diesellok ?, Svilengrad–Kapikule (TCDD),
Diesellok Reihe 24000, Kapikule–Halkali (TCDD),
Dampflok 46.018, Halkali–Istanbul–Sirkeci (TCDD).

Der geneigte Leser möge die Unvollständigkeit der Angaben nachsehen – schuld waren entweder kulinarische Genüsse oder gesunder Tiefschlaf auf den fraglichen Streckenabschnitten!

»VSOE« für »VIP«
»Venedig-Simplon-Orient-Express«

Im alten Athen hieß es einst: »Den Alkibiades ließen die Lorbeeren des Themistokles nicht schlafen« (so daß jener danach strebte, auch seinerseits Kriegsruhm zu erringen). Nun, INTRAFLUG hat sich wohl längst nicht nur Lorbeeren, sondern sogar die Palme unter allen Unternehmen »nostalgischer« Wiederbelebung einstiger schöner Züge verdient. Aber der zweite Platz in der Rangliste gebührt einem gewissen Jimmy Sherwood, Chairman der Weltfirma Sea-Containers in England. Auch ihm lag die »gute alte Zeit« am Herzen, und auch er führte einen Luxuszug ein. Er ähnelt dem der INTRAFLUG und bewegt sich gleichfalls auf der Achse Okzident–Orient.

Die Sea-Containers, beziehungsweise deren Chef Jimmy Sherwood, erwarben aus ehemaligen Beständen der CIWL und der British Railways mehr als zwei Dutzend Schlaf-, Speise- und Pullman-Salonwagen. Für die sagenhaft anmutende Summe von elf Millionen Pfund ließen sie diese restaurieren und technisch modernisieren. Unter dem Firmennamen »Venice-Simplon-Orient-Express Ltd.« haben sie mit diesen Fahrzeugen im Sommer 1982 einen raffinierten Luxuszug von London nach Venedig auf die Schienen gesetzt. Genauer gesagt, sind es zwei Züge: Der eine besteht nur aus britischen Pullmans und fährt von London Victoria nach Folkestone; der andere führt ausschließlich Schlaf-, Speise- und Pullman-Salonwagen der CIWL und läuft von Boulogne über Paris und Mailand nach Venedig.

Daß der Name des Zugs eine kleine Geschichtsfälschung darstellt (einen Zug dieses Namens hat es nie gegeben) und daß auch das »Orient« in seinem Namen eine Vortäuschung falscher Tatsachen ist, mag ausgesprochene Kritikaster stören. Wir jedenfalls freuen uns, daß es diesen Zug gibt und daß er Erfolg hat: Im Gegensatz zu den unregelmäßig verkehrenden Zügen der INTRAFLUG fährt der »Venice-Simplon-Orient-Express« nach Fahrplan, und zwar in der Hochsaison normalerweise zweimal in der Woche von London, an einem dritten Tag von Paris aus nach Venedig; in der schwachen Saison (es mag sich heute schon wieder geändert haben) zumindest zwischen Paris und Mailand. Auf der britischen Seite genießt man den Komfort der echt englischen Pullmans, die zum Teil mit, zum Teil ohne Küche eingerichtet sind, auf dem Kontinent dann die Atmosphäre eines historischen »Grand Express Européen«. Bei der Überfahrt zwischen Folkestone und Boulogne ist für die Passagiere ein eigener Salon mit einer Café-Bar reserviert. In Paris umfährt der Zug die Stadt auf der »Grande Ceinture« und läuft nur den Austerlitz- (1985 den Ost-)Bahnhof an. Der Fahrplan ist so eingeteilt, daß man London am späten Vormittag verläßt (in den Pullmans wird ein leichter Lunch serviert), in Frankreich dann das Diner genießt, am folgenden Morgen (in Lausanne werden frische Croissants eingeladen) Zeit zum Aufstehen und Anziehen hat, um nachmittags am Ziel anzukommen. In umgekehrter Richtung genießt man das Diner noch vor Mailand, das Frühstück, das stets im Abteil serviert wird, vor Ankunft oder auch danach in Paris; vor Boulogne wird ein »Brunch« bereitgehalten, und am Nachmittag kann man sich zwischen Folkestone und Victoria dann eines echt englischen Teestündchens (mit Sandwiches und Kuchen) erfreuen.

Ein »Venice-Simplon-Orient-Express« besteht auf der britischen Seite normalerweise aus acht Pullman-Cars, davon drei Kitchen und fünf Parlour. An sie werden gelegentlich ein BR-Wagen erster Klasse für Personal und Dienst sowie ein oder zwei BR-Gepäckwagen angehängt. Nicht nur der Außenanstrich (»Marron«-Creme) entspricht dem historischen Vorbild, auch die Inneneinrichtung ist, soweit nicht im Original erhalten geblieben, bis in die letzten Einzelheiten restauriert; das blauweiße Geschirr könnte von Wedgewood stammen.

Der kontinentale Hauptzug führt gewöhnlich 16 bis 18 Wagen, ist also länger als die Züge der INTRAFLUG. Er setzt sich wie folgt zusammen: zwei Schlafwagen des Typs »YU« für Dienst und Personal; zwei Schlafwagen vom Typ »S« mit Single- und Double-Abteilen; acht bis zehn Schlafwagen des Typs »Lx«, die ein- oder zweibettig vergeben werden. Die dem kulinarisch-gesellschaftlichen Teil gewidmete Mitte des Zugs besteht aus vier Wagen: zwei Speisewagen, die ehemals Pullmans der »Etoile du Nord«-Serie waren und innen mit Zweier- und Vierertischen und neuen Armsesseln für ihre jetzige Funktion umgebaut wurden; ein Pullman-Salon derselben Serie, der im Interieur unverändert geblieben ist; schließlich ein Salon-Bar (Umbau aus einem Speisewagen) mit neuer Einrichtung und wie »bei Glatts« mit einem Piano. Die Traktion besorgt südlich von Paris stilgerecht zumeist eine Elektrolok der Reihe 9100 (2-D-2), in Italien ist es ein »Caimano« (656).

Einen kleinen Stilbruch hat sich Sherwood allerdings erlaubt. Freilich schadet er nicht nur nicht, sondern trägt sogar zum einheitlichen Gesamtbild des Zugs bei: Normalerweise besitzen allein die »Lx«-Schlafwagen und die Pullmans ovale Türfenster – in diesem Zug sind aber auch die Schlafwagen der Typen »S« und »Y« damit ausgestattet. Die Crew, sowohl die Schlafwagenschaffner wie auch die Speisewagenbrigade, ist erstklassig wie bei der »Konkurrenz«, und das Porzellan-Frühstücksgeschirr, das man im Abteil serviert bekommt, ist ebenso schön wie jenseits des Kanals – es bleibt kein Wunsch offen!

Ich bin mit dem »Venice-Simplon-Orient-Express« im Frühjahr 1983 von Venedig nach London gefahren. Der Jahreszeit entsprechend (Vorsaison), war er mäßig besetzt. In Mailand stiegen noch einige Fahrgäste zu, aber erst ab Paris hatte sich der Zug richtig gefüllt. Man hat den Eindruck, daß gerade zwischen Paris und London jenes Publikum diesen Zug benutzt, das früher mit dem »Night Ferry« oder dem »Flèche d'Or«/»Golden Arrow« gefahren ist. In der Tat gibt es zu diesem Zug zwischen den beiden größten westeuropäischen Metropolen keine Alternative, wenn man mit der Eisenbahn einigermaßen anspruchsvoll reisen will.

In Venedig, Mailand, Paris und London Victoria präsentiert man sich an dem am Bahnsteigende aufgestellten »Check-in-Desk«. Von dort bringen Träger das Gepäck ins Abteil – eine Sitte, die amerikanischen Ursprungs ist und im gepäckträgerlosen Zeitalter besonders angenehm auffällt. Die Zusammensetzung meiner beiden Züge sah so aus:

Venedig–Boulogne
vier WL »Lx«, Nr. 3553, 3552, 3525, 3555/ein WL »S«, Nr. 3425,
ein WL »YU« (Personal) Nr. 3915/ein Bar-Wagen (Ex-WR 3674),
ein WR (Ex-WSP 4110)/ein WR (Ex-WSP 4141),
ein WR (Ex-WSP 4095)/ein WL »YU« (Personal) Nr. 3912,
ein WL »S«, Nr. 3309 / vier WL »Lx«, Nr. 3473, 3483, 3544, 3482.

Folkestone–London
Parlour-Brake »Minerva«,
Parlour-Kitchen »Ione«,
Parlour »Zena«,
Parlour-Kitchen »Ibis«,
Parlour »Cygnus«,
Parlour »Perseus«,
Parlour-Kitchen »Audrey«,
Parlour »Phoenix«,
BR-Wagen erster Klasse (Dienstwagen) und zwei BR-Gepäckwagen.

Typisch und kurios zugleich ist dies: Inititator und Betriebsführer der »Nostalgie-Orient-Express«-Züge ist ein Flug-Reisebüro, und die »Venedig-Simplon-Orient-Express«-Züge werden von einem Schiffahrtsunternehmen organisiert. Die Schiene übt offenbar mehr Faszination aus als die anderen Verkehrsmittel!
Die Firma Sea-Containers ist ebenso flexibel wie die INTRAFLUG: Hat diese ihre »Nostalgie«-Züge manchmal über den Simplon, dann über Arlberg–Tauern, hin und wieder von Mailand, Zürich oder Stuttgart und zuletzt auch von Paris aus über Wien–Budapest–Bukarest geführt, so variierte jene schon seit Sommer 1984 den Weg ihres Zugs zwischen Paris und Venedig nicht nur via Lausanne–Simplon–Mailand, sondern auch über den Arlberg (der Tunnel ist hundert Jahre alt!) und den Brenner; für die Zukunft soll auch eine Variante entlang des Rheins im Gespräch sein.
Ich habe vorhin einmal das Wort »Konkurrenz« gebraucht: Nein, von einer solchen Konkurrenz zwischen Sherwood und Glatt kann keine Rede sein. Die älteren Erfahrungen der INTRAFLUG waren für die Sea-Containers eine wertvolle Aufbauhilfe, die auch gerne gegeben wurde. Eine noch engere Zusammenarbeit scheint sich anzubahnen, möglicherweise durch eine organisatorische oder fahrplanmäßige Kombination auch eine gelegentliche Verlängerung des »Venice-Simplon-Orient-Express« in den Orient.
So ist heute ein gewisser Optimismus berechtigt, daß der »Orient-Express« doch nicht sang- und klanglos ausgestorben ist, sondern daß die damit verbundene Atmosphäre auch in Zukunft genossen werden kann.

Abbildung 201: Der »Centenaire-Orient-Express« im Jahr 1983 war ein einmaliges Ereignis
Abbildung 202: Der »Venice-Simplon-Orient-Express« fährt seit drei Jahren regelmäßig

ROYAL BANK
8518
8527

ROYAL BANK
CP Rail

6506
CN

205

Abbildung 203: Fahrzeuge der Canadian Pacific im Bahnhof von Calgary
Abbildung 204: Diesellok der »Canadian National«

Abbildung 205: Technische Präzision und korrektes »Tenue« sind gleichermaßen charakteristisch für Japan
Abbildung 206: Japanische Elektrolok der Reihe EF 58 bei Hiroshima
Abbildung 207: Gedenkstätte für die Opfer der Atombombe in Hiroshima

206

207

ร.ฟ.ท.
391

209

210

Abbildung 208: Sogar im Provinz- und Güterzugdienst sind die Dampflokomotiven der thailändischen Staatsbahn stets bestens gepflegt
Abbildung 209: Aus Japan stammende Werkbahnlok, museal aufgestellt vor dem Bahnhof von ChiengMai
Abbildung 210: Die Autobusse der Afridi-Bus-Linie haben meist ebensoviel Passagiere auf dem Dach wie im Inneren; hier am pakistanisch-afghanischen Grenzposten in Jamrud
Abbildung 211: Unterhalb der Festung von Gwalior steht das Denkmal der Rani von Jhansi, die, in Männerkleidung fechtend, eine der Anführerinnen des Sepoy-Aufstands im Jahr 1857 war
Abbildung 212: Gemischter Personen- und Güterzug der Sri-Lanka-Eisenbahn in Nanu-Oya

143

N F
805

Abbildung 213: Güterzug der Darjeeling-Bahn
Abbildung 214: Mit der »Udarata Menike« (Hochlandmädchen) von Nanu-Oya hinunter durch Teeplantagen nach Colombo; im Bildhintergrund die Spitze des Adams-Peak
Abbildung 215: Auf einer Zwischenstation der Darjeeling-Bahn; die Kinder sind stets an Dampfloks interessiert
Abbildung 216: Die Königin von Bhutan verläßt ihr Reiseziel, das sie hier mit dem »Puri-Express« erreicht hat

215

216

217

218

219

220

221

222

Abbildung 217: Die Kurven der Darjeeling-Bahn sind so eng, daß man schon vom vierten Wagen aus den ganzen Zug überblicken kann
Abbildung 218: Meterspurige Dampflok im Bahnhof Madras-Egmore
Abbildung 219: Durch die Dörfer an der Darjeeling-Bahn fährt der Zug nur im Schrittempo – »fliegende Händler« und spielende Kinder springen daher während der Fahrt auf und ab
Abbildung 220: »Löwe von Juda« nannte sich der äthiopische Herrscher einst; hier symbolisiert durch eine Statue vor dem Bahnhof von Addis Abeba
Abbildung 221: Die meterspurigen Loks vom Typ »Beyer-Garratt«, noch mit den Initialen der East African Railways versehen, gehören zu den schwersten Maschinen auf Schmalspur
Abbildung 222: Begegnung mit der Dampflok 2001 der Eritrea-Bahn auf dem Damm nach Massaua

2912

2902

Abbildung 223: Die Güterzugloks der Kenya Railways sind meist mit »Kuhfängern« ausgerüstet; hier auf dem Bahnhof von Mombasa
Abbildung 224: Auf dem Bahnhofsgelände von Nairobi; in exotischen Ländern freuen sich oft auch die Bahnarbeiter, photographiert zu werden
Abbildung 225: Die Beyer-Garratt-Loks der einstigen Rhodesia Railways gehören nicht nur zu den stärksten, sondern auch zu den eindruckvollsten Maschinen ihrer Gattung; hier in Victoria Falls (1971)
Abbildung 226: Dampflok der Eisenbahnen von Moçambique in Maputo, dem ehemaligen Lourenço Marques
Abbildung 227: Von den Übergangsbrücken des Bahnhofs von Bulawaye hat man einen prächtigen Blick auf das weitverzweigte Schienengelände

No
406

C F M
207

207

Von Bagdad nach Stambul – durchs wilde Kurdistan

Leser, die jetzt noch oder zumindest in ihrer Jugend gerne zu einem Band von Karl May gegriffen haben, werden unschwer erkennen, daß die Überschrift dieses Abschnitts zweien seiner Bücher entlehnt ist. Ich habe sie absichtlich gewählt, da mir, und vielleicht auch anderen, die Lektüre der Mayschen Orientbücher der erste Anreiz war, mich mit dem Vorderen Orient näher zu beschäftigen – und so ist es auch bis heute geblieben! Sehen wir uns also die Gegenden zwischen Stambul, Damaskus, Bagdad und Teheran auf der Schiene an . . .

Der Leitstrahl »Berlin–Bagdad«

Sultan Abd-ul-Aziz hatte schon im Jahr 1871 den Bau einer Eisenbahn durch Anatolien und nach Bagdad durch einen feierlichen Erlaß befohlen. Der Erlaß blieb damals jedoch ein Stück Papier, denn außer dem 92 Kilometer langen Teilstück von Haidarpascha nach Ismit kam nichts zustande, und der Staatsbankrott von 1875 verhinderte für längere Zeit eine Fortsetzung.
In Gang kam die Erschließung der asiatischen Türkei erst, als diese wieder einmal für die hohe Politik interessant wurde. Zwar hatte der deutsche Reichskanzler Bismarck zunächst sein Desinteressement an den Vorgängen in der europäischen Türkei unverblümt ausgedrückt (». . . nicht die Knochen eines einzigen pommerschen Grenadiers wert!«). In der »Gründerzeit« aber, als Deutschland wirtschaftlich expandierte, dokumentierte sich in dem Schlagwort »Berlin-Bagdad-Politik« der Versuch, Einfluß auch am Bosporus zu gewinnen. Daß Deutschland dabei die anderen Großmächte Westeuropas ausstechen konnte, ist der Tatsache zu verdanken, daß es keinerlei territorialen Ambitionen gegenüber dem »kranken Mann am Bosporus« hegte, sondern lediglich wirtschaftliche Interessen verfolgte. Und dazu gehörte der Bau von Eisenbahnen, die ja stets eine eminent wichtige Basis für die Ausdehnung von Handel und Wandel bilden.
Die Westmächte waren nur vereinzelt und lokal erfolgreich: Britische Unternehmen waren lediglich in der Umgebung von Izmir (Smyrna) tätig – die Ottoman Railway und die Smyrna-Kassaba-Bahn. Und in französischem Eigentum befanden sich nur die kurzen Stichbahnen von Mersina nach Adana und von Mudania nach Brussa (Bursa). Demgegenüber wurden mit überwiegend deutschem Kapital und von deutschen sowie österreichischen Banken und Ingenieuren folgende Verbindungen gegründet und gebaut:
die Anatolische Bahn, die Société de Chemin de fer Ottoman d'Anatolie, die im Jahr 1889 die Konzession für eine Eisenbahn von Haydarpascha nach Angora (heute: Ankara) mit Fortsetzung nach Kayseri und nach Konya erhielt, und die Bagdad-Bahn, die Société Impériale Ottomane du Chemin de fer de Bagdad, bei der zwar deutsches Kapital nur mit fünfzig Prozent vertreten war – den Rest steuerten die Ottomanische Bank und einige europäische Finanzgruppen bei –, deren Präsident aber der Chef der Deutschen Bank (Dr. Gwinner) war.
Bis zum Ersten Weltkrieg war nicht nur die Bahn bis Angora fertig, sondern auch schon teilweise ihre Fortsetzung nach Südosten. Die beiden längsten und schwierigsten Tunnelbauten (der Belemedik-Tunnel im Taurus und der Ayran-Tunnel im Amanus-Gebirge) waren anno 1914 bereits vollendet, und noch während des Kriegs (1916/17) wurden die letzten Tunnels in beiden Gebirgen durchstochen. Im August 1918 war die Bagdad-Bahn bis Nissibin (Nusaybin) in der östlichen syrischen Steppe in Richtung Mosul abgeschlossen.
Der weitere Ausbau des anatolischen Eisenbahnnetzes nach dem Krieg ist vor allem das Verdienst des »Gazi« Mustafa Kemal Pascha. Seit der Gründung der Türkischen Republik (1923) hat sich das Schienennetz in Anatolien vervielfacht und bis an die Grenzen der Sowjetunion und des Iran erweitert. Die Bagdad-Bahn wurde allerdings erst während des Zweiten Weltkriegs, im Jahr 1940, vollendet. Im Jahr 1953 sind alle früheren, zum Teil noch privaten Bahnunternehmen als Türkiye Cümhüriyeti Devlet Demiryollari (TCDD) verstaatlicht worden, und Anfang der siebziger Jahre hat auch die CIWL ihre Tätigkeit in der Türkei aufgegeben. Eine nationale Gesellschaft (Yemekli ve Yatakli Vagonlar Isletmesi) betreibt seither alle Schlaf- und Speisewagen in der Türkei.

Abbildung 228: Die Türkei ist noch immer ein Pilgerziel für Dampflokliebhaber: aus Deutschland stammende Lok der Reihe 56 im Bahnhof von Haydarpascha
Abbildung 229: Schlafwagen des »Anatolien-Express« (mit der Aufschrift »Angora–Paris–London«) im Jahr 1923

228

229

»Anadolu-« und »Ankara-Express«...

...heißen die beiden Züge, die, teils abwechselnd, teils miteinander konkurrierend, die Hauptverbindung zwischen Istanbul und Ankara herstellen. Hatte es bis nach dem Ersten Weltkrieg zum heutigen Ankara lediglich eine recht bescheidene durchgehende Zugverbindung gegeben, so wurde mit dem Winterfahrplan 1924/25 erstmals eine komfortable Nachtreisemöglichkeit in Gestalt eines Schlafwagens eingeführt (bis dahin fuhren nur gewöhnliche Sitzwagen). Aber schon im August 1927 kreierte die CIWL einen neuen »Grand Express Européen«, den »Anadolu-Express«. Es war ein reiner Schlafwagenzug, mit Speisewagen natürlich, der die schönen teakbraunen Wagen des Typs »R« führte. Diese hatte man mit etwas großsprecherischen Wagenschildern versehen: »Angora–Paris–London«. Immerhin aber vermittelte der Zug in Haydarpascha den Fährenanschluß an den »Simplon-Orient-Express« und damit also auch nach Paris und London.

Bis zum Zweiten Weltkrieg bildete der »Anadolu-Express« die Nobelverbindung zu und von der immer mehr wachsenden neuen Hauptstadt der Türkei. Ob, wie lange und wo er während des Kriegs verkehrt hat, ist leider mangels vorhandener Fahrplanunterlagen und mangels eigener Erfahrung nicht feststellbar. Fest steht nur, daß er im Jahr 1945 (wieder) gefahren ist, jetzt aber unter dem Namen »Ankara-Express«, und zwar ebenfalls als reiner Schlafwagenzug. Ein »Anadolu-Express« ist erst 1947 erneut eingeführt worden, dieses Mal allerdings als »gewöhnlicher« (zweiter) Nachtschnellzug mit nur einem einzigen Schlaf- und sonst allein Sitzwagen. Im Jahr 1964 erfolgte wiederum ein Namenstausch: Der »Ankara« verschwand für einige Zeit aus dem Fahrplan, und der »Anadolu« übernahm dessen fünf Schlafwagen – es waren die schönsten Vertreter des CIWL-Typs »Y«, die eine besonders kultivierte Inneneinrichtung und eine schöne Farbe hatten.

Heute existieren beide Züge beziehungsweise Namen wie früher nebeneinander: Der »Ankara-Express« ist wieder ein reiner Schlafwagenzug, jetzt natürlich mit türkischen (in Adapazar gebauten) Schlaf- und Speisewagen, und daneben fährt auch ein »Anadolu-Express« die Nacht durch, aber nur mit sogenannten »Pullman«-Wagen: Es sind dies Sitzwagen (ehemals zweiter, jetzt) erster Klasse mit verstellbaren Liegesitzen, 2:1 beiderseits des Mittelgangs. Diese Fahrzeuge sind auch in den besseren Tagesschnellzügen anzutreffen. Die türkischen Schlafwagen sind in einem dunklen Blau gestrichen und im Interieur den CIWL-Wagen des Typs »Y« nachempfunden, also mit elf Halbabteilen. Die neuen türkischen Speisewagen (mit Tischen für je vier Personen) sind in Hellrot gehalten.

Ebenfalls aus den erwähnten »Pullmans« (plus Speisewagen) zusammengesetzt sind die beiden schnellen Tagesverbindungen von Istanbul–Haydarpascha nach Ankara: Der Zug mit dem Namen »Bogazici« (Bosporus) verläßt Haydarpascha am Vormittag, der andere, der schneller ist und »Mavi-Tren« (»Blauer Zug«) heißt, am Nachmittag; ein zweiter gleichen Namens verkehrt in der Nacht. »Mavi-Tren« unterscheidet sich vom »Bogazici« nur durch den blauen statt roten Anstrich seiner Wagen. Sei es bei Tag, sei es bei Nacht: Da die Zugverbindungen zwischen Ankara und Istanbul recht komfortabel und zuverlässig sind, ist eine Reise mit ihnen zu empfehlen.

Mit »Bogazici« und »Mavi-Tren« bin ich noch nicht gereist, wohl aber mit den beiden Nachtzügen. Mit dem »Anadolu-Express« bin ich 1968 gefahren. Ich hatte mich kurzfristig zu dieser Fahrt entschlossen, und so bekam ich das tatsächlich letzte Single im letzten, also im sechsten, Schlafwagen. An die in Europa gängigen Schlafwagen des Typs »Y« gewohnt, deren Abteiltüren beim Schließen ein schepperndes Blechgeräusch von sich geben, überraschte mich die schon erwähnte kultivierte Inneneinrichtung dieser Wagen angenehm. Von ihnen gibt es zehn Stück; sie sind Anfang der fünfziger Jahre eigens für die Türkei angefertigt worden.

Und noch etwas anderes: Nirgendwo in Europa habe ich erlebt, daß man beim Betreten eines Schlafwagens, der um etwa neun Uhr abends abfährt, das Abteil anders als mit bereits für die Nacht aufgeschlagenen Betten vorfindet. Hier war das Abteil in Tagesstellung, da man es offenbar als selbstverständlich betrachtete, daß der Gast noch vor dem Schlafengehen das Diner im Speisewagen einnimmt. Der Schaffner erkundigte sich auch sofort, ob dies meine Absicht sei. Sie war es, und bei Rückkehr nach einem ausgezeichneten Mahl fand ich dann das Abteil natürlich umgebaut vor. Das gleiche geschah am Morgen. In Europa macht sich selten ein Schlafwagenschaffner die Mühe, in einem um acht oder neun Uhr ankommenden Zug noch die Betten abzubauen. Diese Arbeit aber war auf meiner Reise selbstverständlich schon passiert, als ich vom Frühstück zurückkam. Dies sind Kleinigkeiten. Aber sie zeigen, daß in der Türkei der Passagier, der mehr bezahlt, auch mehr Serviceleistungen beanspruchen kann.

Die zweite Fahrt zwischen Istanbul und Ankara machte ich sieben Jahre später mit dem »Ankara-Express«, dieses Mal in einem neuen Schlafwagen türkischer Bauart. Dieser Typ besitzt, wie erwähnt, elf Abteile, die durch Türen miteinander verbunden sind. Er ist in einem ähnlichen Blau gestrichen wie die CIWL-Fahrzeuge. Man hat ihn allerdings »moderner« ausgestattet als diese – Wandtäfelung, Polsterung usw. –, und daher ist die Atmosphäre des Interieurs etwas kühler. Das gehobene Service für den Schlafwagengast der ersten Klasse zeigte sich auch an der Reihung des Zugs: Heizwagen, Gepäckwagen, vier »Pullman«-Sitzwagen, davon einer zweiter Klasse mit Abteilen, und drei Liegewagen (»Kusetli«), dann der Speisewagen und am Schluß sechs Schlafwagen. Diese Anordnung habe ich vor- und auch hinterher unzählige Male auf türkischem Boden vorgefunden: Der Speisewagen befindet sich unmittelbar neben dem oder den Schlafwagen, damit sich der mehr zahlende Reisende nicht durch vollgestopfte Korridore durchzwängen muß, um zu seinem Essen zu gelangen. Und überdies ist der oder sind die Schlafwagen stets so eingereiht, daß keine Passagiere der anderen Kategorien durchgehen können. Eine einzige kleine Enttäuschung brachte das Abendessen in besagtem Speisewagen: Der Wunsch, zu dem ausgezeichneten Menu eine halbe Flasche »Dikmen« (der beste türkische Rotwein) zu bekommen, wurde abschlägig beschieden. Wein gab es nicht, nur Bier – und Wodka! Nun, etwas verdünnt kann man dieses »Wässerchen« ja auch ganz gut zum Essen in Kauf nehmen.

»Toros-Expresi«

Anatolien ist nicht nur für den Eisenbahnfreund, sondern auch für den gewöhnlichen Touristen interessant und abwechslungsreich. Man muß ja die Landschaft nicht unbedingt bei Nacht verschlafen. Daher sei noch von einem weiteren Zug berichtet, der die Strecke zwischen Istanbul und Ankara am hellen Tag zurücklegt. Der »Taurus-Express« stellt seit mehr als 55 Jahren die wichtigste und weiteste Fernverbindung in der asiatischen Türkei und über diese hinaus dar. Seine Vorgänger waren die schon erwähnten ersten Schlafwagenkurse nach Ankara. Ihnen war 1928 ein Schlafwagen über Aleppo zu der libanesischen Stadt Tripoli gefolgt, der sich ab 1929 mit einem Schlafwagen nach Rayak in Syrien abwechselte.

Vor allem auf Initiative der CIWL und als natürliche Fortsetzung des »Simplon-Orient-Express« wurde dann am 15. Februar 1930 ein neuer »Grand Express Européen« aus der Taufe gehoben, dessen Fernziele von Anfang an einerseits Damaskus und Kairo, andererseits Bagdad und Teheran waren; diese hat er in den seither vergangenen Jahrzehnten freilich nur zeitweise erreicht. Der »Toros-Expresi« war niemals ein reiner Luxuszug, da er stets neben einigen Schlaf- auch Sitzwagen geführt hat und heute noch führt. Aber er verkörperte eine Magistrale von Europa durch die Türkei zu den Metropolen des Vorderen Orients und über diesen hinaus, mit seinen anschließenden Bahn- und Schiffsanschlüssen sogar bis nach Karatschi und Bombay, wohin man von Basra aus mit den Schiffen der »British India Steamship Navigation« fahren konnte.

Die Schlafwagen des »Toros« gingen am Anfang über Eskişehir, Konya und Aleppo, dreimal in der Woche nach Rayak (mit Anschluß an die hier von Beirut her einmündende Schmalspurbahn nach Damaskus) und dreimal bis nach Derbessie (Senyurt), wo sie sich teilten: zweimal wöchentlich weiter auf der Hauptstrecke nach Nissibin (Nusaybin), bis wohin der Hauptstrang der Bagdad-Bahn damals fertig war, einmal pro Woche zu der abseits gelegenen Stadt Mardin. Von Nissibin aus bestand ein Busanschluß über Mosul nach Kirkuk, und von dort aus konnte man per Bahn nach Bagdad oder per CIWL-Bus über Kermanschah (mit Übernachtung) und Hamadan nach Teheran fahren.

Zu den späteren Veränderungen und Neuerungen des Zuglaufs kurz folgendes: 1931 wurde die Abzweigung nach Mardin aufgegeben. 1932 verlängerte sich die vollendete Bagdad-Bahn-Strecke über Derbessie bis Tel Ziouane. 1934 wurde der syrische Zweig statt nach Rayak wieder nach Tripoli geführt. 1935 war Tel Kotschek (El Yaroubie) erreicht, und seither fuhr der »Toros« nicht mehr über Konya, sondern über Ankara. Ein Jahr später wurden die bis dahin benutzten Schlafwagen des teakholzbraunen Typs »R« auch hier gegen blaue Wagen vom Typ »S« (später in den Variationen »ST« und »SGT«) ausgewechselt. Knapp vor dem Kriegsausbruch 1939 war auf der Bagdad-Bahn Mosul erreicht, und bereits während des Kriegs fuhr im Jahr 1940 der erste »Toros« in Bagdad ein. Über die weiteren Kriegsjahre ist nichts bekannt. Aber 1947 tauchte der Zug wieder im CIWL-Guide auf: Er fuhr nun zweimal wöchentlich nach Bagdad oder nach Beirut, wohin der Schienenstrang inzwischen von Tripoli aus gelangt war. Auf der Europäischen Fahrplankonferenz für 1947/48 war die Ausdehnung des syrischen Zweigs bis nach Kairo dringend gewünscht worden, was möglich gewesen wäre, weil man die Suezkanalbrücke bei Kantara wiederaufgebaut hatte. Aber die britische Mandatsverwaltung in Palästina war zu keiner bindenden Zusage für den Zivilverkehr bereit. Es war ohnehin »ein Streit um des Kaisers Bart«, denn 1947 brach der israelisch-arabische Krieg aus, der solche Pläne illusorisch machte.

Im Jahr 1959 wurde nach zehnjähriger Unterbrechung der Aleppo-Schlafwagen wieder bis Tripoli weitergeführt. Ab Winterfahrplan 1960/61 konnte, weil die türkische Strecke zwischen Gaziantep und Karkemis fertiggestellt worden war, der irakische Zweig des Zugs nun den Umweg über Aleppo und damit auch die zweimaligen türkisch-syrischen Grenzkontrollen vermeiden. Er fuhr nun an wechselnden Wochentagen über Aleppo nach Bagdad und Beirut oder auf der neuen Linie der TCDD direkt nach Bagdad. Zur selben Zeit wurde in den Schlafwagen die »Touristenklasse« mit dreibettigen Abteilen eingeführt. Ab 1964 verringerten sich die Verkehrstage des »Toros«: Je einmal die Woche ging es nach Bagdad und Beirut via Aleppo, nach Bagdad über Gaziantep und an einem dritten Tag nur bis Gaziantep. Der in den CIWL-Guides für den Zug verwendete Werbeslogan »London–Kairo in sieben Tagen« hätte natürlich schon längst verwirklicht werden können – aber sowohl bei Ras Nakura an der libanesisch-israelischen Grenze wie auch bei Gaza sind die Schienenverbindungen seit Jahrzehnten abgeschnitten. Theoretisch könnte ein »Taurus-Express« bequem in nur höchstens drei Tagen von Istanbul nach Kairo fahren.
Heute verläßt »Toros« den Bahnhof Haydarpascha am Dienstag mit Sitz- und Liegewagen nur bis Adana. Am Donnerstag und Sonntag führt er Sitzwagen erster und zweiter Klasse, Speise- sowie Schlafwagen bis Gaziantep; die Fortsetzung nach Bagdad ist seit dem irakisch-persischen Krieg eingestellt.
Als ich im Spätsommer 1965 mit diesem Zug gereist bin, gab es im asiatischen Teil der Türkei noch drei Wagenklassen. Die Reihung des »Toros« sah damals so aus:

Gepäckwagen Haydarpascha–Aleppo–Bagdad,
Sitzwagen erster/zweiter, dritter, erster/zweiter Klasse Haydarpascha–Kameshlie,
Schlafwagen (SGT), Speisewagen Haydarpascha–Gaziantep,
zwei Schlafwagen (SGT) Haydarpascha–Gaziantep–Bagdad,
Sitzwagen erster/zweiter, dritter Klasse Haydarpascha–Aleppo–Nusaybin.

Unser Zug steht schon seit acht Uhr bereit. Aber bevor er losfahren kann, wird der schnellere »Bogazici« hereingeschoben, der diesmal aus drei hintereinandergekuppelten Dreiereinheiten der von MAN stammenden Triebwagen besteht. Diese Garnituren wurden damals und noch viele weitere Jahre im schnellen Großstadtverkehr in Anatolien eingesetzt, so beispielsweise auch im »Meram« von Haydarpascha nach Konya, im »Çukurova« von Ankara nach Adana oder im »Ege« von Ankara nach Izmir. Sie fuhren damals als zweite Klasse, doch mit ihrer Sitzteilung 1 : 2 in offenen Saalräumen waren sie äußerst komfortabel. Der »Bogazici« läuft uns um Punkt neun Uhr voraus, zehn Minuten später folgen wir ihm.
Bis zu dem 91 Kilometer entfernten Ismit, dauernd in Sicht oder direkt am Ufer des Marmarameers, brauchen wir zwei Stunden; es wird also etwas gebummelt. Doch dann zieht die Diesellok richtig an: Zuerst geht es durch üppig-fruchtbares Land, vorbei am See von Sapanca und an Arifiye, wo eine Linie nach Adapazar abzweigt, in dem es eine große Waggonfabrik gibt. Wir fahren ins Tal der Sakarya, und bald beginnt die Steigung hinauf zur inneranatolischen Hochebene. Hinter Bilecik wird die Strecke eine richtige Gebirgsbahn. Die Landschaft hat alpinen Charakter, bis nach Karaköy schraubt sich die Bahn durch enge Kurven, mehrere Viadukte und 13 Tunnels auf 627 Meter Meereshöhe hinauf. Eine halbe Stunde nach Karaköy passieren wir Inönü, nach dem Kemals Waffengefährte und erster Nachfolger, Ismet Pascha, seinen Familiennamen annahm.
Inzwischen haben nicht nur einige »Café Turque«, die der Schlafwagenschaffner ins Abteil bringt, unsere Reiselust beflügelt, sondern wir haben auch den Lunch im Speisewagen genossen. Dann laufen wir in Eskişehir, dem Eisenbahnzentrum des westlichen Anatolien, ein. Von hier zweigt die ehemalige Bagdad-Bahn südwärts in Richtung Konya ab.
Die Dämmerung ist kurz, rasch wird es finster. Auf einer kleinen Kreuzungsstation überholt uns der aus Izmir kommende »Ege«, später begegnen wir dem aus Ankara kommenden Nachtzug nach Izmir, dem »Izmir-Express«. Fast auf die Minute pünktlich erreichen wir Ankara mit seinem großzügig angelegten Bahnhof.
Hier unterbrechen wir die Reise für einige Tage und machen einen Abstecher in die durch ihre phantastischen Felsbildungen mit Zinnen, Domen und Canyons weltberühmte Gegend von Ürgüp, wo es unzählige Höhlenkirchen und Kapellen mit Wand- und Deckenmalereien, zum Teil aus dem 4. und 5. Jahrhundert, zu sehen gibt. Dorthin fahren wir mit dem schon genannten MAN-Triebwagenzug »Çukurova« (so heißt die Küstenebene um Adana).

Östlich der Vororte nimmt die Landschaft allmählich Steppencharakter an, obgleich immer wieder auch kultivierte Gegenden zu sehen sind. Längere Zeit geht es dann entlang des Kizilirmak (Roter Fluß), der, vermutlich durch Lößablagerungen oder ähnliches, stellenweise tatsächlich rot ist. Von der nach ihm benannten Station zweigt nordwärts eine Linie zum Kohlenrevier am Schwarzen Meer ab. Im Bahnhof von Yagli kreuzen wir einen Güterzug, der mit prachtvoll dampfender Nachschublok die in einer weiten Kurve heraufführende Steigung erklimmt. Irgendwo begegnen wir dann dem aus Kurtalan kommenden »Güney (Süd)-Express« und dem von Kars über Erzerum fahrenden »Dogu (Ost)-Express«. In den Nachmittagsstunden taucht endlich wie ein Schemen am Horizont der 3850 Meter hohe Gipfel des Erdschias-Dagh über dem Dunst der Steppe auf. Selbst um diese Jahreszeit (Ende August) ist er noch mit Schnee bedeckt. Dann sind wir in Kayseri, unserem heutigen Ziel, von wo aus wir in das Gebiet von Ürgüp fahren. Zwei Tage später geht es dann, wieder mit der »Çukurova«, zurück nach Ankara. Nach ein paar Tagen in der Hauptstadt setzen wir die Reise nach Osten mit dem uns schon vertrauten »Toros« fort, der heute den (einmal wöchentlich fahrenden) Schlafwagen zu unserem nächsten Ziel, Beirut, führt. Der Zug ist wieder recht gut besetzt.

Als wir morgens erwachen, ist Bogazköprü, der Vorortbahnhof von Kayseri, in dem sich die Strecken nach Osten

Abbildung 230: »Taurus-Express« mit Schlafwagen Istanbul–Beirut im Bahnhof Tripoli (1965)

Abbildung 231: Der Triebwagenzug »Cukurova« begegnet in der Station Yagli im östlichen Anatolien einem schwerbeladen die Steigung hinaufkeuchenden Güterzug

231

TCDD
163078

232

233

234

235

Abbildung 232: »Van-Gölü-Express« im Hochland von Kurdistan (1968)
Abbildung 233: Abfahrbereiter Schnellzug nach Khorramshar in Teheran (1968)
Abbildung 234: Im Jahr 1937 wurde der letzte Nagel zur Transsibirischen Bahn eingeschlagen. Auf dem Bild der alte Reza Schah Pahlewi und der damals noch junge Mohamed Reza Schah.
Abbildung 235: Alte amerikanische Dampflok auf dem Bahnhof der FC Cuzco-Sta. Ana in Cuzco

und Süden teilen, schon hinter uns. Der Erdschias-Dagh im Nordosten wird immer kleiner, wir fahren durch die Salzsteppe. Kurz vor Ulukişla treffen wir auf die aus Eskişehir über Konya laufende Strecke, und jetzt beginnt der interessanteste und landschaftlich schönste Teil der Bagdad-Bahn – der Durchbruch durch den Kilikischen Taurus. Auf einer Strecke von 108 Kilometern zwischen Ulukisla und Yenice fährt die Eisenbahn durch den Hauptkamm des Taurus, und zwar in einem ununterbrochenen Gefälle stets bergab. Dort, wo es geht, windet sich die Bahn zwischen den Felsen hindurch, wo es nicht geht, durchstößt sie diese in Tunnels. Nach knapp zwei Stunden ist der Übergang aus dem heißen und trockenen inneren Anatolien in die subtropische Küstenebene vollzogen. In umgekehrter Richtung dauert die Fahrt fast eine Stunde länger: Ulukisla liegt 1427 Meter hoch, Yenice fast auf Meeresniveau.

Senkrechte Felsen, stürzende Wasserfälle, enge Schluchten wechseln mit atemberaubender Schnelligkeit; die Szenerie ändert sich in Minutenschnelle. Der Durchbruch vollzieht sich nicht auf einmal, sondern in drei Abschnitten, zwischen denen sich jeweils das Tal erweitert. Nicht weniger als 37 sorgfältig numerierte Tunnels in einer Gesamtlänge von fast 15 Kilometern folgen aufeinander; Nummer 29 und 31, die sich im letzten Teil befinden, sind die längsten. Nachdem wir Nummer 31 hinter uns gebracht und die dicht dahinterliegende Station Haçikiri passiert haben, öffnet sich links unvermittelt ein Ausblick durch die eigentliche Kilikische Pforte auf die noch mehrere hundert Meter tiefere untere Geländestufe. In Sekundenschnelle ist das Bild wieder verschwunden. Der Zug legt den Schlußabschnitt mit den verbleibenden sechs Tunnels zurück – die Küstenebene von Adana, die »Çukurova«, ist erreicht. Und nach der Spannung, die diese letzten zwei Stunden Fahrt geboten haben, bemerken wir erst jetzt, wie sich inzwischen die Landschaft gewandelt hat: Pinienduft durchzieht die Luft wie an der Riviera, Baumwollfelder sind an die Stelle der Salzsteppe getreten, es wird warm, es wird sogar heiß – und richtig, hier sind schon die ersten Palmen!

In Adana ersetzt eine mächtige Dampfmaschine vom Typ 56 (1-E) die Diesellok, die uns bisher gezogen hat. In Toprakkale zweigt eine kurze Stichbahn nach Iskenderun am gleichnamigen Golf ab. Uns fallen die vielen Güterwagen der irakischen Staatsbahn auf, die Gerste aus dem nördlichen Mesopotamien über den Hafen von Iskenderun in die Bundesrepublik Deutschland bringen.

Eine halbe Stunde später, in Mamuré, wird zusätzlich eine Dampflok der Baureihe 45 (1-D) vorgespannt, um den letzten, landschaftlich prächtigen Teil des heutigen Tags zu bewältigen, den Übergang über den Amanus-Taurus. Anders als in der vorhergegangenen Kilikischen Pforte wird hier das Landschaftsbild nicht beherrscht von senkrechten Felsen, stürzenden Wassern und tiefen Schluchten; die Erhebungen sind sanfter, das Klima ist milder, und obwohl wir die beachtliche Höhe von 714 Metern zu bewältigen haben, verlassen uns bis oben weder der grüne Pflanzenwuchs noch die so vertraut duftenden Pinien, noch der Gesang von Hunderten von Zikaden.

Bald nach dem Ayran-Tunnel, mit fast fünf Kilometern Länge der größte der Türkei, geht es abwärts nach Fevsipaşa, benannt nach einem anderen Marschall Kemals. Der Bahnhof liegt in einer weiten Kurve entlang einer Bergwand, hinter der jetzt, um vier Uhr nachmittags, die Sonne schon verschwindet. Hier spaltet sich unser »Toros«; der eine Teil fährt über Gaziantep nach Osten, und unserem Teil, der nach Beirut fährt, sind nur noch wenige Wagen verblieben. Die Vorspannlok hat ausgedient, und in sanftem Schwung geht es das letzte Stück bergab. Als die Sonne auch in der Ebene untergeht, sind wir in Islâhiye, der letzten Station auf türkischem Boden.

Am späten Abend und in völliger Finsternis erreichen wir dann Aleppo, dessen Anblick uns auf dieser Reise versagt bleibt – wir liegen längst im Bett, ermüdet von einem schönen, aber anstrengenden Reisetag. Am darauffolgenden Morgen erreichen wir Tripoli, dessen Bahnhof einen relativ bescheidenen Eindruck macht. An der Diesellok, die uns jetzt wieder zieht, hängen nur noch drei oder vier Wagen, die schwach besetzt sind. Von Verpflegung im Zug ist keine Rede, und so nehmen wir am Bahnsteigkiosk hartgekochte Eier mit gutschmeckendem Fladenbrot zu uns. Nach einer kurzen Fahrt laufen wir dann in Beirut ein.

»Van-Gölü-Express«

Der »Taurus-Express« ist zwar der älteste unter den großen türkischen Fernzügen, er ist aber nicht der einzige seiner Art. Von seiner Route geht in Dogazköprü eine andere Hauptlinie ab, und zwar nach Osten. Und kurz vor Siwas führt ein weiterer Streckenzweig zu dem Schwarze-Meer-Hafen Samsun, der sich dann in Çetinkaya wiederum teilt: Der eine Ast führt nach Nordosten, nach Erzerun und Kars und weiter an die sowjetische Grenze, der andere nach Osten über Malatya nach Kurtalan oder nach Tatvan. Nach Kars fährt der »Dogu-Express« (»Ost-Express«), seit die vorher schmalspurige Linie von Erzerun dorthin um 1960 auf Normalspur umgenagelt worden ist. Nach Kurtalan läuft der »Güney-« und nach Tatvan schließlich der »Van-Gölü-(Van-See-)Express«.

Bis zum Westufer des Van-Sees war der Schienenstrang im Jahr 1964 vollendet worden. Die letzte Etappe führte vorerst zu dem rund hundert Kilometer östlich gelegenen

Städtchen Muş, wohin ab 1955 der »Muş-Express« verkehrte. Nach 1964 verlängerte sich diese Linie bis nach Tatvan, womit aber der Ehrgeiz der Bahnbauer noch lange nicht erschöpft war, denn das Ziel hieß schon damals Teheran. Dorthin ist die Verbindung von Istanbul über Tatvan wesentlich kürzer als die über Bagdad. So wurden Fährschiffe zur Überquerung des Van-Sees angeschafft, und am Ostufer baute man, ausgehend von der dort gelegenen Stadt Van, weitere 114 Kilometer bis zur Grenzstation Kapiköy. Dort haben dann die Iraner die Fortsetzung nach Täbris gebaut. Vollendet war diese Verbindung zwischen Istanbul und Teheran am 28. September 1971. Nun hieß der »Van-Gölü-Express« an einzelnen Wochentagen »Teheran-Express«, während er an anderen Tagen weiterhin nur bis Tatvan fuhr. Jetzt konnten Liegewagen erster Klasse der iranischen Staatsbahn unter Benutzung der Fähre endlich durchfahren. Seit der Iranischen Revolution jedoch ist diese durchgehende Verbindung stillgelegt, und so endet der »Van-Gölü« heute wieder wie zuvor an drei Wochentagen am Westufer des Sees. Er führt Sitzwagen erster und zweiter Klasse, ferner »Kusetli«, einen Speisewagen und an zwei Wochentagen zusätzlich einen Schlafwagen.

In Ankara steige ich an einem klaren Morgen in den aus Istanbul eben eingefahrenen »Van-Gölü«. Seine Zusammensetzung hinter einer Diesellok der Reihe 21500 sieht so aus: zwei Wagen dritter, zwei Wagen zweiter und ein Wagen erster/zweiter Klasse, danach der Speisewagen und am Schluß der Schlafwagen (Typ »SGT«). Wieder habe ich bei Tag die schöne Strecke bis Kayseri vor mir, den Roten Fluß, die weiten Ausblicke über die Steppe, bis sich im abendlichen Dunst des Ostens aus der Ferne die Riesenpyramide des Erdschias-Dagh abzeichnet. Untertags suche ich mehrmals die »Lokanta« auf, das ist ein Halb-Speisewagen, der auch einige Abteile zweiter Klasse enthält. Die eigenartige Einteilung dieser Wagen ist mir schon bekannt: Der Speiseraum liegt neben einem abgeschlossenen Seitengang (ähnliches findet man heute auch in den belgischen Buffetwagen). Was ich aber hier erstmals sehe, ist das Bett, das oberhalb der Sitzbank am Ende dieses Speiseraums aufgeklappt ist. Es ist für das Personal gedacht, das oft bis zu mehreren Tagen unterwegs ist, bevor sich wieder eine richtige Schlafgelegenheit findet. Tee, Kaffee, Raki, Dikmen – alles ist wie gewohnt, die Hauptmahlzeiten sind bestens, die Manieren des Oberkellners entsprechen denen eines wahren »Maître«. Am Abend serviert er mir das Essen sogar im Abteil, und als ich ihm einige freundliche Worte über die Qualität der Küche sage, was geschieht? Nach wenigen Minuten kommt er wieder und mit ihm der Koch, eine große weiße Mütze auf dem Kopf, und dieser bedankt sich herzlich für meine Anerkennung!

In Kayseri ist es schon stockdunkel. Ich verschlafe danach die wichtigsten Stationen der Nacht: Siwas (dort gibt es ein großes, heute von Eisenbahnfans immer wieder besuchtes Dampflokdepot samt Werkstätten) und Çetinkaya. Am frühen Morgen erreichen wir Malatya mit seinen großen Gleisanlagen und seinem ebenfalls reichlich bestückten Depot. Wurden schon tags zuvor östlich von Ankara die meisten Züge von Dampfloks gezogen, so erhalten nun auch wir eine solche, und zwar eine Maschine der Baureihe 56. Während des Vormittags gibt es zwei Überraschungen: zuerst eine riesige Baustelle mit den Schildern einer bundesdeutschen Firma (was gebaut werden soll, ist nicht zu erkennen) und bald darauf die wahrlich eindrucksvolle, große Euphratbrücke: Langsam, fast majestätisch, überqueren wir den biblischen Strom, der in dieser Jahreszeit und hier am Oberlauf allerdings nicht viel Wasser führt; erst nach dem Gebirgsdurchbruch weiter unten im Süden wird er sich in der mesopotamischen Ebene ausbreiten. Das Land ist kahler und viel dünner besiedelt als im westlichen Anatolien. Zuckerrüben gibt es freilich auch hier (so wie wir es drüben in Thrakien gesehen haben), und in manchen Gebieten ist die jahreszeitliche »Kampagne« schon in vollem Gang.

Mittags sind wir in Elaziz (früher Charput), einer der drei größten von Kurden bewohnten Städte (neben Bitlis und Diyarbakir). Nun sind wir also wirklich im »Wilden Kurdistan«, wenn es auch eine ganz friedliche Gegend zu sein scheint. Die Landschaft wird pittoresk. Stundenlang geht es in der Nachmittagssonne bergauf in den Schluchten des Murad-Su, wie der östliche Euphrat-Quellfluß heißt. Eine Unmenge von Tunnels folgt hintereinander, alle sind gut ausgemauert und sorgfältig numeriert. Bei Nummer 59 (!) habe ich aufgehört mitzuzählen, im ganzen sind es wohl an die siebzig. Die Szenerie übertrifft die mir bekannten Fluß-Defilées auf der Balkanhalbinsel noch beträchtlich. An einer Stelle machen Fluß, Straße und Eisenbahn eine riesige Hufeisenkurve, ich bin dauernd am Photographieren, denn weil der Schlafwagen sich am Zugende befindet, kann ich ständig Kurvenaufnahmen schießen.

Allmählich wird es wieder Abend. Wir haben die Murad-Su-Schluchten hinter uns und auch Muş, den früheren Endpunkt der Bahn, passiert. Nun steigen wir in der Dämmerung nochmals ein kahles Hochplateau hinauf. Die

Bahntrasse ist – ähnlich wie auf der norwegischen Bergen-Bahn – stellenweise mit hölzernen Schneegittern und sogar mit Schneeüberdachungen versehen. Man kann sich vorstellen, wie hier im Winter die Stürme blasen! Schon in fast völliger Finsternis geht es dann abwärts zum Becken des Van-Sees, einem der drei großen Seen des Armenischen Hochlandes, deren jeder in einem anderen Staat liegt: Dieser hier in der Türkei, der Goktschda-See in der Sowjetunion, der Urmia-See im Iran.
Schon in Ankara war ich belehrt worden, daß die Fähre von Tatvan nach Van (samt der Bahnfortsetzung in den Iran) noch immer Zukunftsmusik ist, so daß meine Reise hier in Tatvan endet.
Vorerst bricht aber einmal die Nacht herein. Was macht man eine Nacht lang in Tatvan? Der Bahnhof liegt außer- und oberhalb der Stadt; vom See ist hier im Dunkeln nichts zu sehen. Um Unzufriedenheit von vornherein zu vermeiden – in Tatvan gibt es kein Grand-Hotel und auch kein »Tusan«, ein staatliches Touristenhotel –, habe ich schon in Ankara die seltene Erlaubnis erwirkt, im stehenden Schlafwagen auf dem Bahnhof zu übernachten. Die Gebühr ist sehr mäßig, der Vorteil nahezu unbezahlbar.
Ich mache eine kurze Abendpromenade auf dem modernen Bahnhofsgelände, wo offenbar »tout Tatvan« erschienen ist, um die Ankunft des Schnellzugs aus Istanbul zu erwarten, was eine Art gesellschaftliches Ereignis zu sein scheint. Dann schließt der Schaffner gewissenhaft alle Fenster und Türen, sperrt sich und mich ein, und wir begeben uns zur Ruhe. Noch vor dem Einschlafen fährt unser Zug über ein Gleisdreieck in der stockfinsteren Gegend herum und stellt sich für die morgige Rückfahrt wieder auf den Bahnsteig, der sich inzwischen geleert hat.

In der Frühe beweist der Ausblick, daß von der künftigen Verbindung nach Persien wirklich noch nicht viel dasein kann: Das Seeufer weit unten ist leer, außer einem hölzernen Pier ist nichts zu sehen, was zu einer Uferpromenade verlocken würde, von einem Fährschiff schon gar keine Rede, die Wasserfläche verliert sich nach Osten im morgendlichen Sonnendunst. Gastlich gereichter Kaffee vereinigt in der Bahnhofskanzlei den Vorstand, den Schlafwagenschaffner und mich selbst zu einem freundschaftlichen Gespräch; allmählich erscheint auch wieder »tout Tatvan«, um der Abfahrt des Zugs beizuwohnen. Hier, im äußersten Osten der Türkei, haben sich die Trachten der Frauen, insbesonders ihre fast völlige Verschleierung, trotz der seinerzeitigen Verbote des laizistischen Gazi noch so gut wie vollständig erhalten. Einige der schwarz vermummten Schönen inspizieren mit sachverständigen Blicken unsere schon heftig qualmende 56er Lok, die wir auch für die Rückfahrt bekommen. Und dann geht es, in der selben Wagenreihung, mit derselben Crew an Schaffnern und Kellnern und mit demselben Sonnenschein wie zuvor, wieder zurück durch die Schluchten des Murad-Su, vorbei am Erdschias-Dagh (der inzwischen Neuschnee zugesetzt hat) und nach zwei Nächten zurück nach Istanbul.

»Teheran-Express«

So wenig, wie es mir bisher vergönnt war, mit dem »Toros« bis zu seinem östlichen Endpunkt, also nach Bagdad, zu fahren, so wenig bin ich mit dem »Van-Gölü« über den Van-See und weiter bis Teheran gefahren. Dies tat aber einer meiner besten Eisenbahnfreunde, der vor etwa zehn Jahren mit dem »Teheran-Express« gereist ist. Er fuhr von Istanbul nach Teheran und kam dort mit nicht weniger als rund 24 Stunden Verspätung an – nicht wegen irgendwelcher Unfälle, Naturkatastrophen oder dergleichen, sondern eben unter dem Motto: »Die Eile ist des Teufels, bei Gott ist Ruhe.« Derzeit ist diese Fortsetzung des »Van-Gölü« natürlich seit Jahren eingestellt.
Im Iran bin ich im selben Jahr wie in Tatvan gewesen. Ich habe aber dort nur einen halbstündigen Blick auf den Bahnhof von Teheran geworfen, der großzügig und modern angelegt ist. Dort stand der Schnellzug nach Khorramshahr zur Abfahrt bereit. (Seit dem Krieg mit dem Irak endet er schon in Ahwaz.) Er bestand im wesentlichen aus sehr modernen Sitzwagen erster und zweiter Klasse, dazu Liegewagen erster Klasse mit je vier Betten und einem Speisewagen, der alle Ansprüche westeuropäischer Reisender erfüllt hätte – Kunststück, denn als Lieferfirma zeichnete Linke-Hofmann in Salzgitter, und überdies war die Garnitur damals noch so gut wie brandneu. Obwohl auch damals im Iran das Photographieren auf Bahnhöfen offiziell verboten war, hat sich kein Mensch um uns gekümmert. Heute dürfte es wohl anders sein... Wollen wir hoffen, daß für den in letzter Zeit so vielgeplagten Vorderen Orient bald wieder bessere Zeiten kommen!

Vom Kreml zum Stillen Ozean

Die »Union der Sozialistischen Sowjetrepubliken« ist ein Staat der Superlative. Mit mehr als 22 Millionen Quadratkilometern ist sie der flächenmäßig größte Staat der Erde; der Bevölkerungszahl nach steht sie hinter China und Indien an dritter Stelle.

Ein Superlativ ist auch das sowjetische Eisenbahnnetz: Dessen Dichte ist zwar wegen der unendlich weiten menschenleeren Teile entsprechend gering. Aber dafür finden wir hier die längste zusammenhängende Strecke der Welt, die Transsibirische Eisenbahn, die mit ihren mehr als 9000 Kilometern alle amerikanischen Eisenbahnen um mindestens das Doppelte in den Schatten stellt.

Diese »Transsib« zieht sich wie ein stählernes Band von Osteuropa nach Ostasien. Sie ist ein Symbol des Pioniergeistes der Russen, denen es schon vor über 300 Jahren gelungen war, die unendlichen Weiten zwischen Europa und dem Stillen Ozean zu erforschen und zu erschließen. Die Strecke verläuft überwiegend in dem klimatisch günstigeren südlichen Teil. Hier folgten einander Kosaken, Händler, Pelzjäger, Sträflinge und andere Pioniere, Eroberer, Außenseiter und vom Schicksal Verdammte. Erst in unserem Jahrhundert sind diese Bevölkerungsgruppen integriert worden.

Der Bau der Transsibirischen Eisenbahn

Die Transsib ist unter großen Schwierigkeiten gebaut worden: klimatisch ungünstige Voraussetzungen, zu wenige und zu schlecht ausgebildete Arbeitskräfte, technisches Material, das über Tausende von Kilometern mühsam herangeschafft werden mußte – dies auf der einen Seite; auf der anderen jedoch Korruption und schlampige Ausführung, die Verzögerungen und Rückschläge bewirkten. Aber dennoch haben die Russen es geschafft, den »Eisernen Weg« vom Kreml bis zum Stillen Ozean in lediglich knapp 15 Jahren fertigzustellen.

Die Trasse der Transsibirischen Eisenbahn folgt weitgehend dem sogenannten »Trakt« – das ist die Straße am Südrand der schon halbarktischen Taiga, auf der jahrhundertelang die kriminellen oder politischen Häftlinge, sommers in glühender Hitze, winters in eisiger Kälte, zu den immer weiter ostwärts vorgetriebenen Endpunkten der Erschließung des Kontinents zu ihren Arbeitsstätten und Wohnsitzen getrieben wurden.

Im Jahr 1891 benötigte der Dichter Anton Tschechow volle drei Monate, um durch Sibirien per Postkutsche und Pferd an die Küste des Stillen Ozeans zu kommen. Sehr rasch aber sollte sich diese Reisezeit auf einen Bruchteil verkürzen, denn im selben Jahr verfügte ein Ukas (Dekret) des Zaren Alexander III. den Bau der Eisenbahn dorthin. Das Unternehmen begann fast gleichzeitig von beiden Enden aus, von Moskau und von Wladiwostok. Der damalige Kronprinz und spätere letzte Zar Nikolaus II. legte am 19. Mai 1891 in Wladiwostok den Grundstein zum ersten Teilstück im Fernen Osten, nämlich zur Strecke der sogenannten Ussuri-Bahn hinauf nach Chabarowsk.

Die Ussuri-Bahn wurde schon am 15. November 1897 vollendet. Neben der Hauptstrecke von Wladiwostok nach Chabarowsk gehörte auch die Strecke nach Pogranitschnaja an der Grenze zur Mandschurei dazu. Der Bau war sehr forciert worden, unter anderem, weil sich schon damals ein Krieg mit Japan abzeichnete. Zeitweise waren 15 000 Chinesen und 2000 politische Sträflinge als Arbeiter eingesetzt.

Im Jahr 1898 war von Westen her die Metropole des östlichen Sibirien, Irkutsk, bereits auf dem Schienenweg erreichbar. Noch fehlten aber wesentliche Teile der transkontinentalen Strecke. Die östliche Fortsetzung von Irkutsk aus auf russischem Gebiet hätte gegenüber der Luftlinie einen riesigen Umweg bedeutet. Diese wäre zwar nur durch den die Grenze bildenden Amur-Strom vorgezeichnet gewesen, aber die Gegend entlang dieser Route war menschenleer, wirtschaftlich damals noch uninteressant, klimatisch ungünstig. Und die Russen hatten es angesichts des gespannten Verhältnisses zu Japan eilig.

Unter diesen Umständen hatte Rußland schon im Jahr 1896 einen Vertrag mit China geschlossen, aufgrund dessen unter maßgeblicher Beteiligung der Russisch-Asiatischen Bank eine neue Gesellschaft, die Ostchinesische Eisenbahn, gegründet und die Arbeiten rasch in Angriff genommen wurden. Die Trasse begann in der russisch-mandschurischen Grenzstation Mandschurija und verlief ziemlich gerade durch die Mandschurei, über Chailar, Tsitsikar und Charbin nach Pogranitschnaja. Ab dort lag der Zweig der Ussuri-Bahn schon wieder auf russischem Boden. Der Bau begann im November 1897, und die Strecke war im Oktober 1901 fertig. Von derselben Gesellschaft wurde dann eine Zweiglinie von Charbin südwärts bis Changchoun (Hsinking) gebaut, an welche die später von Japan übernommene und auf Normalspur umgebaute »Südmandschurische Eisenbahn« über Mukden (Shenyang) bis zu der Hafenstadt Dairen (Dalnij, Dalian) anschloß.

Die Ostchinesische Eisenbahn blieb Privatbahn, natürlich mit russischem Geld und unter russischer Leitung. Auch ein breiter Streifen beiderseits des Bahnkörpers war russisches Territorium.

Was aber immer noch fehlte, war die Überwindung der langen Steilufer des Baikalsees. Lange Jahre war dort, östlich von Irkutsk, die Reise auf der Schiene erst einmal zu Ende. Von der Station Baikal aus fuhr man im Sommer per Schiff, im Winter per Eisbrecher oder Schlitten über den See hinüber nach Missowaja und von dort mit der Bahn nach Srjetensk; dann ging es weiter zu Schiff auf der Schilka und dem Amur nach Chabarowsk, wo man Anschluß an die Ussuri-Bahn fand.

Im Jahr 1904 war in Transbaikalien wie auch in der Mandschurei die Bahn endlich so weit fertig, daß man nun einfacher und mit weniger Unterbrechungen durch Sibirien fahren konnte. Die Baikal-Umgehungsbahn (die heute etwas verkürzt und vereinfacht ist; damals aber waren viele Tunnels zu bauen, nach verschiedenen Quellen 33 oder sogar 46) war nun auch vollendet, und man konnte bis nach Dalnij durchfahren. Wer aber nach Peking wollte, mußte noch immer in Tachitchou vom Breit- in den Normalspurzug (der Südmandschurischen Eisenbahn) umsteigen, der bis Inkoo fuhr. Nach dem »Traveller de Luxe« (herausgegeben von Thomas Cook) dieses Jahres war es empfehlenswert, sich nach Ankunft in Inkoo beim Agenten der CIWL, Herrn Decker, zu melden, der die Übernachtung im »Mandjouria-House« (»bed and breakfast 7 Dollar«) arrangierte und den Passagier mit Boot oder Schlitten über den Fluß Liaohe zum chinesischen Bahnhof Inkoo brachte. Von dort ging ein Zug bis Shanhaiguan (an der chinesischen Mauer), wo man nochmals umsteigen mußte, um Tientsin und Peking zu erreichen.

Ein Jahr später aber unterbrach der russisch-japanische Krieg diese Landverbindung von Europa in den Fernen Osten – oder wie das CIWL Kursbuch des Jahres 1905 sagt: »Interrompu jusqu'au nouvel avis!«

Wenn Rußlands Lage gegenüber Japan ohne die Transsibirische Eisenbahn von vornherein aussichtslos gewesen wäre, so konnte auch die praktisch fertige Strecke die Niederlage nicht verhindern. Abgesehen von der militärischen Überlegenheit der Japaner, war die neue Schienenverbindung nur von bescheidenem Nutzen: Zwar konnten Truppen und Material nun erheblich schneller in den Fernen Osten gebracht werden, aber die Linie war noch eingleisig. Zusammen mit der Desorganisation der Transporte brachte dies oft tage- und wochenlange Verzögerungen mit sich.

Diese bittere Erfahrung und der wachsende japanische Einfluß in China führten 1908 zu dem Entschluß, den östlichen Teil der Strecke nicht nur auf dem kürzeren Weg durch die Mandschurei zu befahren, sondern zusätzlich für einen Weg zu sorgen, der ausschließlich auf russischem Boden lag. Die Russen begannen nun, östlich von Karimskoje eine neue Linie über Skoworodino nach Chabarowsk am Nordufer des Amur zu bauen. Erst knapp vor Ende des Ersten Weltkriegs, im Jahr 1917, war diese Strecke vollendet. Nach den Jahren des russischen Bürgerkriegs diente sie als Hauptverbindung nach Wladiwostok.

Da die neue Linie nahe, oft sogar in Sichtweite, der chinesischen Grenze verläuft und weil in weiter nordöstlich gelegenen Teilen Sibiriens in den letzten Jahrzehnten ungeheure Bodenschätze entdeckt wurden, ist der Bau der BAM, der Baikal-Amur-Magistrale, in Angriff genommen worden. Sie verläuft 500 Kilometer nördlich der Grenze und ist in weiten Teilen bereits fertig.

Rollende Hotels durch die Taiga

In nahezu allen Ländern der östlichen Hemisphäre begegnen wir der CIWL. Auch im europäischen Teil Rußlands hatte die Compagnie in den frühen sechziger Jahren des vergangenen Jahrhunderts Schlaf- und Speisewagenkurse eingerichtet. Und selbstverständlich war sie es auch, die mit dem Fortschreiten der Transsib dafür sorgte, daß der wohlhabende Russe und bald auch der Westeuropäer komfortabel und rasch in den Fernen Osten reisen konnte.

Bereits 1898, als der Bau der Transsib noch nicht weit über Omsk hinausgekommen war, führte die CIWL einen nur aus Schlaf- und Speisewagen bestehenden Zug von Moskau nach Sibirien ein, der anfangs über Tula, Samara und den Ural bis Omsk, im Jahr 1900 sogar schon bis Irkutsk, führte. Diesen »Sibirien-Express« löste im Jahr 1906, nach dem russisch-japanischen Friedensschluß, der »Transsibirien-Express« ab. Endlich gab es eine durchgehende und luxuriöse Schienenverbindung von Moskau bis Wladiwostok, wenn auch in Irkutsk noch immer die Wagen gewechselt werden mußten.

Von nun an fuhr in Irkutsk ein Luxuszug desselben Namens im Anschluß an den aus Moskau gekommenen Zug weiter über Tschita und Mandschurija, quer durch die Mandschurei via Charbin nach Wladiwostok. Dabei bildete die schon genannte Ostchinesische Eisenbahn eine Art russische Enklave auf chinesischem Gebiet.

Ab 1908 wechselt sich der CIWL-Zug mit einem Schlafwagenzug der russischen Staatsbahn tageweise auf dieser Strecke ab. Dieser führt die sogenannten »Krons-Wagen« im Gegensatz zu den »Internationalen Wagen« der CIWL. Seine Preise sind etwas niedriger als im »Transsibérien«; mit Recht, da er einen etwas geringeren Komfort bietet. In Wladiwostok schließt sich ein Schiff nach Tsuruga auf der japanischen Hauptinsel Hondo an, von wo man per Bahn weiter nach Tokio kommt. Ein zweiter Anschluß zur See bringt eine Verbindung nach Nagasaki und Shanghai.

Abbildung 236: Aussichtswagen der Ussuri-Bahn, aufgenommen in Charbin

Abbildung 237: »Kirchenwagen«, wie er vor 1918 manchmal in entlegene Ortschaften der sibirischen Bahn geschickt wurde

236

Сибирь.—Sibérie. № 102.
Наружный видъ вагона-церкви —La vue extérieure du wagon-église.

237

Dauerte die Reise von Moskau bis Wladiwostok im Jahr 1906 noch zwölfeinhalb Tage, so wird sie 1910 schon in neuneinhalb Tagen bewältigt. Ab diesem Jahr fährt auch ein Anschlußzug von St. Petersburg über Perm und Jekaterinburg (Swerdlowsk), der sich mit dem Moskauer Stammzug in Tscheljabinsk vereinigt. Und ein Jahr später startet in Charbin ein Anschlußzug direkt nach Peking, der nur Wagen der Ostchinesischen Eisenbahn führt.
Ab 1913 geht der »Transsibirien-Express« endlich ohne Wagenwechsel von Moskau bis zum Stillen Ozean durch; einige seiner Wagen zweigen in Charbin nach Changchoun (Hsinking) ab. Die Reise bis Wladiwostok dauert in diesem Jahr nur noch siebeneinhalb Tage. Die Reklame der CIWL, »London–China in 13 Tagen, London–Japan in 14 Tagen«, beeindruckt in einer Zeit, die noch keinen Flugverkehr kennt und in der die schnellste Schiffsverbindung (mit Dampfern des Österreichischen Lloyd) von Triest bis Shanghai 25 Tage braucht und um ein Mehrfaches teurer ist als die Eisenbahn. Jetzt gibt es sogar Fahrscheine von London, Paris und Berlin zu allen größeren Städten im Fernen Osten.

Vor und nach der Revolution

Der Weltkrieg hat anfangs weder das Leben der begüterten Schichten in Moskau und St. Petersburg noch den »Transsibirischen Express« wesentlich beeinträchtigt. Erst die Februar- und die Oktoberrevolution von 1917 und erst recht die folgenden Jahre des Bürgerkriegs machten all dem ein radikales Ende. Es sollte Jahre dauern, bis wieder ein geregelter Eisenbahnverkehr mit dem Fernen Osten in Gang kam.
Die CIWL verlor in diesen Jahren ihren gesamten russischen Fahrzeugbestand von 161 Schlaf- und Speisewagen. Nur ein kleiner Teil konnte aus Ostsibirien hinüber in die Mandschurei, vor allem nach Charbin, gerettet werden. Mit diesem Rest sowie mit den von der Ussuri-Bahn erworbenen Wagen begann schon 1921, wenigstens in diesem Randgebiet des einstigen Zarenreichs, wieder ein einigermaßen befriedigender Personenverkehr, und zwar zwischen Charbin und Wladiwostok. Im Jahr 1922 erscheint in den CIWL-Guides erstmals der Name eines »Transmandchourien-Express«. Das war ein Konglomerat von CIWL- und Ussuri-Schlafwagen, die zwischen der Grenzstation Mandjurija und Charbin, zwischen Charbin und Wladiwostok sowie nach Changchoun liefen. Ab 1924 besaß dieser Zug auch Couchettes. Es waren vermutlich vierbettige Schlafwagen zweiter Klasse des früheren russischen Wagenparks der CIWL, denn der Tarif unterschied ausdrücklich zwischen Benutzung »mit und ohne Bettwäsche«.
In diesem Jahr 1924 gibt es im Kursbuch unter der Bezeichnung »Transmandchourien-Express« sogar einen Zug von Tschita (in Transbaikalien) nach Chabarowsk, aber merkwürdigerweise auf der neuen russischen Strecke entlang des Amur (also nicht durch die Mandschurei). Er war wohl reine Theorie, denn es heißt dabei: »Mise en marche prochainement«, was wohl nie geschehen ist. Ein Jahr später gibt es dann im CIWL-Guide den Zug dieses Namens wieder zwischen Charbin und Changchoun sowie zwischen Mandjurija und Wladiwostok. Ab 1931 aber ist er aus den Fahrplänen verschwunden, und es gibt nur noch namenlose Couchette-Kurse von Mandjurija zur Grenzstation Pogranitschnaja und von Charbin nach Changchoun.
Und da wir nun schon einmal im äußersten östlichen Winkel der Sowjetunion sind, sei noch erzählt, daß der restliche Schlafwagenpark der CIWL um diese Zeit offenbar weiter nach Süden gelangte, denn ihre Wagen liefen ab 1931 in »China propria«, also im eigentlichen China, und zwar von Peking nach Pukow und von Nanking nach Shanghai. Pukow und Nangking waren damals noch durch den Yangtsekiang-Strom getrennt; als aber 1935 die große Brücke über ihn vollendet worden war, fuhren die Schlafwagen von Peking bis Shanghai durch – es ist der in Romanen und Filmen erwähnte »Shanghai-Express«. Dies blieb so, bis der Krieg zwischen Japan und China 1940 die Aktivität der CIWL in diesem Teil der Erde für immer beendete. Noch 1937 waren mit dem auf Eisenbahntransporte spezialisierten britischen Dampfer »Belpamela« nicht weniger als zehn Schlaf-, acht Speise- und zwei Pullman-Salonwagen der CIWL nach Hongkong gebracht worden, die aber in China wegen des Kriegs nicht mehr eingesetzt, sondern an Ort und Stelle verkauft wurden.
Nach der Oktoberrevolution fahren keine CIWL-Luxuszüge mehr von Moskau nach Wladiwostok. Nun verkehren dort normale Schnellzüge der sowjetischen Eisenbahn mit Wagen der »weichen« und der »harten Kategorie«, wie nun die erste und die zweite Klasse heißen. Daneben gibt es noch jahrelang »weiche Wagen, erste Kategorie«, die der Volksmund auch »Internationale Wagen« nennt. Es sind in der Sowjetunion verbliebene und konfiszierte Schlafwagen der CIWL, die einen höheren Komfort bieten und deren Einrichtung noch heute in den »Spalnij Wagon« nachgeahmt wird.
Schon seit Jahrzehnten gibt es zwei direkte Verbindungen von Moskau nach Peking, beide mit überwiegend sowjetischen, teilweise aber auch mit chinesischen Wagen. Übrigens gleichen diese in so gut wie allem dem sowjetischen Vorbild, nur daß sie meist rot statt grün sind. Der eine Zug fährt über die klassische Route, über Mandjurija–Charbin–Changchoun–Tientsin, der andere über die von der transsibirischen Magistrale in Ulan-Ude, östlich von Irkutsk, nach Süden abzweigende Strecke. Sie folgt der alten »Tee-Straße« und erreicht an der Grenzstation Kiachta den Boden der Mongolischen VR. Sie passiert die Hauptstadt Ulan Bator (Urga) und gelangt über Erlan nach Peking.

Abbildung 238: Lok der sibirischen Bahn um 1903

»Salon Mauresque«, Piano und Zander-Apparat

Der alte »Transsibérien« war eigentlich kein Luxuszug, wenn er auch in den CIWL-Guides und sonstigen Fahrplänen unter diesem Etikett verzeichnet war. Dazu fehlte ihm die Exklusivität des reinen Erste-Klasse-Zugs. Von Anfang an führte er auch Wagen zweiter Klasse. Allerdings, er hatte viel Komfort zu bieten: Die Schlafwagen der ersten Klasse besaßen zweibettige Abteile, die wegen des größeren Wagenprofils geräumiger waren als die in Normalspurländern. Je zwei waren untereinander durch einen Toilettenraum verbunden. Von den beiden Betten lag eines auf dem Diwan der Tagesstellung; das zweite war aber nicht oberhalb, sondern über den Fenstern, also in Längsrichtung des Wagens, angebracht; ein kleiner Klappfauteuil, ähnlich wie in den »S«-Schlafwagen Westeuropas, war eine zusätzliche Sitzgelegenheit. Die Wagen zweiter Klasse hatten vierbettige Abteile, aber ohne eigene Waschgelegenheit, die sich hier (wie auch in den »Krons-Wagen« erster Klasse) nur an den Wagenenden fanden. Der Komfort war hier also etwa mit dem in einem französischen Couchette erster Klasse vergleichbar.

Einige Schlaf-, Salon- und sogar Gepäckwagen des alten »Transsibérien« boten jedoch einen außergewöhnlichen Komfort: Auf der Pariser Weltausstellung von 1900 waren drei Wagen vorgestellt worden, die aus St. Dénis stammten. Dies war zum ersten ein Speisewagen (Nr. 723), der im Inneren wie im Äußeren anderen zeitgenössischen

Speisewagen ähnelte, der allerdings im »Transsibérien« auch eine kleine Bibliothek (viersprachig), Schach- und Dominospiele und anderes für die lange Reise führte.
Dann gab es einen Salonwagen (Nr. 724), der in der damaligen russischen Standardlänge von 21,28 Metern folgende Einteilung hatte: Heizungsanlage (natürlich Kohle), Zugführerabteil, Badezimmer (2,50 m lang) mit Badewanne, Lavabos und WC, Vierbettabteil für das Zugpersonal, »Salle gymnastique« mit Turngeräten der damaligen Zeit, also mit Hanteln, einem »Zander-Apparat« und ähnlichen Utensilien. An einem Seitengang befanden sich zwei kleine Salons mit Fauteuils und Tischen, getrennt durch einen Waschraum. Am Ende des Wagens schließlich war ein »Observatoire« mit vier beweglichen Fauteuils und einem kleinen Tisch eingerichtet. Dieser Wagen wurde später in einen Speisewagen umgebaut.
Beim dritten Wagen dieser Ausstellung handelte es sich um einen gemischten Salon- und Schlafwagen (Nr. 725), der wie folgt eingeteilt war: eine kleine Küche, vergleichbar mit der »Office« in heutigen Schlafwagen, in denen das erste Frühstück bereitet wird; danach ein großer Salon von mehr als sieben Metern Länge mit diversen Diwans und Fauteuils; neben einem Seitengang folgten vier Zweibettabteile, je 1,90 Meter lang; auch hier je zwei untereinander durch einen gemeinsamen Toilettenraum verbunden.
Das erwähnte Piano taucht bis heute hin und wieder in der Literatur auf. Es dürfte auch tatsächlich vorhanden gewesen sein, freilich nicht in den Wagen Nr. 724 oder 725, sondern in einem Fahrzeug aus einer anderen Fabrikationsserie, die damals in Paris noch nicht ausgestellt wurde. Jedenfalls läßt sich die Existenz dieses Klaviers durch ein Photo beweisen wie auch durch den zeitgenössischen Bericht eines Deutschen.
Bad und Gymnastikraum waren übrigens nicht nur im Salonwagen Nr. 724 installiert, sondern zeitweise ebenfalls in den Gepäckwagen Nr. 1109 und 1110. Diese besaßen daneben ein Zwei- und ein Vierbettabteil für das Personal, einen »Friseursalon«, einen Heizraum mit einem Dynamo für die Lichtmaschine und natürlich einen Gepäckraum.
Glaubt man älteren Reiseberichten, so befand sich auch in den Speisewagen der russischen Garnitur ein Klavier, welches freilich oft bloß als Abstellplatz für benütztes Geschirr gedient hat. Einen Baderaum soll es hier ebenfalls gegeben haben wie zudem eine kleine Bibliothek, die sich allerdings, nach dem Report eines kritischen Passagiers, in einem Schrank in der Küche befunden hat. Was den »Salon Mauresque« angeht, der nach dem pseudo-orientalischen Stil seiner Einrichtung bezeichnet wurde, so wird dies wahrscheinlich der große Salon im beschriebenen Wagen Nr. 725 gewesen sein.
Obwohl diese Wagen auf der Weltausstellung gezeigt wurden, ist es mehr als zweifelhaft, ob sie jemals regelmäßig im »Transsibérien« gelaufen sind. Der »Traveller de Luxe« vom Mai 1914 verzeichnet jedenfalls als normale Komposition dieses Zugs einen Speisewagen und je zwei Schlafwagen, der eine erster, der andere zweiter Klasse, und zwar je nach Wladiwostok und nach Changchoun. Von Salonwagen sagt der Fahrplan nichts, wohl aber sind Bibliothek, Schach- und Dominospiele ebenso ausdrücklich erwähnt wie die Tatsache, daß die Schlafwagenschaffner russisch, deutsch, englisch und französisch sprachen und daß immer einer von ihnen »a trained nurse« war. Für »Erste Hilfe« gab es überdies einen Medizinschrank, und im Notfall konnte man für die nächste Aufenthaltsstation telegraphisch einen Arzt an den Zug bestellen.
Wer vor dem Ersten Weltkrieg gerne mit der Eisenbahn fuhr und wer sich eine solche Fahrt auch leisten konnte, der hat im »Transsibérien« einen Komfort gefunden, wie er in Europa selten und nur in kleineren Dimensionen existierte. Der Baedeker von 1912 sagt, daß man es hier sogar in der zweiten Klasse »bei einiger Verständigung mit dem Schaffner recht bequem haben kann«.

»Rossija«, der Nachfolger des »Transsibirien-Express«

Nach dem Ersten Weltkrieg gab es bald wieder durchgehende Züge in den Fernen Osten, zwar nicht mehr in Regie der CIWL, teilweise aber mit einigen ihrer ehemaligen Fahrzeuge, die nun »Internationale Wagen« genannt wurden.
Inzwischen ist das Wagenmaterial auf den sowjetischen Schienen längst so gut wie vollständig erneuert und modernisiert worden: Ganzstahlwagen, automatische Kupplung, verbesserte Inneneinrichtung auch in der »harten Kategorie«.
Was vor 1917 der »Transsibirien-Express« war, ist nun schon seit Jahrzehnten der »Rossija«, der seinen Namen zu Recht führt: Er durchquert die gesamte riesige Sowjetunion von einem Ende bis zum anderen. Er verkehrt täglich und verläßt Moskau etwa am Montag um 14.30 Uhr, um Wladiwostok am darauffolgenden Montag um 13.15 Uhr zu erreichen. Er ist also fast 167 Stunden unterwegs, in denen er nicht weniger als 9297 Kilometer zurücklegt. Einschließlich aller Halte hat er eine Reisedurchschnittsgeschwindigkeit von rund 55 Kilometern pro Stunde. Es ist dies der längste durchgehende fahrplanmäßige Zuglauf der Erde auf der längsten von einer einzigen Verwaltung betriebenen Strecke.
Er besteht aus Wagen der »harten Klasse« (neun Abteile zu vier Betten = 36 Plätze), der »weichen Klasse« (acht Abteile zu vier Betten = 32 Plätze) und echten Schlafwagen nach westeuropäischem Vorbild (»Spalnij Wagon«) mit acht Abteilen zu je zwei Betten und mit Toilettenräumen zwischen je zwei Nachbarabteilen. Dazu kommen noch ein Speise- und ein Gepäckwagen. Ähnlich setzen sich die beiden anderen Züge zwischen Moskau und dem Fernen Osten zusammen, die teilweise chinesische Wagen führen. Dabei handelt es sich um namenlose Schnellzüge von Moskau nach Peking, von denen der eine über die Mandschurei (9001 km) und der andere über die Mongolische Volksrepublik (7865 km) fährt. Nach dem »Rossija«

gehören sie zu den längsten Zugverbindungen der Erde. Das gleiche gilt für einen namenlosen Schnellzug, der von Moskau über Charbin und Mukden (Shenyang) nach Pjöngjang, der Hauptstadt der Koreanischen Volksdemokratischen Republik (KVDR), fährt und dabei 8566 Kilometer zurücklegt.
Zwei Einzelheiten seien noch am Rande erwähnt: In der Sowjetunion gilt bei der Eisenbahn die Moskauer Zeit (zwei Stunden vor der mitteleuropäischen Zeit). Immerhin beträgt der Zeitunterschied zwischen Moskau und Wladiwostok sieben Stunden! Kommt man irgendwo im »Dalnij Wostok« (Fernen Osten) um beispielsweise 2.30 Uhr nachts fahrplanmäßig an, so scheint dort schon längst die Sonne, denn eigentlich ist es halb zehn Uhr am Vormittag!
Und als zweites: Nicht alle Züge und längst nicht alle Strecken sind für den normalen ausländischen Touristen zugelassen: »Thomas Cook's Timetable« (der beste Fahrplan für den Globetrotter, ohne daß ich für ihn Reklame machen möchte) verzeichnet bei manchen Strecken ausdrücklich: »This route is not open to tourist-traffic.« Auf vielen Hauptstrecken sind diejenigen Fernzüge, die besonders für ausländische Touristen vorgesehen sind, mit einem speziellen Vermerk versehen: »Train used by INTOURIST for foreign nationals.«

Von der Donau bis zum Stillen Ozean

Eine Reise über die gesamte Strecke der Transsib ist für jeden ein eigenartiges, für den Eisenbahn-Narren ist es aber ein einzigartiges Erlebnis, sozusagen ein Muß! Zugegeben, die sowjetische Atmosphäre entspricht nicht in allem dem, was man in Westeuropa unter ungezwungenem Reiseklima versteht und gewohnt ist. Zugegeben, die Fahrt ist lange, ermüdend und eintönig. Auch fehlen größere landschaftliche Akzente. Trotz alledem soll man diese Reise wenigstens einmal im Leben gemacht haben.
Im Sommer 1966 war es für uns soweit: Ein längerer Besuch Japans stand auf dem Programm, und der Beschluß der Familie lautete, daß wir in der einen Richtung größtenteils fliegen, in der anderen Richtung aber die gesamte Strecke zwischen dem Pazifischen Ozean und der Donau auf der Schiene zurücklegen wollen.
Heute zählt eine transsibirische Eisenbahnfahrt schon längst nicht mehr zu den außergewöhnlichen Reiseerlebnissen. Jedes beliebige Reisebüro in Castrop-Rauxel oder Kansas City bietet eine solche Fahrt an. Aber anno 1966 gehörten Individualreisen auf dieser Strecke noch zu den seltenen Ausnahmen. Demgemäß erforderte die geplante Fahrt auch die Überwindung einiger bürokratischer Hürden. INTOURIST, das offizielle russische Reisebüro in Wien, schüttelte zuerst überhaupt den Kopf: »Warum wollen Sie mit der Bahn fahren, das dauert lange, es ist doch viel besser zu fliegen, das ist rasch und bequemer und kostet auch nicht viel« – doch Beharrlichkeit führte auch hier zum Ziel. Nach etwa zwei Monaten hatte ich alle nötigen Visa und, was das Wesentliche war, alle Eisenbahn- und

239

240

Abbildungen 239 und 240: Der sogenannte »Salon Mauresque« (239) und der mit einem Klavier ausgestattete Salon (240) sind zeitweise im »Transsibirien-Express« gefahren; zumindest waren sie auf der Weltausstellung von 1900 in Paris als für diesen Zug bestimmt vorgestellt worden; anderen Berichten zufolge soll sich das Klavier manchmal auch im Speisewagen befunden haben

Schlafwagenkarten in der Hand. Es konnte losgehen. Programm der Hinfahrt: Wien–Moskau mit der Bahn (diese Fahrt habe ich schon früher beschrieben), Moskau–Chabarowsk per Flugzeug, Chabarowsk–Nachodka (von wo aus das Schiff nach Japan geht) wieder mit der Bahn. Programm der Rückfahrt: Nachodka–Wien per Bahn!
Moskau, an einem heißen Juli-Abend 1966: Mit dem bestellten und pünktlich wartenden Taxi vom Hotel geht es eine Stunde lang hinaus zum Flughafen Domodjedowo. Gegen Mitternacht startet die riesige Iljuschin mit 170 Passagieren zum Nonstopflug nach Chabarowsk – rund 8000 Kilometer in 8 Stunden und 20 Minuten. »Japan beginnt in Chabarowsk«, ist man versucht zu sagen, sieht man den zur Abfahrt nach Nachodka bereitstehenden Zug: Die Wagen sind penibel sauber, und aus Japan stammen die meisten Passagiere dieses Zugs, der sich in folgender Zusammensetzung präsentiert:

zwei Dieselloks der Baureihe TE-3,
ein Gepräckwagen,
drei »harte« Wagen (36 oder 38 Plätze),
ein Speisewagen,
zwei Schlafwagen (»Spalnij Wagon«, Zweibettabteile),
ein Speisewagen,
vier »harte« Wagen (wie oben).

Jeder Wagen hat eine eigene Schaffnerin. Zudem fahren Stewardessen von INTOURIST mit, die einige Fremdsprachen können und die sich um die Bequemlichkeit der ausländischen Reisenden kümmern. Um die Einheimischen scheint man weniger besorgt zu sein: Als sich herausstellt, daß unser Abteil bereits von Japanern besetzt ist (offenbar sind dieselben Nummern zweimal verkauft worden), bittet uns ein INTOURIST-Jüngling, einige Minuten Geduld zu haben. Bald darauf treibt er drei junge Russen vor sich her durch den Korridor und fordert uns auf, mit ihm in einen anderen Wagen zu kommen, wo er deren Abteil für uns requiriert hat. Auf meine Frage, wo nun diese Leute schlafen sollen, meint er: »Ah, go to the hell with them!«
Abendessen im blitzblanken Speisewagen, guter Schlaf im ebenso blitzblanken Bett, Frühstück wieder im Speisewagen. Die Strecke verläuft am Abend unweit des hier leider unsichtbaren Ussuri, der bei Chabarowsk in den Amur mündet. Am Morgen haben wir das Küstengebirge erreicht, die Strecke wird kurvenreich, viele Flüsse kommen die Berge herab. Dann öffnet sich die weite Bucht von Nachodka, das ein wenig an eine schottische Hafenstadt erinnert. Der Bahnkörper der nächtlich durchfahrenen Strecke ist teilweise auf Sand gebaut. Um Chabarowsk herum gibt es elektrische Lichtsignale, auf kleineren Stationen Formsignale und mechanische Stellwerke, von deren Fenstern aus die Wärter mit gelben Fahnen winken. Die Brücken der zweigleisigen Strecke sind durchweg doppelt und weit auseinander, vermutlich aus militärischen Gründen.

Wie schon angedeutet, ist die Atmosphäre des Zugs vorwiegend japanisch bestimmt: Von der peinlichen Sauberkeit war schon die Rede; wie alle Untertanen des Tenno, schwitzen (und, mit Verlaub gesagt, riechen) die Leute nicht, stets sind sie wie »aus dem Ei gepellt«. Verschwindet einer im Waschraum, so ist dieser für lange Zeit blockiert, bis der Insasse alle Waschungen und alles Gurgeln erledigt hat – und ebenso blitzblank ist aber auch der Zustand des Raums, wenn er ihn wieder verläßt (erinnert Euch, verehrte Leser, an die beschriebenen Zustände im »Meridian« und in ähnlichen südosteuropäischen Zügen). Am Abend sitzen die Japaner (Männlein und Weiblein) vor dem Schlafengehen bei offenen Abteiltüren in Unterkleidern mit untergeschlagenen Beinen auf den Betten; ein Schaffner geht durch den Zug und bietet »Yukatas« zum Kauf an; es sind die so überaus praktischen japanischen Schlafröcke, die man im »Land der aufgehenden Sonne« in allen Hotels, jeden Morgen frisch gewaschen, findet. Da die Japaner alles knipsen, was ihnen vor die Linse kommt, braucht man hier auf der Ussuri-Bahn keine Sorge oder Zurückhaltung zu haben. Pünktlich sind wir am Ziel.
»Tichookeanskaja« lautet der groß angeschriebene Name des Bahnhofs von Nachodka. Aufschriften und Lautsprecheransagen sind hier fünfsprachig: Russisch, Deutsch, Englisch, Französisch, Japanisch. Das Gepäck bleibt im Zug, man versieht es mit Etiketten, welche die Nummer der Schiffskabine tragen. Nachdem die Paß- und Zollformalitäten erledigt sind, geht es im Autobus zum Hafen hinunter, auf die »Baikal«, wo sich die Koffer schon in den Kabinen befinden.

Ohne INTOURIST durch Sibirien

Einige Wochen danach sind wir auf demselben Weg wieder zurück nach Chabarowsk gekommen, und erst jetzt beginnt das eigentliche Abenteuer unserer »Einzelreise« durch Sibirien. Außer uns warten lediglich sechs Ausländer auf den aus Wladiwostok kommenden »Rossija«: ein französisches Ehepaar, ein australischer Arzt mit seiner Frau, ein Australier und ein junger Amerikaner. Leider gibt es bald die erste Enttäuschung: Wir haben »Spalnij Wagon« bestellt und bezahlt, also einen richtigen Schlafwagen mit Zweibettabteilen, doch siehe da: Der Zug führt überhaupt keinen solchen Wagen, sondern nur einen einzigen »weichen« Wagen mit Vierbettabteilen, für den unsere Bettnummern gelten. Wir haben also keine Waschgelegenheit im Abteil und auch keine Garantie, nicht einen wildfremden Vierten hineingesetzt zu bekommen. Was kann man tun? »Nitschewo!« Einige Monate später werde ich aufgrund meiner Reklamation von INTOURIST in Wien rund 3000 Schilling für die Preisdifferenz zurückbekommen!
Wir starten also am frühen Nachmittag in Chabarowsk mit »Rossija« in folgender Zusammensetzung:

Dampflok Baureihe SU, Nr. 252–55 (1-C-1),
Post-Gepäck-Wagen,
vier »harte« Wagen (36 oder 38 Plätze),
ein »weicher« Wagen (32 Plätze),
ein »harter« Wagen (36 Plätze),
ein Speisewagen,
zwei »harte« Wagen (57 und 81 Plätze),
zwei »harte« Wagen (36 und 57/81 Plätze).

Die beiden letzten Wagen werden erst hier, in Chabarowsk, hinten angehängt. Alle anderen kommen aus Wladiwostok, das bekanntlich für alle Ausländer Sperrgebiet ist, deswegen ja auch der Zug nach Nachodka eingeführt wurde. Unser »weicher« Wagen ist bei Cegielski in Posen gebaut, alle anderen Wagen aber in der DDR, teils in Görlitz, teils in Bautzen.
Gleich nach der Ausfahrt überqueren wir die Brücke über den hier schon sehr breiten Amur, das Ussuriland entschwindet hinter uns, im Norden werden uns nun tagelang die weißen Sommerwolken begleiten. Schon im Bahnhof von Im, dann in Bira, vollends in Birobidschan fallen uns die hebräischen Aufschriften der Stationsnamen auf: Wir sind hier im Autonomen Jüdischen Gebiet Birobidschan.
Der Lokwechsel bringt die SU 212–38 an den Zug. Mein Sohn photographiert diesen wie alle anderen Lokwechsel getreulich sieben Tage lang; dreimalige Vorhalte im Lauf der Woche (ein Streckenarbeiter, ein Lokführer, ein Passagier) ignoriert er, womit es auch sein Bewenden hat. (Aber nur für diesmal, denn zwei Jahre später werden wir in Taschkent stundenlang im Polizeipräsidium sitzen und fast alle Filme verlieren!) Noch sind wir in unserem Vierbettabteil zu dritt. Als wir zu Bett gehen, zeigt sich am Horizont das Kleine Chingan-Gebirge. Dann keucht die Lok die Steigungen hinauf.
Anderntags haben wir uns schon etwas »akklimatisiert«: Mit den wenigen Ausländern, die im »harten« Wagen fahren, ist der Kontakt selten, dafür wollen einige sowjetische Fahrgäste mit uns ins Gespräch kommen, um ihre Sprachkenntnisse zu erproben. Es bleibt bei diesem Versuch, denn offenbar bekommen sie vom Zugführer Verhaltensmaßregeln, die ein allzu enges »Fraternisieren« verhindern sollen. Im Gegensatz zur Ussuri-Bahn ist im »Rossija« kein INTOURIST-Agent, und offiziell kümmert sich niemand um uns, aber gerade das wünschen wir ja.
Die kleineren Bahnhöfe auf der Strecke sind noch im Stil der Zarenzeit, also einfache Holzhäuser. Hier breitet sich der »freie Markt« aus. Bäuerinnen bieten ihre ländlichen Erzeugnisse an: Himbeeren, Brombeeren, Yoghurt, Obst; zum Einpacken dient Zeitungspapier. (Achtung, Nachfahren: Nicht wegwerfen, denn schon am zweiten Tag ist die »Rolle« aufgebraucht und wird bis Moskau nicht mehr erneuert!) In Skoworodino schiebt sich die erste mächtige »Pobjeda« (Sieg) vor den Zug. Es ist die P 36-0086 (Achsfolge: 2-C-l) mit Ölfeuerung. Unter imposantem Schnauben zieht sie uns die langen Steigungen des Jablonoi(Apfel)-Gebirges hinauf. In Jerofei-Pawlowitsch wird sie durch die Schwesterlok P 36-0180 abgelöst.

»Rot Front« und Pyjamas – »Bordleben« im »Rossija«

Inzwischen sind wir im Zug heimisch geworden. Unsere Betreuerin ist genau und streng. Zweimal täglich kommt sie mit dem Staubsauger. Als meine Frau einige Heidelbeerflecken auf das Tischtuch macht, hört sie eine Gardinenpredigt. Dafür bringt die Betreuerin uns aber den Morgentee stets ans Bett – der Samowar steht am Korridor neben dem Dienstabteil –, dazu einige Waffeln der Marke »Rot Front«. In den Abteilen der sowjetischen Passagiere bleiben die oberen Betten auch tagsüber aufgeschlagen; viele verschlafen oder verdösen dort lange Stunden. Daß manche den Pyjama am hellen Tag anbehalten und damit sogar auf Stationen promenieren, überrascht uns schon am zweiten Reisetag nicht mehr.
Am dritten Tag fahren wir längs der Schilka, auf der man vor Vollendung der Bahnstrecke zu Schiff nach Chabarowsk reiste. Später geht es parallel zur Ingoda, einige Reiter traben am Ufer. In Suwarowo ist wieder Lokwechsel: Anstelle der L (Lenin) Nr. 3176, die wir irgendwann in der Nacht bekamen, tritt eine andere Maschine derselben Klasse. Es sind dies schwere 1-E-Lokomotiven, die das oft steigende Gelände gut bewältigen. Auf dem Bahnhof Marki wird die Abfahrt noch mit drei aufeinanderfolgenden Glockensignalen angekündigt, auf den meisten anderen Stationen gibt es schon Lautsprecher.
Kurz vor Karimskaja mündet von Süden her die von Peking durch die Mandschurei kommende Strecke ein, auf der die Züge zwischen Peking und Moskau fahren. Im Bahnhof Karimskaja steht der Kilometerstein 6294: So weit ist es noch bis Moskau, von wo aus die transsibirische Strecke kilometriert worden ist; die Angaben stimmen mit denen im Fahrplan genau überein. Der Bahnhof Karimskaja hat schon Gepäckschließfächer, und die Fahrplanblätter bestehen aus Blechtafeln zum Drehen; das Stellwerk wird elektrisch betrieben. Die Fahrt geht weiter hinter der L 3734. Wir begegnen vielen Güterzügen, die zumeist aus Kühl- oder Tankwagen bestehen. Mir kommt sogar ein Militärzug mit aufgeladenen Panzern vor das Objektiv!
Wir sind hier in Transbaikalien, dessen Gefangenenlager Tausende Teilnehmer des Ersten Weltkriegs gekannt haben; aus Antipicha, das wir langsam durchfahren, ist ein Onkel meiner Frau nicht mehr heimgekehrt. Dann sind wir in Tschita, der wichtigsten Stadt dieser Region; langer Aufenthalt. Das Land ist einförmig, Straßen und Wege sind sumpfig, man sieht viele Ziehbrunnen, die Felder werden hier noch mit dem Pferdegespann bestellt. Wenige Autos sind zu sehen, dafür viele Pferde, Kühe und Ziegen. In der Luft tummeln sich Stare und Elstern, hin und wieder kreist majestätisch ein Adler über uns. Was in der weiten und menschenarmen Landschaft fehlt, ist Wild. Auch hier bieten Bäuerinnen auf kleinen Stationen Obst, Beeren und Käse an; hin und wieder fahren Lastautos vor, die als improvisierte Verkaufsstände dienen. Auch der »Kip-

241

242

243

244

Abbildungen 241, 242, 243 und 244: Mit dem »Rossija« vom Stillen Ozean bis Moskau: Auf Zwischenhalten vertritt man sich gerne etwas die Beine (241); Begegnung mit einer Lok des imposanten Typs »Pobjeda« (Sieg) (242); »Fitness«-Spazier- und Einkaufsgang am Bahnhof von Tschita, der Hauptstadt Transbaikaliens (243); »Boat-Train« Nachodka–Chabarowsk im Ussuriland (244)

jatok«, der Kessel mit dem heißen Wasser für den »Tschai«, fehlt nirgends. Die Uhren zeigen Moskauer und Ortszeit nebeneinander – die Differenz ist bereits auf fünf Stunden geschrumpft.
In Jablonnowaja beginnt der Anstieg zur Höhe des Apfelgebirges. Wir haben eine Nachschublok erhalten. Nachdem wir den höchsten Punkt erreicht haben, öffnet sich die weite Hochebene Mittelsibiriens, die Natur erinnert an Schweden. Wieder kreisen zwei Adler über uns.
In Petrowski Ssawod zeigt sich die erste Industrie in Gestalt eines Hüttenwerks; Haufen von Alteisen liegen herum. Hier haben einst viele verbannte »Dekabristen« gewohnt. Seit Chabarowsk haben wir die Kilometersteine 8533 bis 5795 abgefahren. Nach 2738 Kilometern Dampfbetrieb setzt sich nun die Diesellok TE-6034 vor den Zug.
Mitternacht in Ulan-Ude. Hier zweigt die Bahn durch die Mongolische VR nach Peking südwärts ab. Nach drei allein verbrachten Tagen und Nächten gesellt sich nun doch der vierte Fahrgast zu uns. Es ist eine sehr nette Dame mittleren Alters, die bemüht ist, uns möglichst wenig zu stören. In sowjetischen Vierbettabteilen gibt es keine Trennung von Männlein und Weiblein.
Der vierte Morgen dämmert grau, verhangen und regnerisch über dem Baikalsee. Seit Sljudjanka zieht uns die erste Elektrolok auf dieser Fahrt, es ist die WL (Wladimir Lenin) 22-1468. Von den ehemals 46 Tunnels der Baikal-Umgehungsbahn sind nur noch wenige vorhanden, da bei einer vor Jahren erfolgten Neutrassierung die Strecke zum Teil verlegt und viele Tunnels aufgegeben worden sind. Bei Tag fahren wir in Irkutsk ein; wieder längerer Aufenthalt. Der Bahnhof hat moderne Inselperrons. Auf den Nachbarbahnsteigen erkennen wir den in Blau und Weiß gestrichenen »Baikal« aus Moskau und einen Schnellzug von Kiew nach Wladiwostok. Von der Stadt selbst, ein Jahrzehnt lang Endpunkt der sibirischen Bahn, ist kaum etwas zu sehen. Im Vorortbahnhof Irkutsk-Sort – mit vielen Güterzuggleisen – wird unsere Elektrolok gegen eine derselben Baureihe ausgetauscht.
Bis Sima bedeckt nun Hochnebel die Landschaft. Alles tropft vor Feuchtigkeit, es scheint hier tagelang geregnet zu haben. Auf einem kleineren Güterbahnhof stehen sogar die Weichen im Wasser. Immer mehr Güterzüge begegnen uns. Auffallend sind die Bahnschranken, die sich, anders als in Westeuropa, weit vor den Gleisen befinden, so daß nie die Gefahr besteht, daß ein Auto auf dem Gleis eingeschlossen wird. Überdies verhindert ein »Ladegalgen«, daß jemand an den Fahrdraht kommt. In Sima wechselt das Stromsystem zum erstenmal. Anstelle des Gleich- tritt nun der Wechselstrom. Wir bekommen eine WL 60. Allmählich kommt nun doch die Sonne durch, und wir genießen stundenlang die schneller werdende Fahrt bei weit geöffneten Fenstern.
Schon seit Karimskaja ist die Strecke mit automatischen Blockeinrichtungen versehen. Überall gibt es für je eines der beiden Gleise weit auseinanderliegende Brücken, die von Soldaten bewacht werden. Auch auf den Güterzügen sehen wir meistens militärische Posten mitfahren.
Mehrmals am Tag suchen wir den Speisewagen auf, dessen Betrieb anders verläuft, als man es gewohnt sein mag. Es gibt nicht allzuviel Auswahl und jeden Tag ziemlich das gleiche: Borschtsch, Schtschij und etwa drei Fleischspeisen, darunter meistens »Schniiitzel«, wie die Kellnerin Julija so schön sagt. Man ist aber an keine bestimmten Zeiten gebunden und bekommt praktisch den ganzen Tag alles, was da ist. Der Oberkellner spricht fließend deutsch, er war als Soldat in Dresden stationiert. Der Küchengehilfe sitzt neben der offenen Ausgangstür und putzt Gemüse ins Freie hinaus. Hin und wieder geht der zweite Kellner mit heißer Suppe durch den Zug. Die Kassierung geschieht etwas altmodisch, nämlich mittels der überall im Osten beliebten Rechenbretter, deren System der Westeuropäer nicht versteht. Es ist aber sehr einfach, und man kann mit diesen Brettern alle vier Rechenarten bewältigen! Wodka gibt es nicht im Speisewagen, dafür ausgezeichneten armenischen Cognac und gute Rotweine aus der Krim und aus Bessarabien. Wie jeder ausländische Tourist, so habe auch ich für jede Mahlzeit des Tages einen couponartigen Gutschein schon in Wien bekommen. Bei der Abrechnung erhalte ich fast stets einiges zurück, so daß wir in Moskau mit mehr Rubel ankommen, als wir zuvor besaßen. Den Überschuß werden wir in Kaviar und Wodka anlegen, wenn wir die Sowjetunion verlassen.
Nishnij-Udinsk bietet einiges Interessantes: Neben einem großen Depot offenbar schon ausgedienter WL-Dampflokomotiven entdecke ich, als wir langsam ausfahren, einen ehemaligen Schlafwagen der CIWL. Er ist hier als Werks- oder Dienstwagen abgestellt und schon altersgrau verfärbt. Ob er wohl vor einem halben Jahrhundert im »Transsibérien« gefahren ist?
Am Abend verlangt unsere resolute Schaffnerin den zweiten Wäschecoupon: Normalerweise braucht man bloß einen einzigen, zu drei Rubel, zu lösen, doch auf der eine Woche dauernden Fahrt zum oder vom Pazifischen Ozean wird nach der Hälfte der Fahrt die Bettwäsche gewechselt, und das kostet einen weiteren Coupon. In Taischet mündet von Nordosten her die Strecke aus Bratsk ein, wo sich das bekannte größte Kraftwerk der Sowjetunion befindet. (Von der BAM ist zu unserer Zeit noch keine Rede.) An die Stelle der Bäuerinnen, die ihre Erzeugnisse feilgeboten haben, treten nun immer mehr Kioske auf den Stationen, also feste Verkaufsläden.
Iljanka: Anstelle der bisherigen WL-Lok tritt nun eine F (Franzuskij), die uns bis Krasnojarsk ziehen und dort durch eine Schwesterlok abgelöst werden wird. Ein warmer Sommerregen geht nieder, der Abend ist mild, im Südwesten ist Wetterleuchten über den Bergen der Mongolei. Den Jenissej überqueren wir im Schlaf; sein Anblick wäre wahrscheinlich enttäuschend gewesen, denn hier sind die sibirischen Riesenströme noch schmal.

245

Am fünften Morgen haben wir Atschinsk erreicht, mit 56 Grad 10 Minuten den nördlichsten Punkt der Bahn. Allmählich kommt die Sonne aus niederem Nebel heraus. In Mariinsk wechselt das Stromsystem zum zweitenmal, wir fahren nun wieder mit Gleichstrom; an die Stelle der »Franzuskij« tritt die ČS (Tschechoslovakija) Nr. 164. Die höchstens zwanzigjährige Fahrdienstleiterin hier ist eine reine Farbensymphonie: hellgrauer Rock, grellgelber Pullover, rote Kappe.
Es ist der erste durchweg sonnige Reisetag. Je weiter westlich wir kommen, desto rascher wird die Fahrt. Nachmittags sind wir in Nowosibirsk, der größten Stadt des westlichen Sibirien: großer Bahnhof, moderne Empfangsgebäude, Statuen von Sport- oder Politheroen, viele Inselbahnsteige. Uns gegenüber ist soeben der »Sibirsk« aus Moskau und Charkow eingelaufen. Alles promeniert auf dem sonnigen Bahnsteig. Helle Sommerkleider sind ebenso vertreten wie Ruderleibchen oder Schlafanzüge. Nach längerem Aufenthalt fahren wir weiter. Mit nur einem einzigen Zwischenhalt, in Barabinsk, geht es nun mit etwa 100 Stundenkilometern Geschwindigkeit weiter nach Omsk; in Barabinsk haben wir die ČS Nr. 164 gegen die Nr. 309 getauscht. Die Geschwindigkeit erhöht sich auf rund 120 Stundenkilometer, der Schienenstoß gleicht hier dem französischen »Zweitakter«. Nach kurzem linden Abendregen geht die Sonne blutrot, orange und purpurfarben über der Barabinensteppe unter.
Der Bahnhof von Omsk ist groß, seine sanitären Anlagen

Abbildung 245: Trotzdem damals (1966) noch immer mit Schwierigkeiten beim Photographieren auf der Bahn zu rechnen war, gelangen doch immer wieder Schnappschüsse von entgegenkommenden Fahrzeugen oder Zügen, um so wertvoller, als auch in Mittel- und Ostsibirien der Dampf immer mehr ausstirbt – hier Begegnung mit einer Güterzuglok des Typs »SU«

erweisen sich allerdings als wenig befriedigend, obwohl sie mit »Gentlemen« beschriftet sind . . . Vor der langen Brükke über den Irtysch hält der Zug kurz an: Zwei Betrunkene werden aus dem Zug gewiesen und kriechen fluchend über den Bahnkörper zurück in die Station. Dann geht es flott weiter hinein in die Finsternis.

Nach fast einer Woche wieder in Europa

Vor Anbruch des sechsten Morgens haben wir in der Nacht irgendwo wieder die Lok gewechselt, diesmal fahren wir mit Diesel. Seit Omsk bewegen wir uns nun nicht mehr auf der einstigen, »klassischen« Hauptstrecke der Transsib, sondern auf dem erst später vollendeten Zweig in Richtung Leningrad über Ischim und Tjumen. Wir sind im Ural, also an der geographischen Grenzlinie zwischen Asien und Europa.

Wer sich unter dem Ural richtige Berge vorstellt, der irrt. Eine eigentliche Scheidelinie zwischen hüben und drüben ist nicht zu bemerken, die Landschaft erinnert bestenfalls an das deutsche Mittelgebirge.

Am Vormittag halten wir in Swerdlowsk (ehemals Jekaterinburg, wo die Zarenfamilie ermordet wurde), einer großen Industriestadt. Hier endet die Dieseltraktion, neuerlich überspannt uns der Fahrdraht, diesmal wieder mit Wechselstrom. Vor den Zug setzt sich die ČS 2-119.

Die Vegetation verliert hier allmählich den bisher nordischen Charakter und wird schon eher mitteleuropäisch, anstelle der Birken treten Föhren. In Balesino ist erst im Zuge der Elektrifizierung ein großer Bahnhof entstanden (im Kursbuch 1956 war die Station noch gar nicht vorhanden). Zum fünftenmal wechselt das Stromsystem, wir fahren nun wieder mit Gleichstrom und erhalten die WL 60-1847; knapp vorher haben wir einen ausgedehnten Dampflokfriedhof passiert.

Der siebente und damit letzte Reisetag beginnt mit prächtigem Sonnenschein. Selbst der Eisenbahnnarr freut sich darauf, wieder einmal aussteigen zu können, und das Personal freut sich darauf heimzukommen. Die Speisewagencrew kennt allmählich schon unsere Lieblingsessen, die gestrenge Schaffnerin ist milder geworden, vielleicht auch angesichts des zu erwartenden (und auch gerne genommenen) Trinkgeldes. Überall wird gepackt, zusammengerechnet, Passagiere und Personal werfen sich in Zivil, die Pyjamas werden verstaut.

So unauffällig, wie sie gekommen war, ist die nette Dame aus Ulan-Ude schon vor zwei Tagen ausgestiegen; statt ihr begleitet uns seitdem ein ebenso netter Student. Um uns möglichst wenig zu stören, hat er fast den ganzen Tag in einem anderen Abteil bei seinem Bruder verbracht. Dachte man zuerst, daß das tage- und nächtelange Zusammensein mit einem unbekannten Vierten unmöglich sei, so sehen wir nun, daß bei einiger Toleranz auch dies keine Affäre ist. Der Gedanke, diese Rücksichtnahme in größeren Dimensionen, zwischen den Staaten, zu verwirklichen, liegt nahe.

Nachts in Kirow war der Draht zu Ende, wir haben letztmals eine Dampflok erhalten. In Bui sind wir von der Leningrader Strecke nach Süden abgebogen und fahren nun über Danilow in Richtung Moskau. In Danilow gibt es den letzten Lokomotivwechsel. Nochmals mit Gleichstrom und nochmals mit einer ČS, hier die Nr. 2-297, geht es auf die Schlußetappe. Wir passieren Jaroslawl und bald darauf die heute Sagorsk genannte »Troizkaja Ssergjejewskaja Lawra« in Ssergijewo, eine bezaubernde Ansammlung von grünen, goldenen und blauen Kuppeln und Türmen. Sie ist kleiner, steht aber in ihrer Schönheit dem Kreml nicht nach.

Mittags, auf die Minute pünktlich, kommt die Elektrolok im Jaroslawler Bahnhof in Moskau zum Stehen. Der »Rossija« leert sich, Passagiere werden abgeholt, begrüßt und umarmt. Wir kommen als »Einzelreisende« an, das heißt, kein INTOURIST-Agent wartet auf uns, kein Mensch kümmert sich um uns, kein Träger steht bereit, kein Taxi ist für uns reserviert. Aber auch hier in Moskau sind die Gepäckträger findige Köpfe: Kaum hat er unser Gepäck aufgeladen, kaum hat er gemerkt, daß wir Ausländer sind, schon fährt er mit uns an die Spitze der brav angestellten Taxi-Schlangensteher und requiriert für uns ein Fahrzeug. Schon wenige Minuten später ziehen wir in den kathedralenartigen Bau des »Leningradskaja-Hotels« ein.

Ziffern und Zahlen

Die Reise hat in Chabarowsk begonnen beim Kilometerstein 8533. Die durchschnittliche Reisegeschwindigkeit des Zugs, von Wladiwostok an, einschließlich der Aufenthalte, betrug 57,8 Kilometer pro Stunde. Das schnellste Teilstück zwischen Nowosibirsk und Omsk haben wir mit 82,9 Stundenkilometern zurückgelegt. Die gesamte Fahrtdauer war 162 Stunden und 14 Minuten. Der Zug hielt 77mal, also betrug die durchschnittliche Haltestellenentfernung 120,8 Kilometer; zwischen Irkutsk und Moskau waren es sogar 192,3 Kilometer.

Die von uns mit »Rossija« zurückgelegten 8533 Kilometer zwischen Chabarowsk und Moskau wurden von folgenden Traktionsarten geleistet: Dampf: 3671 Kilometer; Diesel: 891 Kilometer; elektrisch: 3971 Kilometer.

Die Transsibirische Eisenbahn verdient wirklich das Epitheton »Bahn der Superlative«: der längste zusammenhängende Schienenstrang der Erde, der längste Zuglauf der Erde, und nicht zuletzt: Wo fand sich vor zwanzig Jahren irgendwo auf der Erde noch eine Strecke, auf der man gezählte 2738 Kilometer ohne Unterbrechung unter Dampf fahren konnte?

Shinkansen und Bushido

Obwohl »Land der aufgehenden Sonne« genannt, ist Japan keineswegs »Orient« im gebräuchlichen Sinn des Wortes, das heißt nicht mit einem negativen Beigeschmack: Schmutz, Schlendrian, Verfall alter Kultur, Primitivität, Armut, kurz, all das, was man im Westen gemeinhin mit dem Begriff »Orient« verbindet – zu all dem ist Japan das gerade Gegenteil: uralte und auch heute noch bewußt gepflegte Kultur, aber hypermoderne technische Zivilisation; Disziplin, Sauberkeit, Korrektheit; dazu ein als »Wirtschaftswunder« zu benennender Wohlstand (und das nach dem verlorenen Krieg!).

Die japanische Geschichte der letzten eineinviertel Jahrhunderte ist einmalig im Geschichtsverlauf aller bekannten Länder und Zeiten: Mit einem einzigen, von heute auf morgen vollzogenen Sprung ist Japan aus dem Feudal- in das technische Zeitalter eingetreten. Nach der mehr oder weniger gewaltsamen »Erschließung« des Landes für den westlichen Handel kamen Kaiser und Volk zur Erkenntnis, daß man »den Feind mit seinen eigenen Waffen schlagen muß«, und in dieser revolutionären Umstellung vom altertümlichen Gott-Kaiser- und Feudal-Staat zum modernen Industriestaat ist in Japan der einmalige Vorgang gelungen, in äußerlichen Dingen eine fremde Zivilisation zu übernehmen und dabei doch die eigene innere Haltung und die eigene Kultur zu bewahren. Der Ausländer, der nach Japan kommt und mit dessen Eisenbahnen fährt, muß umdenken. Ist die Eisenbahn in Europa sozusagen ein Stiefkind, in Amerika mehr oder weniger das Aschenbrödel des Verkehrs, so nimmt sie in Japan den obersten Rang ein, und dies zu Recht, denn sie ist der wichtigste und beste Träger des Individual- wie des Massenverkehrs von Menschen und Gütern. Dabei besitzen die japanischen Schienenverbindungen einen Standard, der in Asien einmalig ist und mit dem auch Europa oder die Vereinigten Staaten nicht konkurrieren können.

Schon in der Zeit zwischen den Weltkriegen hatte sich Japan vom Vorbild Europas und der USA freigemacht. Nach 1945 ist Japan aber nicht nur auf der Schiene, sondern in allen technischen Belangen autark geworden. Dutzendweise reisen Delegationen deutscher, englischer, französischer und amerikanischer Eisenbahndirektoren nach Japan, um dort Anregungen zu erhalten, wie bei ihnen daheim der Schienenverkehr aussehen könnte.

»Blitz« und »Echo«

Einen »Paukenschlag« erster Ordnung bedeuteten für den japanischen Eisenbahnverkehr die Olympischen Spiele des Jahres 1964 in Tokio: Um dem Ereignis gerecht zu werden, hatten die bis dahin fast ausschließlich in Kapspur (1,067 m) angelegten japanischen Staatsbahnen schon 1959 beschlossen, ihre Hauptstrecken auf die wesentlich leistungsfähigere Normalspur (1,435 m) umzubauen. Wenigstens die wichtigste und meistbenutzte Strecke, die zwischen Tokio und Osaka, sollte auf diese Spur umgenagelt und überdies mit völlig neuen Zügen betrieben werden. Für Europa und Amerika mag es ein Schock gewesen sein, als im Jahr 1964 die elektrisch angetriebenen und vollklimatisierten Schnellzüge zwischen den beiden größten japanischen Städten im Zehnminutentakt, mit Reisegeschwindigkeiten von 150 bis 180 und mit Höchstgeschwindigkeiten von 210 bis 230 Stundenkilometern, den Betrieb aufnahmen. Übrigens verlor damals die Flugverbindung Tokio–Osaka fünfzig Prozent ihrer Passagiere.

Inzwischen hat sich nicht nur die Zahl der Züge, es hat sich auch ihr Netz um ein Vielfaches erweitert, und sie fahren so häufig, daß es sich nur noch in fünfstelligen Ziffern pro Tag und in ungezählten Millionen pro Jahr messen läßt.

Das Shinkansen-Netz hatte 1964 mit der völlig neu trassierten Strecke zwischen Tokio und Osaka (553 km) begonnen. Heute ist sie längst bis zu dem 1176 Kilometer von der Hauptstadt entfernten Fukuoka (Hakata) auf der Insel Kiushu vorgedrungen, die durch einen Untermeerestunnel mit der Hauptinsel Honshu (Nippon) verbunden ist.

Eine ebensolche Shinkansen-Strecke von Tokio nach Norden ist bis zum 535 Kilometer entfernten Morioka bereits vollendet. Sie wird nicht nur bis Aomori, der nördlichsten Stadt Honshus, führen, sondern sich auch durch den bald fertigen Seikan-Tunnel (mit 54 Kilometern der längste der Erde!) zur nördlichen Nachbarinsel Hokkaido fortsetzen. Vollendet aber wurde in den letzten Jahren noch eine weitere Shinkansen-Strecke, ebenso normalspurig und elektrifiziert, von Tokio nach Niigata. Sie ist 330 Kilometer lang und wegen des an der Nordküste von Honshu besonders gebirgigen Terrains mit unzähligen Tunnels versehen. Alle drei genannten Linien sind neben den alten kapspurigen Strecken fast völlig neu trassiert. Sie verlaufen ohne Rücksicht auf Steigungen und andere natürliche Hindernisse nahezu geradlinig und weisen nur ganz wenige Haltebahnhöfe auf. Der mittlere Haltestellenabstand beträgt zwischen Tokio und Fukuoka rund 46 Kilometer, zwischen Tokio und Niigata 38 Kilometer. Für die Strecken sind meist neue Bahnhöfe – mit dem Zusatz »Shin« = »Neu« –

errichtet worden, und die besten und schnellsten Züge dieser Linien halten nur in den großen Zentren. Die nachstehende Tabelle mag dies illustrieren:

	Tokio – Fukuoka	Tokio – Morioka	Tokio – Niigata
Länge	1176 km	505 km	304 km
Anzahl der Halte der besten Züge	6	7	2
Durchschnittliche Reisegeschwindigkeit der besten Züge	176 km/h	150 km/h	173 km/h
Takt-Abstand der Züge	3mal stündlich bis Fukuoka; 4mal stündlich bis Hiroshima; 6mal stündlich bis Osaka	stündlich bis Morioka; 2mal stündlich bis Sendai	stündlich 2mal

Um das spektakulärste Beispiel herauszugreifen, sei nochmals auf die Shinkansen zwischen Tokio und Fukuoka zurückgekommen: Ihr Anfang, also die Strecke von Tokio, wo sie auf den Bahnsteigen 17, 18 und 19 beginnt, nach Osaka, war anfangs als »New Tokaido-Line« bezeichnet worden. »Tokaido« war der »Königsweg«, der von Tokio zur früheren Hauptstadt Kioto führte, und über Kioto ging ja der Weg nach Osaka. Nachdem die Route bis nach Kiushu vollendet war, erhielt sie, ebenso wie die später gebauten, den Namen »Shinkansen«, was ungefähr »Neue Linie« heißt. Und auf dieser längsten und die größten japanischen Städte verbindenden Strecke verkehren im Durchschnitt stündlich nicht weniger als sechs Hochgeschwindigkeitszüge. Jene Züge, die »Hikari« (Blitz, Licht) genannt werden, halten nur sehr selten. Spektakulär ist gleich anfangs der Fahrt die 366 Kilometer lange Nonstopstrecke bis Nagoya, die mit einem Durchschnitt von 180 Stundenkilometern durchfahren wird. Die »Kodama« (Echo) dagegen sind zwar mit gleichem Wagenmaterial versehen, machen aber mehr Zwischenhalte. Daher benötigten sie bis nach Kiushu etwa eine halbe Stunde länger, womit ihr Reisedurchschnitt statt 176 »nur« rund 162 Stundenkilometer beträgt. Statistisch dargestellt sieht der Fahrplan dieser Shinkansen-Züge von Tokio in den Südwesten etwa so aus:

um die Minute Null ein »Hikari« nach Fukuoka,
um die Minute 12 ein »Kodama« nach Fukuoka,
um die Minute 16 ein »Kodama« nach Shin-Osaka,
um die Minute 24 ein »Hikari« nach Hiroshima,
um die Minute 36 ein »Hikari« nach Okayama,
um die Minute 40 ein »Kodama« nach Shin-Osaka,
um die Minute 48 ein »Hikari« nach Okayama oder ein »Kodama« nach Hiroshima.

Das sind sieben Superexpresszüge pro Stunde mit Durchschnittsgeschwindigkeiten von mehr als 170 Stundenkilometern. Sie befahren Strecken, die wenigstens so lang sind wie die zwischen Wien und Innsbruck und höchstens fast so lang sind wie die zwischen Wien und Paris. Bevor Frankreich die TGV einführte, konnte der Rest der Welt davon nicht einmal träumen! Erwähnt sei auch, daß seit der Eröffnung der New Tokaido-Line im Jahr 1964 auf dieser, auf ihrer Fortsetzung wie auf ihren Nachfolgern kein einziger tödlicher Unfall passiert ist!

Die Shinkansen-Züge sind ausschließlich Triebwagengarnituren. Dabei fuhren auf der Route nach Kiushu ursprünglich 12, jetzt aber 16 Wagen. Die Züge nach Morioka und Niigata sind zwölfteilig. Charakteristisch ist, daß nicht nur die Achsen der beiden Triebwagen, sondern auch die aller Zwischenwagen angetrieben werden. Es gibt zwei Klassen: eine »Allgemeine Klasse«, die unserer zweiten entspricht, und dann die »Green Cars«, normalerweise zwei in jedem Zug, welche die erste Klasse darstellen. Solange der Shinkansen-Verkehr nur auf die New Tokaido-Line beschränkt war, führten die Züge nur einfache Buffetwagen. Deren Einrichtung erinnerte an amerikanische Fahrzeuge dieser Art: eine lange Theke, Hocker davor und an den Fenstern. Inzwischen aber sind daneben längst Voll-Speisewagen unterwegs, in denen die Verpflegung ausgezeichnet ist.

Typisch ist übrigens, daß bei der Verspätung eines Shinkansen-Zugs von wenigstens zwei Stunden am Zielort der beträchtliche Tarifunterschied sofort vergütet wird. Die einzige negative Eigenschaft dieser teils blau und gelb, teils grün und gelb lackierten Züge sei nicht verschwiegen! Obwohl in europäischer Normalspur und mit demgemäß entsprechender Breite des Wageninneren gebaut, ist der dem Reisenden gebotene Raum gegenüber unseren Verhältnissen etwas beengt: Da der Durchschnittsjapaner kleiner ist als der Durchschnittseuropäer, hat man in allen Wagen, es sind ausnahmslos offene Saalwagen mit Mittelgang, in der »Allgemeinen Klasse« die Sitze in der Anordnung 2:3 beiderseits des Mittelgangs installiert und in den Green Cars in der Anordnung 2:2.

Abbildungen 246 und 247: »Hikari« (Blitz) und »Kodama« (Echo) sind die superschnellen Züge der beinahe im Zehnminutenabstand mit 180 Stundenkilometern Reise- und 210 bis 230 Stundenkilometern Höchstgeschwindigkeit befahrenen Shinkansen-Strecke

246

247

Lobend sei hingegen bemerkt, daß es in allen Zügen der Shinkansen-Linien technisch und hygienisch hervorragende Wasch- und sonstige Toiletteneinrichtungen gibt, daß überall Telefonzellen vorhanden sind und daß schließlich auch besondere Abteile und bequeme Einstiegsmöglichkeiten für Rollstuhlfahrer oder andere körperlich behinderte Passagiere existieren.

JNR und Privatbahnen

Das Eisenbahnnetz Japans ist zum überwiegenden Teil staatlich. Im Besitz der Japanese National Railways (JNR) befinden sich nicht nur die Shinkansen-Strecken, sondern auch die meisten der alten, noch in der Kapspur angelegten Hauptlinien. Was die wichtigste, also die von Tokio nach Südwesten führende, Verbindung anlangt, so ist die neue, normalspurige Route wesentlich kürzer als die alte Kapspurstrecke. Diese ist aber keineswegs überflüssig geworden: Auf der Shinkansen verkehren die »Hikaris« und »Kodamas« ausschließlich in den Tagesstunden mit Abfahrtszeiten in Tokio zwischen 6 Uhr morgens und 10 Uhr am Abend. Die alte Schmalspurbahn dagegen wird heute bei Tag nur noch von Güterzügen befahren und lediglich nachts von Personenzügen. Zwischen 16.30 Uhr und 22.45 Uhr verlassen den Hauptbahnhof von Tokio nicht weniger als zehn Schnellzüge, die ausschließlich aus Schlafwagen bestehen. Ihre Ziele sind Osaka, Okayama, Hiroshima, Kokura, Fukuoka, Kagoshima, Nagasaki und Sasebo. Von Osaka aus verkehren weitere vier solcher Schlafwagenzüge nach Städten auf Kiushu. Die Fahrzeiten dieser Züge auf den Kapspurgleisen sind natürlich mit denen der Shinkansen-Linie nicht zu vergleichen: Von Tokio nach Fukuoka benötigt der Schlafwagenzug rund 16 Stunden gegenüber den knapp 7 Stunden eines »Hikari«. Seine Wagen besitzen Schlafabteile beider Klassen. In der ersten Klasse sind es Singles oder Doubles (im europäischen Stil), in der zweiten Klasse zwei- oder dreibettige Abteile. Natürlich sind diese gegenüber westlichen Schlafwagen schon wegen der Schmalspur nicht sehr geräumig. Aber technische Perfektion, Hygiene, Sauberkeit und alle Finessen modernen Reisekomforts verstehen sich auch hier von selbst.
Auf den kapspurigen Verbindungen in anderen Landesteilen werden überwiegend elektrische Triebwagenzüge eingesetzt, die Saalwagen mit Mittelgang führen und ebenfalls in jeder Hinsicht über aller Kritik stehen.
Das gleiche gilt für die zahlreichen Privatbahnen, die neben den JNR noch einen bedeutenden Teil des japanischen Schienenverkehrs betreiben. Es handelt sich dabei meist um Triebwagenzüge, und die Gleise haben durchwegs die Spurweite von 1,067 Metern.
Hinsichtlich der Bequemlichkeit sei hier freilich eine Einschränkung gestattet: Sie betrifft die, vor allem in den »rush hours«, im Großstadt-Berufsverkehr fast pausenlos ankommenden und abfahrenden Lokalzüge. Sie werden zumeist von einer geradezu überquellenden Menge von Passagieren benutzt, die nur zum geringen Teil auf einen behaglichen Sitzplatz rechnen kann. Ein Bummel über die nicht der Shinkansen vorbehaltenen 16 Bahnsteige des Bahnhofs Tokio (der übrigens ein Durchgangs- und kein Kopfbahnhof ist) vermittelt zwei typische Eindrücke: einmal die vielleicht nirgendwo anders auf der Erde zu sehende Disziplin und Geduld, mit der die Japaner die Einfahrt ihres Zugs, zumeist in hockender Stellung, auf dem Perron erwarten. Und sie drängen sich auch nicht in die Wagen, sondern bilden eine wohlgeordnete »queue«. Zum anderen gibt es in den großen Bahnhöfen sogenannte »pushers«, da solche Berufsfahrer- oder ähnliche Lokalzüge stets von doppelt soviel Menschen frequentiert werden, wie sie Plätze haben. »Pushers« sind Leute, welche die einsteigenden Passagiere über die Wagenstufen und in das Wageninnere einfach von hinten sanft hineinstoßen oder -drücken, weil anders die Menschenmengen nicht im Zug untergebracht werden können.

Der Schüler hat den Lehrer längst übertroffen

Daß die japanischen Eisenbahnen ihre ersten Anregungen und auch Einrichtungen in der »Meji-Ära«, nach 1854, aus Europa und aus den USA bezogen haben, ist bekannt. Die Lehrmeister im Bau von Eisenbahnen waren Großbritannien, die Vereinigten Staaten und auch Deutschland. Einige historische Daten seien hier festgehalten:
Im Jahr 1872 wurde die erste Linie von Tokio nach Yokohama (29 km) eröffnet, bis 1877 kamen einige Linien um die Großstädte Osaka und Kobe hinzu. Die Tokaido-Linie wurde 1899 vollendet. Im Jahr 1906 übernahm der Staat nicht weniger als 17 private Eisenbahngesellschaften. Seit 1949 sind alle staatlichen Linien in den Japanese National Railways vereinigt worden. Schon 1925 wurde in Japan die automatische Kupplung eingeführt, ein halbes Jahrhundert vor Amerikanern und Sowjets, wobei die Westeuropäer noch immer darauf warten!
Die ersten Anfänge des japanischen Schienenverkehrs waren britisch beeinflußt. Diese Verwandtschaft zeigt sich besonders in technischer Hinsicht: Japan hat die aus dem britischen Kapland stammende Spurweite übernommen; Bahnen, und auch Autos, fahren im Linksverkehr; die Signale gleichen mit ihren Masten und Armen denen in England (natürlich mit Ausnahme der modernen Lichtsignale); das gleiche gilt für die Stellwerke mit ihren überall in Japan »quite british« wirkenden Treppchen, von den Brücken, die über die Bahnsteige führen, statt sie durch Unterführungen zu verbinden; von den hohen Perrons, die sich auf gleicher Höhe wie die Wageneinstiege befinden; von den Fenstern, die in Japan in unzähligen Triebwagenzügen von unten nach oben hinaufzuschieben, statt von oben nach unten herunterzulassen sind. Und schließlich ist hier die bereits erwähnte »queue« anzuführen, in der sich in beiden Ländern die Reisenden schön ordentlich hintereinander anstellen und nicht mit Ellbogen und Brachialgewalt den Vordermann um seinen schönen Platz im Zug bringen wollen.

Der US-amerikanische Einfluß war gegenüber dem britischen gering. Er äußert sich in der Gegenwart hauptsächlich darin, daß die Personenwagen in Japan so gut wie ausnahmslos nach amerikanischem Vorbild gebaut werden. Das heißt, daß es bei allen Bahnen kaum geschlossene Abteile mit Seitengang gibt, sondern fast nur offene Saalräume mit Mittelgang, die zwar eine leichtere Kommunikation ermöglichen, jedoch in diametralem Gegensatz zu der britischen »privacy« eines Abteilwagens stehen.
»Der Schüler hat den Lehrer längst übertroffen« – an dieser Tatsache ändert sich auch dadurch nichts, daß seit wenigen Jahren sowohl die britischen als auch die französischen Eisenbahnen bemüht sind, den Vorsprung der Japaner im technologischen, und hier vor allem im Geschwindigkeitsbereich, einzuholen und auch zu überholen: Die britischen High Speed Trains der Ostküste hinkten den »Hikaris« um etliche Jahre nach, und von noch größeren Geschwindigkeiten als 200 Stundenkilometern in Form der Advanced Passenger Trains der Westküste träumt »Merry Old England« noch immer; und mögen auch die Franzosen mit ihren TGV und deren Höchstgeschwindigkeit von 270 (anstatt 210 bis 230) Stundenkilometern im Augenblick die Japaner eingeholt haben, so sind doch auch sie ein Zeichen dafür, daß Europa eben wieder einmal mehr bemüht war, den technischen Vorsprung des »Landes der aufgehenden Sonne« aufzuholen . . .

»Bushido«

Das ist ein japanischer Ausdruck, der sich wörtlich nicht übersetzen, sondern nur umschreiben läßt: Ehrgefühl, Ritterlichkeit, Korrektheit, Sauberkeit, Anstand – sowohl im Denken als auch im Handeln und äußeren Auftreten –, kurz gesagt, mit dem Wort ist eine Art »seelisches oder moralisches Tenue« gemeint. Der Begriff stammt aus der japanischen Feudalzeit, er ist also sozusagen längst »überholt«, sein Inhalt und seine Ausübung sind aber im heutigen Japan keineswegs ausgestorben. Der Vergleich mag vielleicht recht weit hergeholt sein und wieder eine Art »Gedankensprung« darstellen: Mir scheint, daß die Ausübung des ehemals in gewissen Ehrendingen üblichen Harakiri oder auch die Existenz von Kamikazefliegern für die japanische Psyche ebenso typisch und ihr adäquat sind wie die zeremoniellen Verbeugungen, die einander die Familienmitglieder beim Abschied auf dem Bahnhof machen, wie die peinlich korrekt auf dem Perron »queuenden« Passagiere, wie die korrekte, ja fast abgezirkelte Haltung eines Fahrdienstleiters bei der Einfahrt eines »Blitz-Zugs« oder wie die blütenweißen Handschuhe eines japanischen Lokführers. Man kommt in diesem Land immer wieder zu dem Schluß aller Betrachtungen: Man muß hier auch heute noch umdenken . . .

»Hikari«, »Shioshi« und »Kegon«

Unser letzter Besuch in Japan liegt nun schon beinahe zwei Jahrzehnte zurück. Die Olympischen Spiele waren längst vorbei, das riesige Olympiastadion in Tokio wurde als Sehenswürdigkeit gezeigt, was es ebenso ist wie der hohe Funkturm. Aber neben allem modernen Komfort und aller technischer Perfektion gehören auch die nach Sandelholz duftenden Tempel, die stillen Teiche in den Gärten und die typischen Kleidungsstücke wie Kimonos und Getas in dieses Bild.
Drei kleine praktische Ratschläge seien dem Japanreisenden gegeben. Erstens: Von der Fahrt durch das östliche Sibirien ist uns das Wort »Yukata« bereits ein Begriff. Zwischen Chabarowsk und Nachodka, wo wir dieses blütenweiße Kleidungsstück zum erstenmal sahen, mag ein solcher »Dressing-Gown« nicht so unerläßlich sein wie im Hochsommer auf den Inseln Honshu oder Kiushu. Dort erweist er sich als ungemein angenehm. In jedem besseren Hotel findet man ihn tagtäglich frisch gewaschen und gebügelt im Zimmer, und nach einem heißen Besichtigungsgang ist es eine wahre Wohltat, in ihn hineinzuschlüpfen. Man vergesse daher nicht, sich ein solches Kleidungsstück mitzunehmen – es wird sich auch im heißen Süden Europas oder Amerikas oder in Hawaii oder sonstwo als nützlich erweisen. Zweitens: Verläßt man sein Hotel in irgendeiner japanischen Großstadt, um zu einer Besichtigung zu fahren, so lasse man sich vom Portier Namen und Adresse des Hotels auf einen Zettel schreiben. Will man nach Hause zurückkehren, so kommt es häufig vor, daß der Taxichauffeur nicht nur kein Wort einer fremden Sprache versteht, sondern auch das Hotel nicht kennt. Kostet übrigens die Taxe beispielsweise siebenhundert Yen und sieht der Fahrer im Rückspiegel, daß du einen Tausendyenschein bereit hältst, so hat er in Windeseile in der nach rückwärts ausgestreckten Hand schon das Wechselgeld bereit – ein Trinkgeld würde ihn beleidigen. Und zum dritten: Wenn man in irgendeinem seriösen Laden etwas kaufen will, dann befreie man sich von dem Glauben, im Orient zu sein. Ein Handeln um den Preis ist weder gebräuchlich noch möglich.
In Japan sind wir sowohl auf der modernen Normal- als auch auf der alten Kapspur gefahren. Die erste Tour ging von Tokio aus in das etwa neunzig Kilometer entfernte Hakone, das am gleichnamigen See liegt und wo man bei klarem Wetter den Fujiyama teilweise sehen kann. Wir benutzten die kapspurige und private Odakyu Electric Railway. Für die Fahrt benötigte der Zug vom Vorortbahnhof Shinyuku aus rund eineinhalb Stunden, was angesichts des Höhenunterschieds nicht zu lang ist. Ausstattung und Einrichtung dieser Privatbahn sind trotz des Profilunterschieds mancher europäischen Bahn dieser Art haushoch überlegen.
Einige Tage später mit Auto hinunter vom Hakone-See nach Atami an der damals noch New Tokaido-Line genannten Strecke zwischen Tokio und Osaka. Hier haben wir erstmals einen der »Kodamas« bestiegen, die mit rela-

248

249

250

251

Abbildungen 248 und 249: Trotz der schon bestehenden New Tokaido-Line herrschte damals (1966) in Japan noch teilweise »Seine Majestät der Dampf«; hier in Hiroshima (248) und auch heute noch in Beppu auf der Insel Kiushu (249)

Abbildung 250: »Shioshi«, einer der besten damaligen Triebwagenzüge, der auch einen Parlour-Car führte, bei Einfahrt in Hiroshima (1966)

Abbildung 251: Der Eingang zum Luxuszug »Kegon« (in Kapspur) auf dem Asakusa-Bahnhof in Tokio zur Fahrt zu der bezaubernden Tempelstadt Nikko

tiv vielen Stopps die 360 Kilometer lange Strecke bis Nagoya in knapp zwei Stunden zurücklegen. Wir erwarten den Zug: Er ist natürlich auf die Sekunde pünktlich, seine Wagen sind korrekt von 1 bis 16 numeriert, und wir finden unsere Plätze in einem Wagen, der uns mit seiner Sitzteilung von 2:3 beiderseits des Mittelgangs etwas beengt erscheint, aber dank der Ordnung, die hier herrscht, keine Probleme bereitet. In Nagoya unterbrechen wir die Reise, um Ausflüge in die nähere Umgebung zu machen, unter anderem zur Perleninsel Mikimoto und nach Nara, wo es herrliche Parkanlagen gibt, in denen sich Hirsche und Damwild tummeln. Hierher sind wir mit Elektrotriebwagen der JNR in Kapspur gefahren. Manche führten nur die zweite Klasse, aber die ist der ersten mancher europäischen Schmalspurbahn ebenbürtig.

Doch wir haben nicht nur einen »Kodama« benutzt, sondern auf dem Rückweg von Osaka nach Tokio auch einen »Hikari«: Wenige Minuten mehr als drei Stunden hat er für die 553 Kilometer lange Strecke gebraucht, wobei er lediglich in Kioto und Nagoya gehalten hat. Durch Vermittlung eines freundlichen Zugführers sind wir in die Kabine des vorderen Triebwagens eingeladen worden, die man eher als »Cockpit« bezeichnen sollte: Nicht im ölverschmierten Overall und mit abgewetzter Schirmmütze, nein, im blütenweißen Hemd und mit ebensolchen Handschuhen amtierte hier der »mécanicien«, wie man ihn in Frankreich, oder »engineer«, wie man ihn in angelsächsischen Ländern nennen würde. Seine Tätigkeit beschränkt sich auf wenige, elektronisch gesteuerte Handgriffe – ein gewaltiger Unterschied zum Kohlenschaufeln, zur sommerlichen Hitze oder winterlichen Kälte, mit denen einst die Lokführer und ihre Gehilfen kämpfen mußten!

Da damals (1966) die Strecke der Shinkansen über Osaka hinaus nach Südwesten noch nicht fertiggestellt war, bot sich uns die Gelegenheit, auf dem Rückweg von der Insel Kiushu die damaligen Kapspurschnellzüge auf dieser Hauptlinie zu benutzen.

In Beppu auf Kiushu machten wir uns auf den Rückweg per Bahn nach Honshu. Erst einige Jahre später sollte diese Route zur Shinkansen-Strecke werden. Damals verkehrten westlich von Osaka in die Zielstädte auf Kiushu noch zahlreiche lokbespannte Schnellzüge, jeder mit einem eigenen Namen und mit einem Komfort in beiden Wagenklassen, der sich sehen lassen konnte. Zusätzlich zu den Sitz- gab es Voll-Speisewagen mit japanischer und europäischer Küche. Und überdies führten fast alle Schnellzüge noch einen sogenannten Parlor-Car, einen Salonwagen, den man gegen Zuschlag benutzen konnte. In Ausstattung und Komfort kam er einem europäischen Pullman wenigstens gleich, wenn er nicht sogar überlegen war: drehbare Einzelfauteuils, 1:1 beiderseits des Mittelgangs; am Wagenende ein abgeschlossenes Coupé für vier Personen; auf jedem Tischchen ein Telefon; frische Blumen in Vasen. Die Klimatisierung des Wagens wie des Zugs insgesamt braucht doch nicht eigens erwähnt zu werden?

Unser damaliger Zug, mit dem wir von Hiroshima nach Osaka fuhren, trug den romantischen Namen »Shioji«. In Hiroshima hatten wir einen großen Teil unserer Zeit auf dem Bahnhof zugebracht – die Brücke über den Bahnsteigen erwies sich als naturgegebener Aussichts- und Photographierpunkt. Nachdem ich auf diese Weise die vielen Dampfloks bewundert hatte, wollte ich dann im »Shioji« alle Möglichkeiten auskosten: Ich verließ nach dem im Speisewagen eingenommenen ausgezeichneten Mittagsmahl die »gewöhnliche« erste Klasse und ließ mich im besagten Parlor-Car nieder. Die Besetzung war schwach, im großen Saal war ich der einzige Passagier, im Coupé saßen noch vier seriöse ältere Herren. Die Fahrt von Okayama aus, wo ich in den Parlor-Car übersiedelte, bis nach Osaka war ein reiner Genuß!

Die anschließende »Hikari«-Fahrt weiter nach Tokio vermittelte so recht den Unterschied zwischen alt und neu: Der Parlor-Car des »Shioji« bot exquisiten Komfort und eine mäßige Geschwindigkeit – im »Hikari« dagegen gab es etwas beengte Verhältnisse, aber dafür war er zwei- bis dreimal so schnell!

Mit einer Kapspurbahn der privaten Tobu-Railway fuhren wir vom Asakusa-Bahnhof in Tokio aus in das weltberühmte Nikko, rund 135 Kilometer weit nach Nordosten. Der elektrische Triebwagenzug namens »Kegon« hatte eine solche Qualität, daß er, wie übrigens die meisten Züge dieser Linie, zur Gänze als erste Klasse eingestuft war: Obwohl man hier zu 2:2 beiderseits des Mittelgangs sitzt, ist doch genügend Beinfreiheit vorhanden. Daß in technischer wie in hygienischer Hinsicht alles über jede Kritik erhaben war, versteht sich von selbst. Die »Elégance« des Personals war womöglich noch gepflegter als in den Zügen der Staatsbahn; Triebwagenführer und Stewardessen trugen weiße Handschuhe. Für einen Speisewagendienst ist die eineinhalbstündige Fahrt zu kurz, aber man wird durch die munteren Mädchen, die den Zug durchschwärmen, verwöhnt wie der »Herrgott in Frankreich«: Tee nach britischer Art, dreieckige Sandwiches mit Ham and Cheese, wie ich sie im »Golden Arrow« nicht besser bekommen habe, feucht-heiße kleine Handtücher, die hierzulande sehr häufig zum Kundendienst zählen (sogar in Taxen habe ich sie erlebt) usw. Die westliche Atmosphäre des Zugs

250

251

Abbildungen 248 und 249: Trotz der schon bestehenden New Tokaido-Line herrschte damals (1966) in Japan noch teilweise »Seine Majestät der Dampf«; hier in Hiroshima (248) und auch heute noch in Beppu auf der Insel Kiushu (249)
Abbildung 250: »Shioshi«, einer der besten damaligen Triebwagenzüge, der auch einen Parlour-Car führte, bei Einfahrt in Hiroshima (1966)
Abbildung 251: Der Eingang zum Luxuszug »Kegon« (in Kapspur) auf dem Asakusa-Bahnhof in Tokio zur Fahrt zu der bezaubernden Tempelstadt Nikko

tiv vielen Stopps die 360 Kilometer lange Strecke bis Nagoya in knapp zwei Stunden zurücklegen. Wir erwarten den Zug: Er ist natürlich auf die Sekunde pünktlich, seine Wagen sind korrekt von 1 bis 16 numeriert, und wir finden unsere Plätze in einem Wagen, der uns mit seiner Sitzteilung von 2:3 beiderseits des Mittelgangs etwas beengt erscheint, aber dank der Ordnung, die hier herrscht, keine Probleme bereitet. In Nagoya unterbrechen wir die Reise, um Ausflüge in die nähere Umgebung zu machen, unter anderem zur Perleninsel Mikimoto und nach Nara, wo es herrliche Parkanlagen gibt, in denen sich Hirsche und Damwild tummeln. Hierher sind wir mit Elektrotriebwagen der JNR in Kapspur gefahren. Manche führten nur die zweite Klasse, aber die ist der ersten mancher europäischen Schmalspurbahn ebenbürtig.
Doch wir haben nicht nur einen »Kodama« benutzt, sondern auf dem Rückweg von Osaka nach Tokio auch einen »Hikari«: Wenige Minuten mehr als drei Stunden hat er für die 553 Kilometer lange Strecke gebraucht, wobei er lediglich in Kioto und Nagoya gehalten hat. Durch Vermittlung eines freundlichen Zugführers sind wir in die Kabine des vorderen Triebwagens eingeladen worden, die man eher als »Cockpit« bezeichnen sollte: Nicht im ölverschmierten Overall und mit abgewetzter Schirmmütze, nein, im blütenweißen Hemd und mit ebensolchen Handschuhen amtierte hier der »mécanicien«, wie man ihn in Frankreich, oder »engineer«, wie man ihn in angelsächsischen Ländern nennen würde. Seine Tätigkeit beschränkt sich auf wenige, elektronisch gesteuerte Handgriffe – ein gewaltiger Unterschied zum Kohlenschaufeln, zur sommerlichen Hitze oder winterlichen Kälte, mit denen einst die Lokführer und ihre Gehilfen kämpfen mußten!
Da damals (1966) die Strecke der Shinkansen über Osaka hinaus nach Südwesten noch nicht fertiggestellt war, bot sich uns die Gelegenheit, auf dem Rückweg von der Insel Kiushu die damaligen Kapspurschnellzüge auf dieser Hauptlinie zu benutzen.
In Beppu auf Kiushu machten wir uns auf den Rückweg per Bahn nach Honshu. Erst einige Jahre später sollte diese Route zur Shinkansen-Strecke werden. Damals verkehrten westlich von Osaka in die Zielstädte auf Kiushu noch zahlreiche lokbespannte Schnellzüge, jeder mit einem eigenen Namen und mit einem Komfort in beiden Wagenklassen, der sich sehen lassen konnte. Zusätzlich zu den Sitz- gab es Voll-Speisewagen mit japanischer und europäischer Küche. Und überdies führten fast alle Schnellzüge noch einen sogenannten Parlor-Car, einen Salonwagen, den man gegen Zuschlag benutzen konnte. In Ausstattung und Komfort kam er einem europäischen Pullman wenigstens gleich, wenn er nicht sogar überlegen war: drehbare Einzelfauteuils, 1:1 beiderseits des Mittelgangs; am Wagenende ein abgeschlossenes Coupé für vier Personen; auf jedem Tischchen ein Telefon; frische Blumen in Vasen. Die Klimatisierung des Wagens wie des Zugs insgesamt braucht doch nicht eigens erwähnt zu werden?
Unser damaliger Zug, mit dem wir von Hiroshima nach Osaka fuhren, trug den romantischen Namen »Shioji«. In Hiroshima hatten wir einen großen Teil unserer Zeit auf dem Bahnhof zugebracht – die Brücke über den Bahnsteigen erwies sich als naturgegebener Aussichts- und Photographierpunkt. Nachdem ich auf diese Weise die vielen Dampfloks bewundert hatte, wollte ich dann im »Shioji« alle Möglichkeiten auskosten: Ich verließ nach dem im Speisewagen eingenommenen ausgezeichneten Mittagsmahl die »gewöhnliche« erste Klasse und ließ mich im besagten Parlor-Car nieder. Die Besetzung war schwach, im großen Saal war ich der einzige Passagier, im Coupé saßen noch vier seriöse ältere Herren. Die Fahrt von Okayama aus, wo ich in den Parlor-Car übersiedelte, bis nach Osaka war ein reiner Genuß!
Die anschließende »Hikari«-Fahrt weiter nach Tokio vermittelte so recht den Unterschied zwischen alt und neu: Der Parlor-Car des »Shioji« bot exquisiten Komfort und eine mäßige Geschwindigkeit – im »Hikari« dagegen gab es etwas beengte Verhältnisse, aber dafür war er zwei- bis dreimal so schnell!
Mit einer Kapspurbahn der privaten Tobu-Railway fuhren wir vom Asakusa-Bahnhof in Tokio aus in das weltberühmte Nikko, rund 135 Kilometer weit nach Nordosten. Der elektrische Triebwagenzug namens »Kegon« hatte eine solche Qualität, daß er, wie übrigens die meisten Züge dieser Linie, zur Gänze als erste Klasse eingestuft war: Obwohl man hier zu 2:2 beiderseits des Mittelgangs sitzt, ist doch genügend Beinfreiheit vorhanden. Daß in technischer wie in hygienischer Hinsicht alles über jede Kritik erhaben war, versteht sich von selbst. Die »Elégance« des Personals war womöglich noch gepflegter als in den Zügen der Staatsbahn; Triebwagenführer und Stewardessen trugen weiße Handschuhe. Für einen Speisewagendienst ist die eineinhalbstündige Fahrt zu kurz, aber man wird durch die munteren Mädchen, die den Zug durchschwärmen, verwöhnt wie der »Herrgott in Frankreich«: Tee nach britischer Art, dreieckige Sandwiches mit Ham and Cheese, wie ich sie im »Golden Arrow« nicht besser bekommen habe, feucht-heiße kleine Handtücher, die hierzulande sehr häufig zum Kundendienst zählen (sogar in Taxen habe ich sie erlebt) usw. Die westliche Atmosphäre des Zugs

252

und des Kundendienstes mag sich dadurch erklären, daß Nikko zu den berühmtesten Tempelstädten und Fremdenverkehrszentren Japans gehört und die Züge der Tobu-Railway dorthin denn auch meist von westlichem Publikum bevölkert werden.

Apropos »Kegon«, der Name unseres am Vormittag hin- und am Nachmittag zurückfahrenden Zuges: »Kegon« ist ein schleierartiger, aber um so eindrucksvollerer, weil sehr hoher Wasserfall, der sich etwa eine halbe Stunde Autofahrt außerhalb von Nikko, aus einer steilen Felswand kommend, in einen stillen Bergsee ergießt.

Japans Eisenbahnen sind es wert, besucht zu werden, mit ihnen zu fahren – ob auf Kap- oder auf Normalspur, ob mit staatlichen oder mit privaten Bahnen, ob mit »Hikaris« oder mit einem »Kegon« –, immer aber wird eine Reise durch dieses faszinierende Land dem Globetrotter unauslöschliche und große Eindrücke vermitteln.

Abbildung 252: Eine der 1966 häufigsten japanischen Dampfloks der Reihe C 62, von der eine schon in das Eisenbahnmuseum von Kioto eingezogen ist; sie ist die zweitschwerste Lok in Kapspur

Vom Borobodur zum »Goldenen Dreieck«

Indonesien besteht aus Hunderten von Inseln. Im Verkehr spielt das relativ kleine, aber äußerst dicht bevölkerte Java die Hauptrolle. Seine Schienenwege sind auch nach dem Abzug der einstigen niederländischen Kolonialherren in gutem Zustand.

Meine erste praktische Bekanntschaft mit den Eisenbahnen dieser Insel ist ein Jahrzehnt alt. Unser damaliger Aufenthalt auf Java hatte in Yogyakarta begonnen, in Sichtweite des berühmten Borobodur. Von hier aus fuhren wir auf den Schienen der Perusahaan Jawatan Kereta Api (PJKA) zunächst zum östlichen Ende der Insel, nach Surabaja, um das Land danach in seiner ganzen Ausdehnung bis zur Hauptstadt Jakarta (früher: Batavia) zu durchqueren.

Unsere Schlafwagenkarten für den Nachtexpress »Bima« lagen zwar in Surabaja pünktlich bereit, aber die Fahrkarten dritter Klasse von Yogyakarta nach Surabaja zu bekommen gelang trotz fünfmaligen Drängens erst knapp vor Abfahrt des Zugs!

Der Bahnhof von Yogyakarta besitzt zwei Bahnsteige. Der Fahrdienstleiter trägt eine rote Mütze und sitzt in einem Vorbau des Hauptbahnsteigs, wo auch Stellwerk und Blockeinrichtung untergebracht sind. Ob übrigens diese Blockeinrichtung immer verläßlich funktioniert, sei in Frage gestellt, denn auf dem flachen Land, auch in den Vororten der Großstädte, pflegen die Leute ihre Wäsche auf den Drähten zu den Signalen aufzuhängen! Wie in der Schweiz gibt es Signalglocken mit altmodischem Bimbam. Die Signale selbst sind holländischer Herkunft. Vorsignal aufwärts: frei, abwärts: Vorsicht; Hauptsignale besitzen zwei Arme; steht der obere Arm aufrecht schräg, heißt es: gerade Fahrt, steht der untere aufrecht, so bedeutet es: Fahrt in eine Ablenkung.

In glühender Nachmittagshitze warten wir auf unseren Zug; es ist der von Bandung kommende »Express«, der freilich nur die dritte Klasse führt. Die 313 Kilometer bis Surabaja soll er fahrplanmäßig in rund sechs Stunden bewältigen. Während der Wartezeit rangiert eine mächtig qualmende Dampflok (D 52 064) einige Güterwagen; sie ist hierzulande der häufigste Typ, und es gibt von ihr rund hundert Exemplare, die alle aus dem Jahr 1951 stammen und von Krupp gebaut sind. Von Krupp stammt auch die Diesellok mit der Achsfolge B-B (Nr. 301 17), die nun unseren »Express« aus Bandung hereinbringt. Hinter der Lok laufen sechs Wagen dritter Klasse, alle mäßig besetzt. Die offenen Abteile sind mit etwas zerschlissenem Strohgeflecht gepolstert; ein Junge bietet für hundert Rupies Sitzkissen an. Das Publikum besteht nur aus Einheimischen, bis auf einen jungen Australier, der ausschließlich der Dampflokomotiven halber im Land ist. Unsere Diesellok interessiert ihn nicht, ebensowenig der Borobudur oder sonstige Tempel in Yogyakarta, von deren Existenz er keine Ahnung hat.

Die Fahrt verspricht heiß und nicht allzu bequem zu werden, doch wir sollen es noch recht komfortabel bekommen: Zehn Minuten vor unserem »Express« ist nämlich aus Surabaja der Sonderzug eingelaufen, der die Passagiere eines Kreuzfahrtschiffs hierherbringt. Dieser Zug führt hinter der Diesellok (B-B) mit der Nr. 301 17 (gebaut von General Motors) einen klimatisierten Wagen erster Klasse, dem etwa vierzig Fahrgäste entsteigen, und einen ebenfalls klimatisierten Speisewagen (vom VEB Bautzen). Knapp vor Abfahrt sehen wir nun, daß diese beiden, nun leeren Wagen unserem Zug angehängt werden, um wieder zurückzufahren. In Kenntnis, daß man hierzulande gegen ein geringes Bakschisch ohne weiteres sogar auf einer Dampflok mitfahren kann, entscheiden wir uns für folgendes Verfahren: Gespräch und Arrangement mit dem Zugführer, der uns und dem Australier den leeren Wagen der ersten Klasse aufsperrt. Natürlich müssen wir den tarifmäßigen Aufschlag plus Trinkgeld bezahlen. Hier ist es nun ganz gut auszuhalten – zumal unsere B-B 301 17 bereits nach 28 Kilometern in der Station Klaaten ihren Geist aufgibt. Nahezu eineinhalb Stunden stehen wir bei Tropenregen, Gewitter und Affenhitze herum, bis es dem fixen Bahnhofsvorstand endlich gelingt, einem doppeltbespannten Güterzug eine Lok abzuhängen. Es ist die Kruppsche 301 10, die uns dann in acht, statt in sechs Stunden Gesamtfahrzeit gegen Mitternacht nach Surabaja bringt.

Hier erweisen wir am anderen Tag den ehrwürdigen Resten der ehemaligen »Stoom-Tram« unsere Reverenz, die früher einmal die ganze Stadt durchzog. Ihre Relikte stehen heute inmitten eines Obst- und Gemüsemarkts; eine einzige Dampflok steht herum, ohne Räder und von unbestimmbarer Herkunft, sowie einige mit schreiender Reklame bemalte Wagen, in denen Dutzende der Ärmsten dieser Millionenstadt wohnen.

»Bima« und »Mutiara«

Von Surabaja nach Jakarta gibt es (bzw. gab es 1977) zwei Nacht-Express-Züge. Der eine heißt »Bima«. Es ist dies eine Figur aus dem Mahabharata, die ein Symbol der Stärke darstellt. Während dieser nur Schlafwagen führt, besteht der »Mutiara« (Perle) ausschließlich aus offenen Sitzwagen erster Klasse.

253

Nachmittags halb vier Uhr, Bahnhof Surabaja-Gubeng: sehr zeremonieller »Check-in«, die Gepäckträger werden schon am Schalter im vorhinein entlohnt, jeder Koffer wird mit Wagen- und Platznummer sowie mit dem Namen versehen. Zwanzig Minuten vor der fahrplanmäßigen Abfahrt um 16 Uhr wird der »Bima« am Hauptbahnsteig bereitgestellt. Irgend jemand hatte mir einmal erzählt, dies sei ein Luxuszug. Das ist er zwar nicht, aber immerhin handelt es sich um einen guten Zug, wohl um den besten Indonesiens. Es gibt zwei Wagen zweiter Klasse mit je zwölf Halbabteilen zu je drei Liegestellen übereinander. Sie entsprechen also etwa einem westeuropäischen Liegewagen zweiter Klasse. Und dann sind da noch zwei Wagen erster Klasse vom Typ »Roomette«. Kann man solche Fahrzeuge schon in Europa oder Amerika nicht als besonders luxuriös bezeichnen, so kann man es noch weniger auf der Kapspur – und noch weniger, wenn die Roomettes nicht für einen, sondern für zwei Reisende (übereinander!) eingerichtet sind: zwölf Abteile beiderseits des Mittelgangs, also für insgesamt 24 Personen. Vorsichtigerweise hatte ich für uns drei Leute sechs Fahrkarten und ebenso viele Schlafwagenzuschläge bestellt, so daß jeder ein Single beziehen konnte, mag dieses auch nicht die Geräumigkeit eines »Kleinen Einbettabteils« bieten. Eine Wascheinrichtung ist installiert, der Wasserhahn freilich gibt nur müdes Getröpfel von sich; Seife und Handtücher glänzen durch Abwesenheit; erst am Morgen werden wir einen braunen Lappen von etwa zwanzig mal zwanzig

Abbildung 253: Mehr als hundert Stück dieser Dampflok hat Krupp für die indonesische Staatsbahn geliefert; hier im Rangierdienst in Yogyakarta
Abbildung 254: Dampflokparade im Heizhaus der ehemaligen Deli Railway in Medan auf Sumatra; sie sind vor rund hundert Jahren bei Hohenzollern in Deutschland gebaut worden; der Besuch dieses Depots um die Mittagszeit ist mit Hitzschlaggefahr verbunden!

254

Zentimetern erhalten. Dafür fahren stets lachende Stewardessen mit. Was allerdings deren Funktion ist, weiß ich nicht.
Die Zusammensetzung unseres »Bima« sieht so aus:

Diesellok BB 301 02 (später BB 201 08),
ein Gepäckwagen, PW 9002,
zwei Schlafwagen erster Klasse, SAGW 9005 und 9002,
ein Speisewagen (»Kereta Makan«), FW 9013,
zwei Schlafwagen zweiter Klasse, SBGW 9009 und 9001,
ein Post-Gepäck-Wagen DPW 9003.

Die Klimaanlage funktioniert ausgezeichnet, was in diesen Breiten sehr wichtig ist. Einen Nachteil haben solche Einrichtungen natürlich: Man kann die Fenster nicht öffnen. Allerdings stört es niemanden, wenn die Einstiegstüren nicht geschlossen werden. Der Zug weist leider einige Mängel auf. So geht es in ihm relativ eng zu, und insgesamt bietet er einen nur unzureichenden Komfort für einen »Star«-Zug. Was mich allerdings am meisten gestört hat, war die Musik, mit der wir ab sechs Uhr morgens den gesamten Tag über berieselt wurden. Wenn man den Lautsprecher im Abteil abdrehte, so dröhnten Jazz und Pop vom Korridor ins Abteil. Positiv zu erwähnen ist, neben der Klimatisierung, der Preis: für zwei Fahrkarten und zwei Bettkarten für eine Reise von fast tausend Kilometern etwa 140 Mark, soviel also, wie man in Westeuropa allein als Schlafwagenzuschlag für eine Person bezahlt. Hinzu kommt, daß im Fahrpreis Abendessen und Frühstück eingeschlossen sind. Der Tee ist dünn, aber das »Nasi-Goreng« (entsprechend der holländischen »Reistafel«), das landesübliche Reisgericht, ist wie stets ausgezeichnet. Die durchschnittliche Reisegeschwindigkeit des »Bima« beträgt mäßige fünfzig bis sechzig Stundenkilometer.
Beim Erwachen um 6.15 Uhr stehen wir in Cirebon, von wo es bis Jakarta noch rund 200 Kilometer sind. Eigentlich sollten wir um 7.30 Uhr dort ankommen, aber wir haben die »normale« indonesische Verspätung von mehr als zwei Stunden, die sich noch auf drei Stunden erhöhen wird. Vor der Hauptstadt beginnen beiderseits des Bahndamms die Elendsquartiere, aber auch die elektrische Oberleitung, die von brandneuen japanischen Triebwagenzügen benutzt wird; es sind zu dieser Zeit die einzigen Züge, die schon unter Draht fahren. Um 10.30 Uhr laufen wir endlich in Jakarta-Gambir ein. Dies ist ein schöner und blitzsauberer Bahnhof mit mehreren Inselperrons, wo sich trotz des überfallartigen Eindringens der Gepäckträger in den Zug alles ordentlich abspielt.
Unser Zug endet zwar im Bahnhof Gambir, aber in umgekehrter Richtung beginnt er in Jakarta-Kota, dem weiter nördlich, beim Hafen, gelegenen Haupt- und Kopfbahnhof, dem wir natürlich einen Besuch abstatten. Von hier fährt der »Bima« um 16 Uhr ab wie in Surabaja. Ihm gegenüber steht am selben Bahnsteig der eine halbe Stunde später startende »Mutiara«, dessen Route eine etwas andere ist, da er längere Zeit als »Bima« an der Nordküste entlangläuft. »Bima« ist heute genauso zusammengesetzt wie während unserer Reise mit ihm. »Mutiara« aber präsentiert sich wie folgt:

Diesellok BB 200 27,
zwei Wagen erster Klasse, klimatisiert, offen, AW 9024 und 9018,
ein Speisewagen (»Kerata Makan«), FW 9303,
drei Wagen erster Klasse, AQ 9035, 9034, 9017.

Jakarta-Kota ist ebenso großzügig, sauber und ordentlich wie Gambir. Sechs Bahnsteige, alle mit Sperre – ich komme ungehindert durch, obwohl ich erst hinterher sehe, daß es einen Bahnsteigkartenautomaten gibt. Die beiden Züge nach Surabaja warten, aber sonst ist um diese Nachmittagsstunde nicht viel los: zwei oder drei Lokalgarnituren, alle nur mit dritter Klasse und dieselbetrieben, von Dampf weit und breit nichts zu sehen. Schließlich kommt noch eine brandneue Elektrotriebwagengarnitur, geliefert 1976 von Nippon-Shario, vierteilig, ziegelrot gestrichen ähnlich den dänischen Wagen. Der Zug, der nach Bogor (früher Buitenzorg) fährt, hat nur Einheitsklasse und vier offene Saalwagen, davon einen Trieb- und einen Steuerwagen an den beiden Enden und zwei Mittelwagen; die genaue Reihung sieht so aus:

VCV 804, MCW 504, MCW 503, VCW 803.

Die Garnitur, von der es damals zwanzig Exemplare gab, machte einen ansprechenden Eindruck.
Etliche Tage später fahren wir auf einem Kreuzfahrtschiff eine Woche lang rund um Sumatra. Von den mehreren, voneinander isolierten Bahnen dieser Rieseninsel etwas zu sehen gelingt nur einmal, nach der Landung in Belawan, von wo Güterzuggleise bis zu dem 26 Kilometer landeinwärts gelegenen Medan laufen. Daß wir dort den Bahnhof aufsuchen, versteht sich von selbst.
Vom Verkehr ist jetzt, in der brütendheißen Mittagszeit, nicht viel zu sehen. Ein einziger abfahrbereiter Personenzug steht noch ohne Lok auf dem schattigen ersten Bahnsteig. Aber der schweißtreibende, rund hundert Meter weite Weg ins Depot lohnt sich, wozu der freundliche Vorstand bereitwillig seine Zustimmung gibt. Denn hier finden wir, teils in, teils vor dem Heizhaus, Diesel- wie Dampflokomotiven. Die Dieselloks sind von den uns bereits bekannten Reihen 300 und 200, die Dampflokomotiven aber, die teilweise entschlackt oder geputzt werden, sind schon beinahe Museumsstücke! Sie sind 1884, 1886 und 1890 von Hohenzollern gebaut worden und stammen von der früheren Deli-Eisenbahn. Ihre Achsfolge ist B-1, ursprünglich war es -C-, was aus Gründen der Gewichtsverlagerung später geändert worden ist. Ein freundlicher Lokführer zieht einen dieser »Oldtimer« sogar aus dem Heizhaus heraus, damit wir ihn besser knipsen können. Und schließlich sehen wir im Vorfeld des Bahnhofs, wohin zu pilgern schon mit Hitzschlaggefahr verbunden ist, vor einem langen Güterzug zwei 1-B-1-Lokomotiven von Hanomag aus dem Jahr 1929.

Von Singapore nach ChiengMai – von der Löwenstadt ins Land der Thai

Der Flug von Indonesien zum hinterindischen Festland, von Jakarta nach Singapore, ist kurz. Von hier aus wollen wir nun auf den meterspurigen Schienen von drei Staaten runde 3750 Kilometer nordwärts fahren, fast bis zu dem aus der modernen Rauschgiftszene bekannten »Goldenen Dreieck«. Dabei werden wir nur zwei Eisenbahnen benutzen, weil der Stadtstaat Singapore keine eigene besitzt. Nach der Zollkontrolle auf seinem Bahnhof ist man bereits auf dem Territorium der Malaysian Railways (Keretapi Tanah Melayu), die nach wenigen Kilometern über einen Damm in das malaysische Sultanat Johore übersetzt.

Singapore (Löwenstadt) ist im Jahr 1965 aus der damaligen Malaysischen Föderation ausgetreten und hat sich selbständig gemacht. Es ist heute der modernste und reichste Staat Hinterindiens; in der Bevölkerung überwiegen Chinesen, die offiziellen Sprachen sind Chinesisch, Malaysisch und Englisch. Aber auch Inder und andere Nationen sind zahlreich vertreten.

Die »Federal Malaysian Railways«, wie sie bis 1948 hießen, als sie sich »Malaysian Railways« genannt haben, verraten in fast allen Dingen ihre britische Herkunft. Betrieb, Signale und Sicherheitseinrichtungen entsprechen dem englischen Vorbild, desgleichen auch die Ordnung und Sauberkeit wie der hohe Reisekomfort. Die »Tablets« werden in Malaysia ebenso equilibristisch gewechselt wie in Großbritannien. Auch die Semaphore sind britisch, allerdings zeigen sie für »frei« einmal nach oben, dann wieder nach unten. Im Umkreis der großen Städte findet man auch elektrische Lichtsignale. Auf freier Strecke, vor unbeschrankten Übergängen, werden Pfeifsignale gegeben, die entweder das englische Wort »whistle« oder dessen malaysische Übersetzung, »wisel«, zeigen. In die malaysische Sprache (die man heute lateinisch schreibt) sind überhaupt viel fremde Begriffe in ähnlich klingende »Fremdworte« transponiert worden, so zum Beispiel »Kelas« für »Klasse«, »Kereta« (Car) für Wagen, »Koch« (sprich: Kotsch) für Wagen mit Liegesitzen; die zweite Klasse heißt »Kelas Dua«, die dritte ist die »Kelas Tiga«, der Speisewagen ist der »Kereta Bufe«.

Die Personenfahrzeuge unterscheiden sich von jenen in Thailand durch ihre etwas »bauchige« Form; ihr braungelber Anstrich erinnert an die einstigen Great-Western-Wagen. Es gibt drei Wagenklassen: In Tageszügen sind es ausschließlich offene Saalwagen mit der Sitzteilung 2:2 in den beiden unteren Klassen, in der ersten Klasse ist sie 1:2. Neben der gewöhnlichen ersten Klasse gibt es jedoch auch klimatisierte Salonwagen, die teilweise nur die Sitzteilung 1:1 aufweisen und ein kleines Buffet haben. Für Nachtreisen fahren sehr komfortable Schlafwagen erster Klasse mit neun Abteilen zu je zwei Betten und mit Dusche in jedem Wagen. Ein Schlafwagentyp älterer Bauart (1928), der einen blaugelben Anstrich hat, fällt allerdings aus der Reihe. Er hat einen Mitteleinstieg, nur sechs Abteile, und diese sind in ungewohnter Weise eingerichtet: Am Fenster finden sich zwei Fauteuils einander gegenüber, aus denen das untere Bett bereitet wird, wogegen das darüber, parallel zum Fenster, von oben heruntergeklappt wird. Der Raum, der hier zur Korridorwand hin frei bleibt, macht diese Abteile zu einem äußerst geräumigen Salon. In der zweiten Klasse gibt es Schlafeinrichtungen in Gestalt offener Sections wie in Amerika, und der Reisende dritter Klasse findet bei Nacht in den schon erwähnten »Koch« ebenfalls einigen Komfort. Die Diesellоks stammen übrigens fast durchweg aus England oder Japan.

SRT = RSR

Etwas anders sind die Eisenbahnen im nördlichen Nachbarstaat Thailand eingerichtet. Ursprünglich waren sie in Normalspur gebaut, wurden aber schon vor Jahrzehnten auf Meterspur umgenagelt, um sie den Strecken der Nachbarländer anzugleichen.

Auch die State Railways of Thailand (SRT, früher Royal Siamese Railways, RSR) verraten in vielen Dingen britischen Einfluß: Es gibt Stellwerke und Übergangsbrücken statt Unterführungen; man fährt links auf den wenigen doppelgleisigen Abschnitten; auf eingleisigen Strecken gibt es die »Tablets«; die Formsignale sehen überwiegend englisch aus; aber auch die altmodischen Signalglocken finden sich, oder fanden sich zumindest noch vor einem Jahrzehnt, auf größeren Stationen, wo fünf, zwei und eine Minute vorher einer, zwei oder drei Glockenschläge die (fast stets pünktliche) Abfahrt ankündigen. Britisch ist auch die Sitte, daß der Name des Schlafwagenpassagiers nicht nur an der Wagentür, sondern auch auf einer Art Visitenkarte an der Abteiltür angebracht wird.

Gibt es in Malaysia schon längst keinen Dampfbetrieb mehr, zumindest nicht auf Hauptlinien, so hielten sich in Thailand vor etwa einem Jahrzehnt Dampf- und Diesellokomotiven zahlenmäßig etwa die Waage. Inzwischen ist natürlich das große Sterben der Dampflok unaufhaltsam weiter fortgeschritten. Wir jedenfalls haben noch die damals allgemein übliche Holzfeuerung erlebt!

Auch die thailändischen Eisenbahnen führen drei Wagenklassen, die großen Überlandschnellzüge aber fast immer nur die beiden oberen Kategorien. Der Anstrich ist rotgelb. Der Reisekomfort erweist sich als noch etwas größer als in Malaysia: Die dritte Klasse ist leicht mit Kunstleder gepolstert (Sitzteilung im offenen Wagen: 2:2), ähnlich auch die zweite Klasse, diese aber oft mit der Sitzteilung 1:2. In der ersten Klasse gibt es grundsätzlich nur je einen Sitz beiderseits des Mittelgangs. Darüber hinaus laufen hier auch klimatisierte Saalwagen in Nacht- und Tageszügen, die an Tiefkühltruhen erinnern, so gut funktioniert die Anlage!

Schlafeinrichtungen gibt es in den beiden oberen Klassen: Die Schlafwagen erster Klasse entsprechen dem europäischen Vorbild. Wir finden nichtklimatisierte Wagen mit acht Doppelabteilen, die ähnlich wie die Typen »Z« und »Y« der CIWL z-förmig aneinanderstoßen, mit einem großen Wasch- und Duschraum in der Wagenmitte. Und dann gibt es klimatisierte Wagen mit drei Einzel- und sechs Doppelabteilen, wobei der Duschraum an dem einen und der Schaffnerraum am anderen Ende installiert ist. Die Abteile haben eigene Wascheinrichtungen, große Trinkwasserflaschen, Leselampen und überhaupt jede gewohnte Bequemlichkeit. Der Fahrgast der zweiten Klasse findet seine nächtliche Ruhe auch hier in den sogenannten Sections mit zwei Liegestätten übereinander beiderseits des Mittelgangs. Sie erscheinen im Vergleich zu den aus den USA gewohnten Schlafstellen dieser Art nicht nur geräumiger, sondern auch wesentlich sauberer! Es wundert daher nicht, daß auch viele Europäer diesen nächtlichen Komfort der zweiten Klasse benutzen, und zwar keineswegs nur jeansbekleidete jugendliche Weltenbummler.
In den Schnellzügen gibt es auch Speisewagen. Sie besitzen keine Klimaanlage, aber gerade das macht ihren Reiz aus; zumindest vor der heißen Mittagszeit oder während des Sonnenuntergangs erweist sich der Aufenthalt hier als ein reines Vergnügen. Man kann bei weit geöffnetem Fenster den kühlen Fahrtwind und die keimfreie Tropenluft genießen, man kann ungehindert schauen und photographieren. Im übrigen bringt der Kellner nicht nur das Frühstück und vorher den »Early Morning Tea« ins Abteil. Auf Wunsch serviert er dort ebenso die Hauptmahlzeiten, und dies auch in der zweiten Klasse.
Nicht nur in den Großstädten, sondern auch in der Provinz sind die Bahnhöfe großzügig angelegt, und alles spielt sich ruhig und diszipliniert ab. Als Musterbeispiel erinnere ich mich an eine kleine Station, die ich um Mitternacht im nördlichen Thailand sah: Im Scheinwerferlicht erschienen Bahnhof und Buffet noch immer so, daß man sein Essen unbesehen hätte vom Perron aufheben können.
Wie eingangs erwähnt, haben wir 1973 die gesamte hinterindische Halbinsel vom äußersten Süden bis zum äußersten Norden durchquert. Einige Streiflichter mögen diese Fahrten illustrieren:
Die Reise beginnt in schweißtreibender Morgenfrühe auf dem Bahnhof von Singapore, wo sich unser »Magic Arrow« genannter Zug mit der respektablen Länge von 15 Wagen wie folgt präsentiert:

Diesellok CoCo Nr. 20 126 (»Bunga Putri Malu«),
fünf Wagen dritter Klasse,
zwei Wagen zweiter/dritter Klasse,
drei Wagen zweiter Klasse,
ein Wagen erster/zweiter Klasse,
ein Speisewagen,
ein Wagen erster Klasse/Buffet (klimatisiert),
ein Gepäckwagen.

Der »Check-in« am Bahnsteig beginnt mit der Paß- und Zollkontrolle, die, wie alles hierzulande, friedlich und anstandslos verläuft. Wir beziehen unsere Plätze im klimatisierten Salon-Buffet-Wagen. Alles, was Räder hat, wird photographiert. Dann läutet die Glocke am Bahnsteig dreimal, und auf die Sekunde pünktlich verlassen wir die »Löwenstadt«.
In unserem Wagen stehen die Fauteuils 2:1 beiderseits des Mittelgangs. Die Klimaanlage surrt diskret, nur wenige Mitreisende sind da, das Buffet ist geschlossen, aber der Speisewagen befindet sich ja unmittelbar neben uns. Es geht auf eine wunderschöne Morgenfahrt durch die üppiggrüne Garten- und Parklandschaft. Eben erst ist die Sonne aufgegangen. Nach kurzem Halt am nördlichen Ende der Insel geht es auf dem Damm hinüber auf das Festland, und wir sind im Sultanat Johore, also auf malaysischem Boden. Ein Bummel durch den Zug bestärkt unsere Einsicht, daß wir ruhig ab und zu unseren »Kühlschrank« verlassen und uns an einem unbesetzten Fenster eines der nächsten Wagen oder im Speisewagen niederlassen können, um die gute Luft zu genießen. Palmen, Wasserläufe, die tropische Landschaft und viele Kurven – das alles ergibt eine nicht abreißende Folge von Motiven.
Um die Mittagszeit deckt der Kellner neben dem unbesetzten Buffet in unserem Wagen einen Tisch und serviert den Lunch. Wer ausgesprochenen Landesspezialitäten gegenüber mißtrauisch oder allergisch ist, dem sei ein mehr oder weniger indifferentes Reisgericht mit Hühner- oder sonstigem Fleisch empfohlen, das man mit kühlem Bier hinunterschwemmt.
Wir begegnen einigen Güterzügen, vor die Dampflokomotiven gespannt sind. Uns fallen die vielen mit Rohgummi beladenen »Latex«-Wagen auf. Kein Wunder, wir sind in dem Gummiland par excellence.
Waren schon seit dem Morgen alle Einstiegstüren der Wagen weit offen, um etwas Luft hineinzulassen, so öffnet der Schaffner am frühen Nachmittag auch die Türen unseres »air-conditioned« Wagens und stellt den Ventilator an – die Klimaanlage scheint allmählich müde zu werden, übrigens das einzige Mal in Ostasien. Auf die Sekunde pünktlich laufen wir in den Bahnhof der malaysischen Metropole, Kuala Lumpur, ein. Von außen gesehen, glaubt man, es sei der Palast eines Sultans, so prächtig ist der Bahnhof.

Abbildung 255: Malaysia ist das Gummiland »par excellence«: mit »Latex« beladener Güterzug auf der Fahrt nach Kuala Lumpur
Abbildung 256: Im »Land der Freien« (= Thailand = Siam) gab es noch 1973 viel mehr Dampf- als Diesellokomotiven

255

256

257

258

259

260

Abbildung 257: Museal aufgestellte Lok, die ursprünglich auf der Rhätischen Bahn in der Schweiz fuhr, am Bahnhof von ChiengMai
Abbildung 258: Der großzügig angelegte Bahnhof Hua-Lampong in Bangkok
Abbildung 259: In ChiengMai zur Abfahrt bereit nach Bangkok
Abbildung 260: Auf dem »Summit« zwischen Bangkok und ChiengMai gibt es auch Kuriositätenhändler, die sogar ausgestopfte Fledermäuse anbieten!

Hier endet unsere heutige Tagesreise mit dem »Magic Arrow«, und wir verbringen den Abend im sich drehenden Restaurant im 16. Stockwerk des »Federal Hotel«, wo der Ausblick einen Eindruck von der Ausdehnung und der Betriebsamkeit dieser tropischen Großstadt vermittelt.
Inzwischen gibt es neben dem »Magic Arrow« übrigens noch einen zweiten, etwas rascheren Tageszug von Singapore, der aber nicht in Kuala Lumpur endet, sondern bis Butterworth weiterfährt, das er noch am späten Abend erreicht. Er führt den Namen »Rakyat«, was wohl soviel wie »Rakete« bedeuten mag.
Als wir gegen zehn Uhr abends unseren Anschlußzug besteigen, brütet die Hitze noch immer. Es ist der »Bintang Utara« (»North Star«), der uns in einer Nachtfahrt eine Etappe weiterbringen wird und sich mit der mehr als respektablen Länge von 19 Wagen folgendermaßen bereitstellt:

zwei Dieselloks CoCo Nr. 22 130 (rot) und 20 123 (grün),
ein Gepäckwagen,
zwei Wagen zweiter Klasse,
ein Wagen dritter Klasse/Gepäck,
vier Wagen dritter Klasse,
ein Wagen zweiter Klasse,
ein Wagen erster/zweiter Klasse,
ein Wagen dritter Klasse mit Liegesitzen,
drei Wagen zweiter Klasse mit Sections,
ein Speisewagen,
ein Wagen erster Klasse mit Buffet, klimatisiert,
ein Schlafwagen erster Klasse, klimatisiert,
ein Schlafwagen erster Klasse, nichtklimatisiert,
ein Gepäckwagen.

Mit dieser Wagenschlange gehen wir also auf die Fahrt nach Butterworth. In der Nacht frieren wir, mit Verlaub gesagt, wie die Hunde, so gut funktioniert die »Tiefkühltruhe«. Uns erheitert ein morgendlicher Blick in den benachbarten Sitzwagen erster Klasse: Von den Reisenden sind nur die oberen Gesichtshälften zu sehen, denn sie sind bis zur Nasenspitze mit warmen Wolldecken vermummt!
Um sieben Uhr morgens erreichen wir Butterworth. Die Sonne ist noch nicht herausgekommen, dennoch herrscht schon wieder eine beachtliche Wärme. Wenige Schritte neben dem Bahnhof liegt die Fähre nach Penang. Merkwürdigerweise muß man auf ihr nur die Hinfahrt bezahlen, in der Gegenrichtung kostet es nichts. Drüben sehen wir dann die Großstadt Georgetown, darüber die berühmten Penang-Hills, auf die eine Drahtseilbahn durch einen von Affen wimmelnden Urwald führt. Außerhalb der Stadt liegt das »Palm Beach Hotel« mit einem der schönsten Badestrände, die wir je gesehen haben.
Mitte der achtziger Jahre führt unser »North Star« an einem Tag in der Woche übrigens einen durchgehenden Schlafwagen von Kuala Lumpur nach Bangkok. Aber wir hatten es ja nicht eilig, und der mehrtägige Aufenthalt auf Penang lohnte sich.
Dann starten wir zur dritten Etappe der Reise: Auf dem Bahnsteig von Butterworth steht der »International Express« zur Abfahrt um 7.50 Uhr morgens bereit. Trotz großen Gepäcks hat die Fahrt vom Badestrand durch die Stadt und mit der Fähre zur Bahn keinerlei Komplikationen verursacht: Das Auto fährt auf das Schiff, während der Überfahrt steigt man auf das Oberdeck, und drüben in Butterworth geht es aus dem Schiffsbauch direkt zum Bahnsteig. Auf unseren Abteilen prangen schon unsere »Visitenkarten«, und ich verzeichne die wieder einmal sehr lange Reihe von Wagen, die mit zwei Ausnahmen thailändischer Herkunft ist:

MR-Diesellok BoBo Nr. 21 202 (»S. Nenggiri«),
MR-Güterwagen,
zwei RSR-Gepäckwagen,
ein RSR-Wagen zweiter Klasse,
ein RSR-Wagen zweiter Klasse mit Sections,
ein RSR-Speisewagen,
ein RSR-Schlafwagen, Klimaanlage, 3 Singles, 6 Doubles,
ein RSR-Wagen erster Klasse, klimatisiert,
ein RSR-Schlafwagen erster Klasse, nichtklimatisiert,
ein MR-Schlafwagen erster Klasse, nichtklimatisiert, blaugelb.

Pünktlich fahren wir los. Die zugelassene Höchstgeschwindigkeit von achtzig Stundenkilometern wird oft überschritten, bis Bangkok beträgt das Reisedurchschnittstempo immerhin 52 Stundenkilometer. Gegen Mittag sind wir in Padang-Basar, dem malaysischen Grenzbahnhof. Viel Militär, viel Polizei, viel Zöllner, und alle sind sie freundlich. Angesichts der vielen Uniformen frage ich, ob es erlaubt sei zu photographieren, aber kein Mensch hat Bedenken. Die Uhr wird hier um eine halbe Stunde zurückgestellt. Um eben diese halbe Stunde später haben wir die Grenze passiert und sind dann in HatYai, der drittgrößten Stadt Thailands. Hier füllt sich der Zug.
Der Nachmittag vergeht rasch und abwechslungsreich. Bei der Ausfahrt aus HatYai sehen wir eine museal aufgestellte Dampflok; später erinnert die Landschaft an die Strecke zwischen Zaragoza und Canfranc, vor allem an die dortigen »Riglos«: Plötzlich steigen aus der Ebene basaltische Felshügel auf, zwischen denen sich der Zug hindurchschlängelt. Wir sind hier in der Nähe des Isthmus von Krah, dessen (nie ausgeführter) Durchstich einst als Abkürzung des Seewegs um Singapore geplant war. Am späteren Nachmittag erreichen wir Thung-Song, wo wir länger halten. Einige Güterzüge stehen oder rangieren; erfreulicherweise gibt es nur Dampfloks, alle blank geputzt, und die Tender gehen förmlich über von den regelmäßig geschichteten Holzstößen. Übrigens sind auch in kleineren Provinzstationen die Holzvorräte sorgfältig, wie mit dem Lineal gezogen, kreuz und quer aufgebaut.

Nach einer wieder recht gut gekühlten Nachtruhe wird das Frühstück binnen weniger Minuten nach der Bestellung vom Kellner in unseren Schlafwagenabteilen serviert: Tee, schon gebutterter Toast, Eierspeisen, je nach Wunsch. Bewundernswert ist die Geschicklichkeit, mit der die Kellner die fünf oder mehr Frühstücktabletts durch ebenso viele Wagen balancieren.
Schon eine halbe Stunde vor der Ankunft in Bangkok, dem heutigen Ziel der Fahrt, kündigt sich die Großstadt an: Auf einem Vorortbahnhof steigt ein Mann ein, der uns sein vor dem Bahnhof Hua-Lampong wartendes »Taxi« empfiehlt. In Wahrheit handelt es sich natürlich um einen »schwarzen« Transportunternehmer. Damit wir zu seinem Auto kommen, müssen wir nach dem Aussteigen bei 35 Grad Morgenwärme um beinahe den ganzen Bahnhofskomplex herum, während die richtigen Taxen direkt neben dem Ankunftsperron stehen, und zwar in ausreichender Zahl.

Einige Tage später starten wir nachmittags zur Fahrt hinauf nach ChiengMai, der zweitgrößten Stadt Thailands, Sommersitz der Königinmutter und Ziel der vierten und letzten Etappe dieser Reise. Vom Bahnhof Hua-Lampong, den wir inzwischen ausgiebig kennengelernt haben, geht um Punkt 17.05 Uhr unser »Express Nr. 7« ab. Er präsentiert sich wie folgt:

Diesellok CoCo Nr. 4014 (von General Motors),
zwei Gepäckwagen,
zwei Wagen zweiter Klasse,
ein Wagen zweiter Klasse nur bis Nakhon Lampang,
ein Wagen zweiter Klasse mit Sections, nur bis Nakhon Lampang,
ein Speisewagen,
zwei Wagen zweiter Klasse mit Sections,
ein Schlafwagen erster Klasse, nichtklimatisiert,
ein Schlafwagen erster Klasse, klimatisiert,
ein Wagen erster Klasse, klimatisiert.

Wieder finden wir unsere »Visitenkarten« an den Abteiltüren, und wieder sind Abfahrt und Ankunft pünktlich.
Die ersten beiden Fahrstunden bescheren uns in der goldenen Nachmittagssonne den Anblick der Türme und Pagoden der alten Hauptstadt Ayutthia. Dann bricht die Dunkelheit herein. Die Eindrücke der Nacht: Erneut kühlt uns die Klimaanlage, und uns stört das häufige ruckartige Anfahren oder Bremsen – es sind die Tücken der bei den RSR schon längst eingeführten automatischen Kupplung auf der ersten Bergstrecke, die wir durchqueren. In heißer Morgenstunde geht es dann über die zweite Gebirgsschwelle, wo streckenweise Begradigungen und neue Brücken zu sehen sind. Und dann halten wir am »Summit« mit der angeschriebenen Seehöhe von 578 Metern. Einheimische offerieren Früchte und »Curios« aller Art, bis zur ausgestopften Riesenfledermaus! Bald darauf sind wir im weiten Talkessel von ChiengMai, verlassen unseren Zug und ziehen im komfortablen »Ringcome-Hotel« ein, dessen Schwimmbecken so kühles Wasser enthält, daß man nach dem Bad gerne wieder die Sonne aufsucht.
ChiengMai liegt unfern des »Goldenen Dreiecks«, der Dreiländerecke Thailand-Laos-Burma. Neben dem Rauschgifthandel machen Flüchtlinge und die noch immer nicht »integrierten« Stämme diese Region etwas unsicher und nicht unbedingt zu einer vom Touristenschwarm bevorzugten Gegend. Ein kurzer Ausflug in ein Dorf, das in den nördlichen Vorbergen liegt und dessen Bewohner angeblich aus der Volksrepublik geflüchtete Chinesen sind, ist das Äußerste, was man hier an Exkursionen unternehmen kann. Hingegen bietet die Stadt mit ihren wunderschönen Tempeln alles, was des Fremden Herz begehrt.
Schließlich beginnen wir einige Tage später die Rückfahrt mit dem Gegenzug, dem »Express Nr. 8«. Unser Guide, ein sehr nettes Mädchen, das uns wunschgemäß mehr zu kulturellen Sehenswürdigkeiten als zu »handicraft shops« gebracht hatte (was eigentlich ihre Berufspflicht gewesen wäre), läßt es sich nicht nehmen, uns nicht nur auf den Bahnhof, sondern sogar bis in den Wagen zu begleiten. Ihre Verwunderung, daß wir drei Einzelabteile haben, ist groß: »Ja, vertragen Sie sich denn nicht miteinander, so daß jeder allein schläft?«
Die Zusammensetzung dieses Zugs gleicht dem, den wir auf der Hinfahrt benutzt haben. Wieder werden zu finsterer Nachtstunde in Nakhon Lampang die beiden Wagen zweiter Klasse eingereiht, wieder rüttelt die automatische Kupplung auf den Bergstrecken, wieder genießen wir morgens die frische Tropenluft aus den weit geöffneten Fenstern des Speisewagens. Am Morgen wird das erste Frühstück im Abteil serviert, nochmals der Blick auf die Türme von Ayutthia, und dann umfängt uns wieder das Getriebe der Weltstadt Bangkok und das Gewirr der Schienenstränge des Bahnhofs Hua-Lampong.
Rund 3750 Kilometer hinterindischer Meterspurstrecken liegen hinter uns, und wir können sagen, daß sich die Reisen in diesen Ländern nicht nur wegen ihrer Menschen und ihrer Kultur, sondern auch wegen ihrer Eisenbahnen gelohnt haben.

Vom Khaiber-Paß zum Adams-Peak

Eine Fahrt nach Indien – im weitesten Umfang dieses Wortes, also in die vier Staaten, in die der sogenannte »Subkontinent« heute zerfallen ist – gehört zu den größten und nachhaltigsten Erlebnissen, die man auf einer Reise empfinden kann. Die Eindrücke sind groß, zahlreich, tief und zum Teil deprimierend; vor allem ist es der Anblick des Elends, das nicht ganz verständlich scheint: Mit Ausnahme einiger Wüstengebiete im heutigen Pakistan und im indischen Dekkan ist die ganze Halbinsel in fast allen ihren Teilen fruchtbar; von einer »Bevölkerungsexplosion« im eigentlichen Indien kann man keineswegs sprechen, wenn man bedenkt, daß die Dichte der etwa 700 Millionen Bewohner mit 190 Menschen auf den Quadratkilometer hinter der des von der Natur wesentlich weniger begünstigten Japan mit 305, oder gar der europäischen Niederlande mit 330, noch weit zurückbleibt. Woran mag es also liegen? Am Klima wohl kaum, denn Länder mit rein tropischen Temperaturen wie zum Beispiel Malaysia oder Thailand erscheinen gegenüber der indischen Armut »reich«, und ausgerechnet in den wärmeren, südlichen Teilen Indiens trifft man auf viel weniger Elend und Hunger als im Norden, ganz abgesehen von Sri Lanka. Man hat den Eindruck, daß die Inder einfach nicht fähig sind, sich selbst zu helfen; paradox scheint es freilich, daß die Inder aber überall, wo sie im Ausland leben – Singapore, Fidschiinseln, Ost- und Südafrika, Karibik –, zu den wohlhabendsten Schichten der dortigen Bevölkerung gehören! Ich habe oft Stimmen gehört, deren Tenor ungefähr so lautete: »So lange Großbritannien herrschte, war wenigstens Ordnung und Gerechtigkeit, seit die Engländer weg sind, gibt es Elend und Korruption.« Und das mag auch auf Pakistan, Bangladesh und Ceylon ebenso zutreffen wie auf Indien. Schließlich ist ja auch der ganze Subkontinent, einschließlich des vorgelagerten Sri Lanka, zu einem einzigen Großraum von der Natur wie geschaffen, und das überall gleichmäßig funktionierende Regime der einstigen Kolonialmacht hat dieser natürlichen Einheit wohl besser entsprochen als das Zerreißen in vier verschiedene und einander bekämpfende Staaten ohne natürliche Grenzen.

Diese Gedanken begleiten den Reisenden auf indischem, pakistanischem, bengalischem und ceylonesischem Boden vom ersten Tag an.

Zum eigentlichen Thema sei vorausgeschickt, daß das einstige (britische) Kaiserreich Indien schon seit den sechziger Jahren des vergangenen Jahrhunderts ein vielverzweigtes und gut funktionierendes Schienennetz besaß, dessen Basispunkte die untereinander ein Trapez bildenden Städte Bombay, Delhi, Calcutta und Madras waren; freilich war und ist die Dichte dieses Netzes im Verhältnis zur Einwohnerzahl relativ dünn, aber auch noch nach dem Zweiten Weltkrieg sind viele Bahnen neu gebaut worden, nicht zuletzt infolge der durch die Teilungen entstandenen neuen Grenzen. Beginnen wir unsere Reise im äußersten Nordwesten, also in dem der afghanischen Grenze nahe gelegenen Teil Pakistans.

Eine Fahrt über den Khaiber-Paß

Die Hauptlinien der heutigen Pakistan Railways – das Rückgrat bildet die Strecke Peshawar–Rawalpindi–Lahore–Karatschi – sind größtenteils in der (spanischen) Breitspur von 1,676 Metern, Nebenlinien auch in Meter- oder in Schmalspur (0,76 m) angelegt. Vielfach herrscht noch Dampfbetrieb, wenn auch nach und nach von Diesel verdrängt, von Elektrifizierung ist noch recht wenig zu merken. Einrichtung und Betrieb gehen natürlich alle auf die britische Zeit zurück und entsprechen dem, was wir auch in Indien sehen werden.

Im Personenverkehr gibt es derzeit drei Klassen: air-conditioned (AC) erste und zweite Klasse. In den beiden oberen Kategorien sind die Abteile bei Nacht in Zwei- oder Vierbettschlafstellen zu verwandeln. Doch gibt es in der zweiten Klasse, wenigstens in den bedeutenderen Schnellzügen, auch unseren Liegewagen ähnliche Schlafeinrichtungen. Eine Spezialität der Pakistan Railways sind sogenannte »Ice-Containers«, die man dort, wo es keine AC-Klasse gibt, gegen eine geringe Gebühr in den heißen Sommermonaten mieten kann. An die in Europa längst ausgestorbenen Damenabteile erinnern die hier fast überall durch ein originelles Piktogramm kenntlich gemachten Abteile mit der Aufschrift »Ladies only«, die aber auch Kinder bis zu zwölf Jahren zusammen mit Verwandten benutzen können. Im Unterschied zu Indien muß man hier auch in der AC-Klasse das »Bedding« gegen eine Gebühr mieten, dafür bekommt man aber in Pakistan nicht nur das Bettzeug, sondern (wie »Thomas Cook's Overseas Timetable« ausdrücklich vermerkt) auch Handtuch, Seife und Toilettenpapier!

Die besten Züge sind der »Khyber-Mail« und der »Chenab-Express«, beide fahren von Peshawar nach Karachi, dann der »Tezgam« von Rawalpindi nach Karachi und der »Quetta-Express« von Rawalpindi nach Quetta, der wichtigsten Stadt in Beludschistan. Diese Züge führen die obengenannten drei Wagenkategorien. Für die fast 1700 Kilometer von Peshawar nach Karachi braucht der schnellste (»Khyber-Mail«) rund 33 Stunden (zwei Nächte und einen Tag), er fährt also durchschnittlich mit fünfzig Stundenkilometern.

261

Es ist mehr als 15 Jahre her, daß wir aus Afghanistan per Flugzeug in Peshawar eintrafen. Das Hotel war im typisch altenglischen Kolonialstil erbaut, mit breiten, überdachten Veranden vor den Zimmern. Schön war der gepflegte Rasen vor dem Haus. Deprimierend waren aber die Eindrücke, die wir in der Stadt erhielten: Unzählige Bettler, Krüppel und Aussätzige füllten die Straßen, und im Staub und Schlamm der Gehsteige schliefen Obdachlose.
Anderntags dann zuerst eine ausgiebige Bahnhofpromenade, die viel Interessantes für uns Eisenbahnfans bot, wofür der »Station Master« auch Verständnis hatte und dem Photographieren überhaupt nichts in den Weg legte.
Den Höhepunkt unseres damals kurzen Besuchs am Rande Pakistans bildete aber die Fahrt über den Khaiber-Paß, leider nicht auf der Schiene, sondern mit dem Auto, doch auch die war interessant genug. Die rund 300 Kilometer, die zwischen Peshawar, der Hauptstadt der ehemaligen Nordwest-Grenzprovinz Britisch-Indiens, und der afghanischen Metropole Kabul liegen und die heute auf einer bestens ausgebauten Straße zurückgelegt werden, waren seit Jahrtausenden ein wahrer Wetterwinkel der Weltpolitik. Das Kernstück dieser Verbindung ist der Khaiber-Paß, ein Völkertor, das in der Geschichte der aus Innerasien kommenden Erobervölker ungefähr dieselbe Rolle spielte wie die Alpenpässe für die Wanderungen der Germanen nach Italien: Mit Ausnahme Alexanders des Großen, der den kürzeren, aber schwierigeren Abstieg entlang des Kabul-Flusses genommen hatte, sind alle anderen

Abbildung 261: Der Lokführer dieser pakistanischen Maschine (unverkennbar britischer Herkunft) hatte ebensowenig gegen das Photographieren einzuwenden wie der Station Master des Bahnhofs in Peshawar

über den Khaiber-Paß hinunter in das grüne Fünfstromland (Pandschab) gezogen: die arischen Hindus des Heldenzeitalters, der Gewittersturm Timurs 1739, der erste Mogul Kaiser Baber 1519 bis zu Nadir-Sehah 1738 (der den berühmten Pfauenthron aus Delhi nach Teheran brachte) und bis zu den Einfällen der Afghanen.

Nachdem Indien britisch geworden war und zugleich die Russen sich immer mehr in Mittelasien ausgebreitet hatten, wurde der Khaiber-Paß das potentiell gefährliche Einfallstor aus dem Pufferstaat Afghanistan, das zum »Glacis« Indiens zu machen den Briten trotz dreier blutiger Kriege nie gelungen ist: Aus dem ersten Krieg (um 1840), in dem ein anglo-indisches Expeditionsheer in Afghanistan eingedrungen war, soll der Legende nach nur ein einziger Mann (der Arzt) lebend zurückgekommen sein; der zweite afghanische Krieg (um 1880) blieb ebenso erfolglos; der letzte dieser drei Kriege (1920) endete mit einem Sieg der Afghanen bei dem schon unten im Pandschab gelegenen Thal!

Zu dieser neuralgischen Rolle, die Geographie und Geschichte vorgezeichnet haben, kommt die Schwierigkeit der Grenzbevölkerung: Die hier ansässigen Afridi haben niemals einen Herrn über sich anerkannt; sie raubten, was ihnen in den Weg kam, und erst britischer Staatskunst gelang eine gewisse Zähmung durch die Aufstellung der sogenannten »Khyber-Rifles«, einer Art Schutztrupp, in der die Afridi selbst zusammen mit indischen Soldaten und unter englischen Offizieren den Weg sichern durften. »Divide et impera«! Ob sie heute friedlicher geworden sind, vermag ich nicht zu sagen, aber jedenfalls trugen sie noch im Jahr 1968 in den regulären, schreiend bemalten Fahrzeugen des »Afridi-Bus-Service« ihre Flinten, diese Autobusse versahen den Routendienst von Peshawar bis zur Grenze, und an Fahrgästen sah man stets mehr auf dem Dach denn im Inneren!

In Fort Jamrud, bis wohin die Straße in der Ebene verläuft und wo wir schon die ersten Paßkontrollen über uns ergehen lassen mußten, warnte ein Schild, daß es verboten sei, »Tribal Women« zu photographieren. Dann dringt die Straße in die Schluchten des Sefid-Kuh, der hier im Khaiber-Paß einen Einschnitt für Straße und Eisenbahn offen gelassen hat.

Geister und Stupas

In engen Kurven, zwischen Hunderte von Metern hohen Felsen, schraubt sich der Weg nun in die Höhe. Zumeist sieht man neben der Straße die Trasse der Eisenbahn, die von britischen Militäringenieuren in den zwanziger Jahren angelegt worden ist. Sie hat einige Spitzkehren und insgesamt nicht weniger als 39 Tunnels. Kurioserweise fuhr damals (1968) nur ein einziger Personenzug in der Woche hin und zurück, und zwar freitags, also am islamischen Feiertag, bis zur Grenz- und Endstation Landi Kotal. Für 1985 vermerkt »Thomas Cook's Overseas Timetable«, daß dieser Freitagszug vermutlich auch gegenwärtig fährt, aber Ausländer bis zur Klärung der politischen Verhältnisse nicht mit dieser Bahn fahren können. Die Linie ist übrigens breitspurig und wird mit den gleichen Maschinen und Wagen bedient, wie wir sie in Peshawar gesehen haben. Die Trassierung der Bahn hatte seinerzeit nicht weniger als fünf Jahre gedauert. Die Ursache: daß man dort angesichts der erwähnten Afridi keine Stunde seines Lebens sicher war. Besagte Afridi, aber auch Angehörige anderer Völkerschaften aus Indien, ließen sich nicht zur Arbeit heranziehen, schließlich holte man Pathanen aus benachbarten Gegenden der Grenzprovinz, die für die Afridi nicht ausnahmslos dauernder Anlaß zu Mord und Totschlag waren!

Da wir damals – wie gesagt, 1968 – um eine halbe Woche zu früh (oder zu spät) in Peshawar waren, konnten wir den einzigen Freitagszug nicht benutzen, wohl aber von der Straße aus die wesentlichen Eindrücke dieser Strecke gewinnen: Teilweise verläuft die Bahn oberhalb der Straße; imposant sind manche Brückenwerke. Die wenigen Stationen sind, wohl einmalig auf der Erde, als »Combined Booking-Office-Window and Machine-Gun-Forts« angelegt, das heißt, daß der Kassenschalter zugleich Schießscharte ist. Wachtürme und Schießscharten sieht man ebenfalls bei jeder Brücke, denn diese Bahn diente auch dazu, die indische Nordwestgrenze militärisch abzusichern. In einigen Felsen sind Wappen verschiedener britischer Regimenter eingemeißelt, die in den afghanischen Kriegen kämpften. Die Bahn ist seinerzeit über die Endstation Landi Kotal hinaus bis zur afghanischen Grenze ausgebaut worden. Sie geht dort noch ein Stück bergab und verliert sich schließlich im Gelände. Befahren wird diese Fortsetzung aber nicht mehr.

Die Straße hingegen, auf der wir damals von Peshawar aus nach Kabul fuhren, hat zwei besondere Attraktionen. Wenn man oben auf der Höhe angelangt ist und zurückblickt: Im hitzeflimmernden Dunst liegt unter und hinter uns die Ebene – es ist die Stelle, von der aus schon vor Jahrhunderten die aus den rauhen innerasiatischen Steppen kommenden Arier und später auch die türkischen und mongolischen Eroberer das »Gelobte Land« zum erstenmal erblickt haben mögen –, die reiche, warme, grüne, fruchtbare Ebene, freilich zugleich auch das Land, das ihnen durch feuchte Hitze und phantastische Gottheiten das Mark aus den Knochen gesogen hat, ein Schwächungsprozeß, von dem sie sich offenbar bis heute nicht erholt haben. Doch auch die fremden Eroberer bis zu Nadir und den Afghanen mögen an dieser Stelle ihr Traumland zum erstenmal gesehen haben, doch war ihr Verbleiben im Tiefland – und das gilt auch für die Briten — immer nur vorübergehend, so daß sie dem Auszehrungsprozeß entgangen sind.

Die zweite Attraktion der Straße ist eine uralte buddhistische Stupa, nahe der Straße und fast unmittelbar neben dem Bahndamm; mit Sicherheit stammt sie aus der Zeit, als hier noch die graeco-buddhistische Kultur herrschte,

die dann im abgeschiedenen Tal von Bamyan ihren Höhepunkt erreicht hatte, bevor sie von den Nachfolgern Dschingis-Khans so gut wie ausgetilgt wurde.
Für die mohammedanischen Afridis ist diese Stupa noch heute eine Stätte des Unheimlichen, weil ihnen das Wesen des Buddhismus etwas absolut Fremdes und daher Unverständliches ist. Noch während des Bahnbaus in den zwanziger Jahren galt es als sicher, daß hier Geister ihr Unwesen treiben; ein durchaus seriöses Buch eines britischen Militäringenieurs berichtet von vielen Fällen, daß in der Nähe dieser Stupa Übernachtende am anderen Morgen erwürgt aufgefunden wurden!
Hier und für heute wollen wir die Reise nach Afghanistan abbrechen und wieder zurückkehren nach Pakistan und uns dann von dort aus im (Bruder- oder) Nachbarstaat Indien auf der Eisenbahn umsehen.

Auf drei Spurweiten durch Indien

Das indische Eisenbahnnetz ist bekanntlich im Verhältnis zur Einwohnerzahl relativ dünn, es gehört aber zu den umfangreichsten der Erde. Zu Anfang der siebziger Jahre, als wir das Land bereisten, gab es rund 60000 Kilometer Strecke, also etwa doppelt soviel wie in der BRD. Davon waren rund 30000 Kilometer in Breit-, 25000 Kilometer in Meter- und 5000 Kilometer in Schmalspur angelegt. Vor allem Dampflokomotiven waren damals noch gewaltig im Vorsprung; von ihnen gab es etwa 10000, denen gegenüber die 900 Diesel- und 500 Elektroloks kaum ins Gewicht fielen. Daran hat sich bis heute nichts Grundlegendes geändert. Die Dampflokomotiven werden nicht nur vom Ausland, sondern auch aus den landeseigenen Werkstätten in Chittaranjan bezogen.
Die Eisenbahn spielt in Indien für die Bevölkerung eine wesentlich wichtigere Rolle als in Europa, zumal der Besitz eines Autos für den »kleinen Mann« ein unerfüllbarer Wunschtraum ist. Täglich fahren in rund 10000 Zügen etwa sieben Millionen Passagiere, das ist ein Prozent der Gesamtbevölkerung. Das Netz der Indian Railways entstand in der britischen Zeit, was bis heute nicht zu übersehen ist: Linksverkehr auf doppelgleisigen Strecken, hohe Bahnsteige und die älteren Stellwerke und Semaphore wie vieles anderes mehr erinnern an »Merry Old England«.
Die Personenwagen sind zumeist vierachsige Abteilwagen, die keine Übergänge haben; zum Teil gibt es aber auch Seitengangwagen, doch sind auch bei ihnen Übergänge selten. 1970, als wir dort waren, gab es nicht weniger als sechs Tarifabstufungen, die aber inzwischen auf nur mehr vier verringert worden sind: normale zweite Klasse (die billigste Kategorie und wieder unterteilt nach Lokal- und Schnellzügen); dann die sogenannten »Air-conditioned Chair-Cars«, das ist eine etwas komfortablere zweite Klasse mit Klimaanlage, die heute schon in allen größeren Expresszügen zu finden ist und deren Preis fast das Dreifache derselben Klasse in einem Lokalzug ausmacht; das Nächsthöhere ist die nichtklimatisierte erste Klasse, die wieder fast doppelt so teuer ist wie die AC Chair-Cars; und den Gipfelpunkt des Komforts, aber auch des Fahrpreises, bilden die Wagen der Air-conditioned-Klasse, in denen man genau doppelt soviel wie in der gewöhnlichen ersten Klasse bezahlen muß. Die billigste Fahrkarte, also Lokalzug zweiter Klasse, und die teuerste, also die AC-Klasse in Schnellzügen, stehen zueinander im Verhältnis von 1:10! Wahrlich eine ansehnliche Differenz, bedenkt man, daß dieses Verhältnis in Europa durchschnittlich 1:1,5 beträgt. Andererseits aber ist es durchaus verständlich und berechtigt, wenn man den gebotenen Komfort vergleicht: Unterscheiden sich in Europa die beiden Klassen heutzutage kaum voneinander, so sehe man dagegen etwa einen Vorortzug in Calcutta oder Madras, in dem mehr Passagiere auf den Trittbrettern und Dächern fahren als im Inneren, und dann ein vierplätziges Abteil in der AC-Klasse eines Expresszugs, mit 3,50 Metern Länge, mit Waschtisch, Speiseservice im Abteil, Garderobenraum und mit einem »Attendant«, der das Gepäck bewacht und jeden erfüllbaren Wunsch von den Augen abliest! Schlafgelegenheit gibt es nicht nur in den beiden oberen Klassen (Zwei- oder Vierbettabteile in der AC-, Vier- bis Sechsbettabteile mit Toilette/WC in einem Annexe in der ersten Klasse), sondern in einfacherer Art auch in der zweiten Klasse großer Überlandzüge, in denen man zwei- oder dreibettige Liegestellen übereinander improvisieren kann (»2-tier« oder »3-tier«), freilich ohne Bettwäsche, die man in der ersten Klasse gegen mäßige Gebühr mietet; nur in der AC-Klasse ist das »Bedding« im Fahrpreis enthalten.
Typisch ist, daß sich viele Inder das besagte »Bedding« selbst mitbringen. Es geht dies auf religiöse Gründe beziehungsweise auf das Kastenwesen zurück: Mag die gemietete Bettwäsche auch noch so oft und noch so sauber gewaschen worden sein, so könnte doch ein Mitglied einer anderen oder gar einer niedrigeren Kaste darin geschlafen haben, und dann wäre es »unrein«.
Auch das Speisewagenwesen ist anders als bei uns. Führt der Zug keinen Speisewagen, so kann man sich durch den Schaffner beim nächsten Bahnhofsrestaurant telegraphisch eine Mahlzeit bestellen, die der dortige Kellner dann in das Abteil bringt. Das gleiche Service besorgt auf Wunsch auch der Kellner eines Speisewagens, wenn man zum Essen sein Abteil nicht verlassen will. Will man dies aber tun und sitzt man in einem Zug mit einer älteren Wagengarnitur, die keine Übergänge hat, so muß man zum Betreten und Verlassen des Speisewagens den Aufenthalt in einer Station benutzen. In älteren indischen Fahrplänen findet man daher auch bei vielen Bahnhofshalten um die Lunch- oder Dinner-Zeit den Vermerk »Enter Dining-Car« oder »Leave Dining-Car«. Bekannt dürfte es sein,

Abbildung 262: Die Khaiber-Paß-Bahn ist mit Erinnerungen an die englisch-afghanischen Kriege und an Geister sowie mit buddhistischen Stupas versehen

daß man in indischen Speisewagen entweder »Vegetarian« (Indian Style) oder »Non-Vegetarian« (European Style) essen kann.
Wenn man von den erwähnten und von Tausenden von Arbeitern überfüllten Vorortzügen der Großstädte absieht, so fehlt es eigentlich nirgends in indischen Zügen an Sauberkeit. Auf größeren Stationen kommen dienstbare Geister und kehren das Abteil aus, entfernen alle Speise- und sonstige Reste, nehmen auch stets gerne ein paar Rupien.
Ein Problem ist in nichtklimatisierten Wagen häufig das Hinaussehen durch die Fenster, denn diese sind meist sehr tief angesetzt und überdies (wegen Bettlern, Dieben oder Händlern) oft vergittert. Aber auch ohne Vergitterung ist das Hinaussehen vom Korridor oder vom Abteil aus oft stark beeinträchtigt, weil man sehr tief sitzt. Allerdings hat die tiefe Lage der Fenster auch einen klimatischen Grund, da von etwa acht Uhr morgens an kein heißer Sonnenstrahl mehr direkt in das Abteil fällt. Die Fenster entsprechen ebenfalls dem britischen Vorbild, sie werden nicht herabgelassen, sondern hinaufgeschoben. Auch sind sie oft mit Jalousien und Fliegengittern versehen. In den AC-Abteilen der ersten Klasse und der Chair-Cars ist man dieser Probleme freilich enthoben, denn man kann die Fenster leider überhaupt nicht aufmachen.
Wenn eine kurze Abschweifung erlaubt ist: Es empfiehlt sich, für eine längere Indienreise mit einem guten lokalen Reisebüro Kontakt aufzunehmen, sei es Thomas Cook oder ein anderes, wobei es auch sehr gute indische Unternehmen dieser Art gibt; es kostet das natürlich etwas mehr, aber dieses Mehr sollte schon sozusagen »noch drin« sein! Man reist schließlich zum Vergnügen, aber das tägliche Gefeilsche, Geraufe und Geschrei mit Trägern und Fahrern ermüdet und ärgert doch. So aber erledigt der örtliche Agent all diesen lästigen Kram. So auch hier: Kaum bin ich auf den Bahnsteig getreten, begrüßt mich schon der dortige Vertreter des größten indischen Reisebüros, engagiert zwei (anstatt sechs oder acht sich herandrängende) Gepäckträger und geleitet uns zum bestellten Taxi und ins Hotel. In all den zwei Monaten, die wir den Subkontinent bereist haben, hat diese vorherige Kontaktaufnahme mit einer einzigen (und unwesentlichen) Ausnahme stets hervorragend geklappt.
Reiseberichten aus den letzten Jahren zufolge hat sich die Korruption heute auch schon in die diversen Reisebüros und Bahndienststellen eingefressen, so daß es problematisch ist, ohne unverhältnismäßigen Mehraufwand an »Bakschisch« eine zuverläßliche Reservierung in einem Zug zu erhalten.

Auf Meterspur durch Radjastan

In Bombay hatten wir erstmals indischen Boden betreten, leider nicht zu Schiff angekommen – wer hat heute schon Zeit, zwei Wochen auf hoher See zu reisen (was viel schöner wäre) –, sondern mit dem Flugzeug. Der erste Eindruck war, mit Verlaub gesagt, nasaler Art, keineswegs unangenehm, aber eben so typisch indisch: der Holzrauch von kleinen Feuerstellen, die es auf der noch morgendlich leeren Straße zwischen Airport und Stadt gab, vermischt mit Dung, Gewürzen und anderen undefinierbaren Dingen, aber auch mit Blumen, kurz: eine einmalige und fremdartige Duftwolke.
Bombay, als Stadt besehen, und auch das anläßlich des Besuches König Georgs V. erbaute Triumphtor an der Wasserfront nennen sich »Gateway of India«. Sicherlich machen die maritime Lage und der seit Jahrhunderten blühende Handel mit dem Westen Bombay zu einem Tor in die Welt. (»Bom bahia« = Gute Bucht, hatten es die Portugiesen seinerzeit genannt.) Für den Ausländer aber, der hier zum erstenmal und ganz unvermittelt in die indische Atmosphäre gerät, mag diese Begegnung auch recht enttäuschend sein: Weder die Umgebung noch einzelne Bauwerke strahlen besonderen Reiz aus: das »Gateway of India« und gleich daneben das »Tadj Mahal Hotel« liegen keineswegs in repräsentativer, eher in schon am ersten Tag deprimierender Umgebung; schließlich wird auch die erstmalige Konfrontation mit dem unbeschreiblichen Elend manchen Europäer niederdrücken und den Eindruck Bombays unerfreulich machen.
Nach einem kurzen Abstecher mit einem Breitspurzug über die West-Ghats hinauf nach Lonavla (und von da zu Fuß hinauf zum Felsentempel von Karli) begannen wir erst die eigentliche, zwei Monate dauernde Reise in das Innere. Weil es zu unserem ersten Ziel, nach Udaipur, von Bombay aus keine direkten Züge gibt (man müßte in Ahmadabad von Breit- auf Meterspur umsteigen und das zu ungünstigen Fahrplanzeiten), wählten wir angesichts des umfangreichen Gepäcks den kurzen Luftweg und kamen knapp vor einem überwältigenden Sonnenuntergang am Ziel an.
Udaipur mag manchem – ich gehöre dazu – als eine der Perlen unter den indischen Städten erscheinen. Obwohl am Stadtrand schon etwas industrialisiert und verunziert, erscheint der Stadtkern doch immer noch als typische Residenzstadt eines Radschputenfürsten. Herrschaftlich großartig und in der Anlage einer mittelalterlichen Burgfeste ähnelnd, der Palast des Herrschers, der noch immer eine Hälfte der Räume bewohnt, während die andere für den Fremdenverkehr »erschlossen« ist. Vor der Landfront sind jenseits des Vorplatzes die (heute leeren) Stallungen der Elefanten des Hofes, die einst einmal im Jahr großartige Schaustellungen gegeben hatten. Auf der Seeseite aber – der Pichola-See und mehrere andere in der Umgebung sind künstliche Stauseen –, aus dem sogenannten »schönsten Zimmer der Welt«, ein traumhafter Ausblick auf das Wasser mit den beiden Inselschlössern Jagmandhir und

Abbildung 263: Dampflok der Indian Railways, Reihe WG, im Jahr 1975 in Gwalior, einer der eindrucksvollsten Städte im nördlichen Indien

Jagniwas. Das eine war schon zu unserer Zeit zu einem fashionablen »Lake Palace Hotel« umgewandelt, freilich nur im Inneren, außen völlig unverändert. Wenn überall auf der Welt im Zeichen des »Heiligen Fremdenverkehrs« alles so wäre wie hier, könnte man froh sein! Die Bootsfahrt bei Sonnenuntergang zurück von Jagniwas gegen die braunrot beschienene Front des Stadtschlosses über dem silberflimmernden Wasser gehört zu den unvergeßlichsten Eindrücken des Lebens...

Ab hier geht es dann endlich auf Schienen weiter nach Norden. Am Abend wollen wir auf dem Meterspurgleis nach Jaipur fahren. Unser Zug heißt noch heute »Chetak«, getauft nach einem einstmals berühmten Rennpferd eines Maharadschas; allerdings läßt sich der Zug mehr Zeit. Der Bahnhof von Udaipur scheint neueren Datums zu sein, Glas und Beton beherrschen die abendliche Dämmerung; vor dem »Chetak« dampft eine prächtige Lok der Baureihe YP, die gegen Morgen in Ajmer gegen eine Schwesterlok ausgetauscht werden wird.

Wir besorgen das »Bedding« in der Kanzlei des »Station Master«, was mit einigen bürokratischen Umständen verbunden ist: Für jeden von uns fünf wird handschriftlich ein Dokument ausgestellt, erst dann bringt der Attendant die Bettrollen ins Abteil. Es ist ein sechsbettiges Abteil der AC-Klasse, je zwei Betten übereinander an den beiden Außenwänden und an einer der Querseiten. Auf der anderen Seite liegen WC und Waschraum. Als sechster Reisegenosse stellt sich ein sympathischer junger Inder ein, der

sein eigenes »Bedding« mitbringt. Ähnlich wie auch in sowjetischen Zügen gibt es hier beim Aus- und Anziehen keinerlei geziertes Getue, zumal ja der separate Waschraum es ermöglicht, die Intimsphäre zu wahren.
Eine Erfahrung auf dieser ersten Meterspur-Nachtfahrt: Die Betten in Längsrichtung des Wagens sind wesentlich ruhiger, wogegen das mit uns reisende Ehepaar am Morgen behauptet, es sei förmlich zerrüttelt worden. Ich nehme dies mit Gleichmut auf, zumal es Autofahrer sind!
Von den Zwischenstationen dieser Nachtreise sehen wir natürlich nichts, aber schon um kaum sechs Uhr früh in Ajmer, als es noch dunkel ist, kommt der Kellner des Stationsrestaurants mit erstklassigem Tee und Gebäck, Butter, Marmelade und heißem Omelette. An diesem Vormittag halten wir nur zweimal, darunter am wichtigen Kreuzungspunkt Phulera-Junction, wo von Westen her die Strecken aus Jodhpur und Bikaner einmünden. Dann erreichen wir schließlich Jaipur.
Einige Tage später geht von Jaipur aus die Meterspur-Reise weiter. Wiederum ist es der »Chetak« mit einer Dampflok der Reihe YP, mit dem wir heute in einer Tagesfahrt in die Kaiserstadt Delhi gelangen wollen. Die Reise wird etwa acht Stunden dauern. Heute gibt es übrigens außer unserem »Rennpferd« noch einen wesentlich schnelleren »Pink-City-Express«, der nur etwas über fünf Stunden benötigt und lediglich einen einzigen Zwischenaufenthalt in Alwar einlegt. Ich habe den Namen des »Pink-City-Express« erwähnt: Die »Pink City«, also die rosarote Stadt, ist nämlich das Epitheton Jaipurs, dessen hervorragendste Gebäude tatsächlich in dieser Farbe gehalten sind, nicht zuletzt das eindrucksvollste Bauwerk, der Jawah-Mahal, der »Palast der Winde«, hinter dessen Fassade ein früherer Maharadscha einst ein heute als Attraktion bestauntes astronomisches Observatorium angelegt hatte; unweit daneben ein runder Platz, der an bestimmten Tagen mit Heufutter für Dutzende der »heiligen Kühe« bedeckt ist . . .
Diesmal haben wir ein vierplätziges Abteil, etwas kleiner als jenes, in dem wir bei der Nachtfahrt von Udaipur schliefen, aber es besitzt ebenfalls einen getrennten Toilettenraum. Noch vor der Abfahrt fragt der Schaffner, ob wir einen Lunch wünschen. Natürlich wollen wir, und beim Halt in Bandikui, um Punkt zwölf Uhr mittags, bringt uns ein dortiger Kellner die Tabletts ins Abteil. Die Landschaft ist einförmig, doch durchweg grün und gut angebaut. Nachmittags beim Halt in Rewari ist am Perron ein halbes Dutzend Frauen um einen Mann geschart, der offenbar Märchen erzählt. Sie nehmen keine Notiz von uns, die wir wieder einmal die Lok und den Zug ausgiebig photographieren.
In den schon etwas kühler gewordenen Stunden gegen Abend kommen wir in Delhi an und beziehen das im feudalen Villen- und Botschaftsviertel gelegene »Ashoka-Hotel«.
Delhi war Residenz der Mogulenherrscher, bevor der unglückliche Djihan nach Agra übersiedelte, seit 1912 sodann (anstelle von Calcutta) auch der britischen Vizekönige wie auch seit 1947 Hauptstadt des selbständigen Indien. Delhi ist die Kaiserstadt schlechthin: Sowohl die Mogulen wie auch die Briten haben hier ihre Denkmäler hinterlassen, jene das »Rote Fort« und die Grabmäler im Süden und Osten der Stadt, darunter das imposante Mausoleum Humayuns – diese aber das aus den zwanziger Jahren stammende Regierungsviertel mit seinen Prachtbauten und -straßen. Die an eine Via Triumphalis erinnernde Straße zwischen Parlament und Regierungssitz ist zweifellos der Londoner Mall nachempfunden, freilich in asiatischen Dimensionen – fünfmal so lang, dreimal so breit wie das Vorbild. Trotz aller Pracht und trotz aller unschätzbaren Kunstdenkmäler freilich auch hier der schreiende Gegensatz zwischen der Gepflegtheit des Regierungsbezirkes und der »Diplomatic Enclave« auf der einen Seite und den Elendsbildern in den Seitenstraßen und Vorstädten auf der anderen.

Von Madras nach Tiruchchirappalli . . .

. . . setzen wir einige Wochen später unsere Fahrt auf Meterspur fort. In Madras ist es schon wesentlich wärmer als im Norden, wenn auch das Meer mitunter kühlende Brisen bringt. Der Bahnhof Madras-Egmore, wo unser Zug bereitsteht, ist ein großes und sehr praktisch angelegtes Gebäude, man kann mit dem Taxi bis auf den Bahnsteig fahren. Im »Madras-Trivandrum-Express« finden wir unsere Plätze in einem Abteil mit Seitengang (ohne Fenstergitter), das mit unseren Namen versehen ist. Diese Praxis gibt es in fast allen indischen Schnellzügen, und auch das ist eine britische Sitte. Als sechsten im Abteil finden wir einen jungen Inder, mit dem bald ein interessantes Gespräch in Gang kommt. Nicht nur der Vorortverkehr um Madras, sondern auch die nach Süden führende Hauptstrecke bis zu dem 160 Kilometer entfernten Villupuram ist übrigens schon damals elektrifiziert. Der Zug leuchtet

Abbildung 264: »Überschreiten der Gleise verboten!« – auf dem Bahnhof von Trichinopoli scheint sich kein Mensch darum zu kümmern
Abbildung 265: Das eindrucksvolle »Gesicht« des »Madras-Trivandrum-Express«

in offenbar frischlackiertem Rot, die Elektrolok der Baureihe YAM (Achsfolge Bo-Bo) stammt aus Japan.
Anfangs halten wir einige Male, verursacht durch den morgendlichen Berufsverkehr. Auf dem flachen Land geht es dann bald flotter voran. Als in Villupuram der Draht aufhört, setzt sich eine der prächtigsten Dampfloks, die wir in Indien gesehen haben, vor den Zug: Es ist wieder eine vom Typ YP; sie glänzt in Rot und Schwarz, an beiden Seiten der Rauchkammer funkelt ein goldener Löwe. Wir geben unsere Bestellung für das Mittagessen auf, das uns beim nächsten Halt, in Vriddhachalam, ins Abteil gebracht wird. Das Komischste hier sind die vielen Affen, die in Indien ähnlich den Kühen eine Art Narrenfreiheit genießen: Sie rennen und hüpfen über alle Bahnsteige und putzen gewissenhaft alle Speisereste von den abgestellten Tabletts weg. Weiter geht es nun durch grünes Land, und nach einigen warmen Nachmittagsstunden sind wir am Ziel der heutigen Fahrt, in Tiruchchirappalli (auch Trichinopoly genannt): großer Bahnhof, betonierte Inselperrons, Tunnelunterführungen, denen zum Trotz freilich Dutzende von Leuten mit Fahrrädern ungeniert die Gleise überqueren. Der hiesige Agent hält mir schon beim Aussteigen einen Briefumschlag mit meinem Namen unter die Nase.
Einige Tage später machen wir von hier aus mit dem »Madras-Tuticorin-Express« einen Ausflug nach Madurai, der berühmten und wunderschönen Tempel- und Pagodenstadt, 150 Kilometer weiter im Süden. Sowohl auf der um grausam frühe Morgenstunde begonnenen Hin- als auch auf der abendlichen Rückfahrt zieht uns eine Dampflok der Reihe YP. Beide Male haben wir, obwohl ohne Platzkarten, ein Abteil mit Seitengang für uns allein, und beide Male erwischen wir ungewollt eines, das als »Ladies only« gekennzeichnet ist, doch vertreibt uns der Zugführer keineswegs. Auf halbem Weg, in der Station Dindigul, müssen wir lange auf einen entgegenkommenden Güterzug warten (die Strecke ist nur eingleisig), der dann stolz an uns vorbeirauscht. Übrigens haben in Indien auch manche Güterzüge individuelle Namen, wie zum Beispiel »Ballast King« oder »Pennar Queen«. Der Bahnhof von Madurai ist ebenso groß und überlaufen wie der in »Trichi«, wie man es abgekürzt nennt.
Armut und Elend sind aber hier im Süden merkbar geringer als oben im Norden. Der Schuhputzer am Bahnsteig poliert nicht nur die Schuhe, sondern flickt meinem Sohn auch gleich ein kleines Loch in der Sohle. Auf der abendlichen Heimfahrt steigt in einer kleinen Zwischenstation aus der dritten Klasse ein europäisches junges Hippie-Ehepaar mit einem winzigen Säugling in einem Körbchen und mit einem riesigen Rucksack aus. Ich frage mich, was machen diese Leute in diesem Nest, das keinerlei Sehenswürdigkeiten bietet, was wollen diese Menschen hier, wollen sie bloß meditieren? Indien ist schon ein eigenartiges, phantastisches Land, das seine Anziehungskraft offenbar auch auf die Außenseiter der europäischen Gesellschaft ausübt. Mit diesen Überlegungen geht der heutige Ausflugstag zu Ende . . .

Auf Breitspur zum Tadj-Mahal

Es ist noch dunkel, als der »Tadj-Express« am frühen Morgen den Bahnhof Delhi-Junction pünktlich verläßt. Die Dampflok ist ein mächtiges Exemplar des Typs »Pacific« (Achsfolge 2-C-1). Vor dem AC-Wagen wartet ein »Guard« auf die Passagiere, verstaut die größeren Gepäckstücke im Vorraum, dessen Bewachung seine Aufgabe ist. Dieses Paradepferd unter den indischen Tagesschnellzügen führt in der AC- und in der ersten Klasse offene Saalwagen mit Sitzen 1 : 2 beiderseits des Mittelgangs; bequeme Fußleisten, große Beinfreiheit, kleine Klapptische in den Rückenlehnen der Vordersitze sowie große und hohe Fenster, die sich freilich wegen der Klimatisierung nicht öffnen lassen, aber gute Sicht bieten. Neben Waschräumen und WC finden wir in unserem AC-Wagen sogar einen »Frisiersalon«. Die Passagiere sind fast ausnahmslos europäische Touristen. Der »Tadj« legt die 195 Kilometer bis Agra in drei Stunden zurück, wobei er nur einmal, in Mathura, hält. Pünktlich fahren wir ab.
Wie uns schon aus Bombay bekannt ist, so auch hier der frühmorgendliche Anblick des Bahndammes im Vorstadtbereich: Dutzende Bewohner verrichten in hockender Stellung und mit dem Rücken zum Geleise ihre »Morgenandacht«, die ihnen offenbar ein echtes Anliegen ist, das konzentrierte Aufmerksamkeit verdient. Daß ihr Tun vom Zug eingesehen werden kann, stört sie nicht, denn – »Von vorne sieht mich keiner, von hinten kennt mich keiner«. . .
Fast unvermittelt wird es nun hell. Im Osten geht die Sonne blutrot auf, als wir abfahren, zehn Minuten später leuchtet rechts das Grabmal Humayuns im Morgenlicht. Der Kellner bringt uns die Frühstückstabletts, und nachdem wir gegessen haben, unternehmen wir einen Bummel durch den Zug, der nur Durchgangswagen mit Übergängen hat. Unserem AC-Wagen folgen zwei Wagen der ersten Klasse, dann kommen ein Speisewagen und schließlich mehrere Wagen der (damaligen) dritten Klasse. Nur für die letzteren scheint der Speisewagen bestimmt zu sein, da nicht nur bei uns, sondern auch in der ersten Klasse am Platz serviert wird. Die Fahrt auf der zweigleisigen Strecke ist flott, wir begegnen zahlreichen Güterzügen, die prächtig qualmen; der Zug läuft ruhig, was für die Qualität des Bahnkörpers spricht.

Abbildung 266: Tausende von »Pendlern« kommen morgens am Howrah-Bahnhof in Calcutta an, um ihre Arbeitsstätten aufzusuchen, im Hintergrund die riesige Brücke über den Hooghli

266

Wenige Minuten, bevor wir Agra erreichen, zeigt sich auf der linken Seite Sikandra, das großartige Grabdenkmal des kosmopolitischen Kaisers Akbar, des größten und glanzvollsten aller Mogulenherrscher.
Die Stadt und hier wieder der Tadj-Mahal werden wohl den Höhepunkt jeder Indienreise bilden. Es ist selten, daß die Attraktion, die am meisten angepriesen wird, auch tatsächlich die schönste ist; selten ist es auch im Leben, daß ein jahrzehntelang ersehnter Anblick dann in der Realität auch die Erwartungen erfüllt – hier aber trifft beides zu. Mag den Tadj-Mahal nun ein Inder oder – wie oft behauptet wird – ein Europäer (Austin de Bordeaux?) gebaut haben, er ist nach meiner Überzeugung das schönste, harmonischste und vollkommenste Bauwerk der Erde. Ebenso vollkommen ist auch seine Lage innerhalb eines Systems von Kanälen, Wegen, kleinen Wasserbecken und Hainen. Gleichwertig auch sein Anblick gegen den Sonnenuntergang vom »Roten Fort« aus, von dem Zimmer, aus dem sein Bauherr, Schah Djahan, als Gefangener seines Sohnes Djahangir über die Eitelkeit aller weltlichen Macht nachzudenken Zeit hatte und dessen einziger Trost schließlich eben dieser Blick auf das Grabmal seiner großen Liebe gewesen sein mag . . .

Heute fährt der »Tadj-Express« an einigen Wochentagen nicht mehr nur bis Agra, sondern noch fast zwei Stunden weiter in das etwa 120 Kilometer entfernte Gwalior. Inzwischen führt er ausschließlich AC- und AC Chair-Cars sowie einen Speisewagen. Im Interesse des Fremdenverkehrs lohnt es sich gewiß, daß seine Strecke verlängert worden ist, und kein Besucher von Agra sollte es versäumen, zumindest einen Tagesausflug nach Gwalior einzuplanen.
Gwalior gehörte einst zu einem Marattenfürstentum, dessen Hauptstadt Jhansi etwa weitere hundert Kilometer südlich liegt. Die junge Maharani dieses Staates war seinerzeit zusammen mit Nana Sahib eine der treibenden Kräfte des sogenannten Sepoy-Aufstandes von 1857, den die Briten »Mutiny« (Meuterei), die heutigen Inder aber den »Ersten Freiheitskrieg« nennen. Und bei der Erstürmung der Festung von Gwalior, einer der auch heute noch eindrucksvollsten Bauten aus der Marattenzeit, fiel die Fürstin, in Männerkleidung kämpfend, an der Spitze ihrer Truppen. Ihr (modernes) Denkmal zu Füßen der Festung – die Maharani hoch zu Roß, den geschwungenen Säbel in der Faust – ist nach meinem Dafürhalten, was Kunstexperten nachsehen mögen, an Schwung nur mit dem Torso der Nike von Samothrake im Louvre oder mit dem Standbild Leif Eriksons in Reykjavik zu vergleichen. Über eineinviertel Jahrhunderte besehen, scheint mir die fechtende Rani von Jhansi sympathischer als Gandhi am Spinnrad, dessen Predigt von »non-violence« angesichts der Kämpfe um Pakistan, Kaschmir und Goa reine Theorie geblieben ist . . .

Vom Tadj-Mahal zur Heiligen Ganga

Eine Woche später reisen wir auf Breitspur weiter, und zwar rund neun Stunden von Agra nach Benares (jetzt Varanasi genannt). Die Fahrt beginnt nicht im Hauptbahnhof »Cantonnement« – wie die Hauptbahnhöfe in vielen indischen Städten heißen, weil sie sich im Militär- und Regierungsviertel befinden –, sondern in der Station Tundla-Junction, die jenseits der Jumna liegt und wo die meisten Schnellzüge aus Delhi in Richtung Osten halten.
Zur Reise mit einem solchen Zug muß man sein Hotel in Agra rechtzeitig verlassen, denn man überquert nicht nur den Fluß, auf dessen Brücke ein regelmäßiger und abwechselnder Einbahnverkehr rollt, sondern man überquert am anderen Ufer dann auch die zweigleisige Hauptstrecke; die hier in kurzen Abständen geschlossenen Bahnschranken verlängern die ohnehin zwanzig Kilometer lange Autofahrt so, daß man unter Umständen seinen Zug versäumen kann; doch keine Nervosität, wir sind rechtzeitig da.
Der Bahnhof Tundla-Junction hat mehrere Inselbahnsteige, und viele Dampfloks rangieren hier mit Güterwagen. Mit einiger Verspätung, die er aber später wieder einholen wird, läuft unser »Kalka-Delhi-Howrah-Mail« ein, gezogen von der riesigen Diesellok des Typs WDM/4 (Achsfolge CoCo) von General Motors. (Inzwischen ist die Strecke ab Delhi längst elektrifiziert worden.) Damals wie heute führt der Zug AC, erste und zweite Klasse bis Howrah, dem Hauptbahnhof von Calcutta, und Speisewagen bis Benares. Unser Wagen der AC-Klasse ist am Schluß des Zugs: Unser Abteil ist von einer in Europa unbekannten Geräumigkeit.
Der Wagen hat außer Kofferraum, Toiletten und zwei Duschräumen nur 14 Plätze – luxuriöser geht es nicht! Unser Abteil ist für vier, die fünf Halbabteile sind für je zwei Personen eingerichtet. Natürlich stehen wieder überall die Namen der Passagiere angeschrieben. Die beiden Fenster sind groß und nicht vergittert. Zwischen ihnen befindet sich ein Waschtisch. Auf zwei beweglichen Tischchen wird später das Essen serviert werden. Das Abteil ist dreieinhalb Meter lang und damit eines der größten, das ich jemals für vier Personen gesehen habe. Der Attendant bringt sofort weiße Kopfkissen und fragt nach unseren Speise- und sonstigen Wünschen.
Die brettebene Landschaft Hindustans, die wir mit gleichmäßiger Geschwindigkeit von mehr als sechzig Stundenkilometern durchfahren, ist recht eintönig, aber fruchtbar. Nach dem Mittagessen, das uns der Attendant selbstverständlich im Abteil serviert (European Style), halten wir in Kanpur (Cawnpore). Dort erhalten wir statt der Diesel- eine Elektrolokomotive vom Typ WAM/1. Sie wird uns bis Benares ziehen, mit einer Durchschnittsgeschwindigkeit von etwa siebzig Stundenkilometern.
Auf den wenigen größeren Stationen, an denen wir halten, drängen sich fliegende Händler mit Kaffee, Tee (»Kawah, Tschai!«), Limonade, Obst, Bäckereien. Uns wird der Nachmittagstee natürlich wieder im Abteil serviert. Von

den Mitreisenden läßt sich kaum jemand blicken – die meisten verbringen anscheinend den größten Teil des Tags im Bett. Aber schließlich dauert die Fahrt von Kalka über Delhi bis Calcutta ja zwei Nächte, und die Gegend bietet nichts Sehenswertes oder Abwechslungsreiches. Leider wird es hier, wie überall in subtropischen Gegenden, schon früh dunkel. In der Nacht erreichen wir schließlich den Bahnhof von Benares (er heißt Mughal-Sarai), der von der Stadt durch den Ganges getrennt ist.

Mit der Königin von Bhutan ins Seebad

Unsere dritte Fahrt auf Breitspurgleisen machen wir bei Nacht. Ausgangspunkt ist Calcutta, besser gesagt, der jenseits des Hooghly gelegene Bahnhof Howrah, der wohl der größte und verkehrsreichste Indiens ist. Wir wollen in den Pilger- und Badeort Puri, und unser Zug nennt sich dementsprechend »Puri-Express«.
Zur morgendlichen wie zur abendlichen »rush hour« benutzen einige Hunderttausende die 18 Gleise des Howrah-Bahnhofs. Auf der einzigen Brücke über den Hooghly herrscht dann das Chaos – bei Sonnenuntergang brauchen wir im Taxi eine geschlagene halbe Stunde, um die Brücke zu überqueren, schrittweise, eingekeilt in sechs Fahrzeugschlangen und erstickende Benzindämpfe.
Bis zum 120 Kilometer entfernten Karagpur zieht uns eine Elektrolok vom Typ WAG, von dort bis Khurda Road sind es zwei, zuletzt dann eine Diesellok der Baureihe WG. Die Wagen sind nicht rot, wie sonst in Indien, sondern in zweierlei Blau gestrichen. Der »Puri-Express« erreicht die respektable Länge von 19 Wagen: ein Gepäckwagen, drei gemischte Wagen dritter Klasse/Post beziehungsweise Gepäck, vier Wagen dritter Klasse, drei Wagen zweiter und dritter Klasse (»2-tier« und »3-tier«), drei gemischte Wagen erster/dritter Klasse, drei Wagen erster Klasse, ein gemischter Wagen erster Klasse/AC, ein Wagen zweiter Klasse »Ladies only« und ein Wagen der AC-Klasse.
Diesmal sind die Plätze für unsere fünfköpfige Gesellschaft in zwei benachbarten Wagen – zwei Halbabteile für je zwei Leute im AC-Wagen (der 14plätzige Typ, den wir schon kennen) und der fünfte in einem Single im gemischten Nachbarwagen (AC und erste Klasse) – untergebracht. Unser Halbabteil ähnelt denen europäischer Schlafwagen, ist allerdings viel geräumiger: zwei Betten übereinander, das Waschbecken neben der Tür und ein Klapptisch am Fenster; auf ihm serviert am nächsten Morgen in Khurda Road ein Kellner das englische Frühstück.
Khurda Road ist ein großer Bahnhof, in dem die Strecke nach Puri von der nach Madras führenden Hauptverbindung abzweigt. Mächtige Dampflokomotiven beherrschen das Bild, auf einem Nebengleis sehen wir die damals neuen Chair-Cars dritter Klasse. Das letzte Stück fahren wir mit der genannten WG. Es ist eine Güterzuglok, die auf dieser Nebenstrecke vermutlich wegen des geringeren zulässigen Achsdrucks bis Puri eingesetzt wird.
Im Nachbarwagen fuhr diesmal auch der Gouverneur der Provinz Westbengalen mit seiner Familie; seinetwegen ist das kleine Treppchen vor dem Einstieg am Perron, seinetwegen ist auch Polizei am Bahnsteig, seinetwegen sind Offiziere auf den Zwischenstationen, begrüßende Bahnhofsvorstände – der Attendant versichert jedoch meinem Sohn, daß er auf solche »offiziellen« Gäste nicht sehr neugierig sei, denn die geben zumeist zuwenig Trinkgelder! All dieser Aufwand ist jedoch nur seinetwegen, nicht aber wegen der Mitreisenden in unserem AC-Wagen, die es eigentlich mehr verdienen sollten: Fast diesen ganzen Wagen nimmt nämlich neben unseren beiden Halbabteilen die Königin von Bhutan, die Herrscherin dieses noch nicht vom Fremdenstrom überfluteten Kleinstaates an Indiens Nordostgrenze, mit ihrem Gefolge ein. Von ihr nimmt man aber »amtlich« keine Notiz. Knapp vor der Abfahrt verabschieden sich noch einige Herren ihrer Suite; die Königin tritt mit entschuldigendem Lächeln in unser Abteil zurück; die genannten Herren tragen bhutanesische Landestracht, die in unseren Augen, mit Verlaub gesagt, an Bademäntel und an Tiroler Wadenstutzen erinnert; der junge Reisemarschall, der im Zug mitfährt, sieht allerdings wie ein waschechter Beatle aus. Beim Aussteigen in Puri noch ein köstlicher Spaß: Ein dienstbeflissener Herr begrüßt mich mit der Frage, ob ich zur Suite der Königin gehöre! Aber ein »offizieller« Empfang findet auch hier nicht zu Ehren der Herrscherin statt, sondern nur zur Begrüßung des Gouverneurs – ob er wohl genügend Trinkgeld gegeben hat?

Zum dritthöchsten Berg der Erde

Nach den Erfahrungen, die wir mit der Breit- und der Meterspur gemacht haben, wollen wir uns nun auch noch der Schmalspur anvertrauen, und zwar der kleinsten, die es in Indien gibt: Das sind die nur sechzig Zentimeter breiten Gleise der Siliguri-Darjeeling-Bahn, die uns in Richtung Himalaja befördern wird.
Darjeeling gehörte bis 1835 zum Fürstentum Sikkim. Dann wurde es von der Ostindischen Kompanie gekauft, um eine kühlere Erholungsgegend für Beamte und Offiziere aus Calcutta zu erschließen. Da der Monsunregen die Straße dorthin häufig unterbrach, wurde 1878 beschlossen, eine Eisenbahn zu bauen. Am 4. Juli 1881 erreichten die Gleise das Ziel.
Die Bahn beginnt in der Ebene, in Jalpaiguri, von wo eine Breitspurstrecke nach Calcutta führt. Bei Sukna steigt sie auf 162 Meter und dann weiter bis zum Höhepunkt, dem 2258 Meter über dem Meeresspiegel liegenden Ort Ghoom. Danach geht es ein Stück bergab bis auf eine Höhe von 2076 Metern in Darjeeling. Im Durchschnitt beträgt die Steigung stattliche vier Prozent, weshalb vier »Loops« und fünf »Reversing Stations« gebaut worden sind. Aus früheren Zeiten und von anscheinend etwas ängstlichen Reisenden stammen Bezeichnungen wie »Sensation Corner« oder gar »Agony Point« für zwei besonders extreme Punkte.

Die Dampflokomotiven sind ausnahmslos Zweikuppler und englischer Herkunft; ihr Alter reicht bis in die 1880er Jahre zurück. Der Bahnbetrieb ist äußerst originell. Die Lokmannschaft ist sechs Köpfe stark: Lokführer, Heizer, zwei Mann auf dem Tender, die dort während der Fahrt die Kohle zerkleinern, und weitere zwei Mann, die vorne zwischen den Puffern sitzen und, wo es nötig ist, Sand streuen. Bei der Talfahrt hängen meist noch zwei oder drei Schaffner außen an den Wagen, um die Handbremsen zu betätigen. Die Personenwagen waren ursprünglich nur bessere Draisinen mit Holzbänken; längst sind es aber vierachsige Fahrzeuge mit 9,75 Metern Länge. Neben der dritten Klasse gibt es einige Wagen erster Klasse mit Mitteleinstieg und ledergepolsterten Bänken entlang der Fenster und an einer der Stirnwände.
Die Strecke von Jalpaiguri bis Darjeeling ist 87 Kilometer lang; ab Siliguri, das den eigentlichen Betriebsmittelpunkt bildet, sind es nur 80 Kilometer. Die Personenzüge benötigen zwischen sechseinhalb und acht Stunden, um den Berg zu erklimmen, abwärts etwa eine halbe Stunde weniger. Die Durchschnittsgeschwindigkeit von zehn Stundenkilometern ist nicht gerade imponierend, wenn man auch berücksichtigt, daß der Zug die ersten zehn Kilometer in der Ebene bis Sukna mit der dreifachen Geschwindigkeit bewältigt.
An einem Februarmorgen des Jahres 1970 gehen wir zum Bahnhof von Siliguri, an dessen erstem Bahnsteig die Schmal- mit den Breitspurgleisen durcheinanderlaufen. Mit etwas Verspätung schnauft unser Zug aus Jalpaiguri heran, und zehn Minuten später beginnt die Fahrt. Im Wagen der ersten Klasse sind wir die einzigen zahlenden Passagiere, die andere Wagenhälfte nimmt ein Eisenbahner ein, dem sich unterwegs noch einige andere hinzugesellen. Hinter der zierlichen Lok reihen sich die Wagen wie folgt: Gepäckwagen, zwei Wagen dritter Klasse, der eine davon teilweise »Ladies only«, ein Wagen erster Klasse sowie ein weiterer Gepäck-und-Post-Wagen; bis Sukna zusätzlich zwei Wagen dritter Klasse, die dort aber abgehängt werden, weil mit ihnen die Steigung bis Darjeeling nicht zu bewältigen wäre.
Die Fahrt zu beschreiben ist schwierig, man muß sie erlebt haben. Nach dem kurzen Stück in der Ebene kommt die zunehmend ansteigende Zone des subtropischen Nebel- und Regenwalds. Alle Dinge erscheinen wie verschleiert und verschwimmen in einer märchenhaften Unwirklichkeit. Die Kurven sind so scharf, daß man schon aus unserem dritten Wagen die Lok und den halben Zug vor sich sieht. Fast immer verläuft die Straße neben der Bahn, überquert sie unzählige Male, was mit unendlichem Pfeifen verbunden ist. Mehrmals müssen wir an Ausweichstellen entgegenkommende Güterzüge abwarten, diese fahren bergauf manchmal geteilt, aber im Sichtabstand hintereinander. Irgendwelche Signaleinrichtungen existieren nicht. Zum erstenmal sehe ich »Reversing Stations«: Um ein besonders steiles Stück auf leichteste Art zu überwinden, schiebt die Lok zurück und fährt zehn oder zwanzig Meter höher auf dieselbe Bergwand hinauf. Je höher wir kommen, desto kühler wird es. Die Zone des Regenwaldes liegt hinter uns, über sie hinweg gibt es immer noch hin und wieder einen kurzen Rückblick auf die im Süden zurückbleibende Tiefebene.
Um zehn Uhr vormittags halten wir in Kurseong. Rasch ist ein Kellner des Bahnhofsrestaurants mit Tabletts im Wagen: Tee, warmer Toast, Eier, Omelettes. Inzwischen fährt der Zug weiter, aber das stört weder uns noch den Kellner. Bis wir das Ende des Orts erreicht haben, dessen Hauptstraße unser Züglein munter pfeifend durchfährt, sind die Tabletts geleert, und der dienstbare Geist steigt einfach während der Fahrt aus. Hier und auch in den weiteren Stationen, an denen wir halten, springen oft Halbwüchsige oder auch Kinder während der Fahrt auf die Trittbretter und fahren einen Straßenzug lang mit.
In Ghoom macht sich die Höhe von mehr als zweitausend Metern bemerkbar. Man ist froh, wärmere Mäntel mitgenommen zu haben. Das buddhistische Kloster mit seinen bunten Gebetsfahnen läßt die Vorstellung, wir seien in Indien, endgültig schwinden – wir fahren durch die Vorberge des Himalaja. Bis Darjeeling geht es nun wieder etwas abwärts. Nach einer scharfen Kurve liegt der Ort vor und unter uns, im Mittagssonnenschein darüber die Pyramide des dritthöchsten Berges der Erde, des Kandschindschingu, 8585 Meter hoch.
Praktischer Hinweis: Die Gegend um Darjeeling ist militärisches Sperrgebiet, man braucht daher zusätzlich zum Visum ein »Special Permit«, um von Silguri hinauffahren zu dürfen. Hat man es nicht schon zu Hause bei der indischen Botschaft bekommen, so kann man es beim »Civil Office« in Delhi beantragen. Von Darjeeling weiter über Kalimpong nach Sikkim hineinzufahren erfordert ein zusätzliches Permit, das uns übrigens verweigert wurde.

Die Eisenbahnen im »Paradies«

Obwohl geographisch nur eine maritime Fortsetzung des indischen Festlandes (ähnlich wie Sizilien zu Italien), bietet Ceylon (jetzt Sri Lanka) doch in vielen Dingen ein eigenständiges Bild. Die Bevölkerung besteht aus Tamilen und Singhalesen und nicht aus Hindus; fast ausnahmslos herrscht der Buddhismus vor, auf den Brahmanismus oder den Islam trifft man kaum; Berge und Täler gibt es auch hier, aber keine Wüsten, sondern nur grünes, fruchtbares Land.
Alten Sagen zufolge soll hier einst das Paradies gewesen sein, aus dem Adam nach dem Sündenfall vertrieben wurde. An ihn erinnern sowohl die »Adams-Brücke« genannte Inselkette, die den Übergang zum Festland bildet, als auch der Adams-Peak, der höchste Berg der Insel. Sei dem wie immer, kommt man aus dem armen Indien herüber, so erscheint einem Ceylon noch heute »paradiesisch«, sowohl in der Landschaft wie auch im relativen Wohlstand seiner Bewohner.

267

268

Abbildung 267: Die Jubilee-Bridge über den Hooghli
Abbildung 268: Jamalpur-Tunnel im östlichen Bengalen
Abbildungen 269 und 272: Sowohl die Diesel- als auch die Dampfloks der Sri Lanka Government Railway beleben den Bahnhof von Kandy
Abbildungen 270 und 271: Noch immer fahren die kleinen Dampfmaschinen der Siliguri-Darjeeling-Bahn, hier in Tindaria (1970)

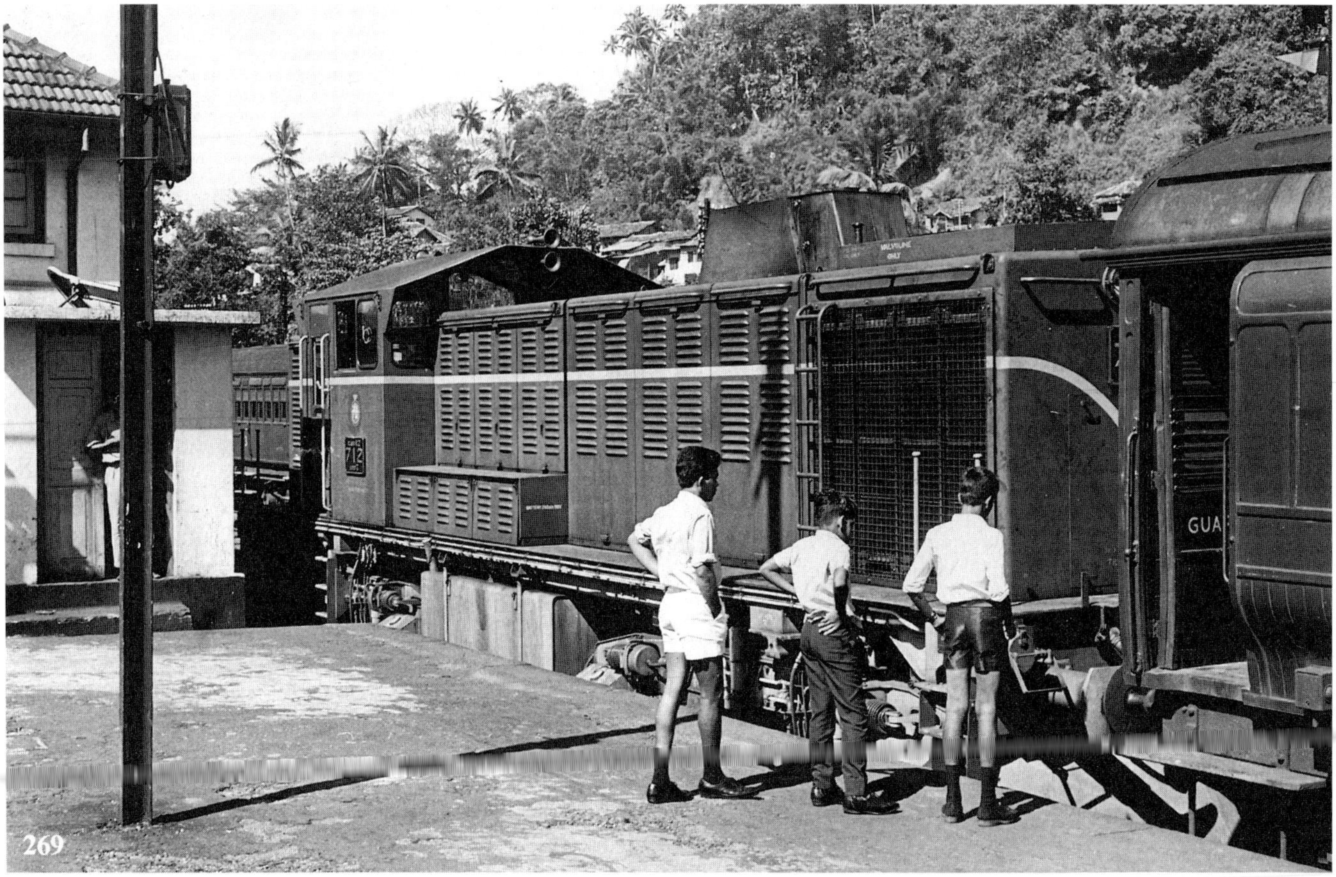

269

270

271

272

Wie die indischen, so sind auch die Eisenbahnen auf Ceylon während der britischen Kolonialherrschaft entstanden. Im Jahr 1865 fuhr der erste Zug. Mit Ausnahme einer einzigen Schmalspurbahn sind alle Schienenwege in der Breitspur von 1,676 Metern angelegt worden. Von der Hauptstadt Colombo aus gibt es drei Hauptstrecken: Eine führt entlang der Küste in südlicher Richtung nach Matara, eine geht nach Norden über Polgahawela, wo sie sich teilt nach Trincomalee an der Ostküste und nach Jaffna und Talaimannar an der Nordspitze; von Talaimannar fährt man zu Schiff in drei Stunden hinüber nach Rameswaram. Die erwähnte Schmalspurbahn (0,76 m) geht von Colombo zum östlich gelegenen Opanake.

Auf Ceylons Schienen ist im Gegensatz zu Indien der Dampfbetrieb so gut wie ausgestorben. Seit Jahrzehnten dominiert die Dieseltraktion: Die Maschinen stammen vorwiegend aus der Bundesrepublik Deutschland, der DDR oder aus England. Im Rahmen des sogenannten »Colombo-Plans« kamen auch Diesselloks von General Motors aus Kanada, die das bekannte Freundschaftszeichen der verschlungenen Hände zeigen und zum Teil eigene Namen tragen. Dampfmaschinen konnte man schon zu unserer Zeit fast nur mehr im Lokal- oder Rangierdienst sehen; von Elektrifizierung war allerdings noch nichts zu bemerken. Im Vorortverkehr von Colombo fahren vierteilige Dieseltriebwagenzüge. Auf der Schmalspurbahn nach Opanake gibt es ebenfalls Dieselbetrieb, aber zu unserer Zeit liefen auch noch einige reizende kleine Dampfloks, die vermutlich von Hunslet in England stammen – vermutlich, weil sie keine Fabrikplaketten tragen und die Lokführer nur singhalesisch verstehen.

Der Betrieb der Sri Lanka Government Railway verrät ebenso wie der der indischen Bahnen die britische Entstehungszeit: hohe Bahnsteige, englische Formsignale, auf den Postwagen stand damals sogar noch »Royal Mail«; im Bereich der Hauptstadt gibt es auch Lichtsignale und Gleisbildstellwerke. Die Züge sind zahlreich und meist sehr pünktlich.

Eine Eigenart des Fahrplans sind die nur an (oder: nicht an) »Poya-Days« verkehrenden Züge; diese »Poya-Days« sind Feiertage, die aber keineswegs mit unseren Sonntagen übereinstimmen; sie sind auch überhaupt nicht fix, sondern »Feiertag« ist jeweils der erste Tag der vier Mondphasen jedes Monats, also gemäß dem Mondjahr der Singhalesen zwischen sechs und acht Tagen auf einen Mondmonat von 29 Tagen verteilt. Die Fahrpläne sind in drei Sprachen und Schriften – Singhalesisch, Tamilisch und Englisch – abgefaßt.

Der Fahrgast, soweit er die oberen Klassen benutzt, reist nicht so komfortabel wie in Indien, aber schließlich sind die Strecken ja auch relativ kurz. Es gibt drei Wagenklassen: Die erste Klasse läuft nur selten, und zwar in den wenigen Nachtzügen, die auch Schlafwagen mit herkömmlichen Ein- oder Zweibettabteilen der ersten und der zweiten Klasse führen, und in wenigen Tagesschnellzügen; dort ist die erste Klasse teilweise klimatisiert. Auf kürzeren Strecken verkehren fast ausnahmslos nur die zweite und dritte Klasse. Bei letzterer handelt es sich zumeist um Wagen ohne Übergänge und mit Längsbänken an den Außenwänden. Die zweite Klasse bietet Abteilwagen mit Seitengang oder offene Saalwagen mit der Sitzteilung 2:2, in denen genügend Beinfreiheit vorhanden ist. Diese erweist sich allerdings in den Saalwagen der ersten Klasse als geringer, zumal diese Fahrzeuge kaum Platz für größeres Gepäck bieten. Als erste Klasse sind auch einige »Observation-Saloons« eingestuft; sie sind offen und haben nach Pullman-Art eine Sitzteilung von 2:2. In ihnen finden sich kleine Tische bei jedem Sitz, große Fenster und eine abgerundete Glaswand am Ende. Die Sitze sind gegen die Fahrtrichtung angeordnet, und da der Wagen am Zugschluß gereiht wird, hat man einen guten Ausblick. Soweit ein Speisewagen mitläuft, wird man auch am Platz verpflegt. Manche Schnellzüge tragen Namen, meist von alten singhalesischen Götter- oder Sagenfiguren wie »Yal Devi« (eine Königin der Vorzeit) oder »Udarata Menike« (Hochlandmädchen).

Wir sind, wie gesagt, 1970, auf drei verschiedenen Strekken Ceylons gefahren: das erste Mal von Colombo aus mit der Nordbahn nach Anuradhapura, der prächtigen Tempelstadt. Der Zug ging um 5.45 Uhr morgens ab, es war stockfinster, unser Wagen erster Klasse entsprach nicht ganz den Vorstellungen, die wir aus Indien gewohnt waren: Sitze 2:2 beiderseits des Mittelgangs, geringer Platz für das Gepäck, und der einzige Wagen erster Klasse war überfüllt. Genußreich aber der Aufenthalt im benachbarten Speisewagen; durch das halbgeöffnete Fenster drang frische Morgenluft herein, ein englisches Frühstück wurde gereicht: beiderseits der Strecke die frühlingsgrüne Landschaft; die Mitreisenden freundlich und heiter.

Nachdem wir das »Mount Lavinia-Hotel« südlich von Colombo bezogen hatten, unternahmen wir einige Fahrten in die Hauptstadt. Zumeist benutzten wir den »Ruhunu Kumari«, der nur zweite und dritte Klasse führt. Es waren angenehme Exkursionen, der Zug erwies sich als pünktlich und sauber. Undenkbar, daß in Ceylon ein Mitreisender als Ausländer angestarrt, angesprochen oder gar belästigt wird.

Unsere letzte Fahrt ging mit dem schon zitierten »Hochlandmädchen« von Nanu Oya nach Colombo. Wir hatten das fast 1800 Meter hoch gelegene Nuwara Eliya besucht und bestiegen in Nanu Oya den Observation-Saloon am Zugschluß, in dem wir die beiden besten, das heißt letzten, Sitzreihen belegten. Je tiefer wir kamen, desto mehr Abhänge fielen uns auf, an denen fleißige Mädchen den frischen Tee pflückten. Immer wieder tauchte ferne über den nahen grünen Hügeln der Gipfel des Adams-Peak auf, wo Adam aus dem Paradies vertrieben worden sein soll und auf dem Buddha angeblich seine Fußspur hinterlassen hat.

»Nehmt alles nur in allem« – trotz allen Elends und sonstiger Schattenseiten des Lebens erscheint der indische Subkontinent dem Globetrotter als eines der, wenn nicht als das faszinierendste Land der Erde!

273

274

Abbildungen 273 und 275: »Ruhunu Kumari« zwischen Meeresstrand und Palmenwald in Mount Lavinia bei Colombo
Abbildung 274: Der sogenannte »Agony Point« (Kurvenradius: 60 m!) auf der Darjeeling-Bahn

275

Von Kairo zum Kilimandscharo

Die älteste Eisenbahn in Afrika

Das Land der Pharaonen ist ein uraltes Kulturgebiet. Überdies findet sich dort, besonders seit der Eröffnung des Suezkanals, eine Nahtstelle zwischen mehr als zwei Kontinenten.
Früh hat man hier begonnen, Eisenbahnen zu bauen, die bald eine beachtliche Ausdehnung erreicht haben. Am Anfang stand die Initiative des Khediven Mehemed Ali. Dessen Nachfolger, Abbas Pascha, griff sie auf, und 1850 konnte kein Geringerer als Robert Stephenson mit den Vorarbeiten zu einem Schienennetz beginnen. Ein Jahr später wurde der Vertrag über eine Bahnverbindung zwischen Kairo und Alexandria geschlossen, die als erste in Afrika 1856 fertig war. Eine Linie von Kairo nach Suez folgte bereits 1857, und eine dritte Hauptstrecke, nach Ismailia, war 1867 vollendet; die Suezkanal-Gesellschaft verlängerte sie dann 1891 bis Port Said. Sieben Jahre später erreichte der Schienenstrang auch Luxor in Oberägypten, wo sich vorerst eine schmalspurige Linie nach Assuan anschloß, die erst 1926 auf Normalspur umgenagelt wurde.

Sand und Staub

Um die Jahrhundertwende war das ägyptische Schienennetz in seinen Hauptlinien im wesentlichen fertig. Spätere Bauten erschlossen nur mehr abseits der großen Strecken gelegene Provinzgebiete wie das Fayum, das Nildelta und die Mittelmeerküste bis zur heutigen libyschen Grenze. Die Bahnen hatte man im allgemeinen gut ausgebaut, der Verkehr war relativ dicht, der Betrieb gut und sicher, das Reisen angenehm. Dazu trug auch der bald einsetzende Fremdenverkehr das Seinige bei, der immer mehr sonnenhungrige Mittel- und Nordeuropäer in den Wintermonaten ins Land brachte und heute noch bringt. Nach dem Zweiten Weltkrieg hat die Verkehrsdichte weiter zugenommen, wenngleich die Atmosphäre des ägyptischen Eisenbahnwesens stark nachgelassen hat. Dies sei durch einige Abschnitte aus einem Reisebericht illustriert, den ich vor mehr als dreißig Jahren verfaßt habe:
»Die Schattenseiten der hiesigen Eisenbahnen sind vor allem die Wagen, das heißt: ihr Erhaltungszustand und ihre Sauberkeit. Von verschiedenen Seiten wurde mir versichert, daß dies erst seit dem Abzug der Engländer so sei und daß früher viel mehr auf Ordnung und Reinlichkeit geachtet wurde. Ganz grob ausgedrückt hat man den Eindruck, selbst in einem Schnellzugwagen der ersten Klasse, daß seit 10 Jahren nicht mehr ausgekehrt, daß seit 30 Jahren keine Fenster mehr geputzt und daß seit 50 Jahren nichts mehr repariert wurde. Die Wagen waren einmal elfenbeinweiß gestrichen, die Farbe ist längst zu einem sand- und schmutzverschmierten Blaugrau geworden. Die Innenausstattung ist denkbar verwahrlost, die elektrischen Sicherungen hängen aus der Wand, die Täfelungen sind zerkratzt und verschmutzt. Selbst die beiden Polsterklassen sind ohne Linoleum-(oder gar Teppich-)Belag, die Polsterbänke haben keine Armlehnen, die Abteile haben keine Klapptische, die Fenster sind so verstaubt, daß man kaum hindurchsehen kann; die Türen der Abteile hängen oft aus den Angeln. Auch der Zustand des Bahnkörpers hat nachgelassen: Selbst die neuesten Dieselgarnituren rütteln und stoßen fürchterlich, und der Paradezug nach Oberägypten (einst ›Star of Egypt‹ genannt) hat ein Wagenmaterial, das man in Europa kaum in einen besseren Zug mehr stellen würde. Die Schlafwagen sind uralte Exemplare (der Type ›S‹), deren Beleuchtungskörpern man ansieht, daß sie ehemals Gasbeleuchtung hatten; der Speisewagen in diesem Zug rüttelt derart, daß es problematisch ist, eine Tasse zum Mund zu führen.«
Inzwischen hat sich die Lage noch verschlechtert. Selbst neu hergestellte Fahrzeuge werden in kurzer Zeit durch Nachlässigkeit, technische Unfähigkeit oder einfach durch Schlamperei so heruntergewirtschaftet, daß sie nur einen Bruchteil ihres normalerweise zu erwartenden Lebensalters erreichen.
Aber es gibt natürlich nicht nur Kritikwürdiges. Auch die Egyptian Railways (ER) haben einiges zu bieten, das positiv zu bewerten ist. Sieht man von den modernen klimatisierten Wagen ab, so besitzen alle Personenfahrzeuge doppelte Fensterrahmen, einen für Glasfenster und einen für hölzerne Jalousien, die herabzulassen sich in der wärmeren Jahreszeit empfiehlt. Charakteristisch ist auch, daß nach 1945 alle Aufschriften »arabisiert« worden sind: Auf dem großen Hauptbahnhof von Kairo fand ich schon 1954 keine in einer europäischen Sprache gedruckte Aufschrift mehr, und auch die Stationsnamen sind fast ausschließlich in Arabisch geschrieben. Auf manchen Tafeln sah ich darunter kaum leserlich den Namen in lateinischen Buchstaben. Angenehm sind auf den größeren Bahnhöfen die hohen Bahnsteige, die dem britischen Vorbild entsprechen.
Nicht nur in Güterzügen, sondern auch in gewöhnlichen

Abbildung 276: Güterzuglok der ägyptischen Staatsbahn, erbaut bei Stephenson um 1860, vor dem Eisenbahnmuseum am Hauptbahnhof von Cairo

Personenzügen werden oft Tiere befördert, vor allem Kamele oder Esel. Schon das österreichische Kursbuch von 1914 vermerkt: »Die Expresszüge befördern keine Tiere!« Viele Personenzüge führen am Zugende zumindest einen offenen Güterwagen, aus dem Kamele neugierig herausgucken.

Typisch ist auch der feine Sandstaub, der überall und ununterbrochen durch alle Türen, Fenster und die kleinsten Ritzen hereindringt und binnen kürzester Zeit selbst den saubersten Wagen verschmutzt. Auch daran liegt es, daß das Wagenmaterial so schnell verwahrlost, obwohl die Schaffner große Staubwedel mit sich tragen, ohne sie freilich oft zu benutzen. Am ärgsten ist es in dieser Hinsicht in Oberägypten, wo die Bahn stellenweise genau auf dem schmalen Grenzstreifen zwischen Grünland und Wüste fährt oder eine Flußkrümmung einfach durch wüstes Land abkürzt.

Der Personenverkehr auf den Hauptstrecken ist heute sehr dicht: Zwischen Kairo und Alexandria herrscht nahezu »Stundentakt« mit neuen französischen Triebwagenzügen. Es sind achtteilige Garnituren, die aus je drei Wagen nur der ersten und der zweiten Klasse bestehen, zwischen denen zwei weitere Fahrzeuge laufen, die zur Hälfte als zweite Klasse, zur Hälfte als Bar eingerichtet sind. Diese Expresszüge legen die 210 Kilometer zwischen den beiden Städten in etwas über zweieinhalb Stunden zurück, wobei sie nur in Tanta und Sidi Gaber halten. Daneben gibt es etwas langsamere Schnellzüge, die nur die zweite und dritte Klasse führen. Diese beiden Klassen bieten auch die zwei Tagesschnellzüge von Kairo nach Port Said. Überdies verbinden ein Tages- und ein Nachtschnellzug Kairo mit Marsa Matruh, in dessen Nähe der Kriegerfriedhof von El Alamein häufig von Deutschen oder Engländern besucht wird. Nach Oberägypten verkehrt ein Tagesschnellzug mit klimatisierten Wagen erster und zweiter Klasse, der für die 880 Kilometer knapp 16 Stunden benötigt. Drei weitere Tageszüge, die nur zweite und dritte Klasse anbieten, enden schon in Luxor, 670 Kilometer von Kairo entfernt. Nachts fahren zwei gewöhnliche Schnellzüge über Assuan hinaus bis zum Bahnhof von Sadd-el-Ali, das am berühmten Staudamm liegt. Von dort kann man per Schiff weiter nach Wadi Halfa reisen. Zwei weitere Züge ohne erste Klasse laufen bis Assuan. Dorthin fahren auch die beiden Paradepferde dieser Strecke: Es sind reine Schlafwagenzüge, die ausschließlich Passagiere nach Luxor und Assuan mitnehmen. Unter den Fahrgästen findet man meist europäische und amerikanische Pauschaltouristen.

Die Tarife der ER weisen starke Differenzen auf, wenn auch nicht so extrem, wie wir es in Indien erlebt haben. Die normale zweite Klasse kostet 2¼mal soviel wie die dritte, die klimatisierte zweite Klasse das Doppelte der zweiten Klasse. Zwischen der dritten und der klimatisierten ersten Klasse unterscheiden sich die Preise also im Verhältnis von 1:6. Für ein Bett im Double des Schlafwagens muß man den Preis der klimatisierten zweiten Klasse mit fünf, für ein Single den Preis der ersten Klasse ebenfalls mit fünf multiplizieren.

Der Reisekomfort hat abgenommen

Zwischen Kairo und Alexandria fuhren vor dem Zweiten Weltkrieg in nicht weniger als fünf Tagesschnellzügen auch Pullman-Salonwagen der CIWL, die neben den Speisewagen »en couplage« gereiht waren. Der Abend- wie der Mittagsschnellzug, die Kairo und Port Said verbanden, führten ebenfalls je einen Pullman-Car neben dem Speisewagen. Und in der Zeit zwischen den Kriegen verkehrte ein »Sunshine-Express« von Kairo nach Luxor, der neben Wagen der Polsterklassen ein bis zwei Pullmans besaß. Merkwürdigerweise waren diese die einzigen ihrer Art, die eigene Namen trugen. Dabei handelte es sich zunächst um vier Küchen-Pullmans aus dem Jahr 1926; sie hießen »Luxor«, »Assouan«, »Fayoum« und »Siwa«, während sechs weitere von 1928 auf die Namen »Edfou«, »Dendera«, »Rosetta«, »Tuthankhamen«, »Nefertari« und »Ramses« getauft wurden. Dazu kam noch die 1927 gebaute »Sphinx«, die als erster Wagen eine Klimaanlage erhielt. Die von Kairo nach Alexandria und Port Said eingesetzten Pullmans (»Edfou« usw.) waren in europäischem Stil, also in Blaucreme, die nach Oberägypten (»Luxor« usw.) hingegen in Weiß gestrichen. Soweit sie inzwischen nicht längst verschrottet worden sind, haben die ER sie zu gewöhnlichen Wagen erster Klasse umgebaut.

Einige Anmerkungen zu den Schlafwagen: Schon im Jahr 1898 wurde ein Luxuszug namens »Cairo-Luxor-Express« von der CIWL in Betrieb gesetzt. Nachdem die Strecke Luxor–Assuan umgespurt worden war, fuhr er bis zum ersten Katarakt, und 1930 erhielt er den Namen »Star of Egypt«. Nach dem Zweiten Weltkrieg büßte er nicht nur seinen Namen, sondern auch seine Exklusivität ein. Er wurde in einen gewöhnlichen Schnellzug verwandelt, der nicht nur Schlaf- und Speisewagen, sondern auch normale Wagen der beiden Polsterklassen mitführte. Seine Nachfolger sind heute die beiden schon genannten Schlafwagenzüge nach Oberägypten.

Die ER kündigten 1964 ihren Vertrag mit der CIWL und schafften Schlafwagen von den ungarischen Ganz-Werken an; 1980 aber übergaben sie den Schlafwagenbetrieb doch wieder der CIWL. Die ungarischen Ganz-Schlafwagen hat man inzwischen bereits ausgemustert und durch andere Fahrzeuge ersetzt, welche die bundesdeutsche Firma Messerschmidt-Bölkow-Blohm (in Donauwörth) hergestellt hat. Diese klimatisierten Wagen bieten zwischen Kairo und Assuan einen einigermaßen befriedigenden Komfort in Ein- und Zweibettabteilen, aber kaum mehr das Niveau, welches man vor Jahrzehnten im alten »Star of Egypt« vorfand: kein Speisewagen, sondern nur eine Office in jedem Schlafwagen, aus der die Reisenden im Abteil mit einer aufgewärmten Abendmahlzeit und mit einem Frühstück auf Plastik versorgt werden; dazu kommt ein sogenannter »Club-Car«, in dem man Snacks und Drinks erhält.

Abbildung 277: Entgleisung des »Star of Egypt« bei Maghagha (180 km südlich von Cairo) am 22. März 1950
Abbildung 278: Ankunft des »Star of Egypt« in Assuan, Februar 1954

277

278

Ein faszinierendes Land

Die Reiseerfahrungen des Chronisten liegen schon recht lange zurück. 1954 haben wir Ägypten erstmals besucht, und dies natürlich überwiegend per Schiene. Zunächst fuhren wir von Kairo nach Luxor. Es war ein relativ bescheidener Tagesschnellzug; das Zweite-Klasse-Abteil, in dem wir saßen, bot acht Plätze.
Von dieser Fahrt gibt es nicht viel zu berichten, zumal ich meine negativen Eindrücke bereits an anderer Stelle erwähnt habe. Schon damals herrschte der Dieselbetrieb auf den Hauptstrecken vor, und die Lokomotiven stammten meist aus den USA und aus der BRD.
Bescheiden waren auch die beiden Züge, mit denen wir später zuerst von Luxor nach Edfu und dann von Edfu nach Assuan fuhren: heraushängende Coupé-Türen, schmutzige Fenster, überall Staub und Sand, mäßige Buffetverpflegung.
Auf der Rückfahrt von Assuan nach Kairo benutzten wir den Nachtschnellzug, der, wie erwähnt, einst »Star of Egypt« hieß. Neben Schlafwagen gab es Fahrzeuge der Polsterklassen. Im Speisewagen verzehrten wir cin einigermaßen befriedigendes Dinner, die Nachtruhe war ungestört, und relativ pünktlich liefen wir in Kairo ein.
Acht Jahre später, 1962, reisten wir in Ägypten wieder auf der Schiene, wenn auch nur auf einer kurzen Strecke. Ich hatte mich vorher beim Leiter des hochinteressanten Eisenbahnmuseums, das im Gebäude des Kairoer Hauptbahnhofs untergebracht ist, brieflich gemeldet. Bei unserer Ankunft im »Savoy-Hotel« wartete er bereits in der Halle und brachte mich in seinem Auto sofort zum Museum.
Damals nahmen wir den Morgenschnellzug von Kairo nach Port Said. Unser Wagen erster Klasse erwies sich als ehemaliger weißer Pullman der CIWL, der im Inneren freilich auf eine Sitzteilung 2:1 beiderseits des Mittelgangs umgebaut worden war. Einen Speisewagen gab es nicht, der Zug fuhr ja auch in den Vormittagsstunden. Aber ein flinker Kellner versorgte uns mehrmals mit dem ausgezeichneten »Café Turque«. Im Bahnhof von Kairo hatte sich seit 1954 nichts Wesentliches geändert außer, daß die hier abgestellten Schlafwagen des Nachtzugs nach Assuan inzwischen von Weiß auf Grün-Grau umgestrichen worden waren. Geändert hatte sich aber schon damals die Problemlosigkeit des Photographierens auf der Bahn, wie wir sie noch ein Jahrzehnt vorher angetroffen hatten, und vielen Reiseberichten zufolge ist es in den letzten Jahren eher noch problematischer geworden – also sei Vorsicht empfohlen!
Alles in allem: Bieten die ägyptischen Eisenbahnen auch hinsichtlich ihrer Qualität nichts allzu Besonderes (an Thailand, Malaysia oder gar Japan darf man hier nicht denken!), so ist Ägypten ein mit Natur- und Kulturschätzen reich gesegnetes Land und daher jederzeit einen Besuch wert.

279

Abbildung 279: Weißlackierter CIWL Schlafwagen (Typ »S«), 1928 in Birmingham für den Dienst in Ägypten gebaut
Abbildung 280: Buntes »Volksleben« in und außerhalb eines ägyptischen Personenzugs, hier in Edfu 1954

WAGONS - LITS ET DES GRANDS EXPRESS EUROPEENS
SLEEPING CAR
№ 3571 A

280

Die Eisenbahn des Löwen von Juda

Ähnlich dem asiatischen Pamir-Gebiet (»Das Dach der Welt«) liegt Äthiopien wie eine abgeschlossene Burg in Afrika: Steilabfall zum Roten Meer im Osten, sanfterer Abstieg nach Westen zu den Nilländern, verkehrsfeindlich, daher verkehrsarm. Bei den alten Griechen waren die »Aithiopoi« die »Menschen mit den verbrannten Gesichtern«. Von den Arabern »Bilad el Habesch« (Land des Völkergemisches) genannt, war in der italienischen Zeit die Bezeichnung »Abessinien« gebräuchlich, was aber die Bewohner nicht gerne hören, da es an die Kolonialzeit erinnert. Die Ur-Äthiopier dürften reine Semiten gewesen sein, die aus Yemen herübergekommen waren; der Sage nach soll der legendäre erste König, Menelik I., das Ergebnis des Staatsbesuches der Königin Makeda von Saba beim König Salomon in Jerusalem gewesen sein; einer der Titel des »Negus Negesti« (König der Könige) war bis zuletzt der eines »Königs von Juda«.
In Äthiopien gibt es nur zwei Schienenwege: die von Franzosen gegründete Bahn von der Hauptstadt Addis Abeba (Neue Blume) zum Hafen von Djibouti und die von Italienern gebaute Strecke von Massaua nach Asmara und Agordat.
Die Konzession der 1894 zwei französischen Ingenieuren aufgetragenen Bahn zwischen der Hauptstadt und Djibouti erhielt der allmächtige Staatsminister Ilg, ein Schweizer. Eine der Bedingungen war, daß die Beförderungspreise so hoch sein sollten wie beim Karawanentransport – daher der Beiname »teuerste Eisenbahn der Erde«. Die 1896 gegründete Compagnie Impériale de Chemin de Fer Ethiopien kam rasch in finanzielle Schwierigkeiten. Schon nach zwei Jahren trat an ihre Stelle die Compagnie Franco-Ethiopien du Chemin de Fer Djibouti–Addis Abeba (CFE) mit Sitz in Paris. Bis 1959 war die Gesellschaft zu hundert Prozent in ausländischen Händen. Dann wurde das Anteilsverhältnis zwischen den Ausländern und dem äthiopischen Staat auf 50:50 fixiert und der Sitz nach Addis Abeba verlegt. Die neue Konzession gilt übrigens bis zum Jahr 2016! Bis heute ist Französisch die Dienstsprache auf der Bahn. Nachdem Kaiser Haile Selassie gestürzt worden war, ist das Unternehmen in »Chemin de Fer Djibouti Ethiopien« umbenannt worden. Nicht nur aus finanziellen, sondern auch aus geographischen Gründen erwies es sich als schwierig, die Strecke zu bauen, die in Meterspur angelegt wurde; schließlich liegt Addis Abeba über 2000 Meter hoch und Djibouti auf Meeresspiegelniveau. Die Arbeiten dauerten zwanzig Jahre, und erst 1917 wurde die Hauptstadt erreicht.
Im Jahr 1947 sind die ersten Diesellokomotiven angeschafft worden, vor allem Schweizer Fabrikate, nachdem jahrzehntelang meist französische und schweizerische Dampfloks gefahren waren. Von ihnen gab es 1954 noch 69 Exemplare, 1972 waren alle ausgemustert. Seit 1955 sind auch einige Dieseltriebwagen aus Frankreich hinzugekommen.
Die Personenwagen waren zumindest bis vor einem Jahrzehnt noch ausschließlich französischer Herkunft. Bis heute gibt es drei Klassen. Die dritte Klasse ist eine reine »Holzklasse«, die beiden anderen sind »weich« ausgestattet. Darüber hinaus laufen auch Liegewagen und sogenannte »Lits-Salons« der ersten Klasse. Gipfel des Reiseluxus waren die Hofwagen des Negus, von denen 1972 zwei ältere abgestellt und zwei neuere noch in Betrieb waren. Ihre Einrichtung ist relativ einfach: ein Schlafwagen mit Abteilen samt Waschraum und WC für den Kaiser und den Adjutanten, inklusive eines Büroabteils; ein Speisewagen mit Speiseraum, Küche und Gepäckabteil.
Es hat nie über die ganze Strecke durchlaufende Züge gegeben. Stets ist in Diredaua, wo sich die Hauptwerkstätten befinden, ein Bruch. Zu meiner Zeit gab es einen Nachtzug von Addis Abeba nach Diredaua und einen von dort nach Djibouti. Sie führten Wagen aller Klassen sowie Couchettes erster Klasse und Lits-Salons. Tagsüber verkehrten auf diesen beiden Strecken je ein Autorail, ebenfalls mit erster bis dritter, und wenige Lokalzüge nur mit dritter Klasse. Heute fahren ein Nachtzug von Addis Abeba bis Diredaua und am Tag zwei Autorails. Von Diredaua zu dem inzwischen selbständigen Djibouti gibt es lediglich einen Nachtzug ohne Schlafmöglichkediten. Laut »Thomas Cook's Overseas Timetable« sind alle Angaben »Subject to confirmation«, also nicht hundertprozentig zuverlässig seit dem Machtwechsel in der »Neuen Blume«.
Die zweite Eisenbahnstrecke auf äthiopischem Territorium verläuft vom Rote-Meer-Hafen Massaua nach Asmara und weiter nach Westen: Es ist die Eritrea-Bahn, deren Bau mit noch größeren Schwierigkeiten als bei der CFE verbunden war. Die Hauptstadt der früheren italienischen Kolonie Eritrea, Asmara, liegt 2400 Meter hoch, der Abstieg von hier zum Meeresspiegelniveau ist jedoch wesentlich kürzer. Zwar befinden sich Addis Abeba und Asmara auf einer vergleichbaren Höhe, die Strecke nach Djibouti allerdings ist 784, die von Asmara nach Massaua jedoch nur 118 Kilometer lang.
Eritrea war ab den achtziger Jahren des letzten Jahrhunderts eine italienische Kolonie. 1887 begann der Eisenbahnbau von Massaua aufwärts, doch nach 26 Kilometern, also noch in der Küstenebene, wurde das Unternehmen zunächst einmal unterbrochen. 1911 wurde Asmara erreicht, und es dauerte noch weitere elf Jahre, bis die Strekke in westlicher Richtung vollendet war und ihr Ende in Agordat erreichte. Vor allem aus militärischen Gründen gebaut, wurden die Gleise anfangs in 75-Zentimeter-Spur verlegt, um die Jahrhundertwende jedoch auf 95 Zentimeter geändert, welche Spurweite es sonst fast nur in Sizilien, Libyen und Somalia gibt. Zur Illustration der Probleme, die bei den Arbeiten auf dieser Strecke auftauchten, sei nur dies erwähnt: maximale Steigung: 3,5 Prozent; minimaler Kurvenradius: 70 Meter (nur auf der Darjeeling-Bahn fanden wir mit 60 Metern einen kleineren); auf 118 Kilometern Streckenlänge gibt es 65 Brücken und 39 Tunnels!

Die Bahn war zunächst ein italienisches Staatsunternehmen (Ferrovie Eritrea). Nachdem Äthiopien Eritrea annektiert hatte, wurde sie Imperial Government Railway und nach dem letzten Regimewechsel dann Northern Ethiopian Railway genannt. Sitz der Unternehmung und betriebliches Zentrum ist nach wie vor Asmara, wenngleich bereits 1972, als ich dort war, der Personenverkehr auf der Strecke von Massaua über Asmara bis nach Agordat eingestellt war.
Die hiesigen Dampfloks stammen fast ausschließlich aus Italien. Es gibt nur Tenderloks der Typen Bt, Ct und Dt sowie einige Mallets, seit 1956 auch einige Dieselloks von Krupp.

»Der heißeste Ort der Erde«

So wird in vielen Büchern die eriträische Hafenstadt Massaua genannt. Nun, im Februar 1972 war es hier auch nicht wärmer als in anderen Orten der subtropischen und tropischen Zonen unserer Erde. Unsere Fahrt von Asmara nach Massaua unternahmen wir freilich nicht mit der Eisenbahn, weil ja schon vier Jahre zuvor der Personenverkehr auf dieser Strecke eingestellt worden war; doch verläuft fast stets eine gut ausgebaute Straße in Sichtweite der Bahntrasse.
Einen Tag vor Abfahrt hatten wir uns in Asmara noch die weitläufigen Anlagen des Personen- und des Güterbahnhofs wie auch die Werkstätten angesehen. Auf dem Personenbahnhof war keinerlei Leben mehr, im Depot dösten einige Kruppsche Dieselloks; auf der Verladerampe stand ein alter Kran mit Handbetrieb. In den Werkstätten besichtigten wir drei Dampfloks und einige uralte Personenwagen dritter Klasse, die zum Teil schon ausgeschlachtet worden waren. Und dann gingen wir zur Polizei, von der man schon damals ein spezielles Permit für eine Fahrt nach Massaua brauchte.
Mit einem gemieteten Auto gehen wir endlich auf die Fahrt den Gleisen entlang. Der Abstieg von Asmara zum Meer gleicht fast einem Fall aus den Wolken auf die Erde: Bald nach dem Verlassen der Stadt öffnet sich ein atemberaubender erster Blick nach unten, verschleiert freilich noch durch die morgendliche Nebeldecke. In unzähligen Kurven geht es hinein in dieses Nebelmeer, oft über, oft wieder unter der Eisenbahn. Leider begegnen wir keinem einzigen Zug. Dann folgt die mittlere Zone des tropischen Regenwalds mit ihrer üppigen Vegetation; hier setzt sich schon die Sonne durch. Straßen- und Bahntrasse erinnern an die Gotthardstrecke um Wassen; in Kehren und Schlingen laufen beide Verkehrswege bergab. Das Städtchen Nefasit ist das Zentrum dieser Zwischenzone, über der sich die Gebirge des Hochlands türmen. Im Kessel beginnt die zweite Etappe des Abstiegs in die Lava-, Steppen- und Wüstenregion des Tieflands. Das Permit erweist sich angesichts der zahlreichen Polizeistationen als absolut nötig!
Endlich unten vor Massaua. Hier hat die Sonne schon einige Kraft gewonnen, wenn es auch nicht heißer ist als im schönsten Hochsommer zu Hause. Zur Stadt hinüber, die auf einer Insel liegt, führen Straße und Bahn über einen Damm, wo wir einem munter dampfenden Güterzug begegnen. Den Bahnhof finden wir wie ausgestorben in der Mittagshitze vor, die Stadt zeigt unverfälscht arabisches Kolorit mit weißen Häusern, Minaretts und Palmen.
Auf der nachmittäglichen Rückfahrt begegnet uns noch unten, in der schwefelgelben Lavawüste, wieder ein Güterzug, diesmal mit einer Mallet-Lok. Dann geht's wieder hinauf. Oberhalb von Nefasit geht die Sonne langsam unter, und über den Bergen breiten sich abendliche Nebelschleier aus. Wir fahren nun wieder ins kühle Hochland um Asmara hinauf.
Ob es wohl heute (1985) einem ausländischen Touristen möglich ist, diesen Ausflug zu unternehmen?

Zu den Hyänen von Harrar

Dorthin fuhren wir einige Zeit später von Addis Abeba aus. Am Tag vorher hatten wir mit einem leitenden Beamten der CFE einen ausgiebigen Rundgang durch das Bahnhofsgelände gemacht. Der Bahnhof, in dem auch die Generaldirektion untergebracht ist, bildet das Ende der schnurgeraden, ansteigenden Avenue, davor steht als Blickfang ein Löwensymbol. An die wenigen Bahnsteige für den Personenverkehr schließen sich die Gütergleise, Verladerampen und Lagerhallen an, alles großzügig und sehr ordentlich.
Dies war gestern; heute haben es sich die leitenden Herren der CFE nicht nehmen lassen, uns persönlich zu verabschieden. Der Generaldirektor, ein ungemein liebenswürdiger Franzose mit dem Namen Petit (er sieht auch so aus), überreicht mir noch die Genehmigung zur Mitfahrt auf dem Führerstand. Unser Zug ist ein dreiteiliger Autorail (gebaut 1964 von Billard in Tours): Im Triebwagen sind Führerstand und je ein offenes Abteil erster und zweiter Klasse sowie ein kleines Buffet; die beiden Anhänger sind dritter Klasse.
Das Buffet in der Mitte des Wagens ist stark besucht, obwohl es nur Kaffee und Limonaden zu bieten hat; dafür steigen auf den Zwischenstationen oft »fliegende Händler« mit ausgezeichneten Keksen ein.
Nach pünktlicher Abfahrt geht es langsam durch die Vororte der Hauptstadt. Menschen und Tiere überqueren ungeniert den Bahnkörper, oft knapp vor dem unausgesetzt tutenden Zug. Im freien Gelände wird die Geschwindigkeit bald flotter. Die Mitfahrt auf dem Führerstand erweist sich wegen der Enge (außer dem »mécanicien« sind noch zwei weitere Eisenbahner hier) und wegen der Gitter vor den Fenstern als nicht sehr ergiebig für Aussicht und Photos, daher steige ich bald wieder in das Abteil um.

281

282

283

284

Abbildung 281: Lok der Eritrea-Bahn, gebaut 1937 von Breda, vor dem Heizhaus in Asmara
Abbildung 282: Diesellok, gebaut 1947 in Winterthur, für die CFL, hier vor einem Güterzug in Diredaua
Abbildung 283: Zwischen Asmara und Nefasit führen Bahn und Straße oft dicht aneinander vorbei
Abbildung 284: Neuerer Hofsalonwagen des Negus Haile Selassie, 1972 im Depot von Addis Abeba

1514
DEPARTMENT OF TRANSPORTATION
UNITED STATES OF AMERICA

287

288

Abbildung 285: »AuRoRa« in den Schluchten zwischen Mount MacKinley und Fairbanks
Abbildung 286: Die Dieselloks der Alaska Railroad sind ebenso farbenfreudig wie die Wagen dieser einzigen staatlichen Eisenbahn in den USA; hier eine solche Lok der »AuRoRa« am Bahnhof von Anchorage (1973)

Abbildung 287: Der »Coast Starlight« ist der wichtigste Überlandschnellzug an der US-Westküste; hier auf der Fahrt von Seattle über San Francisco nach Los Angeles
Abbildung 288: Längerer Aufenthalt des »Super-Continental« auf der Reise von Montreal nach Vancouver (1976)

ANAKA

290

291

292

Abbildung 289: Lok »Anaka« der Lahaina & Kanapali Railway auf der Insel Maui, wo ein Schmalspurzug eine Touristenattraktion darstellt
Abbildung 290: Der »North Coast Hiawatha« im Kupferstaat Montana

Abbildung 291: Der »North Coast Hiawatha« beim Halt in Livingstone, von wo man heute die beste (Autobus-)Verbindung zum Nordeingang des Yellowstone-Nationalparks hat; einstmals führte dorthin eine Bahn-Zweigstrecke
Abbildung 292: Eine der eindrucksvollsten Brücken der Erde: die Golden Gate-Bridge vor San Francisco, meist in Nebelschwaden vom Ozean gehüllt; die Begleitmusik bilden die Nebelhörner der Schiffe

293

Abbildung 293: Das obere Stockwerk in einem Observation-Dome-Car des »Super-Continental« (1976)
Abbildung 294: Diesellok der Panama Railroad, die trotz ihrer kurzen Strecke zwei Weltmeere miteinander verbindet
Abbildung 295: Ein typisch amerikanischer Personenwagen der Panama Railroad, deren Gleise merkwürdigerweise in der sogenannten »Russischen Breitspur« (1,524 m) angelegt sind

PANAMA

62
PANAMA
RAILROAD
662

265

Inzwischen ist die Sonne durchgebrochen, es ist klar und warm geworden. Lange Zeit gleicht die Gegend einer Mondkraterlandschaft. Die Vegetation ist spärlich.

Um die Mittagszeit sind wir in Awash. Hier legen die beiden einander begegnenden Autorails einen längeren Halt ein, damit die Passagiere den Lunch einnehmen können. Glücklicherweise sind wir pünktlich angekommen, denn bei größerer Verspätung eines Zugs wird die Essenspause gestrichen. Das Restaurant am Bahnsteig liegt sehr hübsch unter einer Pergola; das Essen ist einfach, aber gut. Endlich fährt auch der Gegenzug aus Diredaua ein – für das Essen seiner Fahrgäste sehe ich schwarz, denn er ist eine halbe Stunde zu spät dran. Unser Zug fährt jedenfalls gleich ab. Wenige Minuten darauf erreichen wir die große Awash-Brücke, das größte Bauwerk dieser Art bei der CFE, welches das um diese Jahreszeit zu einem Wadi ausgetrocknete Flußbett in großer Höhe überspannt. Gegen Abend erreichen wir unser heutiges Ziel: Diredaua, wo der Anschluß-Nachtzug nach Djibouti schon bereitsteht. Für zwei Nächte lassen wir uns im ausgezeichneten »Ras-Hotel« nieder.

Am anderen Tag besichtigen wir zuerst den »Chat-Markt«, wo diese colaartige Pflanze feilgeboten wird, deren Blätter gekaut werden und die einen leicht rauschartigen Zustand erregen; der Export, vor allem nach Jemen hinüber, ist sehr groß. Und dann wird natürlich der Bahnhof ausgiebig besichtigt, durch dessen Anlagen mich auch hier ein freundlicher Beamter führt. Neben Güter- und Personenwagen aller Art sowie einigen Dieselloks (von Alsthom und Winterthur) bekomme ich auch die beiden schon erwähnten älteren Hofwagen zu sehen. Geradezu eine Idylle stellt eine ausrangierte »Littorina«, oder was von ihr übrig ist, dar; zur Hälfte ist sie von einem Baum überwachsen!

Für den an der Eisenbahn nicht interessierten Fremden bietet Diredaua an sich nicht viel; unerläßlich ist aber ein Ausflug in die etwa eine Autostunde entfernte »Weiße Stadt« Harrar, wo nicht nur der französische Dichter Arthur Rimbaud (1851–1891) jahrelang in selbstgewählter Abgeschiedenheit von der sogenannten »Großen Welt« gelebt hat, sondern wo auch der letzte Negus Negesti, Haile Selassie, Sohn des damaligen Gouverneurs, geboren ist. Seine Mutter soll damals von der Stadt in ein Nachbardorf gezogen sein, damit der Sohn nicht in mohammedanischer Umgebung geboren werde; Harrar ist nämlich überwiegend von Islamiten bevölkert, wie auch das Stadtbild so gut wie rein arabische Züge trägt.

Und noch etwas anderes macht die Stadt interessant – die Hyänen: Vor einigen Jahrzehnten schon hat ein alter Mann (dessen Enkel oder Urenkel jetzt die Sache fortführt) begonnen, allabendlich diese Tiere auf einer von Gebüschen umstandenen Lichtung zu füttern, und allabendlich finden sich zu diesem Schauspiel nicht nur gelegentlich Touristen ein, sondern stets auch Einheimische. Am Rand der Lichtung sitzt ein junger Bursche, mit einem verdeckten Korb am Boden kauernd; vollkommene Stille ringsum, kein Licht ist zu sehen, aber bald kommen sie: erst einer, dann zwei, dann viele Lichtpunkte in der undurchdringlichen Schwärze des Hintergrunds; es sind die hungrigen Augen der Hyänen. Unhörbar kommen sie näher. Der Bursche hat den Korb geöffnet, nimmt ein Stück Fleisch heraus, hält es vor sich hin. Langsam, fast scheu kommt die erste Hyäne näher, nimmt den Bissen behutsam, zieht sich damit zurück und verzehrt ihn; zwei, drei, immer mehr Lichter kommen aus dem Dunkel hervor. Still, fast manierlich nimmt eine nach der anderen die Lekkerbissen, die der Junge anbietet, keine der Hyänen ist hastig oder reißt einer anderen etwas weg. Wenn der Korb leer ist, zieht sich eine nach der anderen ebenso lautlos wieder ins Dunkel zurück, wie sie gekommen sind. Allabendlich, pünktlich wie die Eisenbahn um neun Uhr, spielt sich diese Szene hier ab, es ist wert, sie anzusehen, schließlich besteht Reisen ja nicht nur aus der Eisenbahn!

Am nächsten Abend geht es von Diredaua wieder zurück zur Hauptstadt, diesmal in dem uns von der Direktion überlassenen Lits-Salon, dessen Einrichtung den schon beschriebenen Wagen in Frankreich nachempfunden ist. Der Wagen hat zwei dieser Lits-Salon-Abteile, daneben noch Couchettes und gewöhnliche erste Klasse. Ein solches Fahrzeug wird in den Zug bei wenigstens zwei Vorbestellungen eingereiht – da wir zu zweit sind, ist das Minimum erfüllt; das andere Abteil bleibt leer. Der Zug führt hinter einer sechsachsigen Diesellok zwei Personenwagen mit Couchettes und Sitzabteilen erster/zweiter Klasse, vier Wagen dritter Klasse, am Anfang und am Ende sind überdies ein Dutzend Güter- und Kesselwagen eingereiht.

Unser Lits-Salon ist etwas verstaubt, aber geräumig und bequem: Die beiden Betten in Längsrichtung sind schon aufgeschlagen, im Annexe befinden sich Waschtisch, WC und ein Eisschrank, der freilich weder Eis noch Getränke

Abbildung 296: Vom kühlen Hochland durch Nebel- und Regenwaldzonen schraubt sich die Eritrea-Bahn in unendlichen Kurven mehr als 2000 Meter hinunter zum tropisch heißen Roten Meer

296

enthält. Dafür besorgt uns der Schaffner auf einer Station einige Flaschen Mineralwasser, da die Nacht warm und der Durst groß ist. Vorsorglich sperrt uns der Schaffner ein – wir erinnern uns, daß es vor einiger Zeit hier noch überhaupt keinen Nachtzug gegeben hat, sei es wilder Tiere, sei es räuberischer Stämme wegen.
Die große Awash-Brücke verschlafen wir diesmal. Am Morgen ist es oben im Hochland schon merklich kühler, die Vororte der Hauptstadt bieten das schon vertraute Bild. Dann fahren wir langsam in den Bahnhof von Addis Abeba ein. Unsere Reise ist zu Ende.

Äthiopien ist nach 1945 weitgehend dem Fremdenverkehr »erschlossen« worden, ein richtiges »Pilgerziel« für den Eisenbahnfan ist es noch nie gewesen. Ob wir es heute noch ebenso komfortabel und freundlich durchqueren könnten wie vor mehr als einem Dutzend von Jahren – wer weiß? Auf alle Fälle sind wir froh, daß wir diese Fahrten damals machen konnten.

Die »Eiserne Schlange«

»Eine eiserne Schlange wird sich vom Salzsee zu den Ländern des Großen Sees bewegen.« (Alte Prophezeiung der Kikuyu)

Die Erschließung des ehemals britischen Ostafrika für den Schienenverkehr ist vielleicht das schwierigste Bahnbauunternehmen auf diesem Erdteil gewesen. Wie in den meisten einstigen afrikanischen Kolonialgebieten hat auch in Kenia die Politik Pate gestanden, deutlicher gesagt, der britische Imperialismus, für den die Erschließung des Hinterlands unerläßlich war.
Um die Wende der achtziger zu den neunziger Jahren des vergangenen Jahrhunderts hatten sich die kolonialen Interessengebiete Englands und Deutschlands gegeneinander abgegrenzt: Durch den sogenannten Sansibar-Vertrag war das wilhelminische Deutschland in den Besitz Helgolands gelangt, wofür es seine Position im Sultanat Sansibar zugunsten Englands aufgab, dem es gleichzeitig das Hinterland, vor allem auch Uganda, als Einflußsphäre zugestand.
Hier hatte schon seit 1888 die Imperial British East Africa Company, eine private, aber die Empire-Interessen vertretende Chartergesellschaft, grundlegende Vorarbeit geleistet. Ihr Ziel war fürs erste nicht die Erschließung der späteren Kenia-Kolonie, sondern die Erreichung von Uganda, unweit der Nilquellen.
Im Jahr 1891 steckte eine Expedition der Company unter dem Hauptmann MacDonald die voraussichtliche Trasse einer Eisenbahn von Mombasa zum nächstgelegenen Punkt am Victoriasee ab, von wo aus dann die Verbindung mit Uganda hergestellt werden sollte; der betreffende Hafen hieß anfangs Port Florence und schließlich Kisumu. Drei Jahre später erhielt England formell das Protektorat über Uganda, und 1896 ging im Unterhaus das Gesetz über die Uganda Railway (UR) über die Bühne. Noch im selben Jahr wurde der Bahnbau von Mombasa aus begonnen; als Arbeitskräfte dienten hauptsächlich Pandschabis, Pathanen und andere Stammesangehörige aus Britisch-Indien.
Die Arbeiten kamen rasch voran. Zwei Jahre nach Beginn, 1898, war Voi erreicht und 1899 bereits Nairobi, die heutige Hauptstadt des Landes, damals eine sumpfige, ungesunde und aus wenigen Hütten bestehende Siedlung. Sie wurde bald eine richtige »Eisenbahnerstadt«, und trotz der fast katastrophal zu nennenden sanitären Zustände wurde der Plan, dieses verkehrsgeographische und betriebliche Zentrum anderswohin zu verlegen, bald aufgegeben.
Schon 1901 erreichte der Schienenstrang sein damals vorgesehenes Ende, den Hafenort Kisumu. Bauleiter war der sehr tüchtige und bewährte Chefingenieur George Whitehouse gewesen. Als Spurweite hatte man die auch sonst häufige Meterspur gewählt, im Rückblick besehen ein nicht ganz verständlicher Entschluß, da die britischen Bahnen im südlichen Afrika bekanntlich in der sogenannten Kapspur von 1,067 Metern gebaut worden waren. Eine denkbare Verbindung zwischen den verschiedenen Linien, etwa im Sinne der »Cape to Cairo«-Idee, war damit zumindest erschwert worden.
Erst 1921 wurde begonnen, eine Route bis nach Uganda hinein zu bauen. Sie nahm ihren Anfang in Nakuru, das auf halber Strecke zwischen Nairobi und Kisumu liegt. In nordwestlicher Richtung, den »Großen Grabenbruch« überwindend, erreichte sie zehn Jahre später, 1931, die heutige Hauptstadt Kampala. An sonstigen Verlängerungen oder Abzweigungen der Uganda-Bahn seien erwähnt: die während des Ersten Weltkriegs gebaute Strecke von Voi in das damalige Deutsch-Ostafrika (heute: Tansania), nach Moshi, und die im Jahr 1956 geschaffene Fortsetzung der eigentlichen Uganda-Bahn von Kampala aus westlich nach Kasese, schon nahe den »Mondbergen« um den Ruwenzori und der Grenze zum einstigen Belgischen Kongo, dem heutigen Zaire.

Grabenbruch, Hochgebirge und Löwen

Hier seien nur einige der ungeheuren Hindernisse und Schwierigkeiten erwähnt, denen der Bau der Uganda-Bahn ausgesetzt war und mit denen man fertig werden mußte. Zuerst das Terrain: Nach der um den Ausgangspunkt Mombasa gelegenen Küstenebene mußte die Bahntrasse, um ins Innere zu gelangen, einen Höhenunterschied von immerhin rund 1700 Metern überwinden, und das teilweise durch undurchdringlichen Dschungel, Regenwald und allerlei unwirtliche Gegenden. Um den Abstieg von und den Anstieg zu den beiden Ufern des ostafrikanischen Grabenbruchs (»Rift Valley«), dessen Steilwände bis zu 1100 Meter abfallen, zu überwinden, improvisierte Chefingenieur Whitehouse eine Standseilbahn. Ohne Verzögerung konnte so das Baumaterial mit besonderen

Rollschemeln transportiert werden. Dieses Provisorium dauerte bis zum Jahr 1901, als es durch eine Unzahl von Steigungen, Kurven und Viadukten ersetzt wurde. Der Höhenunterschied zwischen Nakuru und dem westlichen Rand des Grabenbruchs liegt zwischen 1852 und 2545 Metern! Die größte Höhe erreicht die Bahn westlich des Grabens mit 2786 Metern – höchster Punkt einer Eisenbahn im gesamten Commonwealth! Weitere Schwierigkeiten brachten das Klima, die sanitären Verhältnisse sowie die unvermeidlichen tropischen und sonstigen Krankheiten. Am gefährlichsten waren die Löwen: Ihnen fielen nicht weniger als 28 indische Arbeiter, fünf Weiße und eine (die Statistik schweigt darüber) unbekannte Zahl von Schwarzen zum Opfer.
Nachdem die Strecken Kenias und Ugandas verschmolzen waren, wurde 1926 aus der UR die Kenya-Uganda-Railway (KUR). Als die beiden Länder ihre Unabhängigkeit erlangten, gründeten sie unter Einschluß der ehemaligen deutschen Bahnen in Tansania 1948 die East African Railways and Harbours. Im Jahr 1969 kamen dann die »Harbours« unter eigene Verwaltung, und die Eisenbahngesellschaft hieß nun East African Railways. 1976 endlich ging jedes der drei Länder seine eigenen Wege, und dies war die Geburtsstunde der Kenya Railways (KR).
Haben wir in Äthiopien den fast ausschließlich französischen Einfluß im Eisenbahnbetrieb kennengelernt, so treffen wir in Kenia (wie auch in Tansania und Uganda) natürlich auf die britische Tradition: hohe Perrons, Bahnsteigüberführungen, Signale, englische Lokomotiven und Wagen, das Aussehen der Fahrzeuge, Namensschildchen an den Abteilen usw.
Was die Lokomotiven angeht, so werden sich Dampffans beeilen müssen, wenn sie in Kenia noch etwas davon sehen wollen. Bis etwa 1977 herrschte der Dampfbetrieb vor; Liebhaber aus aller Welt bestaunten die vielen mächtigen Beyer-Garratt-Loks der »Class 59«. Mit ihrer Achsfolge 2-D-1 + 1-D-2 und mit einem Dienstgewicht von rund 250 Tonnen sind sie nicht nur die größten und schwersten Maschinen auf Meterspur, sondern heute wahrscheinlich auch der ganzen Erde; sie stammen alle aus England. Seit 1978 hat nun freilich die Verdieselung rasche Fortschritte gemacht, die Loks kommen überwiegend von General Electric in den USA.
Die Personenwagen der KR sind fast ausnahmslos Vierachser, ihr Anstrich ist dunkelrot-cremefarben. Es gibt nach wie vor drei Wagenklassen, von denen die beiden oberen Kategorien allen Ansprüchen genügen. In der ersten Klasse gibt es zweibettige, in der zweiten Klasse vierbettige Schlafabteile, für deren »Bedding« man einen mäßigen Zuschlag bezahlt. Auch die Speisewagen entsprechen allen Wünschen. Klimatisierte Fahrzeuge gibt es nicht, aber die meisten Hauptstrecken verlaufen ohnehin durch relativ hochgelegene Landesteile mit erträglichen Wärmegraden. Das Personal ist freundlich, und das gilt nicht nur für die Crew im Zug, sondern auch für die Beamten in der Direktion.

Vom Fort Jesus zum »Kima Killer«

Die eigenen Reiseeindrücke des Autors beschränken sich auf bisher einen einzigen Aufenthalt in Kenia im Jahr 1977. Wir machten erstmals Bekanntschaft mit den KR in der unweit der besuchtesten Badeorte gelegenen, von Menschen und Betrieb wimmelnden Hafenstadt Mombasa; nahe dem seinerzeit von den Portugiesen gegründeten Fort Jesus liegt der berühmte Hafen der »Dhaus« (wie diese typisch arabischen Schnellsegler genannt wurden), der freilich heutzutage infolge des Flugverkehrs längst seine einstige Bedeutung eingebüßt hat und etwas verödet scheint.
Von hier zur Hauptstadt Nairobi fahren ein langsamer und ein schneller Nachtzug täglich und mit allen drei Wagenklassen. Will man über Nairobi hinaus weiter nach Uganda reisen, so muß man umsteigen, gelangt freilich mit dem Anschlußzug schon seit Jahren nicht direkt nach Kampala, sondern nur bis zur Grenzstation Malaba. Von dort geht es per Taxi zum 18 Kilometer entfernten ugandischen Grenzbahnhof Tororo, von wo ein nur zweite und dritte Klasse führender Personenzug der Uganda Railways nach Kampala fährt. Einen durchgehenden Personenverkehr zwischen beiden Staaten gibt es (wie auch mit Tansania) schon lange nicht mehr. Früher fuhren wenigstens einzelne Wagen von Mombasa bis Kampala, zumeist war allerdings in Nairobi Zug- und Wagenwechsel, mag auch der Hauptschnellzug »Uganda-Mail« oder auch »Kampala-Mail« geheißen haben.
Unser heutiger Nachtzug hat keinen Namen, sondern trägt die schlichte Nummer »A01«. An einem angenehm warmen Augustabend präsentiert er sich im blitzblanken Bahnhof von Nairobi in stattlicher Länge:

Diesellok Nr. 8794,
ein Gepäckwagen,
ein Kühlwagen (zweiachsig, alle anderen vierachsig),
vier Wagen dritter Klasse (zum Teil mit Mitteleinstiegen),
zwei Wagen zweiter Klasse,
drei Wagen erster Klasse,
ein Speisewagen,
drei Wagen zweiter Klasse,
ein Gepäckwagen,
ein Dienstwagen mit Bremsabteil (Brake-Van).

Wir beziehen unsere Abteile in einem der Wagen erster Klasse, der dem Speisewagen zunächst gereiht ist. Unsere Namen sind fein säuberlich angeschrieben, die Abteile in tadelloser Ordnung, die Betten sind noch in Tagesstellung. Der Schaffner ist höflich, und alle notwendigen Einrichtungen (Waschtisch, Trinkwasserflasche usw.) sind vorhanden. Vor der Abfahrt machen wir einen kurzen Bummel über den Bahnsteig. Auf einem Seitengleis stehen einige, offenbar als Dienstwagen benutzte Waggons, deren zum Teil ausgefallene Bauart unsere Aufmerksamkeit erregt. Pünktlich um 13 Uhr geht es dann langsam aus dem Bahnhof heraus. Das Tempo ist nicht hoch; für die 535

E A R
297

298

299

300

Abbildung 297: Eine Beyer-Garratt-Lok der Kenya Railways rangiert im Bahnhof von Nairobi
Abbildung 298: Wagen erster Klasse mit Lits-Salon der CFE in Diredaua
Abbildung 299: Gleichfalls aus Winterthur stammt diese Lok, der wir auf dem Damm zur Hafenstadt Massaua begegneten
Abbildung 300: Die Überreste dieser »Littorina« verbringen ihren Dornröschenschlaf auf dem Abstellgleis des Bahnhofs Diredaua

Kilometer bis hinauf nach Nairobi braucht der Zug rund dreizehn Stunden, was einer Durchschnittsgeschwindigkeit von etwa 45 Stundenkilometern entspricht.

Zehn Minuten später durchfahren wir die schon halbwegs in dschungelartiger Umgebung gelegenen äußersten Vorstädte von Mombasa, wo der Zug immer von den Einheimischen jubelnd begrüßt wird. Bald darauf ruft der Gong zum Abendessen in den benachbarten Speisewagen. Dessen Einrichtung ist etwas altmodisch, was aber keine negative Kritik sein soll – im Gegenteil. Die Gäste sind je zur Hälfte weiß und schwarz. Speise und Trank sind vorzüglich. Die mäßige Geschwindigkeit erlaubt es, die Fenster offenzuhalten. Da der Speisewagen als zwölftes Fahrzeug gereiht ist, macht sich die Diesellok nicht unangenehm bemerkbar, dafür dringen die schweren Düfte tropischer Gewächse herein.

Bei Rückkehr in unseren Wagen finden wir die Betten zur Nachtruhe aufgeschlagen. Auf unseren »De Luxe-Matresses«, für die man einen kleinen Zuschlag zahlen muß, werden wir ausgezeichnet schlafen.

Die einst wegen der Löwen so gefährliche Umgebung des Tsavo-Nationalparks durchfahren wir, ohne noch viel von ihr zu sehen. Als wir morgens erwachen, steht die Sonne schon hoch am Himmel, es ist angenehm kühl, schließlich sind wir ja im inneren Hochland. Rasch hat der Schaffner unsere Abteile wieder umgebaut, während wir im Speisewagen das echt englische Breakfast einnehmen, und dann laufen wir auf die Minute pünktlich in den Bahnhof von Nairobi ein.

Leider war dies, wie gesagt, bisher meine einzige Fahrt auf Kenias Schienen, doch habe ich später wenigstens noch einen wichtigen Bahnhof besichtigen können. Es war dies Nakuru, wo sich die Strecke nordwestlich von Nairobi in den einstigen Hauptzweig nach Kisumu und in die spätere direkte Uganda-Bahn in Richtung Grenze teilt. Der Bahnhof war zwar mit Ausnahme eines Güterzugs so gut wie leer, aber das Gebäude beeindruckte mich – eine Symphonie modernster Art aus Beton und Glas, in der großen Vorhalle mit beinahe futuristischen Wandgemälden geschmückt.

In Nairobi habe ich dann alles, was mit der Eisenbahn zusammenhängt, gründlich besichtigt. Zuerst suchte ich die neben dem Bahnhof gelegene Direktion der KR auf. Ein höherer Beamter empfing mich freundlich, und ich erhielt reichlich Informationsmaterial sowie ein Permit zum Betreten des Bahngeländes. Bei schon etwas kräftiger Vormittagshitze unternahm ich einen längeren Streifzug über die Bahnsteige, die Gleisanlagen und in das Lokomotivendepot, wo eine ansehnliche Zahl von Dampfrössern, darunter auch einige Garratts, zu sehen war. Anschließend begab ich mich zum »Railway-Museum«, das ebenfalls in Bahnhofsnähe liegt. Seine Qualität läßt sich in Afrika vermutlich nur mit Einrichtungen dieser Art in Südafrika vergleichen. Es enthält übrigens nicht nur Relikte des Schienen-, sondern teilweise auch des Schiffsverkehrs. Einige besonders interessante Stücke seien hier kurz erwähnt: die Originalvermessungskarte der Trasse von Mombasa bis Kisumu aus dem Jahr 1892; die »Captain's Table« des deutschen Dampfers »Königsberg«, der im Ersten Weltkrieg im Rufiji-Delta gesunken ist; einen »engine-seat«, der auf manchen Lokomotiven vorne über den »cow-catchers« angebracht war und von dem aus »prominente« Gäste während der Fahrt Landschaft und Tierwelt beobachten konnten; eine Vitrine mit Gläsern, Tellern und Bestekken aus Speisewagen sowie aus Schiffen, die auf dem Victoriasee fuhren; eine Menükarte eines Speisewagens der KUR von 1935, als der Lunch ganze drei Shilling kostete – »How times have changed«, vermerkt der Katalog dazu.

Von den Fahrzeugen, die im Freien aufgestellt sind, seien vor allem drei prächtige Dampflokomotiven genannt: die schwarze 1-C-1-Tenderlok Nr. 327 der KUR aus dem Jahr 1926, gebaut von Vulcan Foundry, die leuchtendrote Lok Nr. 301 der Tanganjika Railways von Beyer-Peacock von 1923 und als Glanzstück die riesige Garratt Nr. 87 mit dem Namen »Karamoja«, gebaut von Beyer-Peacock im Jahr 1940, mit der fast unwahrscheinlich klingenden Achsfolge 2-D-2 + 2-D-2, das sind nicht weniger als 16 Achsen!

Und in der Wagenhalle fand ich schließlich noch drei »Inspection-Cars«, wie diese Dienstfahrzeuge im angelsächsischen Sprachgebrauch meist genannt wurden, alle zweiachsig und elfenbeinfarbig gestrichen, darunter einen Dienst-Salonwagen der UR aus dem Jahr 1912 sowie ein solches Fahrzeug gleichen Alters der Tanganjika Railway (TR), dessen Untergestell noch aus der deutschen Zeit stammt.

Und als letztes schließlich ein – wenn auch im tragischen Sinn – wahrlich historisches Fahrzeug: Es ist der Inspection-Car Nr. 12 der Uganda Railway aus dem Jahr 1899, mit dem sich folgender makabrer Vorgang verbindet: In der Nacht des 6. Juni 1900, also noch während der Bauzeit der Strecke, übernachteten in diesem Wagen in der Station Kima (69 km südlich von Nairobi): der 26jährige Superintendent der Bahnpolizei C. H. Ryall, der aus Mombasa hauptsächlich deswegen hierhergefahren war, um einen der auch in dieser Gegend längst lästig gewordenen Löwen zu erlegen, welcher kurz zuvor wieder einmal einen schwarzen Arbeiter gefressen hatte; ein deutscher Kaufmann namens Hübner und der italienische Vizekonsul von Mombasa namens Parenti – beide wollten aus geschäftlichen Gründen nach Nairobi. Während der Nacht hielten diese drei abwechselnd Wache, unverständlicherweise bei einer zur Plattform offenen Tür. Ryan, der während seiner Wache anscheinend eingeschlafen war, wurde von eben diesem Löwen, den er erlegen wollte und der sich unbemerkt über die Plattform in das Wageninnere gezwängt hatte, gepackt, zu Tode gebissen und durch das Fenster, das er zerschlug, ins Freie gezerrt, wo man tags darauf seine Überreste fand. Dieser »Kima-Killer«, wie man ihn genannt hat, war, wie sich erst später, nachdem man ihn erlegt hatte, herausstellte, ein schon etwas alter, müder und »mottenzerfressener« Vertreter seiner Spezies gewesen. Und so schloß die Besichtigung des Museums mit diesem wahrlich einmaligen Relikt einer menschlichen Tragödie ...

301

Kenia hat heute längst seine Unabhängigkeit. Es ist wahrscheinlich unter den »schwarzafrikanischen« Staaten der Gegenwart der bestverwaltete, tier- und menschenfreundlichste, mögen auch rein materielle Motive dabei mitgespielt haben, denn schließlich nimmt der Posten »Fremdenverkehr« hier die erste Stelle im Bruttosozialprodukt ein. Der Weiße wurde schon vor einem Vierteljahrhundert aus seiner führenden und beherrschenden, aber auch aus seiner besitzenden Stellung längst vertrieben und durch den Schwarzen ersetzt – die Jahre, in denen die weißen Farmer mit dem entsicherten Gewehr im Bett lagen und zu Hunderten von den »Mau-Mau« umgebracht wurden, sind längst in Vergessenheit geraten; der erste, inzwischen verstorbene Präsident Kenyatta gehörte einst selbst dieser Bewegung an . . .

Abbildung 301: Der »Kima-Killer«: Im hinteren dieser drei Wagen im Eisenbahnmuseum von Nairobi wurde bei der Station Kima im Jahr 1900 ein höherer Bahnpolizist während der Nacht von einem Löwen überfallen und ins Freie gezerrt – ein makabres Ausstellungsstück!

»Cape to Cairo«

Reise zum »Rauchenden Donner«

Der Schilderung der Verhältnisse und des Verkehrs im südlichen Afrika seien einige historische Erinnerungen vorausgeschickt. Sie verbinden sich mit *Cecil Rhodes*, der dem ehemaligen Rhodesien seinen Namen gegeben hatte und den ich den letzten klassischen britischen Imperialisten nennen möchte.

Ein englischer Journalist prägte erstmals 1876 das Schlagwort »Cape to Cairo«. Es wurde zum Motto der Verkehrspolitik Rhodes'. Seit jeher beabsichtigte er, nicht nur ein britisches Groß-Südafrika zu errichten, sondern auch eine »All Red-Route« (britische Gebiete in den Atlanten wurden meist rot markiert) zwischen dem Mittelmeer und dem Kap der Guten Hoffnung zu realisieren: »Wenn der Telegraph gebaut ist, gibt er uns den Schlüssel zum Kontinent. Wir sollen den Telegraph durchführen bis Ägypten und mit der Bahn folgen!«

Um 1890 waren die Schienen von Kapstadt bis Kimberley vorgedrungen. Eine ad hoc gegründete Charter Company unternahm es, nachdem sie dies mit Rhodes, der damals Regierungschef der Kapkolonie war, abgesprochen hatte, eine Fortsetzung bis nach Vrijburg zu bauen, das 1893 erreicht wurde. Um diese Zeit hatten die ersten weißen Ansiedler bereits das Matabeleland besetzt. Den Schienenweg bis nach Bulawayo weiterzuführen erwies sich als ungeheuer schwierig – Klima, Seuchen, der mißglückte »Raid« des Dr. Jameson nach Transvaal und Aufstände behinderten die Arbeiten.

Nur am Rande und zur Illustration der Verhältnisse sei erwähnt: Täglich fuhr ein Tankwagen mit Trinkwasser dem Bautrupp nach, aber nicht nur die Arbeiter, sondern auch die Bevölkerung litten an Durst. Ein zeitgenössischer Korrespondent berichtet von den Einwohnern von Gaberones (der heutigen Hauptstadt des Betschuanalandes, Botswana), daß der Bauleiter den Einheimischen die Erlaubnis gab, ebenfalls Trinkwasser zu fassen, aber nur so viel, wie sie in fünf Minuten erwischen konnten!

Ein Bauzug sah sich plötzlich einem Rudel von etwa dreißig Löwen gegenüber. Von den beiden Möglichkeiten – entweder sehr schnell fahren und dabei entgleisen, oder langsam fahren und gefressen werden – wählte der Lokführer eine dritte: Dampf ablassen und die Pfeife betätigen – tatsächlich wurden die Löwen dadurch verscheucht!

Ein gewisser Percy Clark schreibt von seiner Fahrt mit einem Bauzug von Bulawayo nordwärts, daß dort die Arbeiter nachts wegen der Löwen auf den Bäumen schliefen!

Die Ansiedler gaben die Schuld an dem langsamen Fortschreiten der Bahn hauptsächlich den vier »R«: Rhodes, Raid, Rebellion, Rinderpest!

Immerhin wurde im Oktober 1897 der Schienenstrang bis Bulawayo, der Hauptstadt des Matabelelandes, vollendet. Die Ankunft des ersten Zugs wurde mit riesigen Banketts und sonstigen Festlichkeiten gefeiert. Unter den Gästen befanden sich Sir Alfred Milner, der Gouverneur der Kapkolonie, und Henry Stanley, der berühmte Journalist und Afrikareisende. Cecil Rhodes lag an diesem Tag im Nordosten des Landes, wo er den Telegraphenbau überwachte, mit Fieber darnieder.

Eigentlich hatte Rhodes geplant, die Strecke ab Bulawayo in Richtung Nordosten weiterzuführen, ins damalige Deutsch-Ostafrika. Nachdem aber bei Wankie umfangreiche Kohlenlager entdeckt worden waren, änderte er die Planung in Richtung Nordwesten: 1904 wurde der Zambesi bei den berühmten Victoriafällen erreicht, 1906 Broken Hill und 1909 die Grenze des damaligen Belgisch-Kongo.

Bis in die fünfziger Jahre unseres Jahrhunderts gab es dann durchgehende Züge vom Kap bis Lubumbashi, das zu dieser Zeit noch Elizabethville hieß. In den siebziger Jahren haben die Chinesen dann die »TanSam« (Tansania-Sambia) gebaut, und so führt der durchgehende Schienenweg heute bis Daressalam.

Ein technisches Wunderwerk und eine der schönsten und meistphotographierten Brücken der Erde ist die Zambesibrücke zwischen Victoria Falls und dem schon in Sambia gelegenen Livingstone. Sie überspannt die erste der acht Schluchten, die unmittelbar nach den Fällen beginnen und in die sich die ungeheuren Wassermassen hineinpressen. Geistiger Ahnherr auch dieser Anlage ist Cecil Rhodes gewesen, obwohl die Brücke erst nach seinem Tod errichtet worden ist. »Build a bridge … where the trains as they pass will catch the spray from the falling Zambesi.«

Cecil Rhodes' Traum von »Cape to Cairo« ist unerfüllt geblieben. Er starb im Alter von 49 Jahren, und die politische Entwicklung ist über das Projekt hinweggegangen. Die beiden größten Hindernisse für eine solche transafrikanische Verbindung sind bis heute nicht beseitigt worden, und daran wird sich im Zeitalter des Luftverkehrs auch kaum etwas ändern: Zum einen gibt es in den Ländern, durch die eine solche Linie führen würde, unterschiedliche Spurweiten: Normalspur, Meterspur, Kapspur. Zum anderen wäre das Gebiet der »Sudds« am Oberlauf des Weißen Nils im Sudan zu überwinden, das praktisch undurchdringlich ist – selbst die Lücke zwischen Assuan und Wadi Halfa konnte bis heute nicht geschlossen werden. Und natürlich hat sich der Plan einer »All Red-

302

Abbildung 302: Morgendliche Einfahrt des »Mail-Train« aus Victoria Falls in Bulawayo (1971)

Route« durch Afrika erledigt, seit das British Empire liquidiert worden ist.
Meine Erfahrungen mit den einstigen Rhodesia Railways liegen nun schon eineinhalb Jahrzehnte zurück. Neueren Berichten zufolge aber hat sich bei der jetzt »National Railways of Zimbabwe« (NRZ) genannten Bahn nicht viel geändert: Die Einrichtungen sind im großen und ganzen dieselben geblieben, und auch das weiße Personal hat bisher noch seine führende Stellung behalten. Nach dem Beispiel Südafrikas fuhren die Züge von Anfang an auf Kapspurgleisen (1,067 m). Sonst aber ist alles »quite british«: schöne Signalbrücken, hohe Bahnsteige, mehr Überführungen als Unterführungen zwischen den Perrons, »Tablets« auf eingleisigen Strecken, auf den »Headboards« der Wagen ist nur der Zielbahnhof angeschrieben, bei jedem Schnellzug steht eine Tafel mit den Namen der Reisenden, die Plätze in ihm reserviert haben, und desgleichen an den Abteilfenstern und viel anderes mehr. – Im Gegensatz zu Südafrika war hier die »Apartheid« nie sehr ausgeprägt: Dürfen in Südafrika Farbige und Weiße nicht auf derselben Bank sitzen, dasselbe WC benützen, im selben Wagen fahren, so waren in Rhodesien schon »zu meiner Zeit« solche Auswüchse kaum vorhanden, schon damals war auch die Tendenz zur Heranziehung der Farbigen zu gehobener und mit Verantwortung verbundener Arbeit zu bemerken. Die Aufschriften auf rhodesischen (bzw. NRZ-)Bahnhöfen waren früher zumeist nur in Englisch, oft aber auch in einer der Bantusprachen. Die ersten An-

fangsgründe des betreffenden Idioms habe ich mir mittels der Worte »Amafoda« und »Amagazi« angeeignet, deren Bedeutung nicht übersetzt werden muß – sie stehen nämlich neben den Worten »Gentlemen« und »Ladies« . . .

Der Anstrich der Personenwagen war früher Brauncreme und ist nach der Nationalisierung einem Ockerbraun gewichen. Bis weit in die siebziger Jahre herrschte in Rhodesien noch »Seine Majestät, der Dampf«; noch 1969 gab es gegenüber 238 Dampf- nur 79 Diesellokomotiven, darunter die weltbekannten Garratt-Typen der Achsfolgen 2-C-2 + 2-C-2 sowie 2-D-1 + 1-D-2. Inzwischen aber hat Zimbabwe begonnen, seine Strecken zu elektrifizieren.

Im Personenverkehr führen die NRZ nach wie vor vier Klassen: Die vierte Klasse ist eine reine »Holzklasse«, die dritte und die zweite Klasse unterscheiden sich im wesentlichen nur hinsichtlich der Polsterung; in beiden gibt es ganze und halbe Abteile für vier oder für zwei Passagiere. Reisende der ersten bis dritten Klasse können sich »Beddings« für Nachtfahrten mieten. In den beiden oberen Klassen besitzt jedes Abteil eine eigene Wascheinrichtung, die sich in den ganzen Abteilen unterhalb der Fenster befindet und von einem Klapptisch überdeckt wird – ein Komfort, der den eines Liegewagens in Europa wesentlich übertrifft.

Zwei Eigenheiten seien nicht verschwiegen: Trinkwasser findet man nicht im Abteil, sondern nur in großen Plastiktanks am Wagenende – wie in Schweden –, und für Handtuch und Seife muß der Passagier dreißig Cents beim Schaffner bezahlen. In der ersten Klasse hat auch jeder Wagen einen Duschraum. Gegen Hunger und Durst gibt es Voll-Speise- und Buffetwagen, deren Angebot sich jedoch nicht voneinander unterscheidet; der Buffetwagen bietet lediglich weniger Plätze. Beide Arten von Wagen gibt es in älterer Teakholz- und neuerer Ganzstahlkonstruktion. Überdies verfügen die NRZ auch über einige Salonwagen (Lounge-Cars), die in den großen Überlandschnellzügen auf der Linie nach Südafrika laufen; sie enthalten zwei Salons, die etwa je ein Viertel der Wagenlänge einnehmen, und zwölf Sitze an Tischen, welche die Kapazität des stets benachbarten Speisewagens vergrößern. Derzeit dürften vier solcher Lounge-Cars im Einsatz sein, die alle (auch hier also das britische Vorbild) getauft sind: »Kafue«, »Zambesi«, »Victoria Falls« und »Zimbabwe«; die mit ihnen »en couplage« laufenden Speisewagen führen dieselben Namen.

Wir haben im Jahr 1971 diesen südlichsten Teil Afrikas kennengelernt und dabei die wichtigsten Züge der Republik Südafrika und Zimbabwes benutzt. Im folgenden seien zwei Fahrten auf den Schienen der heutigen NRZ geschildert:

Wir sind aus Moçambique angereist, und zwar auf der Strecke von Lourenço-Marquez (heute: Maputo) über Malvernia und Bulawayo, die gegenwärtig noch immer auf einen durchgehenden Personenverkehr warten.

Die erste Fahrt geht nach Norden, zu den Fällen des Zambesi an der Grenze zu Sambia. Sie beginnt in der Abenddämmerung eines Februartags, die den langen Bahnsteig von Bulawayo in goldenes Licht taucht. Romantisch wie Beleuchtung und Reiseziel stellt sich der Zug dar, der, wie erwähnt, früher bis zum kongolesischen Lubumbashi fuhr, jetzt aber schon in Victoria Falls endet. Er führt einen Gepäck-, einen Kühl- und zwei Güterwagen an der Zugspitze, danach drei Wagen vierter, zwei Wagen dritter, davon einer mit offenen Plattformen, zwei Wagen zweiter und drei Wagen erster Klasse, hinter denen der Teakholz-Speisewagen namens »Kariba« läuft. Unser Wagen, in dem wir ein Viererabteil zu zweit belegen, ist der zwölfte in der Reihe. Diesem Umstand verdanken wir die schöne Sicht auf die lange Zugschlange während der Ausfahrt über die kurvigen Gleise des Bahnhofsgeländes. Um einen kühlen Abendtrunk zu nehmen, gehen wir in den Speisewagen, auf dessen Plattform die Aufschrift »First and Second Class-Passengers only« auffällt.

Als wir morgens zum Frühstück kommen, nähern wir uns bereits dem Ziel. Wankie samt seinem Kohlenrevier haben wir verschlafen. Pünktlich um 7.45 Uhr erreicht der Zug Victoria Falls, wo eine Tafel nicht nur die Höhe über dem Meeresspiegel, sondern auch die Entfernung zu den wichtigsten Endstationen angibt, nämlich nach Kapstadt, Bulawayo und Beira. Wenige Schritte neben dem Bahnhof das »Victoria Falls Hotel« mit dem großartigen Blick auf die Brücke über den Zambesi.

Es folgt bald der erste Gang zu den Fällen: Nach wenigen Minuten überkreuzt man die Straße, neben der in weitem Bogen die Bahn zur Brücke verläuft. Eben nähert sich mit lautem Pfeifen ein schwerbeladener Güterzug, einer der wenigen, die den Verkehr zwischen den beiden Nachbarländern bilden. Und dann sehen wir zum erstenmal den Zambesi – schon vor der morgendlichen Ankunft hatten wir aus dem Zug den »Spray« gesehen, der ständig wie aus einem Hexenkessel über dem Wald aufsteigt, und wir bewundern eines der großartigsten Naturschauspiele dieser Erde. Aus einer Höhe von etwa 140 Metern stürzen Abermillionen von Kubikmetern Wasser in die Tiefe und zwängen sich seitwärts durch die enge Schlucht zur Brücke.

Abbildung 303: Sonniger Nachmittag im Matabeleland auf der Fahrt von Lourenço Marques nach Bulawayo

Abbildung 304: Eben ist ein Güterzug aus Sambia in Victoria Falls eingetroffen; auf die Frage, wieviel Güterzüge täglich herüberkommen, antwortete mir (1971) der Station Master: »Nun, soviel und wann sie es eben zusammenbringen!«

303

304

305

306

307

308

Abbildung 305: SAR-Lok mit sogenanntem Kondensationstender, gebaut von Henschel
Abbildung 306: Ab Vrijburg zieht den Schnellzug aus Bulawayo schon eine südafrikanische Dampflok; dies war 1971
Abbildung 307: Verladeanlage (ähnlich der für Erzzüge in Narvik) vor Kapstadt
Abbildung 308: Vakaranga ist die Wasserscheide zwischen Zimbabwe und Botswana

»Moshi ao Tunya« (Der Rauchende Donner), so nennen die Einheimischen die Fälle, die Livingstone seinerzeit als erster Weißer gesehen hat und die an Großartigkeit die Niagara- wie die Iguassú-Fälle wohl übertreffen. (Praktischer Ratschlag für Besucher: Entweder im Badeanzug, was aber nicht üblich ist, oder mit einem Regenmantel die Fälle zu besuchen, denn je nach der Windrichtung kann man damit rechnen, plötzlich bis auf die Haut durchnäßt zu werden – aber was schadet das schon bei diesem Klima!) An anderen Ausflügen unternehmen wir: den Gang zum »Big Tree« (vor dem sich immer wieder blaßhäutige Touristen knipsen lassen), zur Statue Livingstones und zur Kandahar-Insel, die man stromaufwärts in einer Stunde Bootsfahrt erreicht und wo einem die Affen ins Genick hüpfen und allfälliges Zuckerwerk buchstäblich aus der Tasche stehlen. Auch auf der Brücke sind wir gewesen, die eben eine einzige Afrikanerin würdevollen Schrittes überquert; in der mathematischen Mitte (die die Grenze bildet und durch einen weißen Strich gekennzeichnet ist) müssen wir umkehren.
Diesellokomotiven verirren sich zu unserer Zeit noch selten in diese Gegend. Viele Garratts und einige Mountain-Dampfloks sind es vor allem, die mit Wankie-Kohle nach Norden oder mit Katanga-Kupfer nach Süden fahren. Eine riesige Garratt führt auch den einzigen Zug an, der nachts nach Bulawayo fährt oder von dort kommt.

Zum Kap der Guten Hoffnung

Einige Tage später geht es wieder zurück nach Bulawayo und noch weit darüber hinaus, so weit, wie die große Tafel am Bahnsteig anzeigt, nämlich bis zur 1647 Meilen entfernten Kapstadt. Vorher noch ein letzter Besuch an den Fällen, ein letzter Blick von der Hotelterrasse aus auf das graziöse Brückenwerk; das ununterbrochene Grollen des »Rauchenden Donners« bleibt noch lange im Ohr . . .
Die Garnitur des Zugs ist annähernd die gleiche wie auf der Herfahrt, jedenfalls ist der Speisewagen »Kariba« dabei, und auch die Crew ist dieselbe. Im Abteil neben uns ein jüngerer Herr, der offenbar auf Wochenendbesuch bei seiner Familie hier war, begleitet von seiner Frau und einem etwa fünfjährigen Buben, der herzliche Anhänglichkeit an den schwarzen Diener zeigt, der das Gepäck bringt.
Wenige Minuten vor der Abfahrt ertönt eine Stimme aus dem Lautsprecher: »Ladies and Gentlemen, Rhodesia Railway announces the departure of the Mail-Train to Bulawayo in about five minutes. Conductor MacIntosh wishes you a good journey!« Hinter der Garratt-Lok fahren wir in die Nacht hinein.

Morgens in Bulawayo haben wir einige Stunden Zeit bis zum Anschlußzug nach Kapstadt. Wir besuchen die benachbarte Direktion der RR und promenieren dann auf der Brücke, welche die Bahnsteige überspannt. Majestätisch schiebt sich endlich die lange Zuggarnitur herein: Hinter der Garratt sind es nicht weniger als 16 Wagen nur erster und zweier Klasse. Teils gehören sie den RR, teils den South African Railways (SAR). Je ein Wagen erster/zweiter Klasse laufen nach Port Elizabeth und nach East London, alles andere nach Kapstadt, an anderen Wochentagen nach Johannesburg. Unser Zweibettabteil finden wir im 14. Wagen, wir können also wieder die prächtige Kurvenaussicht genießen.
Mittag und früher Nachmittag vergehen, während wir allmählich der rhodesisch-botswanischen Grenze entgegenfahren. In Plumtree, dem letzten Bahnhof auf rhodesischem Gebiet, ist längerer Aufenthalt. Der rhodesische Zollbeamte gibt unsere Pässe an den südafrikanischen Kollegen weiter – Botswana lebt in Zollunion mit Südafrika, hat also keine eigenen Zollbeamten. Dann geht es das letzte Stück hinauf zur Wasserscheide von Vakaranga, das 4525 Fuß hoch liegt – also rund 1500 Meter –, wie uns eine Tafel verrät.
Und dann sind wir in Botswana, im Betschuanaland, in einer Gegend, für die die Briten sogar nach Aussagen von Weißen herzlich wenig getan haben und die, soviel wir auf dieser Fahrt sehen können, auch wirklich herzlich arm ist. Neun Zehntel des Staatsgebietes wird von der Kalahari-Wüste eingenommen, auch der Rest ist dünn bevölkert und kaum fruchtbar, ohne Industrie, lediglich einige häusliche Manufaktur verschafft den Bewohnern etwas Nebenverdienst. In den wenigen Haltestationen – Tessebe, Francistown, Palapye, Mahalapye (die Hauptstadt Gaborones durchfahren wir erst nachts) – bieten Eingeborene ihre wirklich hübsch gemachten Holzerzeugnisse an. Man scheut sich beinahe, diese armen Leute zu photographieren, für die vielleicht der tägliche Schnellzug zwischen den beiden Staaten die einzige Quelle ihres bißchen Wohlstands ist, den sie sich durch ehrliche und gute Arbeit schaffen können. Langsam fahren wir weiter; die Steppenlandschaft der Kalahari beherrscht den Nachmittag und den Abend dieses Reisetages.
Morgens um 6 Uhr sind wir in Mafeking, der ersten Station auf südafrikanischem Boden, kaum die Andeutung einer Dämmerung um diese Jahreszeit, es ist reichlich kühl. Kurz vorher haben wir den rhodesischen Grenzbahnhof Ramatlhabana passiert; der Name dieses Orts war mir erst beim Erhalt der mir zugegangenen Freikarte der RR bekannt geworden. Aus dem Fenster beobachten wir den Wechsel der Dampflok (diesmal ist es keine Garratt, sondern eine 2-D-1 der SAR) und die Einreihung der nun ebenfalls von der SAR beigestellten Speise-, Küchen- und Salonwagen. Nach einer halben Stunde Aufenthalt liegt zwar das Staatsgebiet Rhodesiens hinter uns, aber wir fahren noch einige Stunden weiter auf ehemals rhodesischen Schienen, denn erst im Jahr 1959 hat die RR die Strecke bis Vrijburg aus ihrer Betriebsführung an den südafrikani-

schen Nachbarn übergeben. Die Gegend unterscheidet sich vorerst noch wenig von der bisher durchfahrenen; große landschaftliche Akzente fehlen. Erst bei Einbruch der Abenddämmerung erreichen wir die große Karroo, die ähnlich steppenhaften Charakter aufweist wie tags zuvor die Kalahari; nach dem ausgezeichneten Dinner im Speisewagen (der an Qualität dem rhodesischen in nichts nachsteht) beginnt die zweite Nacht dieser von den Victoriafällen bis zur Kapstadt nicht weniger als über 2600 Kilometer langen Fahrt.

Am Vormittag des dritten Tags hat sich die Landschaft wieder gewandelt: Wir durchqueren in unzähligen langgezogenen Kurven die Windungen des Hex-River-Passes, der den Abstieg von dem inneren Hochland in die Küstenebene bildet; die Vegetation ist reichlich, an den umgebenden Hängen wachsen einige der besten Sorten des berühmten hiesigen Kapweins.

Und dann, um die Mittagszeit, umfängt uns der Anblick einer der schönstgelegenen Städte der Erde: Kapstadt, eingerahmt vom Tafelberg und den »Zwölf Aposteln« mit dem imposanten »Löwenhaupt«. Wir sind an dem einen Ende des Leitstrahls »Cape to Cairo«.

Das beste rollende Hotel der Erde

Es ist der auf englisch »Blue Train«, auf afrikaans »Blou Trein« genannte Paradezug der SAR, der Kapstadt, den Sitz des Parlaments, mit Pretoria, dem Regierungssitz der Republik Südafrika, verbindet. Mit Rücksicht auf das teilweise schwierige Terrain und auf die relativ geringe Spurweite (1,067 m) entwickelt er kein spektakuläres Tempo: Für genau 1600 Kilometer braucht er 26 Stunden, was einer Reisedurchschnittsgeschwindigkeit von sechzig Stundenkilometern entspricht. Dennoch halte ich ihn für den besten Zug der Erde, weil er einen Komfort und einen Service bietet, die unvergleichlich sind, also selbst von den »Crack-Trains« in Europa, Amerika und Australien nicht erreicht werden.

Die South African Railways oder Suid Afrikaanse Spoorwee (jetzt »South African Transport Services«, SATS, genannt) besitzen wegen der geringen Bevölkerungsdichte kein hochentwickeltes Schienennetz. Aber dieses ist hervorragend ausgebaut, der Betrieb funktioniert pünktlich, und das, obwohl immer noch der Dampfbetrieb vorherrscht, die Strecken erst teilweise elektrifiziert und Dieselloks rar sind.

Bekannt ist die Tatsache der Doppelsprachigkeit (Englisch/Afrikaans), die peinlich korrekt eingehalten wird, und die auch heute noch bestehende »Apartheid«. Auf der Eisenbahn wirkt sich die »Apartheid« im wesentlichen so aus, daß überall getrennte Räumlichkeiten für »Coloured« (»Nie Blankes«) bestehen und daß Farbige überall in gesonderten Wagen oder Abteilen fahren müssen; die Benutzung der dritten Klasse ist Weißen im allgemeinen überhaupt nicht gestattet; andererseits sind auf großen Bahnhöfen sogar die Gepäckträger »Blankes«, also Weiße!

Auf der Magistrale Kapstadt–Johannesburg–Pretoria verkehren im allgemeinen drei Schnellzüge: Täglich fährt ein Zug, der zwei Nächte benötigt; fünfmal in der Woche fährt der »Trans-Karroo«, der auch Kurswagen nach Windhoek in Namibia mitnimmt; und schließlich gibt es dreimal wöchentlich den »Blue Train«. Dieser stellt seit mehr als sechzig Jahren die bedeutendste Verbindung zwischen den Metropolen dar. Bis heute ist die Nachfrage nach Plätzen, trotz des Flugverkehrs, so groß, daß man Reservierungen ein Jahr im voraus machen kann und auch muß!

Einige Bemerkungen zur Geschichte des Zugs: Schon in den zwanziger Jahren gab es einen »Union Express« von Kapstadt nach Johannesburg, der in umgekehrter Richtung »Union Limited« genannt wurde und nur aus gewöhnlichen Schnellzugwagen bestand. Im Jahr 1927 wurden dann komfortablere Garnituren eingesetzt, und zehn Jahre später bestellten die SAR einen Zug von zwölf neuen Wagen bei Metropolitan-Cammell in Birmingham. 1939 geliefert, blieb diese Garnitur jedoch während des Kriegs ungenutzt; erst im Jahr 1946 wurde sie in Betrieb genommen. Der Zug bestand aus einem Gepäck-, einem Küchen-, einem Salon- und einem Speisewagen, zu denen acht Schlafwagen erster Klasse kamen. Sechs von diesen liefen nur bis Johannesburg, die beiden restlichen, an einen gewöhnlichen Schnellzug gereiht, bis Pretoria. In den Schlafwagen gab es nur Ein- oder Zweibettabteile, letztere waren nur mit unteren Betten ausgestattet. In jedem zweiten Wagen fand man Duschen. Alle diese Fahrzeuge waren luxuriös eingerichtet, und sie boten einen Service von hervorragender Güte. 1946 wurde der Zug dann auch »Blue Train« getauft, denn im Gegensatz zu dem sonst in Rotcreme gehaltenen Anstrich der SAR-Fahrzeuge war er blau lackiert worden. Heute ist der Zug jedoch grün gestrichen und fährt unter dem Namen »Drakensberg« einmal wöchentlich nur mit Wagen erster Klasse von Johannesburg nach Durban.

In Südafrika gibt es drei Wagenklassen, seit neuestem auch eine »Transit-Class« zwischen zweiter und dritter. Der »Blue Train« wie auch der »Drakensberg« führen nur die erste, einige andere bedeutende Schnellzüge die erste und die zweite Klasse. In der ersten Klasse gibt es zwei- und vierbettige, in der zweiten sechsbettige Abteile, für die man sich (wie in Zimbabwe) ein »Bedding« beim Schaffner mieten kann, dessen Preis gegenüber den Schlafwagenzuschlägen des europäischen »TEN-Pools« fast wie ein Geschenk anmutet! Dazu kommen weitere Vorteile; so die in jedem Wagen erster Klassse vorhandenen Duschen, das stets frische Trinkwasser, das Frühstück, das in voller Quantität und Qualität aus dem Speisewagen vom Kellner im Abteil serviert wird.

Der »Blue Train« besitzt seit 1972 eine noch schönere und komfortablere Garnitur, die bei der südafrikanischen Union Carriage and Waggon Co. Ltd. gebaut worden ist. Inzwischen fahren drei Züge in dieser Ausführung, und jeder hat nicht weniger als 16 Wagen mit 10 verschiedenen Wagenkategorien. Wir wollen sie kurz aufzählen:

ein »Baggage-Van« mit Gepäckräumen, Hundebox, Zugführerabteil und WC;
ein »Power-Car« mit der Kraftwerkzentrale für den ganzen Zug (Klimaanlage, Heizung, Beleuchtung) und Mannschaftsabteil;
ein »Composite-Van« mit Gepäckraum (je ein Dreier- und ein Zweier-Coupé);
ein Kitchen-Car (»Kombüs-Wa«), in dem die sehr geräumige Küche, das Office, Vorratsräume und Abteile für die Crew untergebracht sind;
ein »Dining-Car« (»Eetwa«) mit 46 Plätzen an Tischen für zwei und vier Personen, einer Bar und einem Blumen- und Obstarrangement;
ein Lounge-Car (»Sitkamerwa«) mit 34 Plätzen und einer großen Lounge und einer großen Bar;
zwei Schlafwagen des Typs »Standard A« mit je vier Compartments für je drei und mit je zwei Coupés für je einen Reisenden;
fünf Schlafwagen des Typs »Standard B« in gleicher Einteilung wie Typ »A«, aber plus einem weiteren Coupé anstelle der Dusche, die man hier im Nachbarwagen aufsuchen muß;
zwei Schlafwagen des Typs »Semi-Luxe« mit zwei Compartments für je drei Personen und einem Coupé für einen Einzelreisenden. Alle Abteile haben hier Dusche und WC und sind besonders geräumig;
ein Schlafwagen des Typs »Luxe« mit einem Compartment für drei Personen und einem Coupé für eine Person, je mit einem eigenen Bad und WC. Und dazu gibt es in diesem Wagen eine Suite für zwei Personen: Salon, Schlafzimmer und Bad, Dusche, WC; dazu eine eigene Telefonverbindung zwischen dem Salon und dem Speise- oder Lounge-Wagen, mittels derer man sich auch komplette Mahlzeiten oder was auch immer im Salon servieren lassen kann. Diese Suite mißt in der Länge nicht weniger als 8,20 Meter!

Speise- und Salonwagen des Zugs sind modern, aber dezent ausgestattet. Das Service übertrifft das in Europa erheblich: So sind für insgesamt höchstens 108 Passagiere nicht weniger als 26 Mann Bedienung vorhanden, vom Zugführer, dem Geschäftsführer im Speisewagen, dem Chefsteward, den Kellnern, den Schlafwagenschaffnern bis zum technischen und sonstigen Hilfspersonal.

Kritisch sei vermerkt, daß die Compartments für drei Personen ein Oberbett besitzen: Zwei Personen müssen also übereinander schlafen, was angesichts des sonstigen verschwenderischen Luxus dieses Zugs einen kleinen Rückschritt gegenüber der früheren Garnitur darstellt – doch mag dies bei den Ausmaßen dieser Abteile – 3,04 Meter in den »Standard-« und 4,80 Meter in den »Semi-Luxe«-Wagen – noch annehmbar sein.

Im Jahr 1971 sind wir mit dem »Blou Trein« von Kapstadt nach Pretoria gefahren. Zwei Jahre später wären wir schon in den Genuß der neuen Garnituren gekommen, aber es sollte eben nicht sein.

Am Tag vor der Abreise natürlich ein ausgiebiger Bummel am Bahnhof. Mit nicht weniger als 24 Gleisen, von denen jedoch bei der relativ geringen Verkehrsdichte nur wenige gleichzeitig belegt sind, scheint er schon für das Jahr 2000 gebaut worden zu sein. Lokalzüge kommen an oder fahren ab, die, wie fast alle Fahrzeuge der SAR, rot und creme gestrichen sind. Auf dem Bahnsteig Nr. 1 steht der »Trans-Karroo« startbereit. Hinter den beiden Elektroloks, beide vom Typ 5-E-1, reihen sich 16 Wagen: ein Gepäck- und je ein Schlafwagen der ersten und der zweiten Klasse nach Pretoria; alles andere läuft nach Johannesburg, darunter vier Schlafwagen erster und fünf Schlafwagen zweiter Klasse, ferner ein Schlafwagen mit beiden Klassen, der die Aufschrift »Nie Blankes« trägt. In der Mitte befinden sich drei Wagen für den kulinarischen und gesellschaftlichen Betrieb: ein Küchenwagen mit einigen Personalabteilen, der Speisewagen namens »Berg« und ein Lounge-Car.
In der Vorhalle ist die im Jahr 1859 in Leith gebaute Dampflok Nr. 9, »Blackie«, der einstigen Cape Town Railway and Dock Company museal aufgestellt, vor ihr das Bild von William Dabbs, ihres Lokführers, der mit ihr aus England gekommen und sie bis zu seinem Tod immer geführt hatte.
Am folgenden Tag finden wir uns gegen Mittag wieder hier ein, um die Fahrt mit dem »Blue Train« anzutreten. Hinter der Elektrolok vom Typ 4-E reiht sich das Dutzend blauer Wagen wie folgt:

vier Schlafwagen erster Klasse nach Johannesburg,
ein Küchenwagen mit Personalabteilen nach Johannesburg,
ein Speisewagen »Orange« mit 44 Plätzen nach Johannesburg,
ein Lounge-Car nach Johannesburg,
zwei Schlafwagen erster Klasse nach Johannesburg,
zwei Schlafwagen erster Klasse nach Pretoria,
ein gemischter Gepäck- und Schlafwagen erster Klasse (»Nie Blankes«) nach Johannesburg.

Unser Abteil liegt im ersten der beiden nach Pretoria laufenden Wagen. Unsere Namen sind sowohl am Abteil wie auch auf der Zugtafel auf dem Bahnsteig (sogar orthographisch richtig) angeschrieben. Erste Überraschung: Wir hatten zu zweit ein sogenanntes Halbcoupé mit zwei Betten übereinander erwartet – es war aber, wie überall im Zug, ein ganzes Abteil mit zwei gegenüberliegenden unteren Betten. Wie schon aus Zimbabwe gewohnt, ist die Wascheinrichtung, mit darüber befindlichem Klapptisch, unterhalb des Fensters angebracht; zwei große Spiegel, eine Trinkwasserflasche usw. vervollständigen die Bequemlichkeit. Im »Blue Train« und im »Drakensberg« muß man sich übrigens kein »Bedding« beim Schaffner mieten. Dieses ist im Fahrpreis eingeschlossen, der nur wenig über dem eines gewöhnlichen Schnellzugs liegt.
Schlag zwölf Uhr setzt sich der Zug in Bewegung. Bald darauf die zweite Überraschung: Der Zugführer höchstpersönlich erscheint, begrüßt uns mit Shakehands und stellt sich mit Namen vor. Einige Zeit später kommt der Chefsteward aus dem Speisewagen, nimmt die Bestellung für den Lunch auf und kassiert auch gleich den Menüpreis – eine angenehme Sitte, da man dann mit dem lästigen Vorgang des Zahlens, außer für Getränke, im Speisewagen nichts mehr zu tun hat. Die höheren Ränge der Crew, Zugführer, Chefsteward usw., sind Weiße, das übrige Personal ist gemischt.
Eine Promenade durch den Zug überzeugt von der erstklassigen Qualität aller Einrichtungen. Nirgendwo auf der Erde habe ich so blankgeputzte Harmonika-Übergänge zwischen den Wagen gefunden wie hier. Einzig und allein die Klimaanlage stört uns; sie funktioniert zwar ausgezeichnet, hat aber den Nachteil, daß sich nur die Fenster bei den Einstiegstüren öffnen lassen. Nur hin und wieder also kann man etwas frische Luft schnappen oder Kurvenaufnahmen machen; diese Möglichkeit nutze ich besonders aus, als wir auf den Kehren im Hex-River-Paß fahren.
Lunch und Dinner im Speisewagen sind von erlesener Qualität, der Kapwein (Marke »Cabernet«) desgleichen, der Service ist rasch und diskret. Wenn man den Speisewagen verläßt, kann man sich nach Belieben von dem in der Wagenmitte aufgebauten Obstarrangement einige Früchte mitnehmen. Vor und nach den Mahlzeiten genießt man die Getränke an der Bar des »Sitkamerwa«.
Am späten Abend halten wir in Beaufort-West, einem der betrieblich wichtigsten Bahnhöfe. Nicht nur ich, sondern auch ein Dutzend Mitreisender eilt an die Zugspitze, an der uns nun die Elektrolok verläßt. An ihrer Stelle erhalten wir eine mächtige Dampflok der Achsfolge 2-D-2 mit sechsachsigem Kondensationstender.
Warrington, wo einst die »Cape to Cairo«-Linie nach Nordwesten in Richtung Rhodesien abzweigen sollte, haben wir natürlich verschlafen. Anderntags wird unsere Dampflok in Kimberley wieder abgelöst, und zwar durch eine Elektrolok des Typs 6 E, die nun bis Johannesburg am Zug bleiben wird. Auch in Kimberley, wo das legendäre »Big Hole« noch heute den größten Diamantenfund markiert, steht eine museale, grün gestrichene Dampflok am Bahnsteig. Sie ist im Jahr 1902 in England gebaut worden und gehörte der ehemaligen Cape Government Railway, für die sie bis 1966 ihren Dienst tat. Längst haben wir das innere Hochland von Transvaal erreicht. Die Landschaft bietet keine großen Überraschungen mehr. Wir passieren von Abraumhalden übersäte Vorstädte, und auf die Minute pünktlich läuft der Zug dann in den riesigen Bahnhof von Johannesburg ein.
Hier leert sich nahezu der ganze Zug, nur mehr wenige Passagiere bleiben in unseren zwei Schlafwagen, die nun an einen gewöhnlichen Schnellzug angehängt werden, noch weiter zur Hauptstadt, bis zu der ja in der Gegenwart der ganze neue »Blou Trein« durchläuft. Schade, daß wir nicht im Frühling (Oktober) hier sind, denn dann könnten wir die ganze Pracht der um diese Zeit blühenden 60 000 Jakaranda-Bäume genießen – und schade, daß die Idee »Cape to Cairo« nicht verwirklicht wurde, denn so müssen wir den Heimweg nach Europa über diesen »Leitstrahl« hinweg in der Luft zurücklegen . . .

Abbildung 309: Der »Blue Train« (»Blou Trein«) in den scharfen Kurven des Hex-River-Paß im Kapland; das Photo zeigt die »alte« Garnitur des Zugs, die inzwischen durch eine hypermoderne ersetzt wurde; der alte Zug wurde dann grün lackiert und fuhr als »Drakensberg« zwischen Johannesburg und Durban

309

AuRoRa

Das ist bekanntlich die antike Göttin der Morgenröte; sie ist aber auch das Epitheton des 49. Staates der USA, nämlich Alaskas; als »Aurora Borealis« bezeichnet man Nordlichterscheinungen, die in Alaska sicher öfter zu sehen sind als besagte Morgenröte. In der oben wiedergegebenen Schreibweise ist das Wort aber auch zugleich der Name des bedeutendsten Eisenbahnzugs des Landes; schließlich bedeuten die drei Großbuchstaben auch die abgekürzten Initialen der dortigen Eisenbahn, nämlich der Alaska Railroad (ARR).

Die Alaska Railroad ist in zweierlei Hinsicht die bemerkenswerteste Eisenbahn des amerikanischen Kontinents: Einmal ist sie die nördlichste Eisenbahn Amerikas, und zum anderen ist sie die einzige staatliche Eisenbahn, die es in den Vereinigten Staaten gibt, und zwar die bestbetriebene.

Der Bau der Alaska Railroad vom eisfreien Cook-Inlet durch das Tal der Susitna, über den Broad-Paß, weiter hinunter durch das Nenana-Tal zum Tanana-Fluß war kein Honiglecken. »Harte Burschen« arbeiteten dort unter wesentlich schwierigeren Bedingungen als etwa ihre heutigen Kollegen, die die BAM fertiggestellt haben. Auf den Baustellen gab es nur einfache Zelte, ohne Kälteschutz, ohne Einrichtung, und altes Heu diente zur Füllung des Bettzeugs, das die Leute sich selbst mitbringen mußten. Ein Beispiel für die Leistung dieser Menschen: An der Trasse entlang des Turnagain-Armes sprengten und bewegten die Arbeiter während fünf Monaten nicht weniger als vier Millionen Kubikmeter Fels, und zwar per Hand! Trotz der im Winter schon fast arktischen Witterungsverhältnisse ging es rasch voran, so daß US-Präsident Harding die 832 Kilometer lange Strecke von Seward bis Fairbanks schon nach acht Jahren, 1923, durch Einschlagen des traditionellen »Goldenen Nagels« feierlich eröffnen konnte.

Der Zweite Weltkrieg machte die Bahn auch strategisch interessant – sie lag nahe der verbündeten Sowjetunion wie des feindlichen Japans. Die Luftwaffenbasen Elmendorf bei Anchorage und Eielson bei Fairbanks sind der militärische Niederschlag jener Zeit; auch die Bahn wurde weiter ausgebaut, der Oberbau erneuert, Gleisbogen begradigt, neue Werkstätten eingerichtet.

Nach dem Krieg, als die Flugkonkurrenz stärker wurde, beschränkte sich der Personenverkehr auf der Schiene zunehmend auf touristisch interessante Züge, an der wirtschaftlichen und militärischen Bedeutung der Bahn änderte sich dagegen wenig. Die Häfen Seward und Whittier, wohin eine Zweigstrecke von Anchorage führt, wurden weiter ausgebaut. Die Eisenhower-Ära brachte dann grundlegende Neuerungen: Statt Morsetelegraph gab es nun Funkverkehr, statt Dampf- fuhren jetzt Dieselloks, und der Containerverkehr über Seward mit dem Mutterland wurde aufgenommen.

Im Jahr 1964 vernichtete ein katastrophales Erdbeben nicht nur das Stadtzentrum von Anchorage, sondern auch weite Bahnstrecken; trotzdem war der Betrieb nach wenigen Wochen wieder intakt. Und zwei Jahre später ging die Zuständigkeit für den Betrieb vom Innenministerium auf das »Department of Transportation« über.

Der Winterverkehr auf der ARR stößt trotz aller modernen Technik auch heute noch auf große Schwierigkeiten: Schneestürme, besonders am Broad-Paß, können oft tagelang die Strecke blockieren, und die Temperatur sinkt hier bis zu sibirischen Graden herab. Die Eisbildung an den Telegraphendrähten bewirkt oft, daß Maste umstürzen und Drähte abreißen. Häufig führen Frostaufbrüche zu Trassenverwerfungen. Schnee wird durch Schneepflüge, Erdrutsche werden durch Bulldozer beseitigt. Elchherden bevorzugen im Winter den Schienenweg, wenn er einigermaßen geräumt ist; um sie vom Bahnkörper fernzuhalten, gräbt man ihnen rechtwinklig von den Schienen abzweigende Wege in die Wildnis hinein. Sollte auf der Trasse Wild überfahren werden (die Naturschutzbestimmungen ähneln hier denen, die wir aus Schweden kennen), so hat der Zugführer anzuhalten und sich zu vergewissern, daß kein Rad und keine Achse entgleist sind.

Die Dieselloks auf der ARR haben ein imposantes »Gesicht«, und sie stammen natürlich alle aus Fabriken in den USA. Für den Personenverkehr, es gibt nur eine einzige, die Coach-Klasse, stehen insgesamt kaum fünfzig Wagen zur Verfügung; sie genügen jedoch für die wenigen Züge; ihre Einrichtung und ihr Komfort gehören zum Besten, was man heute in den Bahnen der Vereinigten Staaten findet.

Vor etwa zwanzig Jahren gab es auch Nachtschnellzüge zwischen Anchorage und Fairbanks (mit dem Namen »Midnight Sun«). Inzwischen bestehen aber nur noch Tagesverbindungen, bei einer Gesamtfahrzeit von rund zehn Stunden – gegenüber zwei Tagen vor einem halben Jahrhundert!

Die Coach-Class entspricht allen Anforderungen, die man an einen guten Zug stellt: verstellbare Sitze 2:2 beiderseits des Mittelgangs, ausreichende Beinfreiheit, Fußstützen,

Klimaanlage; Kettenrauchern sei die betrübliche Mitteilung gemacht, daß man sich nur in den am Wagenende gelegenen Lounges dem Nikotingenuß hingeben darf. Diese Lounges sind nicht nur eine Art »Antichambre« zu den Toiletten, sondern gewissermaßen auch »Rauchersalons«, die neben Waschtischen einige bequeme Fauteuils bieten. Außer den Coach-Wagen führen die Schnellzüge stets ein oder zwei Coach-Dome-Wagen. Dieser Fahrzeugtyp trägt in der Mitte eine Aussichtskuppel, die über ein paar Stufen zu erreichen ist und eine ungestörte Aussicht auf die menschenleere Natur erlaubt. Der Verpflegung dienen einige Voll-Speise-, Buffet-, Cafeteria- oder Café-Lounge-Wagen, wobei der Fahrgast in letzterem an einem »Lunch Counter«, also an einer langen Theke, mit warmen und kalten Speisen versorgt wird.
Ein regelmäßiger Personenverkehr findet auf zwei Strekken statt: Da ist einerseits die Hauptlinie von Anchorage nach Fairbanks, und andererseits führt eine 101 Kilometer lange Verbindung von Anchorage nach Whittier. Auf dieser fahren in beiden Richtungen drei Personenzüge am Tag – auf jener die ganzjährig verkehrende »AuRoRa«, die alle Stationen mitnimmt, und, allerdings nur im Hochsommer, eine Stunde vorher der »Denali-Express«, der nur in der wichtigsten Zwischenstation, nämlich in Denali-Park, anhält. »Denali« ist der indianische Name für den höchsten Berg Nordamerikas, den Mount MacKinley. Von den im Fahrplan aufgezählten mehr als vierzig Bahnhöfen sind lediglich sieben keine Bedarfshaltestellen (»Flagstops«), auf denen aus- oder einzusteigen erfordert, sich rechtzeitig bemerkbar zu machen.

Zum höchsten Berg Nordamerikas

Nur wenig vom 60. Breitengrad entfernt, ist es im Hochsommer in Anchorage keineswegs kühler als in Nordnorwegen. Wir wohnen im »Westward Hotel«, dem nicht nur besten, sondern auch für den Eisenbahnfreund geeignetsten Hotel der Stadt: Es liegt direkt über dem Bahnhof, so daß wir das gesamte Schienengelände und das Wasser des Cook-Inlet überblicken können.
Am Morgen erweisen wir der auf dem Bahnhofsvorplatz aufgestellten »Dampflok Nummer 1« unsere Reverenz und promenieren dann auf dem Bahnsteig. In südwestlicher Richtung steht der Personenzug nach Whittier, der uns später einmal zum Portage-Gletscher, der bis in den See hineinreicht, bringen wird. In Richtung Norden wartet »AuRoRa«, mit der wir heute fahren wollen, in folgender Zusammensetzung, die sich bis heute kaum geändert haben dürfte:

zwei Dieselloks, Nr. 1512 und 1517,
zwei Gepäckwagen,
zwei Coaches,
eine Lounge,
ein Speisewagen,
zwei Dome-Coaches,
zwei Coaches.

Alle Wagen sind in leuchtendem Blau und Gelb, den Farben der ARR, gestrichen. Nur die beiden vorderen Wagen, die offenbar älter sind, tragen Blau. Diese beiden befördern Passagiere, die auf Zwischenstationen aussteigen wollen und nicht mindestens bis Mount MacKinley fahren. Unsere Plätze sind in einem der beiden Domes, so daß wir, um einen besseren Ausblick zu haben, nicht einmal den Wagen wechseln müssen. Leider sind die Fenster der Kuppel etwas staubig, überdies gegen das Sonnenlicht getönt, weshalb das Photographieren hier oben nicht ganz befriedigt.
Pünktlich um neun Uhr fahren wir ab, doch der erste Halt nach ganz kurzer Zeit in Fort Richardson dauert schon zwanzig Minuten – warten wir vielleicht auf einen General aus Elmendorf? Eine Stunde später erreichen wir Eklutna mit seinem riesigen Hydroelektrowerk; dann passieren wir Matanuska, von wo aus eine Abzweigung zu den Kohlenfeldern dieser Gegend führt. Nach dem vormittäglichen Kaffeebesuch im Speisewagen halten wir im Sommererholungsort Nancy, den wohlhabende Leute aus Anchorage gern besuchen.
Beim Halt in Willow erinnern wir uns, daß von hier aus – laut irgendeinem Prospekt – der erste Blick auf den Mount MacKinley möglich sein soll, doch heute sehen wir nichts, der Nordwesten ist wolkenbedeckt.
Die Landschaft erinnert immer mehr an das nördliche Schweden, an Finnland oder Sibirien: einsame Wälder, tiefdunkelblaue Seen, häufig Moorlandschaft, kaum menschliche Ansiedlungen; irgendwo eine schon zu drei Vierteln zusammengesunkene Holzhütte mit der humoristischen Aufschrift »To let«! Das Mittagessen im Speisewagen erweist sich als gut und billig. Während des Hauptgangs halten wir in Talkeetna, von wo aus sich nun der beste Blick auf den Mount MacKinley bieten soll – aber auch hier sehen wir nur Wolken. Uns entschädigt die atemberaubende Ansicht der Brücke über den Hurricane-Gulch des Chulitna-Flusses: eine Stahlkonstruktion von 300 Metern Länge und ebensolcher Höhe; gleich darauf die alte Hängebrücke, die vor rund hundert Jahren von den damaligen »Prospectors« gebaut und benutzt wurde, um zu den sagenhaften Goldfeldern des Nordens zu gelangen. Dann geht es über den Honolulu-Creek zum Broad-Paß, 720 Meter über dem Meeresspiegel gelegen und damit der höchste Punkt der Bahn. Gleichzeitig ist er der »Continental Divider«, die Wasserscheide zwischen dem Pazifischen Ozean und der Beringsee, in die nördlich von hier alles Wasser fließt.
Pünktlich um 16.40 Uhr erreichen wir unser heutiges Tagesziel: Denali-Park, das damals noch Mount MacKinley-Park hieß. Die Hälfte der Fahrgäste steigt aus, aber ebenso viele treten ihre Fahrt erst hier an. Wir jedenfalls unterbrechen unsere Reise.

Im Hotel herrscht unbarmherzige »Check-out time« um zwölf Uhr mittags, so daß Gäste, die sich morgens auf eine Tour begeben, schon zeitig früh ihr Gepäck vor die Tür stellen müssen. Solche Touren führen hauptsächlich zu den besten Aussichtspunkten auf den Mount MacKinley und durchqueren dabei stundenlang das riesige Areal dieses Nationalparks, wobei man – so man Glück hat! – auch einiges Wild zu sehen bekommt. (Der Chronist bekam damals allerdings nur die Kehrseite eines sich langsam am gegenüberliegenden Hang davontrollenden Grizzly zu sehen, und am selben, recht wolkenverhangenen Tag bestand die Sicht auf den höchsten Berg Nordamerikas im Anblick der großen Tafel, die die Entfernung bis zu ihm mit 37 Meilen angibt und auf der eine Möve saß!)

Anderntags geht es weiter nach Norden, wieder mit der »AuRoRa«. Die kurze Strecke zwischen den Stationen Mount MacKinley und Healy ist das schönste Stück der Fahrt; und wir haben das Glück, daß endlich die Sonne scheint. Hoch über der rauschenden Nenana schlängelt sich der Zug langsam an den Felswänden entlang, in einem Canyon, in dem der Schienenweg oft durch Tunnels verläuft. Wegen des sehr lockeren Gesteins, der vielen Felsstürze und häufiger Überschwemmungen ist die Trasse schon vor langer Zeit höher hinaufverlegt worden; unten kann man den alten Bahnkörper noch teilweise erkennen. Am Abend hat die Gegend ihren hochgebirgsartigen Charakter verloren, wir halten in Nenana, an der Mündung des gleichnamigen Flusses in die Tanana, die ihrerseits später in den Yukon fließt. Unsere Route biegt nun von der bisher nördlichen in nordöstlicher Richtung ab. Die Tanana überqueren wir auf der Mears Memorial Bridge, so genannt nach dem bedeutendsten Ingenieur dieser Bahn; in einem einzigen Bogen von 215 Metern führt sie uns über das Wasser. Sie ist eine der größten Stahlkonstruktionen der Erde. Hier am Nordufer war es, wo Präsident Harding am 15. Juli 1923 den »Goldenen Nagel« einschlug. Hier stehen heute noch von Indianern benutzte Schiffsmühlen, die durch die Strömung betrieben werden. Der Abend ist mild, die Sonne steht noch höher als in Anchorage. Knapp vor der Endstation halten wir in College – hier ist die einzige Universität Alaskas; sie ist die am nördlichsten gelegene der Erde. Dann laufen wir, auf die Minute pünktlich, in Fairbanks ein.

Für den Eisenbahnfreund bietet Fairbanks einige Kuriositäten: In »Alaska-Land«, einem großen Vergnügungspark am Stadtrand, finden wir die Lok »Nr. 1« von 1899 der ehemaligen Tanana Railroad (sie trägt das Fabrikationsschild von »H. K. Porter« in Pittsburgh) und eine Lok Nr. 67 samt drei kleinen Personenwagen, alle mit der Aufschrift »Crooked Creek & Whiskey Island Railroad« – eine Bezeichnung, deren Herkunft selbst die Direktion der ARR mir nicht erklären konnte; vielleicht war es irgendein Spitzname. Und hinter einem alten Raddampfer steht schließlich noch das Prunkstück von »Alaska-Land«: Es ist der Pullman-Observation-Car »Denali«, dunkelgrün, sechsachsig, im Inneren heute freilich völlig verändert und als »Alaska Children Museum« eingerichtet. Dieser Wagen verdient es, aufbewahrt zu werden, weil mit ihm Präsident Harding seinerzeit zum Einschlagen des »Goldenen Nagels« hierhergekommen war.
Am übernächsten Tag führt uns dann die »AuRoRa« wieder nach Anchorage zurück, und unsere Reise auf der nördlichsten Eisenbahn Amerikas ist damit zu Ende.

Das Weltreich des Bibers

Der Biber ist bekanntlich – neben der Ameise – das fleißigste Tier der Erde. Die Canadian Pacific, das größte Verkehrsunternehmen Kanadas, hat sich den Biber zu Recht zu ihrem Wappentier erkoren und sich überdies einen Wahlspruch zu eigen gemacht, der ihren erdumspannenden Eifer ausdrückt: »CP spans the World«!
Die Canadian Pacific besitzt und betreibt: eine vom Atlantik bis zum Pazifik reichende, ganz Kanada durchquerende Eisenbahnlinie mit unzähligen Abzweigungen und Beteiligungen auch in den benachbarten Vereinigten Staaten; ein Schiffahrtsunternehmen, das ehemals mit den weißen Luxusdampfern der »Empress«-Klasse eine »All Red«-(also »All British«-)Route von Liverpool über den Atlantik nach Montreal, von dort auf der Schiene nach Vancouver und wieder auf hoher See weiter über den Stillen Ozean nach Japan, China und Australien bildete; eine interkontinentale Fluggesellschaft; eine Telegraphenlinie; Bergwerke; unzählige Nebenbetriebe der verschiedensten Arten und nicht zuletzt eine Kette erstklassiger Hotels, vom »Château Frontenac« in Quebec angefangen über das »Château Champlain« in Montreal und andere bis zum »Château Lacombe« im fernen Edmonton; diese CP-Hotels sind die besten in Kanada.
Mag auch der Personenverkehr auf der Schiene wie zu Schiff in der Gegenwart dank der Konkurrenz des Flugverkehrs erheblich zurückgegangen sein, so entspricht das Motto »CP spans the World« doch noch immer der Realität; anstelle der »Empress of Britain« und ihrer Schwesterschiffe, die einstmals monatelange Weltreisen für begüterte Menschen unternahmen, überqueren heute die Container der CP die Ozeane, und Flugzeuge der Typen Boeing 707 und Jumbo verbinden das kanadische Mutterland mit fernen Ländern; auch in Übersee ist die Aktivität der CP nicht geringer geworden: Seit Jahren schon steht das »Plaza-Hotel« in Hamburg und verkündet mit Riesenlettern auf dem Dach, wem es gehört.

310

Abbildung 310: Der Pullman-Observation-Car »Denali« (der indianische Name des Mount MacKinley), mit dem Präsident Harding im Jahr 1923 zur Vollendung der Linie Anchorage–Fairbanks nach Alaska gekommen war, bildet heute, zu einem »Children Museum« umgestaltet, eine Attraktion des Vergnügungsparks »Alaska Land« in Fairbanks

Das »österreichische Abenteuer«

Bevor wir uns nun auf die Reise mit dem besten Zug Kanadas begeben, sei noch einer anderen, überseeischen Aktivität der CP gedacht, die sich in den letzten Jahren vor dem Ersten Weltkrieg in Europa abgespielt hat. Obwohl ich darüber – es war das sogenannte »österreichische Abenteuer« – schon früher an anderer Stelle berichtet habe, sei die Sache hier kurz nochmals erzählt:
Um das Jahr 1910 hatte die CP eine neue Passagierlinie von Montreal zu dem österreichischen Welthafen Triest eingerichtet. Durch welchen Zufall auch immer, so hatte damals der CP-Vertreter namens Altmann in Wien mit den österreichischen Staatsbahnen Kontakt aufgenommen und diese für eine attraktive und fremdenverkehrsfördernde neue Einrichtung gewonnen: und zwar für die Einführung von Aussichtswagen, wie es sie ja damals in Kanada wie in Amerika überhaupt längst gegeben hat. Die Vertragsbestimmungen zwischen CP und der K.K. Staatsbahn waren einigermaßen kurios zu nennen: Die CP ließ auf ihre Rechnung bei österreichischen Waggonfabriken (es waren Ringhoffer und Nesseldorf in Böhmen) nach kanadischem Muster und mit deren Einrichtung acht Aussichts-Salonwagen bauen, die auf den landschaftlich interessantesten Gebirgsstrecken in Österreich eingesetzt wurden, so zwischen Wien und Innsbruck-Buchs wie auch zwischen Salzburg (über die Tauernbahn) und Triest. Zutritt zu diesen Aussichtswagen, die 34 drehbare Einzelfauteuils

enthielten, hatten Fahrgäste erster und zweiter Klasse mit einem Zuschlag von fünf Kronen; in den Wagen selbst »amtierten« Angestellte der CP, die der Betreuung der Insassen dadurch dienen sollten, daß sie während der Fahrt die Gegend erklären sollten.

Schon bald gab es Havarien, zwar nicht technischer Art, denn die Wagen wurden ja mit Bedachtnahme auf die kontinentalen Voraussetzungen und Vorschriften gebaut (so u. a. mit ganz geschlossenen Plattformen, wie sie damals jenseits des Ozeans noch keineswegs gebräuchlich waren) – wohl aber aus betrieblichen und finanziellen Gründen: Die Begleitpersonen (es waren waschechte Kanadier!) hatten natürlich von österreichischen Dingen und von der durchfahrenen Gegend kaum mehr als nebulöse Begriffe, so daß sie kaum sinnvoll wirkten; ferner: Ein Reisender zweiter Klasse fuhr mit dem Zuschlag von fünf Kronen noch immer komfortabler als mit Fahrkarte erster Klasse in einem normalen Sitzwagen; Inhaber von Halbpreiskarten (Beamte, Offiziere usw.) sollten den vollen Fahrpreis samt Zuschlag bezahlen; hier wurde der Streit dadurch gelöst, daß der Zuschlag für solche »Regiefahrer« auf die Hälfte herabgesetzt wurde.

Das Ärgste jedoch war dies: Die CP hatte, wie schon erzählt wurde, eine neue Schiffslinie Montreal–Triest eingerichtet: Die Dampfer, die diesen Kurs bedienten, hießen bezeichnenderweise »Tyrolia« und »Ruthenia«, trugen also Namen nach österreichischen Provinzen in den Alpen und im äußersten Osten der Monarchie. Dies erregte nun den Zorn und den Konkurrenzneid der Häfen in Norddeutschland, über die bisher der Verkehr zwischen Österreich und Kanada abgewickelt wurde – die HAPAG in Hamburg und der Norddeutsche Lloyd in Bremen behaupteten jetzt: Die CP habe diese neue Linie und auch die Aussichts-Salonwagen auf den Alpenstrecken in der Hauptsache deswegen eingeführt, um wehrpflichtige Österreicher ihrer Pflicht zu entziehen und ihnen die Auswanderung nach Kanada zu erleichtern (als ob wehrpflichtige Tiroler Bauernburschen oder die Lippowaner und Huzulen aus Ostgalizien mit Salonwagen gereist wären!). Es kam soweit, daß in den von HAPAG und Lloyd angestrengten Prozessen gegen die CP in Wien die Behauptung aufgestellt wurde, es seien rund 40 000 Österreicher solcherart nach Kanada sozusagen »verschleppt« worden – aus den von den Klägern vorgelegten Namenslisten ergab sich bei Überprüfung, daß Tausende Namen von Menschen darin standen, die längst verstorben waren – man denkt dabei an Gogols »Tote Seelen«!

Der Ausbruch des Ersten Weltkriegs machte dieser Komödie (man kann sie kaum anders nennen) ein Ende, der Prozeß wurde bis zum »Sankt-Nimmerleins-Tag« vertagt, und die Wagen wurden nach der britischen Kriegserklärung als »Feindvermögen« beschlagnahmt und sogar unter Sequestration gestellt, als eine Wienerin gegen die CP eine Klage um wenige Dollars erhob, die ihr als Aktionärin der CP zustanden!

Wollen wir den Schluß dieses »kanadischen Abenteuers« (wie man es von der österreichischen Seite aus nennen konnte) kurz machen: Der Krieg war in diesem Fall nicht, wie so oft schon, der »Vater«, sondern hier der Leichenbestatter aller Dinge: Im Krieg blieben die Wagen ohne Verwendung (ein Umbau zu Lazarettwagen wäre zu kostspielig gewesen); nach dem Friedensschluß wurde ein Einsatz zwischen Wien und Budapest erwogen, aber mangels Nachfrage wieder verworfen. Schließlich gab Österreich alle acht Wagen, die schon etwas schäbig geworden waren, an die CP zurück, die sie ihrerseits sofort an die italienischen Staatsbahnen verkaufte. In Italien soll der eine oder andere Wagen in den zwanziger Jahren als Salonwagen zwischen Mailand, Genua und Ventimiglia verkehrt haben, ein anderer diente als Leichenwagen der Königin Margherita, die meisten blieben verschollen – dies war des »Abenteuers« Ende.

»Dutch Doors« und »Dome-Cars«

In Kanada ist der Dampf längst ausgestorben, Dieselungetüme beherrschen die Schienen, von Elektrifizierung kann kaum die Rede sein. Im Personenverkehr fahren vor allem Coach-Wagen mit verstellbaren Sitzen 2:2 beiderseits des Mittelgangs in offenen Saalwagen. Eine erste Klasse wie bei uns gibt es nur in Gestalt von Parlor- oder Club-Cars, die etwa einem Pullman entsprechen, und in Schlafwagen, bei denen verschiedene Komfortabstufungen vorkommen: sogenannte »Sections« (die Urform des von George M. Pullman seinerzeit eingeführten Typs), das sind je zwei Liegestellen übereinander in offenen Saalräumen, zum Mittelgang hin nur durch Vorhänge abgeteilt. Dann gibt es einbettige Roomettes, ebenfalls in Längsrichtung des Wagens, aber zum Gang hin durch Türen abgeschlossen und mit Wascheinrichtung sowie WC. Die »Duplex-Roomettes« sind eineinhalbstöckig übereinander verschachtelte kleine Einzelabteile, die das Vorbild für den Typ »P« der CIWL waren. Die nächste Stufe ist der »Bedroom«, ein normales Zweibettabteil mit Wascheinrichtung und – ein unschätzbarer Vorteil gegenüber einem europäischen Double – stets mit WC. Und das Beste vom Besten stellen die hin und wieder zu findenden Drawing-Rooms dar, das

Abbildung 311: Einfahrt des »Canadian« in den Mink-Tunnel am Lake Superior
Abbildung 312: Ein »Scenic Dome-Car« der Canadian Pacific; diese Wagen sind alle nach bekannten Parks benannt
Abbildung 313: Güterzug der CP in den kanadischen Rockies; links der Mount Eisenhower

311

312

313

CANADIAN PACIFIC
4029
CANADIAN PACIFIC

sind Doppelabteile, für zwei oder drei Personen eingerichtet, mit zwei unteren und einem oberen Bett, mit in der Nacht zusammenklappbaren losen Fauteuils und natürlich auch mit den bereits beschriebenen sanitären Einrichtungen. Eine Reise von zwei oder mehr Nächten durch Kanada läßt sich darin recht angenehm überstehen.
Speise- und Buffetwagen entsprechen annähernd den in Europa gebräuchlichen Typen; man sitzt hier im Speisewagen stets an Vierertischen, was wegen des gegenüber Europa größeren Profils der Fahrzeuge sehr bequem ist, und in Buffet- oder Barwagen an einer langen Theke. Dome-Cars, wie wir sie schon aus Alaska kennen, gibt es in den meisten großen Überlandschnellzügen; sie sind entweder mit Coach-Class-Wagen kombiniert oder finden sich in gemischten Schlaf- und Aussichtswagen; schließlich gibt es noch Lounge-Cars mit einer kleinen Bar.
Ist eine Strecke zweigleisig, was selten vorkommt, so fährt man einmal rechts, einmal links. Es gibt entweder ferngesteuerte Lichtsignale oder – aber dies nur im Bereich größerer Bahnhöfe – altmodische Formsignale mit aufrechtstehenden Armen. Das Ein- und Aussteigen ist ohne fremde Hilfe nicht möglich: Der »Porter«, wie die Schlafwagenschaffner heißen, muß erst die sogenannte »Dutch Door« öffnen, deren obere Hälfte separat aufgemacht werden kann (sie bietet übrigens die einzige Möglichkeit, in einem klimatisierten Wagen etwas frische Luft zu schöpfen); nach Öffnung der ganzen Dutch Door muß der Porter dann erst die Bodenplatte aufheben, aus der sich die Treppe heraussenkt, und schließlich wird noch ein Schemel auf den Bahnsteig gestellt. Für die Klimaanlage ebenso wie für die Warmwasserversorgung gibt es fast stets einen Heizkessel im Gepäckwagen; selbst im Hochsommer dampft es daher aus manchen Wagen und besonders am Zugende wie aus einer Gulaschkanone!

Vom Pazifik zum Atlantik

Im Jahr 1975 haben wir mit dem »Star«-Zug der CP, mit dem »Canadian« (früher einmal hatte er »Dominion« geheißen), das »Weltreich des Bibers« durchquert; einige Reminiszenzen daran mögen nicht ohne Interesse sein.
Nur in wenigen großen Bahnhöfen in Kanada oder in den USA kann man ungehindert auf den Perron gehen und in den bereitstehenden Zug steigen. In Vancouver, dieser prächtig gelegenen Stadt am pazifischen Ende Kanadas, verläuft die Prozedur zum Beispiel so: An einem lauen Sommer-Spätnachmittag müssen wir erst oben in der Halle den »Check-in« passieren und dabei gleich angeben, für welche Serie des Abendessens im Speisewagen wir uns entschlossen haben, um das entsprechende Ticket zu bekommen. Danach geht es – kaum zwanzig Minuten vor Abfahrt – über eine sich öffnende Rolltreppe ins Untergeschoß, wo der Zug bereitsteht; besagte Rolltreppe ist übrigens kaum einen halben Meter breit, und Gepäckträger und Gepäckkarren scheinen hier ausgestorben zu sein. Nachdem wir unser Abteil bezogen haben, bleiben uns nur noch wenige Minuten, in denen wir die Zusammensetzung des Zuges gewissenhaft notieren:

drei Dieselloks, Nr. 1405, 8519, 4068; alle Achsfolge Bo-Bo, General Motors 1952,
ein Gepäckwagen, Nr. 603,
drei Coaches, Nr. 112, 127 und 105,
ein Dome-Coach-Bar-Wagen, »Skyline«,
zwei Sleeping-Cars, »Dufferin Manor« und »Christie Manor«,
ein Sleeping-Car, »Château de Varennes«,
ein Dining-Car, »Champlain«,
ein Sleeping-Car, »Osler Manor«,
ein Sleeping-Car, »Château de Verchères«,
ein Sleeping-Observation-Bar-Dome-Car, »Algonquin Park«.

Keiner der Wagen trägt ein Laufschild, lediglich Wagennummern helfen bei der Suche. Und nicht alle werden bis zu unserem Ziel, nach Montreal, fahren; einige werden in Calgary oder Winnipeg abgehängt werden, andere gehen nach Toronto, wohin sie in Sudbury abzweigen, wo wiederum andere Wagen dazukommen.
Zwei Typen von Schlafwagen werden in diesem Zug eingesetzt: Die mit »Manor«-Namen versehenen haben vier Sections an dem einen, vier Roomettes an dem anderen Ende und in der Mitte sechs Zweibettabteile; die Schlafwagen vom Typ »Château« besitzen auf der einen Seite ebenfalls vier Sections, auf der anderen sind es acht Duplex-Roomettes, und in der Mitte gibt es neben drei Bedrooms noch einen Drawing-Room, der nur für zwei Personen bestimmt ist, mit je einem Unterbett, längs und quer, und zwei Fauteuils. Der Speisewagen bietet Platz für 48 Passagiere und eine geräumige Küche; die Crew besteht aus einem »Maître« (in blauem Anzug) und vier Kellnern. Der letzte Wagen im Zug namens »Algonquin Park« (mit »Park« sind alle Wagen dieses Typs benannt) hat vier Zweibettabteile, unter dem »Dome« eine kleine Bar und am Ende einen abgerundeten Aussichtsraum mit 13 Fauteuils und einem Schreibtisch, auf dem sich Zeitungen, Briefpapier und Telegrammformulare der CP befinden. Das ist ein Reisekomfort, wie es ihn in Europa kaum mehr gibt.
Das Publikum, das unseren »Canadian« bevölkert, ist vielschichtig und vielfarbig: Das Gros bilden kleinere Reisegesellschaften aus Japan und Neuseeland; daneben sehen wir auch einen Rabbi mit Schabbes-Hut und Pajes, neben ihm am »Check-in«-Schalter einen Sikh mit prachtvollem Bart und seidenem Turban. Wir haben den Drawing-Room im »Château de Verchères«.
Der Name dieses Wagens ist der einer Baronesse Marie-Madeleine Verchères, die als Vierzehnjährige im Jahr 1962 den Besitz ihres Vaters mit einigen Soldaten und einem uralten Diener gegen Angriffe der Irokesen vertei-

digt hatte; im Ort mit dem Namen Verchères (in der Provinz Quebec) steht ihre Statue, und wir erinnern uns unwillkürlich an eine andere tapfere und streitbare junge Frau, die wir aus Indien kennen – die Rani von Jhansi! Unser Nachbarwagen »Osler Manor« ist nach einem berühmten Chirurgen benannt, der zwischen 1849 und 1919 gelebt hat.
Pünktliche Abfahrt um 17.45 Uhr. Bahnkörper und Geschwindigkeit des Zugs sind anfangs mäßig, der Abend ist trüb. Wir fahren den Frazer-Fluß aufwärts, den Rockies entgegen. Dieser erste Teil der dreitägigen Reise ist der anstrengendste: für die Passagiere, die die Natur bewundern wollen, für die Crew, die mehr als hundert Leute abzufüttern hat, und auch für den Zug, der enge Kurven durchqueren, bergauf und bergab fahren muß. Im Frazer-Canyon ist es schon finster, wir haben Vollmond, er beleuchtet nicht nur die Berge, sondern auch, vom Dome des »Algonquin Park« aus gesehen, die rot-silbern glänzende Schlange des Zugs.
Fast noch dunkel ist es gegen sechs Uhr morgens in dem Bahnhof namens Revelstoke; hier stellen wir die Uhr von der bisher geltenden »Pacific-« auf die »Mountain Time«, also um eine Stunde vor. Die Gegend hat Hochgebirgscharakter, Lawinendächer und Überbauungen schützen die Strecke gegen die Schneemassen, die im Winter nur zu oft den Verkehr behindern. Noch in der Morgendämmerung begegnen wir in der Station Glacier (von den Gletschern ist noch wenig zu sehen) einem Güterzug: fünf Loks an der Spitze, zwei in der Mitte, dazu etwa 120 Wagen; die Vorbeifahrt dauert fast zehn Minuten.
Zum Breakfest müssen wir »queuen«, denn die neuseeländischen und japanischen Reisegesellschaften, die in Banff aussteigen wollen, sind schon zeitig aufgestanden und drängen sich im Zug. Im Bahnhof Golden treffen wir abermals einen Güterzug, es ist der erste von sechs dieser Art, die täglich mit den Schätzen der hiesigen Kohlengruben nach Vancouver fahren, wo ihre Fracht, vor allem für Japan bestimmt, verladen wird. Dieser Zug hat noch mehr als 120 Wagen und wird von zehn Dieselloks gezogen. Nach dem Frühstück hoch oben in den Rockies halten wir in Fields; alles steigt aus, um sich die Beine zu vertreten und die frische Gebirgsluft zu genießen. Hoch über dem rauschenden Fluß geht die Fahrt weiter, wir fahren dem »Continental Divider«, der Wasserscheide zwischen den beiden Weltmeeren, entgegen. Noch ein Güterzug in der Gegenrichtung: Von der Plattform eines der unzähligen Waggons lachen uns drei Langbärtige und -haarige an, offenbar Schwarzfahrer, die sich irgendwo auf den Zug geschwungen haben, um irgendwo anders wieder abzuspringen. Man erinnert sich an die Romane Jack Londons.
Nach zwei Spiraltunnels ist die Wasserscheide erreicht; zur Rechten türmt sich der Mount Stephen, der nach dem ersten Präsidenten der CP, dem nachmaligen Lord Mount Stephen, benannt worden ist: Links ist der Mount Cathedral, der angeblich auf »Mount Eisenhower« umgetauft worden ist, aber kein Mensch verwendet diesen Namen. Und dann sind wir in der Station Lake Louise; der See liegt abseits von hier. Banff ist das Zentrum des Fremdenverkehrs in den kanadischen Rockies; unweit des Bahnhofs liegt das luxuriöse CP-Hotel. Alle Japaner steigen hier aus, fast alle Neuseeländer und viele andere, nur sehr wenig neue Passagiere steigen ein. Im Speisewagen ist es nun ziemlich leer; nach Aussage des Maître fahren kaum zwanzig Leute bis Montreal mit. Die Strecke geht weiter bergab.
Nach dem Dessert durchfahren wir das sogenannte »Tor des Felsengebirges«, den plötzlichen und kurzen Übergang von der hochgebirgsartigen Szenerie der Rocky Mountains zu den unübersehbaren weiten Prärien und Getreidefeldern des mittleren Kanada. Das »Tor« ist sehr breit, und unvermittelt treten wir in die Ebene ein; sehr schön ist im Rückblick die Sicht auf die mauerartige, fast geschlossene Front des Gebirges. Es ist nun früher Nachmittag.
Calgary, die größte Stadt der Provinz Alberta, präsentiert sich mit einer hochragenden Skyline, bevor wir in die etwas düstere Halle des Bahnhofs einfahren. Wir haben längeren Aufenthalt, währenddessen eifrig rangiert wird: Die mittlere unserer drei Dieselloks (Nr. 8519) wird herausgezogen, sie war offensichtlich nur für die Steigungen gebraucht worden; ausgekoppelt wird auch der Schlafwagen »Dufferin Manor«, dessen Lauf hier endet. In richtiger Hochsommerwärme geht es nun weiter durch die prärieartige und fast brettebene Gegend; am Horizont sehen wir einige langgestreckte Tafelberge; Weideflächen wechseln mit unendlichen Getreidefeldern; auf jedem Bahnhof steht ein riesiger Silo.
Hinter Medicine Hat kommen wir in die Provinz Saskatchewan, wo, wie in Alberta und in Manitoba, das wir später durchfahren, der beste Weizen der Welt gedeiht; die Hauptstadt Regina passieren wir schlafend bei Nacht.
Am nächsten Morgen wird schon zeitig zum Frühstück gerufen, denn in der Hauptstadt Winnipeg, die wir gegen Mittag erreichen, wird die gesamte Crew des Zugs ausgewechselt, und die abtretende Mannschaft muß ja vorher noch abrechnen und Ordnung machen. Vor der Einfahrt in den weitläufigen Bahnhof von Winnipeg – hier kann es sommers vierzig Grad Wärme und winters fünfzig Grad Kälte haben – kreuzen wir rechtwinklig die Trasse der Canadian National, der größten Konkurrenzgesellschaft der CP. Wieder stehen wir längere Zeit, und wieder wird ein Wagen herausgenommen, es ist der Coach Nr. 112, der schon vorher beinahe leer war. Die beiden Dieselloks tanken auf; wenige Leute steigen aus, noch weniger steigen ein. Die neuen Porters und auch die Kellner sind jetzt durchweg Schwarze; in den Speisewagen wird nun auch Wein eingeladen, der ab Vancouver noch nicht vorhanden war. Alle Wagen werden außen sorgfältig gewaschen und die Fenster geschrubbt.

Gegen Abend liegt dann auch Manitoba hinter uns, und wir sind in Ontario, wo die Landschaft neuerlich wechselt, es ist das »Laurentische Massiv«: Granitfelsen und -bukkel, dann auch wieder unendliche Wälder und Sümpfe, es erinnert an das nördliche Schweden oder an Finnland. Am frühen Abend erreichen wir Thunderbay am Lake Superior, dem größten Binnensee der Erde nach dem Kaspischen Meer. Stundenlang, in immer wieder anderer Beleuchtung, fahren wir jetzt entlang der Buchten dieses kleinen Meeres während eines traumhaft schönen Sonnenuntergangs; die bunten Sommerhäuser und die stillen Inseln lassen uns an den Oslofjord denken; zuletzt beherrscht der blutrote Vollmond die Szenerie, die wir noch lange aus dem Dome des »Algonquin Park« genießen. Die dritte und letzte Nacht der Reise ist angebrochen.

Am letzten Vormittag – der Lake Superior liegt längst hinter uns, die »laurentische« Landschaft mit Wäldern, Seen und Sümpfen aber hat sich kaum verändert – halten wir vierzig Minuten lang in Sudbury, wo die Strecke zur zweitgrößten Stadt Kanadas, nach Toronto, abzweigt.

Dorthin geben wir nun einige Wagen ab. Es sind dies der Gepäckwagen Nr. 603, die beiden Coachcs Nr. 127 und 105, die Schlafwagen »Christie Manor« und »Château de Varennes« sowie unser Speisewagen »Champlain«. An deren Stelle wird unserem Zug einrangiert: ein Gepäckwagen (Nr. 606), ein Coach (Nr. 122) und ein Speisewagen mit dem Namen »Imperial«. Von allen Fahrzeugen, mit denen wir in Vancouver gestartet sind, verbleiben uns also nur noch die beiden unermüdlichen Dieselloks (Nr. 1405 und Nr. 4068), der Dome-Coach »Skyliner«, die Schlafwagen »Château de Verchères« und »Osler Manor« sowie der »Algonquin Park«, der stets am Zugende eingereiht ist, da es Kopfbahnhöfe nicht gibt.

Wir nähern uns dem frankophonen Teil Kanadas: Drei Minuten, zwei Minuten, eine Minute vor der Abfahrt kommen die Lautsprecheransagen – auf englisch und auf französisch. Gleiches geschieht nun auch bei den Aufrufen zum Essen im Speisewagen.

Der Bahnhof von Ottawa ist blitzblank sauber. Da er weit außerhalb liegt, sehen wir in der Ferne nur die patinabedeckten Kuppeln und Dächer der Regierungsgebäude. Dann beginnen die zwei letzten Stunden der Reise, die wir in dem nun fast leeren Dome des »Algonquin Park« verbringen. Auf die Minute pünktlich laufen wir um 8.05 Uhr abends in die architektonisch monumentale Windsor Station von Montreal ein, wo wir im 18. Stock des »Château Champlain« wohnen werden.

Wir fuhren in einem Zug drei Tage und drei Nächte, legten eine Strecke von 4633 Kilometern in 71 Stunden und 20 Minuten zurück, demnach mit einer mittleren Reisegeschwindigkeit von 65 Stundenkilometern. Das Bemerkenswerteste dieser Reise aber war, daß uns die beiden Dieselungetüme Nr. 1405 und Nr. 4068, ohne daß ihnen je der Atem ausgegangen wäre, über die gesamte Strecke befördert haben – ich bin sicher, daß dies der längste Lok-Durchlauf der Erde ist!

»Super-Continental«

Die Canadian National (CN) ist das zweitgrößte Verkehrsunternehmen in Kanada. Auch ihr Schienennetz reicht von einem Ozean zum anderen, auch sie hat verschiedene Nebenbetriebe (Hotels, Schiffe, Telegraphenleitungen usw.). Sie ist nach dem Ersten Weltkrieg entstanden, als einige in finanzielle Schwierigkeiten geratene Privatbahnen zusammengefaßt wurden, deren bedeutendste die »Grand Trunk« war. Die Bahnen der beiden Konkurrenten unterscheiden sich vor allem durch die Farbe der Wagen; die der CN sind in Schwarzweiß gehalten. Sonst gleichen sich die Verhältnisse.

In der Mitte der siebziger Jahre bin ich in drei aufeinanderfolgenden Jahren mit Canadian National-Zügen gefahren: Die erste Reise ging von Montreal nach Quebec. Auf dieser Route verkehren einige Triebwagenzüge, die nur die Coach-Klasse führen, dreimal täglich jedoch ein sogenannter »Rapido«, deren jeder einen individuellen Namen trägt: »Champlain«, »Citadel« und »Frontenac«. Für die 250 Kilometer lange Strecke benötigen sie zweieinhalb bis drei Stunden. Normalerweise führen sie zwei Coaches, einen gemischten Coach-Bar-Wagen und einen Club-Car, in dem sich außer 39 Plätzen auch Garderobe, Gepäckablage und eine kleine Küche befinden. Auch diese Wagen haben eigene Namen, so »Club St. Dénis«, »Hamilton«, »Belle Island« und »Soirée«. Man bekommt hier nicht nur alle Mahlzeiten an seinem Fauteuil serviert, sondern überdies auch einen »Complimentary coffee«.

In Montreal starten die Züge der CN von der Central Station, unweit der Windsor Station der CP gelegen: Im Gegensatz zu dieser liegen jedoch die Gleise der Central Station unterirdisch, wie denn das ganze Areal ein riesiges unterirdisches Konglomerat aus Bahnhof, Läden und ähnlichen Einrichtungen darstellt. Die Gleise liegen in völliger Finsternis unter dem Kellerdach, die Bahnsteige sind schmal und zumeist durch die erstickenden Auspuffgase der Dieselloks verpestet, so daß man am liebsten im Wagen bleibt. In erfreulichem Gegensatz dazu steht der Bahnhof in Quebec, der nicht nur auf Straßenniveau liegt, sondern auch mangels eines Hallendachs gute Luft und viel Bewegungsfreiheit bietet.

Die Provinzen Quebec und Ontario sind bekanntlich zweisprachig, welche Parität ebenso korrekt eingehalten wird wie etwa in Südtirol zwischen Deutsch und Italienisch oder wie um Brüssel zwischen Flämisch und Französisch. Mit den Frankokanadiern ist es aber doch manchmal so eine Sache: Man erinnert sich an den seinerzeitigen Besuch de Gaulles, bei dem er wohl nicht nur die britische Königin dadurch reichlich verschnupft hatte, daß er mit großen Tönen den Wunschtraum eines »Libre Quebec« herausposaunte, welcher Wunsch auch in der dortigen Bevölkerung zu schlummern scheint. Typisch mag auch meine eigene Erfahrung in dieser Beziehung sein, der ich feststellen konnte, daß man bei Autofahrten über Land in der Umgebung von Montreal, wenn man sich bei Einheimischen nach dem Weg erkundigt und dabei englisch spricht, dann

entweder überhaupt keine oder eine mürrische Antwort auf französisch erhält! Kurioser Gegensatz dazu wieder: In Quebec fragte ich einen alten Herrn nach einer bestimmten Straße, da er sympathisch aussah und sehr seriös wirkte, wollte ich ihn nicht gewissermaßen provozieren und sprach ihn auf französisch an – seine Entgegnung war: »Sorry, I understand only English«! Nun, dies alles nur nebenbei . . .
Quebec ist im übrigen eine wunderschöne alte Stadt, ihr Glanzpunkt ist wohl das hoch über dem St.-Lorenz-Strom gelegene »Château Frontenac«-Hotel der CP mit einer prachtvollen Promenadenterrasse über dem Fluß.

Eine zweite kurze Fahrt mit der CN unternahm ich ein Jahr später. Wieder begann sie in Montreal, verlief aber in der entgegengesetzten Richtung, nämlich zur Hauptstadt Ottawa, deren Hauptanziehungspunkt für den Railfan das dortige Eisenbahnmuseum mit seinen sehenswerten Schätzen der kanadischen Eisenbahnhistorie sein mag. Für diesen Ausflug benutzte ich, wenn auch nur in der Coach-Klasse, den damaligen »Star«-Zug, nämlich den »Super-Continental«, der bei der CN dieselbe Rolle spielte wie der »Canadian« bei der CP.
Als einfacher Coach Class-Passenger ohne Platzkarte durfte ich erst eine Viertelstunde vor der Abfahrt die Rolltreppe der Central Station hinuntergehen, so daß kaum noch Zeit blieb, die Zusammensetzung des Zugs zu notieren: vier Dieselloks, ein Gepäckwagen, sechs Wagen der Coach-Klasse, zwei Schlafwagen (mit Sections, Roomettes, Bedrooms und Duplex-Roomettes), ein Voll-Speisewagen, ein Barwagen sowie ein Schlafwagen mit einer Lounge. Für die rund zweistündige Fahrt (die Gleise der CP sind hier teilweise durch ein Drahtgitter von denen der daneben laufenden CN getrennt) genügte mir die Beinfreiheit in meinem, ansonsten so gut wie leeren Coach vollkommen.
Die längste und interessanteste Reise mit der CN geschah wiederum ein Jahr später, erneut mit dem »Super-Continental«. Dieses Mal aber fuhren wir mit ihm fast auf seiner ganzen Strecke, nämlich von Toronto nach Edmonton, der schönen Hauptstadt der Provinz Alberta.
Nach dem Abendessen in dem gegenüber der Union Station gelegenen CP-Hotel »Royal York« probieren wir um etwa elf Uhr, ob es schon möglich ist, unseren Zug zu besteigen. Daraus wird nichts. Es ist halb zwölf, als sich endlich die Rolltreppe würdevoll öffnet und uns zum »Checkin« einläßt. Nachdem wir unseren Wagen gefunden haben, vergehen noch bange Minuten, bis der Gepäckträger endlich auftaucht, und schon wenige Minuten später geht es los, so daß keine Zeit mehr bleibt, die übliche Promenade entlang des Zugs zu machen. Seine Zusammensetzung kann ich erst anderntags notieren:

zwei Dieselloks, Nr. 6534 und Nr. 6616, Baujahre 1954 und 1958, ab Capreol: Nr. 6506, Nr. 6628,
ein Gepäckwagen, Nr. 9619,
drei Coaches, Nr. 8489, 552, 5468,
ein Bar-Lounge-Wagen »Harmonie«, sechsachsig,
ein Speisewagen, Nr. 1363,
fünf Schlafwagen, »Equity«, »Enfield«, »East View«, »Grand Codroy River«, »Iroquois«, mit Sections, Duplex-Roomettes und zweibettigen Bedrooms.

Daß sich die Zusammensetzung während der Reise erheblich ändert, sind wir von kanadischen Zügen schon gewohnt. Bereits am folgenden Tag wird in Capreol zwischen den Gepäck- und die Coach-Wagen aus Toronto ein Zugteil aus Montreal eingereiht:

zwei Coach-Wagen, Nr. 5488 und Nr. 5517,
ein Bar-Lounge-Wagen, Nr. 760,
zwei »Dayniter«, Nr. 709 und Nr. 715, lila gestrichen; es sind dies kleine Abteile, etwa einer europäischen Couchette entsprechend,
ein Schlafwagen, »Cape Porcupine«, Bedrooms und Buffet,
ein Bar-Counter, Nr. 427,
drei Schlafwagen, »Green Bank«, »Euklid«, »Eureka«.

Wiederum einen Tag später wird in Winnipeg rangiert. Der Coach Nr. 8499, der Speisewagen Nr. 1363 und der Schlafwagen »Iroquois« bleiben dort; zwischen die Zugteile aus Montreal und Toronto kommen nun neu hinzu:

ein Full-Dome-Car, »Athabaska«, Nr. 2701,
ein Speisewagen, Nr. 1340,
ein Schlafwagen, »Sisibo Falls«,

so daß wir westlich von Winnipeg dann mit zwanzig Wagen weiterfahren.
Während sich die Zugteile des »Canadian« der CP in Sudbury trennen beziehungsweise vereinen, geschieht dies beim »Super-Continental«, wie erwähnt, in Capreol; ab dort verläuft die Strecke der CN weiter nördlich als die der CP, umgeht also den Lake Superior, berührt Nakina und trifft erst in Winnipeg wieder auf die CP-Route, um sich dort neuerlich von ihr zu trennen und abermals weiter nördlich zu verlaufen: Nicht über Calgary und Banff, sondern über Saskatoon, Edmonton und Jasper erreicht sie dann, direkt von Norden kommend, die Endstation Vancouver. Da der Weg etwas länger ist, muß man von den Ausgangspunkten bis zum Zielbahnhof im »Super-Continental« vier Nächte reisen, statt drei im »Canadian«.
Die Landschaft auf dieser Reise ähnelt der, die wir bei unseren CP-Fahrten gesehen haben. Die Atmosphäre im Zug unterscheidet sich kaum von der im »Canadian«; auch der Komfort befriedigt alle Ansprüche; es gibt zwar in unserem »Grand Codroy River« keinen Drawing-Room, aber wir konnten zwei benachbarte Bedrooms zu einer »Bedroom-Suite« vereinigen und hatten dadurch ebensoviel Platz.
Am frühen Morgen nach der dritten, gut durchschlafenen Nacht endet unsere Reise in Edmonton, der Haupt- und schönsten Stadt von Alberta.

314

315

316

317

Abbildung 314: Die imposante Wagenschlange des »Canadian« am Bow River nahe des Lake Louise
Abbildung 315: Der »Canadian« auf der Stony Creek-Bridge
Abbildung 316: Von der Canadian Pacific stammt die Lok Nr. 3716 »Port Coquitlan« im Provinzialmuseum von North-Vancouver
Abbildung 317: Der »Canadian« trifft seinen Gegenzug

Schattenseite des Loses der Indianer, die wohl nicht nur in den USA, sondern auch in Kanada kein gerade beneidenswertes Leben führen können, soweit sie nicht westlich »integriert« sind: Ich will mich mittags noch für die weiteren Reisetage mit einem Seelentröster (sprich: Whisky) versorgen und harre einige Minuten vor dem »licensed« Laden, der erst um 14 Uhr aufsperrt; um mich herum warten einige Rothäute, aber hauptsächlich darauf, daß ihnen – denen mangels entsprechender Barmittel für den Rest des Tages nur Trübseligkeit übrigbleibt – ein »Sponsor« begegnet. Nun – »tout comprendre est tout pardonner« –, die guten Leutchen sind nach Öffnung des Ladens dank meiner Munifizenz sicher nicht ohne Tröstung weggegangen! »Wer wirft den ersten Stein?« Von den Tröstungen, die ihnen unter Umständen die Choräle der Heilsarmee bieten könnten, würden sie kaum »satt« geworden sein. Wie sollen diese armen Teufel denn sonst ihre Armut zumindest für wenige Stunden überbrücken? Wir erinnern uns an die »Aborigines« in Australien, denen es nicht viel anders geht . . .

Abseits der Eisenbahn bot aber Edmonton noch etwas anderes: Es war dies eine Exkursion in den äußersten Norden des Landes, der vom Pauschaltourismus heute glücklicherweise noch immer nicht erfaßt und »erschlossen« ist, die aber damals – es ist ein Jahrzehnt her! – zu einem meiner besten improvisierten Einfälle gehörte: Es war dies eine einwöchige Fahrt mit einem nur zehn Kabinen und nur zwanzig Passagiere fassenden Riverboat auf dem größten nordkanadischen Fluß, auf dem in die arktische Beaufort-See mündenden Mackenzie: Leider ist das Unternehmen seither schon jahrelang eingegangen, doch damals war es das Schiff »Norweta« einer sogar im »ABC-Shipping-Guide« annoncierenden Gesellschaft, die für wenige Jahre mit dem genannten Schiff Fahrten auf dem Mackenzie bis zum Rand des Eismeeres unternahm: Man flog von Edmonton aus nach Hay-River, unweit des »Großen Sklavensees«, bestieg dort das genannte Boot und genoß eine Woche lang eine wirklich noch unverfälschte Natur entlang dieses Stromes: Einige Kanadier, einige US-Amerikaner und wir als einzige Ausländer waren die Gäste – der Kapitän versicherte mir, daß wir der einzige Erfolg seiner Annonce im erwähnten »ABC« gewesen seien! Von Hay-River aus ging die Fahrt mit kurzen Halten in den bescheidenen Ansiedelungen – darunter fanden sich auch heute noch französische Missionsstationen, deren Geistliche ein recht bescheidenes Leben führen –, mit kleinen Lagerfeuern am Ufer, doch mit stets wechselnden landschaftlichen Eindrücken, tage- und nächtelang immer weiter nach Norden. Die zwei hauptsächlichen Akzente waren: die Einmündung eines aus dem Großen Bärensee kommenden Zuflusses in den Mackenzie – hier sprangen sogar drei ältere, unermüdliche Reiseteilnehmer über Bord in das wohl eiskalte Wasser! – und dann die Fahrt durch die sogenannten »Ramparts«, an und zwischen denen sich das Schifflein sorgfältig seinen Weg suchen mußte. Ganz oben dann, in Tuktoyaktuk, schon jenseits des Polarkreises, auf 69 Grad Nord, war die Fahrt zu Ende, und zurück nach Edmonton und dann weiter nach Vancouver ging es wieder per Flugzeug. Doch wer wie ich die Hoffnung gehegt hatte, in der Beaufort-See (die schon ein Bestandteil des Nördlichen Eismeeres ist) wenigstens eine einzige Eisscholle treiben zu sehen, wurde schwer enttäuscht, denn der nachhaltigste Eindruck von »Tuk«, wie es die Leute nennen, bestand in Mückenschwärmen, wie man sie aus den Sumpfgebieten auch anderswo im hohen Norden kennt! Es ist schade, daß dieses Unternehmen anscheinend völlig aufgegeben wurde, jedenfalls habe ich nie mehr eine Ankündigung in irgendeinem Fahrplan oder dergleichen gefunden. Anschließend an die vorausgegangene Reise mit dem »Super-Continental« war es jedenfalls eine nicht alltägliche Sommerfahrt . . .

»Royal Hudson«

So nennt sich ein Dampfloktyp (Achsfolge 2-C-2), der zwischen den beiden Weltkriegen in größerer Zahl von der CP angeschafft worden ist. Davon finden sich heute nur noch wenige Exemplare. Eine von ihnen zog im Jahr 1939 den »Royal Train« des damaligen britischen Königs Georg VI. auf seiner 3000 Meilen langen Reise durch die kanadischen Provinzen. Diese Maschine mit der Nr. 2850 steht heute im »Railway Museum« in St. Constant bei Montreal, und ihrer damaligen königlichen Verwendung wegen wurde später die ganze Baureihe »Royal Hudson« genannt. Eine Schwesterlok mit der Nr. 2860 sahen wir in Vancouver, dem Ausgangspunkt der (noch immer privaten) British Columbia Railway.

Diese Bahn betreibt eine 744 Kilometer lange Strecke nach Prince George, wohin täglich ein Dieseltriebwagen unter dem Namen »Cariboo« rund 13 Stunden benötigt; wer bei der Reservierung seines Platzes noch 8 oder 18 Dollar dazulegt, hat damit auch entweder ein reichliches Breakfast oder alle drei Tagesmahlzeiten im voraus bezahlt, die von einem Buffet aus serviert werden.

Die British Columbia wäre an sich nicht erwähnenswert, besäße sie nicht noch einen zweiten Zug, und zwar einen nostalgischen Touristenzug, der in den Sommermonaten mehrmals in der Woche von North Vancouver bis nach Sqamish (etwa in der Mitte der Strecke) am Morgen hin- und am Nachmittag zurückfährt. Ihm ist die oben genannte Royal Hudson-Dampflok Nr. 2860 vorgespannt.

Als die Canadian Pacific den Dampfbetrieb aufgab, hatte sie diese in Montreal gebaute Lok der British Columbia verkauft. Unter deren Regie wird sie nun nicht allein in dem besagten Zug eingesetzt, sondern stellt während ihrer Ruhepausen auch das Glanzstück des kleinen Eisenbahnmuseums dar, das man auf den Gleisen des Bahnhofs North Vancouver sehen kann.

»VIA Rail«

Auch in Kanada hat der Auto- und Flugverkehr längst das Übergewicht gewonnen. Zwar floriert der Güterverkehr auf der Schiene noch, die Personenzüge aber werden immer unrentabler. So ist es nicht verwunderlich, daß sich schon vor etlichen Jahren die beiden Großen, die Canadian Pacific und die Canadian National, zu einer Art von Arbeits- und Betriebsgemeinschaft zusammengeschlossen haben, und zwar unter dem lateinischen Firmennamen »VIA Rail«. Unter dieser Bezeichnung spielt sich in der Gegenwart fast der ganze Personenverkehr auf den Hauptstrecken Kanadas ab, der einen teilweise deutlich spürbaren Prozeß des »Gesundschrumpfens« durchmacht. Um den Rahmen dieser Darstellung nicht zu sprengen, sei als Beispiel dafür die Verbindung erwähnt, die seit jeher das Paradestück des transkanadischen Eisenbahnverkehrs darstellt, die Route von Montreal nach Vancouver.

In der Mitte der siebziger Jahre gab es, wie ich geschildert habe, die beiden »großen« Züge zwischen Ost und West: den »Canadian« der CP und den »Super-Continental« der CN. Jeder der beiden fuhr seine eigenen Wege, die sich einige Male trafen, überkreuzten und wieder trennten. Heute aber, ein Jahrzehnt später, betreibt »VIA Rail« nur mehr einen einzigen dieser beiden Superzüge: Er führt den Namen »Canadian«. Zwar verbindet er nach wie vor die Metropolen des Ostens (Montreal und Toronto) mit dem Westen, aber er ist keineswegs komfortabler oder gar schneller geworden, sondern hat sogar eine längere Strecke zu durchfahren: Vereinigten sich einstmals die beiden Teile der großen Züge der CP und der CN in Sudbury oder in Capreol, so macht der heutige »Canadian« gleich zu Anfang einen Umweg; er fährt von Montreal aus zuerst nach Toronto, und seine weitere Strecke geht dann über die CP-Linie, also über Thunderbay, Winnipeg, Regina, Calgary und Banff, nach Vancouver. Auf der CN-Strecke von Winnipeg westwärts läuft heute nur noch ein »Panorama« genannter Schnellzug, der über Edmonton und Prince George nach Prince Rupert fährt, und ein weiterer mit demselben Namen, der schon in Edmonton endet. Es gibt also keine direkte Verbindung von Edmonton nach Vancouver mehr. Die Fahrzeit des neuen »Canadian« von Montreal bis Vancouver erfordert heute mehr Zeit als früher bei der CP; sie schwankt zwischen dreieinhalb und vier Tagen, erfordert also vier Nächte anstatt deren drei noch vor zehn Jahren.

Allerletzten Nachrichten zufolge wird der »Canadian« ab Sommer 1985 nun doch wieder in zwei getrennten Teilen von Montreal und von Toronto fahren, die sich in Sudbury vereinigen beziehungsweise trennen; Einzelheiten waren zum Zeitpunkt dieser Niederschrift noch nicht bekannt, außer, daß die Gesamtfahrzeit jedenfalls auch vier Nächte betragen wird.

Und überdies soll es nun doch wieder einen »Super-Continental« geben, der freilich erst in Winnipeg beginnt und über die CN-Strecke, also über Edmonton nach Vancouver, führt.

Ob »VIA« der beste Weg ist, den kanadischen Überlandverkehr attraktiv zu machen, sei dem Urteil der Nachfahren überlassen.

Abbildung 318: Die imposante Windsor Station der Canadian Pacific in Montreal hat längst schon keine Gleise mehr innerhalb der Halle, sondern nur noch wenige Außenbahnsteige, von denen die (ebenso wenigen) Züge abfahren

Abbildung 319: Diese, damals »Pullman-Vestibule-Car« genannten, amerikanischen Salonwagen zeigen noch den überladenen Prunk des ausgehenden 19. Jahrhunderts; ihr Baujahr dürfte um 1890 gewesen sein

Abbildung 320: Der »Olympian Hiawatha« in der romantischen Landschaft Wisconsins
Abbildung 321: »Big Boy«, hier die Nr. 4017, war die schwerste Dampflok der Erde. Mit ihren zwölf Achsen, dem siebenachsigen Tender, einem Dienstgewicht von rund 600 Tonnen wurde sie von der »Union Pacific« in den vierziger Jahren für die langen Güterzüge in den Rockies gebaut
Abbildung 322: Der »Olympian Hiawatha« in den Cascade-Mountains. Dessen Strecke ist eine der wenigen, die in den USA elektrifiziert worden ist; sie ist aber seit vielen Jahren schon aufgelassen und abgebaut!

319

Ulysses

WAUKEE ROAD

X4017
UNION PACIFIC
4017

E-4

Die USA im Zeitalter der AMTRAK

Seit Beginn des Maschinenzeitalters gehören die USA zu den Pionieren der Technik, was auch für das Eisenbahnwesen gilt. Zu seiner besten Zeit umfaßte das US-amerikanische Schienennetz rund 370000 Kilometer, mehr als das Zwölffache der Bahnen in der Bundesrepublik Deutschland. Inzwischen jedoch ist der Personenverkehr auf ein rundes Zehntel seines ehemaligen Umfangs geschrumpft. Es ist ein Skandal, daß das an Nahrungsmitteln, Bodenschätzen und Technik reichste Land der Erde sein Hauptverkehrsmittel im Wert von ungezählten Milliarden Dollar derart verkommen läßt. Zwar werden auch in anderen Staaten die Eisenbahnstrecken reduziert, aber dort versucht man gleichzeitig, die Verbindungen zu modernisieren. In den USA verfallen die Strecken, wenn sie nicht gar stillgelegt werden, verkommen die Bahnhöfe, Lokomotiven und Wagen, und die Fahrzeiten werden länger.

»We are making the trains worth travelling again«

So lautet ein Werbespruch der National Railroad Passenger Corporation (AMTRAK), die 1971 gegründet worden ist. Ihre Geschichte ist in Kürze die: 1945 gerieten immer mehr der vielen privaten Eisenbahngesellschaften in wirtschaftliche Schwierigkeiten. Auch massenhafte Fusionen konnten diese Entwicklung nicht mehr stoppen, und so erreichte der Personenverkehr in der Mitte der sechziger Jahre seinen tiefsten Punkt. Glücklicherweise aber war der gesunde Menschenverstand noch nicht ganz ausgestorben, und es wuchs die Einsicht, daß die Personenbeförderung auf der Schiene in vielen Fällen schneller, auf jeden Fall aber komfortabler ist als per Flugzeug. Der erste Ansatz zur Neubesinnung zeigte sich im sogenannten Nord-Ost-Korridor, auf der Magistrale Boston–New York–Washington in Gestalt der »Metroliners«, schneller Elektrotriebwagenzüge. Um den Personenverkehr auf eine neue Grundlage zu stellen, ist besagte AMTRAK ins Leben gerufen worden, und ihre Aufgabe ist es, das zum Auto oder Flugzeug abgewanderte, um nicht zu sagen: verscheuchte, Publikum wieder zur Schiene zurückzuführen.

Die AMTRAK tat und tut zwar, was sie kann. Sie hatte zunächst Wagen der diversen Privatgesellschaften gemietet, dann auch gekauft, und seit Jahren hat sie bereits eigene Fahrzeuge angeschafft, und auch ihr Service erweist sich zumindest im Überlandverkehr als einigermaßen befriedigend. Aber dies alles gilt freilich nur im Vergleich zu den Verhältnissen, die sie bei Übernahme des Betriebs vorgefunden hat.

Noch immer aber sind die Bahnhöfe in einem traurigen Zustand, für den freilich die AMTRAK nicht verantwortlich ist. Die beiden größten Bahnhöfe etwa in New York sind heute nach wie vor so gut wie verödet. Das deutsche Reisehandbuch über New York des Jahres 1938 hatte von der Grand Central Station dereinst berichtet, »daß hier in zwei Stockwerken 42 Gleise dem Fern- und 25 Gleise dem Lokalverkehr dienen und daß stündlich 200 Züge abgefertigt werden können«, und über die Pennsylvania Station schrieb es, »daß sie 21 Gleise besitzt, von denen binnen einer Stunde bis zu 130 Zügen abfahren« – nun, wir werden auf eigenen Fahrten erleben, wie es heute dort aussieht.

Der Bahnkörper ist mittelmäßig bis miserabel, westlich des Mississippi vielleicht etwas besser als im Osten, wo man höchstens die Trasse des Nord-Ost-Korridors als gut bezeichnen kann. Von besonders schlechter Qualität scheint er im mittleren Süden zu sein, von dem man in der Zeitschrift »Trains« beinahe alle Monate liest, daß wieder einer der Schnellzüge nach Florida irgendwo entgleist ist. Aber selbst in einem Metroliner darf man an die Laufruhe geschweißter Schienenstränge etwa in der Bundesrepublik Deutschland, an den »musikalischen« Zweitakter in Frankreich oder an die Geräuschlosigkeit der »Rollbahn« Minsk–Moskau nicht denken.

Mögen auch vor dem Zweiten Weltkrieg in den USA sagenhafte Geschwindigkeiten mit Dampfzügen erreicht worden sein (die nicht immer nachweisbar waren), so haben hier die Privatbahnen und auch die AMTRAK kräftig zurückgesteckt: Reisegeschwindigkeiten von 120 und Höchstgeschwindigkeiten von 160 Stundenkilometern werden nur auf dem Nord-Ost-Korridor erreicht, sonst überschreiten die großen Überlandschnellzüge kaum jemals 90 Kilometer pro Stunde.

Der Güterverkehr ist das einzige, was die amerikanischen Bahnen am Leben erhält. Das gegenüber Europa größere Profil ermöglicht eine wesentlich höhere Transportkapazität, und man kann sich vorstellen, daß solche Güterzüge mit Längen bis zu zwei Kilometern ein fast undenkbares Fassungsvermögen besitzen.

Der Personenverkehr aber ist das Stief- und Sorgenkind geblieben. So gab es zwischen New York und Chicago im Jahr 1948 noch folgende 15 direkte Schnellzüge, sei es auf der Strecke der Pennsylvania Railroad (PRR), sei es auf der der New York Central (NYC): »Broadway Limited«, »Pennsylvania Limited«, »General«, »Manhattan Limited«, »Admiral«, »Pennsylvanian«, »The Trail Bla-

323

Abbildung 323: Städteschnellzug New York–Washington der Pennsylvania Railroad gegen Ende der vierziger Jahre, noch mit einer der für diese Geschwindigkeit so charakteristischen schwarzen Elektroloks und mit Leichtstahlwagen

zer«, »Lake Shore Limited«, »The Wolverine«, »The 20th Century Limited«, »Niagara«, »Chicagoan«, »North Shore Limited«, »The Iroquois«, »Commodore Vanderbilt«.
Heute verzeichnet der Fahrplan je einen Zug auf den Gleisen der PRR (»Broadway Limited«) und einen auf denen der NYC (»Lake Shore«)!
Ein anderes Beispiel: Im Jahr 1952 fuhren westlich von Chicago nach San Francisco und Los Angeles über die Strecken der Union Pacific (UP), Southern Pacific (SP) und der Santa Fé (SF) die folgenden »Crack-Trains«: »City of San Francisco«, »San Francisco Overland«, »Gold Coast«, »Grand Canyon«, »The Scout«, »Superchief«, »Chief«, »El Capitán«, »California Limited«, »City of Los Angeles«, »Los Angeles Limited« (die sich teilweise im Westen zu den beiden Zielbahnhöfen verzweigten). Derzeit finden wir lediglich den »South-West Chief« und »The Eagle« nach Los Angeles sowie einen »California Zephyr«, der sich zu beiden Städten und nach Seattle in Salt Lake City teilt.
Und wie sieht es mit dem Komfort auf großen Fahrten durch die Staaten aus? Wie schon erwähnt, hat die AMTRAK seit ihrer Gründung einigermaßen »aufgeforstet«, also durch eigene Neubauten den überalterten Wagenpark der Privatgesellschaften ersetzt oder modernisiert. In den USA gibt es (wie in Kanada) eine Coach-, also eine gewöhnliche zweite Klasse, offene Saalwagen mit verstellbaren (Liege-)Sitzen, die in neueren Wagen ausreichend bequem und »fußfrei« sind; diese Fahrzeuge führen immer-

hin mehr Wasch- und Toiletteneinrichtungen als vergleichbare Wagen in Europa und westlich des Mississippi oft auch Dome-Cars.

In der ersten Klasse, »Pullman« genannt, müssen wir zwischen Tages- und Nachtzügen unterscheiden: Soweit reine Tagesschnellzüge diese Klasse überhaupt führen, gibt es Parlor-Cars, die annähernd den ehemaligen europäischen Pullman-Salons entsprechen und freistehende Fauteuils 1:1 beiderseits des Mittelgangs haben. Solche Wagen findet man heute fast nur noch im Nord-Ost-Korridor. Anders aber ist es in Nachtzügen: Hier fahren als Pullmans allein Schlafwagen mit verschiedenen Abstufungen, die uns ebenfalls schon aus Kanada bekannt sind: Sections sind in den USA heute schon ausgestorben; bei den Roomettes handelt es sich um kleine Einzelabteile links und rechts eines Mittelgangs mit Waschtisch und WC; Bedrooms sind nach europäischer Art eingerichtete Zweibettabteile mit Wascheinrichtungen und WC; sie lassen sich zu einer Suite vergrößern, wenn man die Zwischenwände zusammenschiebt, die Betten wegklappt und die nachts unter ihnen verstauten Sessel aufstellt. Ein so hergerichteter »Salon« bietet mit seiner Länge von mehr als vier Metern und zwei sanitären Einrichtungen einen für lange Überlandreisen ausreichenden Komfort. Dazu kommt, daß der Gast ständig durch den Porter betreut wird, der alle Wünsche nach Speise und Trank erfüllt.

In den früheren Schnellzügen der Privatgesellschaften hatte es teilweise noch höhere Komfortstufen in diesen Pullman-Schlafwagen gegeben: Compartments, die eineinhalbmal so groß waren wie die Bedrooms, für zwei bis drei Personen und mit zusätzlichen Sitzgelegenheiten ausgestattet. Die Drawing-Rooms – auch sie kennen wir aus Kanada – waren sogar doppelt so groß wie die Bedrooms. Schließlich gab es vereinzelt (zuletzt nur noch im »Twentieth Century Limited« der NYC) »Master-Rooms«, noch geräumiger als die Drawing-Rooms, für zwei Personen und mit separiertem Toiletten- und Duschraum.

Zusätzlich zur Coach- und zur Pullman-Klasse hat die AMTRAK drei Wagenkategorien eingeführt: Das sind zum einen die für die erwähnten Metroliner gebauten sechsteiligen Elektrotriebwagenzüge für den Nord-Ost-Korridor-Schnellverkehr. Schon von weitem lassen sie sich durch die etwas ausgebaute Silhouette der Wagenwände erkennen. Ein solcher Zug besteht neben dem Triebwagen normalerweise aus vier Coach-, einem gemischten Coach-Cafeteria-Wagen und einem Wagen erster Klasse, der hier als »Metro-Club« bezeichnet wird und verstellbare Einzelfauteuils, 1:1 beiderseits des Mittelgangs, hat; unter den Fenstern sind kleine Tische angebracht, an denen nicht nur Snacks und Drinks, sondern je nach Tageszeit auch vollständige Menüs serviert werden.

Sozusagen die Nachfolgegeneration des Metroliner-Typs sind die Wagen vom AMFLEET-Typ: Sie verkehren in lokbespannten Zügen hauptsächlich im Osten, aber auch im äußersten Westen der USA. Äußerlich den Metroliner-Wagen ähnlich, gibt es sie ebenfalls für Coach- und Club-Passagiere, wenngleich die letztgenannten einen etwas geringeren Komfort vorfinden als im Metro-Club: Zwar gibt es in den Zügen auch nur je einen Wagen dieser Klasse, aber dieser bietet lediglich 18 Plätze in einer Hälfte des Fahrzeugs, und das in der Sitzteilung von 1:2 beiderseits des Mittelgangs. Die andere Hälfte enthält nicht nur Bar und Küche, sondern überdies eine Lounge oder Coach-Plätze. Außen tragen die AMFLEET-Wagen meist die Aufschrift »Food and Beverage Car«; in ihm können sich die Fahrgäste zweiter Klasse Speise und Trank holen oder dort verzehren, wogegen die Insassen des benachbarten AM-Club von hier aus an ihren Plätzen bedient werden.

Die jüngste Errungenschaft der AMTRAK sind schließlich die sogenannten »Super-Liners«, die hauptsächlich in den wenigen großen Schnellzügen in dem ehemaligen Wilden Westen eingesetzt werden. Doppelstockfahrzeuge in der Art der schon beschriebenen Dome-Cars hat es auch früher gegeben, aber stets war der Oberstock nur in der Mitte des Wagens ausgebaut. In den Super-Liners aber erstreckt sich der zweite Stock über die gesamte Wagenlänge. Die Einstiege und Treppen ins Obergeschoß liegen in der Mitte des Erdgeschosses, während die Übergänge von einem Wagen zum anderen nur im oberen Stockwerk zu finden sind. Im unteren Stockwerk sind ausschließlich Maschinen-, Küchen- oder Diensträume untergebracht. Von diesem Typ fahren derzeit schon weit über hundert Wagen in verschiedenen Ausführungen, als Coach-, gemischte Coach-Gepäck-Wagen, Schlafwagen (mit konventionellen Bedrooms, Familienabteilen für drei bis vier Personen und mit besonderen Abteilen und Einstiegen für Behinderte), Speisewagen und schließlich auch als Lounge-Cars mit zwei Aussichtssalons vorne und hinten sowie einer Bar in der Mitte.

Es ist übrigens erstaunlich, daß es in den Vereinigten Staaten kaum elektrifizierte Verbindungen gibt. Elektrisch betriebene Züge verkehren allein auf den Hauptstrecken des Nord-Ost-Korridors und im Nahbereich einiger Großstädte, sonst herrscht überall der umweltverschmutzende Dieselbetrieb. Allerdings war in jüngster Zeit zu lesen, daß die Norfolk and Southern Corporation Dampflokomotiven mit Kohleheizung im Wert von einer Million Dollar bestellt hat. Dies und einige Anzeichen für eine ähnliche Entwicklung in der Bundesrepublik Deutschland lassen den Nostalgiker hoffen, wieder Kohlenrauch »schnuppern« zu können. Übertriebener Optimismus ist allerdings trotz aller Bemühungen und Erfolge der AMTRAK kaum am Platz: In den letzten Monaten las man mehrfach, daß die Reagan-Administration der AMTRAK die Gelder empfindlich zu kürzen, wenn nicht überhaupt gänzlich zu streichen, die Absicht habe.

Entlang und über den Champlain-See

Meine Reisen in den USA liegen etwa ein Jahrzehnt zurück. Für die erste kamen wir aus Kanada und wunderten uns, daß es zwischen der größten kanadischen und der größten US-amerikanischen Stadt, also zwischen Montreal und New York, nicht mehr als zwei direkte Verbindungen gibt. Beide werden, auch auf kanadischem Territorium, von der AMTRAK betrieben, und beide berühren den romantischen Champlain-See; der eine Zug überquert ihn tagsüber an einer schmalen Stelle, der andere fährt nachts östlich an ihm vorbei.
»Montrealer« heißt der Nachtzug. Er startet in der Central Station von Montreal und endete ursprünglich in New York, wurde dann jedoch bald bis nach Washington verlängert; bis vor wenigen Jahren hieß er daher in südlicher Richtung »Washingtonian«. Sein Weg führt schon zu finsterer Nachtstunde über einen schmalen Teil des Champlain-Sees, wobei wir die sehr reparaturbedürftige Brücke mit stark gedrosselter Geschwindigkeit und gemischten Gefühlen überquerten, geht weiter über Springfield und New Haven und erreicht New York vom Norden her auf der Halbinsel Manhattan.

Ein Jahr darauf benutzte ich den »Montrealer«, der damals schon bis und ab Washington fuhr, von Baltimore aus zur Fahrt nach Kanada. Für Eisenbahnfreunde lohnt es sich, diese Stadt zu besuchen, da sie ein reich ausgestattetes »Railroad Museum« besitzt, untergebracht auf dem Gelände des ältesten teilweise erhaltenen Bahnhofs der Erde, der Mount Clare Station. Der heutige Bahnhof von Baltimore, übrigens der einzige dieser Millionenstadt und ehemals im Besitz der PRR, bietet das gewohnte triste Bild der Vereinsamung: Während einer Stunde Wartezeit waren nur zwei oder drei Züge zu sehen; der Zugang zum Perron wurde erst knapp vor Einfahrt des »Montrealer« geöffnet; anstelle eines weltstädtischen Bahnhofsrestaurants gab es lediglich einige Kaffee- und andere Automaten im ungemütlichen und so gut wie leeren Vestibül.
Der Zug aus Washington ist einigermaßen pünktlich. Er wird von einer der einst gewohnten älteren Elektroloks der PRR (Nr. 923) gezogen, die mit ihrem schwarzen Anstrich und ihrer gefälligen Form früher einmal das »Gesicht« dieser großen Privatbahn prägten. Die Zusammensetzung des Zugs (alle Wagen Washington–Montreal) sieht so aus:

Gepäckwagen Nr. 1525,
Schlafwagen Nr. 2793, »The Nassau County«,
Schlafwagen Nr. 2768, »Portsmouth«,
Schlafwagen Nr. 2291,
Speisewagen Nr. 8301, 32 Plätze, Lounge,
Coach Nr. 6439,
Coach Nr. 6056.

Mein Bedroom ist im »Nassau County«; in diesem und im Nachbarschlafwagen befinden sich je fünf Bedrooms und sechs Roomettes; der dritte Schlafwagen enthält elf Double-Bedrooms. Nach dem eher trübsinnigen Wartestündchen im Bahnhof freue ich mich über die Atmosphäre in dem anheimelnden Abteil, das der nette Porter richtig gemütlich macht, indem er aus dem Speisewagen Essen und Getränke bringt. Der kurze Aufenthalt in der kellerartigen Pennsylvania Station in New York verleitet nicht zum Aussteigen; die rund zwölf Nachtstunden von hier bis Montreal gewährleisten einen ruhigen Schlaf.

Einige Tage später trete ich die Rückreise mit dem nach den gleichnamigen Bergen genannten »Adirondack« in der Windsor Station in Montreal an. Diese ist zwar ein wirklich monumentales Gebäude, aber der Schein trügt, denn: Die große Halle ist leer; Gleise sind so gut wie keine mehr vorhanden; erst außerhalb des einstmals schützenden Hallendachs breiten sich wenige offene Perrons aus, auf denen neben dem »Adirondack« auch der »Canadian« zur Abfahrt bereitsteht. Im Gegensatz zu dem aus lauter AMTRAK-Fahrzeugen zusammengesetzten »Montrealer«, mit dem ich gekommen bin, besteht der »Adirondack«, obwohl von der AMTRAK betrieben, aus einem Wagenmaterial, das nicht nur von der privaten Delaware and Hudson Railway stammt, sondern auch noch jetzt deren Insignien trägt wie auch deren blaugelbe Farben. Die Wagenfolge sieht so aus:

zwei Dieselloks, Nr. 5008 und 15008,
zwei Coaches,
ein Coach-Bar (unbesetzt),
zwei Coaches,
ein Coach-Dome-Lounge-Car, ausnahmsweise in INOX-Farbe mit gelben Zierstreifen.

Der Zug ist schwach besetzt, so daß ich in einem der Coaches – »Pullman«-Klasse führt dieser Zug nicht – viel Platz finde. Der Schlußwagen bietet im Oberstock eine recht gute Aussicht; unten sind die Küche und ein kleiner Speiseraum, vorne ein paar Coach-Abteile und am Ende eine Lounge, deren rückwärtige Tür entgegen allen Sicherheitsvorschriften während der gesamten Fahrt geöffnet bleibt. Der Tag ist sonnig und die Fahrt einigermaßen flott; bis New York dauert sie etwa zehn Stunden gegenüber rund zwölf mit dem »Montrealer«. Die Grenze zu den USA wird in der Station Rouses Point fast unmerklich überschritten; kurze Zeit begleitet uns der Anblick des Champlain-Sees auf der linken Seite. In Albany, der Hauptstadt des Staates New York, unterbrechen wir die Reise, um das Eisenbahnmuseum in Bellow Falls zu besichtigen, das es heute nicht mehr gibt, da seine Bestände 1984 auf andere Museen in den USA verteilt wurden.

324

325

326

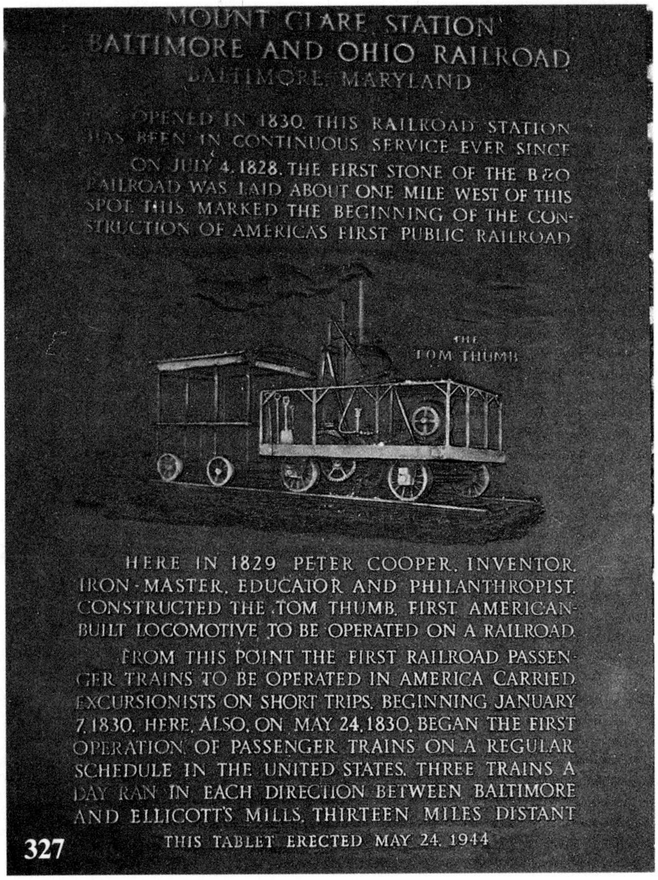

327

Abbildung 324: Das Eisenbahnmuseum in Baltimore
Abbildung 325: Abfahrbereiter »Adirondack« in der Windsor Station von Montreal in Richtung New York; die Diesellok »De Witt« und die Wagen tragen noch die Farben und Insignien der Delaware and Hudson Railroad (1974)
Abbildung 326: Der einsamen Haltestelle Rouses Point sieht man nicht an, daß hier die Grenze zwischen Kanada und den USA ist; der »Adirondack« mit einem Dome-Car am Zugschluß (1973)
Abbildung 327: Die Mount-Clare Station in Baltimore ist das älteste, wenigstens zum Teil noch erhaltene Bahnhofsgebäude in den USA; von hier gingen die ersten fahrplanmäßigen Züge in den Staaten ab (1830), und daneben ist das Eisenbahnmuseum untergebracht

Für die Weiterfahrt am folgenden Tag benutze ich wieder den »Adirondack«. Dieses Mal sah die Zusammensetzung bescheidener aus als tags zuvor: Hinter den beiden schwarzen (Ex-PRR-)Elektroloks (Nr. 5030 und 5020) liefen lediglich vier Coaches, davon einer mit einer kleinen Buffet-Bar; dieser und ein zweiter wurden von der AMTRAK, die beiden anderen von Delaware and Hudson gestellt. Der Dome-Lounge-Car aus Montreal muß hier zurückbleiben, da sein Höhenprofil für die Tunnels bei der Einfahrt in New York zu groß ist.

Regen und die bald einsetzende herbstliche Finsternis verminderten den landschaftlichen Genuß der Fahrt entlang des Hudson, den man hier oft mit dem Rhein vergleicht – aber sowohl das berühmte Westpoint wie die übrigen Sehenswürdigkeiten am gegenüberliegenden Ufer verschwammen in Nebel und Nässe. – Ängstliche Reisende seien vor einer spätabendlichen Ankunft auf der Grand Central Station gewarnt: Daß hier – wie früher zitiert – »stündlich 200 Züge abgefertigt werden können«, daran mag man sich leise schluchzend erinnern, aber die Realität im Jahr 1975 sah so aus: Unserem »Adirondack« entstiegen kaum mehr als ein Dutzend Passagiere; auf den anderen, fast unbeleuchteten Gleisen waren höchstens ein oder zwei Garnituren zu sehen, aber weder Verkehr noch Fahrgäste; ein Kunststück war es, die düsteren und schlauchartigen Gänge zu finden, die zum oberen Ausgang führen; da mir auch kein Mensch begegnete, den ich hätte fragen können, fühlte ich mich als Glückspilz, daß ich doch tatsächlich auf einmal vor einem Ausgang ins Freie stand und – oh Wunder! – ausgerechnet auch dort, wo *ein* Taxi bereitstand! Ja, so sieht das Nachtleben auf einem New Yorker Bahnhof aus, der einst 42 Gleise für den Fern- und 25 Gleise für den Lokalverkehr in Betrieb hatte . . .

Metro-Club und AM-Club

Das riesige »Statler Hilton Hotel« in New York hieß früher »Pennsylvania Hotel« und gehörte der gleichnamigen Eisenbahngesellschaft. Es liegt gegenüber der Pennsylvania Station, die auch am hellen Tag nicht viel mehr an Leben und Betrieb zeigt als die Grand Central Station zu nächtlicher Stunde: Im oberen Geschoß der Vorhalle befinden sich zahlreiche Läden; von den vielen Schaltern ist meist nur einer, höchstens aber sind es zwei, geöffnet, und nur wenige Menschen stehen davor. Die Anzeigetafel nennt vielleicht ein halbes Dutzend Züge, die in den nächsten ein oder zwei Stunden abfahren sollen; stets stark beschriftet ist jedoch die Tafel, welche die voraussichtlichen Verspätungen der ankommenden Fernzüge verkündet, so der »Broadway-Limited« mit eineinhalb Stunden. Eine Perron-Promenade, wie man sie als Eisenbahnfreund in Europa selbstverständlich unternehmen kann, ist natürlich auch hier nicht möglich. Die Gitter vor der Rolltreppe zum Bahnsteig werden frühestens zwanzig Minuten vor Abfahrt geöffnet. Die unterirdische Halle ist düster und mit Dieselqualm erfüllt, der aus den die Klimaanlagen tragenden Wagen strömt – hier geht es ja elektrisch zu; die Bahnsteige sind schmal, das Photographieren erweist sich als schwierig, wenn man kein Blitzlicht verwendet. Im Winter ist es hier düster, stickig und kalt, im Sommer ist es düster, stickig und brütend heiß.

Nach dieser nicht gerade ermunternden Einstimmung suchen wir unsere Plätze in einem der heute nahezu im Stundentakt fahren Metroliners (dazwischen gibt es auch »konventionelle«, also lokbespannte und mit individuellen Namen versehene Züge, die teilweise ebenfalls Parlor-Cars führen). Die 360 Kilometer lange Strecke nach Washington wird gegenwärtig in knapp drei Stunden zurückgelegt, also mit einem Reisedurchschnitt von etwas mehr als 120 Stundenkilometern, was für amerikanische Verhältnisse bekanntlich den Gipfelpunkt darstellt.

Die Atmosphäre in unserem Metro-Club-Wagen ist komfortabel und angenehm; die drehbaren Einzelfauteuils bieten nicht nur genügend Fußfreiheit, sondern auch einen guten Ausblick nach beiden Seiten. Breakfast, Lunch oder Dinner, die je nach Tageszeit von einem freundlichen Steward an den Tischen serviert werden, sind annehmbar, wenn auch vorgekocht.

Wenige Jahre später lernten wir in der nördlichen Hälfte dieser Strecke auch die Nachfolgegeneration der Metroliners kennen, nämlich einen lokbespannten Zug namens »Statesman«, mit dem wir von Boston nach New York fuhren. Die Strecke hatte früher zum Netz der New Haven and Hartford Railroad gehört. Sie ist 375 Kilometer lang und führt über Providence und New Haven, zeitweise in Sicht des Meeres. Die Fahrt begann mit einer Diesellok, die in New Haven gegen eine ziemlich brandneue AMTRAK-Elektrolok (Nr. 968) ausgetauscht wurde, und dauerte etwa dreieinhalb Stunden; die Strecke führt teilweise an schönen Villen und Badestränden entlang.

Der Bahnhof Boston-South liegt auf Straßenniveau, das Leben und Treiben ist aber ebenso mager wie sonstwo. Unser Zug hat sechs Wagen der AMFLEET-Klasse, fünf Coaches und ein mit »Food and Beverage-Car« bezeichnetes Fahrzeug. Dieses enthält ebenfalls zu einem Drittel die Coach-Klasse, besitzt in der Mitte eine Buffet-Bar und ist zum restlichen Drittel als AM-Club ausgestattet mit 18 Plätzen, je 4:2 beiderseits des Mittelgangs. Auch hier

Abbildung 328: Ein »Metroliner« in der Union Station von Washington

Abbildung 329: Einige der uns schon bekannten schwarzen Elektroloks der Pennsylvania Railroad auf Abstellgleisen im Vorfeld von New York (1976)

328

329

wurden wir vom Buffet aus mit einem Lunch bedient; aber der Komfort ist schon wieder ein Rückschritt gegenüber den Metro-Club-Wagen: nur ein halber Wagen mit erster Klasse, und überdies sitzen drei Personen in der Wagenbreite. Immerhin, der Zug war halbleer, unser »Club« noch leerer, und die Fahrt war flott. Beim Aussteigen in der Pennsylvania Station in New York bewunderte ich wieder einmal die akrobatenartige Equilibristik der Gepäckträger (es gibt hier noch einige wenige), die mit ihren vollbeladenen Karren die ziemlich rasch laufenden Rolltreppen herauf- und herunterfahren.

»Overland-Route«

So nennt man die mehr als 5000 Kilometer lange Strecke von New York zu den großen Metropolen an der pazifischen Küste. Die erste dieser Fahrten dorthin ging von New York nach Chicago. Um 16.30 Uhr bestiegen wir in der Pennsylvania Station den »Broadway Limited«. Erst zwanzig Minuten vor der Abfahrt war er hereingeschoben worden, und alles flüchtete aus der waschküchenartigen Hochsommerhitze sofort in das klimatisierte Innere der Wagen. Der einstige Paradezug der PRR (und heute der einzige auf dieser Strecke) war einstmals ein reiner »All-Pullman-Train« und Konkurrent des »20th Century Limited« der NYC, für den auf der Grand Central Station sogar ein roter Teppich ausgelegt worden war. In den siebziger Jahren ist seine Zusammensetzung freilich weniger anspruchsvoll geworden. Wir verzeichnen sie noch vor der Abfahrt wie folgt:

zwei Elektroloks, Nr. 4924 und 4914, Ex-PRR, ab Harrisburg, wo der Draht endet, vier Dieselloks,
ein Gepäckwagen der AMTRAK,
fünf Coaches der AMTRAK, Nr. 4588, 4567, 4453, 4411, 4596,
ein Kitchen-Car, Nr. 4621, Ex-Penn-Central, sehr selten!,
ein Dining-Car, Nr. 4620, Ex-Penn-Central,
ein Lounge-Bar-Car, Nr. 5832, Ex-Seabord CL,
vier Schlafwagen, Nr. 1509, »Placid Valley«, Ex-Union Pacific, Nr. 2235 der AMTRAK, Nr. ?, »Bradenton«, Ex-Penn-Central, Nr. 1420, »Pacific Heights«, Ex-UP.

Wir finden unsere Abteile im Schlafwagen »Bradenton«; da wir zu dritt sind, haben wir einen Double-Bedroom und ein Roomette; dies ist für unseren Junior, der 1,92 Meter mißt, freilich etwas eng. Die Polsterung in unserem Abteil ist abgeschabt; immerhin hat man eine ausreichende Bewegungsfreiheit; Waschgelegenheit und WC sind besser, als man sie in Europa erwarten kann; der Porter ist freundlich – was will man mehr.
In Philadelphia trennt sich die Route des »Broadway Limited« vom Hauptstrang des Nord-Ost-Korridors und läuft in westlicher Richtung.
In Harrisburg, wo wir von Elektro- auf Dieseltraktion wechseln, steht der Zug eineinhalb Stunden in brütender Abendhitze; die Ursache: Wolkenbruchartige Regenfälle in den letzten Tagen haben viele Gleise mit Schlamm bedeckt, viele Weichen funktionieren noch nicht wieder, ein Eisenbahner zeigt uns, wie hoch das Wasser den Bahnhof überflutet hatte. Alles ist erst notdürftig repariert, daher der lange Aufenthalt, währenddessen endlich auch unser Zweigzug aus Washington eintrifft, der noch einige nach Chicago bestimmte Wagen an den »Broadway Limited« abgibt.
Inzwischen haben wir das annehmbare Dinner im Speisewagen eingenommen; der Vierte an unserem Tisch äußert sein Erstaunen darüber, daß wir mit der Eisenbahn fahren, er selbst tue dies nur im Notfall, so, wie eben jetzt, weil sein Auto kaputt sei! Leider läßt es die Finsternis nicht zu, etwas von der berühmten »Horseshoe«-Kurve zu sehen. In Pittsburgh, der Industriemetropole Pennsylvanias, sind wir längst schlafen gegangen.
Vormittags kommen wir mit einiger Verspätung in Chicago an. Chicago besaß zur Zeit der Privatbahnen nicht weniger als sechs große Bahnhöfe, und es war das Zentrum des ganzen Eisenbahnverkehrs in den Staaten. Von diesen sechs Bahnhöfen funktioniert heute nur noch einer, die sogenannte Union Station.
Unser Hotel (mit 2000 Zimmern!) liegt am Michigan-Boulevard, vom See durch eine weitläufige Parkanlage getrennt, die wir noch vor dem Abendessen in hellem Sonnenschein durchqueren, um zum Wasser zu gelangen. Trotz dieser doch keineswegs zur Vorsicht mahnenden Tageszeit und Beleuchtung ist der Park – ähnlich auch dem Grand Central Parc in New York, und das selbst zur Mittagszeit – so gut wie menschenleer, und auch in der unmittelbaren Nähe des Hotels ist ein betrunkener Schwarzer beinahe das einzige menschliche Wesen, das sich auf der Straße zeigt – in einer Stadt mit fünf Millionen Einwohnern! Man ist buchstäblich froh, dann wieder im Hotel zu sein. Dies nur zur Charakterisierung der Atmosphäre in dieser Großstadt.
Unsere Reise auf der »Overland-Route« setzen wir von der Union Station am Nachmittag fort. Die Bahnsteige sind auch hier eng, finster und drückend heiß. Außer den drei Fernzügen, die um ungefähr dieselbe Zeit abfahren sollen, herrscht so gut wie keinerlei Betrieb auf den Gleisen. Diese drei Züge sind: der »Broadway Limited« nach New York; der »Panama Limited« (heute heißt er »City of New Orleans«) nach New Orleans; dieser Zug hat seine Lok am Bahnsteigende und fährt rückwärts aus der Station hinaus, um seine Stammstrecke zu erreichen (es ist die der Illinois Central, deren Bahnhof längst stillgelegt ist). Und als dritter wartet unser »San Francisco Zephyr«, mit dem wir nun zwei Nächte lang weiter bis zum Stillen Ozean fahren wollen. Wir haben drei Single-Bedrooms bestellt und bezahlt, aber anscheinend ist eines der Abteile zweimal verkauft worden; doch der nette Porter hat Gewis-

sensbisse und rangiert seine Passagiere so lange herum, bis wir unsere drei Abteile endlich doch haben, davon zwei »en suite«. Komfort und Service sind auch hier gut, wie wir es schon in dieser Art von Zügen und Wagen gewohnt sind. Der »Zephyr« (heute heißt er »California Zephyr«) hat vier Dieselloks und 16 Wagen:

vier Dieselloks, Nr. 9973, 9968, 9964, 9966, davon drei der Burlington-Northern (BN) und eine Ex-Union Pacific,
ein Gepäckwagen, Ex-Northern Pacific,
drei Coaches, je einer Ex-BN und Ex-UP, einer gehört der AMTRAK,
zwei Dome-Coaches, »Silver Saddle« und »Silver Styrup«, Ex-BN,
ein Slumber-Coach, Ex-BN; diese Wagen sind etwa mit einer europäischen Couchette vergleichbar und mit Fahrkarten der Coach-Klasse zu benutzen,
zwei Schlafwagen, Ex-BN,
ein Dome-Observation-Lounge-Car, Ex-Southern Pacific, SP, Nr. 3604,
ein Dining-Car, »Silver Restaurant«, Ex-BN,
ein Schlafwagen, Nr. 1504, »Placid Lake«, Ex-UP,
ein Schlafwagen, Nr. 1412, Ex-BN,
drei Coaches.

Wie man sieht, ist um diese Zeit (1972) das meiste Wagenmaterial noch von den großen Privatbahnen gemietet, die damals zum Teil auch ihre ursprünglichen Farben behalten hatten, so Grün bei der BN oder Gelb bei der UP. Unsere Abteile befinden sich im »Placid Lake«, also unmittelbar neben dem Speisewagen, in dem wir freilich zum Dinner »queuen« müssen, bis ein Tisch frei wird, den uns der Maître dann würdevoll anweist. Das Essen ist reichlich und gut. Schon in der Abenddämmerung überqueren wir majestätisch langsam den »Vater der Ströme«, den Mississippi, der hier allerdings noch nicht so breit ist wie tausend Meilen weiter südlich.

Am anderen Vormittag sind wir in Denver, und zwar 15 Minuten vor der fahrplanmäßigen Ankunftszeit! Hier findet ein lebhaftes Rangiermanöver mit unserem Zug statt: Die vier Dieselloks verlassen uns und werden durch drei andere ersetzt; es sind dies die Nummern 926, 966 und 904, alle ehemals bei der UP in Dienst. Ferner werden vom Zugschluß die drei Coaches weggenommen und abgestellt, desgleichen werden der Slumber-Coach und die ihm folgenden beiden Schlafwagen herausgezogen, sie bleiben ebenfalls hier stehen. Warum hat man sie nicht gleich in Chicago an den Anfang oder an den Schluß des Zugs gereiht? Offenbar aus keinem anderen Grund als aus der kundenfreundlichen Erwägung, daß die teuersten, also die Schlafwagen möglichst nahe beim Speisewagen und dem Lounge-Car eingereiht sein sollen.

Um die Mittagszeit passieren wir die Rocky Mountains, deren »Front Range« sich schon von Denver aus im Westen abzeichnet.

Heute (1985) fährt der »California Zephyr« auf der kürzesten Strecke durch die Berge, erst durch den zehn Kilometer langen Moffat-Tunnel und dann durch eine hochromantische Fluß- und Felsengebirgslandschaft. Unser Zug aber schlägt einen rechtwinkligen Haken nach Norden, um der Front Range auszuweichen, und dann geht es wieder westwärts nach Cheyenne, wo wir nachmittags ankommen. Auch hier findet ein längeres Rangiermanöver statt: Die beiden Dome-Coaches werden herausgezogen und abgestellt.

Am späteren Nachmittag durchfahren wir die Wasash-Mountains, den Echo- und den Weber-Canyon. Geruhsame Aussicht und Photographieren sind, wie überall jenseits des »großen Teichs«, nur möglich durch die geöffnete obere Hälfte der Dutch-Door. Es ist auch der einzige Ort, an dem man in den klimatisierten Wagen frische Luft atmen kann. Kurz vor dem Dinner haben wir in Ogden Halt gemacht, wo abermals unsere Dieselloks ausgewechselt wurden: Neu kommen nun Nr. 6454 und Nr. 6453 (Ex-SP) sowie Nr. 6461 (Ex-UP) vor den Zug. Schon im Halbschlaf passieren wir eine Ecke des »Großen Salzsees«, während der Mondschein hin und wieder einen Blick auf das Wasser und auf das »trestle-work« des alten Dammes freigibt.

Am nächsten Morgen beginnt die Fahrt durch die Sierra Nevada, wo im Umkreis der Bahn freilich kein Schnee liegt. Immerhin ähnelt die Strecke mit ihren vielen Lawinen- und Schneeschutzbauten ein wenig der Bergen-Bahn. Hier kriecht der »Zephyr«, zumal die Kurven eng sind und die Strecke meist nur eingleisig ist. In Sacramento haben wir die Küstenebene Kaliforniens erreicht, Obstplantagen beherrschen die Landschaft, die bergige Kühle ist zu Ende, die Fahrt bleibt nun bis zum Schluß ziemlich langsam.

Oakland, wo der eigentliche Bahnhof San Franciscos liegt und wo die (wenigen) Fernzüge enden, ist nach dem Bonmot eines Reisenden »der ruhigste Platz« von ganz San Francisco – der Mann hat recht, denn auch bei unserer Ankunft ist kein anderer Zug zu sehen, nur mehr wenige Passagiere steigen aus, zwei bis drei Träger sind zu erblikken, und zwei oder drei Taxis sind alles, was für die Fahrt über die großartige Bay Bridge hinüber in die eigentliche Stadt zur Verfügung steht.

San Francisco möchte ich – der Lage und der Gebäude halber – wohl als die schönste Stadt der USA bezeichnen, andererseits ist es aber auch die lustigste: einmal schon die weltberühmte Cable-Car-Tram, irrsinnig steil, irrsinnig überfüllt; akrobatische Handgriffe sind nötig, um sich festzuhalten und nicht herauszufallen, Akrobatik aber auch für den Motorführer und den Bremser; stets helfen Passagiere oder Passanten zum Spaß mit beim Umkehren der Wagen. (Dieser Vorgang ist nach einer Generalüberholung im Jahr 1984 überflüssig geworden.) Dann die Region um »Fisherman's Wharf«, ein einziger Rummelplatz mit unzähligen italienischen, chinesischen und sonstigen Ver-

gnügungslokalen und Speisestätten; hier ist auch das museal ausgestellte letzte Segelschiff, das planmäßig um Kap Hoorn gefahren ist. Eine weitere Attraktion auch die Rundfahrt durch die Bay, vorbei an der mit respektvollem Gruseln von allen Fremden geknipsten Fassade des Gefängnisses auf der Insel Alcatraz, das zwar schon zu unserer Zeit aufgelassen und leer ist, in dem aber früher so »Prominente« wie Al Capone und andere »V.I.P.« gesessen haben. Der imponierende Abschluß dieser Rundfahrt ist endlich der Anblick und die Durchfahrt unter der Golden Gate Bridge, eindrucksvoll schon allein durch das dauernde Nebelhorntuten von den riesigen Pfeilern aus, das die hinein- oder hinausfahrenden Schiffe vor dem ständig darüber schwebenden Nebel warnt, der den offenen Stillen Ozean dahinter in mysteriöse Schleier hüllt.
Eine Überraschung schließlich auch noch für den Eisenbahnfreund: Nahe Fisherman's Wharf die britische Dampflok »Flying Scotsman« mit drei ebenso echt britischen Wagen, darunter der Pullman »Lydia«, mit dem wir noch kürzlich in England gereist sind. Diese ganze Garnitur ist auf Ausstellungsfahrt durch die USA und Kanada und wird einige Tage danach wieder Rundfahrten um San Francisco unternehmen.

Die »Hiawatha«

Dies waren einst die Paradezüge der privaten Milwaukee-Road, deren Hauptstrecke von Chicago aus über Milwaukee zu den »Twin Cities« St. Paul/Minneapolis führte, von wo sie sich auf den Gleisen der Great Northern und Northern Pacific auf verschiedenen Wegen durch den äußersten Nordwesten bis nach Seattle fortsetzte. Ein solcher »Hiawatha« hatte dereinst nördlich von Milwaukee, in der Ebene des oberen Mississippi zwischen La Crosse und Prairie du Chien, den fahrplanmäßigen Weltrekord von 137 Stundenkilometern gehalten. Heute ist das Tempo freilich bescheidener geworden.
Mitte der siebziger Jahre sind wir mehrfach mit einem dieser Züge gefahren, und zwar mit dem »North Coast Hiawatha«, der von Chicago aus über die »Twin Cities« und durch die Staaten Süddakota, Wyoming und Montana (berühmt durch sein Kupfer) nach Seattle läuft. In der kleinen Stadt Livingstone haben wir einmal die Fahrt unterbrochen, um einen Abstecher zum Yellowstone-Park zu unternehmen, zu dessen nördlichem Eingang (»North Yellowstone«) es lange vor unserer Zeit nicht nur eine Zweigbahn, sondern auch direkte Wagen von Chicago aus gegeben hatte. In dieser Mitte der siebziger Jahre war der Fahrzeugbestand der AMTRAK schon wesentlich angewachsen, und alle Wagen des »Hiawatha« waren auch schon auf die typisch blauweißrote Lackierung der AMTRAK-Wagen umgestrichen. Der Zug, mit dem wir in Livingstone unsere Reise fortsetzten, hatte folgende Zusammensetzung:

zwei Dieselloks, Nr. 563 und Nr. 560,
ein Gepäckwagen,
zwei Coaches, Nr. 1078 und Nr. 4816,
ein Dome-Coach, Nr. 9478,
ein Coach, Nr. 6453,
ein Bar-Lounge-Car, Nr. 8107,
ein Dining-Car, Nr. 8096,
ein Schlafwagen, Nr. 2153, »Silver Iris«,
ein Schlafwagen, Nr. 2251, »Star Crest«,
ein Schlaf-Observation-Dome, Nr. 9211.

Unser Schlafwagen »Silver Iris« hatte neben vier Bedrooms und sechs Roomettes noch sechs Sections, die aber in den USA inzwischen ausgestorben sind.
Die Vorhalle des Bahnhofs von Seattle ist fast menschenleer; außer den beiden Schnellzügen nach Chicago gibt es an Fernverbindungen lediglich den »Coast Starlight« über San Francisco nach Los Angeles und zwei Tageszüge (mit Coach, Dome- und Lounge-Observation-Cars) über die nahe kanadische Grenze nach Vancouver; sie heißen »The International« und »Mount Rainier«.
Ein Jahr später haben wir auf der Fahrt von Seattle nach Minneapolis einen längeren Halt in Missoula im Bundesstaat Wyoming; vor dem Bahnhof scheint sich eine Art Jahrmarkt abzuspielen, was den außergewöhnlichen Aufenthalt abwechslungsreich macht, wie auch die vor der Station museal aufgestellte Dampflok.
Heute gibt es den »North Coast Hiawatha« nicht mehr, und auf seiner Route verkehren keine direkten Züge mehr zur pazifischen Küste. Zwischen Chicago und Seattle läuft nur noch ein Zug namens »Empire Builder«, und zwar über Fargo und Havre. Und wenn schon von eingestellten Verbindungen die Rede ist: Daß der damalige »San Francisco Zephyr« heute »California Zephyr« heißt, habe ich schon erwähnt. Dieser aber bedient jetzt nicht mehr nur den Kurs Chicago–San Francisco, sondern gleichzeitig auch (mit Coach und Schlafwagen) die beiden anderen

Abbildung 330: Ein fast zwei Kilometer langer Güterzug mit nicht weniger als fünf Dieselloks pausiert in Cheyenne
Abbildung 331: Die weltberühmte Cable-Car-Bahn in San Francisco mußte an der Endstation früher per Hand umgedreht werden – trotz der dauernden Überfüllung der Wagen und der Gefahr herauszufallen, ist es bedauerlich, daß es diese Fremdenverkehrsattraktion heute nicht mehr gibt (1972)

2818
2818
UNION
DEPENDABLE
TRANSPORTATION
2827

330

POWELL
AND
MARKET
527
FISHERMAN'S WHARF
3 BLOCKS
FROM TERMINAL
BAY
AND
TAYLOR
a delightful way to go Dutch
Dutch Kitchen
Hotel St. Francis
SAFEWAY

331

Verbindungen von Chicago an die Westküste: Der Zug teilt sich in Salt Lake City und gibt dort neben dem Stamm (nach San Francisco) auch einige Wagen einerseits nach Los Angeles (unter dem Namen »The Desert Wind«), über Las Vegas und Pasadena, und andererseits nach Seattle (unter dem Namen »The Pioneer«), über Ogden und Portland, ab.

»Super Chief«

Noch vor rund dreißig Jahren bestanden zwischen Chicago und Los Angeles nicht weniger als neun Verbindungen. Vor zehn Jahren gab es nur noch einen Zug, den »Super Chief/El Capitán«, wobei zwei frühere und je nur eine Wagenklasse führende Züge zu einem nun zweiklassigen vereinigt worden waren.
Heute hat sich die Lage etwas verbessert: Von Chicago nach Los Angeles finden sich im Sommerfahrplan 1985 folgende Züge: der »Southwest Chief«, der nach seiner Route und Fahrplanlage der legitime Nachfolger des inzwischen eingestellten »Super Chief/El Capitán« ist; fährt über Kansas City und dann weiter auf den Strecken der Atchinson, Topeka & Santa Fé (kurz »Santa Fé« genannt) über Albuquerque und Flagstaff; dann der »Eagle«, der seinen Weg über St. Louis, Dallas und El Paso nimmt, und schließlich führt auch der schon beschriebene »California Zephyr« einen ab Salt Lake City »The Desert Wind« genannten Zugteil über Las Vegas nach Los Angeles. Ihr Wagenmaterial besteht heute durchweg aus »Super-Liners« sowohl der Coach- wie auch der Pullmann-Klasse.
Aber zurück zum »Super Chief«: Wir waren in St. Louis gestartet, hatten tags zuvor dem weitläufig angelegten und reich bestückten Freilicht-Eisenbahnmuseum weit außerhalb der Stadt einen Besuch gemacht und erwarteten an einem Vormittag auf dem auch hier »Union Station« genannten Bahnhof die Ankunft des inzwischen auch längst sang- und klanglos verschwundenen »National Limited«, der damals von New York nach Kansas City fuhr. Er nahm auch zwei Schlafwagen nach Los Angeles mit, die in Kansas City in den »Super Chief« aus Chicago eingereiht wurden.
Die Union Station von St. Louis ist ein schloßartiges Gebäude, das im Stil ein wenig an Windsor Castle erinnert. In der Vorhalle verlieren sich kaum mehr als höchstens zwei Dutzend Menschen. Draußen breiten sich 40 »Tracks« aus, von denen aber nur 4 (vier!) noch Gleise tragen. Alles übrige ist entweder von Gras überwachsen, mit Schotter bedeckt oder dient als Abstellplatz für Autos. Während der fast zweistündigen Wartezeit auf unseren um fast ebensoviel verspäteten »National Limited« verzeichnen wir in der Halle, durch deren Dach der Regen tropft, ganze zwei Fahrzeuge, die beiden Dieselloks, die auf unseren Zug warten. Abgesehen von der depressiv stimmenden Atmosphäre des Bahnhofs macht uns die Verzögerung nichts aus, da die beiden für Los Angeles bestimmten Wagen in Kansas City ohnehin neun Stunden stehenbleiben werden, bis man sie mitten in der Nacht dem »Super Chief« anhängt.

332

Abbildung 332: Eine museal vor dem Bahnhof von Missoula aufgestellte Lok der Northern Pacific; sie war infolge der Entgleisung eines vorausfahrenden Güterzugs und dementsprechend langen Aufenthalts hier in aller Ruhe aufzunehmen (1976)
Abbildung 333: Schienengleiche Kreuzung der Gleise vor der Union Station in St. Louis – die heutige Qualität dieses Bahnhofs ergibt sich aus dem nebenstehenden Text

13
1356

333

Endlich kommt der »National Limited« würdevoll in die düstere Halle hereingerauscht. Die beiden Schlafwagen nach Los Angeles laufen in der Mitte, wieder direkt beim Speisewagen, und wir beziehen unsere Bedrooms.
Die nachmittägige Fahrt entlang des hier nicht sehr breiten Missouri führt durch flaches Land und bietet nichts Besonderes, abgesehen vom düster-regnerischen Wetter. Der Bahnkörper scheint hier besser zu sein als im Osten. Beim Bummel durch den Zug, der schwach besetzt ist, lese ich Anschläge in den Korridoren, in denen es heißt, daß die Aufsichtsbehörde für den Herbst die Einstellung des Zugs plane und daß das Publikum Protestschreiben dorthin richten solle. Tatsächlich ist der »National Limited« auch bald danach eingestellt worden.
Gegen Abend sind wir dann in Kansas City und müssen nun bis zwei Uhr nachts auf den »Super Chief« warten. Vorerst übersiedelt uns der nette Porter in den benachbarten zweiten Schlafwagen nach Los Angeles, da unsere Abteile »auf der Achse« liegen, wir aber in der Wagenmitte angenehmer schlafen können.
Mitten in der Nacht wachen wir auf, weil die beiden Wagen in den »Super Chief« einrangiert werden. Er scheint einigermaßen pünktlich angekommen zu sein; viel schuld an dem stoßenden Gerumpel hat sicher auch die automatische Kupplung, was sich besonders beim Rangieren und beim Bergfahren zeigt, wie wir es ja schon aus Thailand kennen.
Die zusammenklappbare Wand zwischen unseren Abteilen und der zusätzliche Komfort von zwei Fauteuils sowie zwei separaten Waschräumen mit WC schaffen auch hier wieder eine »privacy«, wie man sie in Europa kaum kennt. Wir schlafen weiter und sind nach dem Frühstück in La Junta, schon fast 1500 Meter hoch; bald darauf werden wir den berühmten Pikes Peak aus der Ferne sehen. Den längeren Aufenthalt hier benutze ich zur gewissenhaften Verzeichnung der Zugzusammenstellung:

drei Dieselloks, Nr. 526, 505, 511, alle »Santa Fé«,
ein Gepäckwagen, Nr. 1023, AMTRAK,
ein Gepäck-Schlaf-Wagen, Nr. 9984, AMTRAK, für Personal,
drei Dome-Coaches, Nr. 9920, 9946, 9952, AMTRAK,
ein Dome-Dining-Car, Nr. 9980, AMTRAK, 72 Plätze,
ein Dome-Lounge-Car, Nr. 9970, AMTRAK, im Untergeschoß ein »Kachina-Café«,
zwei Dome-Coaches, Nr. 9942 und Nr. 9911, AMTRAK,
ein Schlafwagen, Nr. 2211, »Indian Drum«, AMTRAK,
ein Schlafwagen, »Pineleaf«, Ex-»Santa Fé«,
ein Speisewagen, Nr. 8070, AMTRAK, 36 Plätze,
ein Schlafwagen, Nr. 2351, »Regal Inn«, Ex-»Santa Fé«,
ein Schlafwagen, Nr. 2751, »Palm Dome«, Ex-»Santa Fé«,
ein Schlafwagen, Nr. 2635, »Pacific Spray«, Ex-UP,
ein Schlafwagen, Nr. 6633, »Clarendon County«, Ex-ACL,
ein Gepäckwagen, AMTRAK.

3 Loks und 17 Wagen, also eine recht ansehnliche Länge. Mit Ausnahme unserer beiden hinten angehängten Schlafwagen aus New York kommen alle anderen Wagen aus Chicago, die drei Loks aus Kansas City. Die Coach-Klasse ist gut besetzt, die Schlafwagen sind halbleer. Im Dome-Dining-Car befindet sich die Küche im Untergeschoß; der Speiseraum im Oberstock hat ausnahmslos Tische für je vier Personen; in unserem Speisewagen sind es Vierer- und Zweiertische; das Essen schmeckt, das Service ist befriedigend. Auf der Fahrt an dem heute sonnigen Tag durch Colorado, New Mexico und durch Teile von Arizona genießen wir den Anblick der Landschaft durch das geöffnete Fenster der Dutch Door. Gelb, Braun und Rot sind die vorherrschenden Farben, die Gegend hat teilweise wüstenartigen Charakter, viele kahle Felsen und ebenso kahle Berge am Horizont – Erinnerungen an Karl May und seinen Winnetou werden wach . . .
Die Auspuffgase der drei Dieselloks an der Zugspitze machen sich auch bei weit geöffnetem Fenster nicht bemerkbar, da wir ja ganz hinten angehängt sind. Imposant ist in Kurven die Silhouette der sieben hintereinandergereihten Dome-Cars. Der Bahnkörper ist hier besser als in den östlichen Staaten, die Strecke ist teilweise sogar zweigleisig, wobei abwechselnd rechts oder links gefahren wird; meist regeln elektrische Lichtsignale den Verkehr, manchmal sehen wir auch noch Formsignale britischen Musters.
Am Nachmittag stehen wir länger in Albuquerque, wo Indianerfrauen ihre »handicrafts« anbieten, und nach einem atemberaubenden Sonnenuntergang über schwefelgelben und brandroten Felsformationen fahren wir in die zweite Nacht hinein.
Am nächsten Morgen sind wir in der Ebene, in Kalifornien. Hier ist die Landschaft eher reizlos, und die Morgensonne vermag kaum den industriellen Dunst zu durchbrechen. Ähnlich wie vor San Francisco läßt die Geschwindigkeit um so mehr nach, je näher wir dem Ziel kommen. Der Zug fährt teilweise mitten auf der Straße durch Vorstädte, die ineinander übergehen, ohne daß man sie unterscheiden könnte.
Der Bahnhof von Los Angeles liegt im Freien, die Bahnsteige sind sauber, das Empfangsgebäude ist in die Reste einer alten, im spanischen Kolonialstil errichteten Kirche hineingebaut. Das Leben im und um den Bahnhof ist freilich so spärlich, wie wir es hierzulande schon gewohnt sind. Der bereitstehende »Coast Starlight« nach San Francisco und Seattle ist der einzige anwesende Fernzug.

Der heutige »Southwest Chief« hat keine von New York bis Los Angeles durchlaufenden Wagen mehr. Fuhren solche Wagen noch zu unserer Zeit im »Super Chief« und vorher unter anderem in den besten Zügen der »Santa Fé«, so gibt es sie heute nur mehr dreimal wöchentlich im Verband der Züge »The Crescent« (zwischen New York und New Orleans) und »Sunset Limited« (zwischen New Orleans und Los Angeles); diese einzige direkte Schlafwagenverbindung ist insgesamt fast fünf Tage und vier Nächte unterwegs.

Nostalgie in den USA

Auch in den USA ist die Nostalgiewelle stark angewachsen. Heute gibt es eine große Anzahl von Eisenbahnmuseen und museal aufgestellten Schienenfahrzeugen, es gibt zahlreiche Museumsbahnen und ähnliche Attraktionen, die nicht nur von traditionsbewußten ausländischen Touristen, sondern auch von den Amerikanern selbst besucht werden.

In Los Angeles befindet sich ein besonders interessantes Museum, und zwar die im Freien errichtete »Travel Town« in dem weit außerhalb des Stadtzentrums gelegenen Griffith-Park. Dieses Museum besitzt nicht nur Stücke aus den Staaten, sondern auch aus Übersee. Einige dieser in der Travel Town zu bewundernden Fahrzeuge, die von der Insel Oahu stammen, verleiten uns, anschließend an den Besuch von Los Angeles, nach Hawaii zu reisen.

Auf nicht weniger als vier Inseln dieses Archipels gab es einst Eisenbahnen: auf Kauai (der nordwestlichsten) eine 19 Kilometer lange Strecke von Koloa nach Eleele; auf Oahu (zwar nicht der größten, aber der wichtigsten Insel mit der Hauptstadt Honolulu und dem weltberühmten Strand von Waikiki) sogar insgesamt 175 Kilometer; auf Maui verkehrte einst die Kahului Railroad, 25 Kilometer von der alten Hauptstadt Wailuku entfernt; und auf der größten Insel, nämlich Hawaii, umfaßte das von Hilo ausgehende, am Rand der Vulkanregion des Kilauea gelegene Schienennetz 150 Kilometer. Alle diese zum Teil dem öffentlichen, zum Teil nur dem Güterverkehr (Zuckerrohr) dienenden Strecken sind seit Jahrzehnten außer Betrieb, aber einige Relikte sind erhalten. Auf der im Süden des Archipels gelegenen Insel Maui fanden wir zweierlei: einmal im Ort Kahului vor einem besseren Wirtshaus einen gelb angestrichenen Club-Car der erwähnten Kahului Railroad, der heute als eine Art erweiterte Bar dient. Und dann in dem eleganten Badeort Lahaina ein Glanzstück der Nostalgiewelle, nämlich eine aktiv tätige Museumsbahn, die sogenannte »Lahaina & Kanapali Railroad«. Sie hat einen festen Fahrplan, fährt häufig und pünktlich und ist stets gut besetzt. Während der etwa halbstündigen Fahrt durch die Zuckerrohrplantagen und die subtropische Landschaft unterhält ein langhaariger Jüngling mit Gesang und Gitarrenspiel die Passagiere. Diese Bahn hat zwei Dampflokomotiven namens »Anaka« und »Myrtle«; die erste ist 1883 in Pittsburgh gebaut worden; welches Alter die andere hat, ist unbekannt. Die Wagen sind vierachsig, rot gestrichen und haben offene Fenster; sie tragen romantische Eigennamen wie »Pioneer Hill«, »Kalakua« und »Duke ka Hanomohu«. Die Fahrt mit diesem Zug ist ein reines Vergnügen.

Auf der Hauptinsel Oahu gibt es zwar keine Museumsbahn, dafür jedoch eine andere Attraktion: die an der Stelle des einstigen Bahnhofs von Honolulu unmittelbar am Strand museal aufgestellte Lok »Kauila« der ehemaligen Oahu Railways – sie wird auch »The Lightning« genannt –, die im Jahr 1889 in den USA gebaut worden ist. Seinerzeit hatte sie den Eröffnungszug der Oahu Railways geführt und wurde später in Steinbrüchen verwendet. Neben ihr stehen noch ein roter und ein grauer Güterwagen, und hinter diesen Fahrzeugen liegt im Wasser ein (leider nicht aufgetakeltes) altes Segelschiff namens »Falls of Clyde«, ein prachtvoller Anblick, ein Fahrzeug, das sicherlich auf einer Werft am Fluß seines Namens in Schottland gebaut wurde – alles in allem ein Anblick, der zusammen mit dem des charakteristischen Diamond-Head zu den schönsten Eindrücken dieser gesegneten Insel gehört, mit der wir nun auch unsere Rundfahrt durch die Vereinigten Staaten abschließen wollen.

Abbildung 334: Der »Olympian Hiawatha« auf dem »Trestle Work«, der Brücke über den Hanson's Creek in den Cascade-Mountains

334

THE MILWAUKEE ROAD

Lateinamerika von Mexiko bis Chile

Überschreitet man den Rio Grande, der die Grenze zwischen den Vereinigten Staaten von Amerika und den Vereinigten Staaten von Mexiko bildet, so wechselt man vom vorwiegend angelsächsischen in den ausnahmslos romanisch sprechenden Teil des Doppelkontinents. Ist die Orographie nördlich des Rio Grande ebenso – in ganz großen Zügen gesehen – übersichtlich wie die südlich der Enge von Panama (weite Ebenen im Osten, unendlich lange Gebirgsketten im Westen), so ist das dazwischenliegende Mittelamerika uneinheitlich und zerrissen: Die Höhenlagen der bewohnten Gebiete wechseln vom Meeresniveau der »Tierra Caliente« über mittlere Lagen der »Tierra Templada« bis hinauf zur »Tierra Fria«, wobei diesem Hochland bis zu fünftausend Meter hohe Gipfel aufgesetzt sind.

Isolierte Gleise, verschiedene Spurweiten

Wegen seiner Gebirge und Höhenzüge ist Mittelamerika fast als eine verkehrsfeindliche Region zu bezeichnen. Vor allem die Nord-Süd-Verbindungen werden von der Natur nicht begünstigt; soweit es sie überhaupt gibt, verlaufen sie oft auf Umwegen. Gleisanschlüsse zu den Bahnen in den USA sind zwar an einigen Stellen zu finden, seit Jahrzehnten aber existiert schon keine einzige direkte Zugverbindung mehr dorthin. Zwar gibt es Bruchstücke eines »Panamerican Highway« von Alaska aus nach Süden, dessen ideales Endziel im Feuerland läge, doch diese Straße reißt schon in Kolumbien ab. Südlich von Mexiko ist aber auch der durchgehende Schienenverkehr mit seinen Möglichkeiten am Ende angelangt: Zu Guatemala besteht zwar ein unmittelbarer Gleisanschluß, aber nur auf einer der beiden dort vorhandenen Spurweiten; von Guatemala setzt sich diese noch bis El Salvador fort, doch die Eisenbahnen der drei nächsten Staaten – Honduras, Nicaragua, Costa Rica – besitzen keine Fortsetzung nach Norden, haben überdies ebenfalls eine andere Spur und auch untereinander teilweise keinen Zusammenhang. Schließlich gesellt sich am südlichen Ende Mittelamerikas, in Panama, noch eine vierte Spur hinzu. Im einzelnen gibt es folgende Spurweiten:

1,435 Meter (Normalspur) – Mexiko,
1,067 Meter (Kapspur) – Honduras, Nicaragua, Costa Rica,
0,914 Meter – Mexiko (teilweise), Guatemala, El Salvador, Honduras (teilweise), Costa Rica (teilweise),
1,524 Meter (russische Breitspur) – Panama.

Der »große Bruder« im Norden

Seit jeher beherrschen die USA die meisten mittelamerikanischen Eisenbahnen nicht nur technisch, sondern vor allem auch wirtschaftlich. In Mexiko sind die staatlichen Ferrocarriles Nacionales de Mexico entstanden aus der Vereinigung mehrerer von amerikanischem Kapital abhängiger Privatbahnen; die Ferrocarril Pacifico war ehedem nur eine ausländische Zweigstrecke der Southern Pacific. Die heutigen Eisenbahnen in Guatemala und in El Salvador waren ursprünglich ein Dominium der International Railways of Central-America mit Firmensitz in New Jersey; die Schienenwege in Honduras gehörten der bekannten Standard Fruit Company (Sitz: New Orleans) und einer Tela Railway Company (Sitz: Boston); die in Costa Rica waren erst Besitz eines amerikanischen, dann eines britischen Unternehmens, und schließlich ist die Bahn in Panama erst von einem französischen Konsortium (noch zur Zeit von Lesseps) geplant und später von der US-amerikanischen Panama Railroad gebaut worden.
Ebenso groß ist bis heute der amerikanische Einfluß auf nahezu alle Einrichtungen des Eisenbahnbetriebs in diesen Ländern. Dampfbetrieb gibt es nur noch auf wenigen Nebenlinien, natürlich ist die Dieseltraktion vorherrschend.

Von Buenavista zum Canal de Chicimulilla ...

... führten uns einige Fahrten, bei denen wir uns aus Zeitmangel freilich auf die beiden Nachbarländer Mexiko und Guatemala beschränken mußten.
Die erste dieser Reisen begann – es war 1972 – im modernen Hauptbahnhof Buenavista der von Menschen und Fahrzeugen überquellenden mexikanischen Metropole, deren Bahnhofsgebäude der Traum eines Architekten in Beton und Glas ist; auf dem Platz davor steht sehr photogen eine museale Dampflokomotive.
Im Bahnhof erleben wir dann die aus den USA schon vertraute Prozedur: Geöffnet wird nur der Bahnsteig, an dem ein Zug gerade abfahrbereit ist; bei Fernzügen gibt es den Tisch für den »Check-in«, wo die Tickets gegen einen Coupon ausgetauscht werden. Die Schlafwagenschaffner tragen (zu unserer Zeit) noch immer auf den Kappenschildern die Inschrift der »Pullman-Company«, die aber in Mexiko schon längst nicht mehr den Betrieb der Schlafwagen führt; die eingedruckten Worte »Property of the Pullman-Company« auf Bettwäsche und Handtüchern sollen wahrscheinlich Souvenirjäger abschrecken. Die Bahnsteige sind hier (offenbar nach britischem Vorbild) hoch, so

Abbildung 335: Den Platz vor der Estación Buenavista in der 14-Millionen-Stadt Mexico City beherrscht nicht nur ein Alptraum aus Beton und Glas, sondern auch diese museal aufgestellte Lok der FC Nacionales

daß man überall in die Wagen hineinsieht, soweit die Fenster offen und die Wagen nichtklimatisiert sind.

Die Wagen der FC Nacionales waren um 1960 bereits derart überaltert, daß es dringend nötig war, sie radikal zu erneuern. Nicht nur Schweizer, sondern auch Deutsche und Franzosen haben seither den Wagenpark gründlich aufgemöbelt, allerdings waren ein Jahrzehnt später die besten, für den Paradezug »Aguila Azteca« (Mexiko–Nuevo Laredo) bestimmten Wagen der schweizerischen Schindler Waggon AG schon ziemlich vernachlässigt und teilweise auch in Zügen minderer Sorte eingereiht.

Die zweite Klasse der FC Nacionales entspricht der Coach-Kategorie in den USA. Die erste Klasse gibt es in Tageszügen ebenfalls in Saalwagen und in Schlafwagen, die nach US-amerikanischer Art eingerichtet sind: Sections, Roomettes, Bedrooms (hier »Alcobas« genannt) mit Zweibettabteilen und Toilette/WC, und schließlich gibt es auch den Drawing-Rooms entsprechende »Gabinetes«, das sind große Zwei- und Dreibettabteile mit Toilette/WC und manchmal auch mit Dusche. Mögen diese Wagen, die übrigens alle klimatisiert sind, zum Teil etwas ausgeleiert sein, so bieten sie doch für lange Überlandreisen einen annehmbaren Komfort; dasselbe gilt für die Speisewagen, wo man teilweise mit dem Rücken zum Fenster sitzt und in denen es hin und wieder außer dem Speisesaal eine kleine Lounge gibt.

Im Bahnhof präsentiert sich unser Zug mit dem Namen »El Meridano« (alle Wagen durchlaufend von Mexiko-Ci-

ty bis Merida, der Hauptstadt der Provinz Yucatan) wie folgt: ein Postwagen, zwei Gepäckwagen, drei Wagen zweiter Klasse, ein Wagen erster Klasse, ein Speisewagen und zwei Schlafwagen mit den Namen »Playa Copacabana« und »Candelaria«. Der »Candelaria«, in dem unsere Abteile sind, ist sechsachsig und gehört der privaten Unidos del Sureste, die durch Fusion der Sureste mit den FC Unidos de Yucatan einige Hauptstrecken im südlichen Mexiko betreibt. Pünktlich um 20.10 Uhr tritt der Zug seine Reise, die zwei Nächte und einen Tag währt, an; freilich bleibt er bald nach der Abfahrt nicht weniger als viermal stehen, so daß sich schon vor dem Schlafengehen einige Verspätung abzeichnet. Wir wiegen uns im ungewohnten Rhythmus des Sechsachsers in den Schlaf; die Laufruhe ist vergleichbar mit der in den USA, also mäßig bis schlecht.
Anderntags sollen wir gegen zehn Uhr vormittags in Medias-Aguas sein, tatsächlich wird es Mittag. Unsere Ankunft in Coatzocoalcos soll mittags sein, wir erreichen es aber erst gegen 16 Uhr, als wir in der Vorortstation Empalme-Sureste ankommen. Die Stadt liegt am Nordende des Isthmus von Tehuantepec, und hier wechseln wir auf die Gleise der Sureste, auf denen der Lauf des Zugs ruhiger wird, da erst kürzlich neue Betonschwellen verlegt worden sind. Statt um 5 sind wir endlich um 8.30 Uhr abends an unserem heutigen Ziel, in Teapa, wo wir die Fahrt unterbrechen, um die Pyramiden von Palenque zu besuchen.

Zwei Tage später setzen wir die Reise mit »El Meridano« fort. Wir haben drei Alcobas schon in Mexico-City bestellt und bezahlt. Vorsichtshalber lassen wir am Bahnhof anrufen, wann der Zug kommen wird – die Prognose lautet: etwa zwei Stunden Verspätung! Wir sind pünktlich am Bahnhof von Teapa, der Zug aber trifft fast drei Stunden zu spät ein.
»Gute Laune ist auf Reisen unerläßlich«, sagt schon der Altmeister aller Reiseweisheit, der Baedeker. Diesmal brauchen wir sie auch, denn es stellt sich heraus, daß unsere Alcobas offenbar zweimal verkauft wurden – alle Abteile im Schlafwagen »Escarcega« (der Sureste) sind besetzt! Die Aufklärung: Die Reservierungsstelle hat das Datum der Abfahrt des Zugs aus Mexico-City mit dem der Abfahrt in Teapa (einen Tag später) verwechselt! Die Lösung des Problems: Die Insassen unserer Alcobas, ein ungemein sympathischer mexikanischer Militärarzt samt Familie, steigen schon nach eineinhalb Stunden im Badeort Tenosique aus, und wir können ihre Abteile beziehen. Der Abend vergeht in anregender Unterhaltung mit den netten Leuten im Speisewagen.
Am nächsten Morgen erreichen wir den Golf von Campeche – weithin tropische Sumpflandschaft, wir sind hier schon in der »Tierra caliente« –, nur der Aufenthalt an der geöffneten oberen Hälfte der bekannten Dutch Door verschafft eine Andeutung eines kühleren Lufthauches. Statt des inzwischen abgehängten Speisewagens versorgt uns ein Boy mit dem Frühstück: Es besteht aus eisgekühltem Kakao in Flaschen, bei diesem Klima eine wahre Wohltat.
Gegen Mittag sind wir dann in Merida, wo uns in der düsteren Halle eine museale Dampflok und ein etwas antiquierter Salonwagen begrüßen. Ausflüge zu den Tempel- und Ruinenanlagen von Uxmal und Chichen-Itza bilden den Höhepunkt des hiesigen Aufenthalts.

»FEGUA« ...

... ist die Abkürzung für die Ferrocarriles de Guatemala, auf denen wir einige Zeit später unsere Reisen durch Mittelamerika fortsetzen.
Ausgiebig besichtigen wir den Bahnhof von Guatemala-Ciudad: ein hübsches Gebäude, alle Tore verschlossen, aber ein Türhüter läßt uns als »Amigos de Ferrocarriles« herein und geleitet uns in ein Büro, wo uns eine nette Beamtin einen Schrieb ausstellt, betitelt »A quienes concierna« (»An alle, die es angeht«), mit dessen Hilfe wir ungestört den Bahnhof samt allen Heizhäusern durchstreifen und photographieren können. In der Halle steht kein einziger Zug, wohl aber sehen wir drei museal aufgestellte Salonwagen – eine Augenweide für den Oldtimer-Liebhaber!
Die nette Beamtin in der Kanzlei hat uns auch einen offiziellen Dienstfahrplan geschenkt, aus dem nur wenige originelle Einzelheiten zitiert seien: Nicht nur, daß genau angegeben ist, wie viele Meter vor einem Haltsignal ein Zug stehenzubleiben hat, nicht nur, daß für jeden Loktyp und für jede Teilstrecke genau vorgeschrieben ist, wieviel Höchstbelastung der Zug haben darf – wobei Unterschiede zwischen »Rumbo Norte« und »Rumbo Sur« bestehen, also zwischen nord- oder südwärtsfahrenden Zügen –, es ist auch vorgeschrieben, daß während der Regenzeit Züge, die mit einer Diesellok der Reihe 900 bespannt sind, nur mit um zehn Prozent verringerter Last fahren dürfen, wobei die Lüftungsklappen der Lok geschlossen sein müssen, da die Maschine offenbar regenanfällig ist. Und schließlich werden die Besatzungen der Dieselloks der Reihen 600, 800 und 900 angewiesen, den Zug sofort anzuhalten, wenn die Geschwindigkeit plötzlich unter 16 Stundenkilometer absinken sollte: Das Personal hat dann Lok und Wagen genau zu untersuchen, um die Ursache festzustellen.
Der Ausweis verschafft uns Zugang auch in das Heizhaus, wo neben Diesel- auch einige Dampfloks herumstehen (Achsfolge 1-D-1, gebaut von Baldwin 1946/47).
In der kleinen Bahnhofshalle steht zwar im Augenblick überhaupt kein Zug, die beiden einzigen verlassen schon frühmorgens die Stadt, wohl aber drei (anscheinend Regierungs-)Salonwagen, der eine sechs-, die beiden anderen vierachsig, mit teils offenen, teils geschlossenen Plattformen, der eine grün, die anderen beiden blau lackiert; Herkunft und Baujahre sind mangels entsprechender Inschriften nicht feststellbar, doch tragen sie alle individuelle Namen: »Michatoya«, »Managua«, »Guastoya«.

Während eines Autoausflugs von der 1500 Meter hoch gelegenen Hauptstadt hinunter in die »Tierra Caliente«, nach Chulamar, sehen wir endlich einen aktiven Zug, als wir eine kurze Pause am Bahnhof von Escuintla einlegen, wo eben der Personenzug aus Süden einfährt. Einige freundliche Worte mit dem Bahnhofsvorsteher ermöglichen es, die Kameras zu betätigen. Die Diesellok stammt von Babcock & Wilcox und ist tadellos gepflegt. Die Wagen stammen offensichtlich aus den USA, sind zwar schon etwas alt, sehen aber gut aus – drei Wagen zweiter Klasse in Blauweiß, ein Wagen erster Klasse in Grün, alle mit offenen Saalräumen; die Zahl der auf dem Bahnsteig schlendernden Passagiere ist gering, in der ersten Klasse entdekken wir einen einzigen Reisenden. Im Hintergrund des Bahnhofsgeländes, im Schatten eines Waldes, warten einige alte Dampfloks anscheinend auf ihre Verschrottung.
Auf der Rückfahrt kommen wir in das nahe San José, Endpunkt einer Nebenlinie der FEGUA. Außer ein paar Güterwagen ist kein Fahrzeug zu sehen, interessant ist aber die Verladeanlage: Die Gleise führen aus dem Bahnhof und durch die Lagerhäuser auf einem Pfahldamm ins offene Meer hinaus, das hier für die Schiffe zuwenig Tiefgang bietet, um unmittelbar am Ufer anlegen zu können; die Anlage erinnert an den Hafen von Dammam in Saudi-Arabien, den Endpunkt der von Er Riad kommenden Bahn am Persischen Golf, wo die Öltanker auch weit draußen aus den Kesselwagen beladen werden. Auch hier ist das Baden offenbar gefährlich, denn auf einer Art »Hochsitz« thront ein Bademeister (oder Lebensretter?), der die Schwimmenden überwacht.
Gleich hinter dem Hotel verläuft parallel zur Küste ein uralter Schiffahrtskanal, der sogenannte »Canal de Chicimulilla«, der zur Zeit der spanischen Kolonisation angelegt wurde, der heute noch intakt ist und von kleineren Fahrzeugen benutzt wird, die die rollenden Brecher des Pazifiks vermeiden wollen.

Zwischen Panama und Rio Guaia

Auf dieser Route haben wir zwar einige Eisenbahnen gesehen, sind aber ebenfalls mit keiner von ihnen gefahren.
In Colón, wo unser Schiff – es war die »Donizetti« der ITALIA – nach Durchquerung des Panamakanals, wo die Schiffe mit Treidellok gezogen werden, einen halben Tag lag, nahmen wir die Panamá-Railroad natürlich genauer in Augenschein. Der »Bahnhof« in der Stadt erinnert an das Wartehäuschen einer Straßenbahn – mehr ist nicht vorhanden als eine kleine Bude, die Warteraum und Kasse beherbergt. Ein wahres Schmuckkästchen ist aber ein solcher Zug: blitzblanke, saubere Wagen natürlich amerikanischer Fabrikation, nur Coach-Einheitsklasse, Diesellok.
Venezuela, wo wir landeten und uns in der Millionen-Hauptstadt Carácas einige Tage aufhielten, hat fast keine Eisenbahnen, wenn man von einem kurzen Stück um Puerto Cabello herum absieht. Seit Jahren besteht ein großangelegter Plan, ein Normalspurnetz zu bauen, aber bis heute ist noch so gut wie nichts davon zu sehen. Dagegen gibt es in einem großen Vergnügungspark der Hauptstadt ein schönes und interessantes Eisenbahnmuseum, in dem viele Relikte längst stillgelegter Privatbahnen versammelt sind; auch einige Stücke ausländischer Herkunft, so einen Tramway-Wagen aus dem spanischen Zaragoza, findet man hier.
Kolumbien, das nächste Land, das wir besucht haben, besitzt ein ziemlich ausgedehntes Schienennetz in der Spurweite von 91 Zentimetern, aber auch dort haben wir uns nur den attraktiven Bahnhof der Hauptstadt Bogotá angesehen, ohne mit der Bahn zu fahren. Neben einigen Lokalzügen entdeckten wir auch den besten Zug des Landes, den »Expreso Tayrona«, der Schlaf-, Speise- und Sitzwagen (nur erster Klasse) zu dem fast tausend Kilometer nördlich gelegenen Santa Maria führt. Die Garnitur befand sich in einem guten Zustand, selbstverständlich gibt es nur Dieselbetrieb.
Ecuador besitzt außer zwei kurzen und heute durch Erdrutsche und sonstige Naturereignisse so gut wie eingestellten Strecken nur die in Kapspur angelegte und rund 450 Kilometer lange Strecke von der Hauptstadt Quito (2800 Meter hoch) zur großen Hafenstadt Guayaquil. Wenn die Strecke befahrbar ist, wird sie von einem Triebwagen zurückgelegt, der einen ganzen Tag unterwegs ist und hauptsächlich von ausländischen Touristen und Eisenbahnfreunden benutzt wird – besser gesagt: benutzt wurde, denn schon seit zwei Jahren ist die landschaftlich spektakuläre Strecke durch »landslides« unterbrochen und wird nur auf den letzten dreißig Kilometern in der Küstenebene befahren. Nicht viel anders sieht freilich auch der Bahnhof Durán aus, der Hauptbahnhof für das jenseits des Rio Guaia gelegene Guayaquil, wo der erwähnte Triebwagen aus Quito seine Endstation hat (oder: haben soll). Dafür aber gab es hier nebst einer vor dem Bahnhofsgelände museal aufgestellten Dampflok einige wirklich photogene Dampflokomotiven und auch Wagen zu sehen; die Aufschrift »Überschreiten der Gleise ist verboten« scheint natürlich weder für Erwachsene noch auch erst recht für Kinder zu gelten.
Bolivia bedeutet wohl für manchen mit dem Flugzeug direkt aus Europa angekommenen Neuling einen Schock: Zu Hause lebt man in Höhen zwischen 200 oder meinetwegen 400 Metern, der Flugplatz von La Paz, wo man nach 19stündiger Fahrt endlich aussteigt, liegt 4100, die Stadt selbst auf durchschnittlich 3700 Metern Höhe! Was Wunder dann, wenn im Flugzeug schon der (angeblich) gegen Höhenkrankheit erfolgreiche »Cola-Tee« angepriesen wird und wenn ein Weltenbummler schildert, daß die ärgste Anstrengung, die er nach einem Spaziergang durch die – hinauf- und hinunterführenden – Straßen von La Paz erlebt hat, die letzten fünf Stufen zum Hoteleingang waren!
Boliviens Eisenbahnen sind in Meterspur angelegt. Wir ha-

336

337

338

339

Abbildung 336: Verladegleise in San José (Guatemala)
Abbildung 337: Der »Bahnhof« der attraktiven Panama Railroad in Colón hat bestenfalls die Ausdehnung einer Straßenbahnhaltestelle
Abbildung 338: Güterzug der bolivianischen Staatsbahn in einem Vorort der Hauptstadt La Paz
Abbildung 339: Museal aufgestellte Lok der Hafenbahn in Guayaquil (Ecuador)

ben auch sie nicht selbst befahren, aber doch wenigstens dem Bahnhof von La Paz einen Besuch abgestattet, der an diesem Nachmittag (es war 1975) nur wenig geboten hat: Ein Zug aus Buenos Aires (2650 Kilometer entfernt, wobei in Jujuy Zug und Spur gewechselt werden) ist mit einiger Verspätung angesagt; ein gegen Abend abfahrender Schnellzug in das Landesinnere steht schon bereit, sein Speisewagen raucht aus allen Schornsteinen, eine Dampflok rangiert einige Güterzüge. Wir sehen auch den Sonderzug, mit dem wenige Tage nach unserem Besuch die Präsidenten Boliviens und Chiles einander in der Grenzstation treffen wollen. Es sind eine bolivianische Diesellok und vier Wagen: Salonwagen R-1 (Salon, Speisesaal, Küche, Bad, Schlafabteile), Salonwagen R-3 (Abteile für die Begleiter), Speisewagen, ein Wagen erster Klasse für das Sicherheitspersonal.

Die Eisenbahn am höchsten See der Erde . . .

. . . ist die peruanische Ferrocarril del Sur, die heute längst zu den staatlichen Empresa Nacional de Ferrocarriles de *Perú* (ENAFER) gehört und wie die meisten ihrer Strekken in europäischer Normalspur angelegt ist.
Zuvor war sie Eigentum der in Toronto ansässigen Peruvian Corporation gewesen. Ihre Hauptstrecke führt von Puno am Titicacasee nach Cuzco; in Juliaca verzweigt sie sich zur Hafenstadt Arequipa. Nebst zahlreichen Güterzügen verkehrten damals (1975) täglich drei Personenzüge:
»Inti« – ein Tageszug von Puno nach Cuzco,
»Andino« – der vom »Inti« in Juliaca getrennte Zweig nach Arequipa,
»Chasqui« – ein Nachtzug von Arequipa nach Cuzco.
Heute führt »Chasqui« auch einen Zugteil von Puno. Der »Andino« fährt als eigener Zug schon ab Puno, und im »Inti« läuft auch ein Teil von Arequipa nach Cuzco.
Das Wagenmaterial der FC del Sur befand sich damals noch in einem sehr guten Zustand. Es gibt zwei Klassen, beide mit offenen Saalwagen, und auch gemischte Wagen erster Klasse mit Buffet. Nach einer Notiz in »Thomas Cook's Overseas Timetable« soll die Bahn nun neue Wagen erhalten, die als Pullman- oder Salonklasse eingestuft werden, und zwar zusätzlich zu dem älteren Wagenmaterial; merkwürdigerweise wird Peru diese Wagen aus Rumänien beziehen.
Wir waren zu Schiff über den 3812 Meter hoch gelegenen Titicacasee – das höchstgelegene Süßwasserbecken der Erde! – aus Bolivia gekommen und übernachteten in Puno am Nordwestufer des Sees. Ein uns befreundeter Arzt, der diese Überfahrt später mit dem Nachtschiff machte, gestand, daß er aus seiner Unterdeckkabine mitten in der Nacht an Deck gehen mußte, da er unten zu ersticken drohte! Und so brauche auch ich mich nicht zu schämen, daß mir die Übernachtung in Puno nicht nur Atembeschwerden, sondern wahre Depressionszustände beschert hat. so daß ich den Abbruch der Reise plante! Erst beim Betreten des Bahnhofs der FC del Sur am nächsten Morgen ging's wieder besser.

Zurück zu unserer eigenen Reise: Unser »Inti« kommt wegen Verspätung des Nachtschiffs aus Bolivia ebenfalls verspätet vom Hafenbahnhof herein. Unsere Plätze sind korrekt reserviert und beschriftet, der Zug ist gut besetzt, in der ersten Klasse sind viele ausländische Touristen. Der »Inti« ist wie folgt zusammengesetzt: Diesellok, Nr. 500 (Puno-Hafen bis Juliaca), Nr. 359 (ab Juliaca), ein Gepäckwagen, ein Wagen erster Klasse/Buffet, zwei Wagen erster Klasse, zwei Wagen zweiter Klasse – alle von Puno nach Cuzco; ein Gepäckwagen, ein Wagen erster Klasse/Buffet, ein Wagen erster Klasse, ein Wagen erster/zweiter Klasse, zwei Wagen zweiter Klasse – alle von Puno nach Arequipa.
Mit geringer Verspätung fahren wir ab. Die Laufruhe der Strecke und auch die Geschwindigkeit des Zugs sind mit Hochgebirgsstrecken in Mitteleuropa durchaus vergleichbar, ebenso die Bequemlichkeit und Sauberkeit des Wagens wie auch die Freundlichkeit des Personals. Schon bald wird uns an diesem kalten Morgen an den Plätzen aus dem Buffet ein wohltuendes heißes Frühstück serviert. Da der Zug nichtklimatisiert ist, kann man die Fenster öffnen und photographieren.
Wir halten länger in Juliaca, wo wir die Lok wechseln und den Zugteil nach Arequipa abgeben. Die Strecke dort hinunter, die ich leider nicht befahren habe, ist landschaftlich geradezu pittoresk, teilweise in Sichtweite des Vulkans Chasqui, der dem Nachtzug seinen Namen gegeben hat. Der weitere Tag vergeht bei wechselndem Sonnenschein und kürzeren, recht kühlen Regengüssen; eine angenehme Abwechslung ist das aus der benachbarten Küche servierte ausgezeichnete Mittagessen. Am Nachmittag halten wir in einem weiten, offenen Hochtal, begrenzt von schneebedeckten Fünf- und Sechstausendern, auf dem höchsten Punkt dieser Strecke: Es ist La Raya mit einer angeschriebenen Meereshöhe von 4319 Metern. Hier ist wieder ein etwas längerer Halt, da wir einen entgegenkommenden Güterzug abwarten müssen. Daß nicht nur Passagiere, sondern auch das Bahnpersonal – und das sogar, wenn der Zug fährt – auf den Waggondächern stehen oder gehen, ist in diesen Regionen kein ungewohnter Anblick.

Abbildungen 340 und 341: Auf den Dächern von fahrenden Güterwagen nicht nur zu sitzen, sondern auch zu gehen, ist in Puno (340) ein ebenso alltäglicher Anblick wie in La Raya (341) auf der Strecke nach Cuzco

340

341

Gegen Abend verdüstert es sich dann; weite Hochtäler, begrenzt durch verschneite Höhenzüge, prägen die Landschaft. Am Buffet gibt es nicht mehr viel zu holen, da die fahrplanmäßige Ankunft am Ziel – 19.10 Uhr – noch lange vor der landesüblichen Zeit für ein Abendessen liegt und die Küche schon ausverkauft ist. Schließlich öffnet sich der weite Talkessel von Cuzco, überragt von kaum mehr erkennbaren Höhen, auf denen die Ruinen des berühmten Sacsahuamán liegen, aber beleuchtet von unzähligen Lichtern dieser Großstadt, die »nur mehr« 3326 Meter über dem Meeresspiegel liegt.

Eine phantastische Landschaft

Cuzco hat zwei Bahnhöfe. Auf dem einen sind wir von Puno her angekommen; der zweite, heute »San Pedro« genannt, liegt am anderen Ende der Stadt und ist Ausgangspunkt der ebenfalls zur ENAFER PERÚ gehörigen, früher »FC Cuzco a Santa Ana« genannten Schmalspurbahn (91 cm), die zu dem rund 900 Meter tiefer gelegenen Macchu Pichu führt, dieser erst im Jahr 1912 von dem amerikanischen Archäologen Hiram Bingham entdeckten Zufluchtstätte der dortigen Indios vor dem katastrophalen Einbruch der Spanier. (Heute ist diese Linie bis zu dem etwa sechzig Kilometer hinter Macchu Pichu gelegenen Ort Quillabamba verlängert, und unmittelbar unter der Ruinenstätte ist eine neue Haltestelle »Puente Ruinos« eingerichtet.)
Diesen Schmalspurbahnhof verlassen am grausam frühen Morgen drei Züge: der »Tren Ordinario«, der für das einheimische Publikum bestimmt und mit einer Dampflok bespannt ist, der »Tren Turistico«, auch »Tren Turismo« genannt, nur mit erster Klasse und einem Spezialtarif, und schließlich noch ein in glänzender INOX-Lackierung gehaltener Dieseltriebwagen, den man hier, wie meist im spanischen Sprachbereich, »Ferrobus« nennt.
Die Wagen des »Tren Turistico« sind ebenso gepflegt, wie es die der FC del Sur waren. Sie sind grüngelb gestrichen. Als wir den Zug besteigen und dort unsere reservierten Plätze belegen, hat der »Tren Ordinario« bereits den Bahnhof verlassen; wir sehen ihn dann aber doch noch, wie er weit oberhalb der Stadt seinen Rauch verbreitet. Vor der Abfahrt hatten wir noch einen kurzen Besuch im Heizhaus gemacht, in dem einige Diesel-, aber auch Dampflokomotiven stehen; die Dieselloks sind kanadischer und japanischer Herkunft, die Dampfloks (alle mit der Achsfolge 1-D-1) stammen aus Deutschland (Henschel) und aus den USA.
Die Strecke steigt zunächst steil an, und von der Höhe bietet sich ein prächtiger Anblick der Stadt; noch enger, noch steiler geht es fast nicht, daher folgen zwei Zig-Zags, in denen die Lok abwechselnd zieht und schiebt, eine Betriebsform, die wir später nochmals sehen werden. Dann ist der höchste Punkt erreicht, und nach etwa zwei Stunden fahren wir im Tal des rauschenden Urubamba-Flusses; die Sonne ist nun durchgebrochen, die Strecke geht hinab und folgt dem Flußlauf. Die Landschaft wird immer schöner, es wird auch wärmer, die Felswände um uns werden enger. In einer romantischen Schlucht – weit und breit ist keine Siedlung zu sehen – hält der Zug plötzlich. Was ist los? Keine hundert Meter vor uns steht der »Tren Ordinario«, dem durch einen Felssturz die Weiterfahrt versperrt ist. Alle verlassen die Wagen und laufen nach vorne. Einige Waghalsige klettern ein Stück der unsicheren Böschung zum Fluß hinunter, der schäumt und glitzert. Aber die Unterbrechung währt nicht lange, denn bald ist das Hindernis so weit beseitigt, daß beide Züge in Sichtentfernung voneinander weiterfahren können. An der nächsten Haltestelle läßt uns der »Ordinario« passieren, denn offensichtlich sind die ausländischen Touristen wichtiger.
Das Tal wird immer enger, brausend bricht sich der Urubamba seinen Weg zwischen den Felsen, die kaum mehr Platz lassen für die Bahntrasse. Tunnels und enge Kurven folgen einander in immer kürzeren Abständen, immer höher ragen beiderseits die bis oben grünen Felsabstürze, immer weiter geht es abwärts.
Um die Mittagszeit kommen wir in Macchu Pichu an, nur mehr 2000 Meter über dem Meeresspiegel. Die Menge der Touristen verteilt sich auf die bereitstehenden Autobusse, die in einer knappen halben Stunde, nach unzähligen Kurven und Kehren, dann die [illegible]00 Meter darüberliegende Ruinenstätte erreichen. Der Rundgang dort oben öffnet so überwältigende Ausblicke hinunter in die Urubamba-Schlucht, in der die Züge wie ein Riesenspielzeug wirken, und hinauf zu den senkrecht abfallenden, aber bis zu den Gipfeln grün bewachsenen Höhen, daß es schwer ist, diese Eindrücke zu beschreiben – man muß sie erleben! Es ist eine der wirklich ganz einmaligen Szenerien auf dieser Erde, und man kann sich vorstellen, daß hier die letzten Flüchtlinge vor den Horden Pizarros unentdeckt bleiben konnten.

Die Eisenbahn der Superlative ...

... ist die jetzt ebenfalls zur ENAFER PERÚ gehörige Ferrocarril Central del Perú, die von der Hauptstadt Lima aus auf Normalspur zuerst 208 Kilometer weit bis nach La Oroya und von dort weitere 124 Kilometer nach Huancayo führt. Diese Bahn ist die höchste der Erde, höher noch als der Montblanc.
Ihr Bau begann zu einer Zeit, als in Europa noch nicht einmal der Mont-Cenis-Tunnel fertig war; schon 1893 war die Minenstadt La Oroya erreicht. Mit ihrer Geschichte sind vor allem zwei Namen verbunden: der des aus Polen stammenden Ingenieurs Malinowsky, der die Pläne entwarf, und der des Amerikaners Meiggs, der sie ausführte. Bezeichnend ist Meiggs' Entgegnung an Mitarbeiter, die daran zweifelten, daß der Plan ausführbar sei: »Wenn Sie nirgends eine Strecke finden, wohin Sie die Schienen legen können, so müssen Sie diese eben an Luftballons aufhängen!«

Zu unserer Zeit fuhr der Zug nur dreimal in der Woche, wobei er zwei Nächte in Huancayo stand. Deshalb beschränkten wir uns auf eine Fahrt bis nach La Oroya und bestellten uns dorthin ein Auto zur Rückfahrt nach Lima.
Im Bahnhof »Desemperados« von Lima steht der »Tren del Sierra« bereit. An der Spitze zwei Dieselloks; die Personenwagen sind teils neuere, grün gestrichene Ganzstahlfahrzeuge, teils ältere, in Teakbraun gehaltene Holzwagen. Hier die Reihung:

zwei Dieselloks (Achsfolge CoCo),
ein Wagen erster Klasse/Buffet,
zwei Wagen zweiter Klasse,
ein Wagen erster Klasse/Buffet,
zwei Wagen erster Klasse,
drei Wagen zweiter Klasse.

Wir haben unsere Plätze in dem ersten der beiden Buffetwagen. Die meisten Fahrgäste sind hier ausländische Touristen. Die Einrichtung kennen wir schon aus Peru, es sind bequeme offene Saalwagen. Pünktlich fährt der »Tren del Sierra« um 7.40 Uhr morgens ab. Zuerst geht es gemächlich durch die Vororte der Hauptstadt und durch die schmale Küstenebene. Nach zwanzig Minuten halten wir in Santa Clara, wo uns erstaunlicherweise beide Dieselloks verlassen, die durch nur noch eine andere ersetzt werden. Übrigens sind diese von ALCO in den USA gebauten Maschinen mit ihren 2600 PS die stärksten Dieselloks in Südamerika.
Santa Clara war immerhin schon 403 Meter hoch; doppelt so hoch liegt der nächste größere Bahnhof, Chosica, und weiter geht es auf 1500 Meter hinauf nach San Bartolomé, wobei die rasante Steigung allerdings kaum zu bemerken ist. Hier setzt sich die Lok an das andere Ende. Wir wechseln die Sitze, um wieder in Fahrtrichtung blicken zu können. Und weiter steigt der Zug. Auf den halsbrecherischen Puente Carrión, mehr als zweihundert Meter lang, folgt in säuberlich angeschriebenen 2390 Metern Höhenlage die Station Matucana. Von hier bis zum nächsten Bahnhof, Tamboraque, sind es 17 Streckenkilometer, aber eine Höhendifferenz von weiteren 600 Metern. Der Zug wird nun geteilt, da die hier beginnenden Zig-Zags für die Länge von elf Wagen zu kurz sind. Eine zweite Lok desselben Typs steht schon bereit, nach kurzem Halt fährt unser Teil voraus. Unmittelbar darauf fahren wir durch die beiden ersten Spitzkehren, dazwischen wieder eine wüste Brücke.
Oben in Tamboraque sind wir schon auf 3008 Metern. Weitere mehr als 200 Meter höher folgt San Matéo in einem Abstand von sechs Kilometern, die wir in zwölf Minuten zurücklegen. Weitere neun Streckenkilometer bringen uns in einer Viertelstunde abermals 400 Meter hinauf nach Rio Blanco, aber diese 15 Minuten haben es in sich: Wir überqueren hier die Brücke mit dem beruhigenden Namen »Infernillo« zwischen zwei Tunnels – der Blick in die Tiefe läßt den Atem stocken.
Wir sind hier längst in hochalpinen Regionen, die Gegend erinnert stellenweise an das Hochtal um den Oberalpsee an der schweizerischen Furka-Bahn. Eine erholsame Unterbrechung bietet das jetzt an den Plätzen servierte Mittagessen, aber schon bald steigt die Strecke wieder an: Nicht weniger als vier Spitzkehren folgen einander, mehrmals wechseln wir die Talseite, am Gegenhang fährt uns ein Güterzug voraus; die Namen der Haltestellen, »Meiggs« und »van Brooklyn«, erinnern an den Erbauer und an einen anderen Ingenieur, der sich bei den Arbeiten für diese Bahn auszeichnete. An den Berghängen sehen wir Halden, Schlote und auch kurze Abzweiggleise zu den Bergwerken, die der wesentliche Grund gewesen sind, diese Eisenbahn zu bauen.
Kurz nach zwölf Uhr mittags erreichen wir Tíclio, womit wir auf 4758 Höhenmetern angelangt sind; allmählich nähern wir uns dem »Punto mas alto«; hier zweigt nach links eine kurze, nur von Güterzügen befahrene Linie ab, die sich später wieder mit der unseren vereinigen wird.
Der 1177 Meter lange, unter dem Mount Meiggs hindurchführende Galera-Tunnel ist der Scheitelpunkt dieser Fahrt; die knapp dahinter folgende Station Galera stellt mit *4781* Metern den höchstgelegenen Personenbahnhof der Erde dar, aber noch nicht den höchsten Punkt der Strecke. Von hier an »geht es bergab« mit uns; die Namen der Haltestellen »Rumichaco Arriba« und »Rumichaco Abajo« kennzeichnen den steilen Abstieg. Hinter dem Mahr-Tunnel (wieder der Name eines Ingenieurs) folgt die 3954 Meter hohe Station »Cut off«, wo die in Tíclio abgezweigte Seitenlinie wieder in die Hauptstrecke einmündet. Wir fahren noch um mehr als 200 Meter hinab, um schließlich auf die Minute pünktlich in den 3726 Meter über dem Meeresspiegel liegenden Bahnhof von La Oroya einzufahren. Hier endet zunächst unsere Fahrt auf der Schiene, die Fortsetzung neben ihr wird jedoch erst den Höhepunkt bringen.
Vorher sei in Kürze die Bahn hinsichtlich ihrer Technik beschrieben: Sie ist normalspurig, eingleisig und ohne Zahnradbetrieb; der Zug hat die 208 Kilometer ab Lima in genau sechs Stunden bewältigt, also mit einem Durchschnitt von rund dreißig Stundenkilometern, angesichts der Verhältnisse eine anerkennenswerte Leistung. Signale gibt es auf freier Strecke überhaupt nicht, nur in den Bahnhöfen stehen sogenannte »Train-Order-Signale« amerikanischer Art; die Weichen werden per Hand betrieben; die Güterzüge sind entweder sehr kurz, oder sie werden, wie ja auch unser Zug, unterwegs geteilt. Nach »Thomas Cook's Overseas Timetable« war die Route unseres »Tren del Sierra« seit Anfang 1983 zwei Jahre unterbrochen, und zwar durch »landslides« oberhalb von Chosica.

Abbildung 342: Chilenische Dampflok in Puerto Varas, am Ufer des Llanaquihue-Sees, von wo aus man den schönsten Blick auf den Osorno, einen der eindrucksvollsten und ebenmäßigsten Vulkane der Erde, hat
Abbildung 343: Dampflokomotiven der Ferrocarriles Equatorianos im Bahnhof von Duran, dem jenseits des Flusses Guaya gelegenen Guayaquil; Jugendliche sind auch hier stets an der Eisenbahn interessiert
Abbildung 344: Der »Tren Ordinario« nach Machu Picchu wird in den Schluchten des Urubamba-Flusses durch einen Erdrutsch aufgehalten
Abbildung 345: Aber die Fahrt des »Tren Ordinario« geht bald weiter, und in der nächsten Station bieten Einheimische ihre bescheidenen Erzeugnisse zum Verkauf an

343

14
CUATORIANOS
Q

344

345

346

347

348

349

Abbildung 346: Oberhalb von Cuzco zeigt sich noch die Dampfwolke des vorausfahrenden »Tren Ordinario«, dem bald der »Tren Turistico« nach Machu Picchu folgen wird
Abbildung 347: Die Diesellok der »Flecha Nocturna« vor Abfahrt aus der Estación Alameda in Santiago
Abbildung 348: Station La Raya, der höchstgelegene Bahnhof der Strecke Puno–Cuzco, umgeben von Fünftausendern!
Abbildung 349: Bahnhof Machu Picchu vor der Rückfahrt des Touristenzugs am späten Nachmittag
Abbildung 350: Der atemberaubende Blick von den Ruinen von Machu Picchu hinunter in die Schlucht des rauschenden Urubamba
Abbildung 351: Güterzug der FC La Paz–Guayaquil in der Vorstadt von La Paz
Abbildung 352: La Raya, der höchste Punkt zwischen Puno und Cuzco
Abbildung 353: Eine der romantischsten Strecken der Erde – die Bahn nach Machu Picchu, dem letzten Zufluchtsort der Indianer beim Einbruch der Spanier

359
FCSP

ENAFER
PERU
484

Abbildung 354: »Tren del Sierra« im Anstieg zum höchsten Punkt der peruanischen Zentralbahn
Abbildung 355: Der höchste Eisenbahnpunkt auf der Erde – 4818 Meter, also schon acht Meter höher als der Gipfel des Montblanc!
Abbildung 356: Einstmals bewältigten Dampflokomotiven ohne Zahnrad extreme Höhen; heute fahren hier Dieselloks, auch sie ohne Zahnrad

356

Eine weltweit bekannte Spezialität des »Tren del Sierra« ist der im Buffetwagen vorhandene große Sauerstoffzylinder, dessen Inhalt in kleine Ballons abgefüllt und durch eine Art Sanitätsgehilfen den höhenkranken Fahrgästen gebracht wird; es sind stets reichlich viele dieser Leute im Zug, so daß der gute Mann, je höher man kommt, desto mehr zu tun hat; doch sind es nicht nur ausländische Touristen, auch viele Einheimische, die ja, sofern sie im Küstenland leben, keineswegs solche Verhältnisse gewohnt sind. Wir sind diesmal und hier von Beschwerden verschont geblieben, vielleicht deshalb, weil man im Zug keine Bewegung macht.

Am Bahnhof von La Oroya steht abfahrtbereit ein Zug der hier abzweigenden »Ferrocarril Cerro del Pasco«, die einer privaten Minengesellschaft gehört und die mit einer Länge von 132 Kilometern auf Normalspur in das Bergbaugebiet von Cerro del Pasco führt. Die Wagen des Zugs sind angeblich gebraucht in den USA gekauft worden und einst im sonnigen Florida im »Flamingo« gelaufen.

Mit dem Auto, das wir, wie erwähnt, nach La Oroya bestellt haben, beginnen wir die Rückfahrt nach Lima, die – Kunststück, es geht ja meistens bergab – etwas rascher ist als hinauf. Aber zunächst müssen wir auf der gut ausgebauten Straße noch ein reichliches Stück weiter hinauf. Bald kommen wir in ein veritables, wenn auch kurzes Schneegestöber und fahren dann einige Kilometer lang unmittelbar neben den Gleisen der vorhin erwähnten »Cut off«-Linie. Und hier erreichen wir den Höhepunkt unserer heutigen Exkursion: den *Punto ferroviario mas alto del mundo*, mit seinen monumentartig angeschriebenen *4818* Metern den höchsten Punkt, den die Schiene auf der Erde erreicht – acht Meter über dem Gipfel des Montblanc!

Von der Alameda zum Osorno

Zum Schluß unserer Eisenbahnfahrten in Lateinamerika haben wir noch das südlichste Land, *Chile*, besucht. Der dortige Verkehr ist wegen der geographischen Lage vor allem nordsüdlich orientiert: Es gibt von der Hauptstadt Santiago aus einen Schienenstrang nach Norden (Iquique) und einen nach Süden (Puerto Montt); mehrere Zweiglinien führen zu den Häfen im Westen und an den Rand der Anden im Osten.

Die chilenischen Bahnen sind in der staatlichen Empresa de los Ferrocarriles del Estado (FFCCE) vereinigt. Das »Red Norte«, vorwiegend meterspurig, beginnt in Santiago im Bahnhof Mapocho, das »Red Sur« (1,676 m) im Bahnhof Alameda. Die kurzen Strecken von Santiago zur Hafenstadt Valparaiso und zur argentinischen Grenze in Los Andes sind ebenfalls breitspurig; die hier über Las Cuevas und den Uspallata-Paß die Andenkette überquerende Anschlußbahn nach Mendoza ist in Meterspur angelegt, hat aber schon seit Jahren den Personenverkehr eingestellt, so daß keine durchgehende Schienenverbindung zwischen beiden Staaten mehr besteht.

Vor einem Jahrzehnt, als wir dort waren, gab es auf dem »Red Norte« und auch im äußersten Süden des Landes noch viele Dampflokomotiven, wobei deutsche, britische, japanische und US-amerikanische Fabrikate zu sehen waren. Elektrifiziert waren lediglich einige Strecken in der Umgebung der Hauptstadt und im Süden.

Die Personenwagen sind größtenteils alt und abgenutzt. Neben der gewöhnlichen ersten und zweiten Klasse (offene Saalwagen) gibt es auch eine Salonklasse, die sich von der ersten Klasse eigentlich nur durch größere Beinfreiheit unterscheidet. Auch die Schlafwagen, hier »Dormitorio« genannt, und die Speisewagen, »Comedor«, sind antiquiert, im Schlafwagen gibt es »Secciones« nach amerikanischer Art und zweibettige Abteile. Diesel- und Elektrotriebwagen stammen aus der Nachkriegszeit, Hauptlieferanten sind schweizerische, japanische und italienische Fabriken.

Mein erster Besuch galt der Estación Mapocho, wo mir ein entgegenkommender Stationschef ungehindertes Promenieren und Photographieren ermöglichte. Viel war am Vormittag nicht los: Ein erst später abfahrender Schnellzug nach Valparaiso (zwei Wagen erster, vier Wagen zweiter Klasse und ein Speisewagen, alles ältere Teakholzwagen) stand dort, er war aber noch ohne Lok. Schöner und photogener waren zwei ebenfalls hölzerne Dienstsalonwagen auf einem Abstellgleis, einer blau, der andere braun. An Triebfahrzeugen rangierte lediglich eine italienische Elektrolok einige Güterwagen herum.

Die »Maestranza«, etwa unserer Bahnmeisterei entsprechend, in San Bernardo war ein weiteres Ausflugsziel. Hier fand ich Büros, Werkstätten und eine Ansammlung von Dampflokomotiven, die für ein künftiges Eisenbahnmuseum bestimmt sind, dessen Realisierung aber vermutlich aus finanziellen Gründen auch heute noch in den Sternen steht. Aus eben diesem Grund war auch ihr Zustand nicht der beste; immerhin finden sich für den Liebhaber einige interessante Stücke, so eine uralte Dreikuppler-Tenderlok des Jahres 1893 oder eine mächtige 2-D-2 von Henschel von 1936.

Im Bahnhof Alameda schließlich herrscht wesentlich mehr Betrieb als tags zuvor in Mapocho: Auf mehreren Gleisen kommen (meist Lokal-)Züge an oder stehen abfahrbereit; am elegantesten ist eine japanische Triebwagengarnitur: vierteilig, nur erste Klasse, in einem der Mittelwagen befinden sich Küche und Buffet.

Auf Gleis Nr. 1 steht unsere »Flecha Nocturna« bereit, der Nachtschnellzug, der uns weit in den chilenischen Süden, bis zum Ende des »Red Sur«, bringen soll. Hinter der eindrucksvollen Elektrolok Nr. 3234 (gebaut von OM/Marelli in Italien 1962, Achsfolge CoCo, 3200 PS) reihen sich 13 Wagen:

ein Gepäck- und zwei Schlafwagen nach Puerto Montt,
ein Schlafwagen und ein Salonwagen nach Valdivia,
drei Salonwagen, ein Speisewagen und drei Wagen erster Klasse nach Puerto Montt,
ein Wagen erster Klasse nach Valdivia.

Die beiden Wagengruppen nach Puerto Montt und nach Valdivia werden sich am Morgen in Laja trennen; die nur scheinbar willkürliche Reihung in Santiago hat auch hier den Zweck, daß die Passagiere der Schlaf- und der Salonwagen einen möglichst kurzen Weg zum Speisewagen haben.
Wir finden unser recht geräumiges Abteil im zweiten der nach Puerto Montt bestimmten Schlafwagen. Er hat in der einen Hälfte einen Gepäckraum und sieben Secciones, in der anderen vier Zweibettabteile: am Fenster zwei Fauteuils, aus denen das untere Bett gebildet und dann das obere vom Plafond herabgelassen wird; zur Tür hin gibt es viel freien Raum mit Waschtisch und einen weiteren Sitz; am Wagenende befinden sich Toilette/WC und Duschraum. Die gewöhnliche erste und die Salonklasse unterscheiden sich praktisch nur dadurch, daß die Salons klimatisiert sind; im übrigen liegen in beiden Typen die Sitze 2:2 beiderseits des Mittelgangs. Unser »Dormitorio« und der Speisewagen sind blau, alle anderen Wagen etwas verwaschen rot-braun lackiert. Der Zug ist sehr gut besetzt und fährt pünktlich um 18 Uhr ab.
Die Fahrt ist recht flott, vielleicht neunzig Stundenkilometer. Allmählich setzt die Dämmerung ein. Der Bahnkörper befindet sich in gutem Zustand, die Strecke ist für einige hundert Kilometer zweigleisig. Nach gutem und billigem Abendessen im »Comedor« geht es zu Bett. Inzwischen sind wir fast drei Stunden ohne Halt unterwegs und haben Talca passiert. Chillán aber, wo der elektrische Draht endet, verschlafen wir schon. Daß wir nun mit Diesel fahren, bemerken wir nur in den Tunnels, in denen Lärm und Auspuffgase durch die ein wenig geöffneten Fenster eindringen.
Am nächsten Morgen erreichen wir den Knotenpunkt Laja. Im Vorfeld des Bahnhofs sehen wir einige Dampfloks und können endlich auch unsere Diesellok identifizieren – sie ist ein unverkennbares Produkt von ALCO in den USA. Hier in Laja zweigt die Strecke und damit auch unser Zugteil nach Valdivia ab, wo länger rangiert wird. Heute fährt nach Valdivia ein eigener Nachtzug namens »El Valdiviano«.
Auf die Minute pünktlich laufen wir um 9.30 Uhr im Bahnhof Osorno ein, wo wir aussteigen. Warum schon hier? Wir haben diesen Ort gewählt, um aus nächster Nähe den »südamerikanischen Fujiyama«, den erloschenen, aber durch seine harmonische Form romantischen Vulkan Osorno zu sehen. Unsere Erwartungen waren am Morgen noch trübe, denn der östliche Horizont war durch Wolkenbänke ebenso trübe, doch bald nach Beginn der Autofahrt, die wir nun antreten, reißt das Gewölk auf, und als wir das Ufer des Llanquihue-Sees erreichen, ist alles wie weggeblasen: Über dem azurblauen Wasser des Sees erhebt sich wie ein Schemen die schneeweiße und in ihrer Symmetrie kaum zu überbietende Pyramide des Berges – ein Eindruck, der sogar bei einem eingefleischten Eisenbahnnarren doch den von Dampflokomotiven und Schlafwagen noch überbietet!
Wir sind hier in Puerto Varas, einem ebenfalls von deutsch sprechenden Chilenen bevölkerten Städtchen, das auch ein Zentrum des Fremdenverkehrs in dieser Seenregion ist, jenseits derer dann auf argentinischem Boden noch ähnliche Landschaften um das bekannte San Carlos de Bariloche zu finden sind. Als wir auch hier zuerst dem Bahnhof einen Besuch abstatten, fährt eben unsere »Flecha Nocturna« ein, der wir inzwischen auf der Straße vorausgefahren sind; überdies gibt es hier auch noch Dampftraktion in Personen- und Güterzügen, deren Maschinen idealphotogene Dampf- und Rauchwolken entwickeln.
Am Nachmittag sind wir dann – wieder mit dem Auto – in Puerto Montt angekommen, an dem südlichen Endpunkt der chilenischen und damit auch aller amerikanischen Eisenbahnen, wo unser »Nachtpfeil« soeben auf ein Abstellgleis hinausgezogen wird. Der Bahnhof selbst zeigt sonst keinerlei Betrieb, um so schöner aber ist der Blick auf das Wasser des Pazifischen Ozeans und auf die unweit gelegene große Insel Chiloë. Hier wechselt auch gegen Süden zu der Charakter der Landschaft: Anstelle der bisher fast stets zur Küste parallel laufenden Kette der Anden treten nun tief ins Land einschneidende Fjorde, bald auch Gletscher, die auch im Hochsommer ihre Zungen bis an die Küste hinunter erstrecken – eine Gegend, die von Puerto Montt aus nur mehr auf dem (See- oder) Luftweg zu erreichen ist und die erst noch viel weiter unten im Süden, in Feuerland, an der Magellanstraße und am Kap Hoorn angesichts der eiskalten Gewässer der Antarktis endet.

Der Rückflug von Puerto Montt nach Santiago bietet schließlich nochmals den Blick auf den majestätischen Osorno, demgegenüber auch die Eisenbahnen dieses Landes verblassen.
Und mit diesen Eindrücken beenden wir unsere Fahrten in dem riesigen amerikanischen Doppelkontinent, der uns in wohl jeder Hinsicht befriedigt hat.

Bei den Antipoden

Im Land der Geysire und Gletscher

Die Doppelinsel Neuseeland ist keineswegs ein Anhängsel des australischen Kontinents, sondern das Schlußglied in der Kette vulkanischer Inseln, die sich von den Aleuten aus an der Westseite des Stillen Ozeans aneinanderreihen. Landschaftlich und klimatisch ist sie »antipodisch« zu Großbritannien; besonders die Südinsel hat viel Ähnlichkeit mit Schottland (oder auch mit Norwegen), manche Städte sind in Architektur und Atmosphäre »britischer« als das heutige England.
Das Schienennetz in Neuseeland ist dünn, und es gibt wenig Linien. Auf den beiden Inseln verläuft im wesentlichen ein Hauptstrang von Nord nach Süd mit einigen Zweigen an die Küste; alle Gleise sind in Kapspur angelegt, der Dampf ist längst ausgestorben, doch herrscht ein reges Interesse für nostalgische Fahrzeuge, und es verkehren einige Museumsbahnen.
Die Einrichtungen der Züge sind modern und komfortabel, wenn auch teilweise »demokratisch-spartanisch«: Es gibt nur eine Einheitsklasse, in Tageszügen nur offene Saalwagen mit je zwei Sitzen hüben und drüben; bei Nacht fahren auch Schlafwagen mit Zweibettabteilen; richtige Speisewagen sind unbekannt, Essen und Trinken erhält man meist an einer Theke in einem Buffetwagen, mitunter auch am Platz serviert oder während eines Aufenthalts unterwegs in einem Bahnhofsrestaurant; es herrscht keine hektische Eile, die Zuggeschwindigkeiten erreichen nirgends hundert Stundenkilometer.
Auf der Nordinsel gibt es je einen von Auckland bis Wellington durchlaufenden Schnellzug am Tag und bei Nacht. Jener ist der »Silver Fern«, eine Doppeltriebwagengarnitur mit Buffetbedienung am Platz; er vermittelt den Anschluß an das Nachtschiff von Wellington zur Südinsel. Der Nachtzug namens »Silver Star« ist ein reiner Schlafwagenzug, der allen gewohnten Komfort für eine geruhsame Nachtreise zwischen den beiden Großstädten bietet. Auf der Südinsel gibt es einen Diesellok-bespannten Tagesschnellzug von Christchurch über Dunedin nach Invercargill, der »The Southerner« heißt. Auf den relativ kurzen Abzweiglinien und um die großen Städte fahren überwiegend Triebwagen.

Vom Museum zur Mitra

In Neuseeland haben wir eine durchgehende Reise vom Norden der Nordinsel, Auckland, bis zum Süden der Südinsel, Dunedin, gemacht.
Der in INOX-Farbe gestrichene »Silver Fern« steht zur Abfahrt bereit. Es sind zwei eng gekuppelte Dieseltriebwagen, der eine für Raucher, der andere für Nichtraucher bestimmt; im Raucherwagen werden »harte« Getränke am Platz serviert, die Nichtraucher müssen sich dagegen auf »soft drinks« beschränken. Die Wagen bieten vom spannteppichbelegten Boden über die verstellbaren Liegesitze bis zur tadellos funktionierenden Klimaanlage alle erdenkliche Bequemlichkeit für eine Tagesreise. Die Fahrt ist schön und abwechslungsreich.
Nach etwa zwei Stunden sind wir in Hamilton, der größten Binnenstadt der Nordinsel. Dann beginnt der abrupte Aufstieg: Der Höhenunterschied zwischen Raurimu und dem Nationalpark beträgt 700 Fuß, die Luftlinie zwischen beiden Punkten ist dreieinhalb, die Bahnstrecke jedoch sieben Meilen lang. Die Steigung beträgt etwa 1:50; sie wird bewältigt durch einen geschlossenen Kreis, drei Hufeisenkurven und zwei Tunnels – dann ist man oben auf der Höhe der »Raurimu-Spirale«, von der aus sich ein herrlicher Blick auf einige erloschene Vulkane bietet, darunter auch auf den 2826 Meter hohen Ruapehu. Der »Golden Spike«, mit dem die Strecke zwischen Auckland und Wellington fertiggestellt worden war, wurde hier erst 1908 eingeschlagen. Nach Waloruo, mit 822 Metern die höchste Station der Nordinsel, beginnt durch zwei Tunnels der Abstieg nach Taihape, der Mittagsstation des »Silver Fern«, wo während des Aufenthalts von einer knappen halben Stunde ein Lunch auf dem sonnigen Perron vor dem Bahnhofsrestaurant bereitsteht, sofern man es vorher schon bei der Stewardeß des Zugs bestellt hat. Dann wird die Gegend, wir durchfahren sieben weitere Tunnels, allmählich eintöniger; wir kommen in die Ebene, die Strecke nähert sich der Westküste. In der Abenddämmerung erreichen wir unser heutiges Ziel, die Haupt- und zweitgrößte Stadt Neuseelands, Wellington, wo gegenüber dem Bahnhof das Nachtschiff zur Südinsel schon bereitsteht.
Doch bevor wir die Nordinsel verlassen, sei noch von einer besonderen Attraktion berichtet, die leider schon seit mehr als dreißig Jahren der Vergangenheit angehört: Es war die berühmte Rimutaka-Steigung, die in den nordöstlich der Hauptstadt gelegenen Wairarapa-Distrikt führt. Diese schon im Jahr 1878 eröffnete Strecke hatte zwischen Wellington und Carterton eine zweieinhalb Meilen lange Steigung (1:15) zu bewältigen, wofür zwischen den Gleisen eine Zahnradschiene verlegt worden war. Als Lokomotiven dienten Maschinen vom Typ »Fell« (wie um annä-

357

hernd dieselbe Zeit auch auf der Mont-Cenis-Route), die mit ihrem Eigengewicht von vierzig Tonnen lediglich sechzig Tonnen zu schleppen vermochten, so daß für die schwersten Güterzüge nicht weniger als fünf Loks, eine vorne und eine hinten, die anderen zwischen den Wagen, eingesetzt waren.

Nachdem diese »Fells« über siebzig Jahre lang brav ihren Dienst getan hatten, schlug für sie und für die »Rimutaka-Incline« am 29. Oktober 1955 die letzte Stunde: Die Steilstrecke war in siebenjähriger Arbeit durch einen Basistunnel umgangen worden, der natürlich viel tiefer liegt und den komplizierten Zahnradbetrieb überflüssig macht. Der neue Tunnel ist mit 8,78 Kilometern der längste Neuseelands. Leider blieb keine der »Fell«-Loks museal erhalten.

Von Wellington bringt uns die »Rangatira« hinüber auf die Südinsel, wo wir in Lyttelton landen, der Hafenvorstadt von Christchurch. Bei Einfahrt des Schiffes wartet schon der Lokalzug, der durch einen kurzen Tunnel nach wenigen Minuten in den großzügig angelegten Bahnhof von Christchurch einfährt. Neben der Hauptstrecke der Südinsel, die wir nun befahren wollen, geht von hier aus auch eine Strecke zu dem an der Westküste gelegenen Greymouth; hier liegt der jetzt längste Tunnel Neuseelands, der 8,56 Kilometer lange Otira-Tunnel.

Der Hafen von Lyttelton war in vergangenen Jahrzehnten häufig Ausgangspunkt von Schiffsexpeditionen in die Antarktis, darunter auch der Fahrt Roald Amundsens, der bekanntlich im Jahr 1912 dann als erster (wenige Tage vor

Abbildung 357: Schnellzug Auckland–Wellington in der Nähe von Waiouro; im Hintergrund der Mount Ruapehu, mit rund 3000 Metern der höchste Berg auf der Nordinsel

dem tragisch gescheiterten Scott) den Südpol erreicht hat. Am ersten Bahnsteig von Christchurch steht »The Southerner« schon bereit, ein Diesellok-bespannter Zug mit einigen Wagen der Einheitsklasse, in der Mitte überdies ein Buffetwagen. Seine fast 600 Kilometer lange Strecke bis hinunter nach Invercargill ist die älteste Hauptlinie von Neuseeland, erbaut zwischen 1866 und 1879. Die heutige Fahrt bis zu unserem Tagesziel, Dunedin, wird für die 370 Kilometer rund sechseinhalb Stunden dauern.
Bald nach Abfahrt überqueren wir auf der längsten Brükke Neuseelands, die mehr als eine Meile lang ist, die Mündung des Rakaia River. Das Mittagessen im Buffetwagen entspricht zwar kulinarisch allen Anforderungen, es wird aber nicht an gedeckten Tischen, sondern an einer langen Theke serviert.
Irgendwo treffen wir auf unseren Gegenzug: In ihn steigen die Stewardessen, die uns bisher bedient hatten, ein, und sie werden durch ihre Kolleginnen der anderen Garnitur ersetzt – so können sie noch am selben Abend wieder in ihre Heimatstation zurückkehren. Nach drei Uhr nachmittags laufen wir dann in den Bahnhof von Dunedin ein, womit unsere Fahrten auf neuseeländischen Schienen für diesmal zu Ende sind.
In Dunedin gibt es übrigens nicht nur ein kleines Eisenbahnmuseum, sondern unweit davon auch eine, von privaten Railfans unterhaltene Museumsbahn, die sogenannte »Ocean Beach Railway«.
Doch nicht nur das erinnert uns gerne an die Südinsel, sondern auch andere Teile des Landes tun dies, die man freilich nicht mit der Eisenbahn, sondern nur mit Auto oder Flugzeug erreichen kann. Und dazu gehört in allererster Linie ein Besuch des Milford-Sound, der in seiner – ohne melodramatisch werden zu wollen – großartig-heroischen Art an die schönsten Fjordlandschaften der norwegischen Westküste, etwa an den Sogne- oder den Geiranger-Fjord, erinnert. Dorthin geht es zuerst per Flugzeug nach Queenstown und von dort per Auto fast ununterbrochen abwärts, zuletzt durch längere Straßentunnels. Am Ziel angekommen, findet man die wolkenverhangene, düstere Stimmung der Umgebung eher »adäquat« als südlichblauen Sonnenschein; die anderntags unternommene Schiffsexkursion bis zum Mündungsgebiet des Fjords und ein Stück noch hinaus in die Tasman-See verstärken diesen Eindruck ebenso wie der stete Anblick der den Fjord beherrschenden Mitra (Bischofsmütze), die ihren Namen völlig zu Recht trägt. Dann die Rückfahrt wieder mit dem Auto hinauf nach Te Anau – an einem blitzblauen See gelegen, der an die heimatlichen Salzkammergut-Gewässer erinnert – und von dort mit einer spartanischen Luftmaschine, die unterhalb des Mount-Cook-Gletschers eine recht frostige Zwischenlandung macht und einen tiefen Einblick in die »Neuseeländischen Alpen« gewährt, zurück nach Dunedin, wo unsere Reiseerfahrungen auf neuseeländischem Boden befriedigt enden.

Sechs Länder – vier Spurweiten

Der Erdteil Australien ist in mehrfacher Hinsicht einzigartig: Er ist der von Weißen zuletzt besiedelte Kontinent; er liegt im wahrsten Sinn des Wortes »am anderen Ende der Welt«, aus der seine Ansiedler kamen (die ersten waren Sträflinge, die nächsten dann Goldsucher); es ist der am dünnsten bewohnte Erdteil; weite Gebiete sind reine Wüste; im Gegensatz zu Europa, Asien, Afrika und Amerika, wo es jeweils dreißig bis fünfzig Staatengebilde gibt, gibt es hier nur ein einziges.
Australiens politische Geschichte seit der weißen Einwanderung ist sehr partikularistisch verlaufen. Nicht weniger als sechs voneinander unabhängige Kolonien waren hier entstanden: Neusüdwales, Victoria, Südaustralien, Westaustralien, Queensland und Tasmanien, deren Siedlungsgebiete und Hauptstädte jahrzehntelang so gut wie ohne Verbindung untereinander waren. Und als mit dem Eisenbahnzeitalter diese sechs dann allmählich einander näher rückten, ergab sich, daß vier verschiedene Spurweiten die einzelnen Teile eher trennten als verbanden: europäische Normalspur (1,435 m), irische Breitspur (1,60 m), Kapspur (1,067 m) und die Schmalspur vieler Industrie- und Waldbahnen (0,60 m).
Das zwanzigste Jahrhundert war schon angebrochen, als sich die sechs Kolonien im Jahr 1901 endlich zum »Commonwealth of Australia« verbanden, wobei die menschenleeren Gebiete Nordaustraliens ein sozusagen »reichsunmittelbares« Territorium bilden. Im Schienenverkehr hatte diese politische Vereinheitlichung aber vorerst noch keine Angleichung der Spurweiten zur Folge, da ja jeder Staat sein Eisenbahnnetz auf andere Art gebaut hatte: Im wesentlichen gab es zu dieser Zeit – und noch jahrzehntelang später – alle vorhin genannten Systeme: In Neusüdwales gab es die Normalspur, in Victoria die Breitspur, in Queensland, in Westaustralien und auf Tasmanien die Kapspur, daneben fast überall auch die 60-Zentimeter-Spur der sogenannten »Bush-Tramways«, und in Südaustralien teils Breit-, teils Kapspur; und jeder der sechs Staaten hatte seine eigene, selbständige Eisenbahnverwaltung.

Abbildung 358: Schafspferch in Turakina auf der Nordinsel, wo die Tiere auf die Bahn verladen werden
Abbildung 359: Güterzug im Anstieg zum Arthurs-Paß auf der Südinsel; im Hintergrund die Neuseeländischen Alpen
Abbildung 360: Die berühmte Rimutaka-Steigung auf der Nordinsel; um sie zu bewältigen, wurden in schweren Güterzügen bis zu fünf »Fell«-Lokomotiven eingesetzt; inzwischen ist diese Strecke durch einen Basistunnel ersetzt worden

358

359

Es wurde 1914, bis ein gemeinsames Unternehmen unter dem Namen »Commonwealth Railways« (CR) gegründet wurde. Ihr Zweck war vor allem die Schließung der damals noch bestehenden Lücke in der großen Ost-West-Verbindung zwischen Süd- und Westaustralien (und zwar zwischen Port Pirie und Kalgoorlie) sowie die Herstellung eines Schienenwegs auf der Süd-Nord-Achse des Kontinents, der freilich auch bis heute nicht über das »Herz Australiens« hinaus vorgedrungen ist. Ein weiterer Zweck der Commonwealth Railways war die allmähliche Vereinheitlichung der Spurweiten, wobei man sich auf die europäische Normalspur einigte. Wer ehedem von Brisbane nach Perth reiste, mußte – je nach Wahl des Wegs – nicht weniger als vier- oder fünfmal die Spurweite und damit auch Zug und Wagen wechseln – wahrlich kein erfreulicher Zustand. Der vorgezeichnete Weg zur Vollendung eines einheitlichen Schienennetzes war lang, und auch in der Gegenwart sind die Arbeiten noch immer nicht abgeschlossen. Die wichtigsten Etappen seien genannt:

1958:
Umbenennung der CR in »Australian National Railways« (ANR).

1962:
Umnagelung der südaustralischen Strecke Albury–Melbourne von Breit- auf Normalspur; damit war das große Ärgernis des Zug- und Wagenwechsels auf der Fahrt zwischen den beiden größten Städten, Sydney und Melbourne, beseitigt.

1969:
Umnagelung der Strecke Kalgoorlie–Perth von Kap- auf Normalspur.

1970:
Umnagelung der Strecke Broken Hill–Port Pirie von Breit- auf Normalspur, womit nun endlich auch ein durchgehender Zugverkehr von Sydney nach Perth möglich wurde.

1980:
Vollendung einer normalspurigen neuen Linie von Tarcoola nach Alice Springs, um die frühere Kapspurlinie ab Maree zu ersetzen, auf der zu reisen wegen des wüstenartigen Terrains und vieler Überschwemmungen ein Abenteuer war.

1984:
Umnagelung der Linie Adelaide–Port Pirie von Breit- auf Normalspur. Damit wurde Port Pirie zu einer Art Verkehrskreuz der normalspurigen Linien Sydney–Perth und Adelaide–Alice Springs; freilich fehlt zur Vollendung dieser Süd-Nord-Achse noch immer der Schienenstrang nördlich von »Alice« (wie es liebevoll genannt wird), denn vom angestrebten Endpunkt Darwin aus gibt es nur ein kurzes Stück bis Birdum.

Auch in der Verwaltung und im Betrieb ist die Zersplitterung noch keineswegs verschwunden: Die Tätigkeit der ANR besteht im wesentlichen aus der Betriebsführung auf der ehemaligen Strecke der CR zwischen Broken Hill und Kalgoorlie sowie von Adelaide bis Alice Springs. Neben den ANR gibt es aber nach wie vor fast überall noch Eisenbahnverwaltungen der einzelnen Staaten, von denen genannt seien:
die Queensland Railways – alle Linien nördlich von Brisbane, durchweg in Kapspur;
die State Railway Authority of New South Wales, deren wichtigste Strecken, Sydney–Brisbane, Sydney–Broken Hill, Sydney–Albury, alle in Normalspur angelegt sind;
die State Transport Authority of Victoria (Victoria Railways = »V-Line«). Ihr untersteht die Strecke Albury–Melbourne (wo neben der neuen Normal- die alte Breitspurstrecke für den innerstaatlichen Verkehr bestehen blieb) und die breitspurige Hauptstrecke von Melbourne nach Adelaide;
die Western Australian Government Railways (»WestRail«), zu der die normalspurige Linie von Kalgoorlie nach Perth und alle in Kapspur verbliebenen Linien ab Perth gehören.

Piano und Chorgesang im Zug

Daß der Dampfbetrieb in Australien längst ausgestorben ist, versteht sich beinahe von selbst. Der Dieselbetrieb herrscht vor mit Lokomotiven und Triebwagen, letztere hauptsächlich im Lokalverkehr. Nur wenige Strecken sind elektrifiziert, es gibt sie vor allem im Städtenahverkehr. Reminiszenzen an den Dampfbetrieb findet man jedoch reichlich in vielen gutbestückten Eisenbahnmuseen.
Einrichtung und Ausstattung der Wagen sind stark amerikanisch beeinflußt, so überwiegt beispielsweise der Coach-Typ in den Tageszügen. Die heutigen Schlafwagen aber entsprechen weitgehend dem europäischen Vorbild, es gibt also keine Sections, sondern nur Ein- oder Zweibettabteile, daneben freilich auch Roomettes amerikanischen Musters, für die zweite Klasse sogar mit zwei Betten übereinander. Der Schlafwagenkomfort in Australien übertrifft den europäischen jedoch durch die zumeist auch in Zweibettabteilen vorhandenen Dusch- und Toiletteneinrichtungen und durch die »De-Luxe-Abteile« in der Größe amerikanischer Drawing-Rooms. Für die Verpflegung sorgen einfache Buffet- und Voll-Speisewagen, diese allerdings stets mit Tischen für vier Personen, hin und wieder in Tageszügen auch mit Sitzen an den ganzen Wagen durchlaufenden langen Theken. In großen Überlandschnellzügen finden sich auch Lounge-Cars, also Salonwagen, mit ähnlicher Einrichtung, wie wir sie in den Vereinigten Staaten oder in Kanada kennengelernt haben. In den den ganzen Kontinent durchquerenden Zügen wie im »Indian Pacific« (Sydney–Perth) sind diese Lounge-Cars sogar mit einem Piano ausgestattet und stellen während der

tagelangen Reise eine Art gesellschaftlichen Treffpunkt mit den immer anschluß-, sanges- und trinkfreudigen Australiern dar.

Die besten und wichtigsten australischen Züge seien gleich hier genannt:
»Southern Aurora« – Schlafwagenzug von Sydney nach Melbourne; Schlafwagen nur erster Klasse, Speise- und Salonwagen, Autotransportwagen;
»Spirit of Progress« – ein etwas langsamerer Nachtzug von Sydney nach Melbourne; Schlafwagen der ersten, daneben auch Sitzwagen erster und zweiter Klasse, Buffetwagen;
»Overland« – die nächtliche Hauptverbindung von Melbourne nach Adelaide, durchgehend noch auf Breitspur; Schlaf-, Salon- und Buffetwagen erster Klasse, Sitzwagen erster und zweiter Klasse, Autotransportwagen;
»Intercapital Daylight« – die schnelle Tagesverbindung zwischen Sydney und Melbourne (Reisedurchschnitt: 76 km/h); Sitzwagen erster und zweiter Klasse und Speisewagen (Bedienung an einer langen Theke);
»Indian Pacific« – der den ganzen Erdteil durchfahrende Zug von Sydney nach Perth, der eine Strecke von insgesamt 3961 Kilometern, eine der längsten der Erde, zurücklegt; durchschnittliche Reisegeschwindigkeit rund 60 Stundenkilometer einschließlich der oft längeren Halte (z. B. eineinhalb Stunden in Port Pirie); Schlafwagen erster und zweiter, Lounge-Cars und Speisewagen erster Klasse, Buffetwagen zweiter Klasse, dazu an manchen Tagen auch Sitzwagen zweiter Klasse Sydney–Port Pirie und Autotransportwagen Port Pirie–Perth. Wer mit diesem Zug reisen will, dem sei empfohlen, sein Bett bis zu einem vollen Jahr vorauszubestellen;
»Trans-Australien« – Adelaide–Perth, fährt abwechselnd mit dem »Indian Pacific«; Schlaf- und Salonwagen erster und zweiter Klasse, Speisewagen, Sitzwagen zweiter Klasse und Autotransportwagen;
»The Alice« – eine erst seit 1984 bestehende Direktverbindung von Sydney nach Alice Springs; Schlafwagenzug erster Klasse mit Salon- und Speisewagen und Autotransportwagen ab Port Augusta;
»The Ghan« (warum er so heißt, soll weiter unten erzählt werden) – früher fuhr er auf der alten Strecke von Port Pirie über Maree, heute aber auf der durchgehenden Normalspurstrecke von Adelaide nach Alice Springs; Schlafwagen erster und zweiter Klasse, Speisewagen erster Klasse, Sitzwagen und Buffetwagen zweiter Klasse, Autotransportwagen ab Port Augusta.

»Albury – alles umsteigen!«

Es war 1974, als wir direkt vom Gletschergebiet des Mount Cook und über Dunedin, aus Neuseeland kommend, australischen Boden in Sydney betraten. Unser Reiseprogramm hatte den Besuch der vier wichtigsten Städte (Sydney, Melbourne, Adelaide, Perth) ebenso vorgesehen wie das »Herz Australiens« (ohne dieses zu sehen, wäre eine Australienreise wertlos!) und dazu drei Eisenbahnfahrten mit den interessantesten Zügen.
Man muß im Lauf des Lebens oftmals »Wasser in den Wein schütten«, sagt eine alte Weisheit, und so erging es auch uns hier: Von den vier Großstädten fiel eine ins Wasser (Adelaide, das wir nur vom Flugplatz aus zu sehen bekamen) und von den drei geplanten Eisenbahnfahrten sogar deren zwei – doch darüber noch später!
Die erste und einzige und problemlose Fahrt beginnt an einem lauen Sommerabend (Ende Februar) in der Central Station von Sydney. Auf Gleis Nr. 1 steht der Paradezug bereit – es ist die »Southern Aurora« mit ihren zwölf in silberner INOX-Farbe glänzenden Wagen: ausschließlich Schlafwagen der ersten Klasse, in der Mitte der Dining- und der Lounge-Car. Wir, das heißt meine Frau, mein Sohn und meine Wenigkeit, haben zusammen in dem dem Lounge-Car benachbarten Schlafwagen insgesamt zwei Abteile: ein Einzelabteil (mit Toilette/WC/Dusche) und ein De-Luxe-Abteil für zwei; in diesem übertrifft der Komfort sogar noch einen Drawing-Room in den Vereinigten Staaten: zwei Betten, Fauteuil, ein Frisiertisch samt Spiegel, im Annexe alle sanitären Einrichtungen, in der gesamten Dimension etwa dreieinhalb Meter lang!
Schon eine Stunde vor der Abfahrt herrscht reges Treiben vor und in dem Zug: Es ist hier üblich, daß Verwandte oder Freunde die Abreisenden nicht nur zum Zug begleiten, sondern mit ihnen auch, sei es in den Abteilen, sei es im Lounge-Car, einen »Abschiedstrunk« nehmen – ähnlich wie auf einem Ozeandampfer, wo ja auch die »Hinterbliebenen« zehn Minuten vor Abfahrt durch den Lautsprecher aufgefordert werden, nun das Schiff zu verlassen! Ein kurzer Besuch im Lounge-Car überzeugt mich von der gesellschaftlichen Bedeutung dieses Abschieds, der durch die »licenced« Bar romantisch verbrämt wird... Pünktliche Abfahrt der silberglänzenden Schlange des Zugs um 20 Uhr in die Nacht hinein.
Bald nach der Abfahrt das ganz ausgezeichnete Dinner im Speisewagen. Auch hier möchte ich eine Lanze brechen für die kulinarischen Leistungen in Übersee: Ein renommierter Schriftsteller hat behauptet, die Australier würden nur deswegen essen, »um nicht zu verhungern« – nun, so arg ist es wahrlich nicht, denn ich habe als »Gourmet« keine unangenehmen Erinnerungen daran; trübsinnig stimmt freilich die im Speisewagen herrschende, mehr als »intime« Beleuchtung (»je finsterer, desto teurer die Speisekarte«!) und das absolute Rauchverbot, dem man nur durch eine Flucht in den benachbarten Lounge-Car entgehen kann.
Ungestörter Nachtschlaf. Ein Dutzend Jahre zuvor wäre dies freilich nicht möglich gewesen, denn beim Halt in der Staats- und Spurweiten-Grenzstation Albury ertönte damals der allen Reisenden verhaßte Ruf: »Albury – alles umsteigen!«, und schlaftrunken mußten die fluchenden Passagiere dann in den breitspurigen Anschlußzug wechseln.
Eine Stunde vor der Ankunft klopft der Schaffner diskret

an die Tür, serviert den »Early Morning Tea« und bringt die druckfrische Zeitung mit. Pünktlich um neun Uhr laufen wir dann in den weitläufigen Bahnhof Melbourne Spencer Street ein. Unsere Reisegeschwindigkeit auf der 761 Kilometer langen Strecke hat, einschließlich zweier kurzer Zwischenhalte, 74 Stundenkilometer betragen, gerade richtig für eine geruhsame Nachtreise.
In der Spencer Street Station stehen außer unserem »Southern Aurora« zwei weitere bedeutende Schnellzüge, die hier ihren Ausgangspunkt haben: Der eine ist der »Spirit of Progress«: Es ist dies der andere, nicht so luxuriöse Nachtzug von Sydney, der aber doch sehr repräsentativ aussieht mit seinen in dem Blau der Victoria Railways gestrichenen Wagen. Und als zweiter wartet der breitspurige und gleichfalls von den Victoria Railways betriebene »Overland«, der die nächtliche Hauptverbindung nach Adelaide herstellt.

Der »Ghan-Train«

Abgesehen von einigen Fahrten um Melbourne (und später auch um Perth) herum sollte diese Reise mit der »Southern Aurora« die einzige von den projektierten drei Eisenbahnreisen in Australien werden. Die Ursache ist die bekannte »Tücke des Objekts«, und das kam so:
Unerläßlich scheint uns ein Besuch von Alice Springs und seiner Umgebung, wohin ja zu unserer Zeit (1974) noch die alte Strecke normalspurig bis Maree und von wo dort die Kapspur weiterging. Auf dieser, zumeist durch wüstenartiges, teils sumpfiges und oft überschwemmtes Gelände, dauerte die Fahrt von Port Pirie fahrplanmäßig rund zweieinhalb Tage, die jedoch meist »graue Theorie« waren, denn Entgleisungen durch Erdrutsche und ähnliche Elementarereignisse waren an der Tagesordnung, und der nur an wenigen Wochentagen verkehrende einzige Personenzug von Maree kam in Alice zumeist mit beträchtlicher Verspätung an. Der Zug führte stets ausreichendes Werkzeug mit, und die Passagiere nahmen alle Zwischenfälle mit stoischem Gleichmut auf.
Warum hieß dieser Zug (und warum heißt auch sein heutiger, normalspuriger Nachfolger) »Ghan-Train«? Nun, die angedeuteten Streckenverhältnisse und vor allem der größtenteils wüstenartige Charakter des Landes waren der Anlaß dazu, schon beim Bau der Eisenbahn (wie auch der Straße, die in das Nordterritorium führt) geeignete Lastenträger zu suchen, die auch die nötige Kraft und vor allem Genügsamkeit besaßen – man fand sie in Gestalt von Kamelen, die samt ihren Treibern aus *Afghanistan* importiert wurden, dergestalt also sozusagen die ersten »Gastarbeiter« wurden! Ihre Nachfahren sind noch heute vereinzelt in den Trockengebieten Australiens zu finden, und ihnen verdankt also der Zug seinen Namen, den er auch nach Vollendung der neuen Normalspurstrecke von Tarcoola her behalten hat und der jetzt direkt von und nach Adelaide fährt, und zwar in rund 24 Stunden (die er meist pünktlich einhält) anstatt in mindestens zweieinhalb Tagen.

Wir selbst hatten zwar nicht eine Fahrt mit dem »Ghan« eingeplant, wohl aber wollten wir per Flugzeug nach Alice, von dort auf gleiche Art nach Adelaide und schließlich per Bahn über Port Pirie zum westlichen Ende des Kontinents, nach Perth. Es kam aber anders.
Alice Springs ist eine wunderhübsche Oasenstadt, ungefähr in der Mitte des Erdteils gelegen, die nicht nur eine reizende Umgebung hat, sondern auch als Städtchen an sich sehenswert ist; berühmt ist das Haus des »Flying Doctor«, der von hier aus einige tausend Quadratkilometer wüsten Landes ärztlich betreut. An dem hinter der Hauptstraße parallel dazu verlaufenden Flüßchen kann man auch Bekanntschaft machen mit einigen »Aborigines«, die in Australien ein ebenso beklagenswertes Dasein führen wie die Indianer in Kanada und die ihren einzigen Trost im Schnaps finden, den sie hier bei kleinen Lagerfeuern am späten Abend bei monotonen Gesängen zu sich nehmen.
Der erste Spaziergang in Alice führt uns – wohin denn sonst? – natürlich zum Bahnhof, vor dem ein alter Dampftriebwagen museal aufgestellt ist. Der Bahnhof selbst ist verschlossen, der einzige Bahnsteig ist leer, kein Fahrzeug ist zu sehen; ein Anschlag verkündet die erhoffte Ankunft des nächsten Zuges aus Port Pirie am nächsten Vormittag – daher also die gähnende Leere. Wohl aber finden wir außerhalb der Station auf den Abstellgleisen eine komplette Garnitur des »Ghan-Train«, noch in der roten Farbe der Commonwealth Railways und auch mit deren Initialen versehen; die Wagen stammen größtenteils aus Deutschland.

Anderntags starten wir zu dem eigentlichen Höhepunkt der ganzen Australienfahrt, zu dem etwa 150 Kilometer westlich entfernten Ayers Rock, zu dem – meiner bescheidenen persönlichen Meinung nach – phantastischsten Berg der ganzen Erde, wohin uns eine kleine, an einen »Seelentränker« erinnernde Propellermaschine mit etwa einem Dutzend Plätzen bringt. Wir ziehen in die einzige dortige Gast- und Raststätte, in ein »Motel«, ein. Der Ayers Rock selbst, aber auch seine weitere Umgebung, die wir schon aus der Luft sehen (Mount Connor, die »Olga's«), gehört – ähnlich wie etwa Macchu Pichu – zu den ganz großen Eindrücken auf der Erde: Der Ayers Rock ist der größte Monolith, fast ganz ebenmäßig geformt, nur etwa 400 Meter hoch, nicht steil, nicht schwer zu besteigen, aber trotzdem: Viele Besucher kehren nach ein paar Dutzend Metern einfach um (auch am hellen Tag), denn der Berg strahlt eine – ich kann es nicht anders nennen – unheimliche Atmosphäre aus! An seinen unteren Rändern findet man in düsteren Höhlen Felszeichnungen der »Aborigines«, deren Geister-Götter den Berg umschweben sollen. Wir erinnern uns an die ähnlich unheimliche Atmosphäre um die »Geister-Stupa« am Khaibar-Paß – die Stimmung ist nicht zu beschreiben, man muß sie erleben ...

Das Phantastischste jedoch ist die Farbe dieses Zauberbergs, die vom Sonnenauf- bis -untergang ununterbrochen wechselt und beinahe stündlich andere Schattierungen der Farbenskala zeigt, Rosa, Violett, Purpur, Braun, Ocker bis hin zum unheimlichen Tiefschwarz am späten Abend. (Poesie und Prosa: Das einzig Unangenehme am Ayers Rock und seiner Umgebung, wie auch in anderen Wüstengebieten hier, sind die Fliegen: Sie stechen nicht, aber sie umschwärmen einen ununterbrochen, setzen sich in Nase, Mund und Ohren fest, so daß man ähnlich wie in Ägypten mit einem entsprechenden »Wedel« versehen sein muß, um überhaupt weitergehen zu können.)

Die längste gerade Strecke der Erde

Wesentlich unangenehmer als die Fliegen war jedoch etwas anderes, und damit kommen wir auch zur erwähnten »Tücke des Objekts«, die unsere beiden anderen Eisenbahnfahrten buchstäblich ins Wasser fallen ließ: Am Abend unserer Ankunft am Ayers Rock ging ein Wolkenbruch nieder, der mich auf den nur zwanzig Metern von meiner Behausung bis zum Speisebungalow zum nassen Pudel werden ließ; es regnet ja selten in Zentralaustralien, aber wenn, dann ausgiebig! Nach etwa einer Stunde ging der Wolkenbruch in einen nächtlichen Landregen über, und morgens schien wieder die Sonne, als sei nichts gewesen, und verlieh dem Geisterberg neue prachtvolle Farbnuancen.
Das wäre ja ganz gut und schön gewesen, hätte uns der nette Gastwirt nicht schon am Abend versichert, daß wir unsere heutige Rückkehr nach Alice in den Rauchfang schreiben können. Machen wir es kurz: Der Air-Strip (Flugplatz konnte man die kleine Fläche nicht nennen) war ein einziger See, in dem zu landen oder zu starten Selbstmord gewesen wäre; auch die Straße nach Alice war in einem hoffnungslosen Zustand. So kamen wir statt zu einer zu drei Übernachtungen am Ayers Rock, den wir natürlich unzählige Male von früh bis spät abends umkreisten und immer wieder bewunderten. Am dritten Morgen endlich war zwar noch immer kein Flugzeug gekommen, aber ein Autobus hatte sich durch Schlamm und Wasser von Alice aus hierher durchgequält und brachte uns in einer langen Tagesfahrt, noch immer teilweise durch Wasser und Schlamm, manchmal bis zu den Achsen in einer Furt balancierend, zurück.
Die Folge aber war die: Unser ganzer Fahrplan – Flug nach Adelaide, mit der Eisenbahn nach Perth, von dort an einem bestimmten Tag heimwärts nach Europa – stand sozusagen auf dem Kopf! Wie können wir morgen einen Zug in Adelaide erreichen, der dort gestern abgefahren ist? Was bleibt übrig, als von Alice aus nun über Adelaide nach Perth neuerlich das Flugzeug zu nehmen?

Doch der Clou dieses enttäuschenden Reiseabenteuers soll erst in eben diesem Perth kommen: Haben wir von drei geplanten Eisenbahnfahrten nur eine einzige ausführen können, haben wir den »Ghan-Train« keineswegs in Betrieb, sondern nur abgestellt gesehen, so soll nicht nur unsere geplante Reise mit dem von Sydney kommenden »Indian Pacific«, den wir in Port Pirie besteigen wollten, »ins Wasser gefallen« sein, sondern wir können ihn nicht einmal zu Gesicht bekommen: Nach Ankunft in Perth ist unser erster Spaziergang auch hier zum Bahnhof, um »unseren« Zug, der gestern um sieben Uhr morgens angekommen sein soll, wenigstens heute abend noch zu sehen. In der Bahnhofsvorhalle eine große Tafel mit der Kreideaufschrift: »The expected arrival of the Indian Pacific will be Tuesday, about 10 a. m.« Anders ausgedrückt: »Unser« Zug ist noch gar nicht angekommen und wird erst mit etwa zwei Tagen Verspätung eintreffen! Die Einzelheiten lesen wir anderntags in der Zeitung: Dem »Indian Pacific« ist das gleiche passiert wie uns selbst am Ayers Rock – auf der bekanntlich 480 Kilometer langen, kerzengeraden Strecke durch die Nularbor-Wüste ist er selbst zwischen zwei Überschwemmungen zwei Tage lang eingeschlossen gewesen, und die Passagiere wurden durch Hubschrauber mit Lebensmitteln für den Speisewagen versorgt; die Reisenden sollen aber dieses Mißgeschick ebenso geduldig und heiter ertragen haben wie wir selbst.
Rückblickend besehen, ist es eigentlich recht schade, daß wir nicht in diesem Zug drin waren, denn im Verein mit der Bequemlichkeit, die man hier findet, wäre diese Fahrt wohl lange und etwas eintönig gewesen, aber andererseits doch einmalig, denn wo anders auf der Erde gibt es eine Eisenbahnstrecke (von einer Straße ganz zu schweigen), die sage und schreibe 480 Kilometer ohne eine einzige Kurve verläuft?!

Und so, wie unsere in diesem Buch beschriebene Weltreise auf den großen Eisenbahnrouten der Erde mit einer Enttäuschung begonnen hat, nämlich mit dem zweimaligen Halt zwischen London und Edinburgh auf der längsten Ohne-Halt-Strecke, so endet sie nun hier bei den Antipoden mit der Enttäuschung, die längste *gerade* Eisenbahnstrecke nicht selbst befahren zu haben!
Glücklich ist, wer nie größere Enttäuschungen im Lauf seines Lebens hinnehmen muß, glücklich sind aber auch wir selbst, denen es vergönnt war, auf den großen Eisenbahnrouten der Welt, von England bis Australien, von Japan bis Chile, von Alaska bis Südafrika, gefahren zu sein.

Verzeichnis der Namenszüge

Die hier aufgeführten Seitenzahlen verweisen auf die Stellen, an denen die Züge beschrieben werden.

Abbildungsnachweis

Werkfoto ASEA: 37; *British Railways:* 4, 6, 7, 9 bis 12, 15, 17 ff., 26 ff., 30, 32, 34, 59, 64 f.; *Canadian Pacific:* 311 bis 315; *CIWL:* 60 ff., 86, 180 f., 236, 240; *Collection Commault:* 48 f., 52, 73, 81, 87, 89, 102 ff., 107, 121, 176 ff., 182 f., 239, 277; *Deutsche Bundesbahn:* 333; *DSB:* 130, 160 f.; *Collection Arthur Dubin:* 319; *Fox Photo Ltd.:* 5, 16; *FS:* 126; *Sammlung J. Guriany:* 356; *Hubert Huemer:* 44 bis 47; *Indian Railways:* 266 ff.; *Kaufmann & Fabry Co.:* 320, 322; *Hank Lefebvre:* 321; *A. Luft:* 171; *J. Machal:* 172; *Milwaukee Railroad:* 334; *New Zealand Railways:* 357 bis 360; *Norsk Jerbane Club:* 136; *NSB:* 131 f., 134, 137, 142 f.; *Sammlung Opladen:* 159, 229, 279; *Pennsylvania Railroad:* 323; *Collection J. H. Price:* 237; *Persische Privatsammlung:* 234; *Collection PLM:* 111; *Pullman Car Company:* 20 ff., 55; *RENFE:* 71, 84, 88, 90; *S. J.:* 129, 144, 147 bis 150, 159; *SNCF:* 51, 58, 72, 74 f., 91 bis 96, 105, 109 f., 112 bis 117; *Werner Sölch:* 263; *Fritz Stöckl:* 8, 13 f., 23 ff., 29, 31, 35, 53 f., 57, 66 bis 69, 76 bis 80, 82 f., 97 bis 101, 135, 145 f., 151 f., 163 bis 169, 173, 179, 184 ff., 188 ff., 192, 195 bis 202, 232, 246 f., 251, 254, 265, 276, 278, 284, 297 f., 300 f., 303, 308, 310, 317, 324 f., 327, 329, 339; *Gertrud Stöckl:* 2 f., 33, 36, 38 bis 43, 50, 56, 63, 70, 106, 108, 120, 122, 124 f., 127 f., 153 bis 157, 162, 170, 203 bis 227, 260 ff., 280 bis 283, 285 bis 296, 299, 302, 304 bis 307, 309, 318, 326, 328, 330, 332, 336 f., 342 bis 353; *Stefan Stöckl:* 118 f., 123, 133, 138 bis 141, 174, 191, 193 f., 228, 230 bis 233, 235, 241 bis 245, 248 ff., 252 f., 255 bis 259, 264, 269 bis 275, 316, 331, 335, 338, 340 f., 354 f.; *Sammlung Stögermayer:* 175, 187; *W. A. C. Wendelaar:* 85; *Eugen Zabel:* 238